车载自主组合定位定向技术

张志利　周召发　陈　河　著

国防工業出版社
·北京·

图书在版编目(CIP)数据

车载自主组合定位定向技术 / 张志利，周召发，陈河著．—北京：国防工业出版社，2021.3

ISBN 978-7-118-12233-6

Ⅰ．①车… Ⅱ．①张… ②周… ③陈… Ⅲ．①汽车-智能通信网-全球定位系统-定位②汽车-智能通信网-全球定位系统-定向 Ⅳ．①U463.67

中国版本图书馆 CIP 数据核字(2021)第 033463 号

※

国防工業出版社出版发行

(北京市海淀区紫竹院南路 23 号　邮政编码 100048)

三河市腾飞印务有限公司印刷

新华书店经售

*

开本 710×1000　1/16　**插页** 14　**印张** 19¼　**字数** 338 千字

2021 年 3 月第 1 版第 1 次印刷　**印数** 1—2000 册　**定价** 88.00 元

国防书店:(010)88540777　书店传真:(010)88540776

发行业务:(010)88540717　发行传真:(010)88540762

致　读　者

本书由中央军委装备发展部**国防科技图书出版基金**资助出版。

为了促进国防科技和武器装备发展，加强社会主义物质文明和精神文明建设，培养优秀科技人才，确保国防科技优秀图书的出版，原国防科工委于1988年初决定每年拨出专款，设立国防科技图书出版基金，成立评审委员会，扶持、审定出版国防科技优秀图书。这是一项具有深远意义的创举。

国防科技图书出版基金资助的对象是：

1. 在国防科学技术领域中，学术水平高，内容有创见，在学科上居领先地位的基础科学理论图书；在工程技术理论方面有突破的应用科学专著。

2. 学术思想新颖，内容具体、实用，对国防科技和武器装备发展具有较大推动作用的专著；密切结合国防现代化和武器装备现代化需要的高新技术内容的专著。

3. 有重要发展前景和有重大开拓使用价值，密切结合国防现代化和武器装备现代化需要的新工艺、新材料内容的专著。

4. 填补目前我国科技领域空白并具有军事应用前景的薄弱学科和边缘学科的科技图书。

国防科技图书出版基金评审委员会在中央军委装备发展部的领导下开展工作，负责掌握出版基金的使用方向，评审受理的图书选题，决定资助的图书选题和资助金额，以及决定中断或取消资助等。经评审给予资助的图书，由中央军委装备发展部国防工业出版社出版发行。

国防科技和武器装备发展已经取得了举世瞩目的成就，国防科技图书承担着记载和弘扬这些成就，积累和传播科技知识的使命。开展好评审工作，使有限的基金发挥出巨大的效能，需要不断摸索、认真总结和及时改进，更需要国防科技和武器装备建设战线广大科技工作者、专家、教授，以及社会各界朋友的热情支持。

让我们携起手来，为祖国昌盛、科技腾飞、出版繁荣而共同奋斗！

国防科技图书出版基金

评审委员会

国防科技图书出版基金
2018年度评审委员会组成人员

前言

随着各种侦察和实时打击手段的不断发展,现代战争对武器的生存能力和快速反应能力带来了越来越严峻的考验。为了使装备能够迅速抵达战场并立即展开攻击,先进的陆战车辆都安装有定位定向设备用来提供方向和位置参考基准,以提高作战武器的机动性和快速打击能力。导弹部队是实现远程乃至洲际打击的重要力量,由于其巨大的威慑能力,因此也成为敌方重点攻击的目标。车载自主定位定向系统不仅能够引导发射车迅速机动至发射阵地,并且在停车后可以辅助导弹完成快速瞄准,从而直接影响着车载武器的生存能力和作战效能。因此,高性能的车辆自主定位定向系统成为各国竞相发展的先进军事技术之一。

虽然卫星导航技术的出现大大推进了车载导航技术的发展,但也存在易受干扰、遮挡或敌方打击而失效的不足。考虑到军用车辆定位定向系统自主性、隐蔽性和抗干扰能力的严苛要求,必须发展不依赖卫星定位的高精度自主组合定位定向技术。特别是随着我军战斗力生成方式的持续转变和相关装备的不断更新,对具备车载自主定位定向知识的科研、指挥及装备操作人员提出了迫切需要。针对上述情况,结合作者及课题组多年来从事导弹定位定向与基准传递技术的科研和教学工作成果,在广泛参考国内外相关文献的基础上写成此书。

全书以车载自主定位定向为核心,重点介绍以捷联惯性导航系统(SINS)为基础的车载自主组合导航的基本原理及关键技术。全书共6章,主要包括绪论(第1章)、SINS原理(第2~4章)、以SINS为基础的组合导航(第5、6章)三部分内容。第1章概述车载自主组合定位定向的发展历程及系统组成。第2章论述车载SINS的基本原理及误差方程。第3章研究了基于多子样的高精度姿态更新算法,在系统总结现有SINS姿态更新算法的基础上,提出了多子样方向余弦矩阵更新算法和四元数更新算法,突破了采用方向余弦矩阵和四元数进行姿态更新无法补偿圆锥误差的传统认识。第4章介绍了基于观测增强的SINS初始对准算法,针对对准速度和精度之间的矛盾,研究了精对准中的最优观测组合、自适应滤波、二位置对准方案设计和加速度计尺寸误差标定和补偿问题。第5章在分析LDV和里程计测速原理及故障特性的基础上,提出了基于LDV/OD组合的可靠高精度测速方案,系统阐述了基于集中滤波和联邦滤波的SINS/

LDV/OD/高度计组合导航方案及故障检测、隔离算法，并进行了长途跑车实验验证。第6章针对基于SINS和速度测量的自主组合导航系统在长时长距离工作后难以避免定位误差缓慢发散的问题，在系统分析现有地图匹配算法的基础上，提出了分段轨迹匹配算法和交互式电子地图匹配方案，以及基于地图匹配的导航误差综合校正方案，并进行了实验验证。相关内容有助于克服现有系统对零速修正或地标点修正的依赖，可有效提高战车的机动性和生存能力。

全书由张志利设计框架结构，张志利、周召发和陈河共同撰写。撰写过程中，得到教研室同事和课题组成员的大力支持，书中内容参考或引用了国内外有关文献的研究成果，部分图表由许建国博士、薛海建博士、王昆明博士、徐梓皓博士、王凯硕士、王解硕士、郭琦硕士制作完成。此外，还得到了常振军博士、刘先一博士、胡文硕士、杨上硕士和徐志浩硕士的帮助。本书相关课题的研究得到军队科技创新人才工程和相关军队科研项目的资助，本书的出版得到国防科技图书出版基金资助，在此一并表示感谢。

囿于水平所限，书中不当之处，敬请读者批评指正！

作者

2020.7

目　录

Contents

第1章

绪　　论

1.1　车载自主组合定位定向的意义

时代正朝着信息化的方向快速发展，现代战争中，信息化水平和运用信息化打仗的能力成为克敌制胜的关键因素。“知己知彼，百战不殆”。未来战争不仅要知道对手在哪儿，更要对自己的位置信息等有着精确的掌握。复杂战场环境下，自主、快速、准确的定位定向能力不仅关系着武器系统的打击精度和作战效能，也攸关人员和装备的生存能力乃至战争的胜负。总之，高精度的定位定向能力是机动式武器实现快速精确打击的基础。实时、高精度、全天候、抗干扰、自主性强的定位定向技术，对于增强武器系统的反应能力、机动能力、生存能力以及目标命中精度等都具有巨大的现实意义和重要作用[1]。

陆战武器装备作战机动的主要依托是车辆，其自主定位定向能力影响着车载武器的生存能力和作战效能。现代战场环境，敌我双方非接触式的战斗越来越多，这对武器系统发现敌人、瞄准敌人的能力提出了更高的要求。为了使武器装备能够迅速抵达战场并立即展开攻击，先进的陆战车辆都安装有定位定向设备用来提供方向和位置参考基准，提高作战武器的机动性和快速打击能力，以期实现“停车就打”甚至“边走边打”。现代战争实现远程打击主要依靠导弹部队，对敌方重要的军用设施进行致命的破坏。由于导弹部队的威胁巨大，所以也就成为敌方想要攻击的第一目标。车载自主定位定向系统不仅能够引导发射车迅速机动至发射阵地，并且在停车后可以辅助导弹完成快速瞄准，还能够提高导弹武器的生存能力。因此，高性能的车辆自主定位定向系统成为各国竞相发展的先进军事技术之一。

定位定向即确定载体位置和姿态的技术。实现定位定向的手段有很多，如惯性导航系统（Inertial Navigation System，INS）、陆基无线电导航（Radio Navigation，RN）、全球导航卫星系统（Global Navigation Satelite System，GNSS）、地图匹配(Map Matching,MM)、地磁导航系统(Geomagnetic Navigation System,GNS)、重力辅助导航(Gravity Aided Navigation,GAN)、航位推算导航(Dead Reckoning,DR)、天文导航系统(Celestial Navigation System,CNS)等。但各种导航系统都存在这样或那样的不足,单一的导航手段难以完全满足对系统精度、实时性、可靠性、自主性、隐蔽性、抗干扰能力和全天候工作能力等综合性能的要求。因此需要针对具体的应用场合,采用适当的技术措施,对上述导航方式加以综合利用。车载自主组合定位定向技术就是根据陆用车辆,特别是军用车辆对定位定向的特殊需求,研究如何实现车辆自主高精度实时定位定向的技术。

对于军用车辆,尤其是对配有武器系统或指挥系统的陆地作战车辆来说,需要车载定位导航系统为其提供精确的位置、速度以及姿态信息,以提高作战车辆的机动性、快速反应能力以及行进间的打击精度,为战场指挥与协同作战提供重要信息。考虑到军用车辆对定位定向系统自主性、隐蔽性和抗干扰能力的严苛要求,一般通过固定在车辆上的捷联惯性导航系统(Strapdown Inertial Navigation System,SINS),辅以其他辅助导航设备(激光多普勒测速仪、里程计等),在不依赖于卫星等外部设备提供信息的情况下,实时确定车辆的位置、速度和姿态。惯性导航系统依靠自身就可以在全天候条件下、全球范围内和任何介质环境里独立隐蔽地实现载体三维定位和三维定向,不需要外部提供辅助信息,也不会对外辐射信息,具有完全独立性和高度隐蔽性的特点。这种具备自主性、隐蔽性,并能获取载体加速度、速度和位置信息的优点是其他导航系统无法比拟的。将基于捷联惯导的自主组合定位定向技术应用于军用车辆,克服卫星导航容易被干扰的缺点,提高系统的自主性、可靠性、快速反应能力和生存能力,是现代军用车辆导航系统发展的一个明显趋势[2,3]。

1.2 车辆导航定位的发展历程

在人类文明史上,车辆定位导航的研究和发展已经有相当长的历史。据史料记载,世界上最早的车辆导航系统是发明于公元前约 2600 年的指南车,其基本原理类似于现代的差分里程计。另一个几乎与指南车同时发明的是计里鼓车,其基本原理与现代的里程计类似。里程计、差分里程计和磁罗盘等基本定位定向技术均出现于 2000 多年前,并于过去一个多世纪逐渐应用到现代车辆上。随着汽车的发明和不断发展,19 世纪初出现了许多基于里程计原理的车辆路径引导装置。真正意义的现代车辆导航定位系统出现于第二次世界大战(简称:二战)。二战期间,美军为军用车辆研制了一种电子车辆导航系统,该系统由磁罗盘和里程计构成航位推算系统，并能借助机械传动装置在地图上绘出车辆的轨迹。[4-6] 二战结束后，车辆导航定位系统在军用和民用领域均得到了长足发展。相对而言，民用领域对系统的定位精度要求较高，且对成本非常敏感；军用领域对系统的位置、姿态和速度精度均有很高要求，且对系统的可靠性和自主性要求严格。由于使用要求的不同，军用和民用车辆导航系统的发展侧重点并不相同。

由于对精度、可靠性和自主性有严格要求，而对成本相对不太敏感，军用车辆导航系统主要基于高精度惯性器件实现定位定向。为克服磁罗盘易受干扰而难以保证精度和可靠性的缺点，苏联和英国于 20 世纪五六十年代率先开发出基于航海陀螺罗盘的陆用陀螺罗盘。随后，各国纷纷研制基于陀螺罗盘和里程计的车辆航位推算导航系统，如苏联的 THA－2 车辆导航仪、德国的 FNA－415 导航仪、加拿大的 LNS－516 导航仪、美国的 ANS－2000 导航仪等。这类系统一般由以陀螺仪为基础的航向基准装置、里程计、计算/显示装置三部分组成。20 世纪 70 年代，美国和英国开发出基于飞机惯导系统的陆用惯性导航系统，其惯导系统采用平台式结构，典型代表为美国、英国、法国、以色列等国各自开发的"帕兹"定位定向系统。20 世纪 80 年代末至 90 年代初，随着捷联惯导系统和美国全球定位系统（Global Positioning System，GPS）的不断成熟，又发展出以 SINS 为基础的车载组合导航系统，成为现代军用车辆导航系统发展的主要方向。这类系统一般由 SINS、GPS、里程计（Odometer，OD）等构成，当 GPS 可用时采用 SINS/GPS 组合导航，GPS 失效时采用里程计等进行辅助导航。其中，GPS 系统定位精度高并且定位误差不会发散，可以用来对惯性系统产生的累积定位误差进行修正；惯性系统只依靠其惯性器件测量的有用信息并且不与外部环境进行信息交流，能够在 GPS 出现故障的区域保持车辆正常的导航功能。代表性产品有：德国和意大利共同开发的 Eurolit 军用车辆定位定向系统，由光纤陀螺捷联惯导系统和 GPS 接收机组合而成，在没有 GPS 进行修正的情况下，用里程计辅助，定位误差不超过行驶距离的 1%；法国 SAGEM 公司研制的用于自行火炮的 SIGMA30 车载定位定向系统，由激光陀螺捷联惯导和 GPS 接收机组成，另有里程计供选用，卫星定位功能失效的情况下通过 SINS/DR 组合导航，定向精度为 0.8mrad，定位精度为 5m＋行程的 0.1%；美国数字化旅的 M109A6"侠士"155mm 自行炮装备的炮载定位定向系统，定向误差不超过 0.67mrad，水平和垂直的位置偏差均不超过 10m；德国 Teldix 公司的 NSK50 型定位定向系统，其 1σ 寻北精度为 $1'$，定向时间为 4min[7-9]。

民用领域则以 20 世纪 60 年代美国公路局提出的电子路径引导（Electronic Road Guidance System，ERGS）系统计划为起点，逐步发展出以车辆定位定向系统为基础的智能交通系统（Intelligent Transportation Systems，ITS）。ITS 将导航定位、路径规划、路径引导、无线通信相结合，实现车辆的导航、监控、引导等功能，以提高道路的通行能力、利用效率与安全性。自 20 世纪 70 年代起，欧洲、日本等国也纷纷致力开发各自的 ITS 系统，包括欧洲的 ALI 工程、日本的 CACS 计划等。导航定位技术是 ITS 的关键技术和基础。民用车辆定位系统对成本比较敏感，很少采用昂贵的高精度惯性器件。早期 ITS 的导航定位主要采用航位推算与地图匹配相结合的方式来实现。航位推算一般采用磁罗盘、速率陀螺、双差里程计、坡度仪等测量方位和水平姿态，采用里程计测量移动距离。由于航位推算系统容易产生误差积累，因此需要采用地图匹配进行校正。受限于当时测量器件和地图精度、微处理器运算效率等因素的影响，其系统误差较大、动态定位精度较低，难以满足实用要求。这类系统的典型代表有美国的 Navigator 系统，欧洲的 CITY PILOT、CARIN（荷兰）、EVA（德国）、Autoguide（英国）等。这类系统虽然实用性差，但为后续研究奠定了基础，一般称为第一代民用车辆定位导航系统。20 世纪 90 年代，随着计算机和通信技术的飞速发展，特别是美国 GPS 的不断成熟，民用车辆定位导航系统开始进入真正的实用阶段。GPS 不仅能提供高精度、全球性的定位定向信息，而且其价格也较低，成为实现高精度民用车辆导航的理想选择。第一种引入 GPS 的民用车辆导航系统是美国 Oldsmobile 于 1995 年推出的 Guidestar 系统，同类系统还有法国的 CARMINAT 系统、美国的 TRAVTEK 系统、日本的 SUMTOMO 系统等。这类系统采用 GPS 代替 DR 系统，与地图匹配相结合实现民用车辆的低成本高精度导航，一般称为第二代民用车辆导航系统。车载 GPS 接收机信号易受外界环境影响，信号在受到遮挡时会中断而无法继续工作。例如，当在高层建筑附近或隧道内行驶时，车辆就不能正常接收到卫星信号，从而无法实现定位。将 GPS 与自主式导航方式（如 DR、SINS 等）相结合，可充分发挥各自优势并避免其不足。高性能的 SINS 因为价格昂贵而多用于军事领域，但随着微机电系统（Micro Electro Mechanical System，MEMS）技术的发展，基于微小型惯性测量组件（Micro Inertial Measurement Unit，MIMU）的微型捷联惯导系统因为成本大为降低而得以发展。微型捷联惯导系统具有体积小、重量轻、成本低、可靠性高和动态性能好等一系列优点，将其与 GPS 相结合实现车辆的低成本、高精度可靠导航，得到了大量研究并不断走向成熟。近年来，视觉定位、无线通信定位（GSM、GPRS、CDMA、WiFi）等新型定位技术也不断发展并逐步用于民用车辆导航[10-15]。

国内对于车辆定位定向技术的研究起步较晚，从 20 世纪 80 年代左右开始，最初只运用于自行火炮等精度要求较低的移动平台。中国航空工业集团第 618 研究所（航空工业西安飞行自动控制研究所）和中国船舶重工集团第 707 研究所等单位先后研制了基于液浮陀螺的平台式定位定向系统，误差修正采用零速修正方案，车辆行驶5～10min就需要停车30s左右。系统采用平台惯导，造价较高，且需要不断停车，无法满足快速性要求，限制了其实际应用。20世纪90年代，随着GPS应用的日益成熟，国内许多单位，如东南大学、国防科学技术大学、北京理工大学、北京航空航天大学和上海交通大学等相继开展了挠性陀螺捷联惯导系统和GPS、里程计组合导航的车载定位定向系统研究。由于GPS为美国政府所有，在战时无法保证GPS的可用性，这种基于GPS的组合车载定位定向系统是无法依靠的。20世纪90年代末，国产激光陀螺技术日益成熟，国内许多单位开展了基于激光陀螺SINS的车载定位定向系统研究，如中国航天科技集团公司第九研究院第十六研究所、兵器捷瑞光电科技有限公司、重庆航天新世纪卫星技术公司等。随着国产激光陀螺SINS的不断进步以及北斗卫星定位系统的逐步投入使用，国内车载导航技术正处于蓬勃发展的过程中[16,17]。

1.3 车载自主组合定位定向系统的基本组成

如图1－1所示，车载自主组合定位定向系统由激光捷联惯导(SINS)、GPS/GLONASS卫星接收机、气压高度表(Pressure Altimeter)、里程计(OD)、激光多普勒测速仪(Laser Doppler Velocimeter，LDV)、地理信息系统(GIS)等组成。其中，卫星导航数据仅用于定位精度实验；捷联惯性平台(90型激光陀螺)是核心系统，其数据输出为基本信号；气压高度计提供高度信号，用来对高度通道进行阻尼；里程计和激光多普勒测速仪用来测量车辆行进速度。里程计测速结果易受车轮空转、滑行等影响产生较大误差，而测速仪存在测量死区，且本系统采用的双光差动型LDV在车辆剧烈颠簸时会出现超出测量景深而失效的问题；二者结合可以克服各自缺陷，更好地实现对车辆速度的测量，为组合导航系统提供更有效的速度信息。

1. 捷联惯性导航

SINS是一种自主导航系统，它将惯性组件直接安装在载体上，根据牛顿提出的相对惯性空间的力学定律，利用陀螺仪、加速度计等惯性元件感受运载体在运动过程中的角速度、加速度，然后通过计算机进行积分运算，得到运载体的姿态、速度和位置等全面的导航参数。但其系统精度主要取决于惯性测量元件精度，误差随时间积累而不断增大，不适合长时间的导航。因此，需要以惯性导航系统为基础，构建基于多种信息源的组合导航系统[18]。

SINS对惯性器件的性能(如动态范围)提出了更高的要求，处理惯性传感器输出信息的难度和复杂性也大大增加。从算法的角度看，捷联式系统必须根据陀螺输出的角速度计算并维持一个“数学平台”。该数学平台是由加速度计输出积分获得速度、位置信息的参考基准，其作用相当于平台式导航系统中的机械平台。显而易见，导航算法在捷联式系统中的地位至关重要：一个高精度的导航算法意味着能够在同等硬件条件下获得更高的导航精度；而在给定精度要求下，一个好的算法可以允许选择精度相对较低的惯性器件，降低系统成本。在捷联式惯导系统中，导航计算机的任务主要包括：对角速度积分得到载体姿态；利用得到的姿态信息将加速度变换到合适的导航坐标系，然后进行积分得到载体的速度信息；对速度进行积分得到载体的位置信息。在导航解算的过程中，为了保证算法误差与惯性传感器引入的误差相比可以忽略不计，这 3 个积分过程必须选用高精度的数值积分算法。通用的微分方程积分算法（如 Runge – Kutta 法）不能满足捷联式惯导系统对精度的要求，尤其是在恶劣的运动环境中，所以研究适合捷联惯导系统微分方程的高性能算法，以降低转动的不可交换性带来的负面影响，如圆锥（Coning）效应、划船（Sculling）效应、卷轴（Scrolling）效应[19,20]。

对于捷联惯导系统来说，由于在导航解算过程中存在着积分运算，必须知道积分的初值，初始对准技术因此成为捷联惯导系统的关键技术。初始对准作为微惯性组合导航系统的基本环节，其精度直接影响系统的精度。初始对准时间则是反映武器系统快速反应能力的重要战术指标。因此，要求初始对准具备精度高和时间短的特点。较高的对准精度往往需要较长的对准时间，如何解决对准精度和快速性的矛盾是初始对准的关键技术。

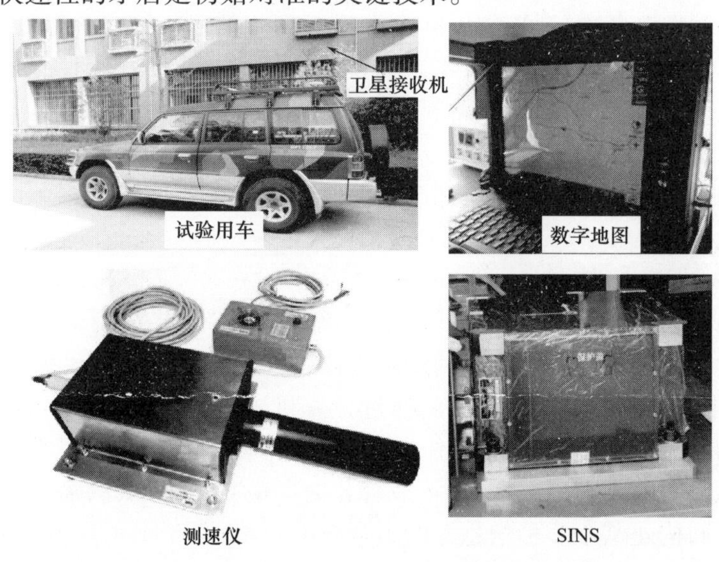

图 1 – 1　车载自主组合定位定向综合实验平台（见彩图）

2. 航位推算

车辆航位推算是一种自主式的车辆导航系统,它根据车辆的初始位置和方位、速度传感器获得的车辆运行方向和距离,推算车辆的当前位置。航位推算在短时间内能够保持较高的精度,但它仅能确定相对位置,且所有传感器的误差均会造成位置误差的积累,因此不能长时间使用。里程计是用来测量车辆在地面行驶速度和距离的仪器,它不能单独用于确定位置,但是可以从 SINS 中获得方位信息,进行定位解算。此导航方式是一种完全自主的导航,具有很高的隐蔽性和抗干扰能力。在车辆启动后,SINS 可为里程计提供姿态解算参数的信息,启动后较长行驶时间内利用里程计的测量误差不随时间发散的特点,来校正 SINS 的误差,可以实现很好的定位定向功能。考虑到卫星导航的局限性,此组合导航方式也将会是以后我国武器装备导航定位定向的主要发展方向。但是,由于里程计刻度误差系数的存在,以及里程计刻度系数受外界环境影响变化较大的特点,组合导航定位的精度随时间和行驶路程的增加,误差也逐渐增大。此外,车轮空转、滑行等也会给里程计的测量结果带来额外误差。激光多普勒测速仪利用激光的多普勒效应实现对车辆运动速度的测量,测量误差不随时间和距离积累,也可以用来和 SINS 组成航位推算系统。

3. 卫星导航

GPS 是当前最先进的卫星导航定位系统,具有全球、全天候、高精度、实时定位等优点,它的误差不随时间累积,但是其动态性能和抗干扰能力较差。利用组合导航技术将 GPS 和 SINS 结合起来构成 SINS/GPS 组合导航系统,可以充分发挥各自的优点、克服缺点,实现在高动态和短时强电子干扰的环境下实时、高精度的导航定位。将高精度 GPS 信息作为外部量测输入,在运动过程中频繁修正 SINS,以控制其误差随时间累积,弥补 SINS 误差随时间累积的缺点;而短时间内高精度的 SINS 定位,可以很好地解决动态环境中的信号失锁和周跳问题,可辅助接收机增强抗干扰能力,提高捕获和跟踪卫星信号的能力;当 GPS 卫星信号不佳或短时缺失时,利用 SINS 实现一段时间的自主导航,不会影响整个组合导航系统的精度。但是考虑到军用车辆导航对系统自主性的严格要求,车辆自主定位定向系统应立足于在不采用卫星导航系统的前提下提供满足最低精度要求的方向和位置信息。

4. 地图匹配定位

采用高精度的电子地图对 SINS/LDV/OD 组合导航的结果进行精确匹配,可以克服定位误差随时间和路程增加而变大的问题。由于地图匹配的精度不随外界条件而变化,在一定程度上,可以相当于卫星导航的作用。但是由于匹配算法和电子地图的限制,地图匹配方案存在着实时性和定位精度的矛盾,在实时性要求较高的车辆导航定位过程中，地图匹配方案还有待进一步提高其定位精度，实现对组合导航的定位修正。

5. 组合导航技术

组合导航系统无论是在 SINS 的初始对准还是在导航过程中，都要使用到信息融合技术。卡尔曼滤波方法是最常用的信息融合技术，目前研究广泛的卡尔曼滤波方法包括标准卡尔曼滤波（Kalman Filter，KF）、扩展卡尔曼滤波（Extend Kalman Filter，EKF）、无迹卡尔曼滤波（Unscented Kalman Filter，UKF）、容积卡尔曼滤波（Cubature Kalman Filter，CKF）等。线性系统常采用 KF 实现组合导航，非线性系统则常采用 EKF[21-25]。但由于 EKF 是通过对非线性函数的泰勒展开式进行一阶近似化截断，从而将非线性问题转化为线性，产生了线性化误差，当面对强非线性系统时，容易发散，且不能用于系统状态方程（或观测方程）无解析表达式或表达式无法求偏导的情况。为了改善非线性滤波的效果，20 世纪 90 年代 Julier 等基于“对概率分布进行近似要比对非线性函数近似容易得多”的观点提出了基于 UT 变换的 UKF 方法来处理非线性问题。UKF 算法的基本思想是选择一组采样点，使其样本均值和协方差与状态随机变量的均值和协方差一致，将这些点进行非线性变换后可获得变换点的均值和协方差。在每个更新过程中，采样点随着非线性状态方程传播并随着量测方程变换，由此不仅保证了状态估计的精度，而且避免了对非线性方程的线性化过程。但 UKF 在处理高维（四维以上）系统时存在数值不稳定的缺点[26-29]。为了克服 UKF 在高维系统中出现的数值不稳定及精度降低情况，Ienkaran Arasaratnam 和 Simon Haykin 提出了基于 Cubature 变换的 CKF 滤波方法。CKF 滤波过程与 UKF 类似，都是通过一组具有权重的点集经过非线性系统方程的转换计算这组转换后的点集来给出下一时刻系统状态的预测，都避免了对非线性模型的线性化处理，不依赖于具体系统模型的非线性方程，算法相对独立，适用于任何形式的非线性模型。但 CKF 是根据贝叶斯理论以及 Spherical - Radial Cubature 规则经过严格的数学推导得出的滤波算法，且能克服 UKF 在高维系统中的数值不稳定性问题。由于估计精度高，不容易发散且计算量小，CKF 一提出就迅速被各领域的学者所接纳，并被用于许多估计问题中[31-32]。此外，针对非线性非高斯系统的最优估计问题，还发展出粒子滤波（Particle Filter，PF）理论；针对系统模型和统计特性的不准确性，发展出鲁棒滤波和自适应滤波等[33-36]。

根据滤波器结构的不同，又可分为集中式卡尔曼滤波和联邦卡尔曼滤波。集中式的卡尔曼滤波器通常在系统维数较少时使用，随着导航设备和状态量的不断增加，集中式的卡尔曼滤波器进行数据优化处理时，会遇到“维数灾难”，计算缓慢，而且不利于故障的诊断和处理，当一个子系统出现故障时，将影响整个系统的工作。联邦卡尔曼滤波器在子系统较多的组合导航系统设计中具有较大的优势,它计算量小、计算速度快且具有较强的容错性能,便于对各导航子系统作故障检测和隔离,然而它仍然是基于单一模型的滤波,当系统或环境发生改变时,估计误差会增大,甚至发散[37,38]。

1.4 本章小结

本章首先论述了车载自主组合定位定向的研究意义,然后在回顾车辆导航定位发展历程的基础上指出了车载自主组合定位定向技术的发展方向,最后简要介绍了车载自主组合定位定向系统的基本组成,各子系统的工作原理、优缺点及组合导航的基本原理。

第2章

车载 SINS 的基本原理与误差分析

由于各种误差(器件误差、算法误差、初始条件误差)的影响,SINS 输出的姿态、速度和位置信息都存在误差。因此,通过一定方法分析各种误差对系统导航性能的影响就显得十分必要。SINS 的误差方程不仅是进行系统误差分析的基础,也是初始对准和组合导航的基础。本章在介绍车载导航常用坐标系和 SINS 的基本原理的基础上,推导 SINS 的误差方程,并分析了各误差源在静基座和旋转调制工作状态下的误差传播特性。

2.1 坐标系定义与姿态描述

2.1.1 常用坐标系介绍

载体的运动必然在一定的时空基准下进行,运动信息的给出都需要指明运动的参考坐标系。建立不同的参考坐标系是研究系统中不同部分运动的必要前提。车载定位定向系统中经常使用的坐标系主要有以下几种[39-45]。

1. 惯性坐标系(i 系)

惯性坐标系相对惯性空间静止或做匀速运动,用来表示适用牛顿定律的惯性空间,根据具体需要可以选择合适的原点。车载定位定向中惯性坐标系一般取地心惯性坐标系,该坐标系的原点定义在地球质心,OX_i 指向春分点,OZ_i 沿地球自转轴指向北极方向,OY_i 与 OX_i、OZ_i 成右手坐标系,OX_i、OY_i 均在赤道平面内,坐标轴相对惯性空间无转动。

2. 地球坐标系(e 系)

地球坐标系与地球固连,坐标原点位于地心,OZ_e 轴沿地轴指向北极,OX_e 轴与 OY_e 轴位于赤道平面内,OX_e 轴沿地心指向零度经线方向,OY_e 轴沿地心指向东经 90° 经线方向。该坐标系相对地心惯性坐标系以地球自转角速度旋转。

3. 地理坐标系(g 系)

地理坐标系原点位于载体质心,坐标轴通常按照“东、北、天”的顺序选取,即 OX_g轴与 OY_g轴位于当地水平面内分别指向东向和北向,OZ_g轴沿当地地垂线方向并指向天顶,因此 g 系又称为东北天(ENU)坐标系。

4. 地平坐标系(t 系)

地平坐标系与地理坐标系较为相似,OZ_t 轴均沿垂线方向,OX_t 轴与 OY_t 轴位于当地水平面内,不同之处在于:地平坐标系原点与载体质心重合,而 OY_t 轴始终沿载体前进方向,因此经常称其为航迹坐标系。

5. 导航坐标系(n 系)

导航坐标系是为了确定载体的位置和姿态而根据需要选取的导航基准坐标系。车载定位定向中通常将地理坐标系作为导航坐标系。如无特别说明,下文中的 n 系均指地理系(g 系)。

6. 载体坐标系(b 系)

载体坐标系与运动载体固连,坐标原点位于载体质心,对于不同类型的载体 3 个坐标轴的安排也有所不同。对于陆地载体(如车辆),OX_b 轴指向载体右侧,OY_b 轴沿载体纵轴方向指向前方,OZ_b 轴指向载体上方并与其他两轴构成右手坐标系。

7. IMU 坐标系(s 系)

坐标原点位于惯性测量组件(IMU)的重心,三轴指向惯性器件名义敏感轴的方向。一般情况下,在 IMU 相对 b 系无旋转的情况下,认为 s 系三轴指向与 b 系重合。

2.1.2　坐标变换与姿态

载体的运动可以理解为载体坐标系相对导航坐标系的平移和转动。假设初始时刻载体系与导航系重合,如果仅考虑载体坐标系相对导航坐标系的转动就是载体的姿态,载体的姿态可以通过姿态矩阵来描述。

运载体的空间姿态可以看作依次绕导航坐标系的航向轴、俯仰轴、横滚轴旋转得到,3 个转动的角称为欧拉转动角。定义 $\boldsymbol{C}_a^b$ 为坐标系 a 到坐标系 b 的变换矩阵,用以表示两个坐标系的旋转关系,运载体姿态矩阵就是通过 3 次转动的变换矩阵依次相乘获得。设 n 系到 b 系的转动如图 2 - 1 所示,3 个欧拉角依次为航向角 ψ、俯仰角 θ、横滚角 γ,根据附录 C 有

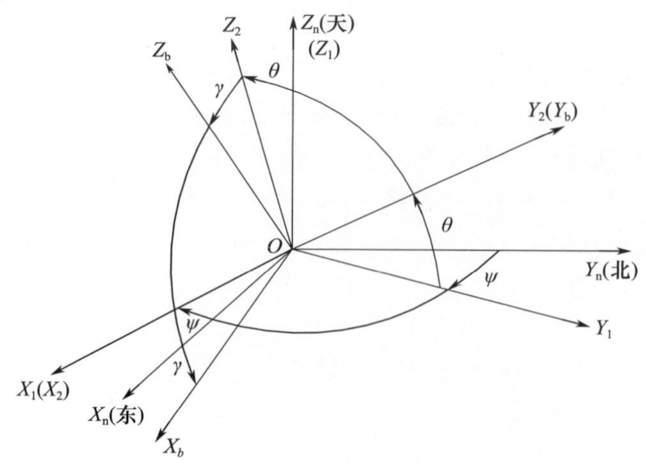

图 2-1　坐标变换关系

$$
\boldsymbol{C}_n^b = \begin{bmatrix} \cos\gamma & 0 & -\sin\gamma \\ 0 & 1 & 0 \\ \sin\gamma & 0 & \cos\gamma \end{bmatrix} \begin{bmatrix} 1 & 0 & 0 \\ 0 & \cos\theta & \sin\theta \\ 0 & -\sin\theta & \cos\theta \end{bmatrix} \begin{bmatrix} \cos\psi & -\sin\psi & 0 \\ \sin\psi & \cos\psi & 0 \\ 0 & 0 & 1 \end{bmatrix}
$$

$$
= \begin{bmatrix} \cos\gamma\cos\psi + \sin\gamma\sin\psi\sin\theta & -\cos\gamma\sin\psi + \sin\gamma\cos\psi\sin\theta & -\sin\gamma\cos\theta \\ \sin\psi\cos\theta & \cos\psi\cos\theta & \sin\theta \\ \sin\gamma\cos\psi - \cos\gamma\sin\psi\sin\theta & -\sin\gamma\sin\psi - \cos\gamma\cos\psi\sin\theta & \cos\gamma\cos\theta \end{bmatrix} \tag{2-1}
$$

3 个欧拉角 ψ、θ、γ 分别为载体姿态的航向角（0° ~ 360°）、俯仰角（-90° ~ +90°）和横滚角（-180° ~ +180°），而$\boldsymbol{C}_n^b$ 是姿态矩阵，通过$\boldsymbol{C}_n^b$ 可以求出姿态角。具体求解方法参见附录 C.2 节。

载体的姿态除了可以通过方向余弦矩阵$\boldsymbol{C}_n^b$ 来描述外，还可以用姿态四元数来表示。顾名思义，四元数是由 4 个元构成的数，它的表示方式为

$$
\boldsymbol{Q} = q_0 + q_1 i + q_2 j + q_3 k \tag{2-2}
$$

如果将图 2-1 所示的旋转认为是导航坐标系经过一次等效旋转后与载体坐标系重合，那么四元数 $\boldsymbol{Q}$ 包含了这种等效旋转的所有信息，并且四元数与姿态矩阵是一一对应的。通过式（2-3）可以根据姿态四元数计算出对应的姿态矩阵，即

$$
\boldsymbol{C}_b^n = \begin{bmatrix} q_0^2 + q_1^2 - q_2^2 - q_3^2 & 2(q_1q_2 - q_0q_3) & 2(q_1q_3 + q_0q_2) \\ 2(q_1q_2 + q_0q_3) & q_0^2 - q_1^2 + q_2^2 - q_3^2 & 2(q_2q_3 - q_0q_1) \\ 2(q_1q_3 - q_0q_2) & 2(q_2q_3 + q_0q_1) & q_0^2 - q_1^2 - q_2^2 + q_3^2 \end{bmatrix} \tag{2-3}
$$

四元数及姿态四元数的详细介绍参见附录 B 和附录 C。

2.2 SINS 的基本原理

在工程技术中,对于变形很小的物体或虽有变形但不影响整体运动的物体可以简化为刚体。车载惯性导航系统中,可以将车辆视为刚体,用载体坐标系 b 来表示。不受约束的自由刚体相对确定的参考坐标系有6个运动自由度,即刚体内任意点 O 的3个移动自由度和刚体绕 O 点的3个转动自由度。根据理论力学可知,自由运动的刚体上不同点的平动一般是不同的,但刚体绕 O 点的转动与 O 点的选取无关[46]。车载惯性导航中将 O 点选取为捷联惯组名义坐标系的原点,则车辆的运动可以视为车辆随 O 点的平动和绕 O 点的定点转动的合成运动。

2.2.1 比力方程

设 IMU 相对 i 系原点的位置矢量为 $\boldsymbol{R}$,其相对 i 系的速度矢量为 $\boldsymbol{U}$,相对 e 系的速度矢量为 $\boldsymbol{V}$。$\boldsymbol{V}$ 又称为地速。为在 n 系中对 $\boldsymbol{V}$ 进行解算,需要建立 $\boldsymbol{V}$ 在 n 系中微分与惯性器件测量结果之间的关系,然后根据相应的初值和测量结果递推积分得到实时的 $\boldsymbol{V}$。加速度计测量的是载体的绝对加速度在 b 系的分量,载体的位置和速度微分方程需要根据刚体随质心平动的动力学方程推导得到。

根据加速度计工作原理,有

$$\left.\frac{\mathrm{d}\boldsymbol{U}}{\mathrm{d}t}\right|_i=\left.\frac{\mathrm{d}^2\boldsymbol{R}}{\mathrm{d}t^2}\right|_i=\boldsymbol{f}+\boldsymbol{G} \tag{2-4}$$

式中:$\boldsymbol{f}$ 为加速度计测量的比力;$\boldsymbol{G}$ 为引力加速度矢量。

根据科里奥利定理有

$$\left.\frac{\mathrm{d}\boldsymbol{R}}{\mathrm{d}t}\right|_i=\left.\frac{\mathrm{d}\boldsymbol{R}}{\mathrm{d}t}\right|_e+\boldsymbol{\omega}_{ie}\times\boldsymbol{R} \tag{2-5}$$

即

$$\boldsymbol{U}=\boldsymbol{V}+\boldsymbol{\omega}_{ie}\times\boldsymbol{R} \tag{2-6}$$

对式(2-6)微分,得

$$\begin{aligned}\left.\frac{\mathrm{d}\boldsymbol{U}}{\mathrm{d}t}\right|_i&=\left.\frac{\mathrm{d}\boldsymbol{V}}{\mathrm{d}t}\right|_i+\boldsymbol{\omega}_{ie}\times\left.\frac{\mathrm{d}\boldsymbol{R}}{\mathrm{d}t}\right|_i+\left.\frac{\mathrm{d}\boldsymbol{\omega}_{ie}}{\mathrm{d}t}\right|_i\times\boldsymbol{R}\\&=\left.\frac{\mathrm{d}\boldsymbol{V}}{\mathrm{d}t}\right|_n+\boldsymbol{\omega}_{in}\times\boldsymbol{V}+\boldsymbol{\omega}_{ie}\times(\boldsymbol{V}+\boldsymbol{\omega}_{ie}\times\boldsymbol{R})+\left.\frac{\mathrm{d}\boldsymbol{\omega}_{ie}}{\mathrm{d}t}\right|_i\times\boldsymbol{R}\\&=\left.\frac{\mathrm{d}\boldsymbol{V}}{\mathrm{d}t}\right|_n+(\boldsymbol{\omega}_{in}+\boldsymbol{\omega}_{ie})\times\boldsymbol{V}+\boldsymbol{\omega}_{ie}\times\boldsymbol{\omega}_{ie}\times\boldsymbol{R}+\left.\frac{\mathrm{d}\boldsymbol{\omega}_{ie}}{\mathrm{d}t}\right|_i\times\boldsymbol{R}\end{aligned} \tag{2-7}$$

结合式(2－4)、式(2－7)，得

$$\left.\frac{\mathrm{d}\boldsymbol{V}}{\mathrm{d}t}\right|_n=\boldsymbol{f}+\boldsymbol{G}-(\boldsymbol{\omega}_{in}+\boldsymbol{\omega}_{ie})\times\boldsymbol{V}-\boldsymbol{\omega}_{ie}\times\boldsymbol{\omega}_{ie}\times\boldsymbol{R}-\left.\frac{\mathrm{d}\boldsymbol{\omega}_{ie}}{\mathrm{d}t}\right|_i\times\boldsymbol{R} \tag{2-8}$$

注意到重力矢量 $\boldsymbol{g}=\boldsymbol{G}-\boldsymbol{\omega}_{ie}\times\boldsymbol{\omega}_{ie}\times\boldsymbol{R}$，且地球自转角速度矢量 $\boldsymbol{\omega}_{ie}$ 变化很小，可以忽略，即有 $\left.\frac{\mathrm{d}\boldsymbol{\omega}_{ie}}{\mathrm{d}t}\right|_i=0$，则

$$\left.\frac{\mathrm{d}\boldsymbol{V}}{\mathrm{d}t}\right|_n=\boldsymbol{f}+\boldsymbol{g}-(\boldsymbol{\omega}_{in}+\boldsymbol{\omega}_{ie})\times\boldsymbol{V} \tag{2-9}$$

式(2－9)即地速微分与比力之间的关系表达式，称为比力方程。由于 $\boldsymbol{\omega}_{in}=\boldsymbol{\omega}_{ie}+\boldsymbol{\omega}_{en}$，因此比力方程也常表示成

$$\left.\frac{\mathrm{d}\boldsymbol{V}}{\mathrm{d}t}\right|_n=\boldsymbol{f}+\boldsymbol{g}-(2\boldsymbol{\omega}_{ie}+\boldsymbol{\omega}_{en})\times\boldsymbol{V} \tag{2-10}$$

设 $\boldsymbol{V}$ 在 n 系的坐标为 $\boldsymbol{V}^n=[V_E\quad V_N\quad V_U]^{\mathrm{T}}$，则式(2－10)为

$$\dot{\boldsymbol{V}}^n=\boldsymbol{C}_b^n\boldsymbol{f}^b+\boldsymbol{g}^n-(2\boldsymbol{\omega}_{ie}^n+\boldsymbol{\omega}_{en}^n)\times\boldsymbol{V}^n \tag{2-11}$$

式中：$\boldsymbol{\omega}_{ie}^n=[0\quad \omega_{ie}\cos L\quad \omega_{ie}\sin L]^{\mathrm{T}}$，$\boldsymbol{\omega}_{ie}$ 为地球自转角速度大小，L 为车辆所在地的纬度；$\boldsymbol{\omega}_{en}^n=[-V_N/R_M\quad V_E/R_N\quad V_E\tan L/R_N]^{\mathrm{T}}$，$R_M=a(1-e^2)(1-e^2\sin^2L)^{-3/2}$ 为地球子午圈曲率半径，$R_N=a(1-e^2\sin^2L)^{-1/2}$ 为地球卯酉圈曲率半径，a 为地球椭球体长半轴长度，e 为地球椭球体的第一偏心率；$\boldsymbol{g}^n=[0\quad 0\quad -g]$，$g$ 为载体所在位置的重力加速度大小，是纬度 L 和高度 h 的函数；$\boldsymbol{f}^b$ 为比力在 b 系的坐标，通过加速度计测量得到。

如果知道车辆初始位置和速度，结合 $\boldsymbol{f}^b$ 的测量值对式(2－11)进行数值积分即可递推得到车辆的实时速度。由于加速度计测量得到的是比力在 b 系的分量，因此对比力方程积分前，还应先获得姿态矩阵 $\boldsymbol{C}_b^n$ 以将比力在 b 系的坐标变换到 n 系。

2.2.2 姿态矩阵微分方程

假设动坐标系(b 系)和参考坐标系(i 系)具有共同的原点，b 系相对于 i 系转动的角速度为 $\boldsymbol{\omega}_{ib}$，从 i 系到 b 系的坐标系变换矩阵记为 $\boldsymbol{C}_b^i$，它是时变矩阵，再假设在 i 系中有一矢量 $\boldsymbol{r}$，则矢量 $\boldsymbol{r}$ 在两坐标系下投影的转换关系(即坐标变换)为

$$\boldsymbol{r}^i=\boldsymbol{C}_b^i\boldsymbol{r}^b \tag{2-12}$$

将上式两边同时微分，得

$$\dot{\boldsymbol{r}}^i=\boldsymbol{C}_b^i\dot{\boldsymbol{r}}^b+\dot{\boldsymbol{C}}_b^i r^b \tag{2-13}$$

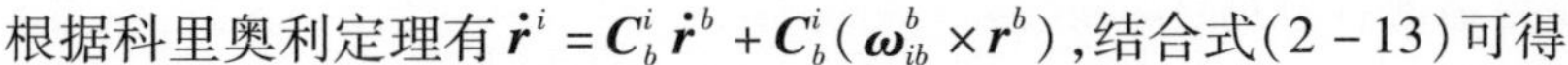

根据科里奥利定理有 $\dot{\boldsymbol{r}}^i = \boldsymbol{C}_b^i \dot{\boldsymbol{r}}^b + \boldsymbol{C}_b^i(\boldsymbol{\omega}_{ib}^b \times \boldsymbol{r}^b)$，结合式(2-13)可得

$$\dot{\boldsymbol{C}}_b^i \boldsymbol{r}^b = \boldsymbol{C}_b^i(\boldsymbol{\omega}_{ib}^b \times \boldsymbol{r}^b) = \boldsymbol{C}_b^i(\boldsymbol{\omega}_{ib}^b \times)\boldsymbol{r}^b \tag{2-14}$$

由于式(2-14)对于任意矢量 $\boldsymbol{r}$ 都成立，所以必定有

$$\dot{\boldsymbol{C}}_b^i = \boldsymbol{C}_b^i(\boldsymbol{\omega}_{ib}^b \times) \tag{2-15}$$

这便是方向余弦矩阵微分方程，或称为姿态矩阵微分方程，它建立了动坐标系相对于参考坐标系之间方向余弦矩阵与动坐标系运动角速度之间的关系。

此外，通过矢量运算关系

$$\boldsymbol{\omega}_{ib}^i \times \boldsymbol{r}^i = \boldsymbol{C}_b^i(\boldsymbol{\omega}_{ib}^b \times \boldsymbol{r}^b) = \boldsymbol{C}_b^i(\boldsymbol{\omega}_{ib}^b \times)\boldsymbol{r}^b = \boldsymbol{C}_b^i(\boldsymbol{\omega}_{ib}^b \times)\boldsymbol{C}_i^b \boldsymbol{r}^i$$

可得反对称阵的相似变换公式为

$$(\boldsymbol{\omega}_{ib}^i \times) = \boldsymbol{C}_b^i(\boldsymbol{\omega}_{ib}^b \times)\boldsymbol{C}_i^b \tag{2-16}$$

根据式(2-15)和式(2-16)，并考虑到 $\boldsymbol{C}_b^i$ 是单位正交阵，即有 $(\boldsymbol{C}_b^i)^{-1} = (\boldsymbol{C}_b^i)^{\mathrm{T}} = \boldsymbol{C}_i^b$，容易证明以下 4 种方向余弦矩阵微分方程是相互等价的。

$$\dot{\boldsymbol{C}}_b^i = \boldsymbol{C}_b^i(\boldsymbol{\omega}_{ib}^b \times)$$

$$\dot{\boldsymbol{C}}_b^i = (\boldsymbol{\omega}_{ib}^i \times)\boldsymbol{C}_b^i$$

$$\dot{\boldsymbol{C}}_i^b = (\boldsymbol{\omega}_{bi}^b \times)\boldsymbol{C}_i^b$$

$$\dot{\boldsymbol{C}}_i^b = \boldsymbol{C}_i^b(\boldsymbol{\omega}_{bi}^i \times)$$

注意到式(2-15)的推导并不要求参考坐标系为惯性系，若参考坐标系为导航系 n，则有

$$\dot{\boldsymbol{C}}_b^n = \boldsymbol{C}_b^n(\boldsymbol{\omega}_{nb}^b \times) \tag{2-17}$$

考虑到 $\boldsymbol{\omega}_{nb}^b = \boldsymbol{\omega}_{ib}^b - \boldsymbol{\omega}_{in}^b = \boldsymbol{\omega}_{ib}^b - \boldsymbol{C}_n^i \boldsymbol{\omega}_{in}^n$，因此有

$$\dot{\boldsymbol{C}}_b^n = \boldsymbol{C}_b^n(\boldsymbol{\omega}_{ib}^b \times) - \boldsymbol{C}_b^n(\boldsymbol{\omega}_{in}^b \times) = \boldsymbol{C}_b^n(\boldsymbol{\omega}_{ib}^b \times) - (\boldsymbol{\omega}_{in}^n \times)\boldsymbol{C}_b^n \tag{2-18}$$

如果知道 $\boldsymbol{C}_b^n$ 的初始值，结合陀螺仪测得的 $\boldsymbol{\omega}_{ib}^b$，对式(2-18)进行数值积分，即可得到姿态矩阵的实时值。

2.2.3　导航解算

导航解算即根据陀螺仪和加速度计测量值实时计算载体姿态、速度、位置的过程。陀螺和加速度计固连在载体上，分别用来测量载体相对惯性坐标系的转动角速度信息 $\boldsymbol{\omega}_{ib}^b$ 和相对于载体固连轴系的比力测量值 $\boldsymbol{f}^b$，计算机根据测量值和前一时刻计算值，对姿态微分方程积分实现姿态更新，对比力方程积分实现速度更新，对速度积分实现位置更新。整个过程如图 2-2 所示，图中上标 ~ 表示带

误差的测量值或计算值。

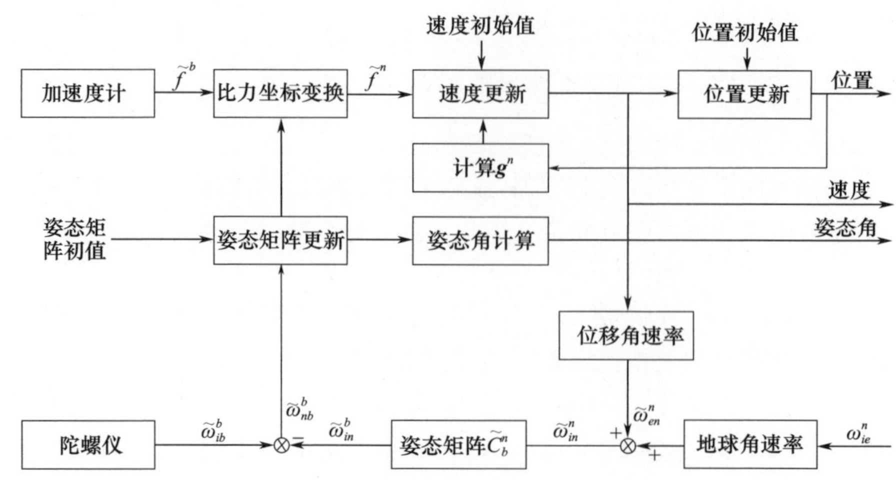

图 2－2　捷联惯导系统导航解算原理框图

从图 2－2 可以看出，SINS 的导航解算主要包括初值确定、姿态更新、速度更新、位置更新等方面，下面具体加以说明。

1. 初值确定

从上文论述可以看出，导航解算本质上是一个积分过程，任何积分过程都需要知道积分的初始值。对 SINS 而言，主要是确定载体的位置、初始速度和初始姿态。载体的初始位置一般通过其他辅助定位手段获取，如大地测量、GPS、无线电定位系统等。载体的初始速度可以通过 GPS 测速、测速仪等设备获取，对车辆而言，一般从静止状态开始导航，此时初始速度为零。相对而言，载体的初始位置和速度确定起来比较容易。而载体的初始姿态一般不易通过外界辅助手段获取，确定起来相对比较困难，因此载体初始姿态的确定（即初始对准）成为 SINS 的关键技术之一，第 4 章将对此展开详细研究。

2. 姿态更新

车辆绕 O 点的定点转动与 O 点的平动无关，而转速可以通过惯导中的 3 个陀螺仪加以测量，因此导航解算中先进行姿态更新确定载体的姿态和维持“数学平台”，然后在导航坐标系中进行速度和位置更新。即：在捷联式惯导系统中，导航计算机先积分角速度得到载体姿态；利用得到的姿态信息将加速度变换到合适的导航坐标系，然后进行积分得到载体的速度信息；对速度进行积分得到载体的位置信息。可见，捷联惯导必须根据陀螺输出的角速度计算并维持一个“数学平台”，该数学平台是由加速度计输出积分获得速度、位置信息的参考基准，其作用相当于平台式导航系统中的机械平台。显而易见，姿态更新算法在捷联式系统中的地位至关重要。

在捷联惯导系统中进行姿态更新的常用算法有欧拉角法、方向余弦法、四元数法和等效旋转矢量法等。欧拉角法概念容易理解，但是方程中含有三角运算，在俯仰角接近 90°时方程出现退化现象，只适用于水平姿态变化不大的情况；方向余弦法避免了欧拉角法中的退化问题，但在求解过程中需要求解 9 个未知量的微分方程组，计算量大；四元数法是旋转矢量法中的单子样算法，只需要求解 4 个未知量的线性微分方程组，计算量比方向余弦法小，且算法简单，适用于低动态运载体的姿态解算。旋转矢量法采用多子样算法对不可交换性误差做有效补偿，特别适合于角运动频繁激烈或严重角振动的运载体的姿态更新。姿态更新的精度对导航系统的性能有重要影响，因此在第 3 章将对姿态更新算法作进一步详细分析。

3. 速度更新

在捷联惯导系统中，陀螺仪和加速度计直接固连在运动体上，直接承受载体的角运动和线运动的干扰。在较恶劣的动态环境中，由加速度计输出的速度增量进行速度更新时存在划船误差，直接影响捷联系统的精度，因此速度更新算法的重点是划船误差的补偿问题。由于速度更新中的划船误差和姿态更新中的圆锥误差存在对偶关系，因此可以根据对偶原理，由圆锥误差补偿算法导出相应的划船误差补偿算法，第 3 章将对此进行详细论述。

4. 位置更新

根据几何关系可得位置微分方程为

$$\begin{cases}\dot{L}=\dfrac{V_N}{R_M+h}\\ \dot{\lambda}=\dfrac{V_E\sec L}{R_N+h}\\ \dot{h}=V_U\end{cases}\tag{2-19}$$

则位置更新的一阶近似公式为

$$\begin{cases}L_m=L_{m-1}+\dfrac{V_{Nm-1}}{R_{Mm-1}+h_{m-1}}\Delta t\\ \lambda_m=\lambda_{m-1}+\dfrac{V_{Em-1}\sec L_{m-1}}{R_{Nm-1}+h_{m-1}}\Delta t\\ h_m=h_{m-1}+V_{Um-1}\Delta t\end{cases}\tag{2-20}$$

式中：下标 $m-1$ 为 $m-1$ 次更新计算结果，m 为第 m 次更新计算结果；Δt 为更新时间间隔。

与捷联惯导姿态更新和速度更新算法相比，其位置更新算法引起的误差一般比较小，一般情况下采用上述简单递推计算公式即可满足要求。

2.3 SINS 的误差方程

2.3.1 惯性器件测量误差模型

1. 陀螺误差模型

陀螺仪用于测量载体的角运动参数，获得机体坐标系相对于惯性坐标系的旋转角速度$\boldsymbol{\omega}_{ib}^{b}$，根据大量的统计规律，可以认为陀螺仪误差主要由以下三部分构成[47]，即

$$\boldsymbol{\varepsilon}^{b}=\boldsymbol{\varepsilon}_{\mathrm{c}}+\boldsymbol{\varepsilon}_{\mathrm{r}}+\boldsymbol{\omega}_{\mathrm{g}} \tag{2-21}$$

式中：$\boldsymbol{\varepsilon}_{\mathrm{c}}$ 为陀螺随机常值漂移；$\boldsymbol{\omega}_{\mathrm{g}}$ 为随机白噪声漂移；$\boldsymbol{\varepsilon}_{\mathrm{r}}$ 为随机一阶马尔可夫过程漂移，其数学模型为

$$\dot{\boldsymbol{\varepsilon}}_{\mathrm{r}}=-\frac{1}{T_{\mathrm{gr}}}\boldsymbol{\varepsilon}_{\mathrm{r}}+\boldsymbol{\omega}_{\mathrm{gr}} \tag{2-22}$$

式中：T_{gr}为马尔可夫过程的相关时间；$\boldsymbol{\omega}_{\mathrm{r}}$ 为均方差为$\boldsymbol{\sigma}_{\mathrm{gr}}^{2}$的马尔可夫驱动白噪声。

捷联惯导系统中，由于陀螺仪直接安装在载体上，其感受到的是载体坐标系中的误差$\boldsymbol{\varepsilon}^{b}$，必须将其转化为导航坐标系中误差$\boldsymbol{\varepsilon}^{n}=\boldsymbol{C}_{b}^{n}\boldsymbol{\varepsilon}^{b}$ 后方可使用。

2. 加速度计误差模型

加速度计误差模型表示为

$$\nabla^{b}=\nabla_{\mathrm{c}}+\nabla_{\mathrm{r}}+\boldsymbol{\omega}_{\mathrm{a}} \tag{2-23}$$

式中：∇_{c}为加速度计随机常值零偏；$\boldsymbol{\omega}_{\mathrm{a}}$ 为随机白噪声漂移；∇_{r}为随机一阶马尔可夫过程漂移，其数学模型为

$$\dot{\nabla}_{\mathrm{r}}=-\frac{1}{T_{\mathrm{ar}}}\nabla_{\mathrm{r}}+\boldsymbol{\omega}_{\mathrm{ar}} \tag{2-24}$$

式中：T_{ar}为马尔可夫过程的相关时间；$\boldsymbol{\omega}_{\mathrm{ar}}$ 为均方差为σ_{ar}^{2}的马尔可夫驱动白噪声。

加速度计和陀螺一样也安装在载体上，需要将载体坐标系中的误差∇^{b}转换为导航坐标系中误差$\nabla^{n}=C_{b}^{n}\nabla^{b}$后方可使用。

陀螺测量误差和加速度计测量误差中都包含安装误差、刻度因子误差和随机误差，安装误差和刻度因子误差容易测出并予以补偿。假定初始对准模型中惯性导航系统已经经过标定，考虑初始对准时间较短，将加速度计误差模型和陀螺误差模型近似为随机常值加白噪声，即

$$\boldsymbol{\varepsilon}^b=\begin{bmatrix}\varepsilon_{\mathrm{cx}}\\ \varepsilon_{\mathrm{cy}}\\ \varepsilon_{\mathrm{cz}}\end{bmatrix}+\begin{bmatrix}\omega_{\mathrm{gx}}\\ \omega_{\mathrm{gy}}\\ \omega_{\mathrm{gz}}\end{bmatrix}=\boldsymbol{\varepsilon}_{\mathrm{c}}^b+\boldsymbol{\omega}_{\mathrm{g}}^b \tag{2-25}$$

$$\boldsymbol{\nabla}^b=\begin{bmatrix}\nabla_{\mathrm{cx}}\\ \nabla_{\mathrm{cy}}\\ \nabla_{\mathrm{cz}}\end{bmatrix}+\begin{bmatrix}\omega_{\mathrm{az}}\\ \omega_{\mathrm{ay}}\\ \omega_{\mathrm{az}}\end{bmatrix}=\nabla_{\mathrm{c}}^b+\boldsymbol{\omega}_{\mathrm{a}}^b \tag{2-26}$$

且有

$$\dot{\boldsymbol{\varepsilon}}_{\mathrm{c}}^b=\begin{bmatrix}\dot{\varepsilon}_{\mathrm{cx}} & \dot{\varepsilon}_{\mathrm{cy}} & \dot{\varepsilon}_{\mathrm{cz}}\end{bmatrix}^{\mathrm{T}}=0 \tag{2-27}$$

$$\dot{\boldsymbol{\nabla}}_c^b=\begin{bmatrix}\dot{\nabla}_{\mathrm{cx}} & \dot{\nabla}_{\mathrm{cy}} & \dot{\nabla}_{\mathrm{cz}}\end{bmatrix}^{\mathrm{T}}=0 \tag{2-28}$$

设$\boldsymbol{\varepsilon}^n=[\varepsilon_E \quad \varepsilon_N \quad \varepsilon_U]^{\mathrm{T}}$为导航坐标系上等效陀螺漂移向量，三轴陀螺漂移在导航坐标系上的投影为

$$\boldsymbol{\varepsilon}^n=\boldsymbol{C}_b^n\boldsymbol{\varepsilon}^b=\boldsymbol{C}_{\mathrm{b}}^n\boldsymbol{\varepsilon}_{\mathrm{c}}^b+\boldsymbol{C}_b^n\boldsymbol{\omega}_{\mathrm{g}}^b \tag{2-29}$$

$\boldsymbol{\nabla}^n=[\nabla_E \quad \nabla_N \quad \nabla_U]^{\mathrm{T}}$为导航坐标系上等效加速度计零偏向量，三轴加速度计零偏在导航坐标系上的投影为

$$\boldsymbol{\nabla}^n=\boldsymbol{C}_b^n\nabla^b=\boldsymbol{C}_b^n\nabla_{\mathrm{c}}^b+\boldsymbol{C}_b^n\boldsymbol{\omega}_{\mathrm{a}}^b \tag{2-30}$$

2.3.2　姿态误差方程

1. 姿态误差的定义

为了更好地描述各姿态误差定义及其相互关系，定义两个新的坐标系。

计算导航坐标系（c 系）：如前所述，导航坐标系 n 取地理坐标系 g，而地理坐标系是随载体运动变化的一个坐标系，由载体在地球上的位置所确定；载体的位置由导航计算机解算出来，由于各种误差的存在，一般情况下计算出的位置与载体的实际位置不一致，通常把与计算位置对应的地理坐标系称为计算导航坐标系（c 系），把与载体实际位置对应的地理坐标系仍称为导航坐标系（n 系）。n 系与 c 系的偏差与位置误差有关。

捷联平台坐标系（n'系或 p 系）：将与计算得到的姿态矩阵$\hat{\boldsymbol{C}}_b^n$ 对应的坐标系称为捷联平台坐标系 n'，即有$\boldsymbol{C}_b^{n'}=\hat{\boldsymbol{C}}_b^n$。真实姿态矩阵$\boldsymbol{C}_b^n$ 描述了 b 系与 n 系之间的变换关系，$\hat{\boldsymbol{C}}_b^n$ 则描述了 b 系与 n'系之间的变换关系。n'系与平台惯导中的实际平台坐标系 p 相对应，可视为 SINS 系统建立的捷联平台，因此也可称为 p 系。

定义纬度误差 $\delta L = L_c - L$，经度误差 $\delta\lambda = \lambda_c - \lambda$，经纬度误差使 n 系与 c 系之间存在微小偏差。根据地理坐标系的定义，n 系和 c 系与 e 系之间的 DCM 矩阵分别为

$$\boldsymbol{C}_e^c = \begin{bmatrix} -\sin\lambda_c & \cos\lambda_c & 0 \\ -\sin L_c\cos\lambda_c & -\sin L_c\sin\lambda_c & \cos L_c \\ \cos L_c\cos\lambda_c & \cos L_c\sin\lambda_c & \sin L_c \end{bmatrix} \tag{2-31}$$

$$\boldsymbol{C}_n^e = \begin{bmatrix} -\sin\lambda & -\sin L\cos\lambda & \cos L\cos\lambda \\ \cos\lambda & -\sin L\sin\lambda & \cos L\sin\lambda \\ 0 & \cos L & \sin L \end{bmatrix} \tag{2-32}$$

则 n 系与 c 系之间的 DCM 矩阵为

$$\boldsymbol{C}_n^c = \boldsymbol{C}_e^c\,\boldsymbol{C}_n^e = \begin{bmatrix} -\sin\lambda_c & \cos\lambda_c & 0 \\ -\sin L_c\cos\lambda_c & -\sin L_c\sin\lambda_c & \cos L_c \\ \cos L_c\cos\lambda_c & \cos L_c\sin\lambda_c & \sin L_c \end{bmatrix}\begin{bmatrix} -\sin\lambda & -\sin L\cos\lambda & \cos L\cos\lambda \\ \cos\lambda & -\sin L\sin\lambda & \cos L\sin\lambda \\ 0 & \cos L & \sin L \end{bmatrix}$$

$$\approx \begin{bmatrix} 1 & \delta\lambda\sin L & -\delta\lambda\cos L \\ -\delta\lambda\sin L & 1 & -\delta L \\ \delta\lambda\cos L & \delta L & 1 \end{bmatrix} = \boldsymbol{I} - \delta\boldsymbol{\theta}^n \times \tag{2-33}$$

式中：$\delta\boldsymbol{\theta}$ 为 c 系相对 n 系的失准角矢量。根据附录 C 可知

$$\delta\boldsymbol{\theta}^n = \begin{bmatrix} -\delta L \\ \delta\lambda\cos L \\ \delta\lambda\sin L \end{bmatrix} \tag{2-34}$$

设 p 系相对 n 系的失准角矢量为 $\boldsymbol{\phi}$，p 系相对 c 系的失准角矢量为 $\boldsymbol{\psi}$，则分别有

$$\boldsymbol{C}_n^p = (\boldsymbol{I} + \boldsymbol{\phi}^n \times)^{\mathrm{T}} = \boldsymbol{I} - \boldsymbol{\phi}^n \times \tag{2-35}$$

$$\boldsymbol{C}_c^p = \boldsymbol{I} - \psi^c \times \tag{2-36}$$

由变换关系 $\boldsymbol{C}_n^p = \boldsymbol{C}_c^p\,\boldsymbol{C}_n^c$，结合式(2-33)、式(2-35)、式(2-36)，只保留一阶小量可得

$$\boldsymbol{\phi} = \boldsymbol{\psi} + \delta\boldsymbol{\theta} \tag{2-37}$$

常称 $\boldsymbol{\phi}$ 和 $\boldsymbol{\psi}$ 为姿态失准角，其微分方程分别称为 $\boldsymbol{\phi}$ 角误差方程和 $\boldsymbol{\psi}$ 角误差方程。

对 $\boldsymbol{\phi}$、$\boldsymbol{\psi}$ 和 $\delta\boldsymbol{\theta}$ 而言，仅保留一阶小量时，满足

$$\boldsymbol{\phi}^n = \boldsymbol{\phi}^c = \boldsymbol{\phi}^p$$

$$\boldsymbol{\psi}^n = \boldsymbol{\psi}^c = \boldsymbol{\psi}^p$$

$$\delta\boldsymbol{\theta}^n = \delta\boldsymbol{\theta}^c = \delta\boldsymbol{\theta}^p$$

根据式(2-33)、式(2-35)、式(2-36)，结合姿态矩阵微分方程还可得到

$$\boldsymbol{\omega}_{nc}^{n}=\delta\dot{\boldsymbol{\theta}}^{n}$$

$$\boldsymbol{\omega}_{np}^{n}=\dot{\boldsymbol{\phi}}^{n}$$

$$\boldsymbol{\omega}_{cp}^{c}=\dot{\boldsymbol{\psi}}^{c} \tag{2-38}$$

2. $\boldsymbol{\phi}$ 角误差方程

不存在误差时,姿态更新按照式(2 - 18)进行,得到的式姿态矩阵$\boldsymbol{C}_b^n$。实际上,由于误差的存在,更新得到的是$\boldsymbol{C}_b^n$ 的近似值$\hat{\boldsymbol{C}}_b^n=\boldsymbol{C}_b^p$,其微分方程为

$$\begin{aligned}\dot{\boldsymbol{C}}_b^p&=\boldsymbol{C}_b^p\,\tilde{\boldsymbol{\omega}}_{ib}^{b}\times-\hat{\boldsymbol{\omega}}_{in}^{n}\times\boldsymbol{C}_b^p\\&=\boldsymbol{C}_b^p(\boldsymbol{\omega}_{ib}^{b}\times+\boldsymbol{\varepsilon}^{b}\times)-\hat{\boldsymbol{\omega}}_{in}^{n}\times\boldsymbol{C}_b^p\\&=\boldsymbol{C}_b^p(\boldsymbol{\omega}_{ib}^{b}\times+\boldsymbol{\varepsilon}^{b}\times)-(\boldsymbol{\omega}_{in}^{n}+\delta\boldsymbol{\omega}_{in}^{n})\times\boldsymbol{C}_b^p\end{aligned} \tag{2-39}$$

其中:

$$\boldsymbol{\omega}_{in}^{n}=\boldsymbol{\omega}_{ie}^{n}+\boldsymbol{\omega}_{en}^{n}=\begin{bmatrix}-\dot{L}\\\dot{\lambda}\cos L+\omega_{ie}\cos L\\\dot{\lambda}\sin L+\omega_{ie}\sin L\end{bmatrix}$$

$$\hat{\boldsymbol{\omega}}_{in}^{n}=\boldsymbol{\omega}_{ic}^{c}=\boldsymbol{\omega}_{ie}^{c}+\boldsymbol{\omega}_{ec}^{c}=\begin{bmatrix}-\dot{L}_c\\\dot{\lambda}_c\cos L_c+\omega_{ie}\cos L_c\\\dot{\lambda}_c\sin L_c+\omega_{ie}\sin L_c\end{bmatrix}$$

$$\delta\boldsymbol{\omega}_{in}^{n}=\hat{\boldsymbol{\omega}}_{in}^{n}-\boldsymbol{\omega}_{in}^{n}$$

根据坐标变换关系,有

$$\boldsymbol{C}_b^p=\boldsymbol{C}_n^p\,\boldsymbol{C}_b^n=(\boldsymbol{I}-\boldsymbol{\phi}^n\times)\boldsymbol{C}_b^n \tag{2-40}$$

对式(2 - 40)进行微分,可得

$$\dot{\boldsymbol{C}}_b^p=(-\dot{\boldsymbol{\phi}}^n\times)\boldsymbol{C}_b^n+\boldsymbol{C}_n^p\dot{\boldsymbol{C}}_b^n \tag{2-41}$$

$$\begin{aligned}(\dot{\boldsymbol{\phi}}^n\times)\boldsymbol{C}_b^n&=\boldsymbol{C}_n^p\dot{\boldsymbol{C}}_b^n-\dot{\boldsymbol{C}}_b^p\\&=\boldsymbol{C}_n^p\,\boldsymbol{C}_b^n(\boldsymbol{\omega}_{ib}^{b}\times)-\boldsymbol{C}_n^p\,\boldsymbol{\omega}_{in}^{n}\times\boldsymbol{C}_b^n-\boldsymbol{C}_b^p(\boldsymbol{\omega}_{ib}^{b}\times+\boldsymbol{\varepsilon}^{b}\times)+(\boldsymbol{\omega}_{in}^{n}+\delta\boldsymbol{\omega}_{in}^{n})\times\boldsymbol{C}_b^p\\&=-(\boldsymbol{I}-\boldsymbol{\phi}^n\times)\boldsymbol{\omega}_{in}^{n}\times\boldsymbol{C}_b^n-(\boldsymbol{I}-\boldsymbol{\phi}^n\times)\boldsymbol{C}_b^n(\boldsymbol{\varepsilon}^{b}\times)+(\boldsymbol{\omega}_{in}^{n}+\delta\boldsymbol{\omega}_{in}^{n})\times(\boldsymbol{I}-\boldsymbol{\phi}^n\times)\boldsymbol{C}_b^n\\&\approx\boldsymbol{\phi}^n\times\boldsymbol{\omega}_{in}^{n}\times\boldsymbol{C}_b^n-\boldsymbol{C}_b^n(\boldsymbol{\varepsilon}^{b}\times)-\boldsymbol{\omega}_{in}^{n}\times\boldsymbol{\phi}^n\times\boldsymbol{C}_b^n+\delta\boldsymbol{\omega}_{in}^{n}\times\boldsymbol{C}_b^n\end{aligned} \tag{2-42}$$

即

$$\dot{\boldsymbol{\phi}}^n\times=(\boldsymbol{\phi}^n\times\boldsymbol{\omega}_{in}^{n}\times-\boldsymbol{\omega}_{in}^{n}\times\boldsymbol{\phi}^n\times)-\boldsymbol{C}_b^n(\boldsymbol{\varepsilon}^{b}\times)\boldsymbol{C}_n^b+\delta\boldsymbol{\omega}_{in}^{n}\times$$

$$=(\boldsymbol{\phi}^n\times\boldsymbol{\omega}_{in}^n)\times-(\boldsymbol{C}_b^n\boldsymbol{\varepsilon}^b)\times+\delta\boldsymbol{\omega}_{in}^n\times \tag{2-43}$$

从而可得

$$\dot{\boldsymbol{\phi}}^n=-\boldsymbol{\omega}_{in}^n\times\boldsymbol{\phi}^n-\boldsymbol{C}_b^n\boldsymbol{\varepsilon}^b+\delta\boldsymbol{\omega}_{in}^n \tag{2-44}$$

式(2-44)即 $\boldsymbol{\phi}$ 角姿态误差方程。

3. ψ 角误差方程

根据式(2-37)可得

$$\dot{\boldsymbol{\psi}}^n=\dot{\boldsymbol{\phi}}^n-\delta\dot{\boldsymbol{\theta}}^n \tag{2-45}$$

又

$$\begin{aligned}\delta\dot{\boldsymbol{\theta}}^n&=\boldsymbol{\omega}_{nc}^n=\boldsymbol{\omega}_{ic}^n-\boldsymbol{\omega}_{in}^n=(\boldsymbol{I}+\delta\boldsymbol{\theta}^n\times)\boldsymbol{\omega}_{ic}^c-\boldsymbol{\omega}_{in}^n=(\boldsymbol{I}+\delta\boldsymbol{\theta}^n\times)\hat{\boldsymbol{\omega}}_{in}^n-\boldsymbol{\omega}_{in}^n\\&=\delta\boldsymbol{\theta}^n\times\hat{\boldsymbol{\omega}}_{in}^n+\delta\boldsymbol{\omega}_{in}^n\end{aligned} \tag{2-46}$$

将式(2-44)、式(2-46)代入式(2-45)得

$$\begin{aligned}\dot{\boldsymbol{\psi}}^n&=-\boldsymbol{\omega}_{in}^n\times(\boldsymbol{\phi}^n-\delta\boldsymbol{\theta}^n)-\boldsymbol{C}_b^n\boldsymbol{\varepsilon}^b-\delta\boldsymbol{\theta}^n\times\delta\boldsymbol{\omega}_{in}^n\\&\approx-\boldsymbol{\omega}_{in}^n\times\boldsymbol{\psi}^n-\boldsymbol{C}_b^n\boldsymbol{\varepsilon}^b\end{aligned} \tag{2-47}$$

式(2-47)即 ψ 角姿态误差方程。

2.3.3 速度误差方程

1. 与 ϕ 角对应的速度误差方程

根据比力方程,理想导航方程可表达为

$$\dot{\boldsymbol{V}}^n=\boldsymbol{C}_b^n\boldsymbol{f}^b-(2\boldsymbol{\omega}_{ie}^n+\boldsymbol{\omega}_{en}^n)\times\boldsymbol{V}^n+\boldsymbol{g}^n \tag{2-48}$$

实际计算过程中真实的导航方程表达为

$$\dot{\hat{\boldsymbol{V}}}^n=\boldsymbol{C}_b^p\tilde{\boldsymbol{f}}^b-(2\hat{\boldsymbol{\omega}}_{ie}^n+\hat{\boldsymbol{\omega}}_{en}^n)\times\hat{\boldsymbol{V}}^n+\hat{\boldsymbol{g}}^n \tag{2-49}$$

式中:$\hat{\boldsymbol{V}}^n=\boldsymbol{V}^n+\delta\boldsymbol{V}^n$;$\hat{\boldsymbol{\omega}}_{ie}^n=\boldsymbol{\omega}_{ie}^n+\delta\boldsymbol{\omega}_{ie}^n$;$\hat{\boldsymbol{\omega}}_{en}^n=\boldsymbol{\omega}_{en}^n+\delta\boldsymbol{\omega}_{en}^n$;$\tilde{\boldsymbol{f}}^b=\boldsymbol{f}^b+\nabla^b$;$\hat{\boldsymbol{g}}^n=\boldsymbol{g}^n+\delta\boldsymbol{g}^n$。

令式(2-49)减去式(2-48),忽略其中2阶小量,可以得到速度误差方程为

$$\begin{aligned}\delta\dot{\boldsymbol{V}}^n=&-\boldsymbol{\phi}^n\times\boldsymbol{C}_b^n\boldsymbol{f}^b-(2\boldsymbol{\omega}_{ie}^n+\boldsymbol{\omega}_{en}^n)\times\delta\boldsymbol{V}^n-(2\delta\boldsymbol{\omega}_{ie}^n+\delta\boldsymbol{\omega}_{en}^n)\times\\&\boldsymbol{V}^n+\boldsymbol{C}_b^n\nabla^b+\delta\boldsymbol{g}^n\end{aligned} \tag{2-50}$$

式(2-50)即为SINS与 $\boldsymbol{\phi}$ 角对应的速度误差方程。

2. 与 ψ 角对应的速度误差方程

若以 c 系为导航坐标系,则理想的比力方程为

$$\dot{\boldsymbol{V}}^c=\boldsymbol{C}_b^c\boldsymbol{f}^b-(2\boldsymbol{\omega}_{ie}^c+\boldsymbol{\omega}_{ec}^c)\times\boldsymbol{V}^c+\boldsymbol{g}^c \tag{2-51}$$

实际计算式为式(2-49)，考虑到$\hat{\boldsymbol{\omega}}_{ie}^{n}=\boldsymbol{\omega}_{ie}^{c}$，$\hat{\boldsymbol{\omega}}_{en}^{n}=\boldsymbol{\omega}_{ec}^{c}$，式(2-49)可写为

$$\dot{\hat{\boldsymbol{V}}}^{n}=\boldsymbol{C}_{b}^{p}\tilde{\boldsymbol{f}}^{b}-(2\boldsymbol{\omega}_{ie}^{c}+\boldsymbol{\omega}_{ec}^{c})\times\hat{\boldsymbol{V}}^{n}+\hat{\boldsymbol{g}}^{c} \tag{2-52}$$

式中：$\hat{\boldsymbol{V}}^{n}=\boldsymbol{V}^{c}+\delta\boldsymbol{V}^{c}$；$\hat{\boldsymbol{g}}^{c}=\boldsymbol{g}^{c}+\delta\boldsymbol{g}^{c}$。

令式(2-52)减去式(2-51)，忽略其中 2 阶小量，可得

$$\delta\dot{\boldsymbol{V}}^{c}=-\boldsymbol{\psi}^{c}\times\boldsymbol{C}_{b}^{c}\boldsymbol{f}^{b}-(2\boldsymbol{\omega}_{ie}^{c}+\boldsymbol{\omega}_{ec}^{c})\times\delta\boldsymbol{V}^{c}+\boldsymbol{C}_{b}^{c}\nabla^{b}+\delta\boldsymbol{g}^{c} \tag{2-53}$$

式(2-53)即 SINS 与 ψ 角对应的速度误差方程。

3. 误差方程的进一步讨论

(1) 从速度误差方程的推导过程可以看出，二者的实际计算方程是一致的，不同之外在于速度的理论计算方程。实际上对于姿态误差也是如此，姿态更新的实际方程是式(2-39)，对 $\boldsymbol{\phi}$ 角误差方程而言，式(2-40)对应的理论姿态更新方程为$\dot{\boldsymbol{C}}_{b}^{n}=\boldsymbol{C}_{b}^{n}(\boldsymbol{\omega}_{ib}^{b}\times)-\boldsymbol{\omega}_{in}^{n}\times\boldsymbol{C}_{b}^{n}$，而 $\boldsymbol{\psi}$ 角误差方程对应的理论姿态更新方程为$\dot{\boldsymbol{C}}_{b}^{c}=\boldsymbol{C}_{b}^{c}(\boldsymbol{\omega}_{ib}^{b}\times)-\boldsymbol{\omega}_{ic}^{c}\times\boldsymbol{C}_{b}^{c}$。因而，可以得出 $\boldsymbol{\psi}$ 角误差方程的另一种推导过程，即

$$\boldsymbol{C}_{b}^{p}=\boldsymbol{C}_{c}^{p}\boldsymbol{C}_{b}^{c}=(\boldsymbol{I}-\psi^{c}\times)\boldsymbol{C}_{b}^{c} \tag{2-54}$$

从而有

$$\begin{aligned}\dot{\boldsymbol{C}}_{b}^{p}=(-\dot{\boldsymbol{\psi}}^{c}\times)\boldsymbol{C}_{b}^{c}+\boldsymbol{C}_{c}^{p}\dot{\boldsymbol{C}}_{b}^{c}=(-\dot{\boldsymbol{\psi}}^{c}\times)\boldsymbol{C}_{b}^{c}+(\boldsymbol{I}-\boldsymbol{\psi}^{c}\times)\\(\boldsymbol{C}_{b}^{c}\boldsymbol{\omega}_{ib}^{b}\times-\boldsymbol{\omega}_{ic}^{c}\times\boldsymbol{C}_{b}^{c})\end{aligned} \tag{2-55}$$

式(2-55)减去式(2-39)，考虑到$\hat{\boldsymbol{\omega}}_{in}^{n}=\boldsymbol{\omega}_{ic}^{c}$，忽略高阶小量并整理得

$$\dot{\boldsymbol{\psi}}^{c}\times=(\boldsymbol{\psi}^{c}\times\boldsymbol{\omega}_{ic}^{c})\times-\boldsymbol{\varepsilon}^{c} \tag{2-56}$$

即

$$\dot{\boldsymbol{\psi}}^{c}=\boldsymbol{\psi}^{c}\times\boldsymbol{\omega}_{ic}^{c}-\boldsymbol{\varepsilon}^{c} \tag{2-57}$$

根据科里奥利定理$\dot{\boldsymbol{\psi}}^{i}=\boldsymbol{C}_{c}^{i}(\dot{\boldsymbol{\psi}}^{c}-\boldsymbol{\psi}^{c}\times\boldsymbol{\omega}_{ic}^{c})$，因而式(2-57)等价于

$$\dot{\boldsymbol{\psi}}^{i}=-\boldsymbol{\varepsilon}^{i} \tag{2-58}$$

又有$\dot{\boldsymbol{\psi}}^{i}=\boldsymbol{C}_{n}^{i}(\dot{\boldsymbol{\psi}}^{n}-\boldsymbol{\psi}^{n}\times\boldsymbol{\omega}_{in}^{n})$，代入式(2-58)便可得到 $\boldsymbol{\psi}$ 角误差方程式(2-47)。

(2) $\delta\boldsymbol{g}^{n}$ 与 $\delta\boldsymbol{g}^{c}$。不考虑重力异常和垂线偏差时有

$$\boldsymbol{g}^{n}=[0\quad 0\quad g(L)]^{\mathrm{T}} \tag{2-59}$$

$$\boldsymbol{g}^{c}=\boldsymbol{C}_{n}^{c}[0\quad 0\quad g(L)]^{\mathrm{T}} \tag{2-60}$$

$$\hat{\boldsymbol{g}}^{n}=\hat{\boldsymbol{g}}^{c}=[0\quad 0\quad g(L_{c})]^{\mathrm{T}} \tag{2-61}$$

所以有

$$\delta\boldsymbol{g}^{n}=\hat{\boldsymbol{g}}^{c}-\boldsymbol{g}^{n}=[0\quad 0\quad g(L_{c})-g(L)]^{\mathrm{T}}\approx[0\quad 0\quad g'(L)\delta L]^{\mathrm{T}} \tag{2-62}$$

$$\delta \boldsymbol{g}^c = \hat{\boldsymbol{g}}^c - (\boldsymbol{I} - \delta\boldsymbol{\theta}^n \times)\boldsymbol{g}^n = \delta\boldsymbol{g}^n + \delta\boldsymbol{\theta}^n \times \boldsymbol{g}^n \tag{2-63}$$

一般情况下,$g'(L)$很小,因此可以忽略二阶小量 $g'(L)\delta L$,将 $\delta \boldsymbol{g}^n$ 近似视为0。

(3) $\delta \boldsymbol{V}^n$ 与 $\delta \boldsymbol{V}^c$。由式(2-49)进行导航更新得到速度的计算值 $\hat{V}_E$、$\hat{V}_N$、$\hat{V}_U$,无论理论更新计算方程采用式(2-48)还是式(2-51),实际的速度计算过程和计算结果均相同,因此 $\hat{V}_E$、$\hat{V}_N$、$\hat{V}_Z$ 既可视为$\hat{\boldsymbol{V}}^n$,也可视为$\hat{\boldsymbol{V}}^c$,即有 $\hat{\boldsymbol{V}}^n = \hat{\boldsymbol{V}}^c = [\hat{V}_E \quad \hat{V}_N \quad \hat{V}_U]^{\mathrm{T}}$。由于$\boldsymbol{V}^n$ 和$\boldsymbol{V}^c$ 分别为地速 $\boldsymbol{V}$ 在 n 系和 c 系的坐标,根据坐标变换关系,有

$$\boldsymbol{V}^c = \boldsymbol{C}_n^c \boldsymbol{V}^n = (\boldsymbol{I} - \delta\boldsymbol{\theta}^n \times)\boldsymbol{V}^n \tag{2-64}$$

所以有

$$\delta \boldsymbol{V}^c = \hat{\boldsymbol{V}}^c - \boldsymbol{V}^c = \hat{\boldsymbol{V}}^n - (\boldsymbol{I} - \delta\boldsymbol{\theta}^n \times)\boldsymbol{V}^n = \delta\boldsymbol{V}^n + \delta\boldsymbol{\theta}^n \times \boldsymbol{V}^n \tag{2-65}$$

(4) $\delta\omega_{ie}^n$、$\delta\omega_{en}^n$。

$$\begin{aligned}\delta\boldsymbol{\omega}_{ie}^n &= \hat{\boldsymbol{\omega}}_{ie}^n - \boldsymbol{\omega}_{ie}^n = \boldsymbol{\omega}_{ie}^c - \boldsymbol{\omega}_{ie}^n = (\boldsymbol{I} - \delta\boldsymbol{\theta}^n \times)\boldsymbol{\omega}_{ie}^n - \boldsymbol{\omega}_{ie}^n \\ &= -\delta\boldsymbol{\theta}^n \times \boldsymbol{\omega}_{ie}^n = [0 \quad \delta L\omega_{ie}\sin L \quad -\delta L\omega_{ie}\cos L]^{\mathrm{T}}\end{aligned} \tag{2-66}$$

$$\delta\boldsymbol{\omega}_{en}^n = \hat{\boldsymbol{\omega}}_{en}^n - \boldsymbol{\omega}_{en}^n = \boldsymbol{\omega}_{ec}^c - \boldsymbol{\omega}_{en}^n = \begin{bmatrix} -\dot{L}_c \\ \dot{\lambda}_c\cos L_c \\ \dot{\lambda}_c\sin L_c \end{bmatrix} - \begin{bmatrix} -\dot{L} \\ \dot{\lambda}\cos L \\ \dot{\lambda}\sin L \end{bmatrix} \approx \begin{bmatrix} -\delta\dot{L} \\ \delta\dot{\lambda}\cos L - \dot{\lambda}\sin L\delta L \\ \delta\dot{\lambda}\sin L + \dot{\lambda}\cos L\delta L \end{bmatrix} \tag{2-67}$$

(5) 实际应用中,误差方程式(2-44)、式(2-47)、式(2-50)、式(2-53)中的$\boldsymbol{C}_b^n$ 等并不知道,可以用其计算值代替真实值,带来的误差是二阶小量,可以忽略。比如,用$\boldsymbol{C}_b^p$ 代替$\boldsymbol{C}_b^n$、$\boldsymbol{C}_b^c$,用$\tilde{\boldsymbol{f}}^b$ 代替$\boldsymbol{f}^b$,用$\boldsymbol{\omega}_{ie}^c$、$\boldsymbol{\omega}_{ec}^c$代替$\boldsymbol{\omega}_{ie}^n$、$\boldsymbol{\omega}_{en}^n$,用 L_c 代替 L 计算 $\delta\boldsymbol{\omega}_{ie}^n$、$\delta\boldsymbol{\omega}_{en}^n$等。

2.3.4 位置误差方程

位置微分方程如式(2-19)所示,实际计算得到的是位置计算值 λ_c、L_c、h_c,满足方程,即

$$\begin{cases} \dot{L}_c = \dfrac{\hat{V}_N}{\hat{R}_M + \hat{h}} \\ \dot{\lambda}_c = \dfrac{\hat{V}_E\sec\hat{L}}{\hat{R}_N + \hat{h}} \\ \dot{h}_c = \hat{V}_U \end{cases} \tag{2-68}$$

式(2-68)减去式(2-19),保留一阶小量得

$$\begin{cases}\delta\dot{L}=\dfrac{\delta V_N}{R_M+h}-\dfrac{V_N\delta h}{(R_M+h)^2}\\ \delta\dot{\lambda}=\dfrac{\sec L\delta V_E}{R_N+h}+\dfrac{V_E\sec L\tan L}{R_N+h}\delta L-\dfrac{V_E\sec L\delta h}{(R_N+h)^2}\\ \delta\dot{h}=\delta V_U\end{cases} \tag{2-69}$$

综合姿态误差方程、速度误差方程和位置误差方程,便可得到完整的SINS误差方程。

2.4　SINS的误差传播特性

2.4.1　SINS高度通道的不稳定性

已知比力方程为

$$\dot{\boldsymbol{V}}^n=\boldsymbol{f}^n-(2\boldsymbol{\omega}_{ie}^n+\boldsymbol{\omega}_{en}^n)\times\boldsymbol{V}^n+\boldsymbol{g}^n \tag{2-70}$$

式中:$\boldsymbol{f}^n=[f_E\quad f_N\quad f_U]^{\mathrm{T}}$。

将式(2-70)展开,则高度通道的分量为

$$\dot{V}_U=f_U+2\omega_{ie}\cos LV_E+\frac{V_E^2}{R_N}+\frac{V_N^2}{R_M}-g=f_U-a_U-g \tag{2-71}$$

又因为重力加速度随高度的变化规律为

$$g(h)=g_0\frac{R^2}{(R+h)^2}\approx g_0\left(1-\frac{2h}{R}\right) \tag{2-72}$$

根据式(2-71)和式(2-72)描述的数学关系,可得图2-3所示的纯惯导高度通道框图。由图2-3可得

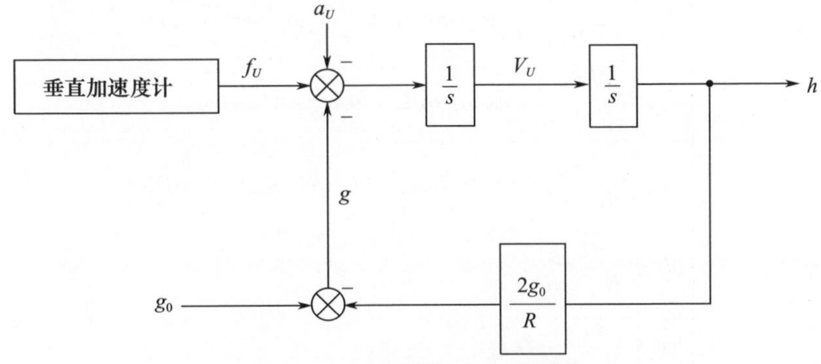

图2-3　纯惯性高度通道框图

$$\frac{h(s)}{f_U(s)}=\frac{\frac{1}{s^2}}{1+\frac{1}{s^2}\cdot\frac{2g_0}{R}(-1)}=\frac{1}{s^2-\frac{2g_0}{R}} \tag{2-73}$$

特征方程为 $s^2-\frac{2g_0}{R}=0$，特征根 $s_1=\sqrt{\frac{2g_0}{R}}$，$s_2=-\sqrt{\frac{2g_0}{R}}$。

假设高度通道的等效加速度计零偏记为 δf_U，接下来单独考虑由 δf_U 产生的高度误差。记 $s_0=\sqrt{2g_0/R}$，则由式(2-73)得

$$\delta h(s)=\frac{\delta f_U}{s}\cdot\frac{1}{(s-s_0)(s+s_0)}=\frac{\delta f_U}{2s_0^2}\left(\frac{1}{s-s_0}+\frac{1}{s+s_0}-\frac{2}{s}\right) \tag{2-74}$$

$$\delta h(t)=\frac{\delta f_U}{2s_0^2}(\mathrm{e}^{s_0t}+\mathrm{e}^{-s_0t}-2)=\frac{R\cdot\delta f_U}{4g_0}\left(\mathrm{e}^{\sqrt{\frac{2g_0}{R}}t}+\mathrm{e}^{-\sqrt{\frac{2g_0}{R}}t}-2\right) \tag{2-75}$$

由于系统出现正特征根 $\sqrt{2g_0/R}$，使得 $\delta h(t)$ 中包含随时间增长的指数项 $\mathrm{e}^{\sqrt{2g_0/R}t}$，因此高度通道是不稳定的。由于纯惯性高度通道不稳定，加速度计零偏等误差源引起的高度误差随时间的增加而发散，所以惯导单独工作时一般不解算高度。因此，在分析误差传播特性时忽略方位轴上惯性器件常值误差的影响。

2.4.2 静基座条件下系统误差传播方程

静基座条件下，$V_E=V_N=V_U=0$，$\dot{V}_E=\dot{V}_N=\dot{V}_U=0$，$\boldsymbol{f}^n=-\boldsymbol{g}^n=[0\quad 0\quad g]^{\mathrm{T}}$。又因为纯惯导解算的高度通道不稳定，通常需要单独进行数据处理，故在建立误差特征方程的过程中不考虑 δV_U 和 δh。根据2.3节得，静基座条件下的系统误差方程为

$$\begin{cases}\delta\dot{V}_E=2\omega_{ie}\sin L\delta V_N-\phi_N g+\delta f_E\\ \delta\dot{V}_N=-2\omega_{ie}\sin L\delta V_E+\phi_E g+\delta f_N\\ \dot{\phi}_E=-\frac{\delta V_N}{R_M+h}+\phi_N\omega_{ie}\sin L-\phi_U\omega_{ie}\cos L+\delta\omega_E\\ \dot{\phi}_N=\frac{\delta V_E}{R_N+h}-\phi_E\omega_{ie}\sin L-\delta L\omega_{ie}\sin L+\delta\omega_N\\ \dot{\phi}_U=\frac{\delta V_E}{R_N+h}\tan L+\delta L\omega_{ie}\cos L+\phi_E\omega_{ie}\cos L+\delta\omega_U\\ \delta\dot{L}=\frac{\delta V_N}{R_M+h}\\ \delta\dot{\lambda}=\frac{\delta V_E}{R_N+h}\sec L\end{cases} \tag{2-76}$$

由式(2－76)可知,由于经度误差 $\delta\lambda$ 并没有以输入量的形式出现在其他系统误差方程中,即经度误差在系统回路外,对动态特性不产生影响,因此分析误差特征方程时暂不考虑 $\delta\lambda$。

忽略经度误差 $\delta\lambda$ 后,将式(2－76)的前 6 个方程改写为矩阵形式,即

$$\begin{bmatrix}\delta\dot{V}_E\\ \delta\dot{V}_N\\ \delta\dot{L}\\ \dot{\phi}_E\\ \dot{\phi}_N\\ \dot{\phi}_U\end{bmatrix}=\begin{bmatrix}0 & 2\omega_{ie}\sin L & 0 & 0 & -g & 0\\ -2\omega_{ie}\sin L & 0 & 0 & g & 0 & 0\\ 0 & \dfrac{1}{R_M+h} & 0 & 0 & 0 & 0\\ 0 & -\dfrac{1}{R_M+h} & 0 & 0 & \omega_{ie}\sin L & -\omega_{ie}\cos L\\ \dfrac{1}{R_N+h} & 0 & -\omega_{ie}\sin L & -\omega_{ie}\sin L & 0 & 0\\ \dfrac{\tan L}{R_N+h} & 0 & \omega_{ie}\cos L & \omega_{ie}\cos L & 0 & 0\end{bmatrix}\begin{bmatrix}\delta V_E\\ \delta V_N\\ \delta L\\ \phi_E\\ \phi_N\\ \phi_U\end{bmatrix}+\begin{bmatrix}\delta f_E\\ \delta f_N\\ 0\\ \delta\omega_E\\ \delta\omega_N\\ \delta\omega_U\end{bmatrix} \tag{2-77}$$

为便于分析,将地球近似为球体并忽略高程 h,即设 $R_M = R_N = R$。将式(2－77)简记为

$$\dot{\boldsymbol{X}} = \boldsymbol{F}\boldsymbol{X} + \boldsymbol{u} \tag{2-78}$$

对式(2－78)作拉普拉斯变换,此时静基座条件下的误差传播方程为

$$\boldsymbol{X}(s) = (s\boldsymbol{I}-\boldsymbol{F})^{-1}[\boldsymbol{X}(0)+\boldsymbol{u}(s)] = \frac{\boldsymbol{N}(s)}{\Delta(s)}[\boldsymbol{X}(0)+\boldsymbol{u}(s)] \tag{2-79}$$

式中:$\boldsymbol{N}(s)$ 为系统特征矩阵($s\boldsymbol{I}-\boldsymbol{F}$)的伴随矩阵;$\Delta(s)$ 为系统特征方程,即

$$\Delta(s) = |s\boldsymbol{I}-\boldsymbol{F}| = (s^2+\omega_{ie}^2)[(s^2+\omega_s^2)^2+4s^2\omega_{ie}^2\sin^2 L] \tag{2-80}$$

式中:$\omega_s = \sqrt{g/R} \approx 1.24\times10^{-3}\text{rad/s}$;$\omega_{ie} = 7.292115\times10^{-5}\text{rad/s}$。

由于 $\omega_s^2 \gg \omega_{ie}^2$,式(2－80)可近似写成

$$\Delta(s) = (s^2+\omega_{ie}^2)[s^2+(\omega_s+\omega_{ie}\sin L)^2][s^2+(\omega_s-\omega_{ie}\sin L)^2] \tag{2-81}$$

求解式(2－81),得系统的特征根为

$$s_{1,2} = \pm \mathrm{j}\omega_{ie},\ s_{3,4} = \pm \mathrm{j}(\omega_s+\omega_{ie}\sin L),\ s_{5,6} = \pm \mathrm{j}(\omega_s-\omega_{ie}\sin L) \tag{2-82}$$

因此,惯导系统误差呈现以下 3 种周期振荡。

① 地球周期振荡,频率为 ω_{ie},周期为 $T_e = 2\pi/\omega_{ie} \approx 24\text{h}$。

② 休拉周期振荡,频率为 ω_s,周期为 $T_s = 2\pi\sqrt{R/g} \approx 84.4\text{min}$。

③ 傅科周期振荡,频率为 $\omega_f = \omega_{ie}\sin L$,周期为 $T_f = 2\pi/(\omega_{ie}\sin L) = T_e/\sin L$。

对式(2－79)作拉普拉斯反变换,即可得到式(2－76)中前 6 个状态量的解

析表达式。经度误差 $\delta\lambda$ 不在式(2-77)中,需要单独计算。由式(2-76)可知

$$\delta\dot{\lambda}=\frac{\delta V_E}{R_N+h}\sec L\approx\frac{\delta V_E}{R}\sec L \tag{2-83}$$

对式(2-83)进行拉普拉斯变换得

$$s\delta\lambda(s)=\frac{\sec L}{R}\delta V_E(s)+\delta\lambda(0) \tag{2-84}$$

代入 $\delta V_E(s)$ 作拉普拉斯反变换,即可求出经度误差 $\delta\lambda$ 的解析表达式。式(2-76)中全部7个状态量的解析表达式详见附录E。可以看出,器件测量误差引起的系统误差分3类,即振荡型误差、常值型误差和积累型误差(随时间 t 线性增加)。对系统精度影响大的是后两类误差,特别是积累型,会引起导航精度的发散。忽略解析表达式中的振荡项而保留常值项与积累项,可以得出惯性器件等效常值误差与系统状态量误差的函数关系为

$$\begin{cases}\delta V_E=-\cos L\delta\omega_N-\dfrac{R\sin 2L}{2}\delta\omega_U\\ \delta V_N=-\dfrac{\omega_s^2\cos L}{\omega_s^2-\omega_{ie}^2}\delta\omega_U\\ \phi_E=-\dfrac{\delta f_N}{g}\\ \phi_N=\dfrac{\delta f_E}{g}\\ \phi_U=\dfrac{1}{\omega_{ie}\cos L}\delta\omega_E+\dfrac{\tan L}{g}\delta f_E\\ \delta L=\dfrac{\sin L}{\omega_{ie}}\delta\omega_N-\dfrac{\cos L}{\omega_{ie}}\delta\omega_U+\dfrac{\delta f_N}{g}\\ \delta\lambda=\dfrac{\tan L}{\omega_{ie}}\delta\omega_E+\dfrac{\delta f_E}{g\cos L}-t\cos L\delta\omega_N-t\sin L\delta\omega_U\end{cases} \tag{2-85}$$

2.5 基于旋转调制的误差自补偿原理

通过2.4节的分析可知,惯性器件测量误差会造成定位误差的累积而不断发散。旋转调制是一种有效的误差自补偿手段。研究旋转调制的误差自补偿首先需要确定静基座条件下加速度计的理想输出$\boldsymbol{f}^s$和陀螺的理想输出$\boldsymbol{\omega}_{is}^s$。初始姿态矩阵为$\boldsymbol{C}_b^n$,第 i 行、第 j 列元素记为 C_{ij},$(i,j=1,2,3)$;状态量初始值 $\boldsymbol{X}(0)$ 为零。设 t_0 时刻 b 系与 s 系一致,然后IMU绕 z_s 轴旋转,规定顺时针为正,t 时刻

IMU转动角速率为ω_c，相对b系转过的角度为α，那么静基座条件下加速度计理论输出为

$$\boldsymbol{f}^s=\boldsymbol{C}_b^s\boldsymbol{C}_n^b\boldsymbol{f}^n=\begin{bmatrix}\cos\alpha & -\sin\alpha & 0\\ \sin\alpha & \cos\alpha & 0\\ 0 & 0 & 1\end{bmatrix}\begin{bmatrix}C_{11} & C_{21} & C_{31}\\ C_{12} & C_{22} & C_{32}\\ C_{13} & C_{23} & C_{33}\end{bmatrix}\begin{bmatrix}0\\ 0\\ g\end{bmatrix} \tag{2-86}$$

静基座条件下陀螺的理想输出为[59-64]

$$\boldsymbol{\omega}_{is}^s=\boldsymbol{C}_b^s\boldsymbol{C}_n^b\boldsymbol{\omega}_{ie}^n+\boldsymbol{\omega}_{bs}^s=\begin{bmatrix}\cos\alpha & -\sin\alpha & 0\\ \sin\alpha & \cos\alpha & 0\\ 0 & 0 & 1\end{bmatrix}\begin{bmatrix}C_{11} & C_{21} & C_{31}\\ C_{12} & C_{22} & C_{32}\\ C_{13} & C_{23} & C_{33}\end{bmatrix}\begin{bmatrix}0\\ \omega_{ie}\cos L\\ \omega_{ie}\sin L\end{bmatrix}+\begin{bmatrix}0\\ 0\\ -\omega_c\end{bmatrix} \tag{2-87}$$

为了直观反映旋转调制过程中各误差源的自补偿效果，以单轴连续旋转方案为背景设计仿真实验。设t_0时刻载体坐标系、导航坐标系与IMU坐标系重合，即$\boldsymbol{C}_b^n=\boldsymbol{I}$，$\boldsymbol{C}_s^b(t_0)=\boldsymbol{I}$。载体所在点的纬度为30°N。IMU相对于载体做顺时针匀速旋转，即$\alpha=\omega_c t$，旋转角速度为5°/s，仿真时间为6h，参数设置如表2-1所列。

表2-1 误差传播特性仿真的参数设置

误差量	参数值
$\varepsilon_x^s=\varepsilon_y^s=\varepsilon_z^s$	0.005°/h
K_{gx},K_{gy},K_{gz}	10×10^{-6}，20×10^{-6}，10×10^{-6}
$K_{gxy}=K_{gyz}=K_{gzy}=K_{gzx}=K_{gxz}$	1×10^{-5}rad
K_{gyx}	-3×10^{-5}rad
$\nabla_x^s=\nabla_y^s=\nabla_z^s$	$5\times10^{-5}g$
K_{ax},K_{ay},K_{az}	10×10^{-6}，20×10^{-6}，10×10^{-6}
$K_{axy}=K_{ayz}=K_{azy}=K_{azx}=K_{axz}$	1×10^{-5}rad
K_{ayx}	-3×10^{-5}rad

2.5.1 常值误差的抑制机理与仿真分析

1. 陀螺常值漂移影响的抑制机理

陀螺实际输出误差在导航坐标系的调制形式为

$$\delta\boldsymbol{\omega}_{is}^n=\boldsymbol{C}_s^n\delta\boldsymbol{\omega}_{is}^s=\boldsymbol{C}_b^n\boldsymbol{C}_s^b[([\delta K_g]+[\delta G])\boldsymbol{\omega}_{is}^s+\boldsymbol{\varepsilon}^s] \tag{2-88}$$

式(2-88)是陀螺误差调制的一般化表示。

仅考虑常值漂移时，由式(2-88)得

$$\delta\boldsymbol{\omega}_{is}^{n}=\begin{bmatrix}C_{11}(\varepsilon_x^s\cos\alpha+\varepsilon_y^s\sin\alpha)+C_{12}(-\varepsilon_x^s\sin\alpha+\varepsilon_y^s\cos\alpha)+C_{13}\varepsilon_z^s\\C_{21}(\varepsilon_x^s\cos\alpha+\varepsilon_y^s\sin\alpha)+C_{22}(-\varepsilon_x^s\sin\alpha+\varepsilon_y^s\cos\alpha)+C_{23}\varepsilon_z^s\\C_{31}(\varepsilon_x^s\cos\alpha+\varepsilon_y^s\sin\alpha)+C_{32}(-\varepsilon_x^s\sin\alpha+\varepsilon_y^s\cos\alpha)+C_{33}\varepsilon_z^s\end{bmatrix}\tag{2-89}$$

根据前述仿真条件设置，将$\boldsymbol{C}_b^n=\boldsymbol{I},\boldsymbol{C}_s^b(t_0)=\boldsymbol{I},\alpha=\omega_c t$ 代入式(2-89)得

$$\delta\boldsymbol{\omega}_{is}^{n}=\begin{bmatrix}\cos\omega_c t&\sin\omega_c t&0\\-\sin\omega_c t&\cos\omega_c t&0\\0&0&1\end{bmatrix}\begin{bmatrix}\varepsilon_x^s\\\varepsilon_y^s\\\varepsilon_z^s\end{bmatrix}=\begin{bmatrix}\varepsilon_x^s\cos\omega_c t+\varepsilon_y^s\sin\omega_c t\\-\varepsilon_x^s\sin\omega_c t+\varepsilon_y^s\cos\omega_c t\\\varepsilon_z^s\end{bmatrix}\tag{2-90}$$

对 $\delta\boldsymbol{\omega}_{is}^{n}$进行整周期积分得

$$\int_0^T\delta\boldsymbol{\omega}_{is}^{n}\mathrm{d}t=\int_0^{2\pi/\omega_c}\begin{bmatrix}\varepsilon_x^s\cos\omega_c t+\varepsilon_y^s\sin\omega_c t\\-\varepsilon_x^s\sin\omega_c t+\varepsilon_y^s\cos\omega_c t\\\varepsilon_z^s\end{bmatrix}\mathrm{d}t=\begin{bmatrix}0\\0\\\varepsilon_z^s T\end{bmatrix}\tag{2-91}$$

由式(2-90)和式(2-91)可知，ε_x^s、ε_y^s 所引起的等效陀螺漂移被调制成周期变化的量，整周期积分为零。绕 z_s 轴的单轴旋转对 z_s 向陀螺漂移没有抑制作用。x_s、y_s 轴陀螺漂移引起的导航误差如图2-4和图2-5所示。

从图2-4和图2-5可知，未旋转调制时，陀螺常值漂移不仅产生周期振荡传播的误差，而且引起航向角和纬度常值项误差，尤其是激发了经度积累项误差。单轴连续旋转将旋转轴垂直平面内的陀螺常值漂移调制成周期变化量，经过积分后在水平面内的作用结果为零，使得式(2-85)中与水平陀螺常值漂移有关的常值项和积累项导航误差明显减小。仿真结果与理论分析一致。

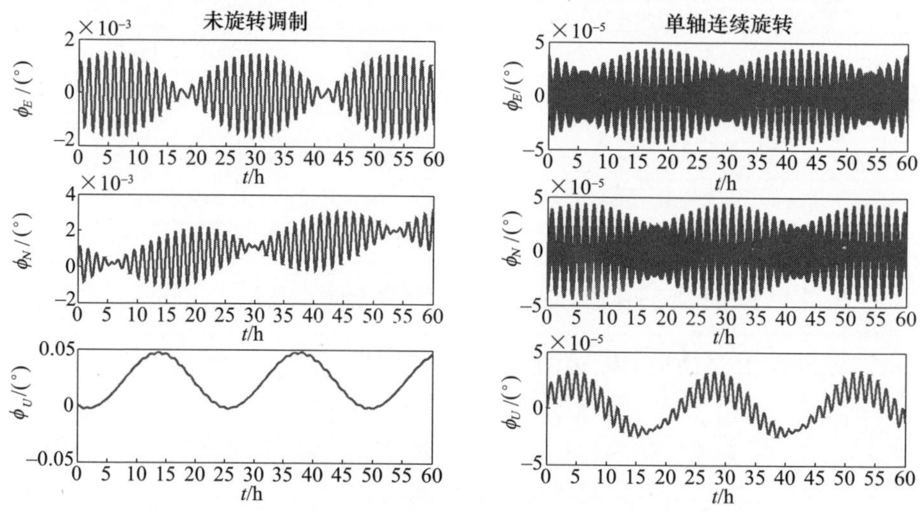

图2-4 x、y 轴陀螺漂移引起的姿态误差对比(见彩图)

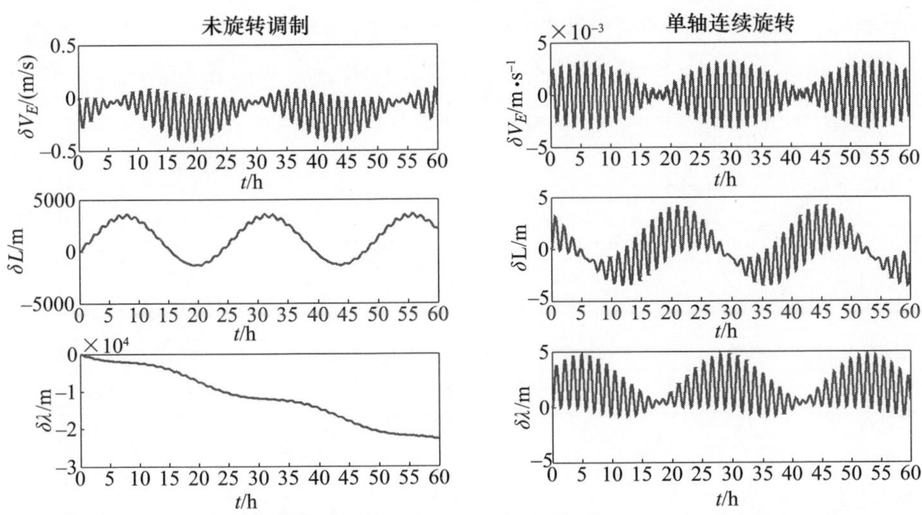

图2-5　x、y 轴陀螺漂移引起的速度、位置误差对比(见彩图)

下面以 δL 为例,研究图2-4和图2-5中的振荡项。已知$\boldsymbol{C}_b^n=\boldsymbol{I}$,$\boldsymbol{C}_s^b(t_0)=\boldsymbol{I}$且只考虑 ε_x^s,那么未旋转调制和单轴连续旋转时纬度误差解析解分别为

$$\delta L(t)=\frac{\omega_s^2}{\omega_s^2-\omega_{ie}^2}\left(\frac{1}{\omega_{ie}}\sin\omega_{ie}t-\frac{1}{\omega_s}\sin\omega_s t\right)\varepsilon_x^s \tag{2-92}$$

$$\delta L(t)=\left[\frac{(\omega_c+\omega_{ie}\sin L)\omega_s^2\sin\omega_c t}{(\omega_s^2-\omega_c^2)(\omega_c^2-\omega_{ie}^2)}+\frac{(\omega_s^3-\omega_{ie}\omega_c\omega_s\sin L)\sin\omega_s t}{(\omega_s^2-\omega_c^2)(\omega_{ie}^2-\omega_s^2)}-\frac{(\omega_{ie}-\omega_c\sin L)\omega_s^2\sin\omega_{ie}t}{(\omega_{ie}^2-\omega_c^2)(\omega_{ie}^2-\omega_s^2)}\right]\varepsilon_x^s \tag{2-93}$$

对比式(2-92)和式(2-93)可知,未旋转调制时,ε_x^s 引起的 δL 以 ω_{ie}、ω_s 周期性振荡,振荡幅值与$\frac{\omega_s^2}{(\omega_s^2-\omega_{ie}^2)\omega_{ie}}$、$\frac{\omega_s^2}{(\omega_s^2-\omega_{ie}^2)\omega_s}$成正比。单轴连续旋转时,$\delta L$ 以 ω_{ie}、ω_s、ω_c 做周期性振荡,其幅值正比于$\frac{(\omega_c+\omega_{ie}\sin L)\omega_s^2}{(\omega_s^2-\omega_c^2)(\omega_c^2-\omega_{ie}^2)}$、$\frac{\omega_s^3-\omega_{ie}\omega_c\omega_s\sin L}{(\omega_s^2-\omega_c^2)(\omega_{ie}^2-\omega_s^2)}$、$\frac{(\omega_{ie}-\omega_c\sin L)\omega_s^2}{(\omega_{ie}^2-\omega_c^2)(\omega_{ie}^2-\omega_s^2)}$。分子是 ω 的3次方项,分母是 ω 的4次方项,且 $\omega_c\gg\omega_s$、$\omega_c\gg\omega_{ie}$,所以单轴连续旋转的 δL 振荡幅值受调制频率 ω_c 作用而大幅度减小。仿真结果与理论分析一致。

下面研究转动轴方向常值漂移引起的导航误差。

由于$\boldsymbol{C}_b^n=\boldsymbol{I}$,$\boldsymbol{C}_s^b(t_0)=\boldsymbol{I}$且IMU绕方位轴转动,故转动过程中方位轴即为天向轴。如图2-6所示,方位轴等效陀螺常值漂移 $\delta\omega_U$ 不会引起航向角的常值项和积累项导航误差,即航向失准角 ϕ_U 在零值附近周期振荡。但是,$\delta\omega_U$ 会引起纬度的常值项导航误差和经度的积累项导航误差,结果与式(2-85)一致。由于绕 z_s 轴的单轴旋转无法对 z_s 向陀螺漂移进行调制,故未旋转调制和单轴连续旋转条件下 z_s 轴陀螺漂移引起的导航误差完全相同。仿真实验验证了前述理论。

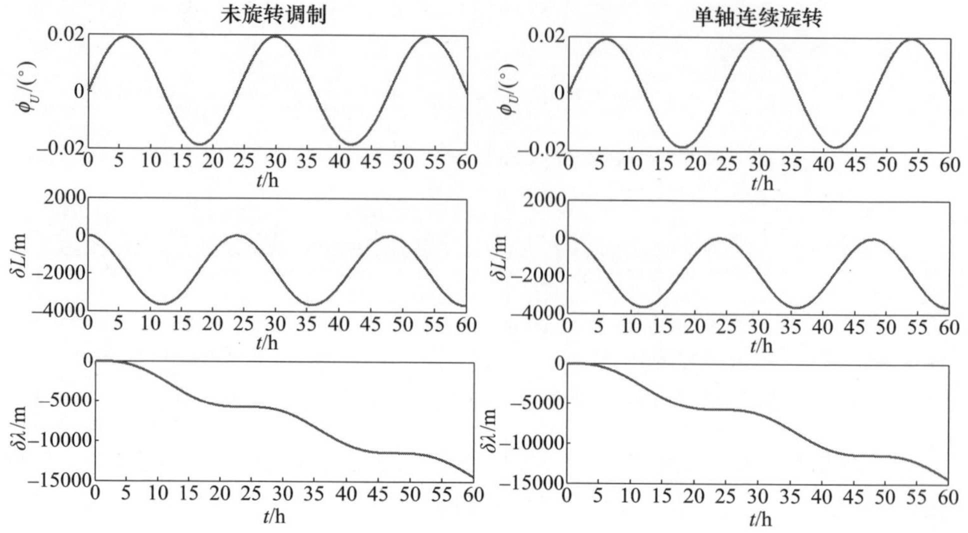

图 2-6　z 轴陀螺漂移引起的导航误差对比

2. 加速度计零偏影响的抑制机理

加速度计实际输出误差在 n 系的调制形式为

$$\delta \boldsymbol{f}^n = \boldsymbol{C}_b^n \boldsymbol{C}_s^b [([\delta K_a] + [\delta A])\boldsymbol{f}^s + \nabla^s] \tag{2-94}$$

式(2-94)是加速度计误差调制的一般化表示。

仅考虑零偏时,由式(2-94)得

$$\delta \boldsymbol{f}^n = \begin{bmatrix} C_{11}(\nabla_x^s\cos\alpha + \nabla_y^s\sin\alpha) + C_{12}(-\nabla_x^s\sin\alpha + \nabla_y^s\cos\alpha) + C_{13}\nabla_z^s \\ C_{21}(\nabla_x^s\cos\alpha + \nabla_y^s\sin\alpha) + C_{22}(-\nabla_x^s\sin\alpha + \nabla_y^s\cos\alpha) + C_{23}\nabla_z^s \\ C_{31}(\nabla_x^s\cos\alpha + \nabla_y^s\sin\alpha) + C_{32}(-\nabla_x^s\sin\alpha + \nabla_y^s\cos\alpha) + C_{33}\nabla_z^s \end{bmatrix} \tag{2-95}$$

根据前述仿真条件设置,将 $\boldsymbol{C}_b^n = \boldsymbol{I}, \boldsymbol{C}_s^b(t_0) = \boldsymbol{I}, \alpha = \omega_c t$ 代入式(2-95)得

$$\delta \boldsymbol{f}^n = \begin{bmatrix} \cos\omega_c t & \sin\omega_c t & 0 \\ -\sin\omega_c t & \cos\omega_c t & 0 \\ 0 & 0 & 1 \end{bmatrix} \begin{bmatrix} \nabla_x^s \\ \nabla_y^s \\ \nabla_z^s \end{bmatrix} = \begin{bmatrix} \nabla_x^s\cos\omega_c t + \nabla_y^s\sin\omega_c t \\ -\nabla_x^s\sin\omega_c t + \nabla_y^s\cos\omega_c t \\ \nabla_z^s \end{bmatrix} \tag{2-96}$$

由式(2-96)可知,绕 z_s 轴的单轴旋转使得 ∇_x^s、∇_y^s 所引起的等效加速度计零偏被调制成周期变化的量,z_s 轴零偏引起的导航误差仍按原来的规律传播。

x_s、y_s 轴加速度计零偏引起的导航误差如图 2-7 和图 2-8 所示。由

图 2-7和图 2-8 可知,未旋转调制时 x_s、y_s 轴零偏产生姿态角和经纬度的常值误差,但东向速度误差 δV_E 只存在振荡项,图像与式(2-85)的分析一致。

对式(2-96)进行整周期积分,得

$$\int_0^T \delta \boldsymbol{f}^n \mathrm{d}t = \int_0^{2\pi/\omega_c} \begin{bmatrix} \nabla_x^s \cos\omega_c t + \nabla_y^s \sin\omega_c t \\ -\nabla_x^s \sin\omega_c t + \nabla_y^s \cos\omega_c t \\ \nabla_z^s \end{bmatrix} \mathrm{d}t = \begin{bmatrix} 0 \\ 0 \\ \nabla_z^s T \end{bmatrix} \tag{2-97}$$

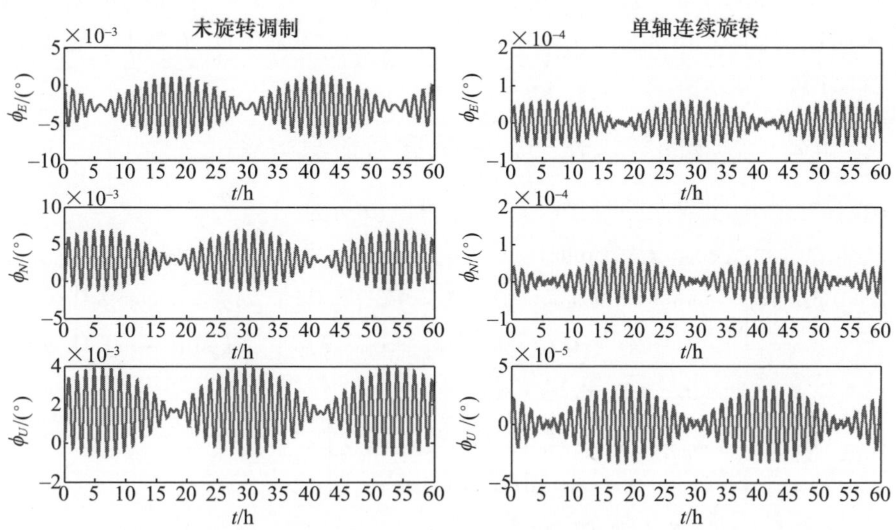

图 2-7　x、y 轴加速度计零偏引起的姿态误差对比(见彩图)

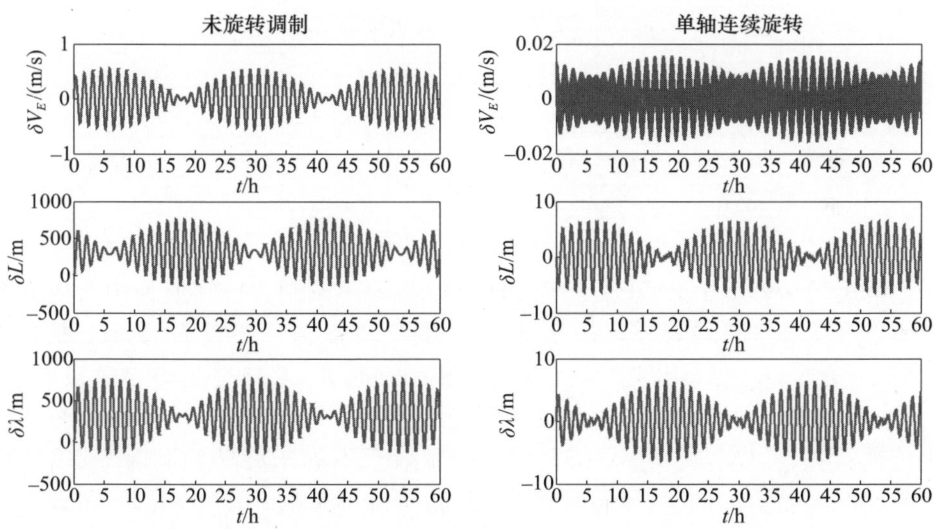

图 2-8　x、y 轴加速度计零偏引起的速度、位置误差对比(见彩图)

根据式(2－97)得，连续旋转条件下两个水平方向的等效加速度计零偏被调制成周期变化量，整周期积分为零。进一步地，可以看作式(2－85)中的δf_E、δf_N由未旋转调制时的常值变为以零值为中心的振荡项，在主要考虑常值项和积累项时可以忽略，因此不会影响系统导航精度。尽管如式(2－97)所示，单轴连续旋转使水平方向上的系统输入信号$\nabla_x^s\cos\omega_c t+\nabla_y^s\sin\omega_c t$，$-\nabla_x^s\sin\omega_c t+\nabla_y^s\cos\omega_c t$的振荡幅值大于未旋转时的$\nabla_x^s$、$\nabla_y^s$，但是类似于式(2－92)和式(2－93)，$\delta \boldsymbol{f}^n$传播到导航误差的过程中还会受到转动角速度$\omega_c$的调制，从而使得图2－7和图2－8中导航误差的振荡幅值明显减小。仿真结果与理论分析一致。

2.5.2 标度因数误差的抑制机理与仿真分析

仅考虑标度因数误差时，式(2－88)可以改写为

$$\delta\boldsymbol{\omega}_{is}^n=\begin{bmatrix}\cos\omega_c t & \sin\omega_c t & 0\\ -\sin\omega_c t & \cos\omega_c t & 0\\ 0 & 0 & 1\end{bmatrix}\begin{bmatrix}K_{gx} & 0 & 0\\ 0 & K_{gy} & 0\\ 0 & 0 & K_{gz}\end{bmatrix}\begin{bmatrix}-\omega_{ie}\cos L\sin\omega_c t\\ \omega_{ie}\cos L\cos\omega_c t\\ \omega_{ie}\sin L-\omega_c\end{bmatrix}$$

$$=\begin{bmatrix}-\omega_{ie}\cos L\sin(2\omega_c t)(K_{gx}-K_{gy})/2\\ (K_{gx}\sin^2\omega_c t+K_{gy}\cos^2\omega_c t)\omega_{ie}\cos L\\ K_{gz}(\omega_{ie}\sin L-\omega_c)\end{bmatrix} \tag{2-98}$$

对式(2－98)进行整周期积分得

$$\int_0^T\delta\omega_{is}^n\mathrm{d}t=\int_0^{2\pi/\omega_c}\begin{bmatrix}-\omega_{ie}\cos L\sin(2\omega_c t)(K_{gx}-K_{gy})/2\\ (K_{gx}\sin^2\omega_c t+K_{gy}\cos^2\omega_c t)\omega_{ie}\cos L\\ K_{gz}(\omega_{ie}\sin L-\omega_c)\end{bmatrix}\mathrm{d}t$$

$$=\begin{bmatrix}0\\ \dfrac{T\omega_{ie}\cos L}{2}(K_{gx}+K_{gy})\\ K_{gz}(\omega_{ie}\sin L-\omega_c)T\end{bmatrix} \tag{2-99}$$

由式(2－99)可知，单轴连续旋转可以将$\delta\omega_E$调制为以零值为中心周期振荡的量。$\delta\omega_N$的调制效果取决于K_{gx}、K_{gy}的具体数值。假设K_{gy}为正，那么当$-3K_{gy}<K_{gx}<K_{gy}$时，调制效果优于未旋转调制时K_{gy}单独引起的导航误差；当$K_{gx}=K_{gy}$或$K_{gx}=-3K_{gy}$时，调制效果在绝对值上等效于按K_{gy}单独作用时的规律传播；当$K_{gx}>K_{gy}$或$K_{gx}<-3K_{gy}$时，调制效果不如未旋转调制时K_{gy}单独产生的导航误差。因此，为了避免产生“旋转调制不影响$\delta\omega_N$”的错觉，在表2－1中设置误差量参数值时，使K_{gx}、K_{gy}有所区别，因此取$K_{gx}=10\times10^{-6}$、$K_{gy}=$

20×10^{-6}、$K_{gz} = 10 \times 10^{-6}$。由于 $\omega_c >> \omega_{ie}\sin L$，故单轴连续旋转激发了更大的天向等效陀螺漂移 $\delta\omega_U$。标度因数误差引起的导航误差如图 2－9 和图 2－10 所示。

如图 2－9 所示，单轴连续旋转将北向等效陀螺漂移 $\delta\omega_N$ 由常值 $K_{gy}\omega_{ie}\cos L$ 调制为以 $(K_{gx}+K_{gy})\omega_{ie}\cos L/2$ 为中心的周期振荡信号。由于 $(K_{gx}+K_{gy})/2 = 15 \times 10^{-6}$ 即 $(K_{gx}+K_{gy})/2 < K_{gy}$，因此与 $\delta\omega_N$ 有关的导航误差 δL、$\delta\lambda$ 得到抑制。但是，$\delta\omega_N$ 的振荡均值 $(K_{gx}+K_{gy})\omega_{ie}\cos L/2 \neq 0$，且正负号与 $K_{gy}\omega_{ie}\cos L$ 相同。所以，图 2－9 中 δL 在旋转调制前后都包含常值项，且常值项都为正数，不同之处在于旋转调制后 δL 相对较小。同理，$\delta\lambda$ 依然包含随时间不断增大的积累项，但旋转调制后的误差较小。仿真结果与理论分析一致。

如图 2－10 所示，方位轴上的陀螺仪输出由两部分组成，即地球自转角速度天向分量 $\omega_{ie}\sin L$ 和 IMU 转动速度 ω_c。由于 $\omega_c >> \omega_{ie}\sin L$，$z_s$ 轴方向的标度因数误差与 $(\omega_{ie}\sin L - \omega_c)$ 耦合产生了更大的天向等效陀螺漂移 $\delta\omega_U$，使得式(2－85)中与 $\delta\omega_U$ 相关的纬度误差和经度误差进一步放大。另外，虽然航向失准角 ϕ_U 不包含与 $\delta\omega_U$ 相关的常值项和积累项，但是由图 2－10 可知，单轴连续转动条件下 ϕ_U 的振荡项幅值约等于 0.6869°，远大于未旋转调制时的 0.0003°。对于 5min 的初始对准而言，$|\phi_U|$ 在整个对准过程中处于正弦信号的上升阶段，在对准结束时刻仅由 K_{gz} 引起的纯惯导解算航向失准角 $\phi_U = -0.01501° = -54.036''$。

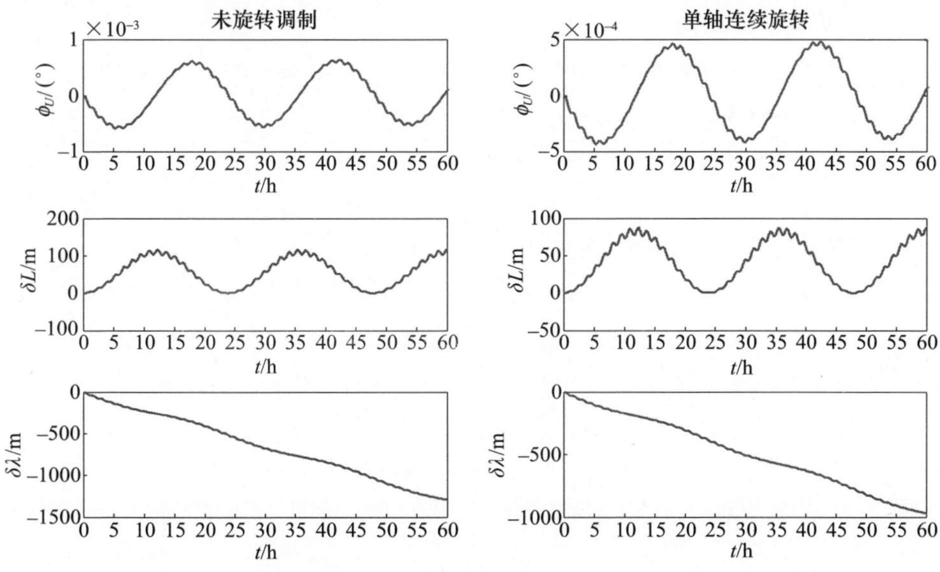

图 2－9　x、y 轴陀螺标度因数误差引起的导航误差对比（见彩图）

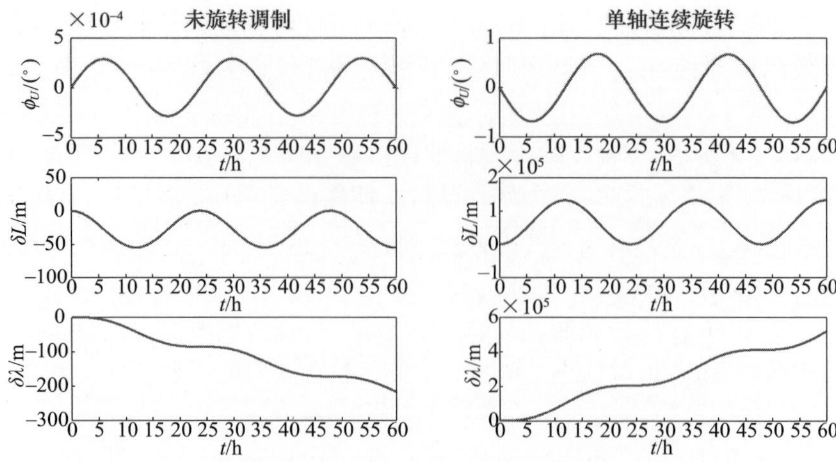

图 2－10 z 轴陀螺标度因数误差引起的导航误差对比(见彩图)

综上所述,单轴连续旋转对于 x_s、y_s 轴标度因数误差的抑制效果与其标度因数误差的具体数值有关,z_s 轴标度因数误差会激发出更大的航向失准角和定位误差。所以,在设计转位方案时应具体分析实际系统中各误差源的绝对数值与相对大小。加速度计标度因数误差的抑制机理在分析方法上与之相似,区别在于等效零偏中不包含 ω_c,此处不再赘述。

2.5.3 安装误差的抑制机理与仿真分析

仅考虑安装误差时,由式(2－88)得

$$\delta\omega_{is}^n=\begin{bmatrix}\omega_{ie}\cos L(K_{gxy}\cos^2\omega_c t-K_{gyx}\sin^2\omega_c t)+(\omega_{ie}\sin L-\omega_c)(K_{gxz}\cos\omega_c t+K_{gyz}\sin\omega_c t)\\-\omega_{ie}\cos L\sin(2\omega_c t)(K_{gxy}+K_{gyx})/2+(\omega_{ie}\sin L-\omega_c)(-K_{gxz}\sin\omega_c t+K_{gyz}\cos\omega_c t)\\-K_{gzx}\omega_{ie}\cos L\sin\omega_c t+K_{gzy}\omega_{ie}\cos L\cos\omega_c t\end{bmatrix}\tag{2-100}$$

将式(2－100)中转动角速度取 $\omega_c=0$,即未旋转调制时,有

$$\delta\boldsymbol{\omega}_{is}^n\big|_{\omega_c=0}=\begin{bmatrix}K_{gxy}\omega_{ie}\cos L+K_{gxz}\omega_{ie}\sin L\\K_{gyz}\omega_{ie}\sin L\\K_{gzy}\omega_{ie}\cos L\end{bmatrix}\tag{2-101}$$

对式(2－100)进行整周期积分得

$$\int_0^T\delta\boldsymbol{\omega}_{is}^n\mathrm{d}t=\int_0^{2\pi/\omega_c}\delta\boldsymbol{\omega}_{is}^n\mathrm{d}t=\begin{bmatrix}T\omega_{ie}\cos L(K_{gxy}-K_{gyx})/2\\0\\0\end{bmatrix}\tag{2-102}$$

由式(2－101)可知,未旋转调制时安装误差与 $\omega_{ie}\cos L$、$\omega_{ie}\cos L$ 耦合,在东北

天各向都引起等效陀螺漂移。由式(2－102)可知,单轴连续旋转将 $\delta\omega_N$ 和 $\delta\omega_U$ 的整周期积分调制为零,即振荡项均值为零。$\delta\omega_E$ 的调制效果与 K_{gxy} 和 K_{gyx} 的具体数值有关。比较式(2－101)和式(2－102),当 $|\cos L(K_{gxy}-K_{gyx})/2| \geqslant |K_{gxy}\cos L+K_{gxz}\sin L|$ 时,单轴连续旋转不能有效抑制 $\delta\omega_E$ 引起的导航参数中的常值项和积累项误差;当 $|\cos L(K_{gxy}-K_{gyx})/2| < |K_{gxy}\cos L+K_{gxz}\sin L|$ 时,单轴连续旋转抑制了安装误差 K_{gxy} 的传播,特别地,当 $K_{gxy}=K_{gyx}$ 时,$\delta\omega_E$ 的整周期积分被调制为零。

为了直观表现单轴连续旋转对 $\delta\omega_E$ 的调制效果,在前述表 2－1 中设置误差量参数值时,取 $K_{gxy}=1\times10^{-5}\text{rad}$、$K_{gyx}=-3\times10^{-5}\text{rad}$。此时,由于 $\cos L(K_{gxy}-K_{gyx})/2=1.732\times10^{-5}\text{ rad}$、$K_{gxy}\cos L+K_{gxz}\sin L=1.366\times10^{-5}\text{ rad}$,则 $|\cos L(K_{gxy}-K_{gyx})/2| > |K_{gxy}\cos L+K_{gxz}\sin L|$,因此,如图 2－11 所示,惯导输出参数中与 $\delta\omega_E$ 有关的航向失准角 ϕ_U 和经度误差 $\delta\lambda$ 中的常值项增大。由于单轴连续旋转使得 $\delta\omega_N$ 和 $\delta\omega_U$ 整周期积分为零,$\delta\lambda$ 中 $\delta\omega_N$ 和 $\delta\omega_U$ 引起的积累项被调制为零。δL 中的常值项得到抑制,仅残余振荡项,但振荡幅值大于未旋转调制时。仿真结果与理论分析一致。

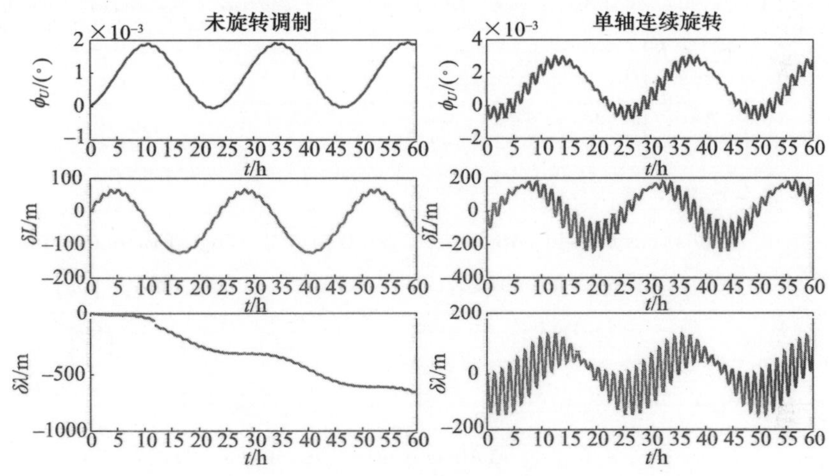

图 2－11　陀螺安装误差引起的导航误差对比(见彩图)

2.6　影响误差自补偿效果的因素分析

2.6.1　载体初始姿态对误差自补偿的影响

2.5 节为了简化分析,将仿真条件理想化地设置为 $\boldsymbol{C}_b^n=\boldsymbol{I}$,$\boldsymbol{C}_s^b(t_0)=\boldsymbol{I}$。对于

真实的单轴旋转惯导系统，为了在实验和使用过程中为 IMU 提供真实航向角，以用于初始对准或导航精度分析，惯导系统在加电后，通常具备 IMU 自动回零功能，使得 s 系与 b 系重合。此时，利用方位基准棱镜或高精度寻北仪即可为 IMU 和载体提供航向角真值。所以，$\boldsymbol{C}_s^b(t_0)=\boldsymbol{I}$ 在真实系统中一般是客观存在的。但是，无论在实验室还是外场条件下，载体坐标系与导航坐标系一般不会完全重合，因此有必要分析载体初始姿态 $\boldsymbol{C}_b^n$ 对前述误差自补偿效果的影响[65]。

根据式(2－89)可知，仅考虑常值漂移时等效陀螺漂移为

$$\delta\boldsymbol{\omega}_{is}^n=\begin{bmatrix} C_{11}(\varepsilon_x^s\cos\alpha+\varepsilon_y^s\sin\alpha)+C_{12}(-\varepsilon_x^s\sin\alpha+\varepsilon_y^s\cos\alpha)+C_{13}\varepsilon_z^s \\ C_{21}(\varepsilon_x^s\cos\alpha+\varepsilon_y^s\sin\alpha)+C_{22}(-\varepsilon_x^s\sin\alpha+\varepsilon_y^s\cos\alpha)+C_{23}\varepsilon_z^s \\ C_{31}(\varepsilon_x^s\cos\alpha+\varepsilon_y^s\sin\alpha)+C_{32}(-\varepsilon_x^s\sin\alpha+\varepsilon_y^s\cos\alpha)+C_{33}\varepsilon_z^s \end{bmatrix} \tag{2-103}$$

当 IMU 以角速度 $\boldsymbol{\omega}_c$ 绕 z_s 轴连续旋转时，$\delta\boldsymbol{\omega}_{is}^n$ 的整周期积分为

$$\begin{aligned}\int_0^T\delta\boldsymbol{\omega}_{is}^n\mathrm{d}t&=\int_0^{2\pi/\omega_c}\begin{bmatrix} C_{11}(\varepsilon_x^s\cos\alpha+\varepsilon_y^s\sin\alpha)+C_{12}(-\varepsilon_x^s\sin\alpha+\varepsilon_y^s\cos\alpha)+C_{13}\varepsilon_z^s \\ C_{21}(\varepsilon_x^s\cos\alpha+\varepsilon_y^s\sin\alpha)+C_{22}(-\varepsilon_x^s\sin\alpha+\varepsilon_y^s\cos\alpha)+C_{23}\varepsilon_z^s \\ C_{31}(\varepsilon_x^s\cos\alpha+\varepsilon_y^s\sin\alpha)+C_{32}(-\varepsilon_x^s\sin\alpha+\varepsilon_y^s\cos\alpha)+C_{33}\varepsilon_z^s \end{bmatrix}\mathrm{d}t \\ &=\begin{bmatrix} C_{13}\varepsilon_z^sT \\ C_{23}\varepsilon_z^sT \\ C_{33}\varepsilon_z^sT \end{bmatrix}\end{aligned} \tag{2-104}$$

由于姿态矩阵是单位正交阵，则可知

$$\boldsymbol{C}_b^n=(\boldsymbol{C}_n^b)^{\mathrm{T}}=\begin{bmatrix} \cos\gamma\cos\psi+\sin\gamma\sin\psi\sin\theta & \sin\psi\cos\theta & \sin\gamma\cos\psi-\cos\gamma\sin\psi\sin\theta \\ -\cos\gamma\sin\psi+\sin\gamma\cos\psi\sin\theta & \cos\psi\cos\theta & -\sin\gamma\sin\psi-\cos\gamma\cos\psi\sin\theta \\ -\sin\gamma\cos\theta & \sin\theta & \cos\gamma\cos\theta \end{bmatrix} \tag{2-105}$$

将式(2－105)代入式(2－104)得：

$$\int_0^T\delta\boldsymbol{\omega}_{is}^n\mathrm{d}t=\begin{bmatrix} C_{13}\varepsilon_z^sT \\ C_{23}\varepsilon_z^sT \\ C_{33}\varepsilon_z^sT \end{bmatrix}=\begin{bmatrix} (\sin\gamma\cos\psi-\cos\gamma\sin\psi\sin\theta)\varepsilon_z^sT \\ (-\sin\gamma\sin\psi-\cos\gamma\cos\psi\sin\theta)\varepsilon_z^sT \\ \cos\gamma\cos\theta\varepsilon_z^sT \end{bmatrix} \tag{2-106}$$

由式(2－106)可知，当 $\boldsymbol{C}_b^n\neq\boldsymbol{I}$ 时，单轴连续旋转仍然可以将旋转轴垂直平面内陀螺漂移调制成周期变化量，整周期积分后为零，不会产生状态量的常值项和积累项误差。另外，旋转轴方向的陀螺漂移 ε_z^s 在导航坐标系水平面内产生投影，大小与姿态角的具体数值有关。

特别地，当 $\gamma=0$ 且 $\theta=0$ 时，水平面内的投影为零，等效于 $\boldsymbol{C}_b^n=\boldsymbol{I}$ 时的调制

效果。但是,“$\gamma=0$ 且 $\theta=0$”只是“等效于 $\boldsymbol{C}_b^n=\boldsymbol{I}$ 时的调制效果”的充分条件,而不是充要条件。

为直观表现载体初始姿态对误差自补偿的影响,分别取姿态角($\theta\quad\gamma\quad\psi$)为($0°\quad 0°\quad 0°$)、($0°\quad 0°\quad 270°$)、($10°\quad 10°\quad 270°$)、($45°\quad 45°\quad 270°$)。载体不同初始姿态时 z_s 轴陀螺漂移引起的导航误差如图 2-12 和图 2-13 所示。

如图 2-12 所示,当横滚角 $\gamma=0°$且俯仰角 $\theta=0°$时,航向角 ψ 的取值对 z_s 轴陀螺漂移引起的导航误差没有影响,与前述理论分析一致。

将 $\theta=10°$、$\gamma=10°$、$\psi=270°$代入式(2-106)得

$$\int_0^T \delta\boldsymbol{\omega}_{is}^n \mathrm{d}t=\begin{bmatrix}(\sin\gamma\cos\psi-\cos\gamma\sin\psi\sin\theta)\varepsilon_z^s T\\(-\sin\gamma\sin\psi-\cos\gamma\cos\psi\sin\theta)\varepsilon_z^s T\\\cos\gamma\cos\theta\varepsilon_z^s T\end{bmatrix}=\begin{bmatrix}0.17101\\0.17365\\0.96985\end{bmatrix}\varepsilon_z^s T \tag{2-107}$$

将 $\theta=45°$、$\gamma=45°$、$\psi=270°$代入式(2-106)得

$$\int_0^T \delta\boldsymbol{\omega}_{is}^n \mathrm{d}t=\begin{bmatrix}(\sin\gamma\cos\psi-\cos\gamma\sin\psi\sin\theta)\varepsilon_z^s T\\(-\sin\gamma\sin\psi-\cos\gamma\cos\psi\sin\theta)\varepsilon_z^s T\\\cos\gamma\cos\theta\varepsilon_z^s T\end{bmatrix}=\begin{bmatrix}0.50000\\0.70711\\0.50000\end{bmatrix}\varepsilon_z^s T \tag{2-108}$$

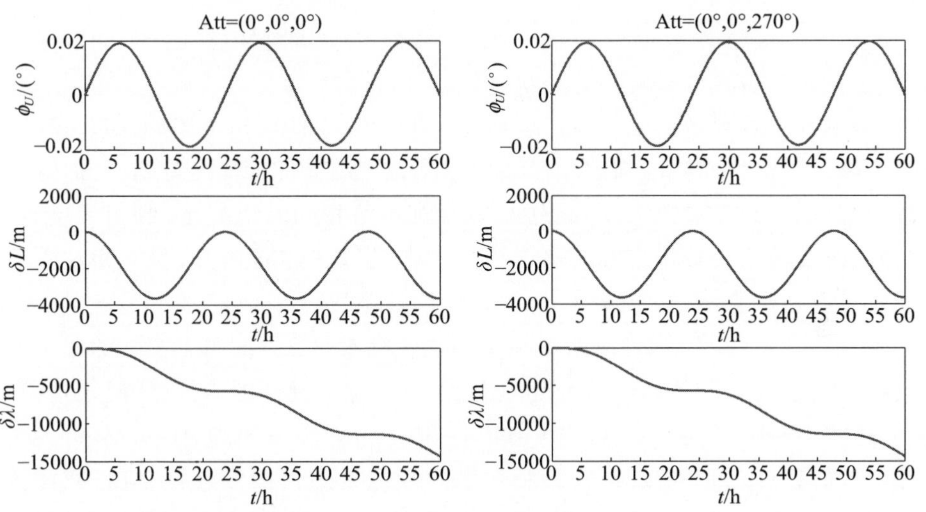

图 2-12　不同初始姿态时 z 轴陀螺漂移引起的导航误差对比(一)(见彩图)

如图 2-13 所示,对比式(2-107)和式(2-108),与左图 $\theta=10°$、$\gamma=10°$、$\psi=270°$相比,右图 $\theta=45°$、$\gamma=45°$、$\psi=270°$时 $\delta\omega_N$ 较大,引起式(2-85)中与 $\delta\omega_N$ 相关的航向失准角 ϕ_U 的常值项增大,故右图 ϕ_U 的曲线均值略大于左图。

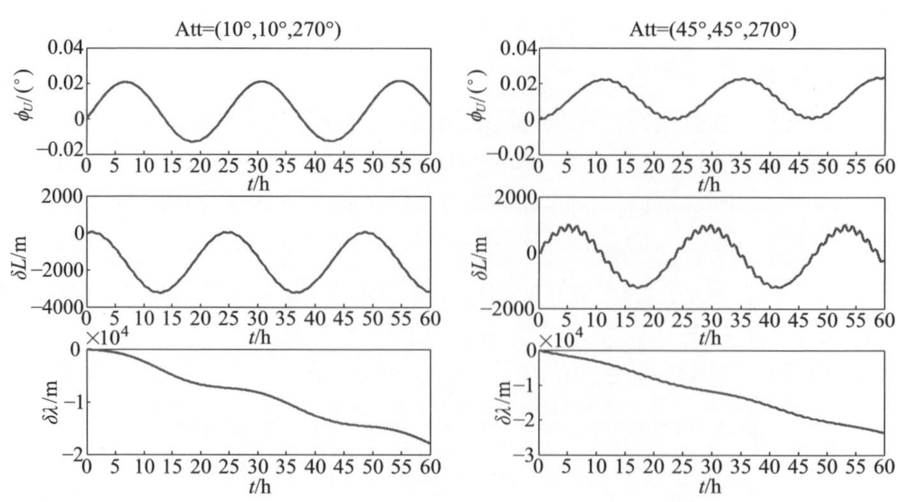

图 2-13　不同初始姿态时 z 轴陀螺漂移引起的导航误差对比(二)(见彩图)

由于 $\theta=45°$、$\gamma=45°$、$\psi=270°$时 $\delta\omega_N$ 较大且 $\delta\omega_U$ 较小,代入式(2-85)中可得纬度误差 δL 的常值项数值增大,因此右图 δL 的曲线均值较左图明显上移。又 $\delta\omega_{N左}=0.17365\varepsilon_z^s$,$\delta\omega_{U左}=0.96985\varepsilon_z^s$,$\delta\omega_{N右}=0.70711\varepsilon_z^s$,$\delta\omega_{U右}=0.50000\varepsilon_z^s$,且纬度 $L=30°$,代入式(2-85)可得:$(-\cos L\delta\omega_N-\sin L\delta\omega_U)_左=-0.63531\varepsilon_z^s$,$(-\cos L\delta\omega_N-\sin L\delta\omega_U)_右=-0.86238\varepsilon_z^s$。因此,相同时间内右图 $\delta\lambda$ 的积累项误差大于左图。仿真结果与理论分析一致。

特别地,虽然(θ　γ　ψ)分别取(0°　0°　270°)、(10°　10°　270°)、(45°　45°　270°)时,俯仰角和横滚角越小,ε_z^s 引起的导航误差越小,但这只是特定数值下的偶然现象,并不能据此得出航向角相同的情况下,倾斜程度越小,单轴连续旋转调制效果越好的错误结论。由式(2-106)可知,当 θ 和 γ 不全为零时,等效陀螺漂移 $\delta\boldsymbol{\omega}_{is}^n$ 是 θ、γ、ψ 综合作用的结果。

根据式(2-85),影响航向角精度的主要因素是 $\delta\omega_E$。对于实际的单轴旋转惯导系统,绝大多数的初始对准环境下 $\psi\neq0$。对于具体的 ψ,虽然使 $\delta\omega_E=0$ 的 θ、γ 组合有多种,但是 ψ 的真值未知或存在误差时,除 θ、γ 取(0　0)外的其他解不能准确求出。为了实现旋转调制效果的最优且简化操作流程,应将载体调水平,即使 $\theta=0$,$\gamma=0$。这只需要一个水准器即可。室外进行车载初始对准时,若难以准确调平,也应尽量选择较平整的地势。

2.6.2　转位角速度匀加减速模型对误差自补偿的影响

2.5 节在分析过程中将转动角速度 ω_c 简化为图 2-14 所示的阶跃信号。

对于某型单轴旋转惯导系统，转位机构采用直流力矩电机驱动，在锁紧驱动系统上采用蜗轮蜗杆传动驱动端齿定位的方式进行锁紧。因此，转位机构在零值和恒定值 ω_c 之间存在加减速过程，图 2－15 即为该系统 IMU 在逆时针方向旋转 360°的过程中解算的实际角速度变化曲线。图 2－14 与图 2－15 存在较大差异，因此有必要分析转位机构角速度模型对前述旋转效果的影响。

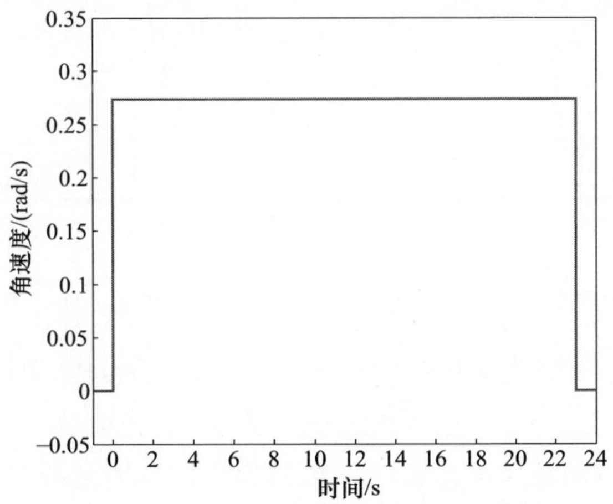

图 2－14　理想化的转动角速度模型(见彩图)

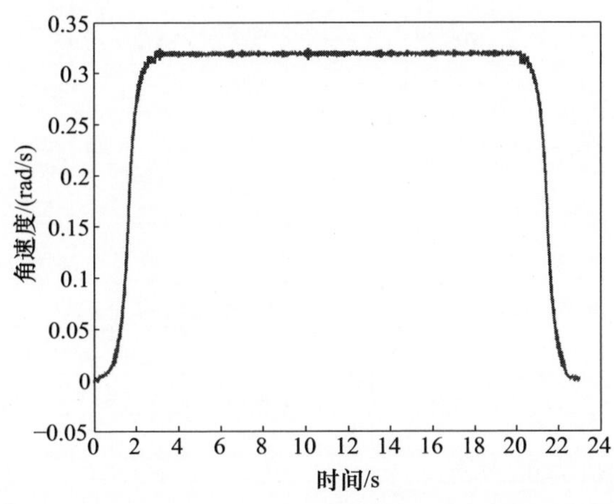

图 2－15　单轴旋转惯导系统的实际转位角速度(见彩图)

如图 2－15 所示，真实系统的转位角速度是变加减速过程。为了分析加减速过程对旋转调制的影响，且适当简化运算，建立图 2－16 所示的匀加减速模型。该模型分为 3 个阶段，即匀加速、匀速和匀减速，匀加速与匀减速阶段的加速度绝对值相同。

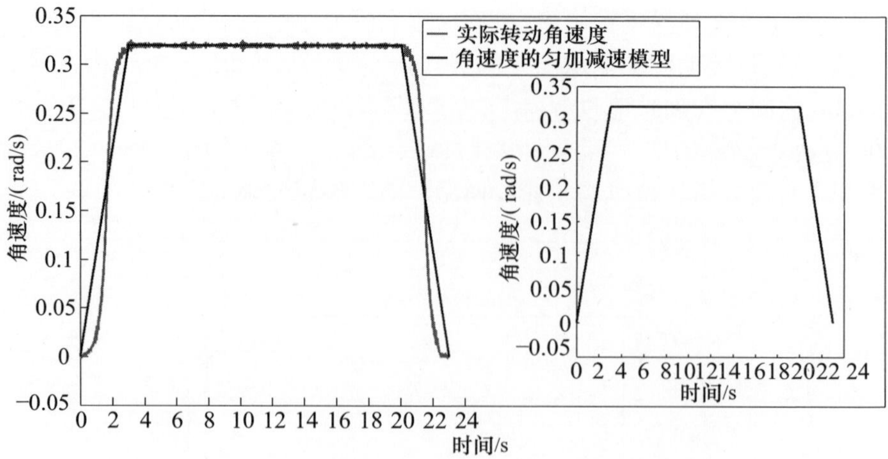

图 2-16　转位角速度的匀加减速模型(见彩图)

假设转动初始时刻$\boldsymbol{C}_b^n=\boldsymbol{I}$,$\boldsymbol{C}_s^b(t_0)=\boldsymbol{I}$。对于连续旋转,记加速时间 t_1,匀速时间 t_2,减速时间为 $t_3=t_1$,匀速阶段角速度为 ω_c,任意时刻 IMU 转位角度为 α。下面分析角速度匀加减速模型情况下单轴连续旋转对等效陀螺漂移 $\delta\omega_{is}^n$ 的影响。根据式(2-89)可知

$$\delta\boldsymbol{\omega}_{is}^n=\begin{bmatrix}\varepsilon_x^s\cos\alpha+\varepsilon_y^s\sin\alpha\\-\varepsilon_x^s\sin\alpha+\varepsilon_y^s\cos\alpha\\C_{33}\varepsilon_z^s\end{bmatrix}\tag{2-109}$$

角度 α 关于时间 t 的函数为

$$\alpha=\begin{cases}\dfrac{1}{2}\dfrac{\omega_c}{t_1}t^2 & 0\leqslant t<t_1\\\dfrac{1}{2}\omega_c t_1+\omega_c(t-t_1) & t_1\leqslant t<(t_1+t_2)\\2n\pi-\dfrac{1}{2}\dfrac{\omega_c}{t_3}(t_1+t_2+t_3-t)^2 & (t_1+t_2)\leqslant t\leqslant(t_1+t_2+t_3)\end{cases}\tag{2-110}$$

式中:n 为转动圈数,为正整数。

对 $\delta\boldsymbol{\omega}_{is}^n$ 整周期积分得

$$\int_0^T\delta\boldsymbol{\omega}_{is}^n\mathrm{d}t=\int_0^{t_1+t_2+t_3}\begin{bmatrix}\varepsilon_x^s\cos\alpha+\varepsilon_y^s\sin\alpha\\-\varepsilon_x^s\sin\alpha+\varepsilon_y^s\cos\alpha\\\varepsilon_z^s\end{bmatrix}\mathrm{d}t\tag{2-111}$$

下面将式(2-111)按照转动阶段拆分求解。

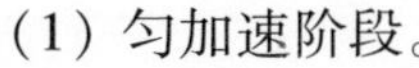

（1）匀加速阶段。

$$\int_0^{t_1}\delta\boldsymbol{\omega}_{is}^n\mathrm{d}t=\int_0^{t_1}\begin{bmatrix}\varepsilon_x^s\cos\left(\dfrac{1}{2}\dfrac{\omega_c}{t_1}t^2\right)+\varepsilon_y^s\sin\left(\dfrac{1}{2}\dfrac{\omega_c}{t_1}t^2\right)\\-\varepsilon_x^s\sin\left(\dfrac{1}{2}\dfrac{\omega_c}{t_1}t^2\right)+\varepsilon_y^s\cos\left(\dfrac{1}{2}\dfrac{\omega_c}{t_1}t^2\right)\\\varepsilon_z^s\end{bmatrix}\mathrm{d}t$$

$$=\begin{bmatrix}\varepsilon_x^sM_c+\varepsilon_y^sM_s\\-\varepsilon_x^sM_s+\varepsilon_y^sM_c\\\varepsilon_z^st_1\end{bmatrix}\tag{2-112}$$

其中：$M_c=\int_0^{t_1}\cos\left(\dfrac{1}{2}\dfrac{\omega_c}{t_1}t^2\right)\mathrm{d}t$；$M_s=\int_0^{t_1}\sin\left(\dfrac{1}{2}\dfrac{\omega_c}{t_1}t^2\right)\mathrm{d}t$。$M_c$、$M_s$ 无法求出解析解。

（2）匀速阶段。

$$\int_{t_1}^{t_1+t_2}\delta\boldsymbol{\omega}_{is}^n\mathrm{d}t=\int_{t_1}^{t_1+t_2}\begin{bmatrix}\varepsilon_x^s\cos(\omega_ct-\omega_ct_1/2)+\varepsilon_y^s\sin(\omega_ct-\omega_ct_1/2)\\-\varepsilon_x^s\sin(\omega_ct-\omega_ct_1/2)+\varepsilon_y^s\cos(\omega_ct-\omega_ct_1/2)\\\varepsilon_z^s\end{bmatrix}\mathrm{d}t\tag{2-113}$$

令 $u=t-t_1/2$，则

$$\int_{t_1}^{t_1+t_2}\delta\boldsymbol{\omega}_{is}^n\mathrm{d}t=\int_{t_1/2}^{t_2+(t_1/2)}\begin{bmatrix}\varepsilon_x^s\cos(\omega_cu)+\varepsilon_y^s\sin(\omega_cu)\\-\varepsilon_x^s\sin(\omega_cu)+\varepsilon_y^s\cos(\omega_cu)\\\varepsilon_z^s\end{bmatrix}\mathrm{d}u=\begin{bmatrix}\varepsilon_x^sN_c+\varepsilon_y^sN_s\\-\varepsilon_x^sN_s+\varepsilon_y^sN_c\\\varepsilon_z^st_2\end{bmatrix}\tag{2-114}$$

其中：

$$N_c=\int_{t_1/2}^{t_2+(t_1/2)}\cos(\omega_cu)\mathrm{d}u=\frac{1}{\omega_c}[\sin(\omega_ct_2+\omega_ct_1/2)-\sin(\omega_ct_1/2)]$$

$$N_s=\int_{t_1/2}^{t_2+(t_1/2)}\sin(\omega_cu)\mathrm{d}u=\frac{1}{\omega_c}[\cos(\omega_ct_1/2)-\cos(\omega_ct_2+\omega_ct_1/2)]$$

又因为 $\omega_ct_2+\omega_ct_1/2=2n\pi-\omega_ct_3/2=2n\pi-\omega_ct_1/2$，故有

$$N_c=\frac{1}{\omega_c}[\sin(2n\pi-\omega_ct_1/2)-\sin(\omega_ct_1/2)]=\frac{-2\sin(\omega_ct_1/2)}{\omega_c}$$

$$N_s=\frac{1}{\omega_c}[\cos(\omega_ct_1/2)-\cos(2n\pi-\omega_ct_1/2)]=0$$

代入式(2－114)得

$$\int_{t_1}^{t_1+t_2}\delta\boldsymbol{\omega}_{is}^{n}\mathrm{d}t=\begin{bmatrix}\varepsilon_x^sN_c+\varepsilon_y^sN_s\\-\varepsilon_x^sN_s+\varepsilon_y^sN_c\\\varepsilon_z^st_2\end{bmatrix}=\begin{bmatrix}-2\sin(\omega_ct_1/2)\varepsilon_x^s/\omega_c\\-2\sin(\omega_ct_1/2)\varepsilon_y^s/\omega_c\\\varepsilon_z^st_2\end{bmatrix}\tag{2-115}$$

(3) 匀减速阶段。

$$\int_{t_1+t_2}^{t_1+t_2+t_3}\delta\boldsymbol{\omega}_{is}^{n}\mathrm{d}t=\int_{t_1+t_2}^{t_1+t_2+t_3}\begin{bmatrix}\varepsilon_x^s\cos\left(-\frac{1}{2}\frac{\omega_c}{t_3}(t_1+t_2+t_3-t)^2\right)+\varepsilon_y^s\sin\left(-\frac{1}{2}\frac{\omega_c}{t_3}(t_1+t_2+t_3-t)^2\right)-\\\varepsilon_x^s\sin\left(-\frac{1}{2}\frac{\omega_c}{t_3}(t_1+t_2+t_3-t)^2\right)+\varepsilon_y^s\cos\left(-\frac{1}{2}\frac{\omega_c}{t_3}(t_1+t_2+t_3-t)^2\right)\\\varepsilon_z^s\end{bmatrix}\mathrm{d}t\tag{2-116}$$

令 $u=t_1+t_2+t_3-t$ 且 $t_3=t_1$，则有

$$\int_{t_1+t_2}^{t_1+t_2+t_3}\delta\boldsymbol{\omega}_{is}^{n}\mathrm{d}t=\int_0^{t_1}\begin{bmatrix}\varepsilon_x^s\cos\left(\frac{1}{2}\frac{\omega_c}{t_1}u^2\right)-\varepsilon_y^s\sin\left(\frac{1}{2}\frac{\omega_c}{t_1}u^2\right)\\\varepsilon_x^s\sin\left(\frac{1}{2}\frac{\omega_c}{t_1}u^2\right)+\varepsilon_y^s\cos\left(\frac{1}{2}\frac{\omega_c}{t_1}u^2\right)\\\varepsilon_z^s\end{bmatrix}\mathrm{d}u=\begin{bmatrix}\varepsilon_x^sM_c-\varepsilon_y^sM_s\\\varepsilon_x^sM_s+\varepsilon_y^sM_c\\\varepsilon_z^st_3\end{bmatrix}\tag{2-117}$$

将式(2－112)、式(2－115)和式(2－117)代入式(2－111)得

$$\begin{aligned}\int_0^T\delta\boldsymbol{\omega}_{is}^{n}\mathrm{d}t&=\begin{bmatrix}\varepsilon_x^sM_c+\varepsilon_y^sM_s\\-\varepsilon_x^sM_s+\varepsilon_y^sM_c\\\varepsilon_z^st_1\end{bmatrix}+\begin{bmatrix}-2\sin(\omega_ct_1/2)\dfrac{\varepsilon_x^s}{\omega_c}\\-2\sin(\omega_ct_1/2)\dfrac{\varepsilon_y^s}{\omega_c}\\\varepsilon_z^st_2\end{bmatrix}+\begin{bmatrix}\varepsilon_x^sM_c-\varepsilon_y^sM_s\\\varepsilon_x^sM_s+\varepsilon_y^sM_c\\\varepsilon_z^st_3\end{bmatrix}\\&=\begin{bmatrix}2\varepsilon_x^sM_c-2\sin(\omega_ct_1/2)\dfrac{\varepsilon_x^s}{\omega_c}\\2\varepsilon_y^sM_c-2\sin(\omega_ct_1/2)\dfrac{\varepsilon_y^s}{\omega_c}\\\varepsilon_z^sT\end{bmatrix}\end{aligned}\tag{2-118}$$

将式(2－118)中各项改写为积分形式,得

$$\int_0^T \delta\boldsymbol{\omega}_{is}^n \mathrm{d}t = \begin{bmatrix} 2\varepsilon_x^s \int_0^{t_1} \cos\left(\frac{1}{2}\frac{\omega_c}{t_1}t^2\right)\mathrm{d}t - 2\varepsilon_x^s \int_0^{t_1/2} \cos(\omega_c t)\mathrm{d}t \\ 2\varepsilon_y^s \int_0^{t_1} \cos\left(\frac{1}{2}\frac{\omega_c}{t_1}t^2\right)\mathrm{d}t - 2\varepsilon_y^s \int_0^{t_1/2} \cos(\omega_c t)\mathrm{d}t \\ \varepsilon_z^s T \end{bmatrix} \tag{2-119}$$

匀加减速模型的整周转动过程如图2－17所示。图中 O 是转位中心点,与转动轴重合。a 是转位起始点,与整周旋转的结束点 h 重合。a 点顺时针转动到 h 点为一个加减速周期,其中 a 点到 c 点为匀加速阶段,c 点到 f 点为匀速阶段,f 点到 h 点为匀加速阶段。b 点和 g 点是匀加减速阶段满足轴对称条件的任意两点,二者在匀速阶段的轴对称点分别是 d 点和 e 点。根据几何关系可知,b 与 e、d 与 g 分别关于 O 点呈现中心对称关系。

加减速阶段满足轴对称条件下任意两点的角速度,如图2－18所示。图中曲线反映了真实单轴旋转惯导系统转位一周计算得到的角速度与时间之间的关系,梯形折线是采用角速度的匀加减速模型对真实角速度进行的拟合。根据积分原理可知,斜线阴影部分的面积反映了相应的时间区间内角速度的积分,也就是角度 α。

下面结合图2－17和图2－18从轴对称和中心对称两个方面对式(2－119)进行分析。

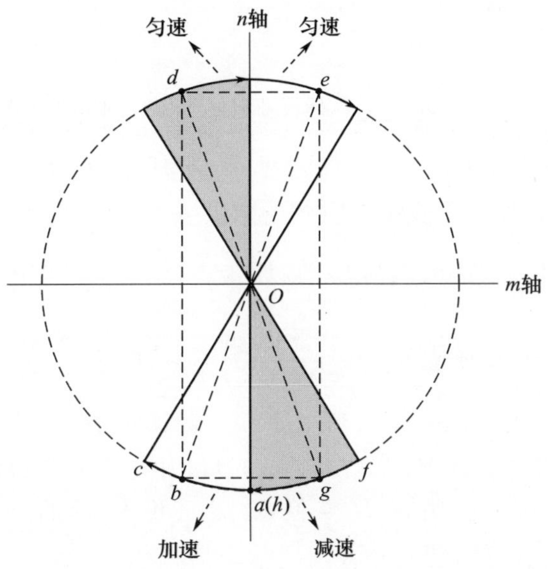

图2－17　匀加减速模型的整周转位示意图(见彩图)

当$\boldsymbol{C}_b^n=\boldsymbol{I}$时，旋转轴与天向轴在转动过程中始终保持重合。根据式(2－119)可知，转位机构角速度模型对天向轴方向的等效陀螺漂移没有影响。以式(2－119)中的第一项为例，对水平面内的等效陀螺漂移进行分析。由式(2－119)可知

$$\begin{aligned}\int_0^T \delta\boldsymbol{\omega}_E \mathrm{d}t &= 2\boldsymbol{\varepsilon}_x^s\int_0^{t_1}\cos\left(\frac{1}{2}\frac{\boldsymbol{\omega}_c}{t_1}t^2\right)\mathrm{d}t-2\boldsymbol{\varepsilon}_x^s\int_0^{t_1/2}\cos(\boldsymbol{\omega}_c t)\mathrm{d}t\\ &= 2\boldsymbol{\varepsilon}_x^s\int_0^{t_1}\cos\left(\frac{1}{2}\frac{\boldsymbol{\omega}_c}{t_1}t^2\right)\mathrm{d}t+2\boldsymbol{\varepsilon}_x^s\int_0^{t_1/2}\cos(\boldsymbol{\omega}_c t+\pi)\mathrm{d}t\\ &= 2\int_0^{t_1}\boldsymbol{\varepsilon}_x^s\cos\left(\frac{1}{2}\frac{\boldsymbol{\omega}_c}{t_1}t^2\right)\mathrm{d}t+2\int_{\pi/\omega_c}^{\pi/\omega_c+t_1/2}\boldsymbol{\varepsilon}_x^s\cos(\boldsymbol{\omega}_c t)\mathrm{d}t\end{aligned}\tag{2－120}$$

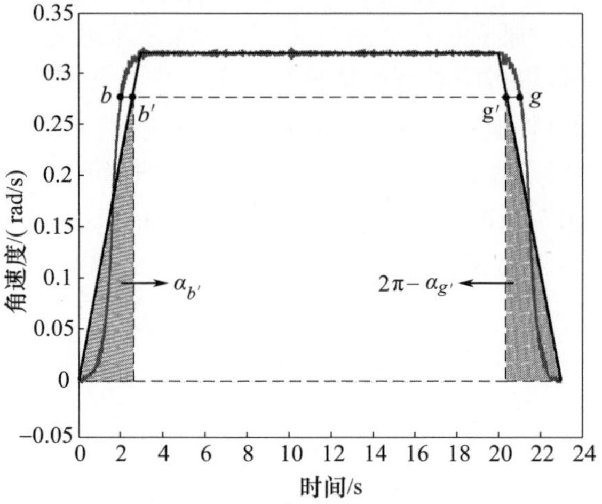

图2－18　加减速阶段任意轴对称两点示意图(见彩图)

对于匀加速阶段，从静止状态加速到ω_c需要时间t_1，任意时刻IMU转过的角度为$\omega_c t^2/(2t_1)$，加速阶段结束时刻的角度为$\omega_c t_1/2$；对于匀速阶段，角速度为ω_c，转过$\omega_c t_1/2$需要的时间为$t_1/2$。那么，式(2－120)中$\int_0^{t_1}\boldsymbol{\varepsilon}_x^s\cos\left(\frac{1}{2}\frac{\boldsymbol{\omega}_c}{t_1}t^2\right)\mathrm{d}t$即加速阶段$\boldsymbol{\varepsilon}_x^s$在$n$轴的投影$\boldsymbol{\varepsilon}_x^s\cos\left(\frac{1}{2}\frac{\boldsymbol{\omega}_c}{t_1}t^2\right)$的积分，$\int_{\pi/\omega_c}^{\pi/\omega_c+t_1/2}\boldsymbol{\varepsilon}_x^s\cos(\boldsymbol{\omega}_c t)\mathrm{d}t$即与加速阶段中心对称的匀速阶段$\boldsymbol{\varepsilon}_x^s$在$n$轴的投影$\boldsymbol{\varepsilon}_x^s\cos(\boldsymbol{\omega}_c t)$的积分。同理可知，式(2－120)中的2倍关系是因为在匀减速阶段和与之中心对称的匀速阶段，$\boldsymbol{\varepsilon}_x^s$在$n$轴的投影经过三角函数变换和换元积分后的运算结果也等于$\int_0^{t_1}\boldsymbol{\varepsilon}_x^s\cos\left(\frac{1}{2}\frac{\boldsymbol{\omega}_c}{t_1}t^2\right)\mathrm{d}t$、$\int_{\pi/\omega_c}^{\pi/\omega_c+t_1/2}\boldsymbol{\varepsilon}_x^s\cos(\boldsymbol{\omega}_c t)\mathrm{d}t$。

因此，$\int_0^T \delta\omega_E \mathrm{d}t \neq 0$ 的原因在于中心对称的两个位置的角速度绝对值不完全相等。假设图 2-17 中 b 点和 d 点的角速度相同，那么，由于 $\cos\alpha + \cos(\alpha+\pi)=0$，整周期积分结果也为零。$\int_0^T \delta\omega_N \mathrm{d}t$ 的分析过程与 $\int_0^T \delta\omega_E \mathrm{d}t$ 类似。

下面针对式(2-118)中匀加减速阶段 $M_s = \int_0^{t_1} \sin\left(\frac{1}{2}\frac{\omega_c}{t_1}t^2\right)\mathrm{d}t$ 相互抵消的情况，从轴对称的角度，以 ε_x^s 在 m 轴的投影 $\varepsilon_x^s\sin\alpha$ 为例进行分析。

如图 2-18 所示，左侧阴影面积 $\alpha_{b'}$ 为 IMU 匀加速到 b' 点时相对于起点 a 顺时针转过的角度，右侧阴影面积 $2\pi-\alpha_{g'}$ 为 IMU 匀减速到 g' 点时相对于终点 h 的角度。由图 2-18 可知，b' 点和 g' 点的角速度相等；又因为加减速阶段的角加速度绝对值相等，即图中折线斜率的绝对值相等，所以式 $\alpha_{b'}=2\pi-\alpha_{g'}$ 成立。因此，匀加减速过程中角速度相等的任意两点满足位置的轴对称关系。b' 点和 g' 点位置上 ε_x^s 在 m 轴的投影之和 $\varepsilon_x^s(\sin\alpha_{b'}+\sin\alpha_{g'})=\varepsilon_x^s\sin\alpha_{b'}-\varepsilon_x^s\sin(2\pi-\alpha_{g'})=0$，故加速阶段和减速阶段 ε_x^s 在 m 轴的投影积分之和也为零。

综上所述，对于角速度匀加减速模型条件下的单轴连续旋转，东向和北向等效陀螺漂移的整周期积分只与加减速阶段有关，与匀速转动阶段无关。当然，这必须满足条件“加速阶段与减速阶段的加速度绝对值相等”，只有这样才能保证关于 n 轴对称的任意两点的角速度相等。因此，实现误差的完全自补偿要保证轴对称和中心对称的任意两个位置的角速度相等。

2.7　本章小结

本章首先介绍了 SINS 中常用的几种坐标系以及载体的姿态矩阵，然后对捷联惯性导航系统的基本原理进行了说明，介绍了速度、姿态和位置微分方程及导航更新的一般原理。在此基础上，详细推导了 SINS 的姿态误差方程、速度误差方程和位置误差方程，为初始对准、组合导航误差模型的建立打下了基础。

以误差方程为基础，分析了 SINS 天向通道的不稳定性并以静基座为背景推导了捷联惯导系统误差传播方程，得到了惯性器件等效常值误差与导航状态量误差之间的函数关系。基于单轴连续旋转方案，分析了加速度计零偏、陀螺常值漂移、标度因数误差和安装误差的传播特性，并得出结论：常值误差方面，单轴连续旋转的误差抑制效果明显；安装误差方面，连续旋转能够将 $\delta\omega_N$ 和 $\delta\omega_U$ 的整周期积分调制为零，但是 $\delta\omega_E$ 的调制效果与 K_{gxy} 和 K_{gyx} 的具体数值有关；标度因数误差方面，单轴连续旋转对于 x_s、y_s 轴标度因数误差的抑制效果与其具体数值有关,对于 z_s 轴标度因数误差会激发出更大的航向失准角和定位误差。仿真实验结果与理论分析一致。所以,设计转位方案时应具体分析实际系统中各误差源的绝对数值与相对大小。

针对惯导系统的实际工作环境,研究了载体初始姿态和转位角速度模型对误差自补偿的影响。对载体姿态影响的研究表明,为了实现旋转调制效果的最优且简化操作流程,初始对准时应尽量将载体调水平。在建立转位角速度匀加减速模型的基础上,分析了单轴连续旋转方案的误差调制效果,发现东向和北向等效陀螺漂移的整周期积分只与加减速阶段有关,与匀速转动阶段无关,实现惯性器件常值误差的完全自补偿要保证轴对称和中心对称的任意两个位置的角速度相等,为后文设计转位方案提供了依据。

第3章

基于多子样的 SINS 高精度姿态算法

姿态更新即根据陀螺仪测得的转速信息对姿态微分方程进行数值积分获取实时姿态的过程。载体的姿态有不同的描述方式，对应着不同的姿态微分方程。此外，在导航解算的过程中，为了保证算法误差与惯性传感器引入的误差相比可以忽略不计，积分过程必须选用高精度的数值积分算法。通用的微分方程积分算法（如 Runge – Kutta 法）不能满足捷联式惯导系统对精度的要求，尤其是在恶劣的运动环境中。所以需要研究适合捷联惯导系统微分方程的高性能算法，以降低转动的不可交换性带来的负面影响，如姿态更新中的圆锥效应、速度更新中的划船效应、位置更新中的卷轴效应等[66]。与姿态和速度更新算法相比，位置更新算法引起的误差一般比较小，可采用比较简单的梯形积分法。此外，划船效应补偿算法可以通过对偶原理很容易从圆锥效应补偿算法中得到，因此本章在介绍不同姿态参数微分方程的基础上，研究对应的姿态更新算法，特别是基于多子样的高精度圆锥误差补偿算法。

3.1 姿态微分方程

载体做定点转动时，其位置可由 b 系相对于参考系的关系来确定。确定定点转动中刚体位置的方法有多种，最常用的有欧拉角法、方向余弦矩阵法、四元数法等（参见附录 C）。它们描述的实际上是载体转动过程中相对参考系的角位置关系，因此又称为载体的姿态。IMU 中的陀螺仪测量的是载体的角速度信息，要用陀螺测量结果更新载体的姿态，首先要建立载体角速度与描述刚体姿态的运动学参数导数之间的关系，即建立载体的运动学方程。所选择的运动学参数不同，运动学方程的形式也不相同。方向余弦矩阵微分方程已在 2.2.2 小节进行了介绍，这里主要介绍刚体作定点转动时的欧拉角、四元数和旋转矢量运动学方程[67-72]。

3.1.1 欧拉角微分方程

取地理系 g 为导航坐标系，对式（C－44）两边同时进行微分，可得

$$\dot{\boldsymbol{C}}_b^n=\frac{\mathrm{d}}{\mathrm{d}t}\begin{bmatrix} c_\psi c_\gamma - s_\psi s_\theta s_\gamma & -s_\psi c_\theta & c_\psi s_\gamma + s_\psi s_\theta c_\gamma \\ s_\psi c_\gamma + c_\psi s_\theta s_\gamma & c_\psi c_\theta & s_\psi s_\gamma - c_\psi s_\theta c_\gamma \\ -c_\theta s_\gamma & s_\theta & c_\theta c_\gamma \end{bmatrix}$$

$$=\begin{bmatrix} \begin{matrix}(-\dot\psi s_\psi c_\gamma - \dot\gamma c_\psi s_\gamma)\\ -(\dot\psi c_\psi s_\theta s_\gamma + \dot\theta s_\psi c_\theta s_\gamma + \dot\gamma s_\theta c_\gamma s_\psi)\end{matrix} & -(\dot\psi c_\psi c_\theta - \dot\theta s_\psi s_\theta) & \begin{matrix}(-\dot\psi s_\psi s_\gamma + \dot\gamma c_\psi c_\gamma)\\ +(\dot\psi c_\psi s_\theta c_\gamma + \dot\theta s_\psi c_\theta c_\gamma - \dot\gamma s_\psi s_\theta s_\gamma)\end{matrix} \\ \begin{matrix}(\dot\psi c_\psi c_\gamma - \dot\gamma s_\psi s_\gamma)\\ +(-\dot\psi s_\psi s_\theta s_\gamma + \dot\theta c_\psi c_\theta s_\gamma + \dot\gamma c_\psi s_\theta c_\gamma)\end{matrix} & -\dot\psi s_\psi c_\theta - \dot\theta c_\psi s_\theta & \begin{matrix}(\dot\psi c_\psi s_\gamma + \dot\gamma s_\psi c_\gamma)\\ -(-\dot\psi s_\psi s_\theta c_\gamma + \dot\theta c_\psi c_\theta c_\gamma - \dot\gamma c_\psi s_\theta s_\gamma)\end{matrix} \\ -(-\dot\theta s_\theta s_\gamma + \dot\gamma c_\theta c_\gamma) & \dot\theta c_\theta & -\dot\theta s_\theta c_\gamma - \dot\gamma c_\theta s_\gamma \end{bmatrix}$$

$$=\boldsymbol{C}_b^n\left(\begin{bmatrix} c_\gamma\dot\theta - \dot\psi c_\theta s_\gamma \\ \dot\gamma + \dot\psi s_\theta \\ \dot\theta s_\gamma + \dot\psi c_\theta c_\gamma \end{bmatrix}\times\right)=\boldsymbol{C}_b^n\left[\left(\begin{bmatrix} c_\gamma & 0 & -c_\theta s_\gamma \\ 0 & 1 & s_\theta \\ s_\gamma & 0 & c_\theta c_\gamma \end{bmatrix}\begin{bmatrix}\dot\theta\\ \dot\gamma\\ \dot\psi\end{bmatrix}\right)\times\right] \tag{3-1}$$

式（3－1）与方向余弦阵微分方程 $\dot{\boldsymbol{C}}_b^n=\boldsymbol{C}_b^n(\boldsymbol{\omega}_{nb}^b\times)$ 对比，可得

$$\boldsymbol{\omega}_{nb}^b=\begin{bmatrix} c_\gamma & 0 & -c_\theta s_\gamma \\ 0 & 1 & s_\theta \\ s_\gamma & 0 & c_\theta c_\gamma \end{bmatrix}\begin{bmatrix}\dot\theta\\ \dot\gamma\\ \dot\psi\end{bmatrix} \tag{3-2}$$

当 $c_\theta\neq 0$ 时，对式（3－2）右边矩阵求逆再移至左边，整理得

$$\begin{bmatrix}\dot\theta\\ \dot\gamma\\ \dot\psi\end{bmatrix}=\frac{1}{c_\theta}\begin{bmatrix} c_\gamma c_\theta & 0 & c_\theta s_\gamma \\ s_\theta s_\gamma & c_\theta & -s_\theta c_\gamma \\ -s_\gamma & 0 & c_\gamma \end{bmatrix}\boldsymbol{\omega}_{nb}^b \tag{3-3}$$

式（3－3）称为欧拉运动学方程，由于分母中含 c_θ，在 $\theta=\pm\pi/2$ 附近无法通过角速度进行欧拉角的数值求解，因此 $\theta=\pm\pi/2$ 是“东－北－天 312”欧拉角表示的奇异点。

3.1.2 四元数微分方程

由式（C－38）两边同时右乘 $\boldsymbol{Q}_b^i$，可得

$$\boldsymbol{Q}_b^i \otimes \boldsymbol{r}^b = \boldsymbol{r}^i \otimes \boldsymbol{Q}_b^i \tag{3-4}$$

将式(3-4)两边同时微分,可得

$$\dot{\boldsymbol{Q}}_b^i \otimes \boldsymbol{r}^b + \boldsymbol{Q}_b^i \otimes \dot{\boldsymbol{r}}^b = \dot{\boldsymbol{r}}^i \otimes \boldsymbol{Q}_b^i + r^i \otimes \dot{\boldsymbol{Q}}_b^i \tag{3-5}$$

将式(C-38)代入式(3-5),得

$$\dot{\boldsymbol{Q}}_b^i \otimes \boldsymbol{r}^b + \boldsymbol{Q}_b^i \otimes \dot{\boldsymbol{r}}^b = \dot{\boldsymbol{r}}^i \otimes \boldsymbol{Q}_b^i + \boldsymbol{Q}_b^i \otimes \boldsymbol{r}^b \otimes \boldsymbol{Q}_b^i \otimes \dot{\boldsymbol{Q}}_b^i \tag{3-6}$$

假设 b 系绕 i 系转动角速度为$\boldsymbol{\omega}_{ib}^b$,根据科里奥利定理可得

$$\dot{\boldsymbol{r}}^i = \boldsymbol{Q}_b^i \otimes \dot{\boldsymbol{r}}^b \otimes \boldsymbol{Q}_i^b + \boldsymbol{Q}_b^i \otimes (\boldsymbol{\omega}_{ib}^b \times \boldsymbol{r}^b) \otimes \boldsymbol{Q}_i^b \tag{3-7}$$

将式(3-7)代入式(3-6)并整理得

$$\dot{\boldsymbol{Q}}_b^i \otimes \boldsymbol{r}^b = \boldsymbol{Q}_b^i \otimes (\boldsymbol{\omega}_{ib}^b \times \boldsymbol{r}^b) + (\boldsymbol{Q}_b^i \otimes \boldsymbol{r}^b \otimes \boldsymbol{Q}_i^b) \otimes \dot{\boldsymbol{Q}}_b^i \tag{3-8}$$

再将式(3-8)两边同时左乘$\boldsymbol{Q}_i^b$,移项得

$$(\boldsymbol{Q}_i^b \otimes \dot{\boldsymbol{Q}}_b^i) \otimes \boldsymbol{r}^b - \boldsymbol{r}^b \otimes (\boldsymbol{Q}_i^b \otimes \dot{\boldsymbol{Q}}_b^i) = \boldsymbol{\omega}_{ib}^b \times \boldsymbol{r}^b \tag{3-9}$$

式(3-9)写成矩阵形式为

$$[(\boldsymbol{Q}_i^b \otimes \dot{\boldsymbol{Q}}_b^i) \otimes - (\boldsymbol{Q}_i^b \otimes \dot{\boldsymbol{Q}}_b^i) \odot] \begin{bmatrix} 0 \\ \boldsymbol{r}^b \end{bmatrix} = \begin{bmatrix} 0 \\ \boldsymbol{\omega}_{ib}^b \times \boldsymbol{r}^b \end{bmatrix}$$

即

$$\begin{bmatrix} 0 & 0 \\ 0 & 2[(\boldsymbol{Q}_i^b \otimes \dot{\boldsymbol{Q}}_b^i)_v \times] \end{bmatrix} \begin{bmatrix} 0 \\ \boldsymbol{r}^b \end{bmatrix} = \begin{bmatrix} 0 & 0 \\ 0 & (\boldsymbol{\omega}_{ib}^b \times) \end{bmatrix} \begin{bmatrix} 0 \\ \boldsymbol{r}^b \end{bmatrix} \tag{3-10}$$

由于$\boldsymbol{r}^b$ 可为任意矢量,因此必定有

$$2(\boldsymbol{Q}_i^b \otimes \dot{\boldsymbol{Q}}_b^i)_v = \boldsymbol{\omega}_{ib}^b \tag{3-11}$$

即

$$(\boldsymbol{Q}_i^b \otimes \dot{\boldsymbol{Q}}_b^i)_v = \frac{1}{2}\boldsymbol{\omega}_{ib}^b \tag{3-12}$$

另外,四元数$\boldsymbol{Q}_b^i$ 及其微分可分别写成

$$\boldsymbol{Q}_b^i = \begin{bmatrix} \cos\frac{\phi}{2} \\ \boldsymbol{u}_{ib}^b \sin\frac{\phi}{2} \end{bmatrix} \tag{3-13}$$

$$\dot{\boldsymbol{Q}}_b^i = \begin{bmatrix} -\frac{\dot{\phi}}{2}\sin\frac{\phi}{2} \\ \dot{\boldsymbol{u}}_{ib}^b \sin\frac{\phi}{2} + \boldsymbol{u}_{ib}^b \frac{\dot{\phi}}{2}\cos\frac{\phi}{2} \end{bmatrix} \tag{3-14}$$

根据式(3－13)和式(3－14),直接计算$\boldsymbol{Q}_i^b \otimes \dot{\boldsymbol{Q}}_b^i$,得

$$\boldsymbol{Q}_i^b \otimes \dot{\boldsymbol{Q}}_b^i = \begin{bmatrix} \cos\frac{\phi}{2} \\ -\boldsymbol{u}_{ib}^b \sin\frac{\phi}{2} \end{bmatrix} \otimes \begin{bmatrix} -\frac{\dot{\phi}}{2}\sin\frac{\phi}{2} \\ \dot{\boldsymbol{u}}_{ib}^b \sin\frac{\phi}{2} + \boldsymbol{u}_{ib}^b \frac{\dot{\phi}}{2}\cos\frac{\phi}{2} \end{bmatrix}$$

$$= \begin{bmatrix} -\frac{\dot{\phi}}{2}\sin\frac{\phi}{2}\cos\frac{\phi}{2} + (\boldsymbol{u}_{ib}^b \sin\frac{\phi}{2})^{\mathrm{T}} (\dot{\boldsymbol{u}}_{ib}^b \sin\frac{\phi}{2} + \boldsymbol{u}_{ib}^b \frac{\dot{\phi}}{2}\cos\frac{\phi}{2}) \\ \cos\frac{\phi}{2}\left(\dot{\boldsymbol{u}}_{ib}^b \sin\frac{\phi}{2} + \boldsymbol{u}_{ib}^b \frac{\dot{\phi}}{2}\cos\frac{\phi}{2}\right) + \boldsymbol{u}_{ib}^b \frac{\dot{\phi}}{2}\sin^2\frac{\phi}{2} - \left(\boldsymbol{u}_{ib}^b \sin\frac{\phi}{2}\right) \times \left(\dot{\boldsymbol{u}}_{ib}^b \sin\frac{\phi}{2} + \boldsymbol{u}_{ib}^b \frac{\dot{\phi}}{2}\cos\frac{\phi}{2}\right) \end{bmatrix}$$

$$= \begin{bmatrix} 0 \\ \dot{\boldsymbol{u}}_{ib}^b \cos\frac{\phi}{2}\sin\frac{\phi}{2} + \boldsymbol{u}_{ib}^b \frac{\dot{\phi}}{2} - \boldsymbol{u}_{ib}^b \sin\frac{\phi}{2} \times \dot{\boldsymbol{u}}_{ib}^b \sin\frac{\phi}{2} \end{bmatrix}$$

$$= \frac{1}{2}\begin{bmatrix} 0 \\ \boldsymbol{u}_{ib}^b \dot{\phi} + \dot{\boldsymbol{u}}_{ib}^b \sin\phi - \boldsymbol{u}_{ib}^b \times \dot{\boldsymbol{u}}_{ib}^b (1-\cos\phi) \end{bmatrix} \tag{3-15}$$

由式(3－15)可见,$\boldsymbol{Q}_i^b \otimes \dot{\boldsymbol{Q}}_b^i$的标量部分恒为零,因此,由式(3－12)可得

$$\boldsymbol{Q}_i^b \otimes \dot{\boldsymbol{Q}}_b^i = \frac{1}{2}\begin{bmatrix} 0 \\ \boldsymbol{\omega}_{ib}^b \end{bmatrix}$$

即

$$\dot{\boldsymbol{Q}}_b^i = \frac{1}{2}\boldsymbol{Q}_b^i \otimes \boldsymbol{\omega}_{ib}^b \tag{3-16}$$

这便是四元数微分方程,它建立了变换四元数与坐标系旋转角速度之间的关系。与矩阵微分方程式类似,容易证明以下 4 种四元数微分方程之间是相互等价的

$$\dot{\boldsymbol{Q}}_b^i = \frac{1}{2}\boldsymbol{Q}_b^i \otimes \boldsymbol{\omega}_{ib}^b, \quad \dot{\boldsymbol{Q}}_b^i = \frac{1}{2}\boldsymbol{\omega}_{ib}^i \otimes \boldsymbol{Q}_b^i, \quad \dot{\boldsymbol{Q}}_i^b = \frac{1}{2}\boldsymbol{\omega}_{bi}^b \otimes \boldsymbol{Q}_i^b, \quad \dot{\boldsymbol{Q}}_i^b = \frac{1}{2}\boldsymbol{Q}_i^b \otimes \boldsymbol{\omega}_{ib}^i$$

3.1.3 旋转矢量微分方程

根据四元数与旋转矢量之间的关系有[73-80]

$$\boldsymbol{Q} = \cos\frac{\phi}{2} + \sin\frac{\phi}{2}\frac{\boldsymbol{\phi}}{\phi} = q_0 + \boldsymbol{q}\,(\boldsymbol{\phi} = |\boldsymbol{\phi}| \in [0,2\pi)) \tag{3-17}$$

$$\phi = 2\arccos q_0$$

$$\boldsymbol{\phi} = \frac{\phi}{\sin\dfrac{\phi}{2}}\boldsymbol{q} = 2\arccos q_0 \frac{\boldsymbol{q}}{\sqrt{\boldsymbol{q}\cdot\boldsymbol{q}}} \tag{3-18}$$

对式(3－18)两边进行微分可得

$$\begin{aligned}
\dot{\boldsymbol{\phi}} &= \frac{-2\dot{q}_0}{\sqrt{1-q_0^2}}\frac{\boldsymbol{q}}{\sqrt{\boldsymbol{q}\cdot\boldsymbol{q}}} + 2\arccos q_0 \frac{1}{\boldsymbol{q}\cdot\boldsymbol{q}}\left(\dot{\boldsymbol{q}}\sqrt{\boldsymbol{q}\cdot\boldsymbol{q}} - \boldsymbol{q}\frac{2\boldsymbol{q}\cdot\dot{\boldsymbol{q}}}{2\sqrt{\boldsymbol{q}\cdot\boldsymbol{q}}}\right) \\
&= \frac{-2\dot{q}_0\boldsymbol{q}}{\boldsymbol{q}\cdot\boldsymbol{q}} + 2\arccos q_0 \frac{1}{(\sqrt{\boldsymbol{q}\cdot\boldsymbol{q}})^3}((\boldsymbol{q}\cdot\boldsymbol{q})\dot{\boldsymbol{q}} - \boldsymbol{q}(\boldsymbol{q}\cdot\dot{\boldsymbol{q}})) \\
&= \frac{-2\boldsymbol{q}\dot{q}_0}{\boldsymbol{q}\cdot\boldsymbol{q}} + 2\arccos q_0 \frac{1}{(\sqrt{\boldsymbol{q}\cdot\boldsymbol{q}})^3}(\boldsymbol{q}\cdot\boldsymbol{q}\boldsymbol{I}_3 - \boldsymbol{q}\boldsymbol{q}^{\mathrm{T}})\dot{\boldsymbol{q}}
\end{aligned} \tag{3-19}$$

根据四元数微分方程(3－16)有

$$\dot{\boldsymbol{Q}}_b^n = \begin{bmatrix} \dot{q}_0 \\ \dot{\boldsymbol{q}} \end{bmatrix} = \frac{1}{2}\boldsymbol{Q}_b^n \otimes \boldsymbol{\omega}_{nb}^b = \frac{1}{2}\begin{bmatrix} q_0 & -\boldsymbol{q}^{\mathrm{T}} \\ \boldsymbol{q} & q_0\boldsymbol{I} + \boldsymbol{q}\times \end{bmatrix}\begin{bmatrix} 0 \\ \boldsymbol{\omega}_{nb}^b \end{bmatrix} = \frac{1}{2}\begin{bmatrix} -\boldsymbol{q}^{\mathrm{T}}\boldsymbol{\omega}_{nb}^b \\ (q_0\boldsymbol{I} + \boldsymbol{q}\times)\boldsymbol{\omega}_{nb}^b \end{bmatrix}$$

即

$$\begin{aligned}
\dot{q}_0 &= -\frac{1}{2}\boldsymbol{q}^{\mathrm{T}}\boldsymbol{\omega}_{nb}^b \\
\dot{\boldsymbol{q}} &= \frac{1}{2}(q_0\boldsymbol{I} + \boldsymbol{q}\times)\boldsymbol{\omega}_{nb}^b
\end{aligned} \tag{3-20}$$

将式(3－20)代入式(3－19)可得

$$\begin{aligned}
\dot{\boldsymbol{\phi}} &= \frac{-2\boldsymbol{q}\dot{q}_0}{\boldsymbol{q}\cdot\boldsymbol{q}} + 2\arccos q_0 \frac{1}{(\sqrt{\boldsymbol{q}\cdot\boldsymbol{q}})^3}(\boldsymbol{q}\cdot\boldsymbol{q}\boldsymbol{I}_3 - \boldsymbol{q}\boldsymbol{q}^{\mathrm{T}})\dot{\boldsymbol{q}} \\
&= \frac{\boldsymbol{q}\boldsymbol{q}^{\mathrm{T}}\boldsymbol{\omega}_{nb}^b}{\boldsymbol{q}\cdot\boldsymbol{q}} + \arccos q_0 \frac{1}{(\sqrt{\boldsymbol{q}\cdot\boldsymbol{q}})^3}(\boldsymbol{q}\cdot\boldsymbol{q}\boldsymbol{I}_3 - \boldsymbol{q}\boldsymbol{q}^{\mathrm{T}})(q_0\boldsymbol{I} + \boldsymbol{q}\times)\boldsymbol{\omega}_{nb}^b \\
&= \left[\frac{\boldsymbol{q}\boldsymbol{q}^{\mathrm{T}}}{\boldsymbol{q}\cdot\boldsymbol{q}} + \arccos q_0 \frac{1}{(\sqrt{\boldsymbol{q}\cdot\boldsymbol{q}})^3}(\boldsymbol{q}\cdot\boldsymbol{q}\boldsymbol{I}_3 - \boldsymbol{q}\boldsymbol{q}^{\mathrm{T}})(q_0\boldsymbol{I} + \boldsymbol{q}\times)\right]\boldsymbol{\omega}_{nb}^b
\end{aligned} \tag{3-21}$$

设$\boldsymbol{p} = \dfrac{\boldsymbol{\phi}}{\phi}$为单位向量，则根据式(3－17)$\boldsymbol{q} = \sin\dfrac{\phi}{2}\dfrac{\boldsymbol{\phi}}{\phi} = \sin\dfrac{\phi}{2}\boldsymbol{p}$，代入式(3－21)得

$$\begin{aligned}
\dot{\boldsymbol{\phi}} &= \left[\frac{\sin^2\dfrac{\phi}{2}}{\sin^2\dfrac{\phi}{2}}\boldsymbol{p}\boldsymbol{p}^{\mathrm{T}} + \frac{\phi}{2}\frac{1}{\sin^3\dfrac{\phi}{2}}\left(\sin^2\frac{\phi}{2}\boldsymbol{I}_3 - \sin^2\frac{\phi}{2}\boldsymbol{p}\boldsymbol{p}^{\mathrm{T}}\right)\left(\cos\frac{\phi}{2}\boldsymbol{I} + \sin\frac{\phi}{2}\boldsymbol{p}\times\right)\right]\boldsymbol{\omega}_{nb}^b \\
&= \left[\boldsymbol{p}\boldsymbol{p}^{\mathrm{T}} + \frac{\phi}{2}(\boldsymbol{I}_3 - \boldsymbol{p}\boldsymbol{p}^{\mathrm{T}})\left(\cot\frac{\phi}{2}\boldsymbol{I} + \boldsymbol{p}\times\right)\right]\boldsymbol{\omega}_{nb}^b
\end{aligned} \tag{3-22}$$

又有关系式 $\boldsymbol{p}\boldsymbol{p}^{\mathrm{T}}=p^2\boldsymbol{I}+(\boldsymbol{p}\times)^2=\boldsymbol{I}+(\boldsymbol{p}\times)^2,(\boldsymbol{p}\times)^3=-p^2(\boldsymbol{p}\times)=-(\boldsymbol{p}\times)$,则有

$$\begin{aligned}\dot{\boldsymbol{\phi}}&=\left[\boldsymbol{I}+(\boldsymbol{p}\times)^2-\frac{\phi}{2}(\boldsymbol{p}\times)^2\left(\cot\frac{\phi}{2}\boldsymbol{I}+\boldsymbol{p}\times\right)\right]\boldsymbol{\omega}_{nb}^{b}\\&=\left[\boldsymbol{I}-\frac{\phi}{2}(\boldsymbol{p}\times)^3+\left(1-\frac{\phi}{2}\cot\frac{\phi}{2}\right)(\boldsymbol{p}\times)^2\right]\boldsymbol{\omega}_{nb}^{b}\\&=\left[\boldsymbol{I}+\frac{\phi}{2}(\boldsymbol{p}\times)+\left(1-\frac{\phi}{2}\cot\frac{\phi}{2}\right)(\boldsymbol{p}\times)^2\right]\boldsymbol{\omega}_{nb}^{b}\\&=\left[\boldsymbol{I}+\frac{1}{2}(\boldsymbol{\phi}\times)+\frac{1}{\phi^2}\left(1-\frac{\phi}{2}\cot\frac{\phi}{2}\right)(\boldsymbol{\phi}\times)^2\right]\boldsymbol{\omega}_{nb}^{b}\end{aligned}\tag{3-23}$$

略去角速度的角标并整理得

$$\dot{\boldsymbol{\phi}}=\boldsymbol{\omega}+\frac{1}{2}\boldsymbol{\phi}\times\boldsymbol{\omega}+\frac{1}{\phi^2}\left(1-\frac{\phi}{2}\cot\frac{\phi}{2}\right)\boldsymbol{\phi}\times(\boldsymbol{\phi}\times\boldsymbol{\omega})\tag{3-24}$$

这便是常见的等效旋转矢量微分方程,该式最早由学者 J. E. Bortz 于 1971 年推导得出,后来通常称为 Bortz 方程。Bortz 方程是利用等效旋转矢量进行圆锥误差补偿的数学基础。

Bortz 方程式(3-24)虽然在理论上是严格成立的,但实际应用时略显繁杂。当转动角度 $\phi=|\boldsymbol{\phi}|$ 为很小时,常常将方程右边三角函数 $\cot(\phi/2)$ 用泰勒级数展开,进行近似为

$$\begin{aligned}\dot{\boldsymbol{\phi}}&=\boldsymbol{\omega}+\frac{1}{2}\boldsymbol{\phi}\times\boldsymbol{\omega}+\frac{1}{\phi^2}\left[1-\frac{\phi}{2}\left(\frac{2}{\phi}-\frac{1}{3}\cdot\frac{\phi}{2}-\cdots\right)\right]\boldsymbol{\phi}\times(\boldsymbol{\phi}\times\boldsymbol{\omega})\\&\approx\boldsymbol{\omega}+\frac{1}{2}\boldsymbol{\phi}\times\boldsymbol{\omega}+\frac{1}{12}\boldsymbol{\phi}\times(\boldsymbol{\phi}\times\boldsymbol{\omega})\end{aligned}\tag{3-25}$$

如果再忽略式(3-25)右端 3 阶小量的影响,还可进一步近似为

$$\dot{\boldsymbol{\phi}}\approx\boldsymbol{\omega}+\frac{1}{2}\boldsymbol{\phi}\times\boldsymbol{\omega}\tag{3-26}$$

对式(3-26)两边同时在$[t_{m-1},t]$内积分,可得

$$\begin{aligned}\boldsymbol{\phi}(t)-\boldsymbol{\phi}(t_{m-1})&=\int_{t_{m-1}}^{t}\left[\boldsymbol{\omega}(\tau)+\frac{1}{2}\boldsymbol{\phi}(\tau)\times\boldsymbol{\omega}(\tau)\right]\mathrm{d}\tau\\&=\int_{t_{m-1}}^{t}\boldsymbol{\omega}(\tau)\mathrm{d}\tau+\frac{1}{2}\int_{t_{m-1}}^{t}\boldsymbol{\phi}(\tau)\times\boldsymbol{\omega}(\tau)\mathrm{d}\tau\\&=\boldsymbol{\theta}(t,t_{m-1})+\frac{1}{2}\int_{t_{m-1}}^{t}\boldsymbol{\phi}(\tau)\times\boldsymbol{\omega}(\tau)\mathrm{d}\tau\end{aligned}\tag{3-27}$$

即

$$\boldsymbol{\phi}(t)=\boldsymbol{\phi}(t_{m-1})+\boldsymbol{\theta}(t,t_{m-1})+\frac{1}{2}\int_{t_{m-1}}^{t}\boldsymbol{\phi}(\tau)\times\boldsymbol{\omega}(\tau)\mathrm{d}\tau\tag{3-28}$$

将式(3－28)右端整体再次代入其第三项的积分号内，可得

$$\begin{aligned}\boldsymbol{\phi}(t) &= \boldsymbol{\phi}(t_{m-1}) + \boldsymbol{\theta}(t,t_{m-1}) + \frac{1}{2}\int_{t_{m-1}}^{t}\left[\boldsymbol{\phi}(t_{m-1}) + \boldsymbol{\theta}(\tau,t_{m-1}) + \frac{1}{2}\int_{t_{m-1}}^{\tau}\boldsymbol{\phi}(\tau_1)\times\boldsymbol{\omega}(\tau_1)\mathrm{d}\tau_1\right]\times\boldsymbol{\omega}(\tau)\mathrm{d}\tau \\ &= \boldsymbol{\phi}(t_{m-1}) + \boldsymbol{\theta}(t,t_{m-1}) + \frac{1}{2}\boldsymbol{\phi}(t_{m-1})\times\boldsymbol{\theta}(t,t_{m-1}) + \frac{1}{2}\int_{t_{m-1}}^{t}\boldsymbol{\theta}(\tau,t_{m-1})\times \\ &\quad \boldsymbol{\omega}(\tau)\mathrm{d}\tau + \frac{1}{4}\int_{t_{m-1}}^{t}\int_{t_{m-1}}^{\tau}\boldsymbol{\phi}(\tau_1)\times\boldsymbol{\omega}(\tau_1)\mathrm{d}\tau_1\times\boldsymbol{\omega}(\tau)\mathrm{d}\tau\end{aligned} \tag{3-29}$$

在时间段$[t_{m-1},\tau]$内，如果$\boldsymbol{\phi}(\tau_1)$是小量，式(3－29)右边的第四项远小于第三项，即有

$$\begin{aligned}\left|\int_{t_{m-1}}^{t}\int_{t_{m-1}}^{\tau}\boldsymbol{\phi}(\tau_1)\times\boldsymbol{\omega}(\tau_1)\mathrm{d}\tau_1\times\boldsymbol{\omega}(\tau)\mathrm{d}\tau\right| &<< \left|\int_{t_{m-1}}^{t}\int_{t_{m-1}}^{\tau}\boldsymbol{\omega}(\tau_1)\mathrm{d}\tau_1\times\boldsymbol{\omega}(\tau)\mathrm{d}\tau\right| = \\ &\int_{t_{m-1}}^{t}\boldsymbol{\theta}(\tau,t_{m-1})\times\boldsymbol{\omega}(\tau)\mathrm{d}\tau\end{aligned} \tag{3-30}$$

因而，式(3－29)可近似为

$$\begin{aligned}\boldsymbol{\phi}(t) \approx{}& \boldsymbol{\phi}(t_{m-1}) + \boldsymbol{\theta}(t,t_{m-1}) + \frac{1}{2}\boldsymbol{\phi}(t_{m-1})\times\boldsymbol{\theta}(t,t_{m-1}) + \\ &\frac{1}{2}\int_{t_{m-1}}^{t}\boldsymbol{\theta}(\tau,t_{m-1})\times\boldsymbol{\omega}(\tau)\mathrm{d}\tau\end{aligned} \tag{3-31}$$

假设在t_{m-1}时刻的等效旋转矢量$\boldsymbol{\phi}(t_{m-1})=0$，并将$\boldsymbol{\phi}(t)$记为$\boldsymbol{\phi}(t,t_{m-1})$，以明确表示这是在$\boldsymbol{\phi}(t_{m-1})=0$条件下的等效旋转矢量“增量”，则式(3－31)可简化为

$$\begin{aligned}\boldsymbol{\phi}(t,t_{m-1}) &= \boldsymbol{\theta}(t,t_{m-1}) + \frac{1}{2}\int_{t_{m-1}}^{t}\boldsymbol{\theta}(\tau,t_{m-1})\times \\ &\boldsymbol{\omega}(\tau)\mathrm{d}\tau = \boldsymbol{\theta}(t,t_{m-1}) + \boldsymbol{\sigma}(t,t_{m-1})\end{aligned} \tag{3-32}$$

其中：

$$\boldsymbol{\sigma}(t,t_{m-1}) = \frac{1}{2}\int_{t_{m-1}}^{t}\boldsymbol{\theta}(\tau,t_{m-1})\times\boldsymbol{\omega}(\tau)\mathrm{d}\tau \tag{3-33}$$

为转动不可交换误差的修正量。

对式(3－32)求导可知，等效旋转矢量微分方程式(3－24)还可近似为

$$\dot{\boldsymbol{\phi}}(t) = \boldsymbol{\omega}(t) + \frac{1}{2}\Delta\boldsymbol{\theta}(t)\times\boldsymbol{\omega}(t) \tag{3-34}$$

注意，推导式(3－34)的假设条件是$\boldsymbol{\phi}(t_{m-1})=0$和$\Delta\boldsymbol{\theta}(t_{m-1})=\boldsymbol{0}$且$\boldsymbol{\phi}(t)$为小量。

在式(3－31)中，若令$t=t_m$，则有

$$\boldsymbol{\phi}(t_m) \approx \boldsymbol{\phi}(t_{m-1}) + \boldsymbol{\theta}(t_m,t_{m-1}) + \frac{1}{2}\boldsymbol{\phi}(t_{m-1})\times\boldsymbol{\theta}(t_m,t_{m-1}) + \boldsymbol{\sigma}(t_m,t_{m-1}) \tag{3-35}$$

式(3-35)建立了等效旋转矢量递推的近似计算公式,但在实际算法中并不常用。究其原因,主要是随着递推步数的增加和$\boldsymbol{\phi}(t_m)$变大,误差也会越来越大。实际应用时,一般总是假设$\boldsymbol{\phi}(t_{m-1})=0$,再根据式(3-32)计算等效旋转矢量$\boldsymbol{\phi}(t_m,t_{m-1})$,相当于只递推计算一步,这样有利于保证等效旋转矢量为小量,降低公式推导过程中的近似误差。获得$\boldsymbol{\phi}(t_m,t_{m-1})$之后,再使用方向余弦阵或四元数完成姿态递推更新,以四元数为例,姿态更新算法为

$$\boldsymbol{Q}_{b(m)}^{i}=\boldsymbol{Q}_{b(m-1)}^{i}\otimes\boldsymbol{Q}_{b(m)}^{b(m-1)} \tag{3-36}$$

$$\boldsymbol{Q}_{b(m)}^{b(m-1)}=\begin{bmatrix}\cos\dfrac{\phi_m}{2}\\ \dfrac{\boldsymbol{\phi}_m}{\phi_m}\sin\dfrac{\phi_m}{2}\end{bmatrix} \tag{3-37}$$

式中:$\boldsymbol{\phi}_m$为$\boldsymbol{\phi}(t_m,t_{m-1})$的简写,且有$\phi_m=|\boldsymbol{\phi}_m|$。

3.2 多子样旋转矢量圆锥误差补偿算法

3.2.1 基于旋转矢量的姿态更新过程

设t_k时刻的载体坐标系为$b(k)$,导航坐标系为$n(k)$,t_{k+1}时刻的载体坐标系为$b(k+1)$,导航坐标系为$n(k+1)$。记$b(k)$至$b(k+1)$的旋转四元数为$\boldsymbol{q}(h)$,$n(k)$至$b(k)$的旋转四元数为$\boldsymbol{Q}(t_k)$,$n(k+1)$至$b(k+1)$的旋转四元数为$\boldsymbol{Q}(t_{k+1})$,$n(k)$至$n(k+1)$的旋转四元数为$\boldsymbol{p}(h)$,其中$h=t_{k+1}-t_k$,则有

$$\boldsymbol{r}^{n(k+1)}=\boldsymbol{C}_{b(k+1)}^{n(k+1)}\boldsymbol{r}^{b(k+1)} \tag{3-38}$$

即

$$\boldsymbol{r}^{n(k+1)}=\boldsymbol{C}_{n(k)}^{n(k+1)}\boldsymbol{C}_{b(k)}^{n(k)}\boldsymbol{C}_{b(k+1)}^{b(k)}\boldsymbol{r}^{b(k+1)} \tag{3-39}$$

用四元数表示变换关系式(3-38)和式(3-39)为

$$\boldsymbol{r}^{n(k+1)}=\boldsymbol{Q}(t_{k+1})\otimes\boldsymbol{r}^{b(k+1)}\otimes\boldsymbol{Q}^*(t_{k+1}) \tag{3-40}$$

$$\begin{aligned}\boldsymbol{r}^{n(k+1)}&=\boldsymbol{p}^*(h)\otimes\{\boldsymbol{Q}(t_k)\otimes[\boldsymbol{q}(h)\otimes\boldsymbol{r}^{b(k+1)}\otimes\boldsymbol{q}^*(h)]\otimes\boldsymbol{Q}^*(t_k)\}\otimes\boldsymbol{p}(h)\\&=[\boldsymbol{p}^*(h)\otimes\boldsymbol{Q}(t_k)\otimes\boldsymbol{q}(h)]\otimes\boldsymbol{r}^{b(k+1)}\otimes[\boldsymbol{p}^*(h)\otimes\boldsymbol{Q}(t_k)\otimes\boldsymbol{q}(h)]^*\end{aligned} \tag{3-41}$$

比较式(3-41)和式(3-40)可得

$$\boldsymbol{Q}(t_{k+1})=\boldsymbol{p}^*(h)\otimes\boldsymbol{Q}(t_k)\otimes\boldsymbol{q}(h) \tag{3-42}$$

通常在导航更新周期$[t_k,t_{k+1}]$内,可以认为由速度和位置引起的$\boldsymbol{\omega}_{in}^n$变化很小,即可视$\boldsymbol{\omega}_{in}^n$为常值,记为$\boldsymbol{\omega}_{in(k)}^n$,则有$\boldsymbol{\phi}_{in(k)}^n\approx h\boldsymbol{\omega}_{in(k)}^n$,从而有

$$\boldsymbol{p}(h)=\cos\frac{\phi_{in(k)}^{n}}{2}+\frac{\boldsymbol{\phi}_{in(k)}^{n}}{\phi_{in(k)}^{n}}\sin\frac{\phi_{in(k)}^{n}}{2}\approx\cos\frac{h\omega_{in(k)}^{n}}{2}+\frac{\boldsymbol{\omega}_{in(k)}^{n}}{\omega_{in(k)}^{n}}\sin\frac{h\omega_{in(k)}^{n}}{2} \tag{3-43}$$

根据式(3-42),更新姿态四元数 $\boldsymbol{Q}(t_{k+1})$ 还需求出 $\boldsymbol{q}(h)$。设与 $\boldsymbol{q}(h)$ 对应的等效旋转矢量为 $\boldsymbol{\phi}$,则

$$\boldsymbol{q}(h)=\cos\frac{\phi}{2}+\frac{\boldsymbol{\phi}}{\phi}\sin\frac{\phi}{2} \tag{3-44}$$

式(3-44)中,$b(k)$ 至 $b(k+1)$ 的等效旋转矢量 $\boldsymbol{\phi}$ 又称为姿态变化四元数,根据式(3-32)计算得到。对 $\boldsymbol{\sigma}(t,t_{m-1})$ 的不同数值积分算法就形成了不同的旋转矢量姿态更新算法。其中,$b(k+1)$ 相对于 $b(k)$ 的转动角速度即为 $\boldsymbol{\omega}_{ib}$,其在载体系的坐标 $\boldsymbol{\omega}_{ib}^{b}$ 由陀螺仪测量得到。

3.2.2　等效旋转矢量的泰勒级数解

在实际应用中,从高精度捷联惯导陀螺中采样获得的往往是在一定采样间隔内的角增量信息,下文的主要目的就是借助式(3-32)由采样角增量求解等效旋转矢量,或者说利用式(3-33)求解不可交换误差修正量[81-95]。

不妨将时间段起始时刻 t_{m-1} 重新记为0时刻,陀螺在时间段 $[0,T]$ 内可进行若干次等间隔角增量采样。暂且假设陀螺角速度输出为线性形式,即

$$\boldsymbol{\omega}(\tau)=\boldsymbol{a}+2\boldsymbol{b}\tau\quad 0\leqslant\tau\leqslant T \tag{3-45}$$

则角增量为

$$\Delta\boldsymbol{\theta}(\tau)=\int_{0}^{\tau}\boldsymbol{\omega}(\tau_1)\mathrm{d}\tau_1=\boldsymbol{a}\tau+\boldsymbol{b}\tau^2 \tag{3-46}$$

式中:$\boldsymbol{a}$ 和 $\boldsymbol{b}$ 均为常数向量。

现计算角速度 $\omega(0)$ 和角增量 $\Delta\boldsymbol{\theta}(0)$,以及它们的各阶导数,得

$$\begin{cases}\boldsymbol{\omega}(0)=\boldsymbol{a}\\ \dot{\boldsymbol{\omega}}(0)=2\boldsymbol{b}\\ \boldsymbol{\omega}^{(i)}(0)=0\quad i=2,3,4,\cdots\end{cases} \tag{3-47}$$

$$\begin{cases}\Delta\boldsymbol{\theta}(0)=0\\ \Delta\dot{\boldsymbol{\theta}}(0)=\boldsymbol{\omega}(0)=\boldsymbol{a}\\ \Delta\ddot{\boldsymbol{\theta}}(0)=\dot{\boldsymbol{\omega}}(0)=2\boldsymbol{b}\\ \Delta\boldsymbol{\theta}^{(i)}(0)=\boldsymbol{\omega}^{(i-1)}(0)=0\quad i=3,4,5,\cdots\end{cases} \tag{3-48}$$

再记

$$\boldsymbol{\beta}(\tau)=\Delta\boldsymbol{\theta}(\tau)\times\boldsymbol{\omega}(\tau) \tag{3-49}$$

根据以下求导规则,即

$$(xy)^{(n)}=C_n^0x^{(n)}y+C_n^1x^{(n-1)}y^{(1)}+C_n^2x^{(n-2)}y^{(2)}+\cdots+C_n^nxy^{(n)} \tag{3-50}$$

求$\boldsymbol{\beta}(0)$及其各阶导数，可得

$$\begin{cases}\boldsymbol{\beta}(0)=0\\ \dot{\boldsymbol{\beta}}(0)=C_1^0\Delta\dot{\boldsymbol{\theta}}(0)\times\boldsymbol{\omega}(t_k)+C_1^1\cdot 0=\boldsymbol{a}\times\boldsymbol{a}=0\\ \ddot{\boldsymbol{\beta}}(0)=C_2^0\Delta\ddot{\boldsymbol{\theta}}(0)\times\boldsymbol{\omega}(t_k)+C_2^1\Delta\dot{\boldsymbol{\theta}}(0)\times\dot{\boldsymbol{\omega}}(t_k)+C_2^2\cdot 0=2\boldsymbol{b}\times\boldsymbol{a}+2\cdot\boldsymbol{a}\times 2\boldsymbol{b}=2\boldsymbol{a}\times\boldsymbol{b}\\ \boldsymbol{\beta}^{(i)}(0)=0\quad i=3,4,5,\cdots\end{cases} \tag{3-51}$$

根据等效旋转矢量微分方程式(3－34)，可计算$\boldsymbol{\phi}(0)$的各阶导数为

$$\begin{cases}\dot{\boldsymbol{\phi}}(0)=\boldsymbol{\omega}(0)+\dfrac{1}{2}\boldsymbol{\beta}(0)=\boldsymbol{\omega}(0)=\boldsymbol{a}\\ \ddot{\boldsymbol{\phi}}(0)=\dot{\boldsymbol{\omega}}(0)+\dfrac{1}{2}\dot{\boldsymbol{\beta}}(0)=\dot{\boldsymbol{\omega}}(0)=2\boldsymbol{b}\\ \dddot{\boldsymbol{\phi}}(0)=\ddot{\boldsymbol{\omega}}(0)+\dfrac{1}{2}\ddot{\boldsymbol{\beta}}(0)=\dfrac{1}{2}\ddot{\boldsymbol{\beta}}(0)=\boldsymbol{a}\times\boldsymbol{b}\\ \boldsymbol{\phi}^{(i)}(0)=0\quad i=4,5,6,\cdots\end{cases} \tag{3-52}$$

将$\boldsymbol{\phi}(t)$在$t=T$处展开成泰勒级数，并将式(3－52)代入，得

$$\begin{aligned}\boldsymbol{\phi}(T)&=\boldsymbol{\phi}(0)+T\dot{\boldsymbol{\phi}}(0)+\frac{T^2}{2!}\ddot{\boldsymbol{\phi}}(0)+\frac{T^3}{3!}\dddot{\boldsymbol{\phi}}(0)+\cdots=0+T\boldsymbol{a}+T^2\boldsymbol{b}+\frac{T^3}{6}\boldsymbol{a}\times\boldsymbol{b}\\ &=T\boldsymbol{a}+T^2\boldsymbol{b}+\frac{T^3}{6}\boldsymbol{a}\times\boldsymbol{b}\end{aligned} \tag{3-53}$$

式(3－53)中包含两个未知向量参数$\boldsymbol{a}$和$\boldsymbol{b}$，为了消去$\boldsymbol{a}$和$\boldsymbol{b}$并求解出$\boldsymbol{\phi}(T)$，需在采样时间段[0,T]内进行两次角增量采样，记为

$$\begin{cases}\Delta\boldsymbol{\theta}_1=\displaystyle\int_0^{T/2}\boldsymbol{\omega}(\tau)\mathrm{d}\tau=\boldsymbol{a}\tau+\boldsymbol{b}\tau^2\Big|_0^{T/2}=\frac{T}{2}\boldsymbol{a}+\frac{T^2}{4}\boldsymbol{b}\\ \Delta\boldsymbol{\theta}_2=\displaystyle\int_{T/2}^{T}\boldsymbol{\omega}(\tau)\mathrm{d}\tau=\boldsymbol{a}\tau+\boldsymbol{b}\tau^2\Big|_{T/2}^{T}=\frac{T}{2}\boldsymbol{a}+\frac{3T^2}{4}\boldsymbol{b}\end{cases} \tag{3-54}$$

联立式(3－53)和式(3－54)，共计3个方程，正好可消去其中两个常数向量$\boldsymbol{a}$和$\boldsymbol{b}$，从而求得以角增量表示的等效旋转矢量二子样算法，即

$$\boldsymbol{\phi}(T)=(\Delta\boldsymbol{\theta}_1+\Delta\boldsymbol{\theta}_2)+\frac{2}{3}\Delta\boldsymbol{\theta}_1\times\Delta\boldsymbol{\theta}_2 \tag{3-55}$$

类似于前述二子样算法的推导思路，若设陀螺角速度输出为以下抛物线形式，即

$$\boldsymbol{\omega}(\tau)=\boldsymbol{a}+2\boldsymbol{b}\tau+3\boldsymbol{c}\tau^2\quad 0\leqslant\tau\leqslant T$$

并且在时间段[0,T]内进行3次角增量采样，分别记为

$$\begin{cases} \Delta\boldsymbol{\theta}_1 = \int_0^{T/3} \boldsymbol{\omega}(\tau)\mathrm{d}\tau \\ \Delta\boldsymbol{\theta}_2 = \int_{T/3}^{2T/3} \boldsymbol{\omega}(\tau)\mathrm{d}\tau \\ \Delta\boldsymbol{\theta}_3 = \int_{2T/3}^{T} \boldsymbol{\omega}(\tau)\mathrm{d}\tau \end{cases}$$

则可求得等效旋转矢量三子样算法,即

$$\boldsymbol{\phi}(T) = (\Delta\boldsymbol{\theta}_1 + \Delta\boldsymbol{\theta}_2 + \Delta\boldsymbol{\theta}_3) + \frac{33}{80}\Delta\boldsymbol{\theta}_1 \times \Delta\boldsymbol{\theta}_3 + \frac{57}{80}(\Delta\boldsymbol{\theta}_1 \times \Delta\boldsymbol{\theta}_2 + \Delta\boldsymbol{\theta}_2 \times \Delta\boldsymbol{\theta}_3) \tag{3-56}$$

以及等效旋转矢量四子样算法,即

$$\boldsymbol{\phi}(T) = \Delta\boldsymbol{\theta}_1 + \Delta\boldsymbol{\theta}_2 + \Delta\boldsymbol{\theta}_3 + \Delta\boldsymbol{\theta}_4 + \frac{736}{945}(\Delta\boldsymbol{\theta}_1 \times \Delta\boldsymbol{\theta}_2 + \Delta\boldsymbol{\theta}_3 \times \Delta\boldsymbol{\theta}_4) + \frac{334}{945}(\Delta\boldsymbol{\theta}_1 \times \Delta\boldsymbol{\theta}_3 + \Delta\boldsymbol{\theta}_2 \times \Delta\boldsymbol{\theta}_4) + \frac{526}{945}\Delta\boldsymbol{\theta}_1 \times \Delta\boldsymbol{\theta}_4 + \frac{654}{945}\Delta\boldsymbol{\theta}_2 \times \Delta\boldsymbol{\theta}_3 \tag{3-57}$$

值得注意的是,基于泰勒级数展开的等效旋转矢量多子样算法在式(3-34)的基础上推导得到,式(3-34)又是式(3-24)在一定近似条件下获得的。此外,高阶泰勒级数展开原则上要求函数足够光滑,而实际陀螺输出总会或多或少包含噪声,噪声并不反映载体的真实角运动,同时对角速度函数的光滑性也造成了不良影响。因此,多子样算法的精度有限,并非子样数越多算法的精度就越高。显然,若假设陀螺角速度输出为常值形式(单轴旋转情形),则得等效旋转矢量单子样算法为

$$\boldsymbol{\phi}(T) = \Delta\boldsymbol{\theta} = \int_0^T \boldsymbol{\omega}(\tau)\mathrm{d}\tau \tag{3-58}$$

特别地,还有一种称为"单子样+前一周期"的等效旋转矢量算法,它假设角速度输出为以下线性形式,即

$$\boldsymbol{\omega}(\tau) = \boldsymbol{a} + 2\boldsymbol{b}\tau \quad -T \leqslant \tau \leqslant T$$

在时间段[0,T]内仅进行一次角增量采样,记为$\Delta\boldsymbol{\theta} = \int_0^T \boldsymbol{\omega}(\tau)\mathrm{d}\tau$,但该算法还会充分利用前一次的角增量信息,记为$\Delta\boldsymbol{\theta}' = \int_{-T}^0 \boldsymbol{\omega}(\tau)\mathrm{d}\tau$,通过以下方程组,即

$$\begin{cases} \boldsymbol{\phi}(T) = T\boldsymbol{a} + T^2\boldsymbol{b} + \dfrac{T^3}{6}\boldsymbol{a} \times \boldsymbol{b} \\ \Delta\boldsymbol{\theta} = \int_0^T \boldsymbol{\omega}(\tau)\mathrm{d}\tau = \boldsymbol{a}\tau + \boldsymbol{b}\tau^2 \big|_0^T = T\boldsymbol{a} + T^2\boldsymbol{b} \\ \Delta\boldsymbol{\theta}' = \int_{-T}^0 \boldsymbol{\omega}(\tau)\mathrm{d}\tau = \boldsymbol{a}\tau + \boldsymbol{b}\tau^2 \big|_{-T}^0 = T\boldsymbol{a} - T^2\boldsymbol{b} \end{cases} \tag{3-59}$$

消去 $\boldsymbol{a}$ 和 $\boldsymbol{b}$,可求解得

$$\boldsymbol{\phi}(T)=\Delta\boldsymbol{\theta}+\frac{1}{12}\Delta\boldsymbol{\theta}'\times\Delta\boldsymbol{\theta} \tag{3-60}$$

与单子样算法(3-58)相比,“单子样+前一周期”算法在陀螺采样频率相同的情况下有利于提高不可交换误差补偿精度。

3.2.3 圆锥运动条件下的等效旋转矢量算法

1. 圆锥运动的描述

19世纪50年代是机械陀螺仪飞速发展的一个重要时期,也正是在那时发现了著名的圆锥运动现象,即当陀螺仪在其旋转轴和输出轴出现同频不同相的角振动时,尽管其输入轴净指向不变(从整体上看没有随时间改变的趋势项),但陀螺仪在输入轴上还是会敏感到并输出常值角速率信号。在这种情况下,陀螺仪支架的运动角速度可描述为

$$\boldsymbol{\omega}(t)=[a\Omega\sin\Omega t \quad b\Omega\cos\Omega t \quad c]^{\mathrm{T}} \tag{3-61}$$

式中:a、b、c 均为常数,在 x 和 y 轴表现为同频但相位差90°的正弦角振动,振动频率为 Ω,而在 z 轴上表现为常值角速率。虽然输入轴 z 轴有角速率输入,但从长时间来看陀螺仪整体上并不绕着输入轴产生明显偏转,这就是圆锥运动的神奇之处,曾颇令研究者们费解。

下面采用四元数描述来研究圆锥运动。假设动坐标系(b 系)相对于参考坐标系(i 系)的变换四元数为

$$\boldsymbol{Q}(t)=\begin{bmatrix}\cos(\phi/2)\\ \sin(\phi/2)\cos\Omega t\\ \sin(\phi/2)\sin\Omega t\\ 0\end{bmatrix} \tag{3-62}$$

式中:角度值 ϕ 和频率 Ω 均为常值;为书写简便省略角标,$\boldsymbol{Q}(t)$ 应理解为$\boldsymbol{Q}_b^i(t)$。

对式(3-62)两边同时微分,得

$$\dot{\boldsymbol{Q}}(t)=\begin{bmatrix}0\\ -\Omega\sin(\phi/2)\sin\Omega t\\ \Omega\sin(\phi/2)\cos\Omega t\\ 0\end{bmatrix}=\Omega\sin\frac{\phi}{2}\begin{bmatrix}0\\ -\sin\Omega t\\ \cos\Omega t\\ 0\end{bmatrix} \tag{3-63}$$

根据四元数微分方程式(3-16),可得角速度的四元数为

$$\boldsymbol{\omega}_q(t)=2\,\boldsymbol{Q}^*(t)\otimes\dot{\boldsymbol{Q}}(t)=\begin{bmatrix}0\\ -\Omega\sin\phi\sin\Omega t\\ \Omega\sin\phi\cos\Omega t\\ -2\Omega\sin^2(\phi/2)\end{bmatrix} \tag{3-64}$$

所以，角速度为

$$\boldsymbol{\omega}(t)=\begin{bmatrix}-\Omega\sin\phi\sin\Omega t\\ \Omega\sin\phi\cos\Omega t\\ -2\Omega\sin^2(\phi/2)\end{bmatrix}=\Omega\sin\phi\begin{bmatrix}-\sin\Omega t\\ \cos\Omega t\\ -\tan(\phi/2)\end{bmatrix} \tag{3-65}$$

这恰好与式(3－61)的角运动表现形式一致，可取 $a=-\sin\phi$、$b=\sin\phi$ 和$c=-2\sin^2(\phi/2)$。

根据四元数与旋转矢量之间的关系 $\boldsymbol{Q}(t)=\cos\dfrac{\phi}{2}+\dfrac{\boldsymbol{\phi}(t)}{\phi}\sin\dfrac{\phi}{2}$，并对比式(3－62)，可得

$$\boldsymbol{\phi}(t)=\phi\begin{bmatrix}\cos\Omega t\\ \sin\Omega t\\ 0\end{bmatrix} \tag{3-66}$$

这说明在任意 t 时刻，动坐标系绕 ox_by_b 平面上的转轴 $\boldsymbol{u}(t)=[\cos\Omega t\quad \sin\Omega t\quad 0]^{\mathrm{T}}$ 相对于参考坐标系转动了 ϕ 角度，转轴时刻在变化而转角恒定不变，动坐标系的 z_b 轴在空间画出一个圆锥面（半锥角为 ϕ，z 轴称为锥轴），参见图3－1，这正是该角运动称为圆锥运动的原因。

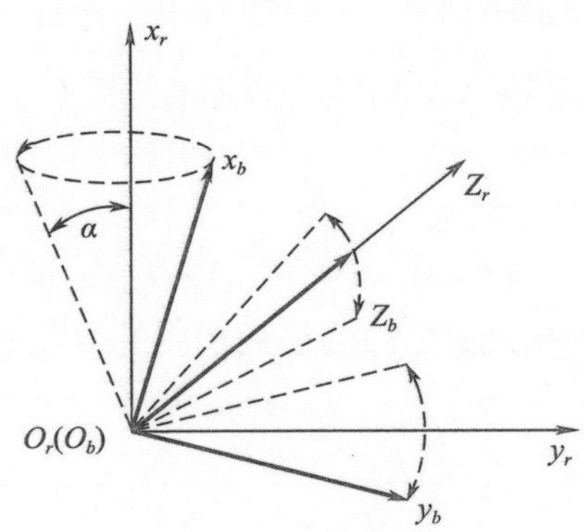

图3－1　圆锥运动

式(3－62)、式(3－65)和式(3－66)分别是圆锥运动的四元数、角速度和等效旋转矢量描述，它们形式上都比较简单，这是除定轴转动外的比较简单的角运动解析描述。与之相反，比如线性角速度运动式(3－45)，其角速度表示虽然简单，但是很难得到相应的简单的等效旋转矢量或四元数描述。

不难验证圆锥运动的角速度 $\boldsymbol{\omega}(t)$ 和等效旋转矢量 $\boldsymbol{\phi}(t)$ 满足 Bortz 方程，过程如下。

由式(3－65)和式(3－66)，可得

$$\boldsymbol{\phi}\times\boldsymbol{\omega}=\phi\begin{bmatrix}\cos\Omega t\\ \sin\Omega t\\ 0\end{bmatrix}\times\left(\Omega\sin\phi\begin{bmatrix}-\sin\Omega t\\ \cos\Omega t\\ -\tan(\phi/2)\end{bmatrix}\right)$$

$$=\phi\Omega\sin\phi\begin{bmatrix}-\sin\Omega t\tan(\phi/2)\\ \cos\Omega t\tan(\phi/2)\\ 1\end{bmatrix}\tag{3-67}$$

$$\boldsymbol{\phi}\times(\boldsymbol{\phi}\times\boldsymbol{\omega})=\phi\begin{bmatrix}\cos\Omega t\\ \sin\Omega t\\ 0\end{bmatrix}\times\left(\phi\Omega\sin\phi\begin{bmatrix}-\sin\Omega t\tan(\phi/2)\\ \cos\Omega t\tan(\phi/2)\\ 1\end{bmatrix}\right)$$

$$=\phi^2\Omega\sin\phi\begin{bmatrix}\sin\Omega t\\ -\cos\Omega t\\ \tan(\phi/2)\end{bmatrix}=-\phi^2\boldsymbol{\omega}\tag{3-68}$$

再将式(3－67)和式(3－68)代入 Bortz 方程式(3－24)的右端,得

$$\dot{\boldsymbol{\phi}}=\boldsymbol{\omega}+\frac{1}{2}\boldsymbol{\phi}\times\boldsymbol{\omega}+\frac{1}{\phi^2}\left(1-\frac{\phi}{2}\cot\frac{\phi}{2}\right)(-\phi^2\boldsymbol{\omega})$$

$$=\frac{1}{2}\boldsymbol{\phi}\times\boldsymbol{\omega}+\frac{\phi}{2}\cot\frac{\phi}{2}\boldsymbol{\omega}=\phi\Omega\begin{bmatrix}-\sin\Omega t\\ \cos\Omega t\\ 0\end{bmatrix}\tag{3-69}$$

式(3－69)正好等于式(3－66)直接微分的结果。

2. 圆锥误差补偿算法

若记圆锥运动的四元数更新方程为

$$\boldsymbol{Q}(t_m)=\boldsymbol{Q}(t_{m-1})\otimes\boldsymbol{Q}(T)\tag{2-70}$$

式中:$T=t_m-t_{m-1}$为更新周期;$\boldsymbol{Q}(T)$为该周期内的变化四元数。

式(3－70)两边同时左乘$\boldsymbol{Q}^*(t_{m-1})$,化简可得

$$\boldsymbol{Q}(T)=\boldsymbol{Q}^*(t_{m-1})\otimes\boldsymbol{Q}(t_m)=\boldsymbol{M}_{\boldsymbol{Q}^*(t_{m-1})}\boldsymbol{Q}(t_m)=\begin{bmatrix}1-2\left(\sin\frac{\phi}{2}\cos\frac{\Omega T}{2}\right)^2\\ -\sin\phi\sin\frac{\Omega T}{2}\sin\Omega\left(t_m-\frac{T}{2}\right)\\ \sin\phi\sin\frac{\Omega T}{2}\cos\Omega\left(t_m-\frac{T}{2}\right)\\ -\sin^2\frac{\phi}{2}\sin\Omega T\end{bmatrix}\tag{3-71}$$

假设与变化四元数$\boldsymbol{Q}(T)$对应的在时间段$[t_{m-1},t_m]$内变化的等效旋转矢量为$\boldsymbol{\phi}(T)$,即

$$\boldsymbol{q}(T)=\cos\frac{\phi(T)}{2}+\frac{\boldsymbol{\phi}(T)}{\phi(T)}\sin\frac{\phi(T)}{2}\tag{3-72}$$

比较式(3－71)和式(3－72)的四元数矢量部分,可得

$$\frac{\boldsymbol{\phi}(T)}{\phi(T)}\sin\frac{\phi(T)}{2}=\begin{bmatrix}-\sin\phi\sin\frac{\Omega T}{2}\sin\Omega\left(t_m-\frac{T}{2}\right)\\ \sin\phi\sin\frac{\Omega T}{2}\cos\Omega\left(t_m-\frac{T}{2}\right)\\ -\sin^2\frac{\phi}{2}\sin\Omega T\end{bmatrix}\tag{3-73}$$

对式(3－73)两边同时取模,得

$$\sin\frac{\phi(T)}{2}=\sqrt{\sin^2\phi\sin^2\frac{\Omega T}{2}+\sin^4\frac{\phi}{2}\sin^2\Omega T}\tag{3-74}$$

当半锥角 ϕ 和 ΩT 均为小量时,近似有

$$\sin\frac{\phi(T)}{2}\approx\sqrt{\sin^2\phi\sin^2\frac{\Omega T}{2}}=\frac{\phi\Omega T}{2}\tag{3-75}$$

这说明等效旋转矢量 $\boldsymbol{\phi}(T)$ 也是小量,进一步近似有

$$\boldsymbol{\phi}(T)\approx\phi\Omega T\tag{3-76}$$

因此,根据式(3－73)可知,在时间段$[t_{m-1},t_m]$内的等效旋转矢量可近似为

$$\boldsymbol{\phi}(T)=\frac{\phi(T)}{\sin\frac{\phi(T)}{2}}\begin{bmatrix}-\sin\phi\sin\frac{\Omega T}{2}\sin\Omega\left(t_m-\frac{T}{2}\right)\\ \sin\phi\sin\frac{\Omega T}{2}\cos\Omega\left(t_m-\frac{T}{2}\right)\\ -\sin^2\frac{\phi}{2}\sin\Omega T\end{bmatrix}\approx\begin{bmatrix}-2\sin\phi\sin\frac{\Omega T}{2}\sin\Omega\left(t_m-\frac{T}{2}\right)\\ 2\sin\phi\sin\frac{\Omega T}{2}\cos\Omega\left(t_m-\frac{T}{2}\right)\\ -2\sin^2\frac{\phi}{2}\sin\Omega T\end{bmatrix}\tag{3-77}$$

再根据角速度式(3－65)积分,可得在等效旋转矢量计算时间段$[t_{m-1},t_m]$内的角增量,即

$$\Delta\boldsymbol{\theta}_m=\int_{t_{m-1}}^{t_m}\boldsymbol{\omega}(t)\mathrm{d}t=\int_{t_{m-1}}^{t_m}\begin{bmatrix}-\Omega\sin\phi\sin\Omega t\\ \Omega\sin\phi\cos\Omega t\\ -2\Omega\sin^2(\phi/2)\end{bmatrix}\mathrm{d}t=\begin{bmatrix}-2\sin\phi\sin\frac{\Omega T}{2}\sin\Omega\left(t_m-\frac{T}{2}\right)\\ 2\sin\phi\sin\frac{\Omega T}{2}\cos\Omega\left(t_m-\frac{T}{2}\right)\\ -2\sin^2\frac{\phi}{2}\Omega T\end{bmatrix}\tag{3-78}$$

比较式(3－77)和式(3－78),它们在 x 轴和 y 轴上完全相同,而 z 轴上存在差异,这一差异使得使用角增量代替旋转矢量进行姿态更新时会产生误差,并且

误差随时间会不断累积。考虑到半锥角 ϕ 为小量,定义以下误差,即

$$\delta\boldsymbol{\phi}(T)=\boldsymbol{\phi}(T)-\Delta\boldsymbol{\theta}_m=\begin{bmatrix}0\\0\\-2\sin^2\dfrac{\phi}{2}\sin\Omega T-\left(-2\sin^2\dfrac{\phi}{2}\Omega T\right)\end{bmatrix}=\begin{bmatrix}0\\0\\2\sin^2\dfrac{\phi}{2}(\Omega T-\sin\Omega T)\end{bmatrix}\tag{3-79}$$

为了补偿该误差,通常采用多子样补偿算法,在时间段 $[t_{m-1},t_m]$ 内进行 N 次采样,记采样间隔为 $h=T/N$,参照式(3-78),可计算得每个采样间隔的内角增量(子样,Sub-sample)为

$$\Delta\boldsymbol{\theta}_m(i)=\int_{t_{m-1+(i-1)h}}^{t_{m-1+ih}}\boldsymbol{\omega}(t)\,\mathrm{d}t=\begin{bmatrix}-2\sin\phi\sin\dfrac{\lambda}{2}\sin\Omega\left(t_{m-1}+ih-\dfrac{h}{2}\right)\\2\sin\phi\sin\dfrac{\lambda}{2}\cos\Omega\left(t_{m-1}+ih-\dfrac{h}{2}\right)\\-2\sin^2\dfrac{\phi}{2}\lambda\end{bmatrix}\quad i=1,2,\cdots,N\tag{3-80}$$

简记 $\lambda=\Omega h$,显然有总角增量为

$$\Delta\boldsymbol{\theta}_m=\int_{t_{m-1+(i-1)h}}^{t_{m-1}+T}\boldsymbol{\omega}(t)\,\mathrm{d}t=\sum_{i=1}^{N}\Delta\boldsymbol{\theta}_m(i)\tag{3-81}$$

将式(3-80)中不同子样的角增量之间进行叉乘,整理可得

$$\Delta\boldsymbol{\theta}_m(i)\times\Delta\boldsymbol{\theta}_m(j)=\begin{bmatrix}8\lambda\sin^2\dfrac{\phi}{2}\sin\phi\sin\dfrac{\lambda}{2}\sin\dfrac{(i-j)\lambda}{2}\sin\left(t_{m-1}+\dfrac{i+j-1}{2}h\right)\\-8\lambda\sin^2\dfrac{\phi}{2}\sin\phi\sin\dfrac{\lambda}{2}\sin\dfrac{(i-j)\lambda}{2}\cos\left(t_{m-1}+\dfrac{i+j-1}{2}h\right)\\-4\sin^2\phi\sin^2\dfrac{\lambda}{2}\sin(i-j)\lambda\end{bmatrix}$$

由于假设 ϕ 和 λ 都是小量,对上式的 x 轴和 y 轴分量作近似,有

$$\Delta\boldsymbol{\theta}_m(i)\times\Delta\boldsymbol{\theta}_m(j)\approx\begin{bmatrix}\dfrac{(i-j)(\phi\lambda)^3}{2}\sin\left(t_{m-1}+\dfrac{i+j-1}{2}h\right)\\-\dfrac{(i-j)(\phi\lambda)^3}{2}\cos\left(t_{m-1}+\dfrac{i+j-1}{2}h\right)\\-4\sin^2\phi\sin^2\dfrac{\lambda}{2}\sin(i-j)\lambda\end{bmatrix}\tag{3-82}$$

式中，x 轴和 y 轴分量是随时间 t_{m-1} 呈正弦波动的，而 z 轴分量是与子样数间隔 $(i-j)$ 相关的小量常值。可见，在圆锥运动条件下，不同子样间的叉乘积在 z 轴（锥轴）方向可提供一定的角增量补偿作用，所以一般使用时间段 $[t_{m-1}, t_m]$ 内所有子样之间的叉乘积之和来对式（3-79）作估计和补偿，记为

$$\delta\hat{\boldsymbol{\phi}}(T) = \sum_{j=2}^{N}\sum_{i=1}^{j-1} k_{ij}^{*}\Delta\boldsymbol{\theta}_m(i) \times \Delta\boldsymbol{\theta}_m(j) \tag{3-83}$$

式中：k_{ij}^{*} 为待定系数，共有 $N(N-1)/2$ 个系数，常称为圆锥误差补差系数。

注意到，式（3-82）中 z 轴分量与时间 t_{m-1} 无关，只与子样数间隔 $(i-j)$ 有关，因而子样叉乘积的项数可降低为 $N-1$，即式（3-83）可简化为

$$\delta\hat{\boldsymbol{\phi}}(T) = \sum_{i=1}^{N-1} k_{N-i}\Delta\boldsymbol{\theta}_m(i) \times \Delta\boldsymbol{\theta}_m(N) \tag{3-84}$$

且有 $k_{N-i} = \sum_{j=1}^{i} k_{j(j+N-i)}^{*}$，系数 k_{N-i} 与 k_{ij}^{*} 之间的关系参见图 3-2。

$i \backslash j$	1	2	3	4	$\cdots$	N
1	–	k_{12}^{*}	k_{13}^{*}	k_{14}^{*}	$\cdots$	k_{1N}^{*}
2		–	k_{23}^{*}	k_{24}^{*}	$\cdots$	k_{2N}^{*}
3			–	k_{34}^{*}	$\cdots$	k_{3N}^{*}
$\vdots$				–	$\ddots$	$\vdots$
$N-1$					–	$k_{(N-1)N}^{*}$

$k_{N-1} = k_{1N}^{*}$

$k_{N-2} = k_{1(N-1)}^{*} + k_{2N}^{*}$

$\vdots$

$k_2 = k_{13}^{*} + k_{24}^{*} + k_{35}^{*} + \cdots k_{(N-2)N}^{*}$

$k_1 = k_{12}^{*} + k_{23}^{*} + k_{34}^{*} + \cdots k_{(N-1)N}^{*}$

图 3-2　系数 k_i 与 k_{ij}^{*} 之间的关系

根据式（3-82）可知，以式（3-84）估计式（3-79），在 x 轴和 y 轴分量上是高阶的微幅振荡（$(\phi\lambda)^3$ 量级），但这些误差是可忽略的，不会引起姿态累积漂移，因而后续主要考虑 z 轴分量的影响。

由 $\lambda = \Omega h$ 和 $T = Nh$，可得 $\Omega T = N\lambda$，将式（3-79）中的 z 轴分量用泰勒级数展开，得

$$\begin{aligned}
\delta\phi_z(T) &= 2\sin^2\frac{\phi}{2}(\Omega T - \sin\Omega T) = 2\sin^2\frac{\phi}{2}(N\lambda - \sin N\lambda) \\
&= 2\sin^2\frac{\phi}{2}\left[N\lambda - \left(N\lambda - \frac{N^3\lambda^3}{3!} + \frac{N^5\lambda^5}{5!} - \cdots\right)\right] \\
&= 4\sin^2\frac{\phi}{2}\left(\frac{N^3\lambda^3}{2\times 3!} - \frac{N^5\lambda^5}{2\times 5!} + \cdots\right) = 4\sin^2\frac{\phi}{2}\sum_{i=1}^{\infty}(-1)^{i+1}c_i\lambda^{2i+1}
\end{aligned} \tag{3-85}$$

其中：

$$c_i = \frac{N^{2i+1}}{2\times(2i+1)!} \tag{3-86}$$

而将式(3－82)代入式(3－84),得 z 轴分量估计值为

$$\begin{aligned}\delta\hat{\phi}_z(T) &= -4\sin^2\phi\sum_{i=1}^{N-1}k_{N-i}\sin^2\frac{\lambda}{2}\sin(i-N)\lambda \\ &= 4\sin^2\phi\sum_{i=1}^{N-1}k_{N-i}\sin^2\frac{\lambda}{2}\sin(N-i)\lambda \\ &= 4\sin^2\phi\sum_{j=1}^{N-1}k_j\sin^2\frac{\lambda}{2}\sin j\lambda\end{aligned} \tag{3-87}$$

利用三角函数的三重积化和差公式,即

$$\sin x\sin y\sin z = \frac{1}{4}\begin{bmatrix}\sin(-x+y+z)+\sin(x-y+z)+ \\ \sin(x+y-z)-\sin(x+y+z)\end{bmatrix} \tag{3-88}$$

则在式(3－87)的求和项中有

$$\begin{aligned}\sin\frac{\lambda}{2}\sin\frac{\lambda}{2}\sin j\lambda &= \frac{1}{4}[\sin j\lambda+\sin j\lambda+\sin(1-j)\lambda-\sin(1+j)\lambda] \\ &= \frac{1}{4}[2\sin j\lambda-\sin(j-1)\lambda-\sin(j+1)\lambda]\end{aligned} \tag{3-89}$$

将式(3－89)代入式(3－87),并进行泰勒级数展开,可得

$$\begin{aligned}\delta\hat{\phi}_z(T) &= \sin^2\phi\sum_{j=1}^{N-1}k_j[2\sin j\lambda+\sin(1-j)\lambda-\sin(1+j)\lambda] \\ &= \sin^2\phi\sum_{j=1}^{N-1}k_j\sum_{i=1}^{\infty}(-1)^{i-1}\frac{2j^{2i-1}-(j-1)^{2i-1}-(j+1)^{2i-1}}{(2i-1)!}\lambda^{2i-1}\end{aligned} \tag{3-90}$$

注意到,当 $i=1$ 时有 $2j^{2i-1}-(j-1)^{2i-1}-(j+1)^{2i-1}=0$,因而式(3－90)可改为

$$\begin{aligned}\delta\hat{\phi}_z(T) &= \sin^2\phi\sum_{j=1}^{N-1}k_j\sum_{i=1}^{\infty}(-1)^{i}\frac{2j^{2i+1}-(j-1)^{2i+1}-(j+1)^{2i+1}}{(2i+1)!}\lambda^{2i+1} \\ &= \sin^2\phi\sum_{j=1}^{N-1}k_j\sum_{i=1}^{\infty}(-1)^{i+1}\frac{(j+1)^{2i+1}+(j-1)^{2i+1}-2j^{2i+1}}{(2i+1)!}\lambda^{2i+1} \\ &= \sin^2\phi\sum_{i=1}^{\infty}(-1)^{i+1}\sum_{j=1}^{N-1}A_{ij}k_j\lambda^{2i+1}\end{aligned} \tag{3-91}$$

其中:

$$A_{ij} = \frac{(j+1)^{2i+1}+(j-1)^{2i+1}-2j^{2i+1}}{(2i+1)!} \tag{3-92}$$

由于半锥角 ϕ 是小量,在式(3－85)中可进行近似 $4\sin^2\frac{\phi}{2}\approx\sin^2\phi\approx\phi^2$,再对比式(3－85)和式(3－91),令两式中关于 $\lambda^3,\lambda^5,\cdots,\lambda^{2N-1}$ 项的对应系数相等,则可建立矩阵方程为

$$\boldsymbol{Ak}=\boldsymbol{c} \tag{3-93}$$

式中：$\boldsymbol{A}=(A_{ij})_{(N-1)\times(N-1)}$；$\boldsymbol{k}=(k_j)_{(N-1)\times 1}$；$\boldsymbol{c}=(c_i)_{(N-1)\times 1}$。

通过求解方程式(3－93)便可确定出待定误差补偿系数 k_j。在式(3－85)中关于 λ 未补偿的最低次幂项为 λ^{2N+1}，定义以漂移角速率(rad/s)表示的剩余误差，即

$$\begin{aligned}\varepsilon_N &= \frac{1}{T}[\delta\hat{\phi}_z(T)-\delta\phi_z(T)] \approx \frac{1}{T}\phi^2(\boldsymbol{A}_N\boldsymbol{k}\boldsymbol{\lambda}^{2N+1}-c_N\boldsymbol{\lambda}^{2N+1}) \\ &= (\boldsymbol{A}_N\boldsymbol{k}-c_N)\frac{1}{T}\phi^2(\Omega h)^{2N+1} = (\boldsymbol{A}_N\boldsymbol{k}-c_N)\frac{\phi^2(\Omega T)^{2N+1}}{N^{2N+1}T} \quad N\geqslant 1 \\ &= \rho_N\frac{\phi^2(\Omega T)^{2N+1}}{T}\end{aligned} \tag{3-94}$$

式中：$\boldsymbol{A}_N=[A_{N1}\quad A_{N2}\quad \cdots \quad A_{N(N-1)}]$；$\rho_N=(\boldsymbol{A}_N\boldsymbol{k}-c_N)/N^{2N+1}$ 称为误差漂移系数。

表 3－1 给出了 $N=1\sim10$ 子样算法的误差补偿系数以及对应的误差漂移系数。由表中误差系数可知，只要 $\phi^2(\Omega T)^{2N+1}/T<1°/\mathrm{h}$，则二子样算法能够满足绝大多数惯性级导航系统的算法精度要求。例如，当 $\Omega=10\mathrm{Hz}$、$T=0.01$、$\phi=1°$、$N=2$ 时，有 $\phi^2(\Omega T)^5/T=0.0628°/\mathrm{h}$，此时 $\rho_2\phi^2(\Omega T)^5/T$ 的影响可忽略不计；而当 $N=1$ 时，有 $\phi^2(\Omega T)^3/T=6.28°/\mathrm{h}$，这时 $\rho_1\phi^2(\Omega T)^3/T$ 的影响不可忽略，或者说，单子样算法不能达到惯性级系统的要求。

表 3－1　1～10 子样的圆锥误差补偿系数及误差漂移系数

N	k_1	k_2	k_3	k_4	k_5	k_6	k_7	k_8	k_9	ρ_N
1										8.333×10^{-2}
2	0.667									1.042×10^{-3}
3	1.350	0.450								4.899×10^{-6}
4	2.038	0.876	0.514							1.211×10^{-8}
5	2.728	1.290	1.042	0.496						1.847×10^{-11}
6	3.419	1.696	1.579	0.987	0.501					1.912×10^{-14}
7	4.111	2.097	2.124	1.471	1.004	0.500				1.432×10^{-17}
8	4.083	2.495	2.676	1.951	1.510	0.999	0.500			8.119×10^{-21}
9	5.495	2.891	3.231	2.426	2.018	1.497	1.000	0.500		3.606×10^{-24}
10	6.178	3.285	3.790	2.898	2.529	1.993	1.501	1.000	0.500	1.289×10^{-27}

C. G. Park(1996 年)经过仔细推导，给出了以分数形式表示的圆锥误差补偿系数精确解，如表 3－2 所列。同时，Park 还给出剩余误差系数的解析表达式为

$$\rho_N=\frac{N!}{N^{2N}2^{N+1}\prod_{k=1}^{N+1}(2k-1)} \tag{3-95}$$

表 3-2 1~6 子样的圆锥误差补偿系数及误差漂移系数的分数解

N	k_1	k_2	k_3	k_4	k_5	ρ_N
1						1/12
2	2/3					1/960
3	27/20	9/20				1/204120
4	214/105	92/105	54/105			1/82575360
5	1375/504	650/504	525/504	250/504		1/54140625000
6	15797/4620	7834/4620	7296/4620	4558/4620	2315/4620	1/52295018840064

在表 3-1 和表 3-2 中,误差补偿系数 $k_i(i=1,2,\cdots,N-1)$ 表示间隔为 i 的两子样叉乘的系数,以四子样算法为例,等效旋转矢量计算公式为

$$\begin{aligned}
\boldsymbol{\phi}(T) &= \Delta\boldsymbol{\theta}_m + \delta\hat{\boldsymbol{\phi}}(T) \\
&= [\Delta\boldsymbol{\theta}_m(1) + \Delta\boldsymbol{\theta}_m(2) + \Delta\boldsymbol{\theta}_m(3) + \Delta\boldsymbol{\theta}_m(4)] + \\
&\quad [k_3\Delta\boldsymbol{\theta}_m(1) + k_2\Delta\boldsymbol{\theta}_m(2) + k_1\Delta\boldsymbol{\theta}_m(3)] \times \Delta\boldsymbol{\theta}_m(4) \\
&= [\Delta\boldsymbol{\theta}_m(1) + \Delta\boldsymbol{\theta}_m(2) + \Delta\boldsymbol{\theta}_m(3) + \Delta\boldsymbol{\theta}_m(4)] + \\
&\quad \left[\frac{54}{105}\Delta\boldsymbol{\theta}_m(1) + \frac{92}{105}\Delta\boldsymbol{\theta}_m(2) + \frac{214}{105}\Delta\boldsymbol{\theta}_m(3)\right] \times \Delta\boldsymbol{\theta}_m(4)
\end{aligned} \tag{3-96}$$

值得注意的是,在前述圆锥误差补偿系数的推导过程中进行了以下几点近似:①式(3-75)在假设 ϕ 和 ΩT 为小量时对理论等效旋转矢量进行近似;②式(3-82)忽略了非圆锥轴振荡对圆锥误差补偿的影响;③在式(3-85)中再次假设 ϕ 为小量。因此,当圆锥运动的锥角比较大时,表 3-1 中的误差漂移系数可能变得不准确。在实际系统中,陀螺仪的测量分辨率或噪声、幅相特性不理想及数据间不同步都会影响到理论上的圆锥误差补偿效果。此外,实际载体的剧烈角运动还会激励出陀螺仪的动态误差,动态误差可能远远大于算法引起的误差,致使多子样圆锥误差补偿往往达不到预期的效果。所以实际应用时子样数并非越多越好,建议最多选用 3~4 子样就足够了。

对比本节圆锥误差补偿多子样算法与 3.2.2.1 节基于泰勒级数展开的多子样算法,理论上,前者比后者更适合应用于圆锥运动环境,而后者比前者更适合应用于多项式角运动环境。对于实际系统,在角运动过程中,通常认为多项式角运动只会短暂出现,而容易激发的是较长时间的周期性振动,可近似为圆锥运动。因此实际中一般优先考虑采用基于圆锥误差补偿的多子样算法。

最后指出的是,有些文献将圆锥运动的角速度定义为

$$\boldsymbol{\omega}(t)=\begin{bmatrix} a\Omega\sin\Omega t \\ b\Omega\cos\Omega t \\ 0 \end{bmatrix} \tag{3-97}$$

这相当于在式(3-61)中取 $c=0$,此时就不能够得到相应的等效旋转矢量和四元数的简单解析表达式了。

与式(3-97)对应的角增量为

$$\Delta\boldsymbol{\theta}(t,t_{m-1})=\int_{t_{m-1}}^{t}\boldsymbol{\omega}(\tau)\mathrm{d}\tau=\begin{bmatrix} -a(\cos\Omega t-\cos\Omega t_{m-1}) \\ b(\sin\Omega t-\sin\Omega t_{m-1}) \\ 0 \end{bmatrix} \tag{3-98}$$

将式(3-97)和(3-98)代入不可交换误差式(3-33),可得

$$\begin{aligned}\boldsymbol{\sigma}(t_m,t_{m-1}) &= \frac{1}{2}\int_{t_{m-1}}^{t_m}\Delta\boldsymbol{\theta}(\tau,t_{m-1})\times\boldsymbol{\omega}(\tau)\mathrm{d}\tau \\ &= \frac{1}{2}\int_{t_{m-1}}^{t_m}\begin{bmatrix} -a(\cos\Omega\tau-\cos\Omega t_{m-1}) \\ b(\sin\Omega\tau-\sin\Omega t_{m-1}) \\ 0 \end{bmatrix}\times\begin{bmatrix} a\Omega\sin\Omega\tau \\ b\Omega\cos\Omega\tau \\ 0 \end{bmatrix}\mathrm{d}\tau \\ &= \frac{ab}{2}\int_{t_{m-1}}^{t_m}\begin{bmatrix} 0 \\ 0 \\ \Omega[1-\cos\Omega(\tau-t_{m-1})] \end{bmatrix}\mathrm{d}\tau \\ &= \begin{bmatrix} 0 \\ 0 \\ ab/2\times(\Omega T-\sin\Omega T) \end{bmatrix}\end{aligned} \tag{3-99}$$

当 $a=b=\phi$ 且为小量时,式(3-99)与式(3-79)的结果完全相同,后续圆锥误差补偿系数的求解方法和结果也与前文完全一致,无需赘述。

3.3　多子样 DCM 圆锥误差补偿算法

由 3.2 节的分析可知,通过多子样算法能有效减小旋转矢量解算误差。从理论上讲,旋转矢量解算和 DCM 解算本质上都是求解微分方程,那么能否构建高精度的 DCM 多子样算法呢? 本节将在总结传统 DCM 更新算法的基础上,对这一问题进行详细探讨。

3.3.1　传统 DCM 更新算法

讨论微分方程 $\dot{\boldsymbol{C}}_b^i=\boldsymbol{C}_b^i(\boldsymbol{\omega}_{ib}^b\times)$ 的求解。为了书写简便,略去各量的上下角标,但明确写出时变量的时间参数,并记反对称阵 $\boldsymbol{\Omega}(t)=[\boldsymbol{\omega}_{ib}^b(t)\times]$,将姿态矩

阵微分方程表示为[96]

$$\dot{\boldsymbol{C}}(t)=\boldsymbol{C}(t)\boldsymbol{\Omega}(t) \tag{3-100}$$

显然，这是一个典型的时变系数齐次微分方程。

1. 毕卡法

首先，对式(3－100)在$[0,t]$时间段上积分，得

$$\boldsymbol{C}(t)=\boldsymbol{C}(0)+\int_0^t\boldsymbol{C}(\tau)\boldsymbol{\Omega}(\tau)\mathrm{d}\tau \tag{3-101}$$

由于式(3－101)右边第二项被积函数依然含有待求的$\boldsymbol{C}(t)$，重复使用式(3－101)右边整体代入积分号内，第一次代入，得

$$\begin{aligned}\boldsymbol{C}(t)&=\boldsymbol{C}(0)+\int_0^t\left[\boldsymbol{C}(0)+\int_0^{\tau}\boldsymbol{C}(\tau_1)\boldsymbol{\Omega}(\tau_1)\mathrm{d}\tau_1\right]\boldsymbol{\Omega}(\tau)\mathrm{d}\tau\\&=\boldsymbol{C}(0)+\int_0^t\boldsymbol{C}(0)\boldsymbol{\Omega}(\tau)\mathrm{d}\tau+\int_0^t\int_0^{\tau}\boldsymbol{C}(\tau_1)\boldsymbol{\Omega}(\tau_1)\mathrm{d}\tau_1\boldsymbol{\Omega}(\tau)\mathrm{d}\tau\\&=\boldsymbol{C}(0)\left[\boldsymbol{I}+\int_0^t\boldsymbol{\Omega}(\tau)\mathrm{d}\tau\right]+\int_0^t\int_0^{\tau}\boldsymbol{C}(\tau_1)\boldsymbol{\Omega}(\tau_1)\mathrm{d}\tau_1\boldsymbol{\Omega}(\tau)\mathrm{d}\tau\end{aligned} \tag{3-102}$$

第二次代入，可得

$$\begin{aligned}\boldsymbol{C}(t)=&\boldsymbol{C}(0)\left[\boldsymbol{I}+\int_0^t\boldsymbol{\Omega}(\tau)\mathrm{d}\tau+\int_0^t\int_0^{\tau}\boldsymbol{\Omega}(\tau_1)\mathrm{d}\tau_1\boldsymbol{\Omega}(\tau)\mathrm{d}\tau\right]+\\&\int_0^t\int_0^{\tau}\int_0^{\tau_1}\boldsymbol{C}(\tau_2)\boldsymbol{\Omega}(\tau_2)\mathrm{d}\tau_2\boldsymbol{\Omega}(\tau_1)\mathrm{d}\tau_1\boldsymbol{\Omega}(\tau)\mathrm{d}\tau\end{aligned} \tag{3-103}$$

依次不断代入，便可得到以无限重积分表示的所谓毕卡级数，即

$$\begin{aligned}\boldsymbol{C}(t)=&\boldsymbol{C}(0)\left[\boldsymbol{I}+\int_0^t\boldsymbol{\Omega}(\tau)\mathrm{d}\tau+\int_0^t\int_0^{\tau}\boldsymbol{\Omega}(\tau_1)\mathrm{d}\tau_1\boldsymbol{\Omega}(\tau)\mathrm{d}\tau+\right.\\&\left.\int_0^t\int_0^{\tau}\int_0^{\tau_1}\boldsymbol{\Omega}(\tau_2)\mathrm{d}\tau_2\boldsymbol{\Omega}(\tau_1)\mathrm{d}\tau_1\boldsymbol{\Omega}(\tau)\mathrm{d}\tau+\cdots\right]\end{aligned} \tag{3-104}$$

上述级数是收敛的，但一般情况下得不到闭合形式的解，只有在以下特殊情形下才能得到闭合解。对于任意时间参数$t,\tau\in[0,T]$，假设转动角速度满足可交换性条件，即

$$\boldsymbol{\Omega}(t)\boldsymbol{\Omega}(\tau)=\boldsymbol{\Omega}(\tau)\boldsymbol{\Omega}(t) \tag{3-105}$$

则有

$$\int_0^t\boldsymbol{\Omega}(t)\boldsymbol{\Omega}(\tau)\mathrm{d}\tau=\int_0^t\boldsymbol{\Omega}(\tau)\boldsymbol{\Omega}(t)\mathrm{d}\tau$$

即 $$\boldsymbol{\Omega}(t)\int_0^t\boldsymbol{\Omega}(\tau)\mathrm{d}\tau=\int_0^t\boldsymbol{\Omega}(\tau)\mathrm{d}\tau\boldsymbol{\Omega}(t) \tag{3-106}$$

现计算以下微分，即

$$\frac{\mathrm{d}}{\mathrm{d}t}\left[\int_0^t\boldsymbol{\Omega}(\tau)\mathrm{d}\tau\right]^2=\frac{\mathrm{d}}{\mathrm{d}t}\left\{\left[\int_0^t\boldsymbol{\Omega}(\tau)\mathrm{d}\tau\right]\cdot\left[\int_0^t\boldsymbol{\Omega}(\tau)\mathrm{d}\tau\right]\right\}$$

$$= \boldsymbol{\Omega}(t)\int_0^t \boldsymbol{\Omega}(\tau)\mathrm{d}\tau + \int_0^t \boldsymbol{\Omega}(\tau)\mathrm{d}\tau\boldsymbol{\Omega}(t) = 2\int_0^t \boldsymbol{\Omega}(\tau)\mathrm{d}\tau\boldsymbol{\Omega}(t) \tag{3-107}$$

注意,式(3-107)的最后一个等号在式(3-105)条件下才能成立。根据式(3-107),有以下积分成立,即

$$\int_0^t \int_0^\tau \boldsymbol{\Omega}(\tau_1)\mathrm{d}\tau_1\boldsymbol{\Omega}(\tau)\mathrm{d}\tau = \frac{1}{2}\left[\int_0^t \boldsymbol{\Omega}(\tau)\mathrm{d}\tau\right]^2 \tag{3-108}$$

同理,有

$$\begin{aligned}\int_0^t \int_0^\tau \int_0^{\tau_1} \boldsymbol{\Omega}(\tau_2)\mathrm{d}\tau_2\boldsymbol{\Omega}(\tau_1)\mathrm{d}\tau_1\boldsymbol{\Omega}(\tau)\mathrm{d}\tau &= \int_0^t \frac{1}{2}\left[\int_0^\tau \boldsymbol{\Omega}(\tau_1)\mathrm{d}\tau_1\right]^2\boldsymbol{\Omega}(\tau)\mathrm{d}\tau \\ &= \frac{1}{6}\left[\int_0^t \boldsymbol{\Omega}(\tau)\mathrm{d}\tau\right]^3\end{aligned} \tag{3-109}$$

通过数学归纳法可得

$$\int_0^t \int_0^\tau \cdots \int_0^{\tau_{n-3}} \int_0^{\tau_{n-2}} \boldsymbol{\Omega}(\tau_{n-1})\mathrm{d}\tau_{n-1}\boldsymbol{\Omega}(\tau_{n-2})\mathrm{d}\tau_{n-2}\cdots\boldsymbol{\Omega}(\tau)\mathrm{d}\tau = \frac{1}{n!}\left[\int_0^t \boldsymbol{\Omega}(\tau)\mathrm{d}\tau\right]^n \tag{3-110}$$

至此,在可交换条件(3-105)下,毕卡级数式(3-104)可简化成闭合解形式,即

$$\begin{aligned}\boldsymbol{C}(t) &= \boldsymbol{C}(0)\left\{\boldsymbol{I} + \int_0^t \boldsymbol{\Omega}(\tau)\mathrm{d}\tau + \frac{1}{2!}\left[\int_0^t \boldsymbol{\Omega}(\tau)\mathrm{d}\tau\right]^2 + \frac{1}{3!}\left[\int_0^t \boldsymbol{\Omega}(\tau)\mathrm{d}\tau\right]^3 + \cdots\right\} \\ &= \boldsymbol{C}(0)\mathrm{e}^{\int_0^t \boldsymbol{\Omega}(\tau)\mathrm{d}\tau}\end{aligned} \tag{3-111}$$

下面说明可交换条件式(3-105)的几何含义。

设角速度的分量形式为 $\boldsymbol{\omega}(t) = [\omega_{1x} \quad \omega_{1y} \quad \omega_{1z}]^{\mathrm{T}}$ 和 $\boldsymbol{\omega}(\tau) = [\omega_{2x} \quad \omega_{2y} \quad \omega_{2z}]^{\mathrm{T}}$,则有

$$\begin{aligned}\boldsymbol{\Omega}(t)\boldsymbol{\Omega}(\tau) &= [\boldsymbol{\omega}(t)\times][\boldsymbol{\omega}(\tau)\times] \\ &= \begin{bmatrix} -\omega_{1y}\omega_{2y} - \omega_{1z}\omega_{2z} & \omega_{1y}\omega_{2x} & \omega_{1z}\omega_{2x} \\ \omega_{1x}\omega_{2y} & -\omega_{1x}\omega_{2x} - \omega_{1z}\omega_{2z} & \omega_{1z}\omega_{2y} \\ \omega_{1x}\omega_{2z} & \omega_{1y}\omega_{2z} & -\omega_{1x}\omega_{2x} - \omega_{1y}\omega_{2y} \end{bmatrix}\end{aligned} \tag{3-112}$$

$$\begin{aligned}\boldsymbol{\Omega}(\tau)\boldsymbol{\Omega}(t) &= [\boldsymbol{\omega}(\tau)\times][\boldsymbol{\omega}(t)\times] \\ &= \begin{bmatrix} -\omega_{1y}\omega_{2y} - \omega_{1z}\omega_{2z} & \omega_{2y}\omega_{1x} & \omega_{2z}\omega_{1x} \\ \omega_{2x}\omega_{1y} & -\omega_{1x}\omega_{2x} - \omega_{1z}\omega_{2z} & \omega_{2z}\omega_{1y} \\ \omega_{2x}\omega_{1z} & \omega_{2y}\omega_{1z} & -\omega_{1x}\omega_{2x} - \omega_{1y}\omega_{2y} \end{bmatrix}\end{aligned} \tag{3-113}$$

令上述两式相等，可解得

$$\begin{cases}\omega_{1x}\omega_{2y}=\omega_{2x}\omega_{1y}\\ \omega_{1x}\omega_{2z}=\omega_{2x}\omega_{1z}\\ \omega_{1y}\omega_{2z}=\omega_{2y}\omega_{1z}\end{cases}\tag{3-114}$$

如果式(3-114)中所有的角速率分量都不为0，则有

$$\frac{\omega_{1x}}{\omega_{2x}}=\frac{\omega_{1y}}{\omega_{2y}}=\frac{\omega_{1z}}{\omega_{2z}}\tag{3-115}$$

这表示在时间段$[0,T]$内，b系相对于i系的转动角速度方向始终不变，即为定轴转动；如果式(3-114)中某些角速率分量为0，也容易得出该转动是定轴转动的结论；如果所有角速度分量均为0，即为静止，它亦可视为定轴转动的特殊情形。综合上述3种情况，说明闭合解式(3-111)只有在定轴转动情形下才能严格成立。

记角增量$\boldsymbol{\theta}(t)=\int_0^t\boldsymbol{\omega}(\tau)\mathrm{d}\tau$且模值$\theta(t)=|\boldsymbol{\theta}(t)|$，考虑到矩阵指数函数式(A-41)(见附录A)，则有

$$\mathrm{e}^{\int_0^t\Omega(\tau)\mathrm{d}\tau}=\mathrm{e}^{[\theta(t)\times]}=\boldsymbol{I}+\frac{\sin\theta(t)}{\theta(t)}[\boldsymbol{\theta}(t)\times]+\frac{1-\cos\theta(t)}{\theta^2(t)}[\boldsymbol{\theta}(t)\times]^2\tag{3-116}$$

因此，式(3-111)可简写为

$$\boldsymbol{C}(t)=\boldsymbol{C}(0)\boldsymbol{C}_t^0\tag{3-117}$$

其中：

$$\boldsymbol{C}_t^0=\boldsymbol{I}+\frac{\sin\theta(t)}{\theta(t)}[\boldsymbol{\theta}(t)\times]+\frac{1-\cos\theta(t)}{\theta^2(t)}[\boldsymbol{\theta}(t)\times]^2\tag{3-118}$$

若将时间区间从$[0,t]$更改为$[t_{m-1},t_m]$，且假设已知t_{m-1}时刻的方向余弦阵为$\boldsymbol{C}_{b(m-1)}^i$，$[t_{m-1},t_m]$时间段的角增量为$\Delta\boldsymbol{\theta}_m=\int_{t_{m-1}}^{t_m}\boldsymbol{\omega}_{ib}^b(t)\mathrm{d}t$且记模值$\Delta\theta_m=|\Delta\boldsymbol{\theta}_m|$，则求解$t_m$时刻的姿态矩阵$\boldsymbol{C}_{b(m)}^i$的公式为

$$\boldsymbol{C}_{b(m)}^i=\boldsymbol{C}_{b(m-1)}^i\boldsymbol{C}_{b(m)}^{b(m-1)}\tag{3-119}$$

$$\boldsymbol{C}_{b(m)}^{b(m-1)}=\boldsymbol{I}+\frac{\sin\Delta\theta_m}{\Delta\theta_m}(\Delta\boldsymbol{\theta}_m\times)+\frac{1-\cos\Delta\theta_m}{\Delta\theta_m^2}(\Delta\boldsymbol{\theta}_m\times)^2\tag{3-120}$$

式(3-119)和式(3-120)便是姿态矩阵离散化更新的递推计算公式。值得注意的是，式(3-120)严格成立的前提条件是b系在时间$[t_{m-1},t_m]$内必须是定轴转动。该式与附录C中式(C-55)相比，两者在形式上完全一致，因而可以认为定轴转动时角增量$\Delta\boldsymbol{\theta}_m$是以$b(t_{m-1})$系为参考，$b(t_m)$系相对于$b(t_{m-1})$系转动的等效旋转矢量。如果可交换性条件式(3-105)不成立，简单地利用式

(3－119)进行计算将会引起姿态求解的不可交换误差,不可交换性是时变系统的普遍特性。

同理,类似于式(3－119)和式(3－120),可求得另一种姿态矩阵微分方程表示形式$\dot{\boldsymbol{C}}_i^b=(\boldsymbol{\omega}_{bi}^b\times)\boldsymbol{C}_i^b$的更新公式,即

$$\boldsymbol{C}_i^{b(m)}=\boldsymbol{C}_{b(m-1)}^{b(m)}\boldsymbol{C}_i^{b(m-1)} \tag{3-121}$$

$$\boldsymbol{C}_{b(m-1)}^{b(m)}=\boldsymbol{I}+\frac{\sin\Delta\theta_m'}{\Delta\theta_m'}(\Delta\boldsymbol{\theta}_m'\times)+\frac{1-\cos\Delta\theta_m'}{(\Delta\theta_m')^2}(\Delta\boldsymbol{\theta}_m'\times)^2 \tag{3-122}$$

式中:$\Delta\boldsymbol{\theta}_m'=\int_{t_{m-1}}^{t_m}\boldsymbol{\omega}_{bi}^b(t)\mathrm{d}t$,$\Delta\theta_m'=|\Delta\boldsymbol{\theta}_m'|$。

显然,由于$\boldsymbol{\omega}_{bi}^b(t)=-\boldsymbol{\omega}_{ib}^b(t)$,所以有$\Delta\boldsymbol{\theta}_m'=-\Delta\boldsymbol{\theta}_m$和$\boldsymbol{C}_{b(m-1)}^{b(m)}=[\boldsymbol{C}_{b(m)}^{b(m-1)}]^{\mathrm{T}}$。

对于非定轴转动下的姿态更新,虽然可以通过提高采样频率使时间$[t_{m-1},t_m]$近似为定轴转动,但采样频率的提高是有限度的,可交换性条件式(3－105)不严格成立,采用上述算法进行姿态更新存在误差,称为不可交换误差。对高精度应用而言,还需要寻找更好的算法来补偿该误差,如采用等效旋转矢量算法等。

2. 泰勒级数展开法

将方向余弦矩阵$\boldsymbol{C}(t)$在时间t的近旁展开为泰勒级数,可得

$$\begin{aligned}\boldsymbol{C}(t+T)&=\boldsymbol{C}(t)+\frac{\dot{\boldsymbol{C}}(t)}{1!}T+\frac{\ddot{\boldsymbol{C}}(t)}{2!}T^2+\cdots+\frac{\boldsymbol{C}^{(n)}(t)}{n!}T^n+\cdots\\&=\boldsymbol{C}(t)\begin{bmatrix}\boldsymbol{I}+\boldsymbol{\Omega}(t)T+\dfrac{\boldsymbol{\Omega}^2(t)+\dot{\boldsymbol{\Omega}}(t)}{2}T^2+\\\dfrac{\boldsymbol{\Omega}^3(t)+2\boldsymbol{\Omega}(t)\dot{\boldsymbol{\Omega}}(t)+\dot{\boldsymbol{\Omega}}(t)\boldsymbol{\Omega}(t)+\ddot{\boldsymbol{\Omega}}(t)}{6}T^3+\cdots\end{bmatrix}\end{aligned} \tag{3-123}$$

根据式(3－123)可以对方向余弦矩阵$\boldsymbol{C}(t)$进行近似级数。例如,取其一次近似时为

$$\boldsymbol{C}(t+T)=\boldsymbol{C}(t)[\boldsymbol{I}+\boldsymbol{\Omega}(t)T] \tag{3-124}$$

若已知t时刻的方向余弦矩阵$\boldsymbol{C}(t)$及根据角速度组成的反对称阵$\boldsymbol{\Omega}(t)$,即可按式(3－124)进行数值计算。如果需要提高$\boldsymbol{C}(t)$的计算精度,则可取较高阶的近似计算值。由于这些计算中,需要知道反对称矩阵$\boldsymbol{\Omega}(t)$及其倒数值,其实际应用受到一定限制。

3. 龙格－库塔(Runge－Kutta)法

姿态更新本质上是求解微分方程的初值问题,因此可以采用微分方程初值问题的数值算法进行求解。龙格－库塔法是一种常用的微分方程初值问题的数值解法,同时也是一种便于用数字计算机求解的微分方程数值积分算法。龙格－

库塔算法的具体原理见附录 F,这里仅简单列出其计算表达式。式(3-100)可用通式表示为[97]

$$\dot{\boldsymbol{C}}(t)=f[\boldsymbol{C}(t),\boldsymbol{\Omega}(t)] \tag{3-125}$$

一阶龙格-库塔法,即

$$\boldsymbol{C}(t+T)=\boldsymbol{C}(t)+Tf[\boldsymbol{C}(t),\boldsymbol{\Omega}(t)]=\boldsymbol{C}(t)[\boldsymbol{I}+\boldsymbol{\Omega}(t)T] \tag{3-126}$$

一阶龙格-库塔算法和一次近似的泰勒级数法完全相同,也称为欧拉法。

二阶龙格-库塔法,即

$$\boldsymbol{C}(t+T)=\boldsymbol{C}(t)+\frac{T}{2}(K_1+K_2) \tag{3-127}$$

其中:

$$K_1=f[\boldsymbol{C}(t),\boldsymbol{\Omega}(t)]=\boldsymbol{C}(t)\boldsymbol{\Omega}(t)$$

$$K_2=f\left[\boldsymbol{C}(t)+\frac{T}{2}K,\boldsymbol{\Omega}\left(t+\frac{T}{2}\right)\right]=\left[\boldsymbol{C}(t)+\frac{T}{2}K_1\right]\boldsymbol{\Omega}\left(t+\frac{T}{2}\right)$$

四阶龙格-库塔法,即

$$\boldsymbol{C}(t+T)=\boldsymbol{C}(t)+\frac{T}{2}(K_1+2K_2+2K_3+K_4) \tag{3-128}$$

其中:

$$K_1=f[\boldsymbol{C}(t),\boldsymbol{\Omega}(t)]=\boldsymbol{C}(t)\boldsymbol{\Omega}(t)$$

$$K_2=f\left[\boldsymbol{C}(t)+\frac{T}{2}K_1,\boldsymbol{\Omega}\left(t+\frac{T}{2}\right)\right]=\left[\boldsymbol{C}(t)+\frac{T}{2}K_1\right]\boldsymbol{\Omega}\left(t+\frac{T}{2}\right)$$

$$K_3=f\left[\boldsymbol{C}(t)+\frac{T}{2}K_2,\boldsymbol{\Omega}\left(t+\frac{T}{2}\right)\right]=\left[\boldsymbol{C}(t)+\frac{T}{2}K_2\right]\boldsymbol{\Omega}\left(t+\frac{T}{2}\right)$$

$$K_4=f[\boldsymbol{C}(t)+TK_3,\boldsymbol{\Omega}(t+T)]=[\boldsymbol{C}(t)+TK_3]\boldsymbol{\Omega}(t+T)$$

从理论上讲,可以构造任意高阶的龙格-库塔公式,但实践证明,高于四阶的龙格-库塔公式,不但计算量大,而且精确度也不一定提高。在实际计算中,四阶龙格-库塔公式是精度及计算量较理想的公式,也是最为常用的数值积分公式。

3.3.2 多子样 DCM 圆锥误差补偿算法

1. 算法推导

方向余弦矩阵微分方程为[98]

$$\dot{\boldsymbol{C}}_b^n(t)=\boldsymbol{C}_b^n(t)[\boldsymbol{\omega}_{nb}^b(t)\times] \tag{3-129}$$

式中:$\boldsymbol{C}_b^n(t)$为姿态矩阵,是载体坐标系与导航坐标系之间的方向余弦矩阵;$\boldsymbol{\omega}_{nb}^b(t)$为载体的机动角速度;$[\boldsymbol{\omega}_{nb}^b(t)\times]$为$\boldsymbol{\omega}_{nb}^b(t)$构造的反对称矩阵。

对式(3-129)进行求导,得姿态矩阵的二阶导数 $\ddot{\boldsymbol{C}}_b^n(t)$ 为

$$\ddot{\boldsymbol{C}}_b^n(t)=\dot{\boldsymbol{C}}_b^n(t)[\boldsymbol{\omega}_{nb}^b(t)\times]+\boldsymbol{C}_b^n(t)[\dot{\boldsymbol{\omega}}_{nb}^b(t)\times] \tag{3-130}$$

对式(3-130)进行求导,得姿态矩阵的三阶导数 $\dddot{\boldsymbol{C}}_b^n(t)$ 为

$$\dddot{\boldsymbol{C}}_b^n(t)=\ddot{\boldsymbol{C}}_b^n(t)[\boldsymbol{\omega}_{nb}^b(t)\times]+2\dot{\boldsymbol{C}}_b^n(t)[\dot{\boldsymbol{\omega}}_{nb}^b(t)\times]+\boldsymbol{C}_b^n(t)[\ddot{\boldsymbol{\omega}}_{nb}^b(t)\times] \tag{3-131}$$

对式(3-131)进行求导,得姿态矩阵的四阶导数 $\boldsymbol{C}_b^n(t)^{(4)}$ 为

$$\begin{aligned}\boldsymbol{C}_b^n(t)^{(4)}=&\dddot{\boldsymbol{C}}_b^n(t)[\boldsymbol{\omega}_{nb}^b(t)\times]+3\ddot{\boldsymbol{C}}_b^n(t)[\dot{\boldsymbol{\omega}}_{nb}^b(t)\times]+\\&3\dot{\boldsymbol{C}}_b^n(t)[\ddot{\boldsymbol{\omega}}_{nb}^b(t)\times]+\boldsymbol{C}_b^n(t)[\dddot{\boldsymbol{\omega}}_{nb}^b(t)\times]\end{aligned} \tag{3-132}$$

对式(3-132)进行求导,得姿态矩阵的五阶导数 $\boldsymbol{C}_b^n(t)^{(5)}$ 为

$$\begin{aligned}\boldsymbol{C}_b^n(t)^{(5)}=&\boldsymbol{C}_b^n(t)^{(4)}[\boldsymbol{\omega}_{nb}^b(t)\times]+4\dddot{\boldsymbol{C}}_b^n(t)[\dot{\boldsymbol{\omega}}_{nb}^b(t)\times]+6\ddot{\boldsymbol{C}}_b^n(t)[\ddot{\boldsymbol{\omega}}_{nb}^b(t)\times]+\\&4\dot{\boldsymbol{C}}_b^n(t)[\ddot{\boldsymbol{\omega}}_{nb}^b(t)\times]+\boldsymbol{C}_b^n(t)[\boldsymbol{\omega}_{nb}^b(t)^{(4)}\times]\end{aligned} \tag{3-133}$$

对式(3-133)进行求导,得姿态矩阵的六阶导数 $\boldsymbol{C}_b^n(t)^{(6)}$ 为

$$\begin{aligned}\boldsymbol{C}_b^n(t)^{(6)}=&\boldsymbol{C}_b^n(t)^{(5)}[\boldsymbol{\omega}_{nb}^b(t)\times]+5\boldsymbol{C}_b^n(t)^{(4)}[\dot{\boldsymbol{\omega}}_{nb}^b(t)\times]+10\dddot{\boldsymbol{C}}_b^n(t)\\&[\ddot{\boldsymbol{\omega}}_{nb}^b(t)\times]+10\ddot{\boldsymbol{C}}_b^n(t)[\dddot{\boldsymbol{\omega}}_{nb}^b(t)\times]+5\dot{\boldsymbol{C}}_b^n(t)[\boldsymbol{\omega}_{nb}^b(t)^{(4)}\times]+\\&\boldsymbol{C}_b^n(t)[\boldsymbol{\omega}_{nb}^b(t)^{(5)}\times]\end{aligned} \tag{3-134}$$

为求解式(3-129)~(3-134)中角速度 $\boldsymbol{\omega}_{nb}^b$ 的各阶导数,用3次多项式对运载体的角速度进行拟合。记 $h=t_{k+1}-t_k$,则

$$\boldsymbol{\omega}_{nb}^b(t_k+\tau)=\boldsymbol{a}+2\boldsymbol{b}\tau+3\boldsymbol{c}\tau^2+4\boldsymbol{d}\tau^3 \quad 0\leqslant\tau\leqslant h \tag{3-135}$$

对式(3-135)求导,得

$$\begin{cases}\boldsymbol{\omega}_{nb}^b(t_k)=\boldsymbol{\omega}_{nb}^b(t_k+\tau)|_{\tau=0}=\boldsymbol{a}\\\dot{\boldsymbol{\omega}}_{nb}^b(t_k)=\dot{\boldsymbol{\omega}}_{nb}^b(t_k+\tau)|_{\tau=0}=2\boldsymbol{b}\\\ddot{\boldsymbol{\omega}}_{nb}^b(t_k)=\ddot{\boldsymbol{\omega}}_{nb}^b(t_k+\tau)|_{\tau=0}=6\boldsymbol{c} \quad i=4,5,6,\cdots\\\dddot{\boldsymbol{\omega}}_{nb}^b(t_k)=\dddot{\boldsymbol{\omega}}_{nb}^b(t_k+\tau)|_{\tau=0}=24\boldsymbol{d}\\\boldsymbol{\omega}_{nb}^b(t_k)^{(i)}=\boldsymbol{\omega}_{nb}^b(t_k+\tau)^{(i)}|_{\tau=0}=0\end{cases} \tag{3-136}$$

则

$$\begin{cases}[\boldsymbol{\omega}_{nb}^b(t)\times]=[\boldsymbol{a}\times],\\[\dot{\boldsymbol{\omega}}_{nb}^b(t)\times]=[2\boldsymbol{b}\times]\\[\ddot{\boldsymbol{\omega}}_{nb}^b(t)\times]=[6\boldsymbol{c}\times] \quad i=4,5,6,\cdots\\[\dddot{\boldsymbol{\omega}}_{nb}^b(t)\times]=[24\boldsymbol{d}\times]\\[\boldsymbol{\omega}_{nb}^b(t_k)^{(i)}\times]=0\end{cases} \tag{3-137}$$

式(3-137)存在4个未知参数,不能直接代入式(3-129)~(3-134)进行计算。因此,需要先求解 $\boldsymbol{a}$、$\boldsymbol{b}$、$\boldsymbol{c}$、$\boldsymbol{d}$。又因为陀螺的输出值是角增量,角增量与角速度之间的关系为

$$\Delta\boldsymbol{\theta}(\tau)\int_0^\tau \boldsymbol{\omega}_{nb}^b(t_k+\tau)\mathrm{d}\tau \quad 0\leqslant\tau\leqslant h \tag{3-138}$$

每个姿态解算周期内进行4次采样,则角增量 $\Delta\boldsymbol{\theta}_i$ 为

$$\begin{aligned}\Delta\boldsymbol{\theta}_i(\tau) &= \int_{\frac{i-1}{4}h}^{\frac{i}{4}h}\boldsymbol{\omega}_{nb}^b(t_k+\tau)\mathrm{d}\tau = \int_{\frac{i-1}{4}h}^{\frac{i}{4}h}(\boldsymbol{a}+2\boldsymbol{b}\tau+3\boldsymbol{c}\tau^2+4\boldsymbol{d}\tau^3)\mathrm{d}\tau \\ &= (\boldsymbol{a}\tau+\boldsymbol{b}\tau^2+\boldsymbol{c}\tau^3+\boldsymbol{d}\tau^4)\Big|_{\frac{i-1}{4}h}^{\frac{i}{4}h} \qquad i=1,2,3,4,\cdots\end{aligned} \tag{3-139}$$

即

$$\begin{cases}\Delta\boldsymbol{\theta}_1 = \dfrac{1}{4}\boldsymbol{a}h+\dfrac{1}{16}\boldsymbol{b}h^2+\dfrac{1}{64}\boldsymbol{c}h^3+\dfrac{1}{256}\boldsymbol{d}h^4 \\ \Delta\boldsymbol{\theta}_2 = \dfrac{1}{4}\boldsymbol{a}h+\dfrac{3}{16}\boldsymbol{b}h^2+\dfrac{7}{64}\boldsymbol{c}h^3+\dfrac{15}{256}\boldsymbol{d}h^4 \\ \Delta\boldsymbol{\theta}_3 = \dfrac{1}{4}\boldsymbol{a}h+\dfrac{5}{16}\boldsymbol{b}h^2+\dfrac{19}{64}\boldsymbol{c}h^3+\dfrac{65}{256}\boldsymbol{d}h^4 \\ \Delta\boldsymbol{\theta}_4 = \dfrac{1}{4}\boldsymbol{a}h+\dfrac{7}{16}\boldsymbol{b}h^2+\dfrac{37}{64}\boldsymbol{c}h^3+\dfrac{175}{256}\boldsymbol{d}h^4\end{cases} \tag{3-140}$$

根据式(3-140)可以计算出式(3-135)~(3-137)的未知参数满足式(3-141),即

$$\begin{cases}\boldsymbol{a}h = \dfrac{1}{6}(50\Delta\boldsymbol{\theta}_1-46\Delta\boldsymbol{\theta}_2+26\Delta\boldsymbol{\theta}_3-6\Delta\boldsymbol{\theta}_4) \\ \boldsymbol{b}h^2 = \dfrac{2}{3}(-35\Delta\boldsymbol{\theta}_1+69\Delta\boldsymbol{\theta}_2-45\Delta\boldsymbol{\theta}_3+11\Delta\boldsymbol{\theta}_4) \\ \boldsymbol{c}h^3 = \dfrac{16}{3}(5\Delta\boldsymbol{\theta}_1-13\Delta\boldsymbol{\theta}_2+11\Delta\boldsymbol{\theta}_3-3\Delta\boldsymbol{\theta}_4) \\ \boldsymbol{d}h^4 = \dfrac{32}{3}(-\Delta\boldsymbol{\theta}_1+3\Delta\boldsymbol{\theta}_2-3\Delta\boldsymbol{\theta}_3+\Delta\boldsymbol{\theta}_4)\end{cases} \tag{3-141}$$

对姿态矩阵 $\boldsymbol{C}_b^n(t_{k+1})$ 作泰勒级数展开,即

$$\boldsymbol{C}_b^n(t_{k+1}) = \boldsymbol{C}_b^n(t_k+h) = \sum_{i=0}^{x}\frac{\boldsymbol{C}_b^n(t_k)^{(i)}}{i!}(h)^i \tag{3-142}$$

联立式(3-129)~(3-134)和式(3-137),则 $\boldsymbol{C}_b^n(t_k)^{(i)}(h)^i$ 为

$$\begin{cases}\dot{\boldsymbol{C}}_b^n(t_k)h = \boldsymbol{C}_b^n(t_k)[\boldsymbol{a}h\times] \\ \ddot{\boldsymbol{C}}_b^n(t_k)h^2 = \dot{\boldsymbol{C}}_b^n(t_k)h[\boldsymbol{a}h\times]+\boldsymbol{C}_b^n(t_k)[2\boldsymbol{b}h^2\times] \\ \dddot{\boldsymbol{C}}_b^n(t_k)h^3 = \ddot{\boldsymbol{C}}_b^n(t_k)h^2[\boldsymbol{a}h\times]+2\dot{\boldsymbol{C}}_b^n(t_k)h[2\boldsymbol{b}h^2\times]+\boldsymbol{C}_b^n(t_k)[6\boldsymbol{c}h^3\times]\end{cases}$$

$$\begin{cases}\boldsymbol{C}_b^n(t_k)^{(4)}h^4 = \dddot{\boldsymbol{C}}_b^n(t_k)h^3[\boldsymbol{a}h\times]+3\ddot{\boldsymbol{C}}_b^n(t_k)h^2[2\boldsymbol{b}h^2\times]+3\dot{\boldsymbol{C}}_b^n(t_k)h[6\boldsymbol{b}h^3\times]+ \\ \boldsymbol{C}_b^n(t_k)[24\boldsymbol{d}h^4\times]\end{cases} \tag{3-143}$$

利用数学归纳法可以证明式(3－144)成立,即

$$\boldsymbol{C}_b^n(t_k)^{(N)}h^N=\boldsymbol{C}_b^n(t_k)^{(N-1)}h^{N-1}[\boldsymbol{a}h\times]+(N-1)\boldsymbol{C}_b^n(t_k)^{(N-2)}h^{N-2}[2\boldsymbol{b}h^2\times]+\frac{(N-1)(N-2)}{2}\boldsymbol{C}_b^n(t_k)^{(N-3)}h^{N-3}[6\boldsymbol{c}h^3\times]+\frac{(N-1)(N-2)(N-3)}{6}\boldsymbol{C}_b^n(t_k)^{(N-4)}h^{N-4}[24\boldsymbol{d}h^4\times]\quad(3-144)$$

保留式(3－142)中泰勒级数的前 N 项,联立式(3－140)、式(3－143)、式(3－144),并代入式(3－142),可得四子样 N 阶方向余弦姿态算法。四子样方向余弦姿态算法的一阶、二阶形式分别如式(3－146)所示,即

$$\boldsymbol{C}_b^n(t_{k-1})=\boldsymbol{C}_b^n(t_k)\left[\boldsymbol{I}+\frac{1}{6}(50\Delta\boldsymbol{\theta}_1-46\Delta\boldsymbol{\theta}_2+26\Delta\boldsymbol{\theta}_3-6\Delta\boldsymbol{\theta}_4)\times\right]\quad(3-145)$$

$$\boldsymbol{C}_b^n(t_{k+1})=\boldsymbol{C}_b^n(t_k)\left[\boldsymbol{I}+\frac{1}{6}(50\Delta\boldsymbol{\theta}_1-46\Delta\boldsymbol{\theta}_2+26\Delta\boldsymbol{\theta}_3-6\Delta\boldsymbol{\theta}_4)\times\right]+\frac{1}{72}\boldsymbol{C}_b^n(t_k)[(50\Delta\boldsymbol{\theta}_1-46\Delta\boldsymbol{\theta}_2+26\Delta\boldsymbol{\theta}_3-6\Delta\boldsymbol{\theta}_4)\times]^2+\frac{2}{3}\boldsymbol{C}_b^n(t_k)[(-35\Delta\boldsymbol{\theta}_1+69\Delta\boldsymbol{\theta}_2-45\Delta\boldsymbol{\theta}_3+11\Delta\boldsymbol{\theta}_4)\times]\quad(3-146)$$

2. 仿真分析

在纯圆锥运动条件下,对四子样方向余弦姿态算法和优化四子样旋转矢量算法进行了仿真。其中,优化四子样旋转矢量算法为

$$\boldsymbol{\phi}=\Delta\boldsymbol{\theta}_1+\Delta\boldsymbol{\theta}_2+\Delta\boldsymbol{\theta}_3+\Delta\boldsymbol{\theta}_4+\frac{214}{315}(\Delta\boldsymbol{\theta}_1\times\Delta\boldsymbol{\theta}_2+\Delta\boldsymbol{\theta}_3\times\Delta\boldsymbol{\theta}_4)+\frac{46}{105}(\Delta\boldsymbol{\theta}_1\times\Delta\boldsymbol{\theta}_3+\Delta\boldsymbol{\theta}_2\times\Delta\boldsymbol{\theta}_4)+\frac{54}{105}\Delta\boldsymbol{\theta}_1\times\Delta\boldsymbol{\theta}_4+\frac{214}{315}\Delta\boldsymbol{\theta}_2\times\Delta\boldsymbol{\theta}_3\quad(3-147)$$

参数设置如下:仿真时间为1min,采样频率为120Hz,姿态更新频率为30Hz,圆锥频率为1Hz。半锥角取为5°时,四子样方向余弦算法和优化四子样旋转矢量算法的姿态角解算误差如图3－3所示。

从误差类型来看,两种算法在俯仰角和横滚角方向上都会产生周期项误差。不同的是,在偏航角方向上,方向余弦算法只产生漂移误差,而旋转矢量法误差是漂移误差和周期项误差的叠加。从误差数值来看,若存在周期项误差时,记录值取为60s附近最大误差值,则方向余弦算法的俯仰角、横滚角和偏航角误差(单位:rad)分别为 1.508×10^{-13}、3.249×10^{-13} 和 -6.184×10^{-10},旋转矢量法误差为 5.084×10^{-9}、-1.071×10^{-8} 和 -8.0388×10^{-10}。可见,四子样方向余弦算法的精度优于优化四子样旋转矢量算法。

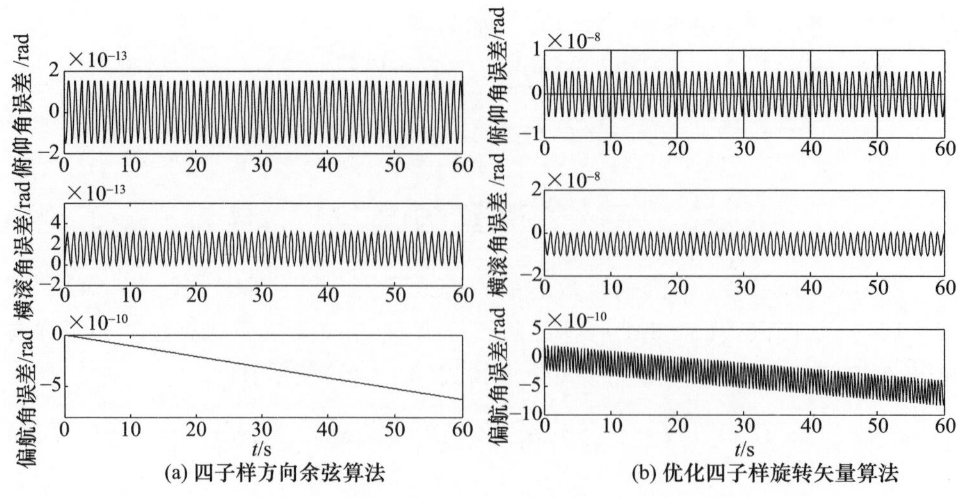

图 3-3　四子样方向余弦算法与优化四子样旋转矢量算法的姿态角解算误差

半锥角依次取为 1°、5°、10°、20°，比较两种算法的解算精度与半锥角之间的关系。俯仰角、横滚角和偏航角的解算误差如表 3-3 所列。

表 3-3　四子样方向余弦姿态算法与优化四子样旋转矢量算法的姿态角解算误差(rad)

姿态角	算法	半锥角			
		1	5	10	20
俯仰角	方向余弦算法	1.239×10^{-15}	1.508×10^{-13}	1.209×10^{-12}	9.667×10^{-12}
	优化旋转矢量	-4.076×10^{-10}	5.084×10^{-9}	4.076×10^{-8}	3.258×10^{-7}
横滚角	方向余弦算法	1.908×10^{-15}	3.249×10^{-13}	2.524×10^{-12}	1.974×10^{-11}
	优化旋转矢量	-8.572×10^{-11}	-1.072×10^{-8}	-8.507×10^{-8}	-6.651×10^{-7}
偏航角	方向余弦算法	-2.492×10^{-11}	-6.184×10^{-10}	-2.475×10^{-9}	-9.585×10^{-9}
	优化旋转矢量	-1.343×10^{-12}	-8.388×10^{-10}	-1.335×10^{-8}	-2.088×10^{-7}

由表 3-3 可知，方向余弦算法的俯仰角和横滚角解算精度高于旋转矢量法，并且半锥角越大，方向余弦算法的优势越明显。半锥角为 1 时，方向余弦算法的偏航角误差比旋转矢量法大；半锥角为 5°、10°、20°时，方向余弦算法的偏航角误差比旋转矢量法小。针对半锥角为小角时方向余弦算法偏航角误差较大这一情况，可以通过增加子样数或泰勒级数展开的阶次提高精度。

进一步减小半锥角的值，分析方向余弦算法的误差情况。半锥角取为 3″，四子样方向余弦算法和未经优化的四子样旋转矢量算法的姿态解算误差如图 3-4所示。

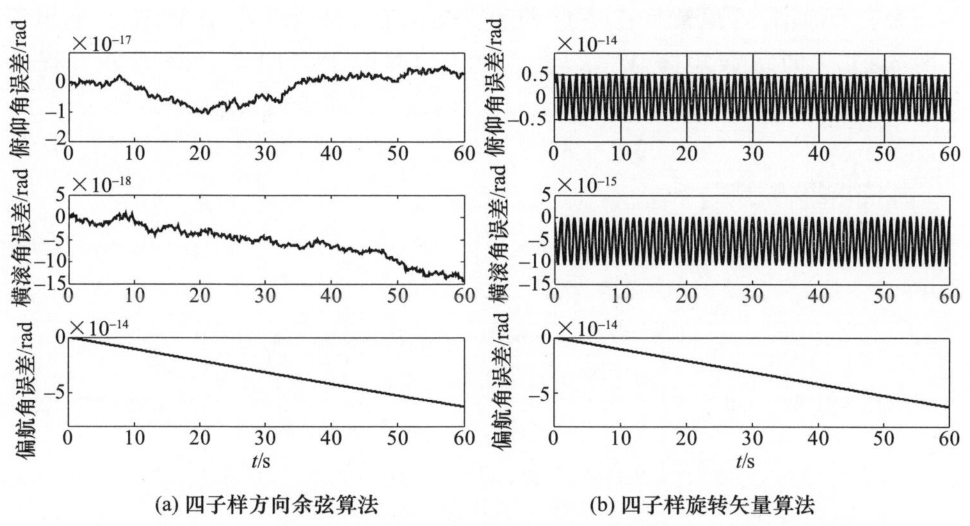

(a) 四子样方向余弦算法　　(b) 四子样旋转矢量算法

图3-4　半锥角为3″时四子样方向余弦算法与旋转矢量算法误差

由图3-4可知,方向余弦算法偏航角误差为 -6.218×10^{-14}rad,未经优化的旋转矢量算法偏航角误差为 -6.241×10^{-14}rad,二者是同一量级的。

从工程应用的角度看,太阳绕银河系中心的转动角速率为0.005″/a ≈ (1.6×10^{-10})°/h,因此若选择太阳系为准惯性坐标系,则意味着姿态算法精度不必高于 (1.6×10^{-10})°/h,即60s的算法精度不必高于 4.65×10^{-14}rad。半锥角为2″时,四子样方向余弦算法的偏航角误差为 -2.769×10^{-14}rad,绝对值小于 4.65×10^{-14}rad。因此半锥角小于2″时,方向余弦算法虽然存在一些误差,但是能够满足实际工程对高精度姿态解算的要求。

3.4 多子样四元数圆锥误差补偿算法

比较四元数微分方程和方向余弦矩阵微分方程,可以发现两者在形式上是一致的,因此可以根据解算方向余弦矩阵微分方程的各种方法得到相应的四元数微分方程数值解法。

3.4.1 传统四元数姿态更新算法

1. 毕卡法

将四元数微分方程式(3-16)写成矩阵形式为

$$\dot{\boldsymbol{Q}}(t)=\frac{1}{2}\boldsymbol{M}'_{\omega(t)}\boldsymbol{Q}(t) \tag{3-148}$$

为表示简洁，这里暂且省略 $\boldsymbol{Q}$ 和 $\boldsymbol{\omega}$ 角标，但明确给出了时间参数。如果角速度 $\boldsymbol{\omega}(t)$（即系数矩阵 $\boldsymbol{M}'_{\omega(t)}$）是时变的，类似于方向余弦阵微分方程式(3-100)的求解，只有在时间段 $t\in[0,T]$ 内满足以下定轴转动条件，即

$$\boldsymbol{M}'_{\omega(\tau_1)}\boldsymbol{M}'_{\omega(\tau_2)}=\boldsymbol{M}'_{\omega(\tau_2)}\boldsymbol{M}'_{\omega(\tau_1)} \tag{3-149}$$

才能求得闭合解，即

$$\boldsymbol{Q}(t)=\mathrm{e}^{\frac{1}{2}\boldsymbol{\Theta}(t)}\boldsymbol{Q}(0) \tag{3-150}$$

其中：

$$\boldsymbol{\Theta}(t)=\int_0^t\boldsymbol{M}'_{\omega(\tau)}\mathrm{d}\tau=\begin{bmatrix}0 & -\theta_x(t) & -\theta_y(t) & -\theta_z(t)\\ \theta_x(t) & 0 & \theta_z(t) & -\theta_y(t)\\ \theta_y(t) & -\theta_z(t) & 0 & \theta_x(t)\\ \theta_z(t) & \theta_y(t) & -\theta_x(t) & 0\end{bmatrix}=(\theta(t)*)_2 \tag{3-151}$$

$$\boldsymbol{\theta}(t)=[\theta_x(t)\quad\theta_y(t)\quad\theta_z(t)]^{\mathrm{T}}=\int_0^t\boldsymbol{\omega}(\tau)\mathrm{d}\tau \tag{3-152}$$

式中：$\boldsymbol{\theta}(t)$ 为时间段 $[0,t]$ 内的角增量，$\theta(t)=|\boldsymbol{\theta}(t)|$ 是其模值。

为了计算式(3-150)中的指数函数 $\mathrm{e}^{\frac{1}{2}\boldsymbol{\Theta}(t)}$，先求解反对称阵 $\boldsymbol{\Theta}(t)$ 的各次幂，有

$$\begin{aligned}
&\boldsymbol{\Theta}^2(t)=-\theta^2(t)\boldsymbol{I}\\
&\boldsymbol{\Theta}^3(t)=\boldsymbol{\Theta}^2(t)\boldsymbol{\Theta}(t)=-\theta^2(t)\boldsymbol{\Theta}(t)\\
&\boldsymbol{\Theta}^4(t)=\boldsymbol{\Theta}^3(t)\boldsymbol{\Theta}(t)=-\theta^2(t)\boldsymbol{\Theta}(t)\boldsymbol{\Theta}(t)=\theta^4(t)\boldsymbol{I}\\
&\boldsymbol{\Theta}^5(t)=\boldsymbol{\Theta}^4(t)\boldsymbol{\Theta}(t)=\theta^4(t)\boldsymbol{\Theta}(t)
\end{aligned}$$

所以，有

$$\begin{aligned}
\mathrm{e}^{\frac{1}{2}\boldsymbol{\Theta}(t)}&=\boldsymbol{I}+\left[\frac{\boldsymbol{\Theta}(t)}{2}\right]+\frac{\left[\frac{\boldsymbol{\Theta}(t)}{2}\right]^2}{2!}+\frac{\left[\frac{\boldsymbol{\Theta}(t)}{2}\right]^3}{3!}+\cdots+\frac{\left[\frac{\boldsymbol{\Theta}(t)}{2}\right]^n}{n!}+\cdots\\
&=\boldsymbol{I}+\left[\frac{\boldsymbol{\Theta}(t)}{2}\right]-\frac{\left[\frac{\theta(t)}{2}\right]^2\boldsymbol{I}}{2!}-\frac{\left[\frac{\theta(t)}{2}\right]^2\frac{\boldsymbol{\Theta}(t)}{2}}{3!}+\frac{\left[\frac{\theta(t)}{2}\right]^4\boldsymbol{I}}{4!}+\frac{\left[\frac{\theta(t)}{2}\right]^4\frac{\boldsymbol{\Theta}(t)}{2}}{5!}-\cdots\\
&=\boldsymbol{I}\left\{1-\frac{\left[\frac{\theta(t)}{2}\right]^2}{2!}+\frac{\left[\frac{\theta(t)}{2}\right]^4}{4!}-\cdots\right\}+\frac{\boldsymbol{\Theta}(t)}{\theta(t)}\left\{\frac{\theta(t)}{2}-\frac{\left[\frac{\theta(t)}{2}\right]^3}{3!}+\frac{\left[\frac{\theta(t)}{2}\right]^5}{5!}-\cdots\right\}\\
&=\boldsymbol{I}\cos\frac{\theta(t)}{2}+\frac{\boldsymbol{\Theta}(t)}{\theta(t)}\sin\frac{\theta(t)}{2}
\end{aligned} \tag{3-153}$$

将式(3-153)代入式(3-150),可得

$$\begin{aligned}\boldsymbol{Q}(t)&=\left[\boldsymbol{I}\cos\frac{\theta(t)}{2}+\frac{\boldsymbol{\Theta}(t)}{\theta(t)}\sin\frac{\theta(t)}{2}\right]\boldsymbol{Q}(0)\\&=\left[\boldsymbol{I}\cos\frac{\theta(t)}{2}+\left(\left(\frac{\boldsymbol{\theta}(t)}{\theta(t)}\sin\frac{\theta(t)}{2}\right)*\right)_2\right]\boldsymbol{Q}(0)\\&=\boldsymbol{Q}(0)\otimes\begin{bmatrix}\cos\dfrac{\theta(t)}{2}\\\dfrac{\boldsymbol{\theta}(t)}{\theta(t)}\sin\dfrac{\theta(t)}{2}\end{bmatrix}\end{aligned}\tag{3-154}$$

若将研究时间区间从$[0,t]$改为$[t_{m-1},t_m]$,则有

$$\boldsymbol{Q}_{b(m)}^{i}=\boldsymbol{Q}_{b(m-1)}^{i}\otimes\boldsymbol{Q}_{b(m)}^{b(m-1)}\tag{3-155}$$

$$\boldsymbol{Q}_{b(m)}^{b(m-1)}=\begin{bmatrix}\cos\dfrac{\Delta\theta_m}{2}\\\dfrac{\Delta\boldsymbol{\theta}_m}{\Delta\theta_m}\sin\dfrac{\Delta\theta_m}{2}\end{bmatrix}\tag{3-156}$$

式中:$\boldsymbol{Q}_{b(m-1)}^{i}$、$\boldsymbol{Q}_{b(m)}^{i}$分别为$t_{m-1}$和$t_m$时刻的姿态变换四元数;$\boldsymbol{Q}_{b(m)}^{b(m-1)}$为从$t_{m-1}$时刻到$t_m$时刻的姿态四元数变化,且有$\Delta\boldsymbol{\theta}_m=\int_{t_{m-1}}^{t_m}\boldsymbol{\omega}_{ib}^{b}\mathrm{d}t$和$\Delta\theta_m=|\Delta\boldsymbol{\theta}_m|$。

式(3-155)便是姿态更新的四元数递推计算公式。该公式同样仅适用于定轴转动的情况,对于非定轴转动的情况,同样需要发展新的算法克服不满足可交换性条件带来的误差。

注意,比较式(3-156)与式(3-37),两者虽然在形式上完全一样,但本质上存在重要区别:后者通过等效旋转矢量考虑了转动不可交换误差的补偿;而前者仅简单地使用角增量进行变化四元数计算,只能适用于定轴转动情形。

2. 龙格-库塔法

$$\dot{\boldsymbol{Q}}=\frac{1}{2}\boldsymbol{Q}\otimes\boldsymbol{\omega}=\frac{1}{2}(\boldsymbol{\omega}*)_2\boldsymbol{Q}=f[\boldsymbol{Q}(t),\boldsymbol{\omega}(t)]$$

与DCM的更新方法类似,四元数微分方程的四阶龙格-库塔解算公式为

$$\boldsymbol{Q}(t+T)=\boldsymbol{Q}(t)+\frac{T}{2}(K_1+2K_2+2K_3+K_4)\tag{3-157}$$

其中:

$$K_1=f[\boldsymbol{Q}(t),\boldsymbol{\omega}(t)]=\frac{1}{2}\boldsymbol{Q}(t)\otimes\boldsymbol{\omega}(t)=\frac{1}{2}[\boldsymbol{\omega}(t)*]_2\boldsymbol{Q}$$

$$K_2=f\left[\boldsymbol{Q}(t)+\frac{T}{2}K_1,\boldsymbol{\omega}\left(t+\frac{T}{2}\right)\right]=\frac{1}{2}\left[\boldsymbol{Q}(t)+\frac{T}{2}K_1\right]\otimes\boldsymbol{\omega}\left(t+\frac{T}{2}\right)$$

$$=\frac{1}{2}\left[\boldsymbol{\omega}\left(t+\frac{T}{2}\right)*\right]_2\left[\boldsymbol{Q}(t)+\frac{T}{2}K_1\right]$$

$$K_3=f\left[\boldsymbol{Q}(t)+\frac{T}{2}K_2,\boldsymbol{\omega}\left(t+\frac{T}{2}\right)\right]=\frac{1}{2}\left[\boldsymbol{Q}(t)+\frac{T}{2}K_2\right]\otimes\boldsymbol{\omega}\left(t+\frac{T}{2}\right)$$

$$=\frac{1}{2}\left[\boldsymbol{\omega}\left(t+\frac{T}{2}\right)*\right]_2\left[\boldsymbol{Q}(t)+\frac{T}{2}K_3\right]$$

$$K_4=f[\boldsymbol{Q}(t)+TK_3,\boldsymbol{\omega}(t+T)]=\frac{1}{2}[\boldsymbol{Q}(t)+TK_3]\otimes\boldsymbol{\omega}(t+T)$$

$$=\frac{1}{2}[\boldsymbol{\omega}(t+T)*]_2[\boldsymbol{Q}(t)+TK_3]$$

3.4.2 多子样四元数姿态更新算法

1. 算法推导

四元数微分方程可写为

$$\dot{\boldsymbol{Q}}(t)=\frac{1}{2}\boldsymbol{Q}(t)\otimes\boldsymbol{\omega}(t)=\frac{1}{2}[\boldsymbol{\omega}(t)\odot]\boldsymbol{Q}(t) \tag{3-158}$$

式中:$\boldsymbol{Q}(t)$为姿态四元数,是载体坐标系与导航坐标系之间的转动四元数;$\boldsymbol{\omega}(t)$为载体的机动角速度;$\boldsymbol{\omega}(t)\odot$是$\boldsymbol{\omega}(t)$构造的四元数乘法反对称矩阵,即

$$\boldsymbol{\omega}(t)\odot=[\boldsymbol{\omega}(t)*]_2=\begin{bmatrix}0 & -\omega_x & -\omega_y & -\omega_z\\ \omega_x & 0 & \omega_z & -\omega_y\\ \omega_y & -\omega_z & 0 & \omega_x\\ \omega_z & \omega_y & -\omega_x & 0\end{bmatrix}$$

对式(3-158)进行求导,得姿态四元数的二阶导数$\ddot{\boldsymbol{Q}}(t)$为

$$\ddot{\boldsymbol{Q}}(t)=\frac{1}{2}[\boldsymbol{\omega}(t)\odot]\dot{\boldsymbol{Q}}(t)+\frac{1}{2}[\dot{\boldsymbol{\omega}}(t)\odot]\boldsymbol{Q}(t) \tag{3-159}$$

对式(3-159)进行求导,得姿态四元数的三阶导数$\dddot{\boldsymbol{Q}}(t)$为

$$\dddot{\boldsymbol{Q}}(t)=\frac{1}{2}[\boldsymbol{\omega}(t)\odot]\ddot{\boldsymbol{Q}}(t)+[\dot{\boldsymbol{\omega}}(t)\odot]\dot{\boldsymbol{Q}}(t)+\frac{1}{2}[\ddot{\boldsymbol{\omega}}(t)\odot]\boldsymbol{Q}(t) \tag{3-160}$$

对式(3-160)进行求导,得姿态四元数的四阶导数$\boldsymbol{Q}(t)^{(4)}$为

$$\boldsymbol{Q}(t)^{(4)}=\frac{1}{2}[\boldsymbol{\omega}(t)\odot]\dddot{\boldsymbol{Q}}(t)+\frac{3}{2}[\dot{\boldsymbol{\omega}}(t)\odot]\ddot{\boldsymbol{Q}}(t)+\frac{3}{2}[\ddot{\boldsymbol{\omega}}(t)\odot]\dot{\boldsymbol{Q}}(t)+\frac{1}{2}[\dddot{\boldsymbol{\omega}}(t)\odot]\boldsymbol{Q}(t) \tag{3-161}$$

对式(3-161)进行求导,得姿态矩阵的五阶导数$\boldsymbol{Q}(t)^{(5)}$为

$$\boldsymbol{Q}(t)^{(5)}=\frac{1}{2}[\boldsymbol{\omega}(t)\odot]\boldsymbol{Q}(t)^{(4)}+\frac{4}{2}[\dot{\boldsymbol{\omega}}(t)\odot]\dddot{\boldsymbol{Q}}(t)+\frac{6}{2}[\ddot{\boldsymbol{\omega}}(t)\odot]\ddot{\boldsymbol{Q}}(t)+\frac{4}{2}[\dddot{\boldsymbol{\omega}}(t)\odot]\dot{\boldsymbol{Q}}(t)+\frac{1}{2}[\boldsymbol{\omega}(t)^{(4)}\odot]\boldsymbol{Q}(t) \tag{3-162}$$

对式(3－163)进行求导，得姿态矩阵的六阶导数$\boldsymbol{Q}(t)^{(6)}$为

$$\boldsymbol{Q}(t)^{(6)}=\frac{1}{2}[\boldsymbol{\omega}(t)\odot]\boldsymbol{Q}(t)^{(5)}+\frac{5}{2}[\dot{\boldsymbol{\omega}}(t)\odot]\boldsymbol{Q}(t)^{(4)}+\frac{10}{2}[\ddot{\boldsymbol{\omega}}(t)\odot]\dddot{\boldsymbol{Q}}(t)+\frac{10}{2}[\dddot{\boldsymbol{\omega}}(t)\odot]\ddot{\boldsymbol{Q}}(t)+\frac{5}{2}[\boldsymbol{\omega}(t)^{(4)}\odot]\dot{\boldsymbol{Q}}(t)+\frac{1}{2}[\boldsymbol{\omega}(t)^{(5)}\odot]\boldsymbol{Q}(t) \tag{3-163}$$

为求解式(3－158)～(3－163)中角速度$\boldsymbol{\omega}(t)$的各阶导数，用3次多项式对运载体的角速度进行拟合。记$h=t_{k+1}-t_k$，则

$$\boldsymbol{\omega}(t_k+\tau)=\boldsymbol{a}+2\boldsymbol{b}\tau+3\boldsymbol{c}\tau^2+4\boldsymbol{d}\tau^3 \quad 0\leqslant\tau\leqslant h \tag{3-164}$$

对式(3－164)求导，得

$$\begin{cases}\boldsymbol{\omega}(t_k)=\boldsymbol{\omega}(t_k+\tau)\big|_{\tau=0}=\boldsymbol{a}\\ \dot{\boldsymbol{\omega}}(t_k)=\dot{\boldsymbol{\omega}}(t_k+\tau)\big|_{\tau=0}=2\boldsymbol{b}\\ \ddot{\boldsymbol{\omega}}(t_k)=\ddot{\boldsymbol{\omega}}(t_k+\tau)\big|_{\tau=0}=6\boldsymbol{c}\\ \dddot{\boldsymbol{\omega}}(t_k)=\dddot{\boldsymbol{\omega}}(t_k+\tau)\big|_{\tau=0}=24\boldsymbol{d}\\ \boldsymbol{\omega}(t_k)^{(i)}=\boldsymbol{\omega}(t_k+\tau)^{(i)}\big|_{\tau=0}=0\end{cases} \quad i=4,5,6,\cdots \tag{3-165}$$

则

$$\begin{cases}[\boldsymbol{\omega}(t)\odot]=[\boldsymbol{a}\odot]\\ [\dot{\boldsymbol{\omega}}(t)\odot]=[2\boldsymbol{b}\odot]\\ [\ddot{\boldsymbol{\omega}}(t)\odot]=[6\boldsymbol{c}\odot]\\ [\dddot{\boldsymbol{\omega}}(t)\odot]=[24\boldsymbol{d}\odot]\\ [\boldsymbol{\omega}(t)^{(i)}\odot]=0\end{cases} \quad i=4,5,6,\cdots \tag{3-166}$$

式(3－166)存在4个未知参数，不能直接代入式(3－158)～(3－163)进行计算。因此需要先求解$\boldsymbol{a}$、$\boldsymbol{b}$、$\boldsymbol{c}$、$\boldsymbol{d}$。又因为陀螺的输出值是角增量，角增量与角速度之间的关系为

$$\Delta\boldsymbol{\theta}\tau=\int_0^{\tau}\boldsymbol{\omega}(t_k+\tau)\mathrm{d}\tau \quad 0\leqslant\tau\leqslant h \tag{3-167}$$

每个姿态解算周期内进行4次采样，则角增量$\Delta\boldsymbol{\theta}_i$为

$$\Delta\boldsymbol{\theta}_i(\tau)=\int_{\frac{i-1}{4}h}^{\frac{i}{4}h}\boldsymbol{\omega}(t_k+\tau)\mathrm{d}\tau=\int_{\frac{i-1}{4}h}^{\frac{i}{4}h}(\boldsymbol{a}+2\boldsymbol{b}\tau+3\boldsymbol{c}\tau^2+4\boldsymbol{d}\tau^3)\mathrm{d}\tau$$

$$(\boldsymbol{a}\tau+\boldsymbol{b}\tau^{2}+\boldsymbol{c}\tau^{3}+\boldsymbol{d}\tau^{4})\Big|_{\frac{i-1}{4}h}^{\frac{i}{4}h}\quad i=1,2,3,4,\cdots \tag{3-168}$$

即

$$\begin{cases}\Delta\boldsymbol{\theta}_1=\frac{1}{4}\boldsymbol{a}h+\frac{1}{16}\boldsymbol{b}h^2+\frac{1}{64}\boldsymbol{c}h^3+\frac{1}{256}\boldsymbol{d}h^4\\ \Delta\boldsymbol{\theta}_2=\frac{1}{4}\boldsymbol{a}h+\frac{3}{16}\boldsymbol{b}h^2+\frac{7}{64}\boldsymbol{c}h^3+\frac{15}{256}\boldsymbol{d}h^4\\ \Delta\boldsymbol{\theta}_3=\frac{1}{4}\boldsymbol{a}h+\frac{5}{16}\boldsymbol{b}h^2+\frac{19}{64}\boldsymbol{c}h^3+\frac{65}{256}\boldsymbol{d}h^4\\ \Delta\boldsymbol{\theta}_4=\frac{1}{4}\boldsymbol{a}h+\frac{7}{16}\boldsymbol{b}h^2+\frac{37}{64}\boldsymbol{c}h^3+\frac{175}{256}\boldsymbol{d}h^4\end{cases} \tag{3-169}$$

根据式(3-169)可以计算出式(3-164)~(3-166)的未知参数满足式(3-170),即

$$\begin{cases}\boldsymbol{a}h=\frac{1}{6}(50\Delta\boldsymbol{\theta}_1-46\Delta\boldsymbol{\theta}_2+26\Delta\boldsymbol{\theta}_3-6\Delta\boldsymbol{\theta}_4)\\ \boldsymbol{b}h^2=\frac{2}{3}(-35\Delta\boldsymbol{\theta}_1+69\Delta\boldsymbol{\theta}_2-45\Delta\boldsymbol{\theta}_3+11\Delta\boldsymbol{\theta}_4)\\ \boldsymbol{c}h^3=\frac{16}{3}(5\Delta\boldsymbol{\theta}_1-13\Delta\boldsymbol{\theta}_2+11\Delta\boldsymbol{\theta}_3-3\Delta\boldsymbol{\theta}_4)\\ \boldsymbol{d}h^4=\frac{32}{3}(-\Delta\boldsymbol{\theta}_1+3\Delta\boldsymbol{\theta}_2-3\Delta\boldsymbol{\theta}_3+3\Delta\boldsymbol{\theta}_4)\end{cases} \tag{3-170}$$

对姿态四元数 $\boldsymbol{Q}(t_{k+1})$ 作泰勒级数展开,即

$$\boldsymbol{Q}(t_{k+1})=\boldsymbol{Q}(t_k+h)=\sum_{i=0}^{\infty}\frac{\boldsymbol{Q}(t_k)^{(i)}}{i!}(h)^i \tag{3-171}$$

联立式(3-158)~(3-163)和式(3-166),则 $\boldsymbol{Q}(t_k)^{(i)}(h)^i$ 为

$$\begin{cases}\dot{\boldsymbol{Q}}(t_k)h=\frac{1}{2}[\boldsymbol{a}h\odot]\boldsymbol{Q}(t_k)\\ \ddot{\boldsymbol{Q}}(t_k)h^2=\frac{1}{2}[\boldsymbol{a}h\odot]\dot{\boldsymbol{Q}}(t)h+\frac{1}{2}[2\boldsymbol{b}h^2\odot]\boldsymbol{Q}(t)\\ \dddot{\boldsymbol{Q}}(t_k)h^3=\frac{1}{2}[\boldsymbol{a}h\odot]\ddot{\boldsymbol{Q}}(t)h^2+[2\boldsymbol{b}h^2\odot]\dot{\boldsymbol{Q}}(t)h+\frac{1}{2}[6\boldsymbol{c}h^3\odot]\boldsymbol{Q}(t)\\ \boldsymbol{Q}(t_k)^{(4)}h^4=\frac{1}{2}[\boldsymbol{a}h\odot]\dddot{\boldsymbol{Q}}(t)h^3+\frac{3}{2}[2\boldsymbol{b}h^2\odot]\ddot{\boldsymbol{Q}}(t)h^2+\frac{3}{2}[6\boldsymbol{c}h^3\odot]\dot{\boldsymbol{Q}}(t)h+\frac{1}{2}[24\boldsymbol{d}h^4\odot]\boldsymbol{Q}(t)\end{cases} \tag{3-172}$$

利用数学归纳法可以证明式(3-173)成立,即

$$\begin{aligned}\boldsymbol{Q}(t_k)^{(N)}h^N=&\frac{1}{2}\boldsymbol{C}_{N-1}^{0}[\boldsymbol{a}h\odot]\boldsymbol{Q}(t_k)^{(N-1)}h^{N-1}+\frac{1}{2}\boldsymbol{C}_{N-1}^{1}[2\boldsymbol{b}h^2\odot]\\ &\boldsymbol{Q}(t_k)^{(N-2)}h^{N-2}+\frac{1}{2}\cdot\boldsymbol{C}_{N-1}^{2}[6\boldsymbol{c}h^3\odot]\boldsymbol{Q}(t_k)^{(N-3)}h^{N-3}+\\ &\frac{1}{2}\cdot\boldsymbol{C}_{N-1}^{3}[24\boldsymbol{d}h^4\odot]\boldsymbol{Q}(t_k)^{(N-4)}h^{N-4}\end{aligned} \tag{3-173}$$

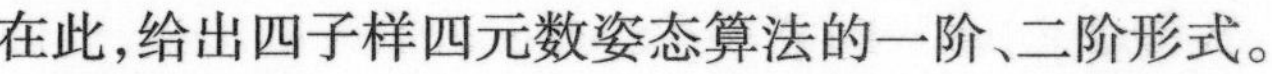

在此，给出四子样四元数姿态算法的一阶、二阶形式。

一阶算法，即

$$Q(t_{k+1})=\left[I+\frac{1}{12}(50\Delta\boldsymbol{\theta}_1-46\Delta\boldsymbol{\theta}_2+26\Delta\boldsymbol{\theta}_3-6\Delta\boldsymbol{\theta}_4)\odot\right]Q(t_k)\tag{3-174}$$

二阶算法，即

$$\begin{aligned}Q(t_{k+1})=&\left[I+\frac{1}{12}(50\Delta\boldsymbol{\theta}_1-46\Delta\boldsymbol{\theta}_2+26\Delta\boldsymbol{\theta}_3-6\Delta\boldsymbol{\theta}_4)\odot\right]Q(t_k)+\\&\frac{1}{288}[(50\Delta\boldsymbol{\theta}_1-46\Delta\boldsymbol{\theta}_2+26\Delta\boldsymbol{\theta}_3-6\Delta\boldsymbol{\theta}_4)\odot]^2Q(t_k)+\\&\frac{1}{3}[(-35\Delta\boldsymbol{\theta}_1+69\Delta\boldsymbol{\theta}_2-45\Delta\boldsymbol{\theta}_3+11\Delta\boldsymbol{\theta}_4)\odot]Q(t_k)\end{aligned}\tag{3-175}$$

2. 仿真分析

在纯圆锥运动条件下，对四子样四元数姿态算法和优化四子样旋转矢量算法进行了仿真，优化四子样旋转矢量算法同式(3－147)。参数设置如下：仿真时间为 1min，采样频率为 120Hz，姿态更新频率为 30Hz，圆锥频率为 1Hz。半锥角取为 5°时，四子样四元数算法和优化四子样旋转矢量算法的姿态角解算误差如图 3－5 所示。

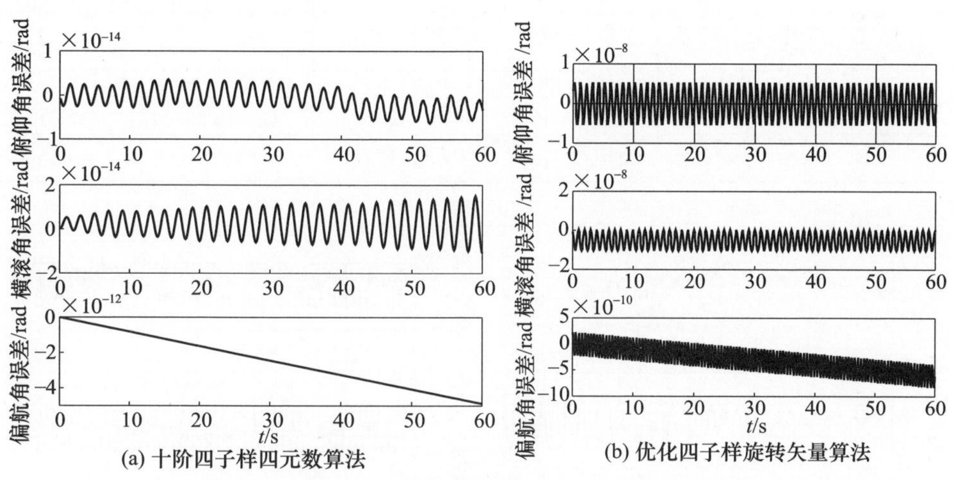

图 3－5　十阶四子样四元数算法与优化四子样旋转矢量算法的姿态角解算误差

从误差类型来看，两种算法在俯仰角和横滚角方向上都会产生周期项误差。不同的是，在偏航角方向上，四元数算法只产生漂移误差，而旋转矢量法误差是漂移误差和周期项误差的叠加。从误差数值来看，若存在周期项误差时，记录值取为 60s 附近最大误差值，则四子样四元数算法的俯仰角、横滚角和偏航角误差(单位：rad)分别为 -5.454×10^{-15}、1.514×10^{-14} 和 -4.86×10^{-12}，旋转矢量法

误差为 5.084×10^{-9}、-1.071×10^{-8} 和 -8.0388×10^{-10}。可见，四子样四元数算法精度优于优化四子样旋转矢量算法。

半锥角依次取为 1°、5°、10°、20°，比较两种算法的解算精度与半锥角之间的关系。俯仰角、横滚角和偏航角的解算误差分别如表 3－4 所列。由表可知，四子样四元数算法的俯仰角、横滚角和偏航角解算精度高于旋转矢量法，并且半锥角越大，四元数算法的优势越明显。半锥角为 1 时，四元数算法的偏航角精度仅比旋转矢量法高 1 个数量级；半锥角为 20 时，四元数算法的偏航角精度比旋转矢量法高 4 个数量级。

进一步减小半锥角的值，分析四元数算法的误差情况。半锥角取为 3″，四子样四元数算法和未经优化的四子样旋转矢量算法的姿态解算误差如图 3－6 所示。

表 3－4　四子样四元数姿态算法与优化四子样旋转矢量算法的姿态角解算误差(rad)

姿态角	算法	半锥角			
		1	5	10	20
俯仰角	四子样四元数算法	-5.031×10^{-15}	-5.454×10^{-15}	-3.192×10^{-14}	-2.259×10^{-13}
	优化旋转矢量	-4.076×10^{-11}	5.084×10^{-9}	4.076×10^{-8}	3.258×10^{-7}
横滚角	四子样四元数算法	3.712×10^{-15}	1.514×10^{-14}	5.559×10^{-14}	2.852×10^{-13}
	优化旋转矢量	-8.572×10^{-11}	-1.072×10^{-8}	-8.507×10^{-8}	-6.651×10^{-7}
偏航角	四子样四元数算法	-1.952×10^{-13}	-4.86×10^{-12}	-1.935×10^{-11}	-7.482×10^{-11}
	优化旋转矢量	-1.343×10^{-12}	-8.388×10^{-10}	-1.335×10^{-8}	-2.088×10^{-7}

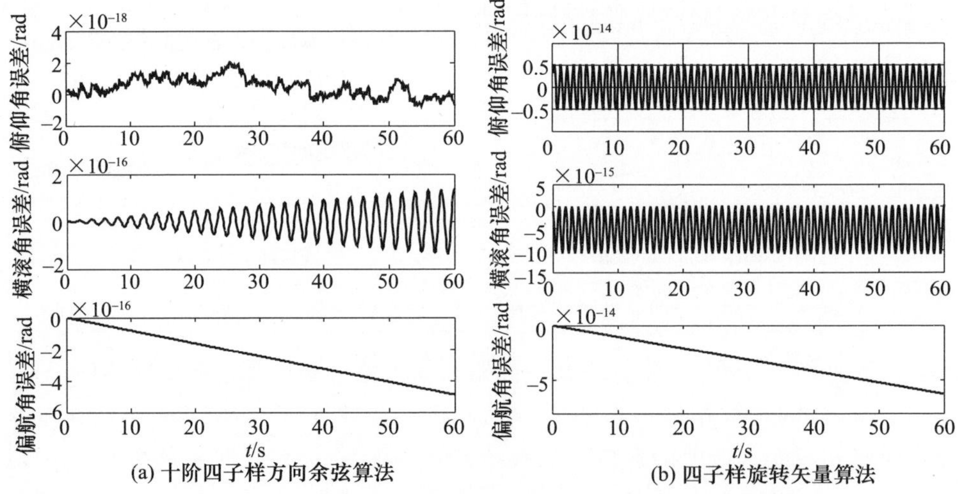

图 3－6　半锥角为 3″时，四子样四元数算法与旋转矢量算法误差

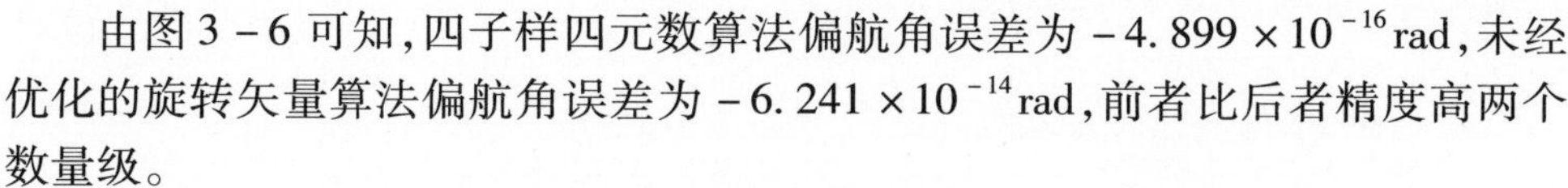

由图3-6可知,四子样四元数算法偏航角误差为 -4.899×10^{-16} rad,未经优化的旋转矢量算法偏航角误差为 -6.241×10^{-14} rad,前者比后者精度高两个数量级。

3.5　对偶性原理与划船误差补偿算法

在捷联惯性导航系统中,包括两类关键的计算,一是更新载体姿态的计算,二是更新载体速度的计算。在姿态更新计算中,如果存在载体角速度向量旋转的情形,就会引入圆锥误差。而在更新载体速度的计算中,情况就更为复杂。因为要获取载体的速度信息,就需要在导航参考坐标系中对比力信号进行积分。这个积分过程通常分两步进行:首先是将固连在载体上的加速度计敏感的比力信号用该时刻的姿态方向余弦矩阵转换到导航参考坐标系中,然后在导航参考坐标系中对比力信号进行积分。由于捷联惯性导航系统中加速度计直接固连在载体上,在速度计算周期内,载体的空间转动使比力改变,速度计算中引入不可交换性误差,这就是速度划船效应。要高质量地完成捷联惯导系统的比力积分,就需要高精度的速度更新方法,它的核心问题是补偿划船误差。本节首先介绍对偶性原理,然后基于对偶性原理,根据旋转矢量的圆锥误差补偿算法给出对应的划船误差补偿算法[99-105]。

3.5.1　对偶性原理

设 $\boldsymbol{U}_1=\int(\boldsymbol{V}_1\times\boldsymbol{v}_1)\mathrm{d}t$,其中 $\boldsymbol{V}_1=\int\boldsymbol{v}_1\mathrm{d}t$,$\boldsymbol{v}_1$ 是任一矢量;并设 $\boldsymbol{U}_2$ 和 $\boldsymbol{U}_1$ 具有相同的数学形式,即 $\boldsymbol{U}_2=\int(\boldsymbol{V}_2\times\boldsymbol{v}_2)\mathrm{d}t$, $\boldsymbol{V}_2=\int\boldsymbol{v}_2\mathrm{d}t$,$\boldsymbol{v}_2$ 是任一矢量。若 $\boldsymbol{U}_3=\int(\boldsymbol{V}_3\times\boldsymbol{v}_3)\mathrm{d}t$,其中 $\boldsymbol{V}_3=\int\boldsymbol{v}_3\mathrm{d}t$,$\boldsymbol{v}_3=\boldsymbol{v}_1+\boldsymbol{v}_2$,显然能够得到 $\boldsymbol{V}_3=\boldsymbol{V}_1+\boldsymbol{V}_2$,则

$$\begin{aligned}\boldsymbol{U}_3&=\int(\boldsymbol{V}_3+\boldsymbol{v}_3)\mathrm{d}t=\int[(\boldsymbol{V}_1+\boldsymbol{V}_2\times(\boldsymbol{v}_1+\boldsymbol{v}_2)]\mathrm{d}t\\&=\int(\boldsymbol{V}_1\times\boldsymbol{v}_1+\boldsymbol{V}_1\times\boldsymbol{v}_2+\boldsymbol{V}_2\times\boldsymbol{v}_1+\boldsymbol{V}_2\times\boldsymbol{v}_2)\mathrm{d}t\\&=\boldsymbol{U}_1+\int(\boldsymbol{V}_1\times\boldsymbol{v}_2+\boldsymbol{V}_2\times\boldsymbol{v}_1)\mathrm{d}t+\boldsymbol{U}_2\end{aligned}\tag{3-176}$$

进而可以得到

$$\int(\boldsymbol{V}_1\times\boldsymbol{v}_2+\boldsymbol{V}_2\times\boldsymbol{v}_1)\mathrm{d}t=\boldsymbol{U}_3-\boldsymbol{U}_1-\boldsymbol{U}_2\tag{3-177}$$

若令 $\boldsymbol{U}_4=\int(\boldsymbol{V}_1\times\boldsymbol{v}_2+\boldsymbol{V}_2\times\boldsymbol{v}_1)\mathrm{d}t$,则

$$\boldsymbol{U}_4=\boldsymbol{U}_3-\boldsymbol{U}_1-\boldsymbol{U}_2 \tag{3-178}$$

若根据 $\boldsymbol{v}_1$ 计算 $\boldsymbol{U}_1$ 的数值算法公式为 $\hat{\boldsymbol{U}}_1$，则

$$\hat{\boldsymbol{U}}_4=\hat{\boldsymbol{U}}_3-\hat{\boldsymbol{U}}_1-\hat{\boldsymbol{U}}_2 \tag{3-179}$$

考虑到 $\boldsymbol{U}_1$、$\boldsymbol{U}_2$、$\boldsymbol{U}_3$ 具有相同的数学形式，因此可以按照与 $\hat{\boldsymbol{U}}_1$ 相同的算法公式，根据 $\boldsymbol{v}_2$、$\boldsymbol{v}_3$ 计算出 $\hat{\boldsymbol{U}}_2$、$\hat{\boldsymbol{U}}_3$，从而得到 $\boldsymbol{U}_4$ 关于 $\boldsymbol{v}_1$、$\boldsymbol{v}_2$ 的数值计算公式 $\hat{\boldsymbol{U}}_4$。

3.5.2 划船误差补偿算法

以地球系为运动参考系，以地理系为导航坐标系，速度微分方程为

$$\left.\frac{\mathrm{d}\boldsymbol{V}}{\mathrm{d}t}\right|_n=\left.\frac{\mathrm{d}\boldsymbol{V}}{\mathrm{d}t}\right|_N=\boldsymbol{f}+\boldsymbol{g}-(\boldsymbol{\omega}_{eN}+2\boldsymbol{\omega}_{ie})\times\boldsymbol{V} \tag{3-180}$$

即

$$\dot{\boldsymbol{V}}=\boldsymbol{f}+\boldsymbol{g}-(\boldsymbol{\omega}_{eN}+2\boldsymbol{\omega}_{ie})\times\boldsymbol{V} \tag{3-181}$$

设速度更新周期为 T，对式(3-181)积分，得 t_m 时刻载体在导航系内的速度为

$$\begin{aligned}\boldsymbol{V}_m&=\boldsymbol{V}_{m-1}+\int_{t_{m-1}}^{t_m}[\boldsymbol{f}+\boldsymbol{g}-(\boldsymbol{\omega}_{eN}+2\boldsymbol{\omega}_{ie})\times\boldsymbol{V}]\mathrm{d}t\\&=\boldsymbol{V}_{m-1}+\int_{t_{m-1}}^{t_m}\boldsymbol{C}_{b_{m-1}}^{n_{m-1}}\boldsymbol{C}_b^{b_{m-1}}\boldsymbol{f}^b\mathrm{d}t+\int_{t_{m-1}}^{t_m}[\boldsymbol{g}^n-(\boldsymbol{\omega}_{eN}^n+2\boldsymbol{\omega}_{ie}^n)\times\boldsymbol{V}^n]\mathrm{d}t\\&=\boldsymbol{V}_{m-1}+\boldsymbol{C}_{b_{m-1}}^{n_{m-1}}\int_{t_{m-1}}^{t_m}\boldsymbol{C}_b^{b_{m-1}}\boldsymbol{f}^b\mathrm{d}t+\int_{t_{m-1}}^{t_m}[\boldsymbol{g}^n-(\boldsymbol{\omega}_{eN}^n+2\boldsymbol{\omega}_{ie}^n)\times\boldsymbol{V}^n]\mathrm{d}t\end{aligned} \tag{3-182}$$

令 $\Delta\boldsymbol{V}_{g/\mathrm{corm}}=\int_{t_{m-1}}^{t_m}[\boldsymbol{g}^n-(\boldsymbol{\omega}_{eN}^n+2\boldsymbol{\omega}_{ie}^n)\times\boldsymbol{V}^n]\mathrm{d}t$，$\Delta\boldsymbol{V}_{\mathrm{sfm}}=\boldsymbol{C}_{b_{m-1}}^{n_{m-1}}\int_{t_{m-1}}^{t_m}\boldsymbol{C}_b^{b_{m-1}}\boldsymbol{f}^b\mathrm{d}t$，分别称为时间段 $T=t_m-t_{m-1}$ 内导航系有害加速度的速度增量和比力速度增量，则有

$$\boldsymbol{V}_m=\boldsymbol{V}_{m-1}+\boldsymbol{C}_{m-1}\Delta\boldsymbol{V}_{\mathrm{sfm}}+\Delta\boldsymbol{V}_{g/\mathrm{corm}} \tag{3-183}$$

对车辆导航而言，短时间$[t_{m-1},t_m]$导航坐标系旋转和重力矢量变化都是很小的，因而一般认为 $\Delta\boldsymbol{V}_{g/\mathrm{corm}}$ 的被积函数是时间的缓慢量，可采用 $t_{m-1/2}=(t_{m-1}+t_m)/2$ 时刻的值进行近似代替，则有

$$\Delta\boldsymbol{V}_{g/\mathrm{corm}}\approx[\boldsymbol{g}_{m-1/2}^n-(2\boldsymbol{\omega}_{ie(m-1/2)}^n+\boldsymbol{\omega}_{en(m-1/2)}^n)\times\boldsymbol{V}_{m-1/2}^n]T$$

上式中 $t_{m-1/2}$ 时刻的各量需使用外推法计算，表示为

$$\boldsymbol{x}_{m-1/2}=\boldsymbol{x}_{m-1}+\frac{\boldsymbol{x}_{m-1}-\boldsymbol{x}_{m-2}}{2}=\frac{3\boldsymbol{x}_{m-1}-\boldsymbol{x}_{m-2}}{2}\quad \boldsymbol{x}=\boldsymbol{\omega}_{ie}^n,\boldsymbol{\omega}_{en}^n,\boldsymbol{V}^n,\boldsymbol{g}^n \tag{3-184}$$

式(3-184)中，各参数在 t_{m-2} 和 t_{m-1} 时刻均是已知的。可见，$\Delta\boldsymbol{V}_{g/\mathrm{corm}}$ 的计算

过程比较简单。

下面分析 $\Delta\boldsymbol{V}_{\mathrm{sfm}}$ 的计算。由于

$$\boldsymbol{C}_b^{b_{m-1}} = \boldsymbol{I} + \frac{\sin\phi}{\phi}(\boldsymbol{\phi}\times) + \frac{1-\cos\phi}{\phi^2}(\boldsymbol{\phi}\times)^2 \tag{3-185}$$

短时间内 ϕ 为小量,并近似有 $\boldsymbol{\phi}\approx\Delta\boldsymbol{\theta}$,保留其一阶项有

$$\boldsymbol{C}_b^{b_{m-1}} \approx \boldsymbol{I} + (\boldsymbol{\phi}\times) \approx \boldsymbol{I} + (\Delta\boldsymbol{\theta}\times) \tag{3-186}$$

将式(3-186)代入 $\Delta\boldsymbol{V}_{\mathrm{sfm}}$ 计算公式有

$$\begin{aligned}
\Delta\boldsymbol{V}_{\mathrm{sfm}} &= \boldsymbol{C}_{b_{m-1}}^{n_{m-1}}\int_{t_{m-1}}^{t_m}\boldsymbol{C}_b^{b_{m-1}}\boldsymbol{f}^b\mathrm{d}t \approx \boldsymbol{C}_{b_{m-1}}^{n_{m-1}}\int_{t_{m-1}}^{t_m}(\boldsymbol{I}+\boldsymbol{\theta}\times)\boldsymbol{f}^b\mathrm{d}t\mathrm{d}t \\
&= \boldsymbol{C}_{b_{m-1}}^{n_{m-1}}\int_{t_{m-1}}^{t_m}(\boldsymbol{f}+\Delta\boldsymbol{\theta}\times\boldsymbol{f}) = \boldsymbol{C}_{b_{m-1}}^{n_{m-1}}\left[\Delta\boldsymbol{V}_m + \int_{t_{m-1}}^{t_m}(\Delta\boldsymbol{\theta}\times\boldsymbol{f})\mathrm{d}t\right] \\
&= \boldsymbol{C}_{b_{m-1}}^{n_{m-1}}\left[\Delta\boldsymbol{V}_m + \frac{1}{2}\Delta\boldsymbol{\theta}_m\times\Delta\boldsymbol{V}_m + \frac{1}{2}\int_{t_{m-1}}^{t_m}[\Delta\boldsymbol{\theta}\times\boldsymbol{f}+\Delta\boldsymbol{V}\times\boldsymbol{\omega}]\mathrm{d}t\right] \\
&= \boldsymbol{C}_{b_{m-1}}^{n_{m-1}}[\Delta\boldsymbol{V}_m + \Delta\boldsymbol{V}_{\mathrm{rotm}} + \Delta\boldsymbol{V}_{\mathrm{sculm}}]
\end{aligned} \tag{3-187}$$

式中:$\Delta\boldsymbol{V}_m$ 由加速度计的增量输出得到;$\Delta\boldsymbol{V}_{\mathrm{rotm}} = \frac{1}{2}\Delta\boldsymbol{\theta}_m\times\Delta\boldsymbol{V}_m$,由运载体的线运动方向在空间旋转引起,称为旋转效应补偿项;$\Delta\boldsymbol{V}_{\mathrm{sculm}}$ 为划船误差补偿项,即

$$\Delta\boldsymbol{V}_{\mathrm{sculm}} = \frac{1}{2}\int_{t_{m-1}}^{t_m}[\Delta\boldsymbol{\theta}\times\boldsymbol{f}+\Delta\boldsymbol{V}\times\boldsymbol{\omega}]\mathrm{d}t \tag{3-188}$$

根据对偶性原理,有

$$\begin{aligned}
\Delta\boldsymbol{V}_{\mathrm{sculm}} &= \frac{1}{2}\int_{t_{m-1}}^{t_m}[\Delta\boldsymbol{\theta}\times\boldsymbol{f}+\Delta\boldsymbol{V}\times\boldsymbol{\omega}]\mathrm{d}t \\
&= \frac{1}{2}\int_{t_{m-1}}^{t_m}[(\Delta\boldsymbol{\theta}+\Delta\boldsymbol{V})\times(\boldsymbol{\omega}+\boldsymbol{f})\mathrm{d}t - \frac{1}{2}\int_{t_{m-1}}^{t_m}(\Delta\boldsymbol{\theta}\times\boldsymbol{\omega})\mathrm{d}t - \frac{1}{2}\int_{t_{m-1}}^{t_m}(\Delta\boldsymbol{V}\times\boldsymbol{f})\mathrm{d}t
\end{aligned} \tag{3-189}$$

根据旋转矢量圆锥误差补偿公式,有

$$\Delta\boldsymbol{\phi} = \frac{1}{2}\int_{t_{m-1}}^{t_m}\boldsymbol{\theta}(\tau,t_{m-1})\times\boldsymbol{\omega}(\tau)\mathrm{d}\tau \approx \sum_{i=1}^{N-1}k_{N-i}\Delta\boldsymbol{\theta}_m(i)\times\Delta\boldsymbol{\theta}_m(N) \tag{3-190}$$

同样可得

$$\begin{aligned}
&\frac{1}{2}\int_{t_{m-1}}^{t_m}[(\Delta\boldsymbol{\theta}+\Delta\boldsymbol{V})\times(\boldsymbol{\omega}+\boldsymbol{f})]\mathrm{d}t \\
&= \sum_{i=1}^{N-1}k_{N-i}[\Delta\boldsymbol{\theta}_m(i)\times\Delta\boldsymbol{V}_m(i)]\times[\Delta\boldsymbol{\theta}_m(N)\times\Delta\boldsymbol{V}_m(N)] \\
&= \sum_{i=1}^{N-1}k_{N-i}[\Delta\boldsymbol{\theta}_m(i)\times\Delta\boldsymbol{\theta}_m(N)+\Delta\boldsymbol{V}_m(i)\times\Delta\boldsymbol{V}_m(N)+ \\
&\quad\Delta\boldsymbol{\theta}_m(i)\times\Delta\boldsymbol{V}_m(N)+\Delta\boldsymbol{V}_m(i)\times\Delta\boldsymbol{\theta}_m(N)]
\end{aligned}$$

$$= \sum_{i=1}^{N-1} k_{N-i}[\Delta\boldsymbol{\theta}_m(i) \times \Delta\boldsymbol{\theta}_m(N)] + \sum_{i=1}^{N-1} k_{N-i}[\Delta\boldsymbol{V}_m(i) \times \Delta\boldsymbol{V}_m(N)] +$$

$$\sum_{i=1}^{N-1} k_{N-i}[\Delta\boldsymbol{\theta}_m(i) \times \Delta\boldsymbol{V}_m(N) + \Delta\boldsymbol{V}_m(i) \times \Delta\boldsymbol{\theta}_m(N)] \tag{3-191}$$

$$\frac{1}{2}\int_{t_{m-1}}^{t_m} (\Delta\boldsymbol{V} \times \boldsymbol{f})\mathrm{d}t \approx \sum_{i=1}^{N-1} k_{N-i}\Delta\boldsymbol{V}_m(i) \times \Delta\boldsymbol{V}_m(N) \tag{3-192}$$

将(3－189)、式(3－190)、式(3－191)代入式(3－192)，得

$$\begin{aligned}\Delta\boldsymbol{V}_{\mathrm{sculm}} &= \sum_{i=1}^{N-1} k_{N-i}[\Delta\boldsymbol{\theta}_m(i) + \Delta\boldsymbol{V}_m(i)] \times [\Delta\boldsymbol{\theta}_m(N) + \Delta\boldsymbol{V}_m(N)] \\ &\quad - \sum_{i=1}^{N-1} k_{N-i}\Delta\boldsymbol{\theta}_m(i) \times \Delta\boldsymbol{\theta}_m(N) - \sum_{i=1}^{N-1} k_{N-i}\Delta\boldsymbol{V}_m(i) \times \Delta\boldsymbol{V}_m(N) \\ &= \sum_{i=1}^{N-1} k_{N-i}[\Delta\boldsymbol{\theta}_m(i) \times \Delta\boldsymbol{V}_m(N) + \Delta\boldsymbol{V}_m(i) \times \Delta\boldsymbol{\theta}_m(N)]\end{aligned} \tag{3-193}$$

式(3－193)即为多子样划船误差补偿公式。式中系数 k_{N-i} 与表 3－2 中圆锥误差补偿系数一致。

3.6 本章小结

本章在介绍不同姿态参数微分方程的基础上，着重研究了姿态更新中圆锥误差的补偿算法。首先研究了基于等效旋转矢量的多子样圆锥误差补偿算法，然后在介绍传统 DCM 和四元数更新算法的基础上，推导了基于多子样的 DCM 和四元数更新算法。仿真结果表明，与传统认识不同，通过适当的算法设计，同样可以设计出具有圆锥误差补偿功能的 DCM 和四元数更新算法。且与多子样旋转矢量算法的推导过程不同，基于多子样的 DCM 和四元数更新算法推导过程不需要小角度近似，因此比多子样旋转矢量算法具有更好的适用范围，但计算量也更大。最后，从对偶性原理出发，根据旋转矢量的多子样圆锥误差补偿算法导出了对应的划船误差补偿算法。

第4章

基于观测增强的车载 SINS 初始对准

捷联惯导系统通过递推算法求解姿态、速度和位置微分方程得出当前姿态、速度和位置信息，从而实现定位定向。进行递推计算前需要知道姿态、速度和位置的初始值。一般情况下，初始速度和位置信息相对容易获得，而初始姿态比较难以得到。捷联惯导初始对准的任务就是获得载体的初始姿态信息，得到载体坐标系到导航坐标系的坐标变换矩阵[106]。

按照不同的标准可以将初始对准分为粗对准与精对准、水平对准与方位对准、静基座对准与动基座对准和自主式与非自主式对准等。具体如下[107-111]。

(1) 按不同时间阶段，惯导系统的初始对准可分为两个阶段：第一阶段为粗对准，利用重力加速度信息和地球自转信息实现解析粗对准，要求速度快，精度要求不高；第二阶段为粗对准基础上的精对准，要求对准精度高，对准时间短。

(2) 以地理坐标系为导航坐标系的情况下，初始对准可分为水平对准和方位对准。捷联惯导系统初始对准中水平对准与方位对准是同时进行的。

(3) 根据对准时惯导系统载体的运动状态可分为静基座对准和动基座对准。动基座对准通常是在载体运动状态下进行的。与静基座对准不同的是，行进间对准通常需要利用外部辅助设备提供车辆运动信息对惯性导航系统进行补偿和修正。目前，通常采用 GPS、里程计、电子地图以及高精度的主惯导系统等提供辅助信息。

(4) 惯导系统只依靠惯性器件测得的重力加速度信息和地球自转角速度信息实现初始对准的方式称为自主式对准，因为没有引入外部信息，有很强的自主性。非自主对准可通过不同方法将外部参考信息引入系统，利用数字或物理的方法将参考系信息传递到捷联惯导的数字平台。在捷联式惯性系统的粗对准和精对准阶段都可以引入辅助导航设备的导航信息，迅速获取精确的数学平台，达到减小初始失准角的目的；也可利用其他导航设备(如 GPS、测速仪、里程计等)提供的信息(如位置、速度、姿态匹配等)作为观测信息，通过最优估计实现精确对准。传统的光学瞄准方式就是利用光电系统引入外界方位基准实现弹上惯导高精度方位对准的。

按照对准原理的不同,初始对准方法又主要分为基于矢量定姿的初始对准、罗经法初始对准和基于最优估计的初始对准三类。

基于矢量定姿的初始对准包括传统的解析对准法和基于惯性系的粗对准方法,它们均以双矢量或多矢量定姿原理为基础,通过选取两个或多个参考矢量确定坐标变换矩阵。该方法不需要建立惯导系统的误差模型,也不需要事先知道载体的任何姿态信息,常用来进行快速粗对准。

罗经法对准以 SINS 的误差方程为基础,根据经典控制理论,利用"罗经效应"完成初始对准。该方法不需要建立精确的噪声模型,但一般要求姿态误差比较小,满足误差方程的线性化条件,可用于 SINS 的精对准。

基于最优估计的初始对准通常以卡尔曼滤波为基础,需要建立系统的误差模型和噪声模型,然后根据观测信息估计姿态失准角。采用卡尔曼滤波器进行初始对准时,对准的效果不仅与惯性器件或外界信息的精确度有关,还在很大程度上依赖于系统状态的可观测性。一般情况下,方位失准角的对准精度相对较低且收敛速度较慢,其根本原因在于系统的不完全可观测性。进行自主对准时,往往需要采取一定的措施增强观测量中包含的有用信息,提高系统的可观测性,特别是方位失准角的可观测度,从而加快方位失准角的收敛速度,取得更好的初始对准效果。常用的提高系统可观测性的方法有观测量扩展法、多位置对准法、连续旋转对准法等。

对应用于武器装备系统的捷联惯导系统而言,对其初始对准的对准精度和对准时间都有很高的要求。一般而言,对准精度和对准速度之间是一对矛盾,高精度往往意味着较长的对准时间,而快速性则需要对精度进行折衷。为了在有限的对准时间内尽可能提高对准精度,一方面需要改进对准方案,提高系统的可观测性;另一方面需要提高对准信息的准确性,对于比力、角速度、速度及航程等测量值进行误差补偿。

4.1 基于矢量定姿的 SINS 粗对准

粗对准就是通过陀螺和加速度计的输出来获得载体姿态的概略值,为精对准提供姿态初值的过程。传统的解析式粗对准方法以重力加速度和地球自转角速度矢量为参考矢量,根据双矢量定姿原理直接计算姿态矩阵。如果初始对准和其他准备工作同时进行,发动机的振动、人员上下车、开关车门以及来自其他设备的振动等都会引起一定的干扰。由于地球自转角速度很小,在

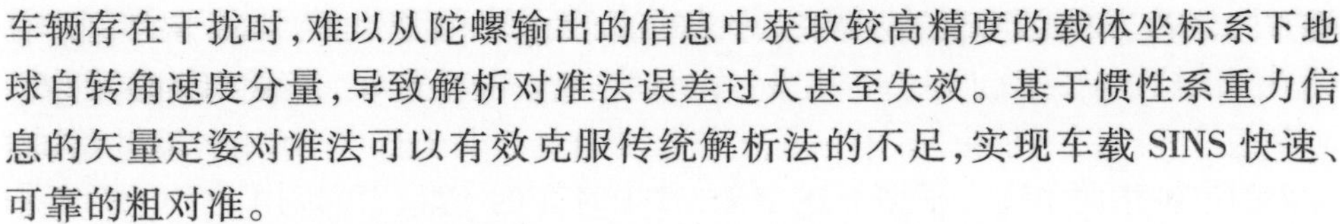

车辆存在干扰时,难以从陀螺输出的信息中获取较高精度的载体坐标系下地球自转角速度分量,导致解析对准法误差过大甚至失效。基于惯性系重力信息的矢量定姿对准法可以有效克服传统解析法的不足,实现车载 SINS 快速、可靠的粗对准。

4.1.1　解析法粗对准

车辆静止时,忽略测量误差,加速度计测得的比力 $\boldsymbol{f}^b$ 是重力加速度矢量 $\boldsymbol{g}$ 的反向矢量 $-\boldsymbol{g}$ 在载体坐标系 b 上的投影 $-\boldsymbol{g}^b$,重力加速度矢量 $\boldsymbol{g}$ 在导航坐标系的投影为 $\boldsymbol{g}^n$;陀螺测得的角速度是地球自转角速度矢量 $\boldsymbol{\omega}_{ie}$ 在载体坐标系 b 上的投影 $\boldsymbol{\omega}_{ie}^b$,地球自转角速度在导航坐标系的投影为 $\boldsymbol{\omega}_{ie}^n$。若对准点的纬度已知,则重力加速度 $\boldsymbol{g}$ 和自转角速度 $\boldsymbol{\omega}_{ie}$ 在导航坐标系中的投影 $\boldsymbol{g}^n$,$\boldsymbol{\omega}_{ie}^n$ 是已知的。在地球非极地地区,因为 $\boldsymbol{g}$、$\boldsymbol{\omega}_{ie}$ 不平行,根据双矢量定姿原理,令[112-116]

$$\boldsymbol{M}_n = [\boldsymbol{g}^n \quad \boldsymbol{g}^n \times \boldsymbol{\omega}_{ie}^n \quad (\boldsymbol{g}^n \times \boldsymbol{\omega}_{ie}^n) \times \boldsymbol{g}^n] \tag{4-1}$$

$$\boldsymbol{M}_b = [\boldsymbol{g}^b \quad \boldsymbol{g}^b \times \boldsymbol{\omega}_{ie}^b \quad (\boldsymbol{g}^b \times \boldsymbol{\omega}_{ie}^b) \times \boldsymbol{g}^b] \tag{4-2}$$

则有

$$\boldsymbol{C}_b^n = \boldsymbol{M}_n \boldsymbol{M}_b^{-1} = (\boldsymbol{M}_n^{\mathrm{T}})^{-1} \boldsymbol{M}_b^{\mathrm{T}} \tag{4-3}$$

将式(4-1)和式(4-2)代入式(4-3),可得 $\boldsymbol{C}_b^n$ 的计算式,即

$$\boldsymbol{C}_b^n = \begin{bmatrix} (\boldsymbol{g}^n)^{\mathrm{T}} \\ (\boldsymbol{g}^n \times \boldsymbol{\omega}_{ie}^n)^{\mathrm{T}} \\ [(\boldsymbol{g}^n \times \boldsymbol{\omega}_{ie}^n) \times \boldsymbol{g}^n]^{\mathrm{T}} \end{bmatrix}^{-1} \begin{bmatrix} (\boldsymbol{g}^b)^{\mathrm{T}} \\ (\boldsymbol{g}^b \times \boldsymbol{\omega}_{ie}^b)^{\mathrm{T}} \\ [(\boldsymbol{g}^b \times \boldsymbol{\omega}_{ie}^b) \times \boldsymbol{g}^b]^{\mathrm{T}} \end{bmatrix} \tag{4-4}$$

式中:$\boldsymbol{g}^b = -\boldsymbol{f}^b$。

至此可以根据加速度计和陀螺输出计算姿态矩阵。根据式(4-4)可知,粗对准的误差主要来自陀螺和加速度计的测量误差,以及外部环境干扰和噪声的影响。

4.1.2　基于惯性系重力信息的粗对准

传统的解析法粗对准要求系统保持静止,在载体受到干扰产生晃动时,因为地球自转角速度远小于晃动干扰,从陀螺输出 $\boldsymbol{\omega}_{ie}^b$ 中无法准确获取地球自转角速度,致使 $\boldsymbol{\omega}_{ie}^b \approx \boldsymbol{\omega}_{ib}^b$ 不再成立,无法根据式(4-4)完成粗对准。而基于惯性系重力信息的粗对准可以有效解决角晃动干扰问题,完成晃动基座下的粗对准[117-126]。

1. 基本原理

首先定义两个坐标系:初始时刻惯性坐标系(i_0 系)——在对准起始时刻,即当 $t = t_0 = 0$ 时,OX_{i0} 轴在当地子午面内且与赤道平面平行,OZ_{i0} 轴指向地球自

转方向,OX_{i0}、OY_{i0}、OZ_{i0}构成右手坐标系,初始对准开始后,i_0 系三轴方向相对惯性空间保持不动;初始时刻载体坐标系(i_{b0}系)——以初始对准起始(即 $t=t_0=0$)时刻载体坐标系三轴指向(右、前、上)为轴建立右手坐标系,初始对准开始后,i_{b0}系的三轴指向不变。根据上述定义,对于时变的 $\boldsymbol{C}_b^n(t)$ 可以用以下矩阵连乘的方式表达,即

$$\boldsymbol{C}_b^n(t)=\boldsymbol{C}_{i_0}^n(t)\boldsymbol{C}_{i_{b0}}^{i0}(t)\boldsymbol{C}_b^{i_{b0}}(t) \tag{4-5}$$

在载体无机动运动的情况下,$\boldsymbol{C}_{i_0}^n(t)$ 可以由当地纬度 L 和时间 t 确定,即

$$\boldsymbol{C}_{i_0}^n(t))\begin{bmatrix} -\sin(\omega_{ie}t) & \cos(\omega_{ie}t) & 0 \\ -\sin L\cos(\omega_{ie}t) & -\sin L\sin(\omega_{ie}t) & \cos L \\ \cos L\cos(\omega_{ie}t) & \cos L\sin(\omega_{ie}t) & \sin L \end{bmatrix} \tag{4-6}$$

利用陀螺输出的角速度信息 $\boldsymbol{\omega}_{ib}^b$,可以将 $\boldsymbol{C}_b^{i_{b0}}(t)$ 解算出来,$\boldsymbol{C}_b^{i_{b0}}(t)$ 微分方程为

$$\boldsymbol{C}_b^{i_{b0}}(t)=\boldsymbol{C}_b^{i_{b0}}(t)[\boldsymbol{\omega}_{ib}^b(t)\times] \tag{4-7}$$

可见,$\boldsymbol{C}_{i_0}^n(t)$ 和 $\boldsymbol{C}_b^{i_{b0}}(t)$ 可以很方便地求解出来,若要求出 $\boldsymbol{C}_b^n(t)$ 只需要已知 $\boldsymbol{C}_{i_{b0}}^{i_0}(t)$ 即可。注意到 i_0 系和 i_{b0} 系在对准开始后三轴指向不变,所以 $\boldsymbol{C}_{i_{b0}}^{i_0}(t)$ 是定值 $\boldsymbol{C}_{i_{b0}}^{i_0}$,因此粗对准就转化为求取 $\boldsymbol{C}_{i_{b0}}^{i_0}$。

2. 基于双矢量定姿的 TRIAD 法

根据双矢量定姿原理,只需找到两个不平行矢量在 i_0 系和 i_{b0} 系的投影矢量就能确定姿态矩阵 $\boldsymbol{C}_{i_{b0}}^{i_0}$。实际上,尽管载车是静止的,但随着对准时间的推移,从地心惯性系来看,重力加速度的方向在发生变化:重力加速度矢量的起点沿纬线运动,终点始终指向地心。因此,两个不同时刻的重力加速度在 i_0 系和 i_{b0} 系的投影也是不平行的,当然,不同时间段的重力加速度积分也是不平行的。已知不同时刻的 $\boldsymbol{C}_{i_0}^n(t)$ 和 $\boldsymbol{g}^n$,不同时刻的 $\boldsymbol{g}^{i_0}$ 可以由式(4-8)计算,即

$$\boldsymbol{g}^{i_0}(t)=\boldsymbol{C}_n^{i_0}(t)\boldsymbol{g}^n \tag{4-8}$$

在不存在干扰加速度的情况下,加速度计输出是重力加速度在载体坐标系投影的反向矢量。实时求解出 $\boldsymbol{C}_b^{i_{b0}}(t)$ 后,不同时刻重力加速度在 i_{b0} 系的投影矢量为

$$\boldsymbol{g}^{i_{b0}}(t)=-\boldsymbol{C}_b^{i_{b0}}(t)\boldsymbol{f}^b(t) \tag{4-9}$$

假设分别在 t_1、t_2 时刻获得 $\boldsymbol{g}^{i_0}(t_1)$、$\boldsymbol{g}^{i_{b0}}(t_1)$ 和 $\boldsymbol{g}^{i_0}(t_2)$、$\boldsymbol{g}^{i_{b0}}(t_2)$,根据式(4-3)有

$$\boldsymbol{C}_{i_{b0}}^{i_0}=\begin{bmatrix} [\boldsymbol{g}^{i_0}(t_1)]^{\mathrm{T}} \\ [\boldsymbol{g}^{i_0}(t_1)\times\boldsymbol{g}^{i_0}(t_2)]^{\mathrm{T}} \\ [(\boldsymbol{g}^{i_0}(t_1)\times\boldsymbol{g}^{i_0}(t_2))\times\boldsymbol{g}^{i_0}(t_1)]^{\mathrm{T}} \end{bmatrix}^{-1}\begin{bmatrix} [\boldsymbol{g}^{i_{b0}}(t_1)]^{\mathrm{T}} \\ [\boldsymbol{g}^{i_{b0}}(t_1)\times\boldsymbol{g}^{i_{b0}}(t_2)]^{\mathrm{T}} \\ [(\boldsymbol{g}^{i_{b0}}(t_1)\times\boldsymbol{g}^{i_{b0}}(t_2))\times\boldsymbol{g}^{i_{b0}}(t_1)]^{\mathrm{T}} \end{bmatrix} \tag{4-10}$$

根据附录 D.1 节,$\boldsymbol{C}_{i_{b0}}^{i_0}$还可以由式(4-11)求解,即

$$\boldsymbol{C}_{i_{b0}}^{i_0}=\begin{bmatrix}[\boldsymbol{g}^{i_0}(t_1)]^{\mathrm{T}}\\ [\boldsymbol{g}^{i_0}(t_2)]^{\mathrm{T}}\\ [\boldsymbol{g}^{i_0}(t_1)\times\boldsymbol{g}^{i_0}(t_2)]^{\mathrm{T}}\end{bmatrix}^{-1}\begin{bmatrix}[\boldsymbol{g}^{i_{b0}}(t_1)]^{\mathrm{T}}\\ [\boldsymbol{g}^{i_{b0}}(t_2)]^{\mathrm{T}}\\ [\boldsymbol{g}^{i_{b0}}(t_1)\times\boldsymbol{g}^{i_{b0}}(t_2)]^{\mathrm{T}}\end{bmatrix}\tag{4-11}$$

最后,根据式(4-5)即可求得 $\boldsymbol{C}_b^n(t)$。根据上述分析可知,通过 $\boldsymbol{C}_b^{i_{b0}}(t)$将$\boldsymbol{f}^b(t)$投影到 i_{b0}系,凝固惯性系粗对准有效隔离了角晃动的干扰,但是$\boldsymbol{f}^b(t)$容易受线晃动干扰的影响产生误差。基于多矢量定姿的对准方法可以有效抑制载体线晃动干扰的影响。

3. 基于 Wahba 问题的多矢量定姿法

理论上说由于地球的自转,每一时刻的重力加速度矢量均不共线,因而均可以作为参考矢量进行矢量定姿,即采用多矢量定姿法进行初始对准。考虑到$\boldsymbol{g}^{i_0}(t)$和$\boldsymbol{g}^{i_0}(t)$均随时间连续变化,将 Wahba 问题目标函数中的求和运算改为积分运算,构建目标函数[127-137],即

$$l(\boldsymbol{C})=\int_0^{t_f}[\tilde{\boldsymbol{g}}^{i_0}(t)-\boldsymbol{C}\tilde{\boldsymbol{g}}^{i_{b0}}(t)]^{\mathrm{T}}[\tilde{\boldsymbol{g}}^{i_0}(t)-\boldsymbol{C}\tilde{\boldsymbol{g}}^{i_{b0}}(t)]\mathrm{d}t\tag{4-12}$$

式中:t_{f} 为对准结束时刻;$\tilde{\boldsymbol{g}}^{i_0}(t)$为$\boldsymbol{g}^{i_0}(t)$测量值;$\tilde{\boldsymbol{g}}^{i_{b0}}(t)$为$\boldsymbol{g}^{i_0}(t)$测量值。

初始对准问题可转化为求

$$\begin{cases}\hat{\boldsymbol{C}}_{i_{b0}}^{i_0}=\min\limits_{C} l(\boldsymbol{C})=\min\limits_{C}\int_0^{t_f}[\tilde{\boldsymbol{g}}^{i_0}(t)-\boldsymbol{C}\tilde{\boldsymbol{g}}^{i_{b0}}(t)]^{\mathrm{T}}[\tilde{\boldsymbol{g}}^{i_0}(t)-\boldsymbol{C}\tilde{\boldsymbol{g}}^{i_{b0}}(t)]\mathrm{d}t\\ \text{s. t.}\begin{cases}\boldsymbol{C}^{\mathrm{T}}\boldsymbol{C}=\boldsymbol{I}\\ |\boldsymbol{C}|=1\end{cases}\end{cases}\tag{4-13}$$

根据多矢量定姿的 DCM 算法,定义

$$\boldsymbol{B}=\int_0^{t_f}\tilde{\boldsymbol{g}}^{i_0}(t)\,\tilde{\boldsymbol{g}}^{i_{b0}\mathrm{T}}(t)\,\mathrm{d}t\tag{4-14}$$

式(4-13)表示的问题可以转化为求

$$\begin{cases}\hat{\boldsymbol{C}}_{i_{b0}}^{i_0}=\max\limits_{C} f(\boldsymbol{C})=\max\limits_{C}\operatorname{tr}(\boldsymbol{C}\boldsymbol{B}^{\mathrm{T}})\\ \text{s. t.}\quad\begin{cases}\boldsymbol{C}^{\mathrm{T}}\boldsymbol{C}=\boldsymbol{I}\\ |\boldsymbol{C}|=1\end{cases}\end{cases}\tag{4-15}$$

若 $\boldsymbol{B}$ 的奇异值分解为

$$\boldsymbol{B}=\boldsymbol{U}\boldsymbol{S}\boldsymbol{V}^{\mathrm{T}}\tag{4-16}$$

式中:$\boldsymbol{U}$ 和 $\boldsymbol{V}$ 为正交矩阵,且 $\boldsymbol{S}=\operatorname{diag}(s_1,s_2,s_3)$,$s_1\geqslant s_2\geqslant s_3\geqslant 0$ 为 $\boldsymbol{B}$ 的奇异值。则式(4-15)最优 DCM 解为

$$\hat{\boldsymbol{C}}_{i_{b0}}^{i_0} = \boldsymbol{U}[\operatorname{diag}(1,1,d)]\boldsymbol{V}^{\mathrm{T}} \tag{4-17}$$

式中：$d=\det(\boldsymbol{U})\det(\boldsymbol{V})$。

根据多矢量定姿的四元数算法，定义

$$\boldsymbol{Z} = [B_{23}-B_{32} \quad B_{31}-B_{13} \quad B_{12}-B_{21}]^{\mathrm{T}} \tag{4-18}$$

$$\boldsymbol{S} = \boldsymbol{B} + \boldsymbol{B}^{\mathrm{T}} \tag{4-19}$$

$$\boldsymbol{K} = \begin{bmatrix} \mathrm{rt}(\boldsymbol{B}^{\mathrm{T}}) & \boldsymbol{Z}^{\mathrm{T}} \\ \boldsymbol{Z} & \boldsymbol{S} - \mathrm{tr}(\boldsymbol{B}^{\mathrm{T}})\boldsymbol{I} \end{bmatrix} \tag{4-20}$$

则式(4-13)表示的问题可以转化为求解以下优化问题，即

$$\begin{cases} \hat{\boldsymbol{Q}}_{i_{b0}}^{i_0} = \max\limits_{Q} f(\boldsymbol{Q}) = \max\limits_{Q} \boldsymbol{Q}^{\mathrm{T}}\boldsymbol{K}\boldsymbol{Q} \\ \text{s. t.} \quad \boldsymbol{Q}^{\mathrm{T}}\boldsymbol{Q} = 1 \end{cases} \tag{4-21}$$

姿态四元数即矩阵 $\boldsymbol{K}$ 最大特征值对应的特征向量。

多矢量定姿法通过积分运算，既能充分利用每一时刻的测量信息，又能减小线晃动干扰信号相对有用信号的幅度，从而能在隔离载体角晃动干扰的同时，有效抑制载体线运动干扰带来的误差，实现快速、可靠粗对准。

4.2 基于卡尔曼滤波的 SINS 精对准

粗对准结束后可以得到姿态矩阵的估计值 $\hat{\boldsymbol{C}}_b^n$，但是由于存在误差，利用 $\hat{\boldsymbol{C}}_b^n$ 进行坐标变换得到的只是近似导航坐标系 n' 和载体坐标系之间的变换关系，即

$$\boldsymbol{C}_b^n = \boldsymbol{C}_{n'}^n \boldsymbol{C}_b^{n'} = \boldsymbol{C}_{n'}^n \hat{\boldsymbol{C}}_b^n \tag{4-22}$$

根据 2.3.2 小节关于姿态误差的定义可知，n' 系相对 n 系存在姿态失准角 $\boldsymbol{\phi} = [\phi_E \quad \phi_N \quad \phi_U]^{\mathrm{T}}$，且

$$\boldsymbol{C}_n^b = \begin{bmatrix} 1 & -\phi_U & \phi_N \\ \phi_U & 1 & -\phi_E \\ -\phi_N & \phi_E & 1 \end{bmatrix} = \boldsymbol{I} - (\boldsymbol{\phi}\times) \tag{4-23}$$

基于卡尔曼滤波的精对准就是利用卡尔曼滤波估计出小失准角 ϕ_E、ϕ_N、ϕ_U 的过程。

4.2.1 离散卡尔曼滤波基本原理

离散型卡尔曼滤波研究对象为线性离散随机系统。忽略控制信号的影响，建立线性离散高斯随机动力学系统，状态方程和量测方程为

$$\boldsymbol{X}_{k+1} = \boldsymbol{\Phi}_{k+1,k}\boldsymbol{X}_k + \boldsymbol{\Gamma}_{k+1,k}\boldsymbol{W}_k \tag{4-24}$$

$$\boldsymbol{Z}_{k+1}=\boldsymbol{H}_{k+1}\boldsymbol{X}_{k+1}+\boldsymbol{V}_{k+1} \tag{4-25}$$

式中：$\boldsymbol{X}_k$ 为 k 时刻 $n\times1$ 阶系统状态量；$\boldsymbol{\Phi}_{k+1,k}$ 为系统 $n\times n$ 阶一步状态转移矩阵；$\boldsymbol{H}_{k+1}$ 为系统 $m\times n$ 阶观测矩阵；$\boldsymbol{Z}_{k+1}$ 为 $k+1$ 时刻系统 $m\times1$ 阶观测量；$\boldsymbol{W}_k$ 为 $n\times1$ 阶系统噪声，服从零均值高斯分布，协方差阵为 $\boldsymbol{Q}_k(n\times n)$，即 $\boldsymbol{W}_k\sim N(0,\boldsymbol{Q}_k)$，$N(\cdot)$ 为高斯概率密度函数；$\boldsymbol{V}_k$ 为 $m\times1$ 阶观测噪声，服从零均值高斯分布，协方差阵为 $\boldsymbol{R}_k(m\times m)$，即 $\boldsymbol{V}_k\sim N(0,\boldsymbol{R}_k)$。系统噪声、观测噪声与系统状态相互独立，且噪声序列 $\boldsymbol{W}_k$ 和 $\boldsymbol{V}_k$ 满足

$$\mathrm{Cov}[\boldsymbol{W}_k,\boldsymbol{W}_j]=E[\boldsymbol{W}_k\boldsymbol{W}_j^{\mathrm{T}}]=\delta_{kj}\boldsymbol{Q}_k \tag{4-26}$$

$$\mathrm{Cov}[\boldsymbol{V}_k,\boldsymbol{V}_j]E[\;]=\delta_{kj}\boldsymbol{R}_k \tag{4-27}$$

$$\mathrm{Cov}[\boldsymbol{W}_k,\boldsymbol{V}_j]=E[\boldsymbol{W}_k\boldsymbol{V}_j^{\mathrm{T}}]=0 \tag{4-28}$$

对上述状态方程和量测方程及误差模型描述的线性系统，待估计量 $\boldsymbol{X}_k$ 的最小均方估计值 $\hat{\boldsymbol{X}}_k$ 可以通过卡尔曼滤波计算得到。具体过程如下。

对状态进行一步预测，有

$$\hat{\boldsymbol{X}}_{k+1,k}=\boldsymbol{\Phi}_{k+1,k}\hat{\boldsymbol{X}}_k \tag{4-29}$$

更新一步预测误差方差阵，即

$$\boldsymbol{P}_{k+1,k}=\boldsymbol{\Phi}_{k+1,k}\boldsymbol{P}_k\boldsymbol{\Phi}_{k+1,k}^{\mathrm{T}}+\boldsymbol{\Gamma}_{k+1,k}\boldsymbol{Q}_k\boldsymbol{\Gamma}_{k+1,k}^{\mathrm{T}} \tag{4-30}$$

更新滤波增益矩阵，即

$$\boldsymbol{K}_{k+1}=\boldsymbol{P}_{k+1,k}\boldsymbol{H}_{k+1}^{\mathrm{T}}(\boldsymbol{H}_{k+1}\boldsymbol{P}_{k+1,k}\boldsymbol{H}_{k+1}^{\mathrm{T}}+\boldsymbol{R}_{k+1})^{-1} \tag{4-31}$$

进行状态估计，即

$$\hat{\boldsymbol{X}}_{k+1}=\hat{\boldsymbol{X}}_{k+1,k}+\boldsymbol{K}_{k+1}(\boldsymbol{Z}_{k+1}-\boldsymbol{H}_{k+1}\hat{\boldsymbol{X}}_{k+1,k}) \tag{4-32}$$

更新估计误差方差阵，即

$$\boldsymbol{P}_{k+1}=(\boldsymbol{I}-\boldsymbol{K}_{k+1}\boldsymbol{H}_{k+1})\boldsymbol{P}_{k+1,k}(\boldsymbol{I}-\boldsymbol{K}_{k+1}\boldsymbol{H}_{k+1})^{\mathrm{T}}+\boldsymbol{K}_{k+1}\boldsymbol{R}_{k+1}\boldsymbol{K}_{k+1}^{\mathrm{T}} \tag{4-33}$$

或

$$\boldsymbol{P}_{k+1}=(\boldsymbol{I}-\boldsymbol{K}_{k+1}\boldsymbol{H}_{k+1})\boldsymbol{P}_{k+1,k} \tag{4-34}$$

或

$$\boldsymbol{P}_{k+1}^{-1}=\boldsymbol{P}_{k+1,k}^{-1}+\boldsymbol{H}_{k+1}^{\mathrm{T}}\boldsymbol{R}_{k+1}^{-1}\boldsymbol{H}_{k+1} \tag{4-35}$$

特别地，虽然式(4-34)较式(4-33)简洁，但计算过程存在舍入误差时可能使误差方差矩阵 $\boldsymbol{P}$ 失去对称性与非负定性，而式(4-33)具有较强的保持对称性与非负定性的能力。

卡尔曼滤波的计算流程可以用图 4-1 更清楚地显示出来。从图中可以看出，卡尔曼滤波包括两个计算回路，即滤波计算回路和增益计算回路。其中增益计算回路更新增益系数矩阵 $\boldsymbol{K}_k$，用于滤波计算回路求解状态估计结果 $\hat{\boldsymbol{X}}_k$。在一个更新周期内，首先进行状态量的一步线性最优预测，再根据观测量 $\boldsymbol{Z}_k$ 和补偿

系数 $\boldsymbol{K}_k$ 对预测进行修正获得最优估计。

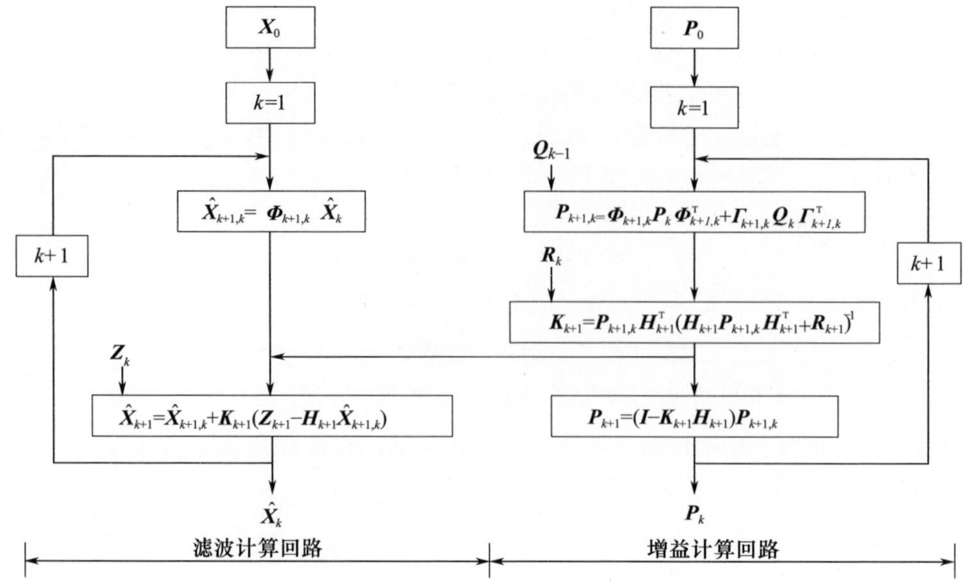

图 4-1　卡尔曼滤波计算流程示意图

以上就是卡尔曼滤波的递推过程，开始滤波时需要给定初值 $\boldsymbol{X}_0$ 和 $\boldsymbol{P}_0$，根据获得的当前时刻量测值 $\boldsymbol{Z}_k$ 就可以递推计算出 $\boldsymbol{X}_k$ 的卡尔曼滤波估计值 $\hat{\boldsymbol{X}}_k$。

4.2.2　可观测性分析理论

系统的可观测性有以下表述：如果系统的状态变量可以由输出完全反映，则称系统是完全可观测的；否则系统是不完全可观测的。对线性离散系统而言，如果系统 0 时刻状态量 $\boldsymbol{X}_0$ 可以由有限时刻内系统的观测量 $\boldsymbol{Z}_{(0,k)}$ 确定，则该系统是可观测的。可见，系统的可观测性描述了根据系统的输出来确定系统状态的能力。在运用卡尔曼滤波进行状态估计的过程中，对于可观测的状态变量，滤波器会收敛；反之则无法估计。因此，初始对准的速度和精度很大程度上取决于系统的可观测性，在设计卡尔曼滤波器之前，首先要分析系统的可观测性[138,139]。

进行可观测性分析一般包括两个内容，即确定系统是否完全可观测，对不完全可观测系统，确定哪些状态变量可观测，哪些状态变量不可观测。对于线性定常系统来说，可观测性分析可以通过计算观测矩阵的秩来确定，对于时变系统进行可观测性分析有些困难。1992 年，Goshen - Meskin 和 Bar - Itzhack 从控制理论的角度出发，提出了分段线性定常系统(Piece - Wise Constant System，PWCS)

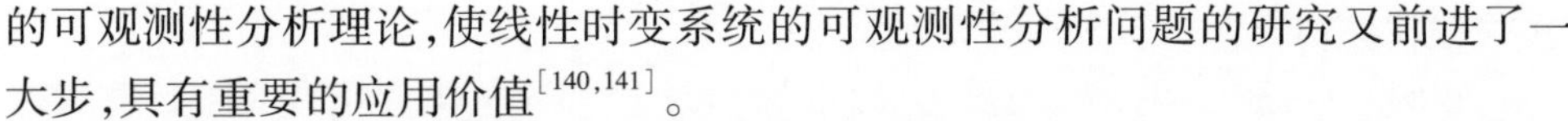

的可观测性分析理论,使线性时变系统的可观测性分析问题的研究又前进了一大步,具有重要的应用价值[140,141]。

可观测性分析只能对系统状态变量的可观测性进行定性描述。对于不完全可观测系统,通过可观测性分析很难具体知道各状态量的具体可观测程度,即各状态的可观测度。由于各状态量的可观测度能更准确地反映系统的内在特征,并直接影响滤波器的收敛速度和估计精度,因此还需要分析系统的可观测度。可观测度的分析方法主要有估计误差协方差阵特征值法、可观测性矩阵奇异值分解法以及可观测性矩阵特征值法[142-144]。估计误差协方差矩阵法需要在卡尔曼滤波运算之后进行,需要计算估计误差协方差矩阵,实际应用较少。可观测性矩阵的奇异值分解法通过可观测矩阵的奇异值及奇异矢量对系统的可观测度进行量化分析,可以同时得到系统的可观测性和可观测度。可观测性矩阵特征值法将可观测矩阵构成的正定对称阵进行特征值分析,用其特征值表征与特征向量所对应的状态组合的可观测度。后两种方法在本质上是一致的,实际应用时多采用奇异值分解法分析系统的可观测度。

1. 线性定常系统下的可观测性分析

线性定常系统的可观测性分析只需计算可观测性矩阵的秩。设定常系统为

$$\begin{cases}\dot{\boldsymbol{X}}(t)=\boldsymbol{A}\boldsymbol{X}(t)+\boldsymbol{B}\boldsymbol{U}(t)\\ \boldsymbol{Z}=\boldsymbol{H}\boldsymbol{X}(t)+\boldsymbol{V}\end{cases}\tag{4-36}$$

式中:$\boldsymbol{X}(t)\in\boldsymbol{R}^{n}$;$\boldsymbol{F}\in\boldsymbol{R}^{n\times n}$;$\boldsymbol{B}\in\boldsymbol{R}^{n\times q}$;$\boldsymbol{U}(t)\in\boldsymbol{R}^{q\times 1}$;$\boldsymbol{A}$、$\boldsymbol{B}$、$\boldsymbol{H}$ 均为常数矩阵。

定义可观测性矩阵为

$$\boldsymbol{Q}=[\boldsymbol{H}^{\mathrm{T}}\quad(\boldsymbol{H}\boldsymbol{A})^{\mathrm{T}}\quad\cdots\quad(\boldsymbol{H}\boldsymbol{A}^{n-1})^{\mathrm{T}}]^{\mathrm{T}}\tag{4-37}$$

如果可观测性矩阵的秩 $\mathrm{rank}(\boldsymbol{Q})=n$,则系统完全可观测;若 $\mathrm{rank}(\boldsymbol{Q})<n$,则系统不完全可观测。通过分析系统可观测矩阵的奇异值,可以得到系统的可观测性。即当系统可观测性矩阵的某个奇异值为0时,系统的状态不可观测,并且根据奇异值的大小,可以判断状态可观测的程度,当奇异值越大时,状态的可观测性越好。

2. 线性定常系统可观测度分析的 SVD 方法

如果将可观测性矩阵 $\boldsymbol{Q}$ 进行奇异值分解,即

$$\boldsymbol{Q}=\boldsymbol{U}\boldsymbol{\Sigma}V^{\mathrm{T}}\tag{4-38}$$

式中:$\boldsymbol{U}=[\boldsymbol{u}_1\quad\boldsymbol{u}_2\quad\cdots\quad\boldsymbol{u}_{nm}]$,$\boldsymbol{V}=[\boldsymbol{v}_1\quad\boldsymbol{v}_2\quad\cdots\quad\boldsymbol{v}_n]$分别是 $nm\times nm$ 和 $n\times n$ 的正交矩阵;$\boldsymbol{\Sigma}=[\boldsymbol{S}\quad\boldsymbol{0}_{n\times(nm-n)}]^{\mathrm{T}}$,$\boldsymbol{S}=\mathrm{diag}(\sigma_1,\sigma_2,\cdots\sigma_n)$,$\sigma_1\geqslant\sigma_2\geqslant\cdots\geqslant\sigma_n\geqslant 0$ 为 $\boldsymbol{Q}$ 的奇异值。

则定义 σ_i 为状态量组合 $\boldsymbol{v}_i\boldsymbol{X}$ 的可观测度,进一步定义 σ_i 为 $\boldsymbol{v}_i$ 的最大分量

$\boldsymbol{v}_i(k)$对应的状态量$\boldsymbol{X}(k)$的可观测度。

如前所述,基于可观测矩阵$\boldsymbol{Q}$的奇异值法和特征值法是等价的,下面加以说明。

设正定矩阵$\boldsymbol{Q}^{\mathrm{T}}\boldsymbol{Q}$的特征值为$\lambda_1,\lambda_2,\cdots,\lambda_i$,则定义$\lambda_1,\lambda_2,\cdots,\lambda_i$为其特征向量对应的状态量组合的可观测度。由于

$$\boldsymbol{Q}^{\mathrm{T}}\boldsymbol{Q}=(\boldsymbol{U\Sigma V}^{\mathrm{T}})^{\mathrm{T}}\boldsymbol{U\Sigma V}^{\mathrm{T}}=\boldsymbol{V\Sigma}^{\mathrm{T}}\boldsymbol{U}^{\mathrm{T}}\boldsymbol{U\Sigma V}^{\mathrm{T}} \tag{4-39}$$

式中:$\boldsymbol{U}^{\mathrm{T}}\boldsymbol{U}=\boldsymbol{I}$。则有

$$\begin{aligned}\boldsymbol{Q}^{\mathrm{T}}\boldsymbol{Q}&=\boldsymbol{V\Sigma}^{\mathrm{T}}\boldsymbol{\Sigma V}^{\mathrm{T}}=\boldsymbol{VS}^{\mathrm{T}}\boldsymbol{SV}^{\mathrm{T}}=\boldsymbol{V}\cdot\mathrm{diag}(\sigma_1^2,\sigma_2^2,\cdots,\sigma_n^2)\cdot\boldsymbol{V}^{\mathrm{T}}\\&=\boldsymbol{V}\cdot\mathrm{diag}(\lambda_1,\lambda_2,\cdots,\lambda_n)\cdot\boldsymbol{V}^{\mathrm{T}}\end{aligned} \tag{4-40}$$

根据特征值法的定义可知,$\lambda_i=\sigma_i^2$就是状态量组合$\boldsymbol{v}_i^{\mathrm{T}}\boldsymbol{X}$的可观测度;而根据奇异值分解法的定义,$\sigma_i$是状态量组合$\boldsymbol{v}_i^{\mathrm{T}}\boldsymbol{X}$的可观测度。由于矩阵的奇异值为非负数,所以$\lambda_i$和$\sigma_i$一一对应,两者在本质上是等价的,只是运用了不同的矩阵分解方法。

3. 分段线性定常系统的可观测性理论

分段线性定常系统是一种有效判断时变系统可观测性的方法。该方法在足够小的时间段内将时变系统视为定常系统,简化了可观测性分析过程。设离散线性时变系统为

$$\begin{cases}\boldsymbol{X}(k+1)=\boldsymbol{F}_j\boldsymbol{X}(k)+\boldsymbol{B}_j\boldsymbol{U}(k)\\\boldsymbol{Z}_j(k)=\boldsymbol{H}_j\boldsymbol{X}(k)\end{cases} \tag{4-41}$$

式中:$\boldsymbol{X}(k)\in\boldsymbol{R}^n$;$\boldsymbol{F}_j\in\boldsymbol{R}^{n\times n}$;$\boldsymbol{B}_j\in\boldsymbol{R}^{n\times q}$;$\boldsymbol{U}(k)\in\boldsymbol{R}^{q\times 1}$;$\boldsymbol{Z}_j(k)\in\boldsymbol{R}^m$;$\boldsymbol{H}_j\in\boldsymbol{R}^{m\times n}$;$j=1,2,\cdots,r$;对于每个时间段$j$,矩阵$\boldsymbol{F}_j$、$\boldsymbol{B}_j$和$\boldsymbol{H}_j$都是恒定的,对于不同的时间段,矩阵可以不同。

设从系统中得到图4-2所示的一系列观测,则全部观测能够表示为式(4-42)所示$\boldsymbol{X}(1)$的函数。

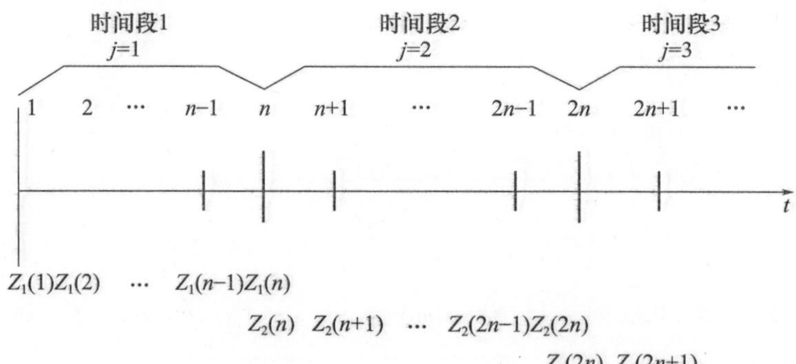

图4-2 离散PWCS测量序列

$$
\begin{gathered}
\boldsymbol{Z}_1(1)=\boldsymbol{H}_1\boldsymbol{X}(1)\\
\boldsymbol{Z}_1(2)=\boldsymbol{H}_1\boldsymbol{F}_1\boldsymbol{X}(1)\\
\vdots\\
\boldsymbol{Z}_1(n)=\boldsymbol{H}_1\boldsymbol{F}_1^{n-1}\boldsymbol{X}(1)\\
\boldsymbol{Z}_2(n)=\boldsymbol{H}_2\boldsymbol{F}_1^{n-1}\boldsymbol{X}(1)\\
\boldsymbol{Z}_2(n+1)=\boldsymbol{H}_2\boldsymbol{F}_2\boldsymbol{F}_1^{n-1}\boldsymbol{X}(1)\\
\vdots\\
\boldsymbol{Z}_2(2n)=\boldsymbol{H}_2\boldsymbol{F}_2^{n-1}\boldsymbol{F}_1^{n-1}\boldsymbol{X}(1)\\
\boldsymbol{Z}_3(2n)=\boldsymbol{H}_3\boldsymbol{F}_2^{n-1}\boldsymbol{F}_1^{n-1}\boldsymbol{X}(1)\\
\boldsymbol{Z}_3(2n+1)=\boldsymbol{H}_3\boldsymbol{F}_3\boldsymbol{F}_2^{n-1}\boldsymbol{F}_1^{n-1}\boldsymbol{X}(1)\\
\vdots
\end{gathered}
\tag{4-42}
$$

总的观测方程可以写成

$$
\boldsymbol{Z}=\boldsymbol{Q}(r)\boldsymbol{X}(1) \tag{4-43}
$$

其中：

$$
\boldsymbol{Q}_r=\begin{bmatrix}
\boldsymbol{H}_1\\
\boldsymbol{H}_1\boldsymbol{F}_1\\
\vdots\\
\boldsymbol{H}_1\boldsymbol{F}_1^{n-1}\\
\boldsymbol{H}_2\boldsymbol{F}_1^{n-1}\\
\boldsymbol{H}_2\boldsymbol{F}_2\boldsymbol{F}_1^{n-1}\\
\vdots\\
\boldsymbol{H}_2\boldsymbol{F}_2^{n-1}\boldsymbol{F}_1^{n-1}\\
\vdots\\
\boldsymbol{H}_r\boldsymbol{F}_{r-1}^{n-1}\boldsymbol{F}_{r-2}^{n-1}\cdots\boldsymbol{F}_1^{n-1}\\
\boldsymbol{H}_r\boldsymbol{F}_r\boldsymbol{F}_{r-1}^{n-1}\boldsymbol{F}_{r-2}^{n-1}\cdots\boldsymbol{F}_1^{n-1}\\
\vdots\\
\boldsymbol{H}_r\boldsymbol{F}_r^{n-1}\boldsymbol{F}_{r-1}^{n-1}\boldsymbol{F}_{r-2}^{n-1}\cdots\boldsymbol{F}_1^{n-1}
\end{bmatrix}=\begin{bmatrix}
\boldsymbol{H}_1\\
\boldsymbol{H}_1\boldsymbol{F}_1\\
\vdots\\
\boldsymbol{H}_1\boldsymbol{F}_1^{n-1}\\
\begin{bmatrix}\boldsymbol{H}_2\\ \boldsymbol{H}_2\boldsymbol{F}_2\\ \vdots\\ \boldsymbol{H}_2\boldsymbol{F}_2^{n-1}\end{bmatrix}\boldsymbol{F}_1^{n-1}\\
\vdots\\
\begin{bmatrix}\boldsymbol{H}_r\\ \boldsymbol{H}_r\boldsymbol{F}_r\\ \vdots\\ \boldsymbol{H}_r\boldsymbol{F}_r^{n-1}\end{bmatrix}\boldsymbol{F}_{r-1}^{n-1}\boldsymbol{F}_{r-2}^{n-1}\cdots\boldsymbol{F}_1^{n-1}
\end{bmatrix}
$$

对于每一时间段 j 的可观测矩阵定义为

$$
\boldsymbol{Q}_j^{\mathrm{T}}=[(\boldsymbol{H}_j)^{\mathrm{T}}\quad(\boldsymbol{H}_j\boldsymbol{F}_j)^{\mathrm{T}}\quad\cdots\quad(\boldsymbol{H}_j\boldsymbol{F}_j^{n-1})^{\mathrm{T}}]
$$

故 $\boldsymbol{Q}(r)$ 可表示为

$$
\boldsymbol{Q}(r)=\begin{bmatrix}
\boldsymbol{Q}_1\\
\boldsymbol{Q}_2\boldsymbol{F}_1^{n-1}\\
\vdots\\
\boldsymbol{Q}_r\boldsymbol{F}_{r-1}^{n-1}\boldsymbol{F}_{r-2}^{n-1}\cdots\boldsymbol{F}_1^{n-1}
\end{bmatrix} \tag{4-44}
$$

为了研究离散 PWCS 的可观测性分析，必须研究 $\boldsymbol{Q}(r)$ 阵，称 $\boldsymbol{Q}(r)$ 为总可观测性矩阵（Total Observability Matrix，TOM）。不难看出，如果 $\boldsymbol{Q}(r)$ 的秩等于 n，则离散 PWCS 是完全可观测的。

为了方便研究，将其简化，记 $\boldsymbol{Q}_s(r)$ 为离散 PWCS 的提取可观测性矩阵（Stripped Observability Matrix，SOM），即

$$\boldsymbol{Q}_s(r)=\begin{bmatrix}\boldsymbol{Q}_1\\ \boldsymbol{Q}_2\\ \vdots\\ \boldsymbol{Q}_r\end{bmatrix}$$

对于离散系统，如果 $\boldsymbol{F}_j\boldsymbol{X}=\boldsymbol{X}$，$\forall \boldsymbol{X}\in \mathrm{null}(\boldsymbol{Q}_j)\,(1\leqslant j\leqslant r)$，那么

$$\mathrm{null}\{\boldsymbol{Q}(r)\}=\mathrm{null}\{\boldsymbol{Q}_s(r)\}$$
$$\mathrm{rank}\{\boldsymbol{Q}(r)\}=\mathrm{rank}\{\boldsymbol{Q}_s(r)\}$$

可见，在一定条件下，能够用 $\boldsymbol{Q}_s(r)$ 代替 $\boldsymbol{Q}(r)$ 来研究离散 PWCS 的可观测性。

在车辆运动过程中，由于其线运动和角运动变化使系统误差模型变为线性时变系统模型，但是根据运动特征将时间分段或时间区间取得足够小时，系统在每个时间区间内可看作线性定常系统，即可以把系统描述为分段线性定常系统，应用 PWCS 可观测性分析理论，能对车辆动态导航定位时的可观测性进行全面分析。

4. 基于 PWCS 理论和 SVD 的可观测度分析

PWCS 可观测分析方法为线性时变系统的可观测性分析提供了简单有效的途径，但是仍然无法解决定量分析的问题。对于不完全可观测系统，应用 PWCS 可观测性分析，可以知道哪些状态量可观测或不可观测，但是无法得知每个可观测量的可观测度。即使对于完全可观测系统，不同状态量的可观测度也是不同的。借鉴线性定常系统可观测度分析的 SVD 方法，可以将 PWCS 理论与 SVD 相结合对分段线性定常系统的可观测度进行分析。具体步骤如下。

（1）首先选取时变系统的第一时间段，令 $j=1$。

（2）定义 $\boldsymbol{F}_j$、$\boldsymbol{H}_j$ 并列写可观测性矩阵 $\boldsymbol{Q}_j$。

（3）确定当前的 SOM 矩阵，即 $\boldsymbol{Q}_s(j)$。

（4）求出当前时间段可观测性矩阵 $\boldsymbol{Q}_s(j)$ 的奇异值 σ_i。

（5）通过比较 $\boldsymbol{V}$ 中列矢量各个元素绝对值的大小，判断状态变量或其线性组合的可观测度。

（6）如果当前时间段不是最后的时间段，继续进行下一时间段的分析，直至最后时间段。

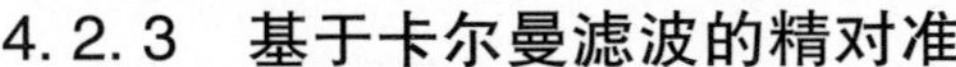

4.2.3　基于卡尔曼滤波的精对准

1. 滤波模型的建立

1）状态方程的建立

SINS 进行静基座对准时，载体速度为零，同时地理位置信息精确已知，可忽略初始对准误差模型中的位置误差，则有

$$\begin{cases} V_E^n = V_N^n = V_U^n = 0 \\ \boldsymbol{f}^n = [0 \quad 0 \quad g]^{\mathrm{T}} \\ \delta \boldsymbol{P} = [\delta L \quad \delta \lambda \quad \delta h]^{\mathrm{T}} = \boldsymbol{0}_{3\times 1} \\ \delta \boldsymbol{\omega}_{ie}^n = 0, \omega_{en}^n = 0 \end{cases} \tag{4-45}$$

由上述分析可知，精基座对准时 c 系和 n 系重合，ϕ 角和 ψ 角误差方程一致。根据 2.3 节中建立的误差模型，同时将加速度计随机常值和陀螺随机常值扩充为系统状态，可建立 12 状态的误差方程，即

$$\dot{\boldsymbol{X}} = \boldsymbol{A}\boldsymbol{X} + \boldsymbol{G}\boldsymbol{W} \tag{4-46}$$

其中：

$$\boldsymbol{X} = [\phi_E \quad \phi_N \quad \phi_U \quad \delta V_E \quad \delta V_N \quad \delta V_U \quad \varepsilon_x \quad \varepsilon_y \quad \varepsilon_z \quad \nabla_x \quad \nabla_y \quad \nabla_z]^{\mathrm{T}}$$

$$\boldsymbol{W} = [w_{gx} \quad w_{gy} \quad w_{gz} \quad w_{ax} \quad w_{ay} \quad w_{az}]^{\mathrm{T}}$$

$$\boldsymbol{A} = \begin{bmatrix} \boldsymbol{A}_1 & \boldsymbol{A}_2 & -\boldsymbol{C}_b^{n'} & \boldsymbol{0}_{3\times 3} \\ \boldsymbol{A}_3 & \boldsymbol{A}_4 & \boldsymbol{0}_{3\times 3} & \boldsymbol{C}_b^{n'} \\ \boldsymbol{0}_{3\times 3} & \boldsymbol{0}_{3\times 3} & \boldsymbol{0}_{3\times 3} & \boldsymbol{0}_{3\times 3} \\ \boldsymbol{0}_{3\times 3} & \boldsymbol{0}_{3\times 3} & \boldsymbol{0}_{3\times 3} & \boldsymbol{0}_{3\times 3} \end{bmatrix} \quad \boldsymbol{A}_1 = \begin{bmatrix} 0 & \omega_{ie}\sin L & -\omega_{ie}\cos L \\ -\omega_{ie}\sin L & 0 & 0 \\ \omega_{ie}\cos L & 0 & 0 \end{bmatrix}$$

$$\boldsymbol{A}_2 = \begin{bmatrix} 0 & -1/R_M + h & 0 \\ 1/R_N + h & 0 & 0 \\ \tan L/R_N + h & 0 & 0 \end{bmatrix} \quad \boldsymbol{A}_3 = \begin{bmatrix} 0 & -g & 0 \\ g & 0 & 0 \\ 0 & 0 & 0 \end{bmatrix}$$

$$\boldsymbol{A}_4 = \begin{bmatrix} 0 & 2\omega_{ie}\sin L & -2\omega_{ie}\cos L \\ -2\omega_{ie}\sin L & 0 & 0 \\ 2\omega_{ie}\cos L & 0 & 0 \end{bmatrix} \quad \boldsymbol{G} = \begin{bmatrix} -\boldsymbol{C}_b^{n'} & \boldsymbol{0}_{3\times 3} \\ \boldsymbol{0}_{3\times 3} & \boldsymbol{C}_b^{n'} \\ \boldsymbol{0}_{6\times 3} & \boldsymbol{0}_{6\times 3} \end{bmatrix}$$

考虑到惯导系统垂直通道不稳定，忽略天向速度误差的影响，可得 10 状态量的误差方程为

$$\dot{\boldsymbol{X}} = \boldsymbol{F}\boldsymbol{X} + \boldsymbol{G}\boldsymbol{W} = \begin{bmatrix} \boldsymbol{F}_1 & \boldsymbol{G}_1 \\ \boldsymbol{0}_{5\times 5} & \boldsymbol{0}_{5\times 5} \end{bmatrix}\boldsymbol{X} + \begin{bmatrix} \boldsymbol{G}_1 \\ \boldsymbol{0}_{5\times 5} \end{bmatrix}\boldsymbol{W} \tag{4-47}$$

式中：状态矢量 $\boldsymbol{X}=[\delta V_E \quad \delta V_N \quad \phi_E \quad \phi_N \quad \phi_U \quad \nabla_x \quad \nabla_y \quad \varepsilon_x \quad \varepsilon_y \quad \varepsilon_z]^{\mathrm{T}}$；$\boldsymbol{W}$ 为均值为零、方差为 Q 的系统噪声矩阵；下标 x、y、z 表示载体坐标系 3 个轴向上的分量；E、N、U 分别代表地理坐标系的 3 个轴上的分量；且

$$\boldsymbol{F}_1=\begin{bmatrix} 0 & 2\omega_{ie}^n \sin L & 0 & -g & 0 \\ -2\omega_{ie}^n \sin L & 0 & g & 0 & 0 \\ 0 & -\dfrac{1}{R_M+h} & 0 & \omega_{ie}^n \sin L & -\omega_{ie}^n \cos L \\ \dfrac{1}{R_N+h} & 0 & -\omega_{ie}^n \sin L & 0 & 0 \\ -\dfrac{\tan L}{R_N+h} & 0 & \omega_{ie}^n \cos L & 0 & 0 \end{bmatrix}$$

$$\boldsymbol{G}_1=\begin{bmatrix} C_{11} & C_{12} & 0 & 0 & 0 \\ C_{21} & C_{22} & 0 & 0 & 0 \\ 0 & 0 & C_{11} & C_{12} & C_{13} \\ 0 & 0 & C_{21} & C_{22} & C_{23} \\ 0 & 0 & C_{31} & C_{32} & C_{33} \end{bmatrix}$$

2）观测方程的建立

捷联惯导系统的速度输出为

$$\begin{cases} \hat{V}_E = V_E + \delta V_E \\ \hat{V}_N = V_N + \delta V_N \\ \hat{V}_U = V_U + \delta V_U \end{cases} \tag{4-48}$$

式中：$\hat{V}_E$、$\hat{V}_N$和 $\hat{V}_U$为捷联惯导系统输出的东向、北向和天向速度；V_E、V_N 和 V_U 为载体在导航坐标系下真实速度；δV_E、δV_N 和 δV_U 为捷联惯导系统东向、北向和天向速度误差。

外部参考基准的速度输出为

$$\begin{cases} \tilde{V}_{OE} = V_E + \delta V_{OE} \\ \tilde{V}_{ON} = V_N + \delta V_{ON} \\ \tilde{V}_{OU} = V_U + \delta V_{OU} \end{cases} \tag{4-49}$$

式中：$\tilde{V}_{OE}$、$\tilde{V}_{ON}$和 $\tilde{V}_{OU}$为参考基准输出的东向、北向和天向速度；δV_{OE}、δV_{ON}和 δV_{OU}为参考基准输出的东向、北向和天向速度误差。

当载车在静态环境下初始对准时，参考输出速度为零，并忽略天向速度误差，则得到以速度为观测量的量测方程为

$$\boldsymbol{Z}=\begin{bmatrix}\hat{V}_E-\tilde{V}_{OE}\\ \hat{V}_N-\tilde{V}_{ON}\end{bmatrix}=\begin{bmatrix}\delta V_E-\delta V_{OE}\\ \delta V_N-\delta V_{ON}\end{bmatrix}=\begin{bmatrix}\delta V_E\\ \delta V_N\end{bmatrix}=\boldsymbol{HX}+\boldsymbol{V}\tag{4-50}$$

式中：$\boldsymbol{H}=[\boldsymbol{I}_{2\times 2}\quad \boldsymbol{0}_{2\times 8}]$；$\boldsymbol{V}$ 为零均值、方差为 $\boldsymbol{R}$ 的观测噪声矩阵。

3）系统的离散化

式(4－47)和式(4－50))建立了系统在小失准角下初始对准的连续误差模型，它是连续的线性方程，为了应用于标准卡尔曼滤波中，需要将其进行离散化。离散化后的系统误差模型表示为

$$\begin{cases}\boldsymbol{X}_{k+1}=\boldsymbol{\Phi}_k\boldsymbol{X}_k+\boldsymbol{\Gamma}_k\boldsymbol{W}_k\\ \boldsymbol{Z}_{k+1}=\boldsymbol{H}X_{k+1}+\boldsymbol{V}_{k+1}\end{cases}\tag{4-51}$$

其中：

$$\begin{cases}\boldsymbol{\Phi}_k=\boldsymbol{I}+\boldsymbol{F}\times\Delta t+o(\Delta t)\\ \boldsymbol{\Gamma}_k=\boldsymbol{G}\times\Delta t+o(\Delta t)\\ \boldsymbol{Q}_k=\dfrac{\boldsymbol{Q}}{\Delta t}\\ \boldsymbol{R}_k=\dfrac{\boldsymbol{R}}{\Delta t}\end{cases}$$

$\boldsymbol{W}_k$、$\boldsymbol{V}_k$ 均为零均值的白噪声序列且相互独立，在采样间隔时间内均为常值，其统计特性为

$$\begin{cases}E[\boldsymbol{W}_k]=0,E[\boldsymbol{W}_k\boldsymbol{W}_j^{\mathrm{T}}]=\delta_{kj}\boldsymbol{Q}_k\\ E[\boldsymbol{V}_k]=0,E[\boldsymbol{V}_k\boldsymbol{V}_j^{\mathrm{T}}]=\delta_{kj}\boldsymbol{R}_k\\ E[\boldsymbol{W}_k\boldsymbol{V}_j^{\mathrm{T}}]=0\end{cases}\tag{4-52}$$

2. 可观测性与对准精度分析

1）可观测性分析

根据线性定常系统的可观测性分析方法，对于式(4－47)和式(4－50)描述的静基座对准，其可观测性判断矩阵为

$$\boldsymbol{Q}=[\boldsymbol{H}^{\mathrm{T}}\quad(\boldsymbol{HF})^{\mathrm{T}}\quad\cdots\quad(\boldsymbol{HF}^{9})^{\mathrm{T}}]^{\mathrm{T}}$$

求解此可观测性矩阵的奇异值，结果如表 4－1 所列。从表 4－1 可知，当纬度不为 90°时，有 3 个奇异值为 0，可知系统不完全可观测，即只有 7 个状态变量可观测，3 个状态不可观测。

表 4-1　线性系统可观测性矩阵奇异值

奇异值	纬度/(°)		
	0	45	90
σ_1	9.83131688	9.85706686	9.88293185
σ_2	9.83068495	9.85643671	9.88230350
σ_3	9.78032679	9.80618800	9.83216379
σ_4	9.78032677	9.80618786	9.83216350
σ_5	1.00000000	1.00000000	1.00000000
σ_6	1.00000000	1.00000000	1.00000000
σ_7	0.00071319	0.00050563	0.00000000
σ_8	0.00000000	0.00000000	0.00000000
σ_9	0.00000000	0.00000000	0.00000000
σ_{10}	0.00000000	0.00000000	0.00000000

进一步分析(见 4.4.1 小节)可知,当选择东向、北向加速度计零偏∇_E、∇_N和东向陀螺仪漂移 ε_E 作为系统不可观测量时,可以使系统的可观测性最大。

2）对准精度分析

经可观测性分析可知,静基座初始对准的卡尔曼滤波器不完全可观测。其中有 3 个器件误差不能被估计出来,因此系统的精度也会相应地受到影响。这里进一步对其影响进行具体分析。经可观测度分析可知,∇_E、∇_N和 ε_E 为不可观测项。若将此三项误差设置为零,则系统的各项状态完全可观测。此种情况下的误差方程为

$$\delta\dot{V}_E = -g\phi_N + 2\omega_{ie}\delta V_N \sin L \tag{4-53}$$

$$\delta\dot{V}_N = g\phi_E - 2\omega_{ie}\sin L\delta V_E \tag{4-54}$$

$$\dot{\phi}_E = \phi_N\omega_{ie}\sin L - \phi_U\omega_{ie}\cos L - \frac{1}{R_M + h}\delta V_N \tag{4-55}$$

$$\dot{\phi}_N = -\phi_E\omega_{ie}\sin L + \frac{1}{R_N + h}\delta V_E - \varepsilon_N \tag{4-56}$$

$$\dot{\phi}_U = \phi_E\omega_{ie}\cos L + \frac{\tan L}{R_N + h}\delta V_E - \varepsilon_U \tag{4-57}$$

针对北向失准角 ϕ_N,可将式(4-53)转化为

$$\phi_N = \frac{1}{g}(-\delta\dot{V}_E + 2\omega_{ie}\sin L\delta V_N) \tag{4-58}$$

由此可见,北向失准角 ϕ_N 可直接通过观测量 δV_N 和观测量的一阶微分 $\delta\dot{V}_E$

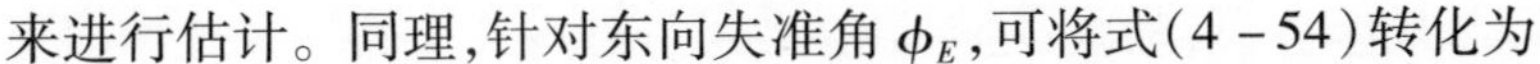

来进行估计。同理,针对东向失准角 ϕ_E,可将式(4-54)转化为

$$\phi_E=\frac{1}{g}(\delta\dot{V}_N+2\omega_{ie}\sin L\delta V_E) \tag{4-59}$$

即东向水平失准角 ϕ_E 可直接通过 δV_E 和观测量的一次微分 $\delta\dot{V}_N$ 来进行估计。

对方位失准角 ϕ_U 的估计相对复杂。观察式(4-55),其中含有 ϕ_U 项,可将其转化为

$$\phi_U=\frac{1}{\omega_{ie}\cos L}\left(-\dot{\phi}_E+\phi_N\omega_{ie}\sin L-\frac{1}{R_M+h}\delta V_N\right) \tag{4-60}$$

可见,式中除了观测量外还含有 ϕ_E 和 ϕ_N 项。将式(4-59)两边同时微分可得

$$\dot{\phi}_E=\frac{1}{g}(\delta\ddot{V}_N+2\omega_{ie}\sin L\delta\dot{V}_E) \tag{4-61}$$

将式(4-58)和式(4-61)代入式(4-60),可得

$$\phi_U=\frac{1}{\omega_{ie}\cos L}\left(-\frac{1}{g}(\delta\ddot{V}_N+3\omega_{ie}\sin L\delta\dot{V}_E)-\left(\frac{1}{R_M+h}-\frac{2\omega_{ie}^2\sin^2L}{g}\right)\delta V_N\right) \tag{4-62}$$

可见,方位失准角 ϕ_U 的估计不仅需要观测量和观测量的一次微分,同时需要观测量的二次微分。因此,方位失准角的估计速度比水平方向要慢。

综合式(4-58)、式(4-59)、式(4-62)可知,3 个失准角的准确估计值应为

$$\begin{cases}\phi_E=\dfrac{1}{g}(\delta\dot{V}_N+2\omega_{ie}\sin L\delta V_E)\\ \phi_N=\dfrac{1}{g}(-\delta\dot{V}_E+2\omega_{ie}\sin L\delta V_N)\\ \phi_U=\dfrac{1}{\omega_{ie}\cos L}\left(-\dfrac{1}{g}(\delta\ddot{V}_N+3\omega_{ie}\sin L\delta\dot{V}_E)-\left(\dfrac{1}{R_M+h}-\dfrac{2\omega_{ie}^2\sin^2L}{g}\right)\delta V_N\right)\end{cases} \tag{4-63}$$

若∇_E、∇_N和 ω_E 三项不为零,则以同样的方法计算出的 3 个失准角的估计值为

$$\begin{cases}\phi_E'=\dfrac{1}{g}(\delta\dot{V}_N+2\omega_{ie}\sin L\delta V_E-\nabla_N)\\ \phi_N'=\dfrac{1}{g}(-\delta\dot{V}_E+2\omega_{ie}\sin L\delta V_N+\nabla_E)\\ \phi_U'=\dfrac{1}{\omega_{ie}\cos L}\left(-\dfrac{1}{g}(\delta\ddot{V}_N+3\omega_{ie}\sin L\delta\dot{V}_E)-\left(\dfrac{1}{R_M+h}-\dfrac{2\omega_{ie}^2\sin^2L}{g}\right)\delta V_N+\dfrac{\omega_{ie}\sin L}{g}\nabla_E-\varepsilon_E\right)\end{cases} \tag{4-64}$$

将式(4-64)与式(4-63)的估计值相比,即可得到这3个器件误差作用下的卡尔曼滤波对准估计稳态误差,即

$$\begin{cases}\delta\phi_E = -\dfrac{1}{g}\nabla_N \\ \delta\phi_N = \dfrac{1}{g}\nabla_E \\ \delta\phi_U = -\dfrac{\tan L}{g}\nabla_E - \dfrac{1}{\omega_{ie}\cos L}\varepsilon_E\end{cases} \tag{4-65}$$

可见,静基座条件下使用卡尔曼滤波法进行对准。对于水平回路而言,北向失准角的估计误差由东向加速度计的精度所决定。东向失准角的估计误差由北向加速度计的精度所决定。对于方位失准角,其估计精度受两部分影响,即东向加速度计零偏和东向陀螺漂移。

4.3 基于观测量扩展的快速精对准方法

为了在不增加任何硬件(如转台等)的情况下,加快捷联惯导初始对准的速度,一些学者提出运用扩展观测量的方法实现对陀螺信息的充分利用。这种方法的局限性是要求惯导处于静止状态,并且陀螺噪声强弱对系统的稳定性影响很大。从理论上分析,引入陀螺信息如何影响对准速度是必要的,而可观测性是影响估计速度的重要因素。利用现有的可观测性及可观测度分析方法,对捷联惯导初始对准系统进行分析时不能给出观测量扩展对各状态量的可观测度的影响,因此寻找新的分析方法,仔细研究各观测量对系统各状态量可观测度的影响就显得尤为重要。同时,根据车载捷联惯导的特征可知,在导弹发射阵地,环境的不确定因素多,惯性器件不可避免地受到外界未知的噪声干扰。在这种情况下要想运用扩展观测的方法实现快速对准,就必须探讨如何抑制噪声对估计的影响[145-154]。

4.3.1 几种观测量组合的系统观测方程建模

下面以式(4-46)为状态方程,分别推导以速度误差、等效加速度误差和等效角速度误差作为观测量时的观测方程。

当以速度作为系统观测量时,由于系统处于静基座上,故解算所得的速度即为速度误差,对应的观测方程为

$$\boldsymbol{Z}_1 = \boldsymbol{H}_1\boldsymbol{X} + \boldsymbol{w}_1 \tag{4-66}$$

式中:$\boldsymbol{H}_1 = [\boldsymbol{0}_{3\times3} \quad \boldsymbol{I}_{3\times3} \quad \boldsymbol{0}_{3\times6}]$;$\boldsymbol{w}_1 = [w_{1E} \quad w_{1N} \quad w_{1U}]^{\mathrm{T}}$ 为均值为零的高斯白

噪声。

理想情况下，加速度计输出的比力在导航坐标系的投影为$\boldsymbol{f}^n=[0\quad 0\quad g]^{\mathrm{T}}$，在存在小失准角的情况下，捷联平台坐标系 n' 与地理坐标系 n 之间的转换矩阵为

$$\boldsymbol{C}_n^{n'}=\boldsymbol{I}-\boldsymbol{\phi}^n\times=\begin{bmatrix}1 & \phi_U & -\phi_N\\ -\phi_U & 1 & \phi_E\\ \phi_N & -\phi_E & 1\end{bmatrix}$$

式中：$\boldsymbol{\phi}^n\times$为姿态误差角 $\boldsymbol{\phi}^n$ 的反对称矩阵。

以加速度计等效输出误差作为观测量，有

$$\hat{\boldsymbol{f}}^{n'}-\boldsymbol{f}^n=\begin{bmatrix}-g\phi_N\\ g\phi_E\\ 0\end{bmatrix}+C_b^{n'}\begin{bmatrix}\nabla_x\\ \nabla_y\\ \nabla_z\end{bmatrix}\tag{4-67}$$

列写观测方程有

$$\boldsymbol{Z}_2=\boldsymbol{H}_2\boldsymbol{X}+\boldsymbol{w}_2\tag{4-68}$$

其中：$\boldsymbol{H}_2=[\boldsymbol{M}_1\quad \boldsymbol{0}_{3\times 6}\quad \boldsymbol{C}_b^{n'}]$；$\boldsymbol{M}_1=\begin{bmatrix}0 & -g & 0\\ g & 0 & 0\\ 0 & 0 & 0\end{bmatrix}$；$\boldsymbol{w}_2=\begin{bmatrix}w_{aE}\\ w_{aN}\\ w_{aU}\end{bmatrix}$。

同理，在静基座上理想条件下陀螺输出角速度在地理坐标系上的投影为

$$\boldsymbol{\omega}_{ib}^n=\boldsymbol{\omega}_{ie}^n=[0\quad \omega_{ie}\cos L\quad \omega_{ie}\sin L]^{\mathrm{T}}\tag{4-69}$$

而陀螺在计算导航坐标系的投影为

$$\hat{\boldsymbol{\omega}}_{ib}^{n'}=\boldsymbol{C}_n^{n'}\boldsymbol{\omega}_{ib}^n+\boldsymbol{\varepsilon}^{n'}=\begin{bmatrix}\phi_U\omega_{ie}\cos L-\phi_N\omega_{ie}\sin L\\ \omega_{ie}\cos L+\phi_E\omega_{ie}\sin L\\ -\phi_E\omega_{ie}\cos L+\omega_{ie}\sin L\end{bmatrix}+\boldsymbol{C}_b^{n'}\begin{bmatrix}\varepsilon_x\\ \varepsilon_y\\ \varepsilon_z\end{bmatrix}\tag{4-70}$$

以等效陀螺输出角速度误差作为观测量，则列写观测方程为

$$\boldsymbol{Z}_3=\hat{\boldsymbol{\omega}}_{ib}^{n'}-\boldsymbol{\omega}_{ib}^n=\boldsymbol{H}_3\boldsymbol{X}+\boldsymbol{w}_3\tag{4-71}$$

式中：$\boldsymbol{H}_3=[\boldsymbol{M}_2\quad \boldsymbol{0}_{3\times 3}\quad \boldsymbol{C}_b^{n'}\quad \boldsymbol{0}_{3\times 3}]$；$\boldsymbol{M}_2=\begin{bmatrix}0 & -\omega_{ie}\sin L & \omega_{ie}\cos L\\ \omega_{ie}\sin L & 0 & 0\\ -\omega_{ie}\cos L & 0 & 0\end{bmatrix}$；$\boldsymbol{w}_3=[w_{gE}\quad w_{gN}\quad w_{gU}]^{\mathrm{T}}$。

至此，可以采用不同的观测量建立相应的模型，这里主要讨论以下 4 种组合，即

$$\boldsymbol{Z}_1;\boldsymbol{Z}_4=\begin{bmatrix}\boldsymbol{Z}_1\\ \boldsymbol{Z}_2\end{bmatrix};\boldsymbol{Z}_5=\begin{bmatrix}\boldsymbol{Z}_1\\ \boldsymbol{Z}_3\end{bmatrix};\boldsymbol{Z}_6=\begin{bmatrix}\boldsymbol{Z}_1\\ \boldsymbol{Z}_3(1)\end{bmatrix}\tag{4-72}$$

4.3.2 可观测性分析

1. 基于奇异值分解法的可观测度分析

根据状态方程及观测方程可知,在静基座对准中,纬度 L 是影响可观测性分析的影响因素之一,本书中以 $L=34.24°$为例进行分析。

由式(4-66)、式(4-68)和式(4-71),可知式(4-72)4 种观测量组合对应的量测矩阵为

$$\boldsymbol{H}_1=\boldsymbol{H}_1;\boldsymbol{H}_4=\begin{bmatrix}\boldsymbol{H}_1\\ \boldsymbol{H}_2\end{bmatrix};\boldsymbol{H}_5=\begin{bmatrix}\boldsymbol{H}_1\\ \boldsymbol{H}_3\end{bmatrix};\boldsymbol{H}_6=\begin{bmatrix}\boldsymbol{H}_1\\ \boldsymbol{H}_3(1)\end{bmatrix}\tag{4-73}$$

结合状态方程和不同观测方程,列写不同观测量组合的可观测性矩阵为

$$\boldsymbol{Q}_1=[\boldsymbol{H}_1^{\mathrm{T}}\quad (\boldsymbol{H}_1\boldsymbol{A})^{\mathrm{T}}\quad \cdots\quad (\boldsymbol{H}_1\boldsymbol{A}^{n-1})^{\mathrm{T}}]^{\mathrm{T}}\tag{4-74}$$

$$\boldsymbol{Q}_4=[\boldsymbol{H}_4^{\mathrm{T}}\quad (\boldsymbol{H}_4\boldsymbol{A})^{\mathrm{T}}\quad \cdots\quad (\boldsymbol{H}_4\boldsymbol{A}^{n-1})^{\mathrm{T}}]^{\mathrm{T}}\tag{4-75}$$

$$\boldsymbol{Q}_5=[\boldsymbol{H}_5^{\mathrm{T}}\quad (\boldsymbol{H}_5\boldsymbol{A})^{\mathrm{T}}\quad \cdots\quad (\boldsymbol{H}_5\boldsymbol{A}^{n-1})^{\mathrm{T}}]^{\mathrm{T}}\tag{4-76}$$

$$\boldsymbol{Q}_6=[\boldsymbol{H}_6^{\mathrm{T}}\quad (\boldsymbol{H}_6\boldsymbol{A})^{\mathrm{T}}\quad \cdots\quad (\boldsymbol{H}_6\boldsymbol{A}^{n-1})^{\mathrm{T}}]^{\mathrm{T}}\tag{4-77}$$

对不同观测量组合的可观测矩阵进行奇异值分解 $\boldsymbol{S}=\mathrm{svd}(\boldsymbol{Q})$,有

$$\boldsymbol{S}_1=[9.8313\quad 9.8313\quad 9.7803\quad 9.7803\quad 1.0001\quad 1\quad 1\quad 0.9999\quad 0.0006\quad 0\quad 0\quad 0]^{\mathrm{T}}$$

$$\boldsymbol{S}_4=[13.9036\quad 13.9036\quad 13.8315\quad 13.8315\quad 1.4142\quad 1\quad 1\quad 1\quad 0.0008\quad 0\quad 0\quad 0]^{\mathrm{T}}$$

$$\boldsymbol{S}_5=[9.8319\quad 9.8319\quad 9.8307\quad 9.8307\quad 1.0001\quad 1\quad 1\quad 1\quad 0.9999\quad 0\quad 0\quad 0]^{\mathrm{T}}$$

$$\boldsymbol{S}_6=[9.8319\quad 9.8313\quad 9.8307\quad 9.7803\quad 1.0001\quad 1\quad 1\quad 0.9999\quad 0.0006\quad 0\quad 0\quad 0]^{\mathrm{T}}$$

与 S_1 作对比,分析其余 3 种不同观测量组合计算所得系统可观测矩阵的奇异值可知,引入等效比力误差作为观测量后提高了前 5 个可观测性较好的状态量组合的可观测性,但是对观测性差的组合并没有明显的提高作用;而引入 3 个方向的等效陀螺误差作为观测量时,虽然对其他状态组合的可观测性没有显著影响,但是对于可观测性较差的第 9 个组合有了显著提高作用;仅仅引入东向等效陀螺误差时,从可观测矩阵的奇异值来看也没有明显地提高系统可观测性。

记 $\boldsymbol{Y}=[\boldsymbol{Z}^{\mathrm{T}}\quad \dot{\boldsymbol{Z}}^{\mathrm{T}}\quad \cdots\quad (\boldsymbol{Z}^{(n-1)})^{\mathrm{T}}]^{\mathrm{T}}$,有 $\boldsymbol{Y}=\boldsymbol{QX}$,等式两边同时左乘 $\boldsymbol{V}^{\mathrm{T}}\boldsymbol{Q}^{\mathrm{T}}$,由式(4-39)和式(4-40)可得

$$\boldsymbol{V}^{\mathrm{T}}\boldsymbol{Q}^{\mathrm{T}}\boldsymbol{Y}=\mathrm{diag}(\lambda_1,\cdots,\lambda_n)\cdot\boldsymbol{V}^{\mathrm{T}}\boldsymbol{X}=\begin{bmatrix}\lambda_1 v_1^{\mathrm{T}}\boldsymbol{X}\\ \vdots\\ \lambda_n v_n^{\mathrm{T}}\boldsymbol{X}\end{bmatrix}\tag{4-78}$$

分析式(4-78)可知,若 λ_i 不等于 0,则 $\lambda_i v_i^{\mathrm{T}}\boldsymbol{X}$ 和对应左边 $\boldsymbol{V}^{\mathrm{T}}\boldsymbol{Q}^{\mathrm{T}}\boldsymbol{Y}$ 的行构成约束关系,$\lambda_i v_i^{\mathrm{T}}\boldsymbol{X}$ 对应的状态量组合可观测;若 λ_i 等于 0,则 $v_i^{\mathrm{T}}\boldsymbol{X}$ 对应的状态量组合不可观测;同时当 λ_i 越是接近 0,$\boldsymbol{V}^{\mathrm{T}}\boldsymbol{Q}^{\mathrm{T}}\boldsymbol{Y}$ 对应行也就不能准确反映状态组

合的值，$v_i^{\mathrm{T}}\boldsymbol{X}$ 可观测性弱甚至不可观测。但是 $\boldsymbol{\lambda}_i$ 的大小并不能作为比较其所对应 $v_i^{\mathrm{T}}\boldsymbol{X}$ 的可观测度大小的唯一因素，实际上，$\boldsymbol{\lambda}_i$ 不等于 0 时，对应 $\boldsymbol{V}^{\mathrm{T}}\boldsymbol{Q}^{\mathrm{T}}\boldsymbol{Y}$ 的行向量获取的难易程度更能反映 $v_i^{\mathrm{T}}\boldsymbol{X}$ 的可观测度。图 4－3 和图 4－4 给出了 SINS 初始对准的不同观测矩阵的奇异值和奇异向量绝对值，图中 x 轴的 1～4 分别对应观测量组合 $\boldsymbol{Z}_1$、$\boldsymbol{Z}_4$、$\boldsymbol{Z}_5$、$\boldsymbol{Z}_6$。

图 4－3 显示第 3 种组合的第 9 个奇异值显然要比其他 3 种组合的大。分析第 3 种组合的第 9 组奇异向量可知，其对应的可观测状态组合是 δV_E 和 ∇_U 的组合，这与第 3 种组合的第 5 组奇异向量对应的可观测状态组合相同，所以无法判定这对具体可观测状态组合的可观测度有何影响。图 4－4 将 4 种观测量组合各奇异值对应的奇异向量在同一图中作对比。首先分析各状态量的可观测度，$\boldsymbol{\phi}_E$ 的可观测度对应于奇异向量 $\boldsymbol{v}_2$，第三种观测量组合的 v_4 也体现了 $\boldsymbol{\phi}_E$ 的可观测度；在第一和第二种观测量组合下，$\boldsymbol{\phi}_N$ 的可观测度对应于奇异向量 $\boldsymbol{v}_1$，在第三和第四种观测量组合下，$\boldsymbol{\phi}_N$ 的可观测度对应于奇异向量 $\boldsymbol{v}_1$ 和 $\boldsymbol{v}_3$，可观测性得到增强；分析 $\boldsymbol{\phi}_U$ 可知，在 4 种观测量组合下其可观测性都没有明显的体现，无法很好地分析其可观测度；δV_E、δV_N、δV_U 作为直接观测量，其可观测度很强，不必做过多的分析；在第一和第二种观测量组合下，含有 ε_x 的可观测状态组合对应的奇异向量是 $\boldsymbol{v}_3$ 和 $\boldsymbol{v}_4$，$\boldsymbol{v}_4$ 更能体现 ε_E 的可观测度，而在第三种组合下，对应的奇异向量是 $\boldsymbol{v}_1$、$\boldsymbol{v}_2$ 和 $\boldsymbol{v}_3$，但这些组合含有的状态量个数较多，不能判断单个状态量 ε_x 的可观测度；针对其他状态量的分析类似，尽管一些状态量包含在多个可观测组合内，但是这些组合含有其他状态量，要分析其可观测性必须考虑多种可能性，但是在第三种观测量组合下，奇异向量 $\boldsymbol{v}_6$ 仅仅对应 ε_z 的可观测度，这说明 ε_z 相比其他观测量组合下有明显的提高。

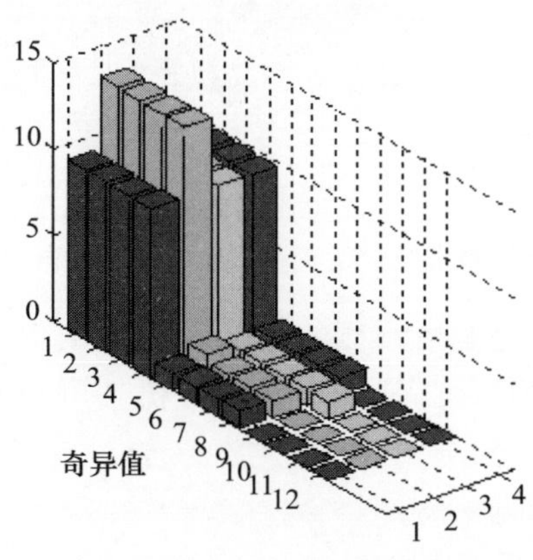

图 4－3　不同观测量组合的奇异值对比（见彩图）

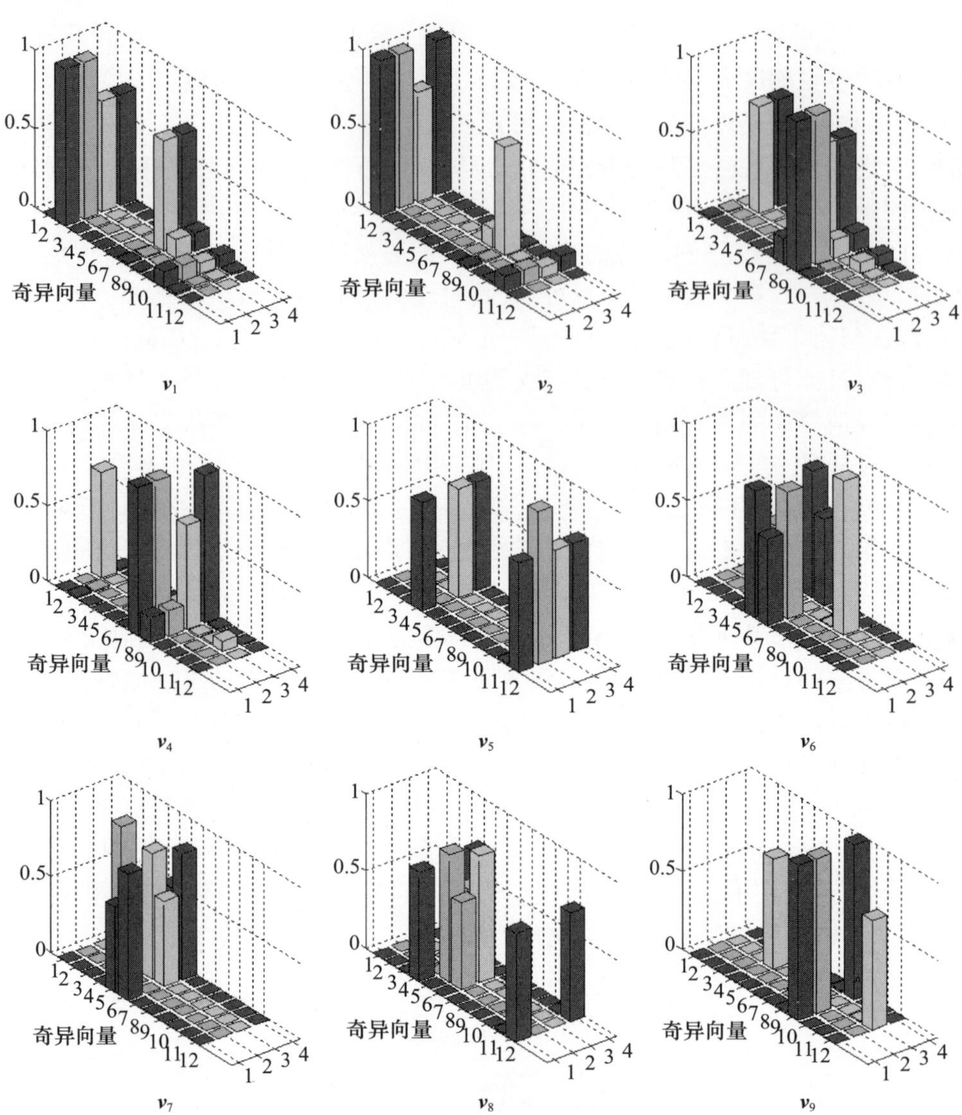

图 4-4　不同观测量组合下各奇异值对应的奇异向量(见彩图)

综上可知,在系统不完全可观测的情况下,基于奇异值的可观测度分析不能得到具体的状态量的可观测度,只能定性地分析其可观测性。为了研究加速度和陀螺信息如何影响初始对准的速度,有必要通过解析的方法,深入研究系统的内部特性,指导优化对准方法。

2. 基于解析法的可观测度分析

上面的分析方法仅仅从数值分析的角度阐述了不同的观测量组合对系统可

观测性的影响，通常引入可观测矩阵的奇异值和奇异矢量进行各状态组合的可观测度分析，但是由于受各分量量纲和数量级的影响，并不能直观地了解各状态组合的可观测度，同时该方法也不能很好地分析各状态量估计的收敛速度。本节通过直观的解析法分析不同观测量组合下系统的可观测性，同时比较各状态量的可观测度和收敛速度，仿真结果表明了分析方法的正确性。下面首先结合静基座初始对准模型，对基于可观测矩阵的可观测性分析方法作简要介绍。

系统方程体现了系统的内部结构和性质，从观测方程的微分可以更加清晰地明确各状态的可观测性。考虑到不同系统的复杂程度不同，这并不是一种通用的方法，但是对于研究初始对准的过程来说却很重要。下面从系统方程出发直接计算出可观测状态组合对应的系统观测量，具体分析系统的状态可观测性。

记 $\boldsymbol{\varepsilon}^{n'} \doteq \boldsymbol{C}_b^n \boldsymbol{\varepsilon}^b = [\varepsilon_E \quad \varepsilon_N \quad \varepsilon_U]^{\mathrm{T}}$，$\nabla^{n'} \doteq \boldsymbol{C}_b^n \nabla^b = [\nabla_E \quad \nabla_N \quad \nabla_U]^{\mathrm{T}}$ 分别为陀螺和加速度计在计算导航坐标系的等效零偏。首先计算在观测量为 Z_1 时可观测状态组合对应的系统观测量。

记 $\boldsymbol{T}_1 = [t_1 \quad t_2 \quad t_3 \quad t_1' \quad t_2' \quad t_3' \quad t_1'' \quad t_2'' \quad t_3'' \quad t_1''' \quad t_2''' \quad t_3''']^{\mathrm{T}} = [Z_1^{\mathrm{T}} \quad \dot{Z}_1^{\mathrm{T}} \quad \ddot{Z}_1^{\mathrm{T}} \quad \dddot{Z}_1^{\mathrm{T}}]^{\mathrm{T}}$，则有

$$T_1 = \begin{bmatrix} \delta V_E \\ \delta V_N \\ \delta V_U \\ 2\omega_{ie}\sin L t_2 - 2\omega_{ie}\cos L t_3 - g\phi_N + \nabla_E \\ -2\omega_{ie}\sin L t_1 + g\phi_E + \nabla_N \\ 2\omega_{ie}\cos L t_1 + \nabla_U \\ 2\omega_{ie}\sin L t_2' - 2\omega_{ie}\cos L t_3' - g(-\omega_{ie}\sin L\phi_E - \varepsilon_N) \\ -2\omega_{ie}\sin L t_1' + g(\omega_{ie}\sin L\phi_N - \omega_{ie}\cos L\phi_U - \varepsilon_E) \\ 2\omega_{ie}\cos L t_1' \\ 2\omega_{ie}\sin L t_2'' - 2\omega_{ie}\cos L t_3'' + \omega_{ie}\sin L(t_2'' + 2\omega_{ie}\sin L t_1') \\ -3\omega_{ie}\sin L t_1'' + [\omega_{ie}\sin L(2\omega_{ie}\sin L t_2' - 2\omega_{ie}\cos L t_3') - \omega_{ie}\cos L g(\omega_{ie}\cos L\phi_E - \varepsilon_U)] \\ 2\omega_{ie}\cos L t_1'' \end{bmatrix} \tag{4-79}$$

可知，以 $\boldsymbol{Z}_1$ 为观测量时，可观测的状态组合为 t_1、t_2、t_3、t_1'、t_2'、t_3'、t_1''、t_2''、t_2'''，共 9 组。

在对观测量 $\boldsymbol{Z}_2$ 求导分析之前，很显然知道 $\boldsymbol{Z}_2$ 与 $\boldsymbol{Z}_1$ 的一阶导数仅仅相差一个常数，所以对观测量 $\boldsymbol{Z}_2$ 只用分析到二阶导。记 $\boldsymbol{T}_2 = [t_4 \quad t_5 \quad t_6 \quad t_4' \quad t_5' \quad t_6' \quad t_4'' \quad t_5'' \quad t_6'']^{\mathrm{T}} = [Z_2^{\mathrm{T}} \quad \dot{Z}_2^{\mathrm{T}} \quad \ddot{Z}_2^{\mathrm{T}}]^{\mathrm{T}}$，有

$$
\boldsymbol{T}_2=\begin{bmatrix} -g\phi_N+\nabla_E \\ g\phi_E+\nabla_N \\ \nabla_U \\ -g(-\omega_{ie}\sin L\phi_E-\varepsilon_N) \\ g(\omega_{ie}\sin L\phi_N-\omega_{ie}\cos L\phi_U-\varepsilon_E) \\ 0 \\ \omega_{ie}\sin Lt_5' \\ \omega_{ie}\cos Lg(\varepsilon_U-\omega_{ie}\cos L\phi_E)-\omega_{ie}\sin Lt_4' \\ 0 \end{bmatrix} \tag{4-80}
$$

可知，当以 $\boldsymbol{Z}_2$ 为观测量时，可观测的状态组合为 t_4、t_5、t_6、t_4'、t_5'、t_4''，共 6 组。

计算观测量为 $\boldsymbol{Z}_3$ 时可观测状态组合对应的系统观测量，记为

$$
\boldsymbol{T}_3=[t_7\quad t_8\quad t_9\quad t_7'\quad t_8'\quad t_9']^{\mathrm{T}}=[\boldsymbol{Z}_3^{\mathrm{T}}\quad \dot{\boldsymbol{Z}}_3^{\mathrm{T}}]^{\mathrm{T}}
$$

$$
T_3=\begin{bmatrix} -(\omega_{ie}\sin L\phi_N-\omega_{ie}\cos L\phi_U-\varepsilon_E) \\ \omega_{ie}\sin L\phi_E+\varepsilon_N \\ -(\omega_{ie}\cos L\phi_E-\varepsilon_U) \\ \omega_{ie}\sin Lt_8-\omega_{ie}\cos Lt_9 \\ -\omega_{ie}\sin Lt_7 \\ \omega_{ie}\cos Lt_7 \end{bmatrix} \tag{4-81}
$$

显然，以 $\boldsymbol{Z}_3$ 为观测量时，可观测组合为 t_7、t_8、t_9，共 3 组可观测状态组合。

综合分析可知，观测量组合 $\boldsymbol{Z}_1$、$\boldsymbol{Z}_4$、$\boldsymbol{Z}_5$、$\boldsymbol{Z}_6$ 对应的可观测状态组合是一致的，为以下 9 组，即

$$
\begin{cases} s_1=\delta V_E \\ s_2=\delta V_N \\ s_3=\delta V_U \\ s_4=-g\phi_N+\nabla_E \\ s_5=g\phi_E+\nabla_N \\ s_6=\nabla_U \\ s_7=\omega_{ie}\sin L\phi_E+\varepsilon_N \\ s_8=\omega_{ie}\sin L\phi_N-\omega_{ie}\cos L\phi_U-\varepsilon_E \\ s_9=\omega_{ie}\cos L\phi_E-\varepsilon_U \end{cases} \tag{4-82}
$$

在第一种观测量组合情况下，文献[155]从提高姿态失准角可观测性的角度出发将状态量 ∇_E、∇_N、ε_E 确定为不可观测量，并推导了由此产生的估计误差。下面分析在将 ∇_E、∇_N、ε_E 作为不可观测量的情况下各状态量的可观测性与收敛速度。

虽然观测量 $\boldsymbol{Z}_1$、$\boldsymbol{Z}_2$、$\boldsymbol{Z}_3$ 的各阶导数是可观测的，但是它们在动态过程中进行观测的速度是不同的。所需观测量导数的阶数越高，获取观测信息的速度越慢，估计收敛速度越慢，且观测噪声对其影响越大。由 $\boldsymbol{T}_1$、$\boldsymbol{T}_2$、$\boldsymbol{T}_3$ 可知，4 种不同组合的观测量下，δV_E、δV_N、δV_U 的可观测性是一致的，直接由 $\boldsymbol{Z}_1$ 估计得到。而对于 ϕ_E、ϕ_N 在观测量组合为 $\boldsymbol{Z}_1$、$\boldsymbol{Z}_6$ 时，可以通过观测量的一阶导数估计得到，在观测量组合为 $\boldsymbol{Z}_4$、$\boldsymbol{Z}_5$ 时，可以直接由观测量估计得到，故增加 3 个方向的等效比力和陀螺误差作为观测量时，可以加快 ϕ_E、ϕ_N 的收敛速度。ϕ_U 可观测性和估计速度在 4 种观测量组合的系统中各不相同，观测量为 $\boldsymbol{Z}_1$ 时需要通过三阶导数估计，观测量组合为 $\boldsymbol{Z}_4$ 时需要通过观测量的二阶导数估计，在观测量为 $\boldsymbol{Z}_5$ 时可以直接由观测量进行估计，在观测量为 $\boldsymbol{Z}_6$ 时 ϕ_U 可观测性也得到明显提高，在 ϕ_N 收敛后，可以直接由观测量开始估计。由于 ϕ_N 的收敛速度远快于 ϕ_U，可以预见，观测量为 $\boldsymbol{Z}_5$、$\boldsymbol{Z}_6$ 时 ϕ_U 的收敛速度基本一致。因此可以看出，引入等效比力误差并不能明显加快方位误差角的估计收敛速度。同时很明显地分析出 ε_U 在观测量为 $\boldsymbol{Z}_5$ 时收敛最快，此时 ε_U 可以由观测量直接估计，其他观测量组合的情况下 ε_U 的可观测性弱，需要通过观测量的二阶或三阶导数估计。其他观测量的可观测度和收敛速度也可以按上述分析方法得出。

4.3.3　仿真与实验

1. 仿真分析

通过仿真分析验证上述分析的结果，同时通过状态估计协方差分析各状态量的可观测度。

仿真条件如下：初始姿态 att = [2°　1°　5°]，纬度 $L=34.24°$，初始失准角 $\boldsymbol{\phi}=[10'\quad 10'\quad 30']$，陀螺常值漂移 0.02°/h，加速度计常值偏差 100μg，陀螺噪声 0.02°/h，加速度计噪声 50μg。

卡尔曼滤波器的初始条件如下。

初始状态估计值：$\boldsymbol{X}_0=\boldsymbol{0}_{12\times 1}$。

初始方差阵：

$\boldsymbol{P}_0=\mathrm{diag}([0.2\quad 0.2\quad 2]°;[0.1\quad 0.1\quad 0.1]\mathrm{m/s};[0.1\quad 0.1\quad 0.1]°/\mathrm{h};[100\quad 100\quad 100]\mu\mathrm{g})^2$。

噪声方差阵：

$\boldsymbol{Q}=\mathrm{diag}(0.1°/\mathrm{h},0.1°/\mathrm{h},0.1°/\mathrm{h},100\mu\mathrm{g},100\mu\mathrm{g},100\mu\mathrm{g},0,0,0,0,0,0)^2$。

观测噪声方差阵：

$\boldsymbol{R}_k^1=\mathrm{diag}([0.1\quad 0.1\quad 0.1]\mathrm{m/s})^2$，$\boldsymbol{R}_k^2=\mathrm{diag}([100\quad 100\quad 100]\mu\mathrm{g})^2$，$\boldsymbol{R}_k^3=\mathrm{diag}([100\quad 100\quad 100]°/\mathrm{h})^2$。

本次仿真时间 200s，数据采集频率 200Hz，滤波频率 20Hz，仿真结果如图 4－5所示。这里仅列出了失准角及前面重点分析的 ε_U 的估计曲线，以验证可观测度分析的准确性。

对比图 4－5 中观测组合 1 和组合 4 的对准误差曲线可知，引入等效比力误差作为扩展观测量对 ϕ_U 的收敛速度并没有影响，两图中对应的曲线收敛趋势基本一致，ϕ_E、ϕ_N 的收敛速度有所提高，与仿真和解析分析的结果一致。由图 4－5也看出，由于引入等效比力误差作为观测量后，系统受噪声的影响较大。从观测组合 5 的对准误差曲线可以看出，相比于仅以速度作为观测量，引入等效陀螺误差后，方位角的估计收敛速度明显加快，收敛时间仅需 50s。图 4－5 观测量组合 5 对准中，天向陀螺漂移的收敛速度证明了其观测性有了明显的提高，其他 3 种方法中 ε_U 由于可观测性弱，短时间内无法完成估计。

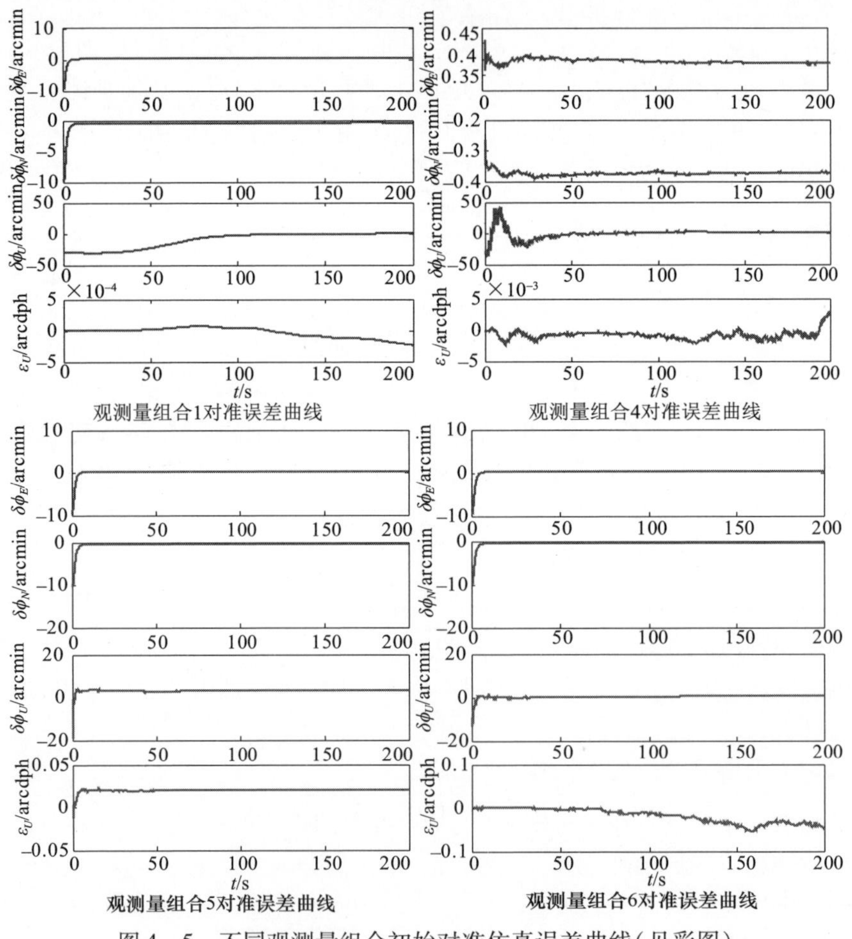

图 4－5　不同观测量组合初始对准仿真误差曲线（见彩图）

2. 实验验证

根据状态方程和观测方程建立卡尔曼滤波方程，对实验所得数据进行滤波估计，估计时间 200s。实验所用惯组由机械抖动式偏频激光陀螺和石英挠性加速度计组成，器件精度同仿真设置精度，陀螺和加速度计的输出方式为增量式输出；实验地点位于北纬 34.24°，实验中惯导系统处于完全静止状态；在真实姿态未知的情况下，以粗对准的结果为参考，并在 3 个方向上分别增加失准角 10′、10′、30′；滤波器初始设置和仿真设置相同。实验结果如图 4－6 所示。

从图 4－6 可以得到与图 4－5 一致的结论：观测量为组合 1 时方位失准角的估计收敛速度很慢，200s 时尚未完成收敛；观测量组合 4 对准结果表明，加速度计等效误差作为观测量时，对准速度变化不大，但是受噪声的影响很明显；同样地，将陀螺等效误差作为观测量时，加快了方位失准角的估计速度，但是估计受陀螺噪声的影响明显。可见，仿真和实验结果与分析结果一致，证明了分析方法的有效性。

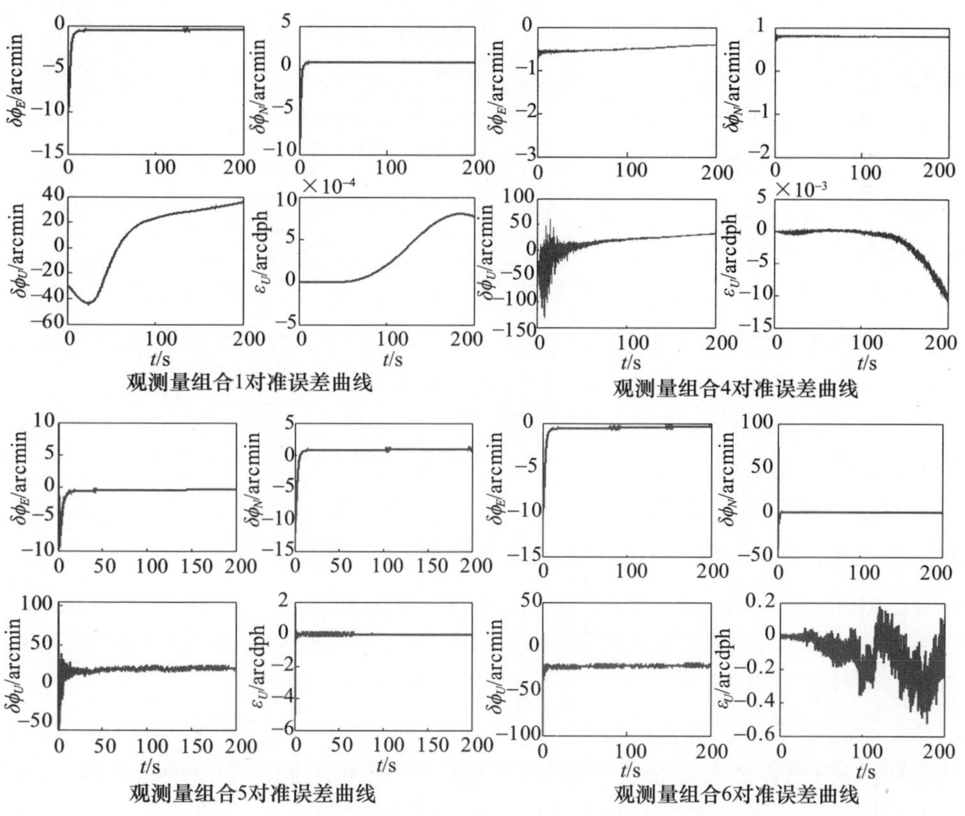

图 4－6　不同观测量组合初始对准实验误差曲线（见彩图）

4.4 SINS 静基座初始对准模型简化与自适应滤波

4.3 节已经对捷联惯导系统静基座初始对准中各状态量的可观测性和估计速度进行了详细分析，本节将利用分析结论对滤波方法进行优化设计以达到快速高精度对准。本节根据将等效陀螺误差作为观测量可以明显提高方位失准角的估计速度的结论，确定以 $\boldsymbol{Z}_5$ 为观测量；并从提高可观测性和对准精度的角度出发，确定系统中含有的 3 个不可观测状态量；通过强跟踪滤波优化对准算法；最后通过仿真对比验证优化方法的优越性。

4.4.1 基于可观测性分析的最佳可观测子空间确定

为提高初始对准的速度，将等效陀螺误差扩展为观测量，在此基础上研究确定系统的最佳可观测子空间。前面已经提到，在观测量为速度的情况下，将∇_E、∇_N、ε_E 等 3 个状态量确定为不可观测量时系统的可观测性最优。但是观测量扩展系统发生变化，尽管可观测组合的个数不变，但是其最优可观测子空间仍需要通过相关分析确定。由于实际系统中高度通道有很强的不稳定性，需要借助其他传感器（如高度计）获取高度信息，并且从 $\boldsymbol{T}_1$ 可以看出，天向速度误差作为观测量时，仅影响∇_U的可观测性，对其他状态量的可观测性基本没有影响，所以首先将 δV_U、∇_z从状态空间中移除，这样更符合实际情况。

首先根据 $\boldsymbol{T}_1$、$\boldsymbol{T}_3$ 确定的可观测状态量组合式（4－82）定性分析，将 ε_x、ε_y、ε_z、∇_x、∇_y中哪 3 个状态量作为不可观测量时系统剩余状态量可观测性最优且对准精度最高。初步分析考虑以下两个因素，并获得分析结果。

（1）要确保去掉 3 个状态量后可观测矩阵的秩是 7，即去掉 3 个不可观测状态量后系统完全可观测。观察式（4－82）中的可观测状态组合中的 $\boldsymbol{s}_5$、$\boldsymbol{s}_7$ 和 $\boldsymbol{s}_9$，要使这 3 组向量保持无关，则∇_N、ε_N 和 ε_U 中至多可以去掉一个且必然要去掉一个。去掉 ε_E 和∇_E，可观测量组合仍然保持无关，所以可以考虑的组合有：ε_E、∇_E、∇_N；ε_E、∇_E、ε_N；ε_E、∇_E、ε_U。

（2）去掉状态量则意味着带来误差，需要考虑降低对准误差。因此明确式中状态量的数量级：小失准角中 ϕ 以角分为单位，数量级为 10^{-4}；ε 以度每小时（°/h）为单位，数量级为 10^{-6}；∇以 μg 为单位，数量级是 10^{-5}。假设 $\boldsymbol{T}_1$、$\boldsymbol{T}_3$ 均可精确获得，根据各状态的系数和数量级就能定性分析不同状态量的可观测性，也可以分析出大致估计精度。根据 $\boldsymbol{s}_4$、$\boldsymbol{s}_5$ 对应等式右边项可知，ϕ_E、ϕ_N 前有系数 g，由于 ϕ 的数量级和∇相当，所以可知 ϕ_E、ϕ_N 能更精确地被估计出来。而对 $\boldsymbol{s}_7$、

s_9 对应的项分析可知 ϕ_E 的系数很小，若将 ε_N 或 ε_U 确定为不可观测量，则使 ϕ_E 得不到很好的估计（估计误差为 $\varepsilon_N/(\omega_{ie}\sin L)$ 或 $\varepsilon_U/(\omega_{ie}\cos L)$，若 $\varepsilon_N=0.01°/\mathrm{h}$，则 ϕ_E 的误差将达到几角分）。

综合以上两点，可以确定以 ε_E、∇_E 和 ∇_N 为不可观测量，既可以使其余状态量完全可观测，又可以得到最高精度的估计值，3 个方向的失准角估计误差如式(4-83)所示，与 4.2.3 小节的分析一致，即

$$\delta\phi_E=-\frac{\nabla_N}{g},\delta\phi_N=\frac{\nabla_E}{g},\delta\phi_U=-\frac{\varepsilon_E}{\omega_{ie}\cos L}+\frac{\nabla_E\tan L}{g} \tag{4-83}$$

基于奇异值分解的可观测性分析可以定量分析状态量的可观测性，下面分别计算将 ε_E、∇_E、∇_N，ε_E、∇_E、ε_N，ε_E、∇_E、ε_U 作为不可观测状态量时可观测矩阵奇异值的大小。表 4-2 给出了各子空间的可观测矩阵奇异值。根据表中的数据分析可知，ε_E、∇_E、∇_N 作为不可观测状态量时可观测矩阵的奇异值要大于其他两种情况。结合根据可观测组合的分析，可以确定选择 ε_E、∇_E、∇_N 为不可观测状态量时，系统可观测性最好，对准精度最优[156]。

表 4-2 除去不同不可观测状态量时系统可观测矩阵奇异值

奇异值	不可观测状态量		
	ε_E、∇_E、∇_N	ε_E、∇_E、ε_N	ε_E、∇_E、ε_U
σ_1	9.8313241	9.8313106	9.8316827
σ_2	9.7803268	9.7803268	9.8303364
σ_3	9.7803197	1.0059736	9.7803268
σ_4	1.0000102	1	1
σ_5	1	1	1
σ_6	1	0.0005926	0.0005842
σ_7	0.0005842	4.09×10^{-5}	6.00×10^{-6}

值得注意的是，以上的分析仍有不全面的地方：将 ε_E、∇_E、∇_N 作为不可观测状态量时，实际上是将 ε_E、∇_E、∇_N 作为不可观测量，但是式(4-82)中 ε_E、∇_E、∇_N 是由 3 个方向的陀螺和加速度计根据姿态转换矩阵计算过来的。在实际对准过程中，载体的水平倾斜一般很小，此时 $\varepsilon_U\approx\varepsilon_z$，而 ε_E、ε_N 不能作此近似。

根据上述结论建立最优可观测状态子空间和初始对准滤波模型。此时系统状态空间表达为

$$\begin{cases}\dot{\boldsymbol{X}}=\boldsymbol{AX}+\boldsymbol{GW}\\ \boldsymbol{Z}=\boldsymbol{HX}+\boldsymbol{V}\end{cases} \tag{4-84}$$

式中：$\boldsymbol{X}=[\phi_E \quad \phi_N \quad \phi_U \quad \delta V_E \quad \delta V_N \quad \varepsilon_y \quad \varepsilon_z]^{\mathrm{T}}$；$\boldsymbol{W}=[w_{gx} \quad w_{gy} \quad w_{gz} \quad w_{ax} \quad w_{ay} \quad 0 \quad 0]^{\mathrm{T}}$；$\boldsymbol{Z}=\boldsymbol{Z}_5$；$\boldsymbol{G}$、$\boldsymbol{H}$ 由系统误差方程和观测方程可得。

$$A=\begin{bmatrix} 0 & \omega_{ie}\sin L & -\omega_{ie}\cos L & 0 & \dfrac{-1}{R_M+h} & -C_{12} & -C_{13} \\ -\omega_{ie}\sin L & 0 & 0 & \dfrac{1}{R_N+h} & 0 & -C_{22} & -C_{23} \\ \omega_{ie}\cos L & 0 & 0 & \dfrac{\tan L}{R_N+h} & 0 & -C_{32} & -C_{33} \\ 0 & -g & 0 & 0 & 2\omega_{ie}\sin L & 0 & 0 \\ g & 0 & 0 & -\omega_{ie}\sin L & 0 & 0 & 0 \\ & & & \mathbf{0}_{2\times 7} & & & \end{bmatrix}$$

4.4.2 强跟踪自适应滤波在对准中的应用

卡尔曼滤波作为最优估计算法，在实际应用中存在两个重要的问题：一是获取准确的先验知识，确定系统噪声和量测噪声；二是建立准确的系统数学模型。噪声不匹配和模型不准确都会严重影响系统对准精度甚至导致滤波发散。实际上，在很多情况下，噪声的统计特性很难准确获取，系统模型也会有不同程度的误差。对于 SINS 静基座初始对准系统，系统噪声可以根据惯性器件输出的噪声统计确定。但是随着车辆工作环境的变化，噪声的统计特性也就会发生变化。对于车载系统来说，对准时车辆发动机是否工作对惯性器件的输出噪声有很大影响，而对准时其他系统的工作也会产生不同程度的影响，这就导致系统噪声难以通过统计数据进行确定。因此，有必要通过自适应滤波避免对准发散，提高系统的适应性和稳定性[157-161]。

自适应滤波为解决此类问题提供了有效的方法，众多的自适应滤波方法给出了不同的解决方案。其中，强跟踪自适应滤波通过渐消因子调整增益矩阵使状态估计能够跟踪残差的变化，具有较强的鲁棒性，对于突变的跟踪能力极强。其原理在于在线调整增益矩阵 $\boldsymbol{K}_{k+1}$，强迫量测预测残差序列保持相互正交，使滤波器保持对实际系统状态的跟踪，要求滤波器满足以下两个条件，即

$$E[(\boldsymbol{x}_{k+1}-\hat{\boldsymbol{x}}_{k+1})(\boldsymbol{x}_{k+1}-\hat{\boldsymbol{x}}_{k+1})^{\mathrm{T}}]=\min \tag{4-85}$$

$$E(\gamma(k+1+j)\gamma^{\mathrm{T}}(k+1))=0 \quad k=0,1,2,\cdots; \quad j=1,2,\cdots \tag{4-86}$$

式中：$\gamma(k+1)=\tilde{z}_k=\boldsymbol{Z}_k-\boldsymbol{H}_k\hat{\boldsymbol{X}}_{k,k-1}$ 为残差。

为了使预测残差保持正交（条件 2），在递推过程中状态预测协方差阵加入

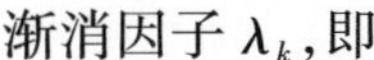

渐消因子 λ_k,即

$$\boldsymbol{P}_{k,k-1} = \lambda_k \boldsymbol{\Phi}_{k,k-1} \boldsymbol{P}_{k-1} \boldsymbol{\Phi}_{k,k-1}^{\mathrm{T}} + \boldsymbol{\Gamma}_{k,k-1} \boldsymbol{Q}_{k-1} \boldsymbol{\Gamma}_{k,k-1}^{\mathrm{T}} \tag{4-87}$$

保持量测预测残差序列相互正交的充分条件为

$$\boldsymbol{P}_{k,k-1} \boldsymbol{H}_k^{\mathrm{T}} - \boldsymbol{K}_k \boldsymbol{V}_{\gamma,k} = 0 \tag{4-88}$$

式(4-88)等价于

$$\boldsymbol{P}_{k,k-1} \boldsymbol{H}_k^{\mathrm{T}} [\boldsymbol{I} - (\boldsymbol{H}_k \boldsymbol{P}_{k,k-1} \boldsymbol{H}_k^{\mathrm{T}} + \boldsymbol{R}_k)^{-1} \boldsymbol{V}_{\gamma,k}] = 0 \tag{4-89}$$

由式(4-89)可得式(4-88)成立的条件为

$$\boldsymbol{H}_k \boldsymbol{P}_{k,k-1} \boldsymbol{H}_k^{\mathrm{T}} = \boldsymbol{V}_{\gamma,k} - \boldsymbol{R}_k \tag{4-90}$$

记为

$$\begin{cases} \boldsymbol{N}_k = \boldsymbol{V}_{\gamma,k} - \beta \boldsymbol{R}_k - \boldsymbol{H}_k \boldsymbol{\Gamma}_{k,k-1} \boldsymbol{Q}_{k-1} \boldsymbol{\Gamma}_{k,k-1}^{\mathrm{T}} \boldsymbol{H}_k^{\mathrm{T}} \\ \boldsymbol{M}_k = \boldsymbol{H}_k \boldsymbol{\Phi}_{k,k-1} \boldsymbol{P}_{k-1} \boldsymbol{\phi}_{k,k-1}^{\mathrm{T}} \boldsymbol{H}_k^{\mathrm{T}} \end{cases}$$

式中:$\beta \geqslant 1$ 为一个选定的弱化因子,目的是使状态量估计值更加平滑。

式(4-90)可以表达为 $\lambda_k \boldsymbol{M}_k = \boldsymbol{N}_k$,则次优渐消因子 λ_k 近似求解为

$$\lambda_k = \begin{cases} \lambda_0 & \lambda_0 \geqslant 1 \\ 1 & \lambda_0 < 1 \end{cases} \tag{4-91}$$

式中:$\lambda_0 = \mathrm{tr}(\boldsymbol{N}_k)/\mathrm{tr}(\boldsymbol{M}_k)$;残差协方差阵 $\boldsymbol{V}_{\gamma,k}$ 在求解过程中是未知的,其估算可由下式完成,即

$$\boldsymbol{V}_{\gamma,k} = \begin{cases} \gamma(1)\gamma^{\mathrm{T}}(1) & k = 1 \\ \dfrac{\rho \boldsymbol{V}_{\gamma,k} + \gamma(k)\gamma^{\mathrm{T}}(k)}{1+\rho} & k > 1 \end{cases} \tag{4-92}$$

式中:$0 < \rho \leqslant 1$ 为遗忘因子。

用式(4-87)代替标准卡尔曼滤波的方程式(4-30)即可得到基于强跟踪滤波原理的自适应卡尔曼滤波流程。

4.4.3 仿真与实验

首先通过仿真验证自适应滤波在初始对准中的效果,再通过实验检验简化模型和自适应滤波的实际效果。

1. 仿真分析

仿真初始条件和滤波器的初始设置同 4.3.3 小节。分别设置惯性器件的输出噪声方差为 $\boldsymbol{Q}_k$、$10\boldsymbol{Q}_k$、$100\boldsymbol{Q}_k$ 进行 3 次仿真,对比在噪声不匹配时,自适应卡尔曼滤波和常规卡尔曼滤波的对准效果。3 次仿真的结果分别如图 4-7 至图 4-9所示。

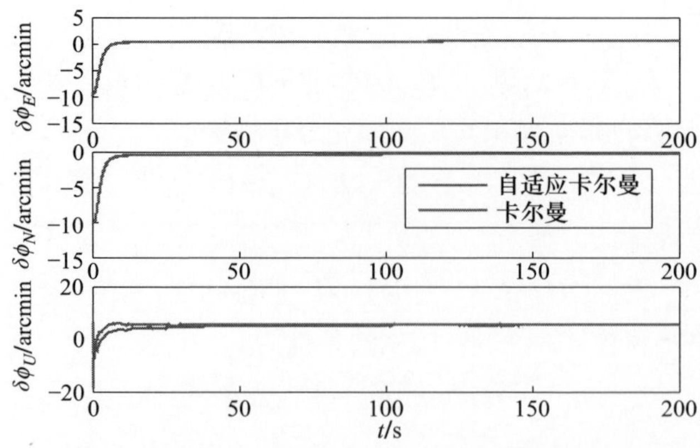

图 4 – 7　噪声方差为 $\boldsymbol{Q}_k$ 时的估计误差曲线(见彩图)

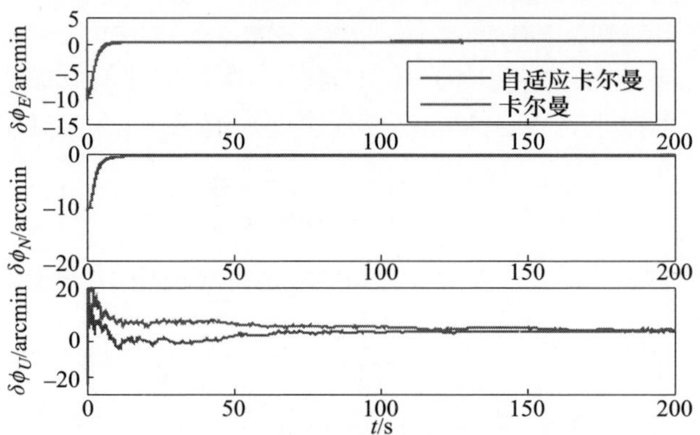

图 4 – 8　噪声方差为 $10\boldsymbol{Q}_k$ 时的估计误差曲线(见彩图)

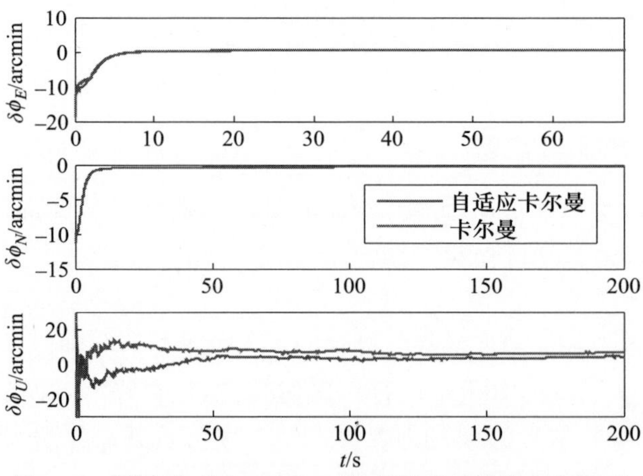

图 4 – 9　噪声方差为 $100\boldsymbol{Q}_k$ 时的估计误差曲线(见彩图)

根据图示结果可知，在系统噪声方差和滤波器设置的噪声方差匹配时，自适应滤波和常规卡尔曼滤波的效果基本一致；而在噪声不匹配的情况下，自适应卡尔曼滤波提高了方位失准角的对准精度。在惯性器件噪声方差为 $10\boldsymbol{R}_k$ 和 $100\boldsymbol{R}_k$ 时，方位失准角误差分别由 7.7′和 6.5′减小到 5.6′和 3.5′，估计收敛的速度也略快于常规卡尔曼滤波，表明自适应滤波的对准效果要优于常规卡尔曼滤波。

2. 实验验证

为了进一步验证算法的实用性，运用本节算法进行了车载捷联惯导初始对准实验。首先在前 10min 车辆保持静止的情况下进行高精度对准，对准结果作为衡量后续对准精度的基准。10min 后启动发动机保持怠速状态，设置 5 组不同的东、北、天失准角，并在不同时刻开始进行自适应滤波对准。实验中采样频率为 200Hz，数据处理时首先经过均值滤波输出 20Hz 数据，再使用截止频率为 0.1Hz 的 IIR 低通滤波器去噪。在发动机转动之后陀螺噪声及加速度计噪声未知的情况下，设置滤波器参数中陀螺漂移噪声和加速度计的随机噪声为 0.1°/h 和 100μg。表 4-3 所列为 5 组对准结果，起始时刻为第 800s 的对准结果如图4-10所示。

表 4-3　不同起始时刻和失准角两种滤波方法的误差对比

起始对准时刻/s	600	700	800	900	1000
失准角/(′)	5,5,30	5,5,30	5,5,-30	10,-10,60	10,-10,-60
常规对准误差/(′)	0.17,0.15,2.58	0.12,0.23,3.27	0.06,0.12,-4.54	0.13,-0.09,3.87	0.13,0.08,-4.26
自适应对准误差/(′)	0.14,0.18,1.27	0.21,0.18,2.63	-0.13,0.08,-2.55	-0.07,-0.05,1.58	0.18,0.11,-1.38

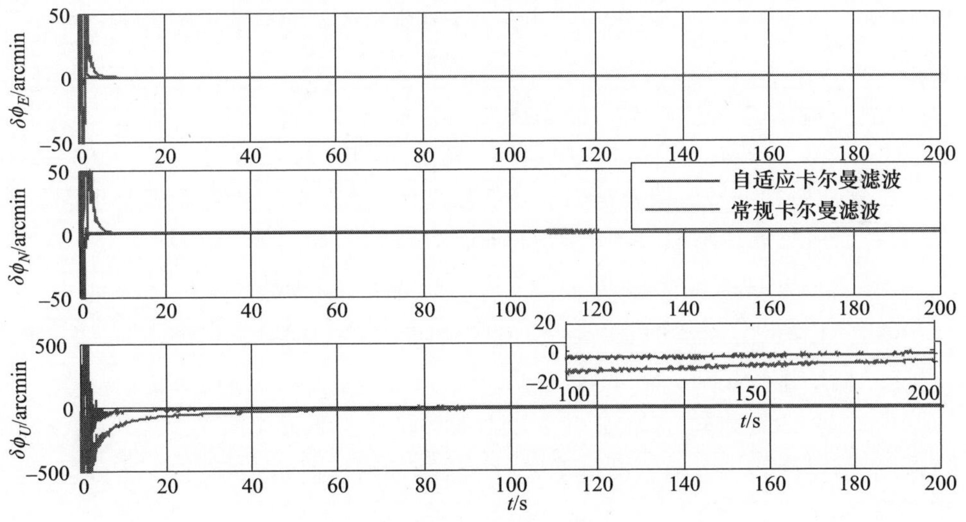

图 4-10　实验中两种方法的估计误差曲线（见彩图）

实验结果表明，在发动机怠速启动后，自适应卡尔曼滤波的收敛速度比常规卡尔曼滤波的收敛速度要快。若以静止状态下对准结果为基准，自适应卡尔曼滤波的方位失准角对准精度明显高于常规卡尔曼滤波的对准精度，而水平对准的精度相当。

4.5 基于180°正反转停方案的静基座最优二位置初始对准

二位置对准是一种常用的提高 SINS 初始对准精度的方法，其实质是整周期内 IMU 在对称的位置驻留相同的时间，使惯性器件常值误差积分为零。该方法能够将东向、北向加速度计零偏和东向陀螺常值漂移由不可观测变为可观测，从而改善卡尔曼滤波效果。为了进一步提高最优二位置对准精度，本节通过设计相应的转位方案减小 IMU 旋转过程的纯惯导解算误差[162-164]。

4.5.1 二位置对准的误差自补偿原理

1. 二位置条件下的等效陀螺常值漂移

初始姿态矩阵为 $\boldsymbol{C}_b^n$，第 i 行第 j 列元素记为 C_{ij}，$(i,j=1,2,3)$。IMU 绕 OZ_s 轴转动，规定顺时针方向为正。t 时刻 IMU 瞬时转动角速率为 ω_c，相对 b 系转过的角度为 α，则静基座时陀螺输出理想值为

$$\boldsymbol{\omega}_{is}^s=\boldsymbol{C}_b^s\boldsymbol{C}_n^b\boldsymbol{\omega}_{ie}^n+\boldsymbol{\omega}_{bs}^s=\begin{bmatrix}\cos\alpha & -\sin\alpha & 0\\ \sin\alpha & -\cos\alpha & 0\\ 0 & 0 & 1\end{bmatrix}\begin{bmatrix}C_{11} & C_{21} & C_{31}\\ C_{12} & C_{22} & C_{32}\\ C_{13} & C_{23} & C_{33}\end{bmatrix}\begin{bmatrix}0\\ \omega_{ie}\cos L\\ \omega_{ie}\sin L\end{bmatrix}\begin{bmatrix}0\\ 0\\ -\omega_c\end{bmatrix} \tag{4-93}$$

导航坐标系中等效陀螺常值漂移为

$$\delta\boldsymbol{\omega}_{is}^n=\boldsymbol{C}_s^n\delta\omega_{is}^n=\boldsymbol{C}_b^n\boldsymbol{C}_s^b[([\delta K_g]+[\delta G])\boldsymbol{\omega}_{is}^s+\boldsymbol{\varepsilon}^s] \tag{4-94}$$

已知惯性器件常值误差是引起导航误差的主要因素。忽略陀螺标度因数误差、安装误差和系统随机噪声的影响。式(4-94)可简写为

$$\delta\boldsymbol{\omega}_{is}^n=\begin{bmatrix}C_{11}(\varepsilon_x^s\cos\alpha+\varepsilon_y^s\sin\alpha)+C_{12}(-\varepsilon_x^s\sin\alpha+\varepsilon_y^s\cos\alpha)+C_{13}\varepsilon_z^s\\ C_{21}(\varepsilon_x^s\cos\alpha+\varepsilon_y^s\sin\alpha)+C_{22}(-\varepsilon_x^s\sin\alpha+\varepsilon_y^s\cos\alpha)+C_{23}\varepsilon_z^s\\ C_{31}(\varepsilon_x^s\cos\alpha+\varepsilon_y^s\sin\alpha)+C_{32}(-\varepsilon_x^s\sin\alpha+\varepsilon_y^s\cos\alpha)+C_{33}\varepsilon_z^s\end{bmatrix} \tag{4-95}$$

由式(4-95)可知，单轴旋转可以对旋转轴垂直平面内的陀螺漂移 ε_x^s、ε_y^s 进行调制，但是旋转轴方向的漂移量 ε_z^s 不能被有效补偿且在 $\delta\boldsymbol{\omega}_{is}^n$ 的 3 个分量中产生了投影。

由于单轴旋转惯导系统在加电后可以按照程序执行转角归零操作，且归零

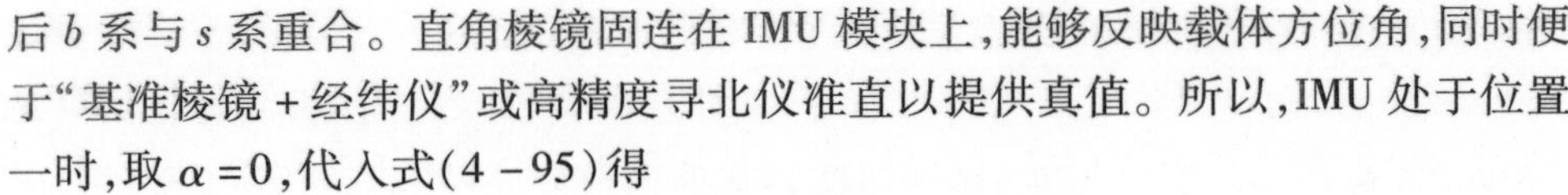

后 b 系与 s 系重合。直角棱镜固连在IMU模块上,能够反映载体方位角,同时便于“基准棱镜+经纬仪”或高精度寻北仪准直以提供真值。所以,IMU处于位置一时,取 $\alpha=0$,代入式(4-95)得

$$\delta\boldsymbol{\omega}_{is1}^{n}=\begin{bmatrix} C_{11}\varepsilon_x^s+C_{12}\varepsilon_y^s+C_{13}\varepsilon_z^s \\ C_{21}\varepsilon_x^s+C_{22}\varepsilon_y^s+C_{23}\varepsilon_z^s \\ C_{31}\varepsilon_x^s+C_{32}\varepsilon_y^s+C_{33}\varepsilon_z^s \end{bmatrix} \tag{4-96}$$

IMU处于位置二时,α 未知,此时

$$\delta\boldsymbol{\omega}_{is2}^{n}=\begin{bmatrix} C_{11}(\varepsilon_x^s\cos\alpha+\varepsilon_y^s\sin\alpha)+C_{12}(-\varepsilon_x^s\sin\alpha+\varepsilon_y^s\cos\alpha)+C_{13}\varepsilon_z^s \\ C_{21}(\varepsilon_x^s\cos\alpha+\varepsilon_y^s\sin\alpha)+C_{22}(-\varepsilon_x^s\sin\alpha+\varepsilon_y^s\cos\alpha)+C_{23}\varepsilon_z^s \\ C_{31}(\varepsilon_x^s\cos\alpha+\varepsilon_y^s\sin\alpha)+C_{32}(-\varepsilon_x^s\sin\alpha+\varepsilon_y^s\cos\alpha)+C_{33}\varepsilon_z^s \end{bmatrix} \tag{4-97}$$

2. 最优二位置的确定

为了实现误差补偿的最优化,当 $\boldsymbol{C}_b^n$ 为任意值时,根据式(4-96)和式(4-97)建立以下目标函数和约束条件,即

$$\begin{cases} \min\{C_{11}(\varepsilon_x^s+\varepsilon_x^s\cos\alpha+\varepsilon_y^s\sin\alpha)+C_{12}(\varepsilon_x^s-\varepsilon_x^s\sin\alpha+\varepsilon_y^s\cos\alpha)+2C_{13}\varepsilon_z^s\} \\ \min\{C_{21}(\varepsilon_x^s+\varepsilon_x^s\cos\alpha+\varepsilon_y^s\sin\alpha)+C_{22}(\varepsilon_x^s-\varepsilon_x^s\sin\alpha+\varepsilon_y^s\cos\alpha)+2C_{23}\varepsilon_z^s\} \\ \min\{C_{31}(\varepsilon_x^s+\varepsilon_x^s\cos\alpha+\varepsilon_y^s\sin\alpha)+C_{32}(\varepsilon_x^s-\varepsilon_x^s\sin\alpha+\varepsilon_y^s\cos\alpha)+2C_{33}\varepsilon_z^s\} \\ \qquad\qquad \text{s. t.}\quad 0\leqslant\alpha<360^\circ \end{cases} \tag{4-98}$$

可以得到唯一解 $\alpha=180^\circ$。此时,位置二的等效陀螺常值漂移为

$$\delta\boldsymbol{\omega}_{is2}^{n}=\begin{bmatrix} -C_{11}\varepsilon_x^s-C_{12}\varepsilon_y^s+C_{13}\varepsilon_z^s \\ -C_{21}\varepsilon_x^s-C_{22}\varepsilon_y^s+C_{23}\varepsilon_z^s \\ -C_{31}\varepsilon_x^s-C_{32}\varepsilon_y^s+C_{33}\varepsilon_z^s \end{bmatrix} \tag{4-99}$$

当IMU绕 Oz_s 轴从初始位置旋转180°到位置二时,等效东向与北向陀螺漂移的 ε_x^s、ε_y^s 分量由正变为负。若使IMU在对称位置驻留相同时间 t_s,那么可以相互抵销水平方向的等效陀螺常值漂移中的 ε_x^s、ε_y^s 分量。因此,与水平面内等效陀螺常值漂移有关的航向角误差和经纬度误差得以减小。以上即为最优二位置对准方案。

此时,对 $\delta\boldsymbol{\omega}_{is}^n$ 进行积分,得

$$\int_0^{2t_s}\delta\boldsymbol{\omega}_{is}^n\mathrm{d}t=\delta\boldsymbol{\omega}_{is1}^n t_s+\delta\boldsymbol{\omega}_{is2}^n t_s=[2C_{13}\varepsilon_z^s\quad 2C_{23}\varepsilon_z^s\quad 2C_{33}\varepsilon_z^s]^{\mathrm{T}} \tag{4-100}$$

特别地,当 $\boldsymbol{C}_b^n=\boldsymbol{I}$ 时,$\int_0^{2t_s}\delta\boldsymbol{\omega}_{is}^n\mathrm{d}t=[0\quad 0\quad 2\varepsilon_z^s]^{\mathrm{T}}$。此时水平方向的等效陀螺常值漂移为零,天向等效陀螺常值漂移不能被补偿。

3. 二位置对准的转位方案设计

通常情况下,转动过程时间比较短,纯惯导解算的误差有限,满足精对准滤波对小失准角的要求。但是,转动时间较长或惯性器件标度因数误差较大时,某些转位方案会激发出较大的纯惯导解算误差,影响精对准滤波精度。因此,有必要研究二位置对准的转位方案设计。合理的转位方案应满足以下条件。

① 尽可能地抑制惯性器件常值误差。

② 最大限度地消除或抑制其他误差因素的传播特性。

③ 尽可能地避免或抑制转位机构引入新的误差量。

④ 充分考虑 IMU 转位方案的实现难度与经济成本。

根据 2.6.2 小节,采用转位机构角速度的匀加减速模型时,若要实现误差的完全自补偿,应保证轴对称和中心对称的任意两个位置的角速度相等。因此,设计图 4-11 所示转位方案。

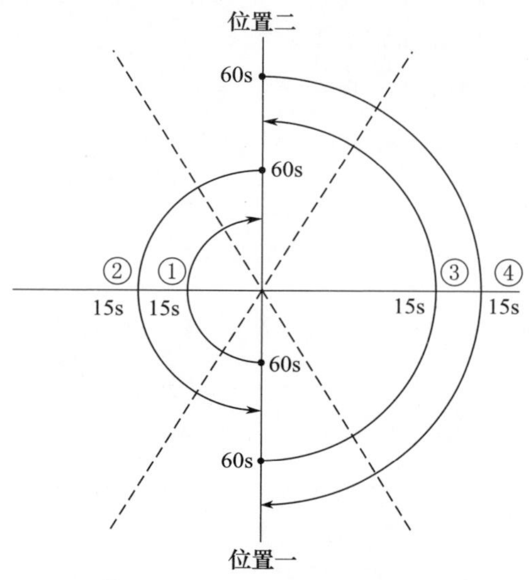

图 4-11 二位置对准的转位方案

IMU 在位置一驻留 60s,顺时针方向经匀加速、匀速和匀减速后转动 180°到达位置二,在位置二驻留 60s,再逆时针方向转动 180°至位置一;沿相反方向重复上述过程,一个整周转动过程结束,共用时 300s。虚线示意匀加减速阶段与匀速转动阶段的分界线。该方案不仅保证了整周期内 IMU 在对称的位置驻留相同的时间,而且两个位置之间的转动过程满足轴对称和中心对称。因此,整周期内可以抵消惯性器件的常值误差,即满足前述条件①。

二位置对准中,IMU 在转动过程中直接以纯惯导解算结果为输出量,在驻停位置上以纯惯导解算结果为观测量进入卡尔曼滤波，并以滤波值为系统输出量。卡尔曼滤波是最优线性滤波，当纯惯导解算得到的状态量存在较大误差尤其是失准角较大时，系统表现出较强的非线性特性，将会影响滤波精度。根据 2.6.2 小节可知，有些转位方案虽然对惯性器件的常值误差抑制效果明显，但是标度因数误差会产生出更大的导航误差。因此，有必要分析图 4－11 所示转位方案对标度因数误差的影响，以避免激发较大的纯惯导解算误差，影响卡尔曼滤波精度。

假设转动初始时刻 $\boldsymbol{C}_b^n=\boldsymbol{I},\boldsymbol{C}_s^b(t_0)=\boldsymbol{I}$。对于图 4－11 所示的 180°正反转停方案，记加速时间 t_1，匀速时间为 t_2，减速时间为 $t_3=t_1$，匀速阶段角速度 ω_c。设任意时刻 IMU 转动角速度为 ω，转位角度为 α。参考 2.6.2 小节所描述的整周转停过程角速度模型，建立从位置一到位置二顺时针方向 180°转停过程中角速度的匀加减速模型，即

$$\omega=\begin{cases}\omega_c\dfrac{t}{t_1} & 0\leqslant t<t_1\\ \omega_c & t_1\leqslant t<(t_1+t_2)\\ \omega_c\dfrac{(t_1+t_2+t_3-t)}{t_3} & (t_1+t_2)\leqslant t\leqslant(t_1+t_2+t_3)\end{cases}\tag{4-101}$$

$$\alpha=\begin{cases}\dfrac{1}{2}\dfrac{\omega_c}{t_1}t^2 & 0\leqslant t<t_1\\ \dfrac{1}{2}\omega_c t_1+\omega_2(t-t_1) & t_1\leqslant t<(t_1+t_2)\\ \pi-\dfrac{1}{2}\dfrac{\omega_c}{t_1}(t_1+t_2+t_3-t)^2 & (t_1+t_2)\leqslant t\leqslant(t_1+t_2+t_3)\end{cases}\tag{4-102}$$

仅考虑标度因数误差时，有

$$\delta\boldsymbol{\omega}_{is}^n=\begin{bmatrix}-\omega_{ie}\cos L\sin(2\alpha)\dfrac{(K_{gx}-K_{gy})}{2}\\ (K_{gx}\sin^2\alpha+K_{gy}\cos^2\alpha)\omega_{ie}\cos L\\ K_{gx}(\omega_{ie}\sin L-\omega\end{bmatrix}\tag{4-103}$$

进行三角函数运算，得

$$\delta\boldsymbol{\omega}_{is}^n=\begin{bmatrix}\omega_{ie}\cos L\sin(2\alpha)\dfrac{(K_{gy}-K_{gx})}{2}\\ \omega_{ie}\cos L\dfrac{(K_{gx}+K_{gy})}{2}+\omega_{ie}\cos L\cos(2\alpha)\dfrac{(K_{gy}-K_{gx})}{2}\\ K_{gz}(\omega_{ie}\sin L-\omega)\end{bmatrix}\tag{4-104}$$

下面结合图4-11在180°转停过程中对$\delta\boldsymbol{\omega}_{is}^{n}$进行分段积分。

1）匀加速阶段

$$\int_0^{t_1}\delta\boldsymbol{\omega}_{is}^{n}\mathrm{d}t = \int_0^{t_1}\begin{bmatrix} \omega_{ie}\cos L\sin\left(\frac{\omega_c t^2}{t_1}\right)\frac{(K_{gy}-K_{gx})}{2} \\ \omega_{ie}\cos L\frac{(K_{gx}+K_{gy})}{2}+\omega_{ie}\cos L\cos\left(\frac{\omega_c t^2}{t_1}\right)\frac{(K_{gy}-K_{gx})}{2} \\ K_{gz}(\omega_{ie}\sin L-\omega_c t/t_1) \end{bmatrix}\mathrm{d}t$$

$$= \begin{bmatrix} M_{s2}\cdot\omega_{ie}\cos L\frac{(K_{gy}-K_{gx})}{2} \\ \omega_{ie}\cos L\frac{(K_{gx}+K_{gy})t_1}{2}+M_{c2}\cdot\omega_{ie}\cos L\frac{(K_{gy}-K_{gx})}{2} \\ K_{gz}(\omega_{ie}\sin L-\omega_c/2)t_1 \end{bmatrix} \tag{4-105}$$

式中：$M_{c2}=\int_0^{t_1}\cos(\omega_c t^2/t_1)\mathrm{d}t$，$M_{s2}=\int_0^{t_1}\sin(\omega_c t^2/t_1)\mathrm{d}t$，$M_{c2}$、$M_{s2}$无法求出解析解。

2）匀速阶段

$$\int_{t_1}^{t_1+t_2}\delta\boldsymbol{\omega}_{is}^{n}\mathrm{d}t = \int_0^{t_1-t_2}\begin{bmatrix} \omega_{ie}\cos L\sin(2\omega_c t-\omega_c t_1)\frac{(K_{gy}-K_{gx})}{2} \\ \omega_{ie}\cos L\frac{(K_{gx}+K_{gy})}{2}+\omega_{ie}\cos L\cos(2\omega_c t-\omega_c t_1)\frac{(K_{gy}-K_{gx})}{2} \\ K_{gz}(\omega_{ie}\sin L-\omega_c) \end{bmatrix}\mathrm{d}t \tag{4-106}$$

令$u=t-t_1/2$，则

$$\int_{t_1}^{t_1+t_2}\delta\boldsymbol{\omega}_{is}^{n}\mathrm{d}t = \int_{t_1/2}^{t_1+(t_1/2)}\begin{bmatrix} \omega_{ie}\cos L\sin(2\omega_c u)\frac{(K_{gy}-K_{gx})}{2} \\ \omega_{ie}\cos L\frac{(K_{gx}+K_{gy})}{2}+\omega_{ie}\cos L\cos(2\omega_c u)\frac{(K_{gy}-K_{gx})}{2} \\ K_{gz}(\omega_{ie}\sin L-\omega_c) \end{bmatrix}\mathrm{d}u$$

$$= \begin{bmatrix} N_{s2}\cdot\omega_{ie}\cos L\frac{(K_{gy}-K_{gx})}{2} \\ \omega_{ie}\cos L\frac{(K_{gx}+K_{gy})t_2}{2}+N_{c2}\cdot\omega_{ie}\cos L\frac{(K_{gy}-K_{gx})}{2} \\ K_{gz}(\omega_{ie}\sin L-\omega_c)t_2 \end{bmatrix} \tag{4-107}$$

其中：

$$N_{c2}=\int_{t_1/2}^{t_2+(t_1/2)}\cos(2\omega_c u)\mathrm{d}u=\frac{1}{2\omega_c}[\sin(2\omega_c t_2+\omega_c t_1)-\sin(\omega_c t_1)]$$

$$N_{s2}=\int_{t_1/2}^{t_2+(t_1/2)}\sin(2\omega_c u)\mathrm{d}u=\frac{1}{2\omega_c}[\cos(\omega_c t_1)-\cos(2\omega_c t_2+\omega_c t_1)]$$

又因为 $2\omega_c t_2+\omega_c t_1=2(\omega_c t_2+\omega_c t_1/2)=2(\pi-\omega_c t_3/2)=2\pi-\omega_c t_1$，故

$$N_{c2}=\frac{1}{2\omega_c}[\sin(2\omega_c t_2+\omega_c t_1)-\sin(\omega_c t_1)]-\frac{\sin(\omega_c t_1)}{\omega_c}$$

$$N_{s2}=\frac{1}{2\omega_c}[\cos(\omega_c t_1)-\cos(2\omega_c t_2+\omega_c t_1)]=0$$

代入式(4－107)，得

$$\int_{t_1}^{t_1+t_2}\delta\boldsymbol{\omega}_{is}^{n}\mathrm{d}t=\begin{bmatrix}\omega_{ie}\cos L\dfrac{(K_{gx}-K_{gy})t_2}{2}-\sin(\omega_c t_1)\omega_{ie}\cos L\dfrac{(K_{gy}-K_{gx})}{(2\omega_c)}\\ K_{gz}(\omega_{ie}\sin L-\omega_c)t_2\end{bmatrix} \tag{4-108}$$

3）匀减速阶段

$$\int_{t_1+t_2}^{t_1+t_2+t_3}\delta\boldsymbol{\omega}_{is}^{n}\mathrm{d}t=\int_{t_1+t_2}^{t_1+t_2+t_3}\begin{bmatrix}\omega_{ie}\cos L\sin\left(\dfrac{(2\pi-\omega_c(t_1+t_2+t_3-t)^2}{t_3}\right)\dfrac{(K_{gy}-K_{gx})}{2}\\ \omega_{ie}\cos L\dfrac{(K_{gx}+K_{gy})}{2}+\omega_{ie}\cos L\cos\left(\dfrac{2\pi-\omega_c(t_1+t_2+t_3-t)^2}{t_3}\right)\left(\dfrac{K_{gy}-K_{gx}}{2}\right)\\ K_{gz}\left(\omega_{ie}\sin L-\omega_c\dfrac{(t_1+t_2+t_3-t)}{t_3}\right)\end{bmatrix}\mathrm{d}t \tag{4-109}$$

令 $u=t_1+t_2+t_3-t$ 且 $t_3=t_1$，则有

$$\int_{t_1+t_2}^{t_1+t_2+t_3}\delta\boldsymbol{\omega}_{is}^{n}\mathrm{d}t=\int_0^{t_1}\begin{bmatrix}-\omega_{ie}\cos L\sin\left(\dfrac{\omega_c u^2}{t_1}\right)\dfrac{(K_{gy}-K_{gx})}{2}\\ \omega_{ie}\cos L\dfrac{(K_{gx}+K_{gy})}{2}+\omega_{ie}\cos L\cos\left(\dfrac{\omega_c u^2}{t_1}\right)\dfrac{(K_{gy}-K_{gx})}{2}\\ K_{gz}\left(\omega_{ie}\sin L-\dfrac{\omega_c u}{t_1}\right)\end{bmatrix}\mathrm{d}u$$

$$=\begin{bmatrix}-M_{s2}\cdot\omega_{ie}\cos L\dfrac{(K_{gy}-K_{gx})}{2}\\ \omega_{ie}\cos L\dfrac{(K_{gx}+K_{gy})t_1}{2}+M_{c2}\cdot\omega_{ie}\cos L\dfrac{(K_{gy}-K_{gx})}{2}\\ K_{gz}\left(\omega_{ie}\sin L-\dfrac{\omega_c}{2}\right)t_1\end{bmatrix} \tag{4-110}$$

将式(4－105)、式(4－108)和式(4－110)相加，得到图 4－11 中步骤①从位置一到位置二顺时针方向 180°转停过程中标度因数误差引起的等效陀螺漂移的积分为

$$\int_0^T \delta\boldsymbol{\omega}_{is}^n \mathrm{d}t = \begin{bmatrix} 0 \\ \omega_{ie}\cos L\dfrac{(K_{gx}+K_{gy})T}{2} \\ K_{gz}T\omega_{ie}\sin L \end{bmatrix} + \begin{bmatrix} 0 \\ \omega_{ie}\cos L(K_{gy}-K_{gx})\left(\int_0^{t_1}\cos\left(\dfrac{\omega_c t^2}{t_1}\right)\mathrm{d}t - \int_0^{t_1/2}\cos(2\omega_c t)\,\mathrm{d}t\right) \\ -K_{gz}\pi \end{bmatrix} \tag{4-111}$$

同理,图 4-11 中步骤②从位置二到位置一逆时针方向 180°转停过程中标度因数误差引起的等效陀螺漂移的积分为

$$\int_0^T \delta\boldsymbol{\omega}_{is}^n \mathrm{d}t = \begin{bmatrix} 0 \\ \omega_{ie}\cos L\dfrac{(K_{gx}+K_{gy})T}{2} \\ K_{gz}T\omega_{ie}\sin L \end{bmatrix} + \begin{bmatrix} 0 \\ \omega_{ie}\cos L(K_{gy}-K_{gx})\left(\int_0^{t_1}\cos\left(\dfrac{\omega_c t^2}{t_1}\right)\mathrm{d}t - \int_0^{t_1/2}\cos(2\omega_c t)\,\mathrm{d}t\right) \\ K_{gz}\pi \end{bmatrix} \tag{4-112}$$

图 4-11 中步骤③从位置一到位置二逆时针方向 180°转停过程中标度因数误差引起的等效陀螺漂移的积分为

$$\int_0^T \delta\boldsymbol{\omega}_{is}^n \mathrm{d}t = \begin{bmatrix} 0 \\ \omega_{ie}\cos L\dfrac{(K_{gx}+K_{gy})T}{2} \\ K_{gz}T\omega_{ie}\sin L \end{bmatrix} + \begin{bmatrix} 0 \\ \omega_{ie}\cos L(K_{gy}-K_{gx})\left(\int_0^{t_1}\cos\left(\dfrac{\omega_c t^2}{t_1}\right)\mathrm{d}t - \int_0^{t_1/2}\cos(2\omega_c t)\,\mathrm{d}t\right) \\ K_{gz}\pi \end{bmatrix} \tag{4-113}$$

图 4-11 中步骤④从位置二到位置一顺时针方向 180°转停过程中标度因数误差引起的等效陀螺漂移的积分为

$$\int_0^T \delta\boldsymbol{\omega}_{is}^n \mathrm{d}t = \begin{bmatrix} 0 \\ \omega_{ie}\cos L\dfrac{(K_{gx}+K_{gy})T}{2} \\ K_{gz}T\omega_{ie}\sin L \end{bmatrix} + \begin{bmatrix} 0 \\ \omega_{ie}\cos L(K_{gy}-K_{gx})\left(\int_0^{t_1}\cos\left(\dfrac{\omega_c t^2}{t_1}\right)\mathrm{d}t - \int_0^{t_1/2}\cos(2\omega_c t)\,\mathrm{d}t\right) \\ -K_{gz}\pi \end{bmatrix} \tag{4-114}$$

记 $T'=4T$,那么由式(4-111)、式(4-112)、式(4-113)和式(4-114)累加可得图 4-11 所示 180°正反转停过程中标度因数误差引起的等效陀螺漂移积分为

$$\int_0^T \delta\boldsymbol{\omega}_{is}^n \mathrm{d}t = \begin{bmatrix} 0 \\ \omega_{ie}\cos L\dfrac{(K_{gx}+K_{gy})T'}{2} + 4\omega_{ie}\cos L(K_{gy}-K_{gx})\left(\int_0^{t_1}\cos\left(\dfrac{\omega_c t^2}{t_1}\right)\mathrm{d}t - \int_0^{t_1/2}\cos(2\omega_c t)\,\mathrm{d}t\right) \\ K_{gz}T'\omega_{ie}\sin L \end{bmatrix} \tag{4-115}$$

根据 2.6.2 小节可知,单轴连续旋转时由于 $\omega_c \gg \omega_{ie}\sin L$,使得 z_s 轴方向标度因数误差与($\omega_{ie}\sin L-\omega_c$)耦合激发了更大的定位定向误差。分析式(4-111)~

式(4－115)可知，180°正反转停的方案通过改变转动方向，抵消了 ω_c 对 $\delta\omega_U$ 的影响，避免了随时间积累激发出更大的纬度和经度误差，即满足前述条件②。

根据式(4－115)，180°正反转停方案并没有消除角速度模型对 $\delta\omega_U$ 的影响。$\left(\int_0^{t_1}\cos(\omega_c t^2/t_1)\,\mathrm{d}t-\int_0^{t_1/2}\cos(2\omega_c t)\,\mathrm{d}t\right)$ 的存在表明，该转位方案只能满足常值误差的轴对称要求，而不能完全满足标度因数误差的轴对称要求。原因在于，常值漂移引起的 $\delta\boldsymbol{\omega}_{is}^n$ 包含 α 的三角函数项，而式(4－104)中标度因数误差引起的 $\delta\boldsymbol{\omega}_{is}^n$ 包含 2α 的三角函数项。此时在一个 180°转停过程内，三角函数自变量 (2α) 的变化范围是 0°～360°，等效于图 2－17 所示的情况，即加减速阶段的轴对称位置是匀速阶段。因此，可以通过设计四位置转停方案，增加 90°和 270°两个驻停点，进一步抑制标度因数误差对等效陀螺常值漂移的影响。

标度因数误差对 $\delta\boldsymbol{\omega}_{is}^n$ 最主要的影响是 K_{gz} 与 $(\omega_{ie}\sin L-\omega_c)$ 耦合引入了 ω_c。虽然 180°转停不能完全抵消 $\delta\boldsymbol{\omega}_{is}^n$ 整周积分的北向分量，但是达到了主要目的。为了适当简化转位方案，180°正反转停是可行的，体现了前述条件④中的可实现性和经济性。

本节涉及的单轴旋转惯导系统使用光栅编码器进行测角，采用多齿分度技术进行转位机构位置锁紧，测角和定位的精度较高，因此可以忽略前述条件③中的转位机构误差。

4.5.2　精对准方案的设计与分析

精对准是以粗对准结果为基础，估计并修正计算导航系与真实导航系之间的姿态误差角并将其限定在零值附近很小的区间内，进而获得比较准确的初始姿态矩阵。常见的精对准研究方法包括滤波估计法、参数辨识法和罗经法等，本小节采用基于卡尔曼滤波的精对准方法。

1. 卡尔曼滤波器设计

精对准滤波的状态量取为速度误差、姿态误差、陀螺常值漂移和加速度计零偏，即

$$\boldsymbol{X}=[\delta V_E\quad \delta V_N\quad \delta V_U\quad \phi_E\quad \phi_N\quad \phi_U\quad \boldsymbol{\varepsilon}_x^s\quad \boldsymbol{\varepsilon}_y^s\quad \boldsymbol{\varepsilon}_z^s\quad \boldsymbol{\nabla}_x^s\quad \boldsymbol{\nabla}_y^s\quad \boldsymbol{\nabla}_z^s]^{\mathrm{T}}$$

状态方程为

$$\dot{\boldsymbol{X}}(t)=\boldsymbol{F}\boldsymbol{X}(t)+\boldsymbol{w}(t)\tag{4－116}$$

式中：$\boldsymbol{w}(t)$ 为系统噪声，与惯性器件参数有关；$\boldsymbol{F}$ 为状态转移矩阵，根据系统数学模型确定矩阵各元素的值。

量测方程为

$$\boldsymbol{Z}(t)=\boldsymbol{H}\boldsymbol{X}(t)+\boldsymbol{V}(t)\tag{4－117}$$

式中：$\boldsymbol{Z}(t)=[V_E \quad V_N \quad V_U]^{\mathrm{T}}$；$\boldsymbol{H}=[\boldsymbol{I}_{3\times3} \quad \boldsymbol{0}_{3\times9}]^{\mathrm{T}}$；$\boldsymbol{V}(t)$为量测噪声。

观测量$\boldsymbol{Z}(t)$为地速，可根据纯惯导解算得到。由于载体相对于地球没有产生位移，真实地速为零，所以$\boldsymbol{Z}(t)$实质上是速度误差。对式（4－116）和式（4－117）进行离散化处理后代入滤波方程。精对准流程如图4－12所示。

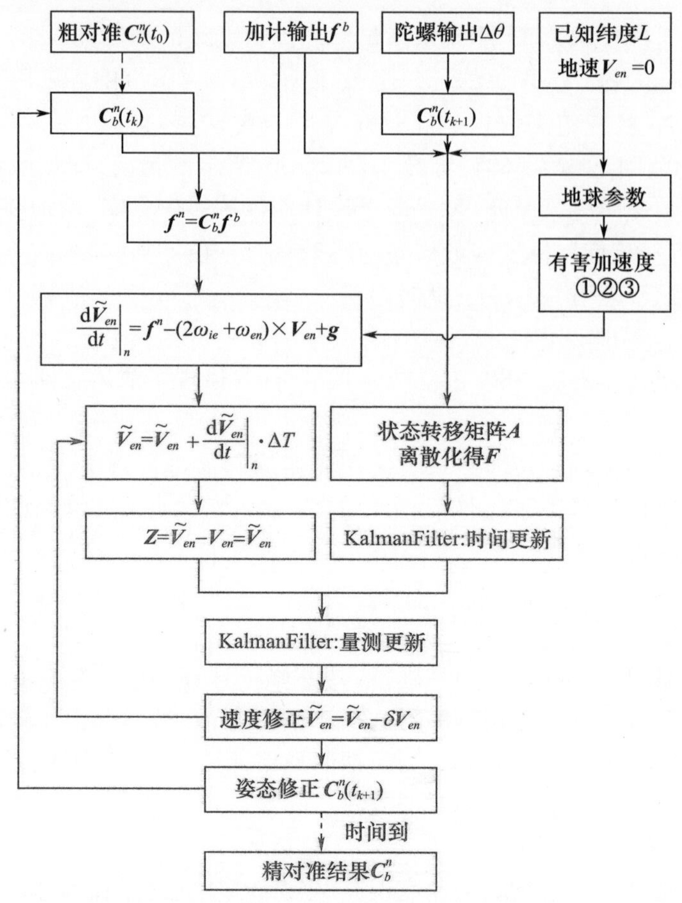

图4－12　捷联惯导系统精对准原理框图

2. 最优二位置对准的可观测性分析

已知单位置对准时系统不完全可观测，东向、北向加速度计零偏和东向陀螺仪常值漂移不可观测，限制了初始对准的精度和速度。采用奇异值分解法对单轴旋转惯导系统静基座最优二位置对准进行可观测性分析。各奇异值所对应奇异值分解右阵向量直方图如图4－13和图4－14所示。奇异值越大，分解右阵列矢量对应的状态变量或其线性组合可观测性越强；反之则越弱。列写各状态量的可观测度如表4－4所列。由图4－13、图4－14和表4－4可知，二位置对准时可观测矩阵的秩为 12。系统由单位置时的不完全可观测变为完全可观测，能够改善初始对准中卡尔曼滤波收敛的速度和精度。

表 4－4　最优二位置对准中各状态量的可观测度

状态量	δV_E	δV_N	δV_N	ϕ_E	ϕ_N	ϕ_U
可观测度	1. 4143	1. 4142	1. 4142	13. 8527	13. 8527	0. 0008
状态量	ε_x^s	ε_y^s	ε_z^s	∇_x^s	∇_y^s	∇_z^s
可观测度	13. 8523	13. 8527	0. 0963	1. 4142	1. 4142	1. 4141

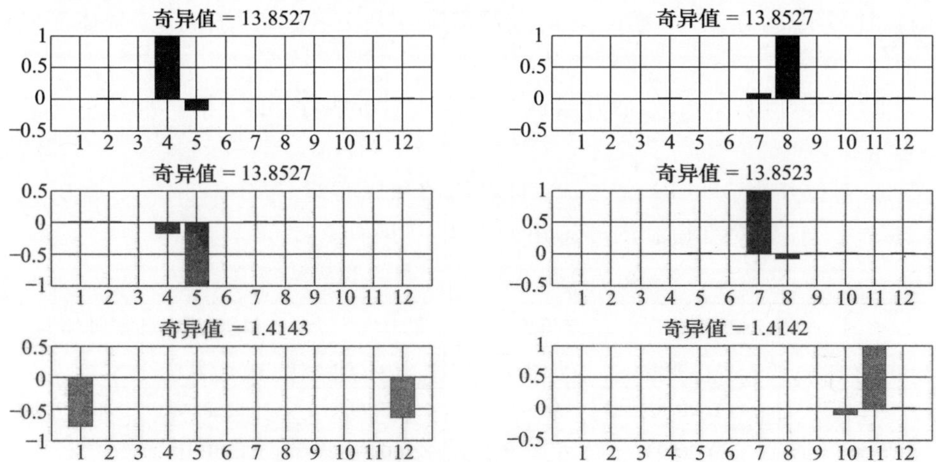

图 4－13　最优二位置对准的可观测性分析直方图(一)(见彩图)

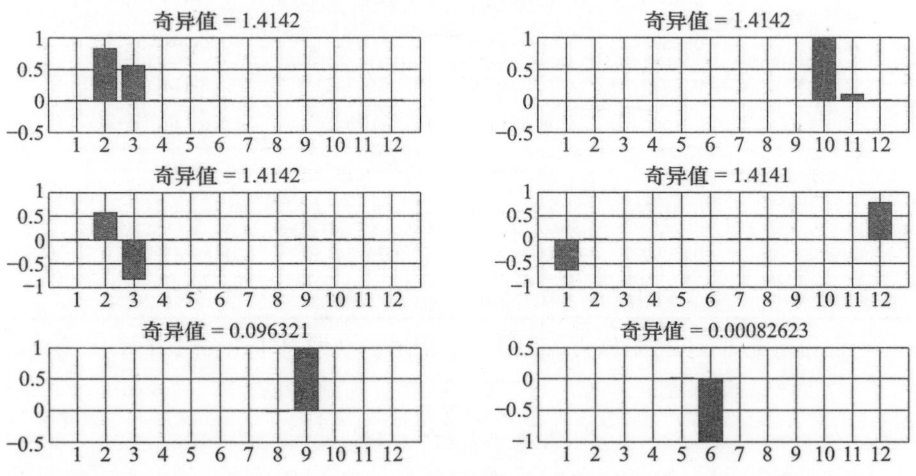

图 4－14　最优二位置对准的可观测性分析直方图(二)(见彩图)

4.5.3 整体方案的实验验证

按照图 4－11 所示的转位方案开展静基座最优二位置对准实验。具体实验步骤如下。

① 单轴旋转惯导系统固定在转台上,转台调水平后锁死。

② 惯导加电,内置转台带动 IMU 自动位置归零。

③ 惯导开机预热。

④ 架设高精度经纬仪,分别与实验室基准棱镜和固连在 IMU 上的直角棱镜准直,计算 IMU 方位角(航向角),重复步骤④共 10 次,取均值作为载体航向角真值。

⑤ 惯导断电 1min,然后开机运行二位置对准程序,记录精对准结束时刻的姿态角。

⑥ 重复步骤⑤共 10 次,关机,计算均值和标准差。

最优二位置对准得到的姿态角如表 4－5 所列。

表 4－5　最优二位置对准解算的姿态角

组别	俯仰角/(°)	横滚角/(°)	航向角/(°)	误差/(″)	航向真值/(°)
1	－0.20988	0.094055	270.7395	12.93525	270.7359
2	－0.20982	0.094039	270.7358	－0.08534	
3	－0.20993	0.093976	270.7452	33.49591	
4	－0.20988	0.094000	270.7449	32.67686	
5	－0.20992	0.093980	270.7404	16.18320	
6	－0.20987	0.093946	270.7411	18.88708	
7	－0.20999	0.093929	270.7451	33.40614	
8	－0.20999	0.093971	270.7374	5.352639	
9	－0.21001	0.093952	270.7444	30.62711	
10	－0.21000	0.093924	270.7408	17.82967	
均值	－0.20993	0.093977	270.7415	20.13085	
一倍标准差/(″)	0.236634	0.157666	12.12768	12.12768	

为保证参数估计的无偏性,表中 1 倍标准差为样本标准差,计算公式为

$$S = \sqrt{\frac{1}{n-1}\sum_{i=0}^{n}(x_i - \bar{x})^2} \tag{4-118}$$

以基准棱镜引出的方位角作为航向角真值。记真值为 μ,那么当满足参数估计无偏性时,样本相对于真值的标准差计算公式为

$$S = \sqrt{\frac{1}{n}\sum_{i=1}^{n}(x_i - \mu)^2} \tag{4-119}$$

计算可知,表4-5中航向角样本相对于真值的3倍标准差为69.55″(3σ)。

为进一步体现最优二位置对准的优越性,设计单位置对准实验,硬件设备和对准时间与最优二位置对准方案相同。单位置对准的姿态数据如表4-6所列。

表4-6　单位置对准解算的姿态角

组别	俯仰角/(°)	横滚角/(°)	航向角/(°)	误差/(″)	航向真值/(°)
1	-0.20929	0.094052	270.7435	27.34371	270.7359
2	-0.20935	0.094034	270.7515	56.22707	
3	-0.20927	0.094042	270.7449	32.55649	
4	-0.20943	0.094089	270.7468	39.47701	
5	-0.2094	0.094057	270.7497	49.85518	
6	-0.20952	0.094091	270.736	0.416439	
7	-0.20951	0.094069	270.7326	-11.7628	
8	-0.20951	0.094022	270.7418	21.22448	
9	-0.20957	0.09408	270.7407	17.23238	
10	-0.20957	0.094058	270.7432	26.47801	
均值	-0.20944	0.094059	270.7431	25.9048	
一倍标准差/(″)	0.396394	0.083266	20.7887	20.7887	

表4-6中航向角样本相对于真值的3倍标准差为97.69″(3σ),与表4-5所列结果比较可知,最优二位置对准方案能够明显改善初始对准的精度。

4.6　二位置对准中的尺寸效应及补偿

4.6.1　加速度计尺寸效应基本原理

实际系统中加速度计的安装方式如图4-15所示。3个加速度计的测量点分别为A_x、A_y、A_z,相对于载体坐标系原点的位置矢量分别为$\boldsymbol{r}_x$、$\boldsymbol{r}_y$、$\boldsymbol{r}_z$,加速度计敏感轴方向的单位矢量分别为$\boldsymbol{U}_{Ax}^b$、$\boldsymbol{U}_{Ay}^b$、$\boldsymbol{U}_{Az}^b$。

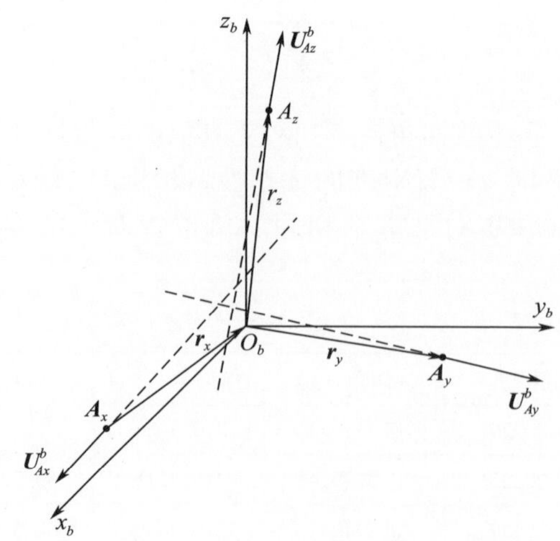

图 4－15　加速度计的实际安装示意图

安装误差属于静态误差，可以经过标定求得。若加速度计安装误差已知，并且在数据预处理环节进行了补偿，那么补偿后 3 个加速度计的敏感轴 $\boldsymbol{U}_{Ax}^b$、$\boldsymbol{U}_{Ay}^b$、$\boldsymbol{U}_{Az}^b$相互正交且交于同一点，但交点未必与载体坐标系原点 O_b 重合。$\boldsymbol{C}_s^b(t_0)=\boldsymbol{I}$ 在真实系统中一般是客观存在的。那么，初始时刻图 4－15 中的 $\boldsymbol{U}_{Ax}^b$、$\boldsymbol{U}_{Ay}^b$、$\boldsymbol{U}_{Az}^b$与 O_bx_b、O_by_b、O_bz_b 平行，转动过程中 $\boldsymbol{U}_{Az}^b$始终与 O_bz_b 平行。综上所述，单轴旋转惯导系统尺寸效应分析如图 4－16 所示[165－169]。

以加速度计 A_x 为例，记载体重心相对地心的位置矢量为 $\boldsymbol{r}_b$，加速度计测量点相对地心的位置矢量为 $\boldsymbol{r}_s$，由图 4－16 可知

$$\boldsymbol{r}_s=\boldsymbol{r}_b+\boldsymbol{r}_x \tag{4-120}$$

式(4－120)两边在惯性系 i 内对时间 t 求导，得

$$\left.\frac{\mathrm{d}\boldsymbol{r}_s}{\mathrm{d}t}\right|_i=\left.\frac{\mathrm{d}\boldsymbol{r}_b}{\mathrm{d}t}\right|_i+\left.\frac{\mathrm{d}\boldsymbol{r}_x}{\mathrm{d}t}\right|_i \tag{4-121}$$

如图 4－16 所示，若将 $\boldsymbol{r}_x$ 向 b 系投影，则转动过程中 $\boldsymbol{r}_{xx}^s$、$\boldsymbol{r}_{xy}^s$是变量；若将 $\boldsymbol{r}_x$ 向 s 系投影，则转动过程中 $\boldsymbol{r}_{xx}^s$、$\boldsymbol{r}_{xy}^s$是常量，便于求解。因此，根据科里奥利定理可将式(4－121)改写为

$$\left.\frac{\mathrm{d}\boldsymbol{r}_s}{\mathrm{d}t}\right|_i=\left.\frac{\mathrm{d}\boldsymbol{r}_b}{\mathrm{d}t}\right|_i+\left.\frac{\mathrm{d}\boldsymbol{r}_x}{\mathrm{d}t}\right|_s+\boldsymbol{\omega}_{is}\times\boldsymbol{r}_x \tag{4-122}$$

式中：$\left.\dfrac{\mathrm{d}\boldsymbol{r}_s}{\mathrm{d}t}\right|_s=0$。

因为加速度是位移的二阶导数，所以式(4－122)两边在惯性系 i 内继续对时间 t 求导，可得

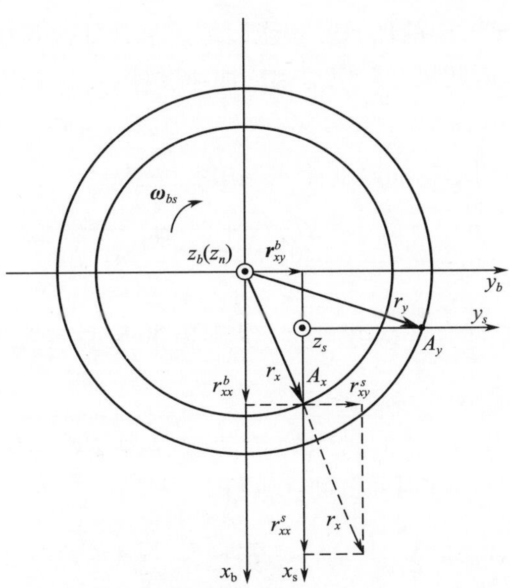

图 4－16　单轴旋转惯导尺寸效应分析示意图

$$\left.\frac{\mathrm{d}^2\boldsymbol{r}_s}{\mathrm{d}t^2}\right|_i = \left.\frac{\mathrm{d}^2\boldsymbol{r}_b}{\mathrm{d}t^2}\right|_i + \left.\frac{\mathrm{d}^2\boldsymbol{\omega}_{is}}{\mathrm{d}t}\right|_s \times \boldsymbol{r}_x + \boldsymbol{\omega}_{is} \times \boldsymbol{\omega}_{is} \times \boldsymbol{r}_x \tag{4-123}$$

根据牛顿第二定律得

$$\left.\frac{\mathrm{d}^2\boldsymbol{r}_s}{\mathrm{d}t^2}\right|_i = \boldsymbol{f}_{O_s} + \boldsymbol{G}, \left.\frac{\mathrm{d}^2\boldsymbol{r}_b}{\mathrm{d}t^2}\right|_i = \boldsymbol{f}_{O_b} + \boldsymbol{G} \tag{4-124}$$

式中：$\boldsymbol{f}_{O_s}$、$\boldsymbol{f}_{O_b}$ 分别为加速度计测量点和载体重心处的比力；$\boldsymbol{G}$ 为地球重力矢量。将式(4－124)代入式(4－123)，并向 s 系投影，得

$$\boldsymbol{f}_{O_s}^s = \boldsymbol{f}_{O_b}^s + \dot{\boldsymbol{\omega}}_{is}^s \times \boldsymbol{r}_x^s + \boldsymbol{\omega}_{is}^s \times \boldsymbol{\omega}_{is}^s \times \boldsymbol{r}_x^s \tag{4-125}$$

因此，尺寸效应误差为

$$\Delta\boldsymbol{f}_{Ax}^s = \boldsymbol{f}_{O_s}^s - \boldsymbol{f}_{O_b}^s = \dot{\boldsymbol{\omega}}_{is}^s \times \boldsymbol{r}_x^s + \boldsymbol{\omega}_{is}^s \times \boldsymbol{\omega}_{is}^s \times \boldsymbol{r}_x^s \tag{4-126}$$

对于单轴旋转惯导系统，有

$$\boldsymbol{\omega}_{is}^s = \boldsymbol{C}_n^s\boldsymbol{\omega}_{ib}^n + \boldsymbol{\omega}_{bs}^s = \boldsymbol{C}_n^s\boldsymbol{\omega}_{ie}^n + \boldsymbol{\omega}_{bs}^s = \boldsymbol{C}_n^s[0 \quad \omega_{ie}\cos L \quad \omega_{ie}\sin L]^{\mathrm{T}} + [0 \quad 0 \quad \omega_{bs}^s]^{\mathrm{T}} \tag{4-127}$$

由于 $\omega_{ie} \ll \omega_{bs}^s$，式(4－127)可简化为

$$\boldsymbol{\omega}_{is}^s \approx \boldsymbol{\omega}_{bs}^s = [0 \quad 0 \quad \omega_{bs}^s]^{\mathrm{T}} \tag{4-128}$$

将式(4－128)代入式(4－126)得

$$\Delta\boldsymbol{f}_{Ax}^s = [-\omega_{is}^2\boldsymbol{r}_{xx} - \dot{\omega}_{is}\boldsymbol{r}_{xy} \quad \dot{\omega}_{is}\boldsymbol{r}_{xx} - \dot{\omega}_{is}^2\boldsymbol{r}_{xy} \quad 0]^{\mathrm{T}} \tag{4-129}$$

由于只有敏感轴方向的加速度才能在加速度计输出量中有所体现，而且该输出量为速度增量，因此尺寸效应引起的加速度计 A_x 输出误差为

$$\Delta V_x^s = (-\omega_{is}^2 \cdot \Delta T) r_{xx} + (-\dot{\omega}_{is} \cdot \Delta T) r_{xy} \tag{4-130}$$

同理，尺寸效应引起的加速度计 A_y 输出误差为

$$\Delta V_y^s = (\dot{\omega}_{is} \cdot \Delta T) r_{yx} + (-\omega_{is}^2 \cdot \Delta T) r_{yy} \tag{4-131}$$

式中：ΔT 为采样周期。

4.6.2 以加速度计输出值为观测量的尺寸参数辨识方法

1. 理想情况下的尺寸参数辨识

理想情况下，IMU 相对于载体的转动过程中 $\Delta V_i^s = 0, (i = x, y)$。将式(4-130)和式(4-131)在时间区间[0,t]积分得

$$\begin{cases} \sum_0^t \Delta V_x^s = \sum_0^t (-\omega_{is}^2 \cdot \Delta T) r_{xx} + \sum_0^t (-\dot{\omega}_{is} \cdot \Delta T) r_{xy} \\ \sum_0^t \Delta V_y^s = \sum_0^t (\dot{\omega}_{is} \cdot \Delta T) r_{yx} + \sum_0^t (-\omega_{is}^2 \cdot \Delta T) r_{yy} \end{cases} \tag{4-132}$$

又 $\omega_{is}|_{t=0} = 0$，则 $\sum_0^t (\dot{\omega}_{is} \cdot \Delta T) = \omega_{is}$，则

$$\begin{cases} \sum_0^t \Delta V_x^s = \sum_0^t (-\omega_{is}^2 \cdot \Delta T) r_{xx} - \omega_{is}|_t \cdot r_{xy} \\ \sum_0^t \Delta V_y^s = \omega_{is}|_t \cdot r_{yx} + \sum_0^t (-\omega_{is}^2 \cdot \Delta T) r_{yy} \end{cases} \tag{4-133}$$

取不同时刻 t_1、t_2，有

$$\begin{bmatrix} \sum_0^{t_1} \Delta V_x^s \\ \sum_0^{t_1} \Delta V_y^s \\ \sum_0^{t_2} \Delta V_x^s \\ \sum_0^{t_2} \Delta V_y^s \end{bmatrix} = \begin{bmatrix} \sum_0^{t_1} (-\omega_{is}^2 \cdot \Delta T) & -\omega_{is}|_{t_1} & 0 & 0 \\ 0 & 0 & \omega_{is}|_{t_1} & \sum_0^{t_1} (-\omega_{is}^2 \cdot \Delta T) \\ \sum_0^{t_2} (-\omega_{is}^2 \cdot \Delta T) & -\omega_{is}|_{t_2} & 0 & 0 \\ 0 & 0 & \omega_{is}|_{t_2} & \sum_0^{t_2} (-\omega_{is}^2 \cdot \Delta T) \end{bmatrix} \begin{bmatrix} r_{xx} \\ r_{xy} \\ r_{yx} \\ r_{yy} \end{bmatrix} \tag{4-134}$$

若系数矩阵满秩，即存在逆矩阵，则

$$\begin{bmatrix} r_{xx} \\ r_{xy} \\ r_{yx} \\ r_{yy} \end{bmatrix} = \begin{bmatrix} \sum_{0}^{t_1}(-\omega_{is}^2 \cdot \Delta T) & -\omega_{is}|_{t_1} & 0 & 0 \\ 0 & 0 & \omega_{is}|_{t_1} & \sum_{0}^{t_1}(-\omega_{is}^2 \cdot \Delta T) \\ \sum_{0}^{t_2}(-\omega_{is}^2 \cdot \Delta T) & -\omega_{is}|_{t_2} & 0 & 0 \\ 0 & 0 & \omega_{is}|_{t_2} & \sum_{0}^{t_2}(-\omega_{is}^2 \cdot \Delta T) \end{bmatrix}^{-1} \begin{bmatrix} \sum_{0}^{t_1}\Delta V_x^s \\ \sum_{0}^{t_1}\Delta V_y^s \\ \sum_{0}^{t_2}\Delta V_x^s \\ \sum_{0}^{t_2}\Delta V_y^s \end{bmatrix} \tag{4-135}$$

根据比力方程，尺寸效应引起的加速度计输出误差 $\Delta \boldsymbol{V}^s$ 为

$$\Delta \boldsymbol{V}^s = \boldsymbol{C}_b^s \boldsymbol{C}_n^b \Delta \boldsymbol{V}^n = \boldsymbol{C}_b^s \boldsymbol{C}_n^b (\boldsymbol{C}_s^n \Delta V^f - (2\boldsymbol{\omega}_{ie} + \boldsymbol{\omega}_{en}) \times \boldsymbol{V}_{en} \cdot \Delta T + \boldsymbol{g} \cdot \Delta T) \tag{4-136}$$

式中：$\boldsymbol{g} = [0 \quad 0 \quad -g]^{\mathrm{T}}$；$\boldsymbol{V}_{en} = [0 \quad 0 \quad 0]^{\mathrm{T}}$；$\Delta V^f$ 为加速度计输出的速度增量。代入式(4－136)得

$$\Delta \boldsymbol{V}^s = \Delta \boldsymbol{V}^f + \boldsymbol{C}_b^s \boldsymbol{C}_n^b [0 \quad 0 \quad -g \cdot \Delta T]^{\mathrm{T}} \tag{4-137}$$

2. 实际系统中的尺寸参数辨识误差分析

根据式(4－137)，实际系统中存在以下误差：①加速度计自身误差，由于加速度计零偏比较稳定，且可以在数据预处理阶段进行补偿，故只考虑加速度计噪声；②转位角度测量误差，由于转位机构的光栅测角误差相对于载体姿态误差可忽略不计，因此忽略 $\boldsymbol{C}_b^s$ 误差；③载体姿态误差。只考虑载体姿态误差且认为是小角，那么实际系统中有

$$\Delta \hat{\boldsymbol{V}}^s = \Delta \boldsymbol{V}^f + \Delta \boldsymbol{V}_w^f + C_b^s \hat{\boldsymbol{C}}_n^b [0 \quad 0 \quad -g \cdot \Delta T]^{\mathrm{T}} \tag{4-138}$$

式中：$\hat{\boldsymbol{C}}_n^b = (\boldsymbol{C}_n^{n'} \boldsymbol{C}_b^n)^{\mathrm{T}} = [(\boldsymbol{I} - \boldsymbol{\varphi}^n \times)\boldsymbol{C}_b^n]^{\mathrm{T}} = \boldsymbol{C}_n^b (\boldsymbol{I} - \boldsymbol{\varphi}^n \times)^{\mathrm{T}}$。代入式(4－138)得

$$\begin{aligned} \Delta \hat{\boldsymbol{V}}^s &= \Delta \boldsymbol{V}^f + \Delta \boldsymbol{V}_w^f + \boldsymbol{C}_b^s \boldsymbol{C}_n^b (\boldsymbol{I} - \boldsymbol{\varphi}^n \times)^{\mathrm{T}} [0 \quad 0 \quad -g \cdot \Delta T]^{\mathrm{T}} \\ &= \Delta \boldsymbol{V}^f + \Delta \boldsymbol{V}_w^f + \boldsymbol{C}_b^s \boldsymbol{C}_n^b [0 \quad 0 \quad -g \cdot \Delta T]^{\mathrm{T}} + \boldsymbol{C}_b^s \boldsymbol{C}_n^b (-\boldsymbol{\varphi}^n \times)^{\mathrm{T}} [0 \quad 0 \quad -g \cdot \Delta T]^{\mathrm{T}} \\ &= \Delta \boldsymbol{V}^s + \Delta \boldsymbol{V}_w^f + \boldsymbol{C}_b^s \boldsymbol{C}_n^b (-\boldsymbol{\varphi}^n \times)^{\mathrm{T}} [0 \quad 0 \quad -g \cdot \Delta T]^{\mathrm{T}} \\ &= \Delta \boldsymbol{V}^s + \delta \Delta V^s \end{aligned} \tag{4-139}$$

式中：$\delta \Delta \boldsymbol{V}^s = \Delta \boldsymbol{V}_w^f + \boldsymbol{C}_b^s \boldsymbol{C}_n^b \begin{bmatrix} 0 & -\phi_U & \phi_N \\ \phi_U & 0 & -\phi_E \\ -\phi_N & \phi_E & 0 \end{bmatrix} \begin{bmatrix} 0 \\ 0 \\ -g \cdot \Delta T \end{bmatrix}$。

将式(4－139)代入式(4－135)得载体姿态误差引起的尺寸参数辨识误差为

$$\begin{bmatrix}\delta r_{xx}\\ \delta r_{xy}\\ \delta r_{yx}\\ \delta r_{yy}\end{bmatrix}=\begin{bmatrix}\sum\limits_{0}^{t_1}(-\omega_{is}^2\cdot\Delta T) & -\omega_{is}|_{t_1} & 0 & 0\\ 0 & 0 & \omega_{is}|_{t_1} & \sum\limits_{0}^{t_1}(-\omega_{is}^2\cdot\Delta T)\\ \sum\limits_{0}^{t_2}(-\omega_{is}^2\cdot\Delta T) & -\omega_{is}|_{t_2} & 0 & 0\\ 0 & 0 & \omega_{is}|_{t_2} & \sum\limits_{0}^{t_2}(-\omega_{is}^2\cdot\Delta T)\end{bmatrix}^{-1}\begin{bmatrix}\sum\limits_{0}^{t_1}\delta\Delta V_x^s\\ \sum\limits_{0}^{t_1}\delta\Delta V_y^s\\ \sum\limits_{0}^{t_2}\delta\Delta V_x^s\\ \sum\limits_{0}^{t_2}\delta\Delta V_y^s\end{bmatrix}\tag{4-140}$$

由式(4－140)可知,尺寸参数辨识误差与$\delta\Delta V^s$有关。式(4－138)中,ΔV_w^f与加速度计硬件条件有关,下面主要对载体姿态引起的辨识误差进行分析。

记$\delta\Delta\boldsymbol{V}_c^s=\delta\Delta\boldsymbol{V}^s-\Delta\boldsymbol{V}_w^f$,$\boldsymbol{C}_b^n=\begin{bmatrix}C_{11} & C_{12} & C_{13}\\ C_{21} & C_{22} & C_{23}\\ C_{31} & C_{32} & C_{33}\end{bmatrix}$,$\boldsymbol{C}_n^b=\begin{bmatrix}C_{11} & C_{21} & C_{31}\\ C_{12} & C_{22} & C_{32}\\ C_{13} & C_{23} & C_{33}\end{bmatrix}$。那么

$$\begin{aligned}\delta\Delta\boldsymbol{V}_c^s&=\boldsymbol{C}_b^s\boldsymbol{C}_n^b(-\varphi^n\times)^{\mathrm{T}}[0\quad 0\quad -g\cdot\Delta T]^{\mathrm{T}}\\ &=\begin{bmatrix}\cos\alpha & -\sin\alpha & 0\\ \sin\alpha & \cos\alpha & 0\\ 0 & 0 & 1\end{bmatrix}\begin{bmatrix}C_{11} & C_{21} & C_{31}\\ C_{12} & C_{22} & C_{32}\\ C_{13} & C_{23} & C_{33}\end{bmatrix}\begin{bmatrix}-g\cdot\Delta T\phi_N\\ g\cdot\Delta T\phi_E\\ 0\end{bmatrix}\\ &=\begin{bmatrix}\phi_E(C_{21}\cos\alpha-C_{22}\sin\alpha)-\phi_N(C_{11}\cos\alpha-C_{12}\sin\alpha)\\ \phi_E(C_{21}\sin\alpha+C_{22}\cos\alpha)-\phi_N(C_{11}\sin\alpha+C_{12}\cos\alpha)\\ \phi_E C_{23}-\phi_N C_{13}\end{bmatrix}g\cdot\Delta T\end{aligned}\tag{4-141}$$

式中:α为s系相对于b系转过的角度。

由式(4－141)可知,对水平加速度计A_x、A_y,载体姿态引起的尺寸参数辨识误差与载体水平姿态角误差ϕ_E、ϕ_N和转动角度α有关。由于载体姿态角误差不可避免地存在,而且惯导实际工作环境中$\boldsymbol{C}_b^n$具有任意性。因此,设计合理的转位方案是消除载体姿态引起的尺寸参数辨识误差的重要方向。

根据式(4－135)和式(4－140),若要对尺寸参数进行精确辨识,IMU必须存在转动过程;若要对其中的切向分量r_{xy}、r_{yx}进行辨识,还需要存在加减速过程,因此有必要建立相应的转动角速度模型进行定量分析。另外,根据式(4－141),研究转位角速度模型对于设计合理的转位方案具有重要意义。以整周旋转为例。由于真实系统的转位角速度是变加减速过程,建立如图2－16所

示的匀加减速模型。该模型分为三部分:匀加速阶段、匀速阶段和匀减速阶段,匀加速与匀减速阶段的加速度绝对值相同。由于推导过程类似,在此不加赘述,直接给出转位角速度模型对式(4-141)的积分的影响。

根据式(4-141),$\delta\Delta V_c^s$ 可以看作 δf_c^s 的离散化,则

$$\delta f_c^s = \begin{bmatrix} \phi_E(C_{21}\cos\alpha - C_{22}\sin\alpha) - \phi_N(C_{11}\cos\alpha - C_{12}\sin\alpha) \\ \phi_E(C_{21}\sin\alpha + C_{22}\cos\alpha) - \phi_N(C_{11}\sin\alpha + C_{12}\cos\alpha) \\ \phi_E C_{23} - \phi_N C_{13} \end{bmatrix} g \tag{4-142}$$

整周旋转累积的 s 系速度误差为

$$\int_0^T \delta f_c^s \mathrm{d}t = \begin{bmatrix} (\phi_E C_{21} - \phi_N C_{11}) g M_c \\ (\phi_E C_{22} - \phi_N C_{12}) g M_c \\ (\phi_E C_{23} - \phi_N C_{13}) g T \end{bmatrix} \tag{4-143}$$

式中:$M_c = 2\int_0^{t_1} \cos\left(\frac{1}{2}\frac{\omega_c}{t_1}t^2\right)\mathrm{d}t - \frac{2\sin(\omega_c t_1/2)}{\omega_c}$。

下面以 $\int_0^T \delta f_{cx}^s \mathrm{d}t$ 为例进行分析。

$$\begin{aligned} \int_0^T \delta f_{cx}^s \mathrm{d}t &= (\phi_E C_{21} - \phi_N C_{11}) g M_c \\ &= 2(\phi_E C_{21} - \phi_N C_{11}) g\left[\int_0^{t_1} \cos\left(\frac{1}{2}\frac{\omega_c}{t_1}t^2\right)\mathrm{d}t - \int_0^{t_1/2} \cos(\omega_c t)\mathrm{d}t\right] \\ &= 2(\phi_E C_{21} - \phi_N C_{11}) g\left[\int_0^{t_1} \cos\left(\frac{1}{2}\frac{\omega_c}{t_1}t^2\right)\mathrm{d}t + \int_0^{t_1/2} \cos(\omega_c t + \pi)\mathrm{d}t\right] \\ &= 2(\phi_E C_{21} - \phi_N C_{11}) g\left[\int_0^{t_1} \cos\left(\frac{1}{2}\frac{\omega_c}{t_1}t^2\right)\mathrm{d}t - \int_{\pi/\omega_c}^{\pi/\omega_c + t_1/2} \cos(\omega_c t)\mathrm{d}t\right] \end{aligned}$$

$\int_0^T \delta f_{cx}^s \mathrm{d}t$ 即为加减速阶段重力加速度分量$(\phi_E C_{21} - \phi_N C_{11})g$ 在 n 轴投影的积分叠加上与加减速阶段中心对称的匀速阶段$(\phi_E C_{21} - \phi_N C_{11})g$ 在 n 轴投影的积分。式中的 2 倍关系是因为匀加速阶段和匀减速阶段分别对应一次上述叠加过程,并且经换元积分后结果相等。因此,$\int_0^T \delta f_{cx}^s \mathrm{d}t \neq 0$ 的原因在于中心对称的两个位置的角速度绝对值不完全相等。若图 2-17 中 b 点和 d 点的角速度相同,那么由于 $\cos\alpha + \cos(\alpha + \pi) = 0$,整周期积分结果也为零。$\int_0^T \delta f_{cy}^s \mathrm{d}t$ 与 $\int_0^T \delta f_{cx}^s \mathrm{d}t$ 的分析过程一致。加减速阶段任意满足轴对称两点的角速度是相等的。故加速和减速阶段$(\phi_E C_{21} - \phi_N C_{11})g$ 在 n 轴的投影积分之和也为零。

上述分析为后文设计合理的尺寸参数辨识实验的转位方案提供了理论依据。

3. 尺寸参数辨识的转位设计

通过设计合理的转位方案，如果能够使式(4－140)中载体姿态误差引起的 s 系速度误差积分 $\sum_{0}^{t}\delta\Delta V_j^s(t=t_1,t_2)(j=x,y)$ 等于零，那么尺寸参数辨识的输入误差只剩下加速度计测量噪声，尺寸参数精度会进一步提高。

采用转位机构角速度的匀加减速模型，结合 2.6.2 小节的量化分析，设计图 4－17所示 180°正反连续旋转方案：先顺时针方向转动 180°，再逆时针方向转动 180°至起点，然后继续逆时针方向转动 180°，最后顺时针方向转动 180°回到起点，一个整周转动过程结束。由于尺寸效应在 IMU 转动过程中才会有所体现，因此整个转动过程内 IMU 不在起止点驻留。虚线示意匀加减速与匀速转动的分界线。

图 4－17 中加减速过程同时满足轴对称和中心对称条件，使得每个转位周期结束时刻 $\sum_{0}^{t}\delta\Delta V_j^s(t=t_1,t_2)(j=x,y)$ 等于零。除图 4－17 所示的“顺逆逆顺”的转动方案外，“顺顺逆逆”同样可以同时满足轴对称与中心对称，但是从旋转调制抑制误差传播的角度来看，图 4－17 所示的“顺逆逆顺”方案的陀螺单向漂移时间仅是“顺顺逆逆”方案的 1/2 抑制常值误差传播的效果更好。

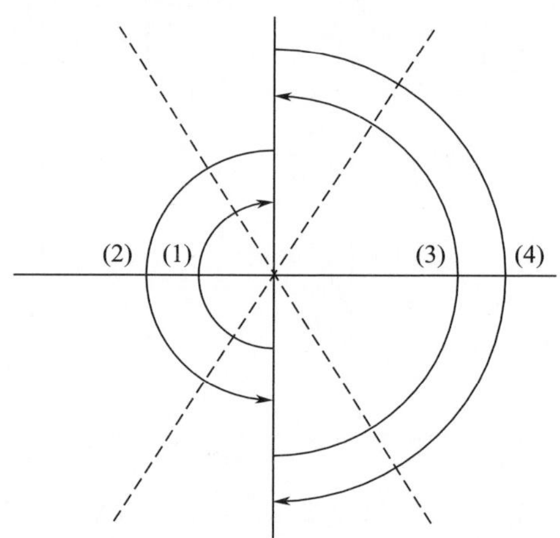

图 4－17　尺寸参数辨识实验的转位方案

为了使 $\sum_{0}^{t}\delta\Delta V_j^s=0,(t=t_1,t_2)(j=x,y)$ 为零，式(4－135)和式(4－140)中 t_1、t_2 应选择整周旋转结束的时刻。

4.6.3 实验验证与分析

1. 基于旋转轴方向陀螺信息的转位角速度和角加速度模型

由式(4－132)和式(4－133)可知，实现尺寸参数的有效辨识需要准确的

角速度 ω 和角加速度 $\dot{\omega}$ 信息。虽然经过$\omega_{is}|_{t=0}=0$，$\sum_{0}^{t}(\dot{\omega}_{is}\Delta T)=\omega_{is}$ 的处理后，式(4 - 135)中只要求提供转动角速度 ω，但如式(4 - 130)和式(4 - 131)所示，标定结果出来后，对每次采样进行尺寸效应补偿时，必须同时提供 ω 和 $\dot{\omega}$。

由于某型单轴旋转惯导系统的内置转台不能通过串口输出 ω 和 $\dot{\omega}$ 信息，因此，需要通过解算旋转轴方向的陀螺输出值得到。与图 4 - 15 和图 4 - 16 所示的加速度计安装情况类似，数据预处理阶段对陀螺安装误差进行补偿以后，转动过程中陀螺敏感轴 $\boldsymbol{U}_{Gz}^{b}$ 始终与 $\boldsymbol{O}_b z_b$ 轴平行。进一步补偿常值漂移后，旋转轴方向的陀螺输出主要包含转台的旋转角速度、地球自转角速度分量和测量噪声，且 $\omega_{ie} \ll \omega_{bs}^{s}$。

直接对激光陀螺输出的角增量进行微分会放大噪声，因此采用卡尔曼滤波法进行转动角速度的提取。首先建立状态空间模型。

状态方程为

$$\dot{\boldsymbol{X}}=\begin{bmatrix}\dot{\omega}\\ \dot{\omega}\end{bmatrix}=\begin{bmatrix}\dot{\omega}\\ \ddot{\omega}\end{bmatrix}=\begin{bmatrix}0&1\\0&0\end{bmatrix}\begin{bmatrix}\omega\\ \dot{\omega}\end{bmatrix}=\begin{bmatrix}0&1\\0&0\end{bmatrix}\boldsymbol{X}\tag{4-144}$$

量测方程为

$$\boldsymbol{Z}=\Delta\theta[\Delta T\quad 0]\begin{bmatrix}\omega\\ \dot{\omega}\end{bmatrix}=\boldsymbol{HX}\tag{4-145}$$

一个完整转位周期内的滤波结果如图 4 - 18 和图 4 - 19 所示。

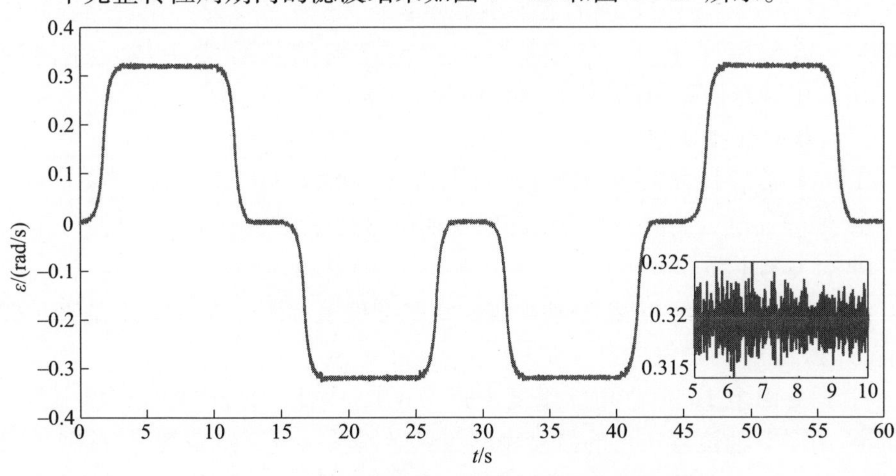

图 4 - 18　转动角速度的滤波结果(见彩图)

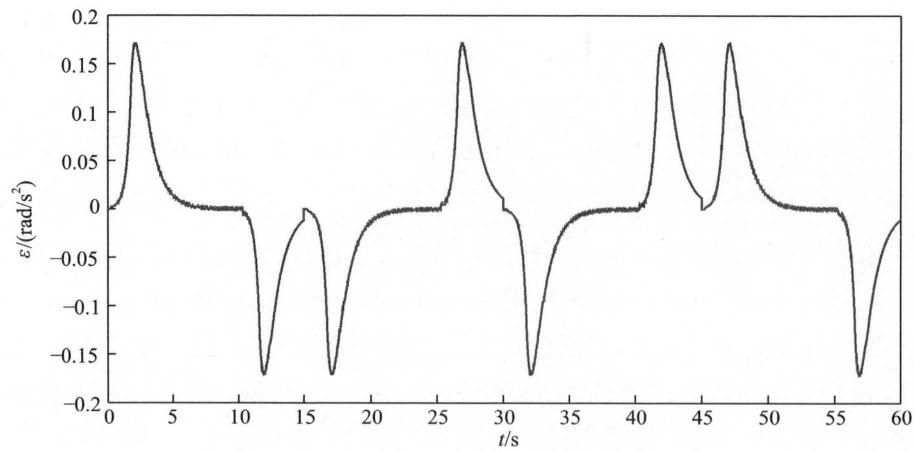

图 4-19　转动角加速度的滤波结果(见彩图)

实验中发现,角加速度的收敛速度较慢,在每次 180°转动的结束时刻,角加速度估计值 $|\dot{\omega}|\approx 0.012\text{rad/s}^2\neq 0$。为了降低其影响,每次 180°转动结束时将状态量 $\boldsymbol{X}$ 清零,但保留估计均方误差矩阵 $\boldsymbol{P}_k$,进入下一个转动过程的滤波。

2. 实验步骤与尺寸参数辨识结果

主要仪器为某型单轴旋转惯导系统、GT400 型双轴位置转台、基准棱镜和高精度经纬仪。陀螺常值漂移为 0.005°/h,加速度计零偏为 $3\times10^{-5}g$。

虽然根据 2.6.2 小节可知,在转位机构的匀加减速模型条件下,图 4-17 所示转位方案中尺寸参数辨识误差不受载体姿态影响,但是为了尽可能地避免实际系统与匀加减速模型之间的差异引起辨识误差,有必要提供比较准确的姿态角信息。这种情况下,图 4-17 所示转位方案的优势集中体现在抑制式(4-143)中姿态误差角的影响。整体实验步骤如下。

(1) 获取载体姿态。

① 单轴旋转惯导系统固定在转台上,转台调水平后锁死。

② 惯导加电,内置转台带动 IMU 自动位置归零。

③ 惯导预热 5min。

④ 架设高精度经纬仪,分别与实验室基准棱镜和固连在 IMU 上的直角棱镜准直,计算 IMU 航向角。

⑤ 惯导断电 1min,加电后重复步骤④共 10 次,取均值作为载体航向角。

⑥ 由于双轴位置转台的数显表读数只能提供一个倾斜角度,故单独进行二位置对准,记录载体俯仰角和横滚角;由于“基准棱镜 + 高精度经纬仪”的精度高于二位置初始对准,故不采用对准得到的航向角。

(2) 尺寸参数辨识。

① 按照图 4 - 17 所示转位方案,转动 10 个周期,将数据文件读入 MATLAB 进行离线处理。

② 根据步骤①提供的载体姿态角和惯导内置转台提供的光栅测角信息计算任意时刻的 IMU 姿态角。

③ 采用卡尔曼滤波估计各个时刻的转动角速度和角加速度。

④ 根据式(4 - 135)和式(4 - 137)进行 s 系加速度计输出值累加,t_1 取第 10 个转位周期结束的时刻,记录 $\sum_{0}^{t_1}\Delta V_x^s$、$\sum_{0}^{t_1}\Delta V_y^s$。

⑤ 重新计算步骤④,为了保证式(4 - 134)的系数矩阵满秩且最大限度降低加速度计噪声的影响,t_2 取为第 9 个转位周期结束的时刻,记录 $\sum_{0}^{t_2}\Delta V_x^s$、$\sum_{0}^{t_2}\Delta V_y^s$。

⑥ 将 $\sum_{0}^{t_1}\Delta V_x^s$、$\sum_{0}^{t_1}\Delta V_y^s$、$\sum_{0}^{t_2}\Delta V_x^s$、$\sum_{0}^{t_2}\Delta V_y^s$ 代入式(4 - 135)求解尺寸参数。

重复测量 10 组,计算的尺寸参数如表 4 - 7 所列。

表 4 - 7　尺寸参数辨识结果

组别	r_{xx}/mm	r_{xy}/mm	r_{yx}/mm	r_{yy}/mm
1	-53.8448	5.076039	-52.8638	-62.4470
2	-54.2949	4.499334	-52.8032	-63.0310
3	-54.7734	4.554068	-53.7677	-63.8971
4	-55.2936	4.772434	-53.3844	-64.6755
5	-55.6928	4.745909	-54.5749	-65.4342
6	-56.0960	4.412964	-55.1578	-66.2128
7	-56.5027	4.424710	-54.5540	-66.9079
8	-56.9735	3.794455	-55.1174	-67.6034
9	-57.3878	4.139211	-55.0255	-68.3212
10	-57.7256	4.273753	-55.7338	-68.8137
均值	-55.8585	4.469288	-54.2982	-65.7344
一倍标准差	1.315025	0.357833	1.030167	2.210468

3. 补偿尺寸效应后的初始对准结果与分析

根据式(4 - 126)、式(4 - 130)和式(4 - 131),利用表 4 - 7 求解的尺寸参数均值补偿二位置对准的加速度计输出值。补偿前后的速度误差如图 4 - 20和图 4 - 21所示。可见,补偿尺寸效应后,转动过程中滤波后的东向速度误差减小约 52%,北向速度误差减小约 69%。已知旋转轴方向的 V_u

不存在尺寸效应误差，比较图 4-21 中 V_e、V_n、V_u 可知，补偿后的 V_e、V_n 与纯惯导解算的 V_u 在数值和变化趋势上非常接近，定性地反映了尺寸参数辨识与补偿的效果。

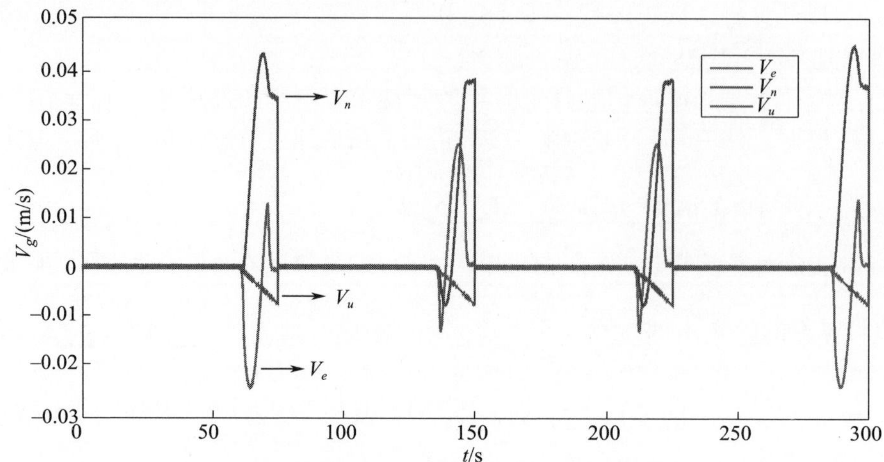

图 4-20 二位置对准的速度误差（见彩图）

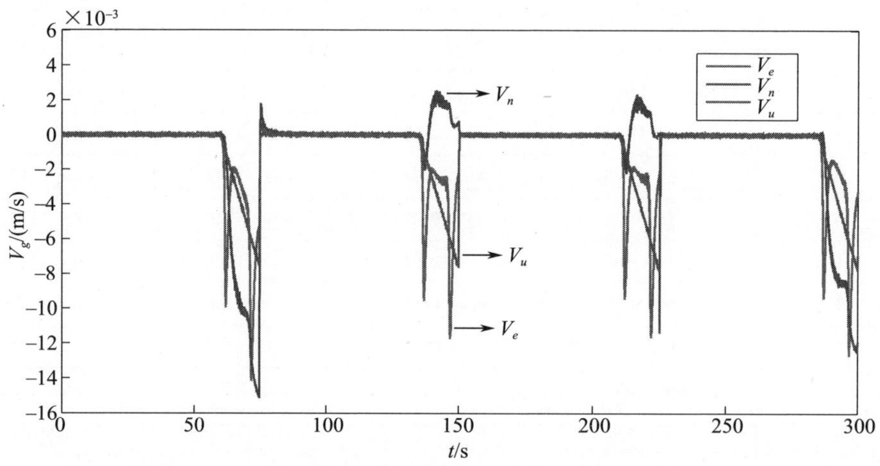

图 4-21 补偿尺寸效应后二位置对准的速度误差（见彩图）

以补偿尺寸效应后的速度误差为观测量，进行 300s 全程卡尔曼滤波初始对准。滤波后的速度误差如图 4-22 所示，补偿前后的对准结果如表 4-8 所列，真值由基准棱镜和高精度经纬仪得到。由表 4-8 可知，补偿尺寸效应后，初始对准航向角相对于真值的标准差（3σ）由 69.55″提高到 47.17″，验证了尺寸参数辨识结果的准确性。

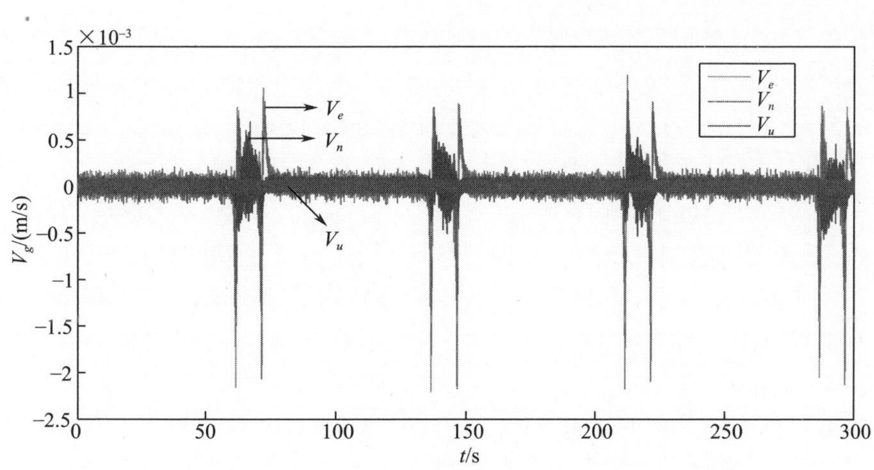

图 4-22　补偿尺寸效应后全程对准的速度误差(见彩图)

表 4-8　补偿尺寸效应前后的初始对准结果

组别	二位置对准/(°)	全程对准/(°)	真值/(°)
1	270. 7395	270. 7357	270. 7359
2	270. 7358	270. 7337	
3	270. 7452	270. 7425	
4	270. 7449	270. 7406	
5	270. 7404	270. 7378	
6	270. 7411	270. 7385	
7	270. 7451	270. 7433	
8	270. 7374	270. 7376	
9	270. 7444	270. 7409	
10	270. 7408	270. 7409	
均值	270. 7415	270. 7391	
一倍标准差/(″)	12. 12768	10. 92758	
相对于真值 3σ/(″)	69. 54521	47. 16889	

4.7 本章小结

本章针对卡尔曼滤波精对准不完全可观测的问题,在介绍基于矢量定姿的惯性系抗干扰粗对准的基础上,详细研究了观测量扩展和最优二位置对准两种可观测性增强方式对精对准速度和精度的影响。

首先研究了观测量扩展对系统可观测性的影响，通过可观测矩阵求秩和奇异值分解法对比了各状态量的可观测度。针对基于奇异值分解法分析可观测度存在的问题，提出通过直接求解观测量所包含的信息来判断系统状态量的可观测度及其在估计过程中的收敛速度。分析和仿真结果表明，引入等效比力后对方位失准角估计速度的影响有限，且对其他状态量的可观测度无影响；引入陀螺信息后，系统的可观测状态组合不变，但部分状态量的可观测性增强，方位失准角的估计速度明显加快，天向陀螺漂移也能够精确估计出来；仅引入等效东向陀螺误差也可以明显加快方位失准角的估计速度，但天向陀螺漂移不能被估计出来。

根据可观测性分析的结果，确定了静基座初始对准系统最优可观测状态量子空间，建立了简化后的模型。在此基础上应用强跟踪自适应滤波进一步提高了初始对准速度，特别是在车载环境下效果更加明显。实验结果表明，当载车发动机启动而无其他干扰时，经过数字滤波再运用自适应滤波方法，陀螺信息的引入仍然可以加速对准。

其次，从"误差自补偿"和"改善可观测性"两个角度出发，对二位置对准进行了研究。推导了最优二位置对准的驻留点，采用转位角速度的匀加减速模型设计了新的 180°正反转停方案，实现了常值误差自补偿效果的最优化，且能避免标度因数误差随时间积累激发出更大的导航误差。基于新的转位方案，设计了精对准流程，并分析了系统的可观测性。结果表明，二位置对准时系统由单位置的不完全可观测变为完全可观测，能够改善初始对准中卡尔曼滤波收敛的速度和精度。

针对二位置对准转位过程中加速度尺寸效应的影响，推导了以加速度计输出值为观测量的尺寸参数辨识方法，研究了载体姿态和转动角速度模型对尺寸参数辨识的影响，并以此为基础设计了 180°正反连续旋转方案。针对转位角速度和角加速度不可知的问题，提出了基于旋转轴方向陀螺信息的角速度和角加速度滤波模型并进行了实验。最后开展了尺寸参数辨识与全程对准实验，给出了具体的实验操作步骤，并得出结论：补偿尺寸效应后，初始对准航向角相对于真值的标准差（3σ）由 69.55″提高到 47.17″，验证了方法的可行性。

第 5 章

车载 SINS/LDV/OD 组合定位

捷联惯导系统以数字递推的方式实现载体定位，惯性测量装置的漂移误差在积分中逐渐传播，导致定位误差不断累积扩大。组合定位技术通过外部传感器引入高精度的导航信息来抑制定位误差的发散。对车辆而言，速度信息是常用的辅助定位信息。测速仪和里程计都能给出车辆的速度信息，但两者的测速原理和误差特性有所不同，两者互相配合可以实现高精度、高可靠性的速度测量，从而有效提高组合定位精度。

5.1　车辆速度测量原理

车载平台的速度测量手段主要包括加速度计、卫星接收机、里程计和多普勒测速仪。加速度计不能直接测量载体运动速度，需要对测得的加速度信号进行积分运算，这会导致误差的不断积累，从而严重影响定位精度。卫星接收机通过定位信息和间隔时间的比值间接给出载体速度，但卫星测速存在可靠性和自主性不高的问题。因此，这里主要采用激光多普勒测速仪和里程计两种测速手段[170,171]。

5.1.1　里程计测速原理

里程计安装在车轮的计数齿轮处，通过光电码盘测量车轮转速，其刻度系数表示单个脉冲对应的里程增量，单位时间内脉冲数与刻度系数乘积为载体速度。里程计测量车轮相对地面的行驶里程，等效于敏感车轮与地面接触点的纵向速度[172,173]。

定义里程计坐标系（m 系）：坐标原点位于车轮与地面接触点 $\boldsymbol{O}_P$，y_m 轴沿车体纵轴指向正前方，x_m 轴沿车体横轴指向右侧，z_m 轴垂直于 x_m 轴和 y_m 轴并构成右手直角坐标系。根据 2.1.1 小节的定义，IMU 相对车辆无旋转时，认为 s 系与 b 系指向一致；根据 m 系和 b 系的定义可知，二者坐标轴指向一致，则理想状态下，s 系、b 系、m 系坐标轴指向是一致的。由于 IMU 和里程计在车辆上存在安装误差，s 系和 m 系指向不可能与 b 系指向完全一致。实际上，SINS 解算的是 s 系原点的位置、速度以及 s 系的姿态。对纯惯导系统而言，b 系的具体定义不影响 SINS 解算的精度；对组合导航系统而言，影响解算精度的是 s 系与 m 系之间的相对位置和姿态关系，也与 b 系无关。因此，这里对 b 系进行重新定义：IMU 相对车辆无旋转时，b 系与 s 系重合；IMU 相对车辆旋转时，b 系与初始时刻的 s 系重合。设 IMU 内部的敏感中心 $\boldsymbol{O}_I$，则 m 系与 b 系之间的相对关系如图 5－1所示。

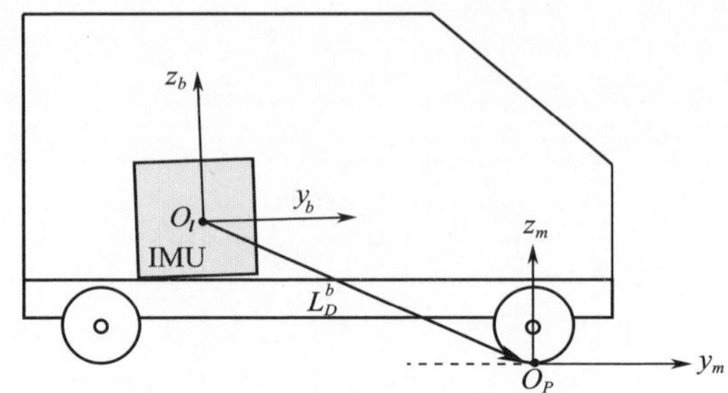

图 5－1　IMU 与里程计的安装示意图（见彩图）

从本质上说，里程计是一维的，即敏感 $\boldsymbol{O}_P$ 点的纵向速度 V_{Py}^m。由于车辆停止时里程计输出速度为零，可认为里程计没有零位误差，所以里程计输出模型可以仅考虑标度因数误差 δK_D 和测量噪声 w_{Py}^m，即

$$\tilde{V}_{Py}^m = (1+\delta K_D)V_{Py}^m + w_{Py}^m \tag{5-1}$$

为了实现三维空间连续导航，可引入车辆运动学约束条件。车辆运动学约束是指车辆在道路上正常行驶时，除非发生侧滑和跳跃，其侧向（x_m 轴向）和法向（z_m 轴向）速度为零，即

$$\begin{cases} V_{Px}^m = 0 \\ V_{Pz}^m = 0 \end{cases} \tag{5-2}$$

实际情况下，由于车辆转向侧滑、车体振动和路面颠簸等因素都会导致 V_{Px}^m 和 V_{Pz}^m 并不像理想的那样为零。不过实验结果表明，可以将侧向和法向速度视为干扰噪声，通过调整噪声方差强度来反映车辆违反约束的程度。考虑式（5－2），$\boldsymbol{O}_P$ 点的理论速度矢量可表示为

$$\boldsymbol{V}_P^m = [0 \quad V_{Py}^m \quad 0]^{\mathrm{T}} \tag{5-3}$$

里程计输出模型可以改写成矢量形式，即

$$\tilde{\boldsymbol{V}}_P^m = (1+\delta K_D)\boldsymbol{V}_P^m + \boldsymbol{w}_P^m \tag{5-4}$$

如前所述，IMU 和里程计的机械安装关系不能保证 m 系与 b 系重合。进一

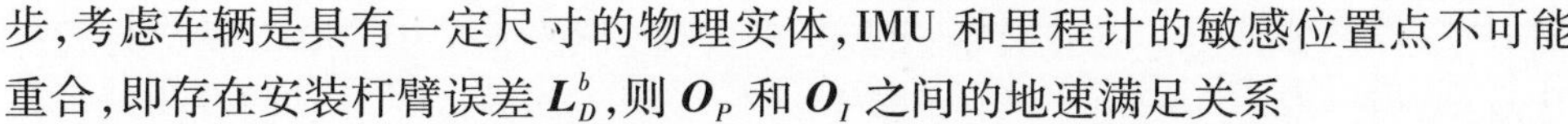

步，考虑车辆是具有一定尺寸的物理实体，IMU和里程计的敏感位置点不可能重合，即存在安装杆臂误差 $\boldsymbol{L}_D^b$，则 $\boldsymbol{O}_P$ 和 $\boldsymbol{O}_I$ 之间的地速满足关系

$$\boldsymbol{V}^b = \boldsymbol{V}_p^b - \boldsymbol{\omega}_{eb}^b \times \boldsymbol{L}_D^b = \boldsymbol{C}_m^b \boldsymbol{V}_p^m - \boldsymbol{\omega}_{eb}^b \times \boldsymbol{L}_D^b \tag{5-5}$$

式中：$\boldsymbol{V}$ 为 $\boldsymbol{O}_I$ 点的地速；$\boldsymbol{V}_P$ 为 $\boldsymbol{O}_P$ 点的地速；$\boldsymbol{L}_D$ 为杆臂矢量 $\overrightarrow{\boldsymbol{O}_I\boldsymbol{O}_P}$；$\boldsymbol{\omega}_{eb}^b = \boldsymbol{\omega}_{en}^b + \boldsymbol{\omega}_{nb}^b$ 为车辆相对地球的转动角速度。

为区别于SINS计算出的地速，并考虑到里程计的测量误差，设根据里程计测量结果计算出的 $\boldsymbol{O}_I$ 点地速为 $\tilde{\boldsymbol{V}}_D^b$，则有

$$\tilde{\boldsymbol{V}}_D^b = \boldsymbol{C}_m^b \tilde{\boldsymbol{V}}_P^m - \boldsymbol{\omega}_{eb}^b \times \boldsymbol{L}_D^b = (1+\delta K_D)\boldsymbol{C}_m^b \boldsymbol{V}_p^m - \boldsymbol{\omega}_{eb}^b \times \boldsymbol{L}_D^b + \boldsymbol{C}_m^b \boldsymbol{w}_P^m \tag{5-6}$$

式(5-6)即为在考虑刻度误差、安装角度误差、安装杆臂误差和测量噪声情况下，里程计测量 $\boldsymbol{O}_I$ 点地速的完整模型。

设 m 系与 b 系之间的3个欧拉角按照附录C中所述顺序定义，分别为方位安装角 $\alpha_{D\Psi}$、俯仰安装角 $\alpha_{D\theta}$ 和横滚安装角 $\alpha_{D\gamma}$，则 $\boldsymbol{C}_b^m$ 可表示为

$$\boldsymbol{C}_b^m = \begin{bmatrix} \mathrm{c}\alpha_{D\gamma}\mathrm{c}\alpha_{D\psi} + \mathrm{s}\alpha_{D\gamma}\alpha_{D\psi}\mathrm{s}\alpha_{D\theta} & -\mathrm{c}\alpha_{D\gamma}\mathrm{s}\alpha_{D\psi} + \mathrm{s}\alpha_{D\gamma}\mathrm{c}\alpha_{D\psi}\mathrm{s}\alpha_{D\theta} & -\mathrm{s}\alpha_{D\gamma}\mathrm{c}\alpha_{D\theta} \\ \mathrm{s}\alpha_{D\psi}\mathrm{c}\alpha_{D\theta} & \mathrm{c}\alpha_{D\psi}\mathrm{c}\alpha_{D\theta} & \mathrm{s}\alpha_{D\theta} \\ \mathrm{s}\alpha_{D\gamma}\mathrm{c}\alpha_{D\psi} - \mathrm{c}\alpha_{D\gamma}\mathrm{s}\alpha_{D\psi}\mathrm{s}\alpha_{D\theta} & -\mathrm{s}\alpha_{D\gamma}\mathrm{s}\alpha_{D\psi} - \mathrm{c}\alpha_{D\gamma}\mathrm{c}\alpha_{D\psi}\mathrm{s}\alpha_{D\theta} & \mathrm{c}\alpha_{D\gamma}\mathrm{c}\alpha_{D\theta} \end{bmatrix} \tag{5-7}$$

式中：符号c表示cos；s表示sin。

则有

$$\boldsymbol{V}_P^b = \boldsymbol{C}_m^b \boldsymbol{V}_P^m = (\boldsymbol{C}_b^m)^{\mathrm{T}} \begin{bmatrix} 0 \\ V_{Py}^m \\ 0 \end{bmatrix} = \begin{bmatrix} \sin\alpha_{D\psi}\cos\alpha_{D\theta} \\ \cos\alpha_{D\psi}\cos\alpha_{D\theta} \\ \sin\alpha_{D\theta} \end{bmatrix} V_{Py}^m \tag{5-8}$$

可见，横滚安装角 $\alpha_{D\gamma}$ 不对速度 $\boldsymbol{V}_P^b$ 产生影响。

如果事先标定好安装角度 $\alpha_{D\psi}$、$\alpha_{D\theta}$，刻度误差 δK_D 和杆臂矢量 $\boldsymbol{L}_D^b$，忽略残余标定误差，则里程计测得的 $\tilde{\boldsymbol{V}}_D^b$ 可以记为

$$\tilde{\boldsymbol{V}}_D^b = \boldsymbol{V}_D^b + \delta\boldsymbol{V}_D^b + \boldsymbol{w}_D^b \tag{5-9}$$

式中：$\delta\boldsymbol{V}_D^b$ 为残余等效非随机测量误差，简单处理时可视为常值；$\boldsymbol{w}_D^b$ 为等效随机误差。

5.1.2　车载LDV测速原理

1. LDV基本原理

多普勒测速以光波的多普勒效应为基础。当波源和接收器存在相对运动

时，接收器检测到的光波会出现频移现象。这一现象最初由多普勒在声波传播中发现，后来爱因斯坦指出多普勒频移同样适用于光波。多普勒频移主要取决于两个因素，即波源与接收器之间的相对运动形式、相对运动速度的大小。下面介绍3种情况下的多普勒频移计算。假设光波的传播速度为 c，光源发射的光波频率为 f_0，接收器检测到的光波频率为 f_1[174,175]。

1）波源静止、接收器运动

设光的波长为 λ，当波源与接收器同时静止时，单位时间内接收器检测到的光波数量为 $f_0=c/\lambda$。当波源静止、接收器以 v_p 运动时，单位时间内接收器检测到的光波数量为

$$f_1=\frac{c+v_p}{\lambda}=\frac{c+v_p}{c}f_0 \tag{5-10}$$

式中：当接收器运动方向朝向波源时 v_p 取正值，背离波源时 v_p 取负值。

2）波源运动、接收器静止

假设波源静止状态发射波长为 $\lambda_0=c/f_0$，波源的运动（速度为 v_s）将会导致发射光波的波长发生变化，为 $\lambda=(c-v_s)/f_0$。此时，接收机检测到的光波频率为

$$f_1=\frac{c}{\lambda}=\frac{c}{c-v_s}f_0 \tag{5-11}$$

式中：波源运动方向朝向接收器时 v_s 取正值；否则 v_s 取负值。

3）波源、接收器同时运动

波源和接收器同时运动的情况可以认为是前两种相对运动形式的叠加，此时接收器检测到的光波频率为

$$f_1=\frac{c+v_p}{c+v_s}f_0 \tag{5-12}$$

LDV 测速主要有以下特点。

① 测速精度高。LDV 测速属于非接触式测量，受到环境的影响较小，比较成熟的产品测速误差一般不会超过1%。

② 速度测量范围广。LDV 的可测速范围主要受到信号接收器和信号处理能力的限制，最低测量速度可达到1m/s以下，最高可达上百米每秒。

③ 测量参数稳定。相比里程计容易存在刻度系数误差和安装误差的影响，LDV 的刻度系数不受温度、气压等影响，一般无需标定。另外，非接触测量方式不存在机械摩擦，LDV 安装到车辆上以后安装位置不会再发生改变。

2. 车载 LDV 测速

激光多普勒测速仪按其光学结构的不同，可分为参考光束型、双光差动型和

自混频型。自混频型 LDV 的优点是光路简单、灵敏度高，但测量精度不高，且不能判定物体的运动方向。参考光束型 LDV 信号接收距离不受接收系统中透镜距离的限制，可进行离焦测量，测量精度高；其不足是对光束准直要求高，且其多普勒频率是散射角的函数，测量结果易受载体振动引起发射倾角变化的影响。双光差动型 LDV 与参考光束型 LDV 相比，测量精度不受激光发射倾角的影响，车辆行进时的上下颠簸对双光差动 LDV 精度不产生影响；其主要不足是运动表面必须处于两束激光的相交区域，无法实现离焦测量，超过测量景深时，测速功能失效，无法给出有效的速度信息。

综合上述分析，参考光束 LDV 用于车辆测速的主要不足是测速结果易受车辆颠簸摇摆的影响。虽然采用 Janus 配置可有效减小车辆颠簸带来的测速误差，但会增加 LDV 系统的复杂程度。双光差动型 LDV 用于车辆测速的主要不足是无法离焦测量，车辆剧烈颠簸时可能导致测速失效。考虑到已有里程计可用来测速，同时通过选择合适的安装位置可使 LDV 在绝大多数工作情况下不致超出测量景深，这里采用双光差动型 LDV 作为测速设备[176-180]。

采用双光差动型 LDV 测量车辆速度原理如图 5-2 所示。测速仪发射的两束激光照射到地面上，散射光由测速仪信号接收装置探测到并转化为电信号送到信号处理器中进行处理，从而得到车辆的速度。假设车辆运动速度为 v，入射激光波长为 λ，则测速仪可测得的多普勒频率为

$$f_{\mathrm{d}}=2\frac{v}{\lambda}\sin\frac{\theta}{2} \tag{5-13}$$

式中：f_{d} 为多普勒频率；θ 为两束入射光线的夹角。

由式(5-13)可得车辆速度为

$$v=\frac{\lambda f_{\mathrm{d}}}{2\sin\frac{\theta}{2}} \tag{5-14}$$

与里程计测速类似，LDV 测量的也是车辆前进方向的速度。设 LDV 的等效测速点为 $\boldsymbol{O}_Q$，在车辆上的安装关系如图 5-2 所示。定义 LDV 坐标系(l 系)：坐标原点位于 LDV 的等效测量点 $\boldsymbol{O}_Q$，y_l 轴沿车体纵轴指向正前方，x_l 轴沿车体横轴指向右侧，z_l 轴垂直于 x_l 轴和 y_l 轴并构成右手直角坐标系。考虑到 LDV 的刻度系数误差 δK_L 和测量噪声，可得

$$\widetilde{V}_{Qy}^{l}=(1+\delta K_L)V_{Qy}^{l}+w_{Qy}^{l} \tag{5-15}$$

考虑到车辆运动学约束条件，除非发生侧滑和跳跃，车辆侧向(x_l 轴向)和法向(z_l 轴向)速度为零，即

$$\begin{cases}V_{Qx}^{l}=0\\V_{Qz}^{l}=0\end{cases} \tag{5-16}$$

实际情况下，由于车辆转向侧滑、车体振动和路面颠簸等因素都会导致V_{Qx}^{l}和V_{Qz}^{l}并不像理想的那样为零。不过实验结果表明，可以将侧向和法向速度视为干扰噪声，通过调整噪声方差强度来反映车辆违反约束的程度。考虑式(5－2)，$\boldsymbol{O}_Q$点的理论速度矢量可表示为

$$\boldsymbol{V}_Q^l=[0 \quad V_{Qy}^l \quad 0]^{\mathrm{T}} \tag{5-17}$$

LDV 的输出模型也可以改写成矢量形式，即

$$\tilde{\boldsymbol{V}}_Q^l=(1+\delta K_L)\boldsymbol{V}_Q^l+\boldsymbol{w}_Q^l \tag{5-18}$$

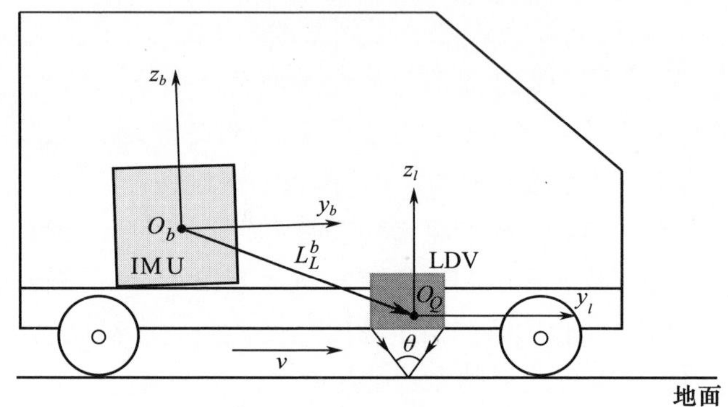

图 5－2　双光差动型 LDV 测量车速示意图(见彩图)

IMU 和 LDV 的敏感位置点不可能重合，即存在安装杆臂误差$\boldsymbol{L}_L^b$，则$\boldsymbol{O}_Q$和$\boldsymbol{O}_I$之间的地速满足关系

$$\boldsymbol{V}^b=\boldsymbol{V}_Q^b-\boldsymbol{\omega}_{eb}^b\times\boldsymbol{L}_L^b=\boldsymbol{C}_l^b\boldsymbol{V}_Q^l-\boldsymbol{\omega}_{eb}^b\times\boldsymbol{L}_L^b \tag{5-19}$$

式中：$\boldsymbol{V}$为$\boldsymbol{O}_I$点的地速；$\boldsymbol{V}_Q$为$\boldsymbol{O}_Q$点的地速；$\boldsymbol{L}_L$为杆臂矢量$\overrightarrow{\boldsymbol{O}_I\boldsymbol{O}_Q}$；$\boldsymbol{\omega}_{eb}^b=\boldsymbol{\omega}_{en}^b+\boldsymbol{\omega}_{nb}^b$为车辆相对地球的转动角速度。

为区别于 SINS 计算出的地速，并考虑到 LDV 的测量误差，记根据 LDV 测量结果计算出的$\boldsymbol{O}_I$点地速为$\tilde{\boldsymbol{V}}_L^b$，则有

$$\tilde{\boldsymbol{V}}_L^b=\boldsymbol{C}_l^b\tilde{\boldsymbol{V}}_Q^l-\boldsymbol{\omega}_{eb}^b\times\boldsymbol{L}_L^b=(1+\delta K_L)\boldsymbol{C}_l^b\boldsymbol{V}_Q^l-\boldsymbol{\omega}_{eb}^b\times\boldsymbol{L}_L^b+\boldsymbol{C}_l^b\boldsymbol{w}_Q^l \tag{5-20}$$

式(5－20)即为在考虑刻度误差、安装角度误差、安装杆臂误差和测量噪声情况下，LDV 测量$\boldsymbol{O}_I$点地速的完整模型。

设l系与b系之间的 3 个欧拉角按照附录 C 中所述的顺序定义，分别为方位安装角$\alpha_{L\psi}$、俯仰安装角$\alpha_{L\theta}$和横滚安装角$\alpha_{L\gamma}$，则$\boldsymbol{C}_b^l$可表示为

$$
\boldsymbol{C}_b^l=\begin{bmatrix} c\alpha_{L\gamma}c\alpha_{L\psi}+s\alpha_{L\gamma}\alpha_{L\psi}s\alpha_{L\theta} & -c\alpha_{L\gamma}s\alpha_{L\psi}+s\alpha_{L\gamma}c\alpha_{L\psi}s\alpha_{L\theta} & -s\alpha_{L\gamma}c\alpha_{L\theta} \\ s\alpha_{L\psi}c\alpha_{L\theta} & c\alpha_{L\psi}c\alpha_{L\theta} & s\alpha_{L\theta} \\ s\alpha_{L\gamma}c\alpha_{L\psi}-c\alpha_{L\gamma}s\alpha_{L\psi}s\alpha_{L\theta} & -s\alpha_{L\gamma}s\alpha_{L\psi}-c\alpha_{L\gamma}c\alpha_{L\psi}s\alpha_{L\theta} & c\alpha_{L\gamma}c\alpha_{L\theta} \end{bmatrix}
\tag{5-21}
$$

式中:符号 c 表示 cos;s 表示 sin。

则有

$$
\boldsymbol{V}_Q^b=\boldsymbol{C}_l^b\boldsymbol{V}_Q^l=(\boldsymbol{C}_b^l)^{\mathrm{T}}\begin{bmatrix}0\\ V_{Q\gamma}^l\\ 0\end{bmatrix}=\begin{bmatrix}\sin\alpha_{L\psi}\cos\alpha_{L\theta}\\ \cos\alpha_{L\psi}\cos\alpha_{L\theta}\\ \sin\alpha_{L\theta}\end{bmatrix}V_{Q\gamma}^l
\tag{5-22}
$$

可见,横滚安装角 $\alpha_{L\gamma}$不对速度 $\boldsymbol{V}_Q^b$ 产生影响。

如果事先标定好安装角度 $\alpha_{L\psi}$、$\alpha_{L\theta}$,刻度误差 δK_L 和杆臂矢量$\boldsymbol{L}_L^b$,忽略残余标定误差,则里程计测得的 $\tilde{\boldsymbol{V}}_L^b$ 可以记为

$$
\tilde{\boldsymbol{V}}_L^b=\boldsymbol{V}_L^b+\delta\boldsymbol{V}_L^b+\boldsymbol{w}_L^b
\tag{5-23}
$$

式中:$\delta\boldsymbol{V}_L^b$ 为残余等效非随机测量误差,简单处理时可视为常值;$\boldsymbol{w}_L^b$ 为等效随机误差。

5.1.3 LDV/OD组合测速方案设计

捷联惯导系统的误差发散依靠 LDV/OD 测速组合提供的速度信息来抑制修正,车辆的速度测量精度成为影响组合导航系统定位精度的重要因素。通过对 LDV 和 OD 的测速原理和故障特性分析可以发现,两种测速手段的测速精度和故障特性均不相同,通过两者的科学配合可以为组合定位系统提供稳定的高精度速度信息。设组合测速结果为 $\tilde{\boldsymbol{V}}_M^b$,有以下几种情况。

(1) LDV 在路面起伏较大超过测量景深时处于离焦状态,此时 LDV 测速功能失效,但里程计能有效提供速度信息,此时采用 $\tilde{\boldsymbol{V}}_D^b$ 作为速度测量值,即 $\tilde{\boldsymbol{V}}_M^b=\tilde{\boldsymbol{V}}_D^b$。

(2) 里程计在车轮空转、滑行和连滚带滑时出现故障,无法有效测量载体速度,此时 LDV 不受影响,采用 $\tilde{\boldsymbol{V}}_L^b$ 作为速度测量值,即 $\tilde{\boldsymbol{V}}_M^b=\tilde{\boldsymbol{V}}_L^b$。

(3) 里程计和 LDV 均正常工作时,采用 $\tilde{\boldsymbol{V}}_D^b$ 和 $\tilde{\boldsymbol{V}}_L^b$ 的加权和作为合成后的速度测量值,权系数根据二者的测量方差确定,即 $\tilde{\boldsymbol{V}}_M^b=\dfrac{\sigma_L^2}{\sigma_D^2+\sigma_L^2}\tilde{\boldsymbol{V}}_D^b+\dfrac{\sigma_D^2}{\sigma_D^2+\sigma_L^2}\tilde{\boldsymbol{V}}_L^b$。

(4) 里程计和测速仪均失效时,采用 SINS 纯惯性导航。

通过以上分析可以得出结论:LDV/OD 组合速度测量方案可以保证高精度和高可靠性的速度测量结果,能够有效改善组合滤波效果和提高组合定位精度。

5.2 基于集中滤波的 SINS/LDV/OD 组合定位

5.2.1 SINS/LDV/OD 组合定位系统原理

SINS/LDV/OD 组合定位系统原理如图 5-3 所示。

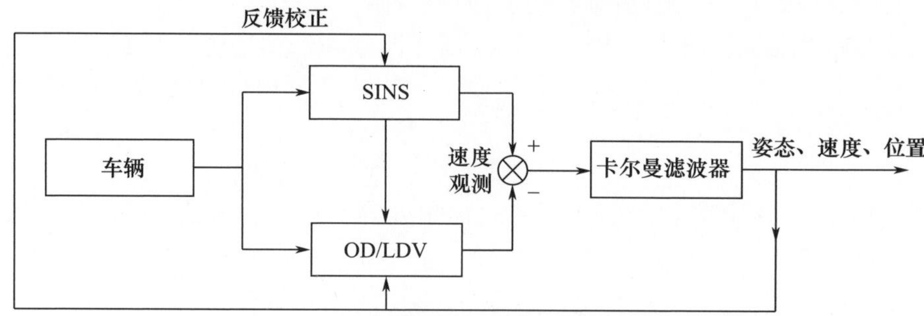

图 5-3 SINS/LDV/OD 组合定位原理

捷联惯导系统通过捷联解算独立给出车辆的姿态、速度和位置信息,导航信息经过卡尔曼滤波器的反馈校正后作为组合导航系统的导航输出。考虑到 LDV 和 OD 各自测速的优缺点,按照 5.1.3 小节所述方案进行 LDV/OD 组合测速[181,182]。LDV/OD 组合提供的高精度速度信息,能够有效提高卡尔曼滤波对误差参数的估计效果,从而提高组合定位系统的定位精度。估计结果用于对捷联惯导系统的输出进行反馈修正,并最终作为组合定位系统的导航输出。

5.2.2 组合导航系统模型

捷联惯导系统的状态变量包括姿态误差角、速度误差、位置误差、陀螺随机常值漂移、加速度计常值零偏,总共 15 个状态量,即[183,184]

$$\boldsymbol{X}_{\text{SINS}} = [\phi_E \quad \phi_N \quad \phi_U \quad \delta V_E \quad \delta V_N \quad \delta V_U \quad \delta L \quad \delta\lambda \quad \delta h \quad \varepsilon_x^b \quad \varepsilon_y^b \quad \varepsilon_z^b \quad \nabla_x^b \quad \nabla_y^b \quad \nabla_z^b]^{\text{T}} \tag{5-24}$$

状态量中,姿态误差、速度误差和位置误差方程见 2.3 节的分析。惯性器件误差微分方程为

$$\dot{\varepsilon}^{b}=0 \tag{5-25}$$

$$\dot{\nabla}^{b}=0 \tag{5-26}$$

速度测量组合的状态变量为载体系速度测量误差，总共3个状态变量，即

$$\boldsymbol{X}_{M}=\delta\boldsymbol{V}_{M}^{b}=[\delta V_{Mx}^{b}\quad\delta V_{My}^{b}\quad\delta V_{My}^{b}]^{\mathrm{T}} \tag{5-27}$$

SINS/LDV/OD 组合导航系统的状态方程为

$$\dot{\boldsymbol{X}}=\boldsymbol{F}\boldsymbol{X}+\boldsymbol{G}\boldsymbol{W} \tag{5-28}$$

式中：$\boldsymbol{X}=[\boldsymbol{X}_{\mathrm{SINS}};\boldsymbol{X}_{M}]$为18维系统状态变量；$\boldsymbol{F}$为$18\times18$维状态量系数矩阵；$\boldsymbol{W}$为系统噪声序列并且满足零均值白噪声的要求；$\boldsymbol{G}$为噪声驱动矩阵(可以取单位矩阵或者根据需要取值)。

$$\boldsymbol{F}=\begin{bmatrix}\boldsymbol{F}_{\mathrm{SINS}} & 0_{15\times3}\\ 0_{3\times15} & 0_{3\times3}\end{bmatrix} \tag{5-29}$$

式中：$\boldsymbol{F}_{\mathrm{SINS}}$为$15\times15$维 SINS 状态量系数矩阵，根据 SINS 的误差方程确定。

设捷联惯导数学平台对应的坐标系为n'系，通过姿态解算得到的姿态矩阵为$\boldsymbol{C}_{b}^{n'}$，实际的姿态矩阵为$\boldsymbol{C}_{b}^{n}$，n'系与导航坐标系的转换矩阵为$\boldsymbol{C}_{n}^{n'}$。实际上，由于姿态误差的存在，SINS 的速度解算结果为$\hat{\boldsymbol{V}}_{\mathrm{SINS}}^{n}$，LDV/OD 测量速度在计算坐标系内的投影为$\hat{\boldsymbol{V}}_{M}^{n}$。$\hat{\boldsymbol{V}}_{\mathrm{SINS}}^{n}$与$\hat{\boldsymbol{V}}_{M}^{n}$分别来自捷联惯导和 LDV/OD 测速组合提供的速度信息，取两者的差值作为系统量测量。

$$\boldsymbol{Z}=\hat{\boldsymbol{V}}_{\mathrm{SINS}}^{n}-\hat{\boldsymbol{V}}_{M}^{n} \tag{5-30}$$

根据2.3.3小节对速度误差的定义可得

$$\hat{\boldsymbol{V}}_{\mathrm{SINS}}^{n}=\boldsymbol{V}_{\mathrm{SINS}}^{n}+\delta\boldsymbol{V}_{\mathrm{SINS}}^{n} \tag{5-31}$$

计算坐标系n'系相对导航坐标系n系的偏差角为姿态误差角ϕ，考虑ϕ为小角度，则

$$\boldsymbol{C}_{n}^{n'}=\boldsymbol{I}-(\boldsymbol{\phi}\times) \tag{5-32}$$

LDV/OD 测量速度向 n′系投影后，代入式(5-9)和式(5-32)得到

$$\hat{\boldsymbol{V}}_{M}^{n'}=\boldsymbol{C}_{n}^{n'}\boldsymbol{C}_{b}^{n}\hat{\boldsymbol{V}}_{M}^{b}=(\boldsymbol{I}-\boldsymbol{\phi}\times)\boldsymbol{C}_{b}^{n}(\boldsymbol{V}_{M}^{b}+\delta\boldsymbol{V}_{M}^{b}) \tag{5-33}$$

将式(5-33)展开并去掉二阶小量后，得到

$$\hat{\boldsymbol{V}}_{M}^{n'}=\boldsymbol{C}_{b}^{n}\boldsymbol{V}_{M}^{b}-\boldsymbol{\phi}\times\boldsymbol{C}_{b}^{n}\boldsymbol{V}_{M}^{b}+\boldsymbol{C}_{b}^{n}\delta\boldsymbol{V}_{M}^{b} \tag{5-34}$$

将$\boldsymbol{V}_{M}^{b}=\boldsymbol{V}_{\mathrm{SINS}}^{b}$代入式(5-34)，整理后得到

$$\hat{\boldsymbol{V}}_{M}^{n'}=\boldsymbol{V}_{\mathrm{SINS}}^{n}-\boldsymbol{\phi}\times\boldsymbol{V}_{\mathrm{SINS}}^{n}+\boldsymbol{C}_{b}^{n}\delta\boldsymbol{V}_{M}^{b} \tag{5-35}$$

由式(5-31)和式(5-35)相减，可以得到

$$\Delta\boldsymbol{V}=\hat{\boldsymbol{V}}_{\mathrm{SINS}}^{n}-\hat{\boldsymbol{V}}_{M}^{n}=\delta\boldsymbol{V}_{\mathrm{SINS}}^{n}-\boldsymbol{V}_{\mathrm{SINS}}^{n}\times\boldsymbol{\phi}-\boldsymbol{C}_{b}^{n}\delta\boldsymbol{V}_{M}^{b} \tag{5-36}$$

系统的量测方程设为

$$Z = HX + V \tag{5-37}$$

式中:H 为量测矩阵;V 为量测噪声矩阵。

$$H = [H_1 \quad I_{3\times3} \quad 0_{3\times9} \quad H_2] \tag{5-38}$$

$$H_1 = \begin{bmatrix} 0 & V_U^n & -V_N^n \\ -V_U^n & 0 & V_E^n \\ V_N^n & -V_E^n & 0 \end{bmatrix} \tag{5-39}$$

$$H_2 = -C_b^n \tag{5-40}$$

5.2.3 车载实验结果及分析

为验证 SINS/LDV/OD 组合定位方案的有效性和定位精度,在西安地区进行了两次跑车实验。实验用车如图 1-1 所示,车上安装有激光捷联惯导、里程计、激光多普勒测速仪和 GPS 接收机,GPS 定位结果作为定位精度的参考基准。车辆出发前进行了初始对准,在起步后的 2min 内通过捷联惯导对里程计的刻度系数误差进行标定。

1. 第一次跑车实验

第一次跑车实验总里程 48.4km,用时 107min,行驶路线如图 5-4 所示:开始时车辆行驶方向比较固定,在后半段行程中进行了多次转弯行驶。图 5-5 和图 5-6 分别为组合定位系统的经纬度误差,图 5-7 所示为直线定位偏差占行驶里程的比例。

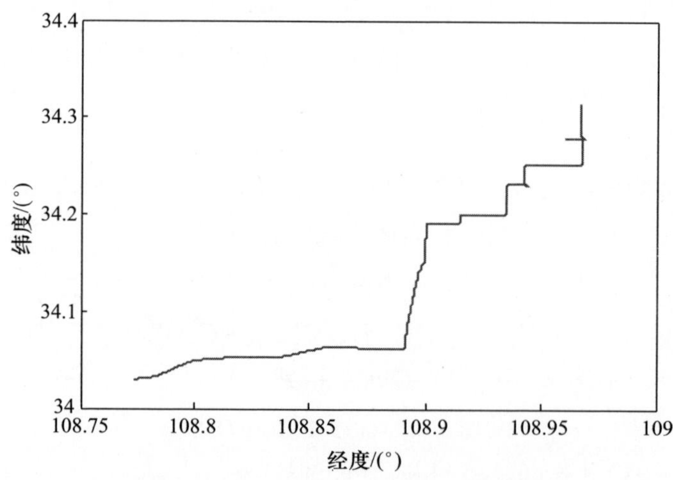

图 5-4 第一次跑车实验轨迹(见彩图)

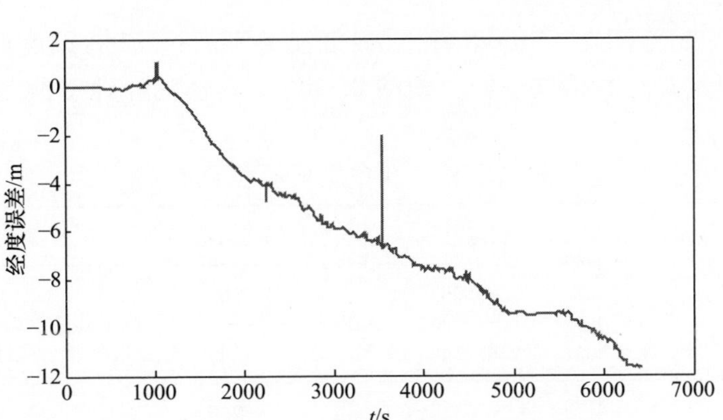

图5-5　第一次跑车实验经度误差(见彩图)

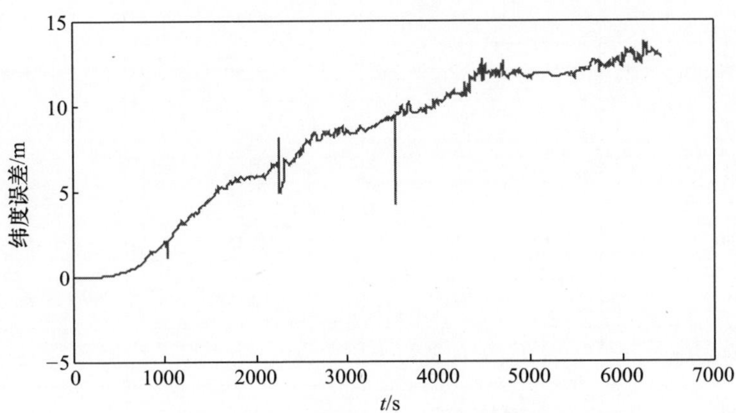

图5-6　第一次跑车实验纬度误差(见彩图)

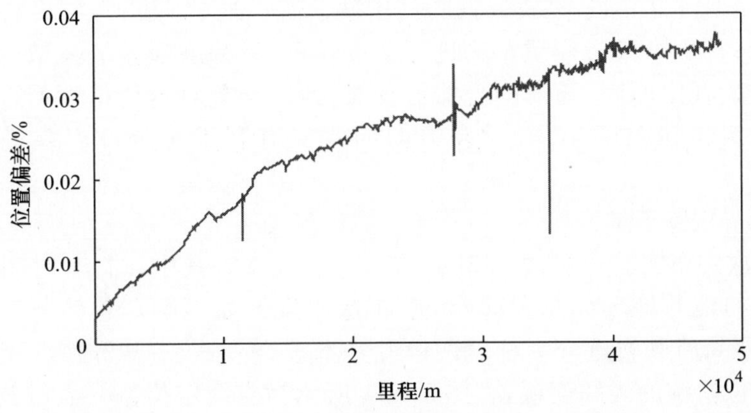

图5-7　第一次跑车实验相对位置偏差(见彩图)

从图 5 - 5 至图 5 - 7 可以看出，经度误差不超过 12m，纬度误差不超过 14m，直线定位偏差不超过行驶里程的 0.04%。具体的经纬度偏差如表 5 - 1 所列。

表 5 - 1　第一次跑车实验位置偏差

行驶里程/km	经度偏差/m	纬度偏差/m	直线偏差/m
4	-0.06	0.34	0.34
8	0.11	0.15	1.15
12	0.43	2.20	2.24
16	-0.49	3.59	3.62
20	-1.71	4.76	5.05
24	-3.12	5.80	6.59
28	-4.32	6.83	8.08
32	-5.38	8.34	9.92
36	-6.78	9.45	11.63
40	-7.84	12.06	14.39
44	-9.44	12.06	15.31
48	-11.54	13.28	17.59

对图 5 - 5 和图 5 - 6 中经纬度误差的发散趋势进行分析可以发现，在前半段行程里车辆基本沿同一方向行驶时（中间只有一次转弯），经纬度误差发散趋势明显；在后半段行程里车辆进行多次转弯，经纬度误差的发散趋势有所缓和。分析其中原因，长时间直线行驶时，速度误差对定位精度产生明显影响并导致定位误差的累积，行驶方向的改变有利于对定位误差进行滤波修正。

2. 第二次跑车实验

第二次跑车实验总里程 332km，持续时间 7.1h，其中在行车时间 196min 时到达目的地并停车休息，220min 时再次出发开始返程。总体行车路线如图 5 - 8所示，行驶轨迹分为往返两段并基本重合。图 5 - 9 和图 5 - 10 分别为组合定位系统的经纬度误差，图 5 - 11 所示为直线定位偏差占行驶里程的比例。

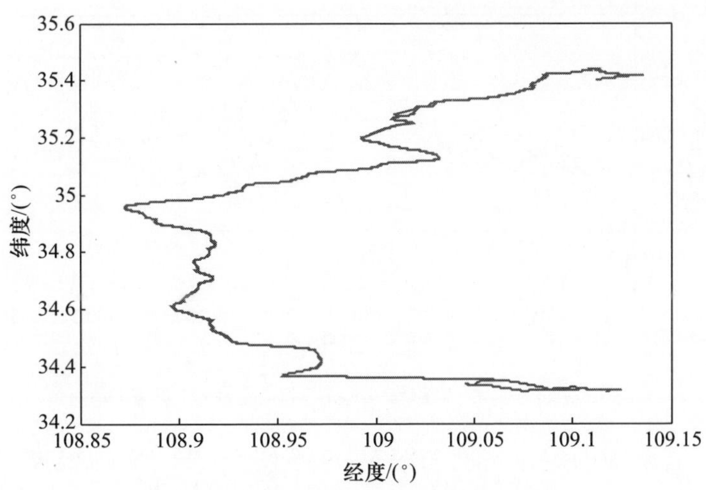

图 5-8　第二次跑车实验轨迹(见彩图)

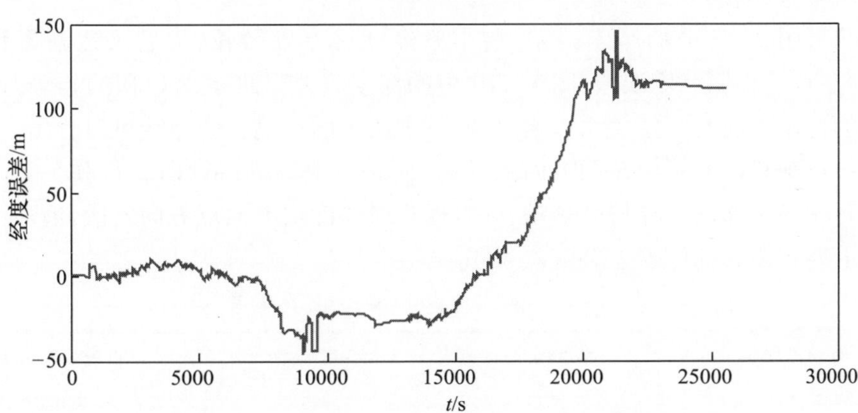

图 5-9　第二次跑车实验经度误差(见彩图)

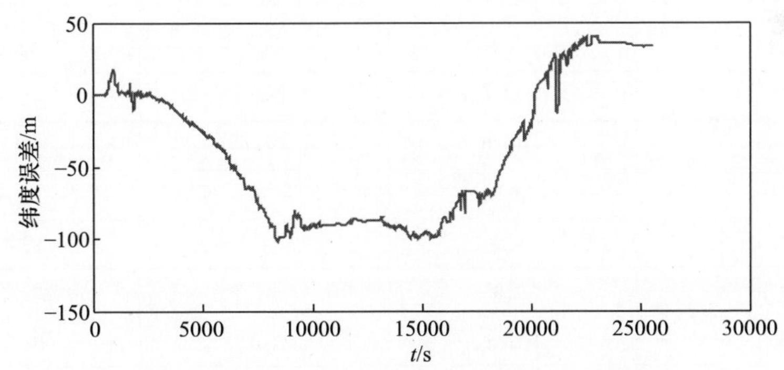

图 5-10　第二次跑车实验纬度误差(见彩图)

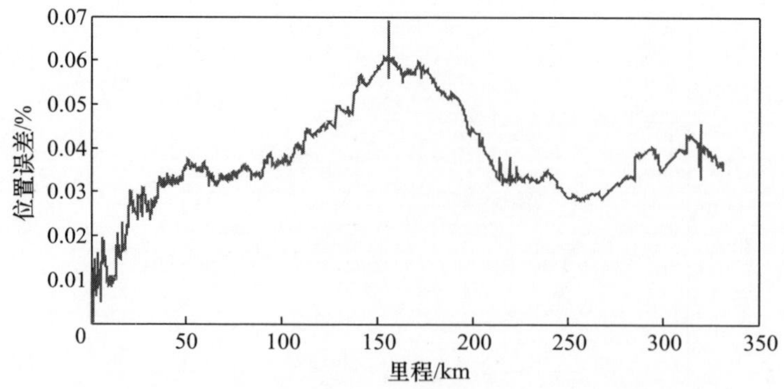

图 5－11　第二次跑车实验相对位置偏差（见彩图）

组合导航系统的定位精度如图 5－9 至图 5－11 所示，经度误差不超过 150m，纬度误差不超过 110m，直线定位误差不超过行驶里程的 0.07%。具体的经纬度偏差如表 5－2 所列。

分析图 5－9 中的经度误差，前半段经度误差发散较慢，后来逐渐累积至 150m 左右。相比经度误差，图 5－10 中的纬度误差呈现逐渐累积的趋势，这与车辆的行驶方向有一定关系。通过图 5－8 所示的车辆行驶路线可以看出，车辆的拐弯行驶只改变了沿东西方向的航向，而总体上车辆持续向北行驶。北向的持续行驶导致纬度误差持续累积，并且返程时纬度误差向反方向发散，消除了一部分前期积累的纬度误差并继续累积。

表 5－2　第二次跑车实验位置偏差

行驶里程/km	精度偏差/m	纬度偏差/m	直线偏差/m
30	5.9	-5.5	8.0
60	6.9	-20.6	21.8
90	1.7	-29.8	29.9
120	-4.0	-52.3	52.5
150	-17.6	-84.5	86.4
180	-19.8	-97.4	99.4
210	13.9	-76.4	77.6
240	44.9	-70.4	83.5
270	72.3	-32.1	79.1
300	105.5	2.0	105.5
330	115.0	33.4	119.7

从两次车载实验的结果来看，设计的 SINS/LDV/OD 组合定位方案可以满足车辆定位精度的要求，验证了组合导航方案的有效性。

5.3　基于模糊自适应算法的里程计故障处理

5.3.1　里程计测量故障对导航结果的影响分析

根据组合导航系统原理，系统的观测值为 SINS 测量的速度值和里程计的速度之差，正常工作中 SINS 都是比较稳定的，不会出现大的故障，但是里程计会受到外界路况的干扰，产生测量误差。对于建立的组合导航误差模型，假设 $k-1$ 时刻系统正常工作，则此时状态最优估计值 $\hat{X}_{k-1}$、协方差矩阵 $\boldsymbol{P}_{k-1}$ 和增益矩阵 $\boldsymbol{K}_{k-1}$ 都是正确的。如果在下一时刻里程计出现测量误差 $\Delta\boldsymbol{V}_D^n$，则里程计测量值为

$$\tilde{\boldsymbol{V}}_D^n = \boldsymbol{V}_D^n + \delta\boldsymbol{V}_D^n + \Delta\boldsymbol{V}_D^n \tag{5-41}$$

此时实际中包含有里程计测量误差的系统观测值为

$$\boldsymbol{Z}_k^e = \delta\boldsymbol{V}_{\text{SINS}}^n - \delta\boldsymbol{V}_D^n - \Delta\boldsymbol{V}_D^n = \boldsymbol{Z}_k^t - \Delta\boldsymbol{V}_D^n \tag{5-42}$$

根据卡尔曼滤波公式，此时的状态估计为

$$\begin{aligned}\hat{\boldsymbol{X}}_k^e &= \boldsymbol{X}_{k/k-1} + \boldsymbol{K}_k[\boldsymbol{Z}_k^e - \boldsymbol{H}_k\hat{\boldsymbol{X}}_{k/k-1}] \\ &= \boldsymbol{X}_{k/k-1} + \boldsymbol{K}_k[\boldsymbol{Z}_k^t - \Delta\boldsymbol{V}_D^n - \boldsymbol{H}_k\hat{\boldsymbol{X}}_{k/k-1}] \\ &= \hat{\boldsymbol{X}}_k^t - \boldsymbol{K}_k\Delta\boldsymbol{V}_D^n\end{aligned} \tag{5-43}$$

因此在里程计输出出现故障时，如果对故障不进行修正处理，即使下一时刻测量恢复正常，状态估计值也会发生大的变化，即

$$\begin{aligned}\hat{\boldsymbol{X}}_{k+1}^e &= \boldsymbol{\Phi}_{k+1/k}\hat{\boldsymbol{X}}_k^e + \boldsymbol{K}_k[\boldsymbol{Z}_{k+1} - \boldsymbol{H}_{k+1}\boldsymbol{\Phi}_{k+1/k}\hat{\boldsymbol{X}}_k^e] \\ &= \hat{\boldsymbol{X}}_{k+1}^t - (\boldsymbol{I} - \boldsymbol{K}_{k+1}\boldsymbol{H}_{k+1})\boldsymbol{\Phi}_{k+1}\boldsymbol{K}_{kk}\Delta\boldsymbol{V}_D^n\end{aligned} \tag{5-44}$$

从式(5-44)可以看出，由于 k 时刻里程计观测值出现偏差，导致在后面的状态估计中，即使 $k+1$ 时刻没有观测值偏差出现，也会给 $k+1$ 时刻的状态估计值带来偏差，需要对里程计故障进行分析隔离，保证观测信号的有效性，才能保证导航结果的精确性。

5.3.2　里程计常见故障分析

前面对 SINS/里程计组合导航系统的分析和研究，都是以路况理想、里程计工作正常为前提。但是在实际行驶过程中，由于路面状况及载车运动

的影响，里程计会出现测量故障，比较常见的有空转、滑行、连滚带滑等。如不及时对故障进行隔离和修正，仍利用里程计校正 SINS，将会造成较大的定位误差，影响组合导航系统的精度，下面对里程计的几种常见故障进行分析。

1. 车轮空转和滑行

当车辆在行驶过程中遇到较滑的结冰道路，或者陷于泥泞道路中时，车轮对路面的附着力不足，容易出现空转的情况，此时里程计的测量速度将远远大于车辆实际行驶的速度。如图 5 - 12(a)所示，此时表现为里程计的测量速度突然增大。与此相反，当车辆紧急刹车且轮胎与路面之间摩擦力不足时，车轮停止转动而车辆继续前行，此种情况为车轮滑行状态。此时，里程计的测量速度明显小于车辆实际前进速度，如图 5 - 12(b)所示，表现为里程计测速结果突然减小。

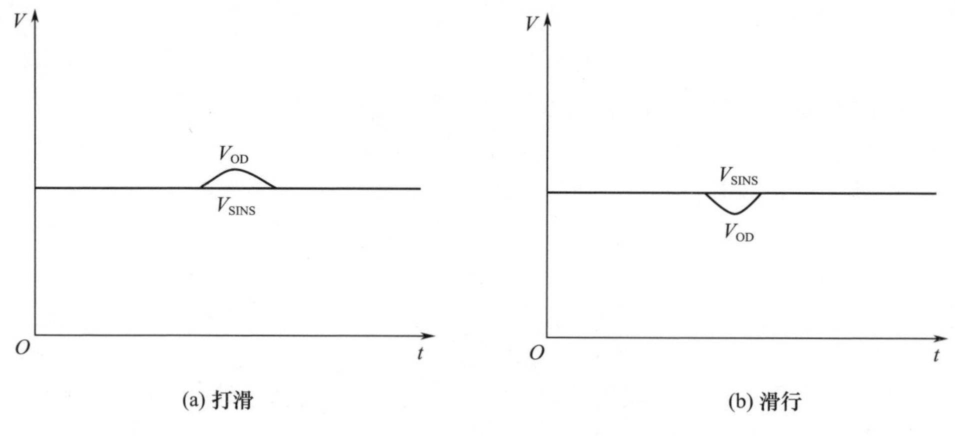

图 5 - 12　车辆打滑滑行故障

2. 车辆滚动带滑行、打滑行驶

这种情况主要出现在车辆行驶在较滑的长距离上坡、下坡、沙路或泥泞路面上时，此时车轮不是理想的滚动，而是连滚带滑。如车辆行驶在路面湿滑的下坡段时，由于车辆没有完全制动，车轮在滚动中相对路面存在一定程度的滑行，车轮的行驶方式为滚动带滑行，里程计测量速度值小于车辆的实际速度，如图 5 - 13(a)所示；当车辆在上坡、沙路或泥泞道路上行驶时，车轮将出现滚动带打滑的行驶，里程计测量速度大于车辆的实际速度，如图 5 - 13(b)所示。

一旦判断出里程计出现测量故障，就需要及时对故障进行隔离分析和处理，消除里程计误差给导航带来的精度影响，降低导航定位偏差。

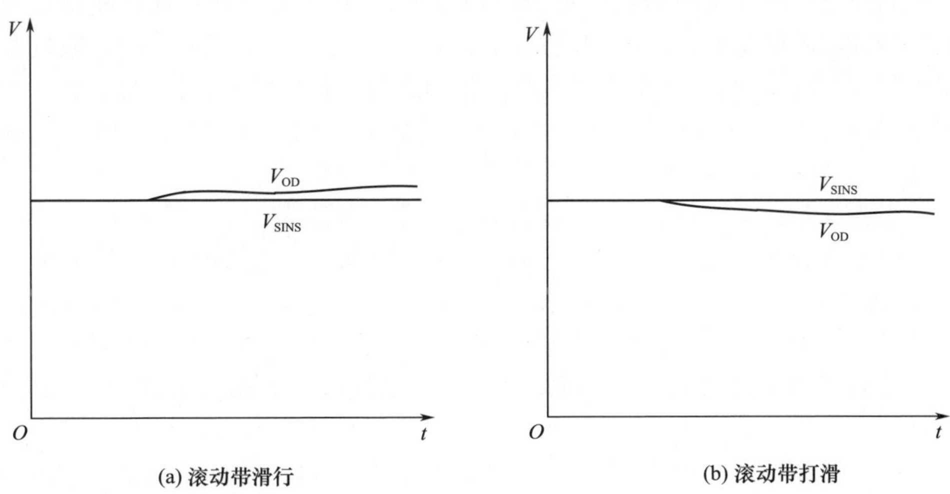

(a) 滚动带滑行　　(b) 滚动带打滑

图5-13　车辆连滚带滑故障

5.3.3　基于模糊自适应控制器的里程计故障处理方法

对于里程计测量故障的处理,常见的方法是采用最大阈值法进行修正,即当里程计测量速度值和SINS测量速度值偏差过大而超过某一阈值后,判断里程计测量值不可用,应立即将其隔离。此时认为惯导的测量值是正确的,暂时停止系统组合滤波,载体导航定位信息由惯导系统单独给出。当里程计恢复正常时,组合系统重新开始工作。采用最大阈值法时,阈值大小的设置很关键。阈值设置过大,会造成故障信号的遗漏,导致较大的定位误差;阈值设置过小,会造成组合导航系统长时间工作在SINS单独导航定位的模式上,也会导致一定的定位偏差。而且系统观测值的偏差还和当前车辆速度有关,高速行驶下的正常偏差可能会比低速行驶下的故障偏差还要大。简单的最大阈值法都没有考虑这些情况。而且当车辆发生连滚带滑的情况时,里程计和SINS的测量值之差可能并不很大,没有超出所设定的阈值。如果车辆长时间行驶在这样的路况下,在利用卡尔曼滤波进行状态估计时,随着时间的增大,通过里程计修正SINS测量值,将会给SINS的解算速度带来较大的误差,从而给定位结果带来较大的偏差[185-187]。

根据滤波器新息的定义,它表示观测值与一步预报值之间的差。当系统正常工作时,95%的新息序列将落在零均值附近2σ范围内;当里程计出现打滑或滑行故障时,新息值会发生明显的变化,超出这个范围。因此,可以通过对新息状态的分析来判断里程计是否出现故障。同时,考虑到里程计故障情况的复杂性和不确定性,引入模糊自适应控制器进行系统状态的判断。通过修正里程计速度增益,使新息保持在零均值附近,同时利用修正后的观测值修正观测噪声方差,进一步调整滤波增益,促进滤波器的收敛,降低导航定位的偏差。

主要考虑以下几个方面来进行模糊自适应控制器设计。

(1) 对于在短时间内打滑和滑动两种情况,由于里程计测量速度和 SINS 测量速度有明显的差别,因此可以采用设定阈值法。当两组测量值差值达到某一点时,认为里程计完全出现故障,单独用 SINS 的输出来进行导航。这种条件下的导航时间不会太长,当里程计恢复工作时,再转回组合导航模式。

(2) 侧滑情况与车辆的航行角变化有关,当航向角发生大的变化时,横向速度出现偏差,认为发生了侧滑现象,里程计发生测量故障,采用 SINS 单独导航的方式进行导航。

(3) 连滚带滑情况下 SINS 测量速度和里程计测量速度出现偏差,但该差别在数值上可能并不大,无法采用设定阈值法消除故障。此时若单纯利用新息设计检验模糊规则,当故障很小时,不仅不能被检测出来,还将污染 x_k,使 x_k 跟踪故障,降低新息值,使检测效果变差。因此,考虑将系统工作状态和滤波器新息状态相结合来设计模糊自适应控制规则。

根据新息的定义,组合导航滤波器的新息表示为

$$\boldsymbol{r}_k = \boldsymbol{Z}_k - \boldsymbol{H}_k \hat{\boldsymbol{X}}_{k/k-1} = \tilde{\boldsymbol{V}}_{\text{SINS}} - \alpha_1 \cdot \tilde{\boldsymbol{V}}_D - \boldsymbol{H}_k \hat{\boldsymbol{X}}_{k/k-1} \tag{5-45}$$

状态估计为

$$\hat{\boldsymbol{X}}_k = \hat{\boldsymbol{X}}_{k/k-1} + \boldsymbol{K}_k \boldsymbol{r}_k \tag{5-46}$$

定义式(5-45)中 α_1 为里程计速度增益调整因子,当 $\alpha_1=1$ 时,里程计处于正常工作状态。定义 $dm_1 = \tilde{\boldsymbol{V}}_{\text{SINS}}/\tilde{\boldsymbol{V}}_{\text{OD}}$ 为匹配因子,$\tilde{\boldsymbol{V}}_{\text{SINS}}$、$\tilde{\boldsymbol{V}}_{\text{D}}$ 分别为 SINS 和里程计速度测量输出值。

模糊输入量有 3 个,分别为匹配因子 dm_1、航向角变化量 H 和新息均值 r;输出量为里程计速度增益调整因子 α_1。根据分析可知,dm_1 有 5 个模糊集:T 为极小,S 为小,Z 为正常,B 为大,L 为极大,其隶属度函数如图 5-14 所示;H 有 3 个模糊集:S 为小,M 为中,B 为大,其隶属度函数如图 5-15 所示;新息均值 r 有 3 个模糊集:S 为小,M 为中,B 为大,其隶属度函数如图 5-16 所示;输出量 α_1 有 5 个模糊集:T 为极小,S 为小,Z 为正常,B 为大,L 为极大,其隶属度函数如图 5-17 所示。

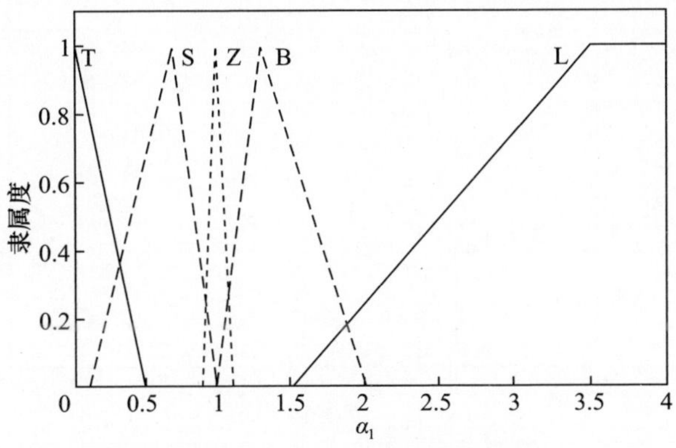

图5-14 dm_1隶属度函数

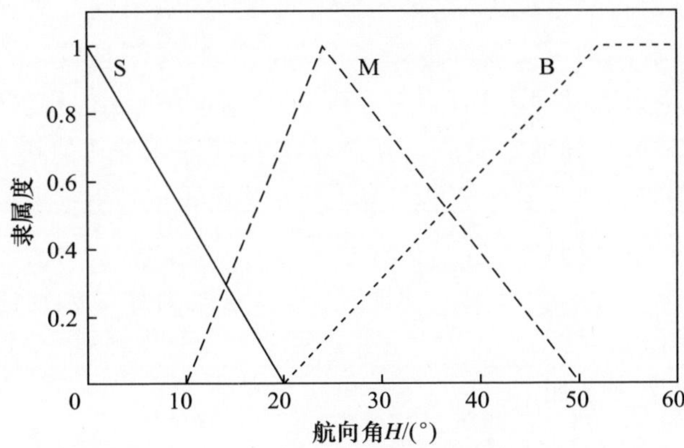

图5-15 航向角隶属度函数

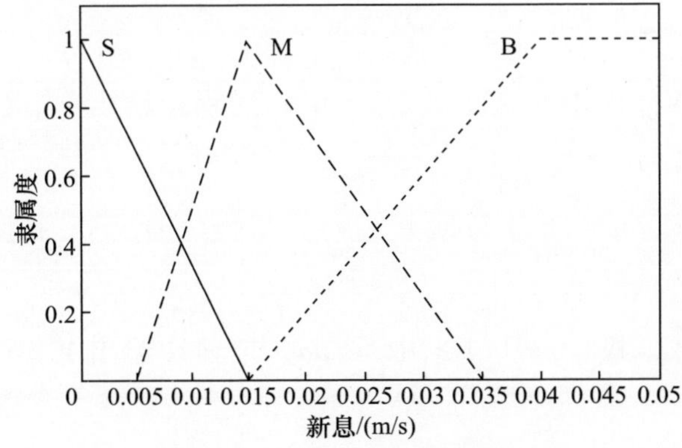

图5-16 新息均值隶属度函数

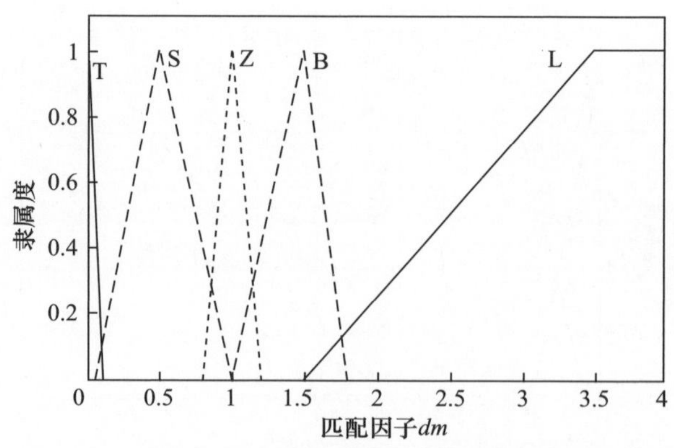

图 5－17　输出因子 α_1 隶属度函数

当速度比值出现极值偏差时，如果新息较小，说明车辆行驶速度很低，此时适当调整里程计输出即可实现降低新息的目的。如果新息较大，说明车辆行驶速度较大，此时令里程计速度输出值等于 SINS 速度解算值，相当于最大阈值法中单独采用 SINS 进行导航定位。当系统状态和新息处于其他状态时，通过对系统状态量和新息值的观测修正里程计增益，进一步修正新息值，使新息始终保持在零均值附近，同时利用修正后的新息值更新系统观测噪声方差，保证了滤波器的收敛，系统状态估计不会出现大的偏差，可以有效消除最大阈值法的缺点，提高组合定位的精度。

模糊控制主要规则如下。

If $<\tilde{\boldsymbol{V}}_{SINS}/\tilde{\boldsymbol{V}}_{OD}$较大 and$\Delta H$ 大$>$，then 车辆侧滑，里程计不可用。

If $<\tilde{\boldsymbol{V}}_{SINS}/\tilde{\boldsymbol{V}}_{OD}$极小 and 新息小$>$，then 里程计输出 $\tilde{\boldsymbol{V}}_D$ 精度一般，α_1 取值较小。

If $<\tilde{\boldsymbol{V}}_{SINS}/\tilde{\boldsymbol{V}}_{OD}$极小 and 新息中$>$，then 里程计输出 $\tilde{\boldsymbol{V}}_D$ 不可用，α_1 取值极小。

If $<\tilde{\boldsymbol{V}}_{SINS}/\tilde{\boldsymbol{V}}_{OD}$极大 and 新息小$>$，then 里程计输出 $\tilde{\boldsymbol{V}}_D$ 精度一般，α_1 取值较大。

If $<\tilde{\boldsymbol{V}}_{SINS}/\tilde{\boldsymbol{V}}_{OD}$极大 and 新息中$>$，then 里程计输出 $\tilde{\boldsymbol{V}}_D$ 不可用，α_1 取值极大。

If $<\tilde{\boldsymbol{V}}_{SINS}/\tilde{\boldsymbol{V}}_{OD}$正常 and 新息小$>$，then 里程计输出 $\tilde{\boldsymbol{V}}_D$ 精度高，α_1 取值正常。

If < $\tilde{\boldsymbol{V}}_{\mathrm{SINS}}/\tilde{\boldsymbol{V}}_{\mathrm{OD}}$正常 and 新息中 >，then 里程计输出 $\tilde{\boldsymbol{V}}_{\mathrm{D}}$ 精度一般，α_1 取值较小。

If < $\tilde{\boldsymbol{V}}_{\mathrm{SINS}}/\tilde{\boldsymbol{V}}_{\mathrm{OD}}$较小 and 新息小 >，then 里程计输出 $\tilde{\boldsymbol{V}}_{\mathrm{D}}$ 精度一般，α_1 取值较小。

If < $\tilde{\boldsymbol{V}}_{\mathrm{SINS}}/\tilde{\boldsymbol{V}}_{\mathrm{OD}}$较大 and 新息小 >，then 里程计输出 $\tilde{\boldsymbol{V}}_{\mathrm{D}}$ 精度一般，α_1 取值较大。

采用模糊自适应控制方法得到里程计速度增益 α_1 后，通过式(5－45)对当前新息进行修正，同时利用修正后的新息值，对系统观测噪声方差进行更新，即

$$\hat{\boldsymbol{C}}_{rk} = \frac{1}{N}\sum_{j=j_0}^{k}\boldsymbol{r}_j\boldsymbol{r}_j^{\mathrm{T}} \tag{5-47}$$

$$\boldsymbol{R}_k = \hat{\boldsymbol{C}}_{rk} - \boldsymbol{H}_k\boldsymbol{P}_{k/k-1}\boldsymbol{H}_k^{\mathrm{T}} \tag{5-48}$$

5.3.4 仿真分析

1. 车辆行驶轨迹仿真

车辆仿真行驶轨迹初始参数设置如下：初始出发位置（经纬度高程）为34N、120E、200m；初始东－北－天方向姿态角分别为0°、0°、－90°；行驶轨迹为首先东向行驶500s，然后左转弯北向行驶700s后，右转45°向东北方向行驶700s，再右转90°向东南方向行驶1000s，最后左转45°直线向东行驶700s，行驶时间总计1h；行驶速度设置为初始速度为0，在初始对准完成后，以2m/s^{2}的加速度行驶10s后达到20m/s的稳定车速行驶状态并持续保持行驶；转弯过程为车辆在转弯过程中转弯半径为10m，转弯过程提前以－2m/s^{2}的加速度减速8s，待转弯完成后继续加速至20m/s的稳定车速行驶。经过仿真，车辆的行驶轨迹如图5－18所示。

2. 里程计无故障时的导航仿真

根据仿真的车辆行驶状态，生成陀螺和加速度计输出信号后，将信号经过噪声叠加后作为计算时所用的采集数据。系统仿真初始值设置如下。

初始姿态失准角分别为1′、1′、10′；初始出发位置为110E、34N、200m，且出发点的位置已得到精确标定，初始位置偏差为零；3个方向陀螺漂移均为常值漂移0.01°/h，随机漂移0.005°/h；两个方向加速度计零偏均为常值，零偏100μg，随机零偏50μg；里程计刻度系数常值误差为0.5%，随机误差为0.05%；陀螺仪漂移、加速度计零偏和里程计刻度误差系数的一阶马尔可夫过程相关时间均设定为3600s。

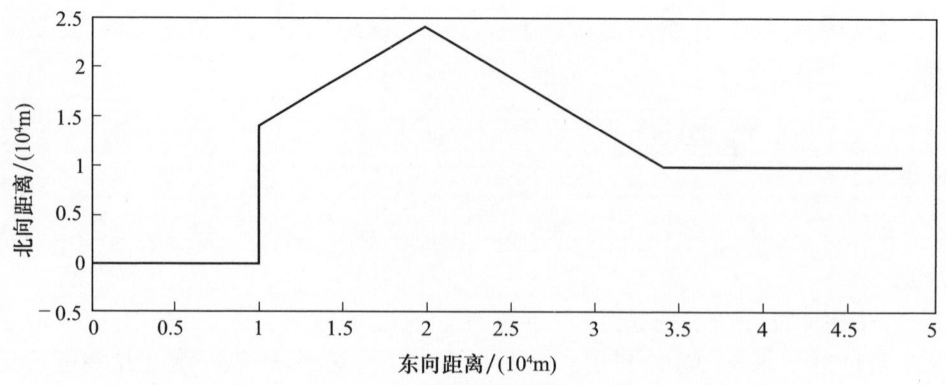

图 5-18　车辆仿真行驶轨迹

组合导航仿真结果如图 5-19 至图 5-21 所示,其中图 5-19 所示为里程计刻度系数误差值估计,图 5-20 所示为纯 SINS 导航下定位偏差图,图 5-21 所示为采用组合导航下的定位偏差图。从图 5-19 中可以看出,经过 10s 后,里程计刻度系数误差得到了较好的修正,并在以后的过程中保持较小的值,精度可达 10^{-4}。如果在车辆进行导航之前,已经对陀螺常值漂移和加速度计常值偏差进行了补偿修正,可以在更长时间里对里程计进行修正,精度会更高。从图 5-20 中可以看出,单独 SINS 导航定位结果误差很大,最终经纬度误差可达 4000m 以上,采用组合导航的方式,结果如图 5-19 所示,系统的经纬度定位误差都得到了极大的改善。但是由于受里程计的刻度系数误差的影响,组合系统的定位误差随时间和行驶路程的增加而逐渐增大。

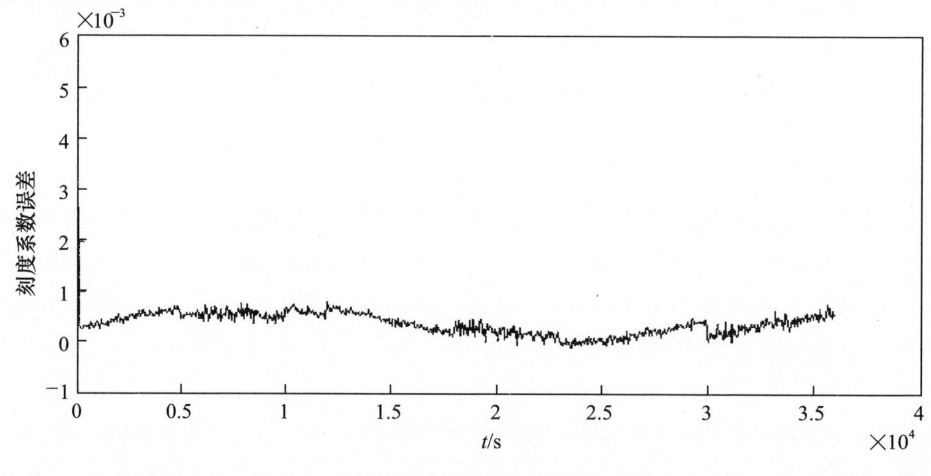

图 5-19　里程计刻度系数误差估计

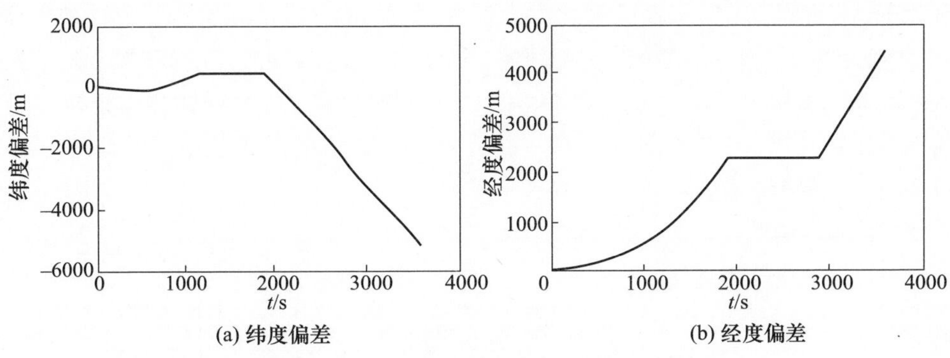

(a) 纬度偏差　　(b) 经度偏差

图 5-20　纯 SINS 导航下定位偏差仿真

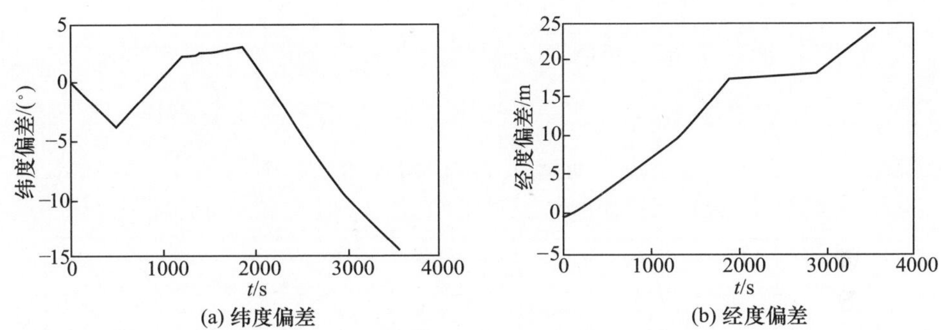

(a) 纬度偏差　　(b) 经度偏差

图 5-21　SINS/里程计组合导航下定位偏差仿真

3. 里程计故障处理仿真

为了验证模糊自适应方法在里程计故障修正中的应用，设定以下的仿真方案：车辆的行驶轨迹不变，在车辆行驶的 600s 处设置车辆打滑故障，故障时间 3s，在 1600s 处设置车辆滑行故障，故障时间也是 3s，在第 2000 ~ 2100s 共计 100s 的时间内，设置车辆行驶在较滑的上坡路上，处于连滚动带打滑的状态，里程计测量的车速是实际车速的 1 ~ 1.3 倍。其他初始设置和上一节中设置相同，则仿真结果如图 5-23 所示。其中图 5-22 所示为没有采用故障处理方法下的导航偏差，图 5-23 所示为采用模糊自适应修正里程计速度增益后的导航偏差。

对仿真结果进行分析，从图 5-22 中可以看出，没有采用模糊自适应修正的导航结果中，在第 600s 时车辆定位的纬度出现了较大的偏差，增加了约 20m，而经度偏差很小。由于此时里程计的速度远远大于 SINS 测量速度，采用里程计速度修正 SINS 的组合导航方法，使 SINS 解算速度大于车辆的真正行驶速度，600s 之后的 3s 时间内车辆仿真轨迹是直线北向行驶，纬度偏差受里程计速度偏差影响，误差较大，经度偏差主要受方位失准角的影响，误差没有发生大的改变。在第 1600s 设置故障时，车辆向东北方向行驶，经纬度的偏差都受到里程计速度偏差影响，定位误差均发生小的跳变现象。但是由于这两种故障时间较短，对导航结果造成的影响并不大。在第 2000～2100s 的时间段内，里程计测量速度高于真正的车辆速度，继续采用此组合导航方案，造成 SINS 的速度保持在误差较大的范围内，导航结果误差也逐渐增大。

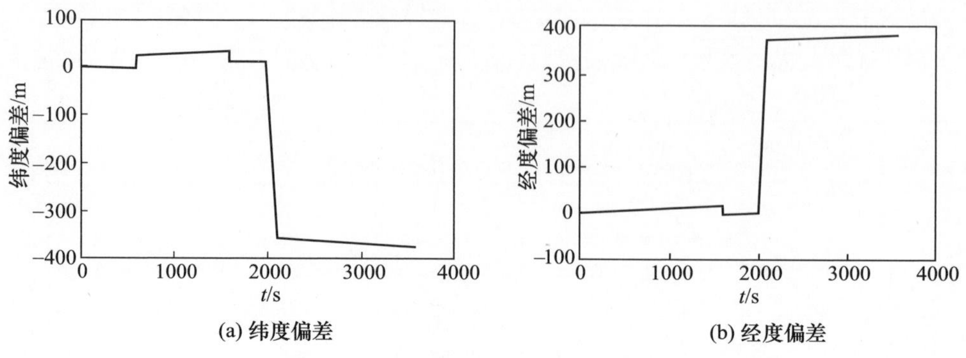

(a) 纬度偏差　(b) 经度偏差

图 5－22　里程计故障未处理时导航偏差

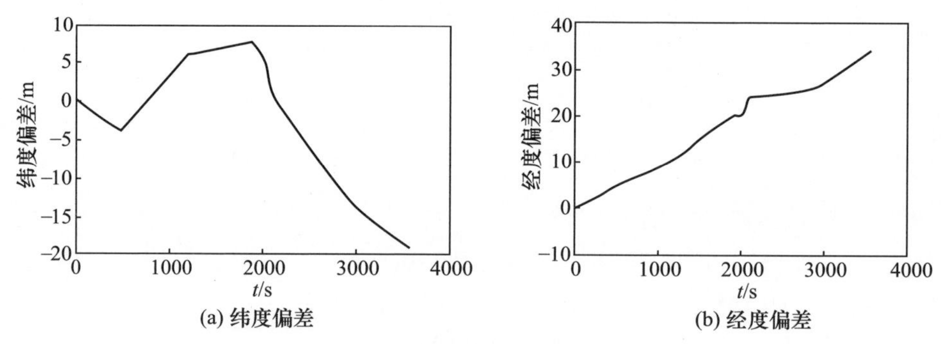

(a) 纬度偏差　(b) 经度偏差

图 5－23　模糊自适应修正里程计故障导航偏差

采用模糊自适应修正里程计速度增益后，导航结果如图 5－23 所示，在 600s 和 1600s 两处的定位偏差突变得到了有效抑制，同时在第 2000～2100s 的时间段内，导航误差也得到了很好的修正。相比正常行驶状态下的仿真结果（图 5－21），定位误差有所增大，但是能够保持在较小的范围内。仿真结果很好地证明了模糊自适应算法在组合导航定位中应用的有效性。

5.4　基于联邦滤波的 SINS/LDV/OD 组合定位

组合定位定向系统信息融合可以采用集中卡尔曼滤波和分散化卡尔曼滤波

两种方式。理论上集中卡尔曼滤波可以给出全局最优估计，但滤波器的状态维数高，所以计算负担重。另外，子系统的故障也会影响整个系统的容错性能。联邦滤波容错性好，滤波精度高，局部滤波到全局滤波的融合算法简单。下面在介绍联邦滤波器基本原理的基础上，通过比较不同联邦结构的优缺点，结合定位定向子系统的特性设计基于联邦滤波的组合导航算法。

5.4.1　联邦滤波基本原理

为实现对各个子系统测量精度和数据的充分利用，需要设计完善的全局估计融合算法。要完成全局的最优估计融合，需要确定各个子系统的信息分配因数，下面从系统的状态方程和量测方程出发，遵循信息守恒的原则，推导全局最优估计融合算法[188-191]。

系统的状态方程和量测方程为

$$\begin{cases}\boldsymbol{X}_k=\boldsymbol{\Phi}_{k,k-1}\boldsymbol{X}_{k-1}+\boldsymbol{W}_{k-1}\\ \boldsymbol{Z}_k=\boldsymbol{H}_k\boldsymbol{X}_k+\boldsymbol{V}_k\end{cases}\tag{5-49}$$

式中：$\boldsymbol{W}_k$为系统噪声，它的协方差为$\boldsymbol{Q}_k$；$\boldsymbol{V}_k$为过程噪声，它的协方差为$\boldsymbol{R}_k$。

子系统的状态方程和量测方程为

$$\begin{cases}\boldsymbol{X}_{ik}=\boldsymbol{\Phi}^{i}_{k,k-1}\boldsymbol{X}_{i,k-1}+\boldsymbol{W}_{i,k-1}\\ \boldsymbol{Z}_{ik}=\boldsymbol{A}_{ik}\boldsymbol{X}_{ik}+\boldsymbol{V}_{ik}\end{cases}\quad i=1,2,\cdots,N\tag{5-50}$$

式中：$\boldsymbol{W}_{ik}$的协方差为$\boldsymbol{Q}_{ik}$；$\boldsymbol{V}_{ik}$的协方差为$\boldsymbol{R}_{ik}$。

$$\boldsymbol{Z}_k=[\boldsymbol{Z}_{1k}^{\mathrm{T}},\boldsymbol{Z}_{2k}^{\mathrm{T}},\cdots,\boldsymbol{Z}_{Nk}^{\mathrm{T}}]^{\mathrm{T}}\tag{5-51}$$

总系统信息可由所有子系统的信息表示。如果各个子系统的量测值是相互独立的且设子系统状态$\boldsymbol{X}_{ik}$是系统状态$\boldsymbol{X}_k$的一部分，那么

$$\begin{cases}\boldsymbol{X}_{ik}=\boldsymbol{M}_i\boldsymbol{X}_k\\ \boldsymbol{H}_{ik}=\boldsymbol{A}_{ik}\boldsymbol{M}_i\end{cases}\tag{5-52}$$

子系统局部滤波方程可用下式表示，即

$$\begin{cases}\hat{\boldsymbol{X}}_{ik}=\boldsymbol{P}_{ik}\boldsymbol{P}^{-1}_{k/k-1}\hat{\boldsymbol{X}}_{i,k/k-1}+\boldsymbol{P}_{ik}\boldsymbol{A}_{ik}^{\mathrm{T}}\boldsymbol{R}_{ik}^{-1}\boldsymbol{Z}_{ik}\\ \boldsymbol{P}_{ik}^{-1}=\boldsymbol{P}^{-1}_{i,k/k-1}+\boldsymbol{A}_{ik}^{\mathrm{T}}\boldsymbol{R}_{ik}^{-1}\boldsymbol{A}_{ik}\end{cases}\tag{5-53}$$

上述局部滤波相对于子系统是最优的[192]。

若有 N 个局部状态估计 $\hat{\boldsymbol{X}}_1,\hat{\boldsymbol{X}}_2,\cdots,\hat{\boldsymbol{X}}_N$ 和相应的估计误差协方差阵 $\boldsymbol{P}_{11}$，$\boldsymbol{P}_{22},\cdots,\boldsymbol{P}_{NN}$，且各局部估计互不相关，即 $\boldsymbol{P}_{ij}=0(i\neq j)$，则全局最优估计可表示为

$$\hat{\boldsymbol{X}}_g=\boldsymbol{P}_g\sum_{i=1}^{N}\boldsymbol{P}_{ii}^{-1}\hat{\boldsymbol{X}}_i\tag{5-54}$$

其中：

$$\boldsymbol{P}_g = \left(\sum_{i=1}^{N} \boldsymbol{P}_{ii}^{-1} \right)^{-1} \tag{5-55}$$

以上结果表明,若 $\hat{\boldsymbol{X}}_i$ 的估计精度不高,即 $\boldsymbol{P}_{ii}$ 大,那么其在全局估计中所占的值就小,这个结论是在各局部估计不相关的条件下得出的。一般情况下,各个子系统估计之间并不满足不相关条件,运用方差上界方法对上述融合进行改进,可以使其适用于更一般的情况。

设局部状态为 $\boldsymbol{X}_i(i=1,2,\cdots,N)$,估计误差方差为 $\boldsymbol{P}_{ii}$,协方差为 $\boldsymbol{P}_{ij}, i\neq j$。定义状态向量为 $\boldsymbol{X}_k=[\boldsymbol{X}_{1k}^{\mathrm{T}},\boldsymbol{X}_{2k}^{\mathrm{T}},\cdots,\boldsymbol{X}_{Nk}^{\mathrm{T}}]^{\mathrm{T}}$,增广状态方程和方差为

$$\begin{bmatrix} X_1 \\ \vdots \\ X_N \end{bmatrix}_{k+1} = \mathrm{diag}[\phi,\cdots,\phi]\begin{bmatrix} X_1 \\ \vdots \\ X_N \end{bmatrix}_{k} + \begin{bmatrix} G \\ \vdots \\ G \end{bmatrix} W(k) \tag{5-56}$$

式中:$\boldsymbol{P}=\begin{bmatrix} P_{11} & \cdots & P_{1N} \\ \vdots & \ddots & \vdots \\ P_{N1} & \cdots & P_{NN} \end{bmatrix}$。

第 i 个子系统测量方程可用增广系统表示为

$$\boldsymbol{Z}_i = \boldsymbol{HX} + \boldsymbol{V}_i \tag{5-57}$$

式中:$\boldsymbol{H}=[0 \quad \cdots \quad \boldsymbol{H}_i \quad \cdots \quad 0]$。

令 $\boldsymbol{P}^+=\boldsymbol{P}_k, \boldsymbol{P}=\boldsymbol{P}_{k/k-1}, \boldsymbol{A}=\boldsymbol{HPH}^{\mathrm{T}}+\boldsymbol{R}_i=\boldsymbol{H}_i\boldsymbol{P}_{ii}\boldsymbol{H}_i^{\mathrm{T}}+\boldsymbol{R}_i=\boldsymbol{A}_i$,则状态估计的测量更新为

$$\hat{\boldsymbol{X}}^+ = \hat{\boldsymbol{X}} + \boldsymbol{PH}^{\mathrm{T}}\boldsymbol{A}^{-1}(\boldsymbol{Z}_i - \boldsymbol{H}\hat{\boldsymbol{X}}) \tag{5-58}$$

式中第 j 个分量为

$$\hat{\boldsymbol{X}}_j^+ = \hat{\boldsymbol{X}} + \boldsymbol{P}_{ji}\boldsymbol{H}_i^{\mathrm{T}}\boldsymbol{A}_i^{-1}(\boldsymbol{Z}_i - \boldsymbol{H}_i\hat{\boldsymbol{X}}_i) \tag{5-59}$$

滤波协方差测量更新为

$$\boldsymbol{P}^+ = \boldsymbol{P} - \boldsymbol{KHP} = \boldsymbol{P} - \boldsymbol{PH}^{\mathrm{T}}\boldsymbol{A}^{-1}\boldsymbol{HP} \tag{5-60}$$

取式中的第 jl 个元素,有

$$\boldsymbol{P}_{jl}^+ = \boldsymbol{P}_{jl} - \boldsymbol{P}_{ji}\boldsymbol{H}_i^{\mathrm{T}}\boldsymbol{A}_i^{-1}\boldsymbol{H}_i\boldsymbol{P}_{il} \tag{5-61}$$

由以上式子可知,只要局部状态估计初始不相关($\boldsymbol{P}_{ij}(0)=0$),集中滤波的量测更新可以分离为互不影响的各局部滤波器的测量更新,实现滤波分散,并行处理。

时间更新方程为

$$\begin{bmatrix} \hat{X}_1 \\ \vdots \\ \hat{X}_N \end{bmatrix} = \mathrm{diag}[\boldsymbol{\phi},\cdots,\boldsymbol{\phi}]\begin{bmatrix} \boldsymbol{P}'_{11} & \cdots & \boldsymbol{P}'_{N1} \\ \vdots & \ddots & \vdots \\ \boldsymbol{P}'_{N1} & \cdots & \boldsymbol{P}'_{NN} \end{bmatrix}\mathrm{diag}[\boldsymbol{\phi},\cdots,\boldsymbol{\phi}] + \begin{bmatrix} \boldsymbol{G} \\ \vdots \\ \boldsymbol{G} \end{bmatrix}\boldsymbol{Q}(k)[\boldsymbol{G}^{\mathrm{T}} \quad \cdots \quad \boldsymbol{G}^{\mathrm{T}}] \tag{5-62}$$

由于 $\boldsymbol{Q}$ 的存在，即使 $\boldsymbol{P}'_{ij}=0$，也不会有 $\boldsymbol{P}_{ij}=0$。可以看出时间更新引入了各个子滤波器估计的相关。运用方差上界技术可以消除时间更新引入的相关，将上式中的过程噪声项更改为

$$\begin{bmatrix}\boldsymbol{G}\\ \vdots\\ \boldsymbol{G}\end{bmatrix}\boldsymbol{Q}(k)\begin{bmatrix}\boldsymbol{G}^{\mathrm{T}} & \cdots & \boldsymbol{G}^{\mathrm{T}}\end{bmatrix}=\begin{bmatrix}\boldsymbol{G} & & \\ & \ddots & \\ & & \boldsymbol{G}\end{bmatrix}\begin{bmatrix}\boldsymbol{Q} & \cdots & \boldsymbol{Q}\\ \vdots & \ddots & \vdots\\ \boldsymbol{Q} & \cdots & \boldsymbol{Q}\end{bmatrix}\begin{bmatrix}\boldsymbol{G}^{\mathrm{T}} & & \\ & \ddots & \\ & & \boldsymbol{G}^{\mathrm{T}}\end{bmatrix}\tag{5-63}$$

由矩阵理论可知，式(5-63)右端由 $\boldsymbol{Q}$ 组成的矩阵有上界，即

$$\begin{bmatrix}\boldsymbol{Q} & \cdots & \boldsymbol{Q}\\ \vdots & \ddots & \vdots\\ \boldsymbol{Q} & \cdots & \boldsymbol{Q}\end{bmatrix}\leqslant\begin{bmatrix}r_1\boldsymbol{Q} & & \\ & \ddots & \\ & & r_N\boldsymbol{Q}\end{bmatrix}\tag{5-64}$$

式中：$\sum\limits_{i=1}^{N}\dfrac{1}{r_1}=1$，$1\leqslant r_i\leqslant\infty$，$i=1,2,\cdots,N$。

可得

$$\begin{aligned}\begin{bmatrix}\boldsymbol{P}_{11} & \cdots & \boldsymbol{P}_{1N}\\ \vdots & \ddots & \vdots\\ \boldsymbol{P}_{N1} & \cdots & \boldsymbol{P}_{NN}\end{bmatrix}\leqslant&\begin{bmatrix}\boldsymbol{\phi} & & \\ & \ddots & \\ & & \boldsymbol{\phi}\end{bmatrix}\begin{bmatrix}\boldsymbol{P}'_{11} & \cdots & \boldsymbol{P}'_{N1}\\ \vdots & \ddots & \vdots\\ \boldsymbol{P}'_{N1} & \cdots & \boldsymbol{P}'_{NN}\end{bmatrix}\begin{bmatrix}\boldsymbol{\phi}^{\mathrm{T}} & & \\ & \ddots & \\ & & \boldsymbol{\phi}^{\mathrm{T}}\end{bmatrix}\\ &+\begin{bmatrix}\boldsymbol{G} & & \\ & \ddots & \\ & & \boldsymbol{G}\end{bmatrix}\begin{bmatrix}r_1\boldsymbol{Q} & & \\ & \ddots & \\ & & r_N\boldsymbol{Q}\end{bmatrix}\begin{bmatrix}\boldsymbol{G}^{\mathrm{T}} & & \\ & \ddots & \\ & & \boldsymbol{G}^{\mathrm{T}}\end{bmatrix}\end{aligned}\tag{5-65}$$

由式(5-65)看出，用方差阵上界代替方差阵后，$\boldsymbol{P}_{ij}(0)=0(i\neq j)$，则可保证 $\boldsymbol{P}_{ij}(k)=0(i\neq j)$。由此可得估计误差方差的时间更新方程的分离形式为

$$\boldsymbol{P}_{ii}=\boldsymbol{\phi}\boldsymbol{P}'_{ii}\boldsymbol{\phi}^{\mathrm{T}}+r_i\boldsymbol{G}\boldsymbol{Q}\boldsymbol{G}^{\mathrm{T}}\tag{5-66}$$

$$\boldsymbol{P}_{ji}=\boldsymbol{\phi}\boldsymbol{P}'_{ji}\boldsymbol{\phi}^{\mathrm{T}}\tag{5-67}$$

式(5-54)、式(5-55)、式(5-62)、式(5-66)、式(5-67)便是线性离散系统最优全局融合的公式。这一方法可用于具有多子系统的组合定位定向系统的分散化滤波。

如果量测更新后的滤波协方差增加了 r_i 倍，则由初始估计协方差和过程噪声协方差增加 r_i 倍可得预报协方差 $\boldsymbol{P}_i(k/k-1)$ 和 $\boldsymbol{P}_i(k)=0(i\neq j)$ 都增加了 r_i 倍，对任意的 k 都成立，但 $\boldsymbol{P}_i^+$ 并不增加 r_i 倍。为解决这个问题，在联邦滤波方案中采用全局滤波值来重置局部滤波值及滤波协方差，即有

$$\hat{\boldsymbol{X}}_i^+=\hat{\boldsymbol{X}}_g^+\tag{5-68}$$

$$\boldsymbol{P}_i=r_i\boldsymbol{P}_g^+\tag{5-69}$$

其中：

$$(\boldsymbol{P}_g^+)^{-1} = \boldsymbol{P}_g^{-1} + \sum_{i=1}^{N} \boldsymbol{H}_i^{\mathrm{T}} \boldsymbol{R}_i^{-1} \boldsymbol{H}_i \tag{5-70}$$

状态方程的信息可以通过过程噪声协方差阵的逆 $\boldsymbol{Q}^{-1}$ 来表示。状态估计的信息可以用 $\boldsymbol{P}^{-1}$ 来表示。令 $\beta_i = 1/r_i$ 并称 β_i 为信息分配因数，根据信息守恒原理有 $\beta_m + \sum \beta_i = 1$。在联邦滤波器设计过程中，不同的信息分配因数会使滤波器具备不同的结构和特性。

联邦滤波器一般由两级滤波结构组成，如图 5－24 所示。

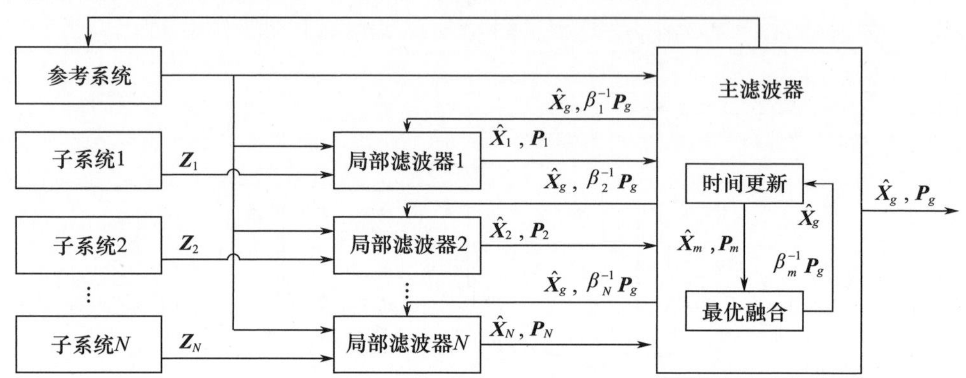

图 5－24　联邦滤波器一般结构框图

人们根据信息分配因数的不同将联邦滤波器分为 6 种不同结构，表 5－3 列出了这 6 种结构，并对其性能特点进行了分析，FDI 指系统故障检测盒隔离能力，FR 指系统故障恢复能力。

表 5－3　6 种联邦滤波结构性能分析表

序号	β_m值	β_i值	重置方式	子滤波器 FDI	主滤波器 FDI	系统 FR
1	1	0	零化式	差	强	中
2	$1/(N+1)$	$1/(N+1)$	有重置	中	中	中
3	0	$1/N$	有重置	中	差	中
4	0	$1/N$	无重置	强	强	强
5	1	0	有重置	差	强	差
6	0.5	0.5	有重置	中	中	中

总地来说，不用融合后的全局状态估计去重置子滤波器，就不会有子滤波器的交叉污染，系统的容错性能的提高是以牺牲子滤波器的精度为代价的。

5.4.2　基于联邦滤波的组合定位系统设计

组合定位定向系统采用卡尔曼滤波进行估计的主要对象是定位定向信息，根据滤波器状态选取的不同，估计方法分为直接法和间接法两种。直接法以各子系统输出的定位信息作为状态，即以定位信息作为估计对象。间接法以组合定位定向系统中的误差量作为状态，即以定位信息的误差量作为估计对象。表5－4比较了两种方法的优缺点。

表5－4　直接法与间接法性能比较表

方法	模型方程	滤波方式	状态数量级	滤波计算周期	滤波器功能
直接法	解算方程	广义滤波	差别大	短	包含导航解算
间接法	误差方程	基本滤波	差别小	较长	不包含导航解算

因为间接法的这些优点，所以采用间接法设计卡尔曼滤波器。组合系统结构如图5－25所示。捷联惯导作为公共参考系统，里程计、测速仪和高度计分别作为第一、第二与第三子系统与捷联惯导组成局部滤波器。而后在主滤波器进行状态的估计与融合。在车辆行驶状态下，各子系统输出信息分别与捷联惯导系统两两组合，形成多个局部卡尔曼滤波器，各滤波器输出经故障检测算法，甄别出可用滤波结果，经数据同步算法使各滤波器输出同步，馈入主滤波器，获得根据所有量测计算得到的捷联惯导误差的估计值，用来校正惯导误差。

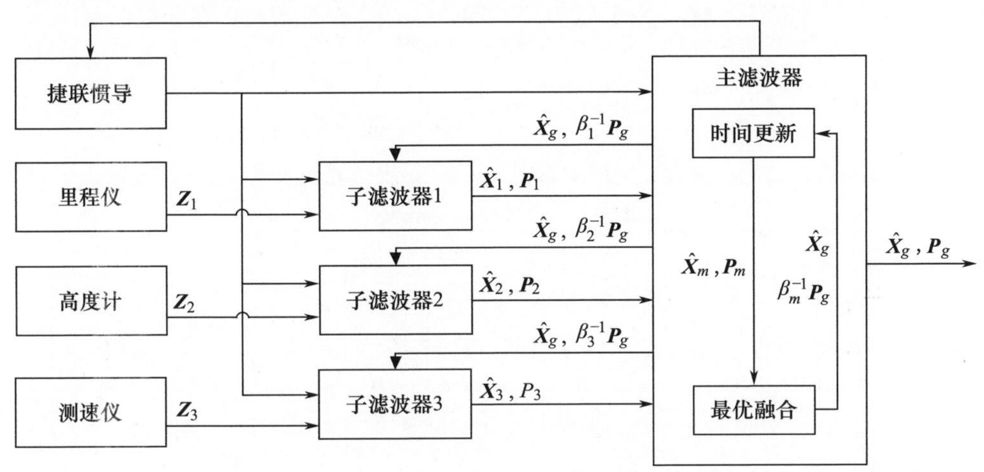

图5－25　组合定位定向系统结构框图

1. 子滤波器1设计

子滤波器1由捷联惯导和里程计两个子系统构成。

令[193,194]

$$\boldsymbol{\phi}_{\text{SINS}} = [\phi_E \quad \phi_N \quad \phi_U]^{\text{T}} \tag{5-71}$$

$$\delta \boldsymbol{V}_{\text{SINS}} = [\delta V_E \quad \delta V_N \quad \delta V_U]^{\text{T}} \tag{5-72}$$

$$\delta \boldsymbol{p}_{\text{SINS}} = [\delta L_{\text{SINS}} \quad \delta \lambda_{\text{SINS}} \quad \delta h_{\text{SINS}}]^{\text{T}} \tag{5-73}$$

假设惯性器件的刻度系数和安装角误差得到了很好的标定，捷联惯导的误差方程为

$$\dot{\boldsymbol{\phi}}_{\text{SINS}}^n = -\boldsymbol{\omega}_{in}^n \times \boldsymbol{\phi}_{\text{SINS}}^n + \boldsymbol{M}_{1\text{SINS}} \delta \boldsymbol{V}_{\text{SINS}}^n + (\boldsymbol{M}_{2\text{SINS}} + \boldsymbol{M}_{3\text{SINS}}) \delta \boldsymbol{p}_{\text{SINS}}^n - \boldsymbol{C}_b^n \boldsymbol{\varepsilon}^b \tag{5-74}$$

$$\delta \dot{\boldsymbol{V}}_{\text{SINS}}^n = \boldsymbol{f}_{\text{SINS}}^n \times \boldsymbol{\phi}_{\text{SINS}}^n + \boldsymbol{M}_{4\text{SINS}} \delta \boldsymbol{V}_{\text{SINS}}^n + \boldsymbol{M}_{5\text{SINS}} \delta \boldsymbol{p}_{\text{SINS}}^n + \boldsymbol{C}_b^n \nabla^b \tag{5-75}$$

$$\delta \dot{\boldsymbol{p}}_{\text{SINS}}^n = \boldsymbol{M}_{6\text{SINS}} \delta \boldsymbol{V}_{\text{SINS}}^n + \boldsymbol{M}_{7\text{SINS}} \delta \boldsymbol{p}_{\text{SINS}}^n \tag{5-76}$$

其中：

$$\boldsymbol{M}_{1\text{SINS}} = \begin{bmatrix} 0 & -\dfrac{1}{R_M + h} & 0 \\ \dfrac{1}{R_N + h} & 0 & 0 \\ \dfrac{\tan L}{R_N + h} & 0 & 0 \end{bmatrix}; \boldsymbol{M}_{2\text{SINS}} = \begin{bmatrix} 0 & 0 & 0 \\ -\omega_{ie}\sin L & 0 & 0 \\ \omega_{ie}\cos L & 0 & 0 \end{bmatrix};$$

$$\boldsymbol{M}_{3\text{SINS}} = \begin{bmatrix} 0 & 0 & \dfrac{V_N}{(R_M + h)^2} \\ 0 & 0 & -\dfrac{V_E}{(R_N + h)^2} \\ \dfrac{V_E \sec^2 L}{R_N + h} & 0 & -\dfrac{V_E \tan L}{(R_N + h)^2} \end{bmatrix}$$

$$\boldsymbol{M}_{4\text{SINS}} = \boldsymbol{V}^n \times \boldsymbol{M}_{1\text{SINS}} - (2\boldsymbol{\omega}_{ie}^n + \boldsymbol{\omega}_{en}^n) \times$$

$$\boldsymbol{M}_{5\text{SINS}} = 2\boldsymbol{M}_{2\text{SINS}} + \boldsymbol{M}_{3\text{SINS}}$$

$$\boldsymbol{M}_{6\text{SINS}} = \begin{bmatrix} 0 & -\dfrac{1}{R_M + h} & 0 \\ \dfrac{\sec L}{R_N + h} & 0 & 0 \\ 0 & 0 & 1 \end{bmatrix}; \boldsymbol{M}_{7\text{SINS}} = \begin{bmatrix} 0 & 0 & -\dfrac{V_N}{(R_M + h)^2} \\ \dfrac{V_E \sec L \tan L}{R_N + h} & 0 & \dfrac{V_E \sec L}{(R_N + h)^2} \\ 0 & 0 & 0 \end{bmatrix}$$

捷联惯导误差方程为

$$\dot{\boldsymbol{X}}_{\text{SINS}} = \boldsymbol{F}_{\text{SINS}} \boldsymbol{X}_{\text{SINS}} + \boldsymbol{w}_{\text{SINS}} \tag{5-77}$$

其中：

$$\boldsymbol{X}_{\text{SINS}} = \left[\boldsymbol{\phi}_{\text{SINS}}^n; \quad \delta \boldsymbol{V}_{\text{SINS}}^n; \quad \delta \boldsymbol{p}_{\text{SINS}}^n; \quad \boldsymbol{\varepsilon}_{\text{SINS}}^b; \quad \nabla_{\text{SINS}}^b \right]$$

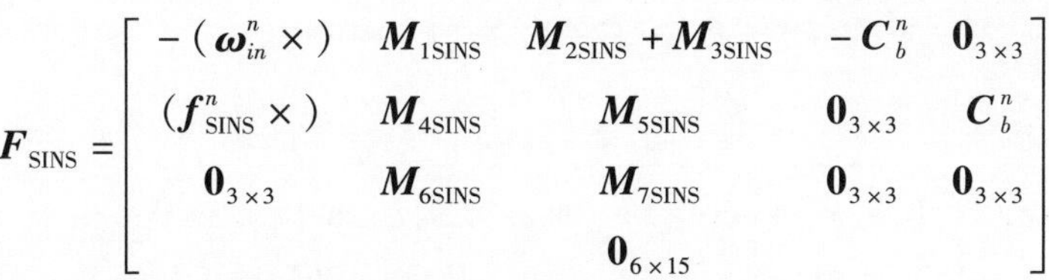

$$F_{\mathrm{SINS}}=\begin{bmatrix}-(\boldsymbol{\omega}_{in}^{n}\times) & \boldsymbol{M}_{1\mathrm{SINS}} & \boldsymbol{M}_{2\mathrm{SINS}}+\boldsymbol{M}_{3\mathrm{SINS}} & -\boldsymbol{C}_{b}^{n} & \boldsymbol{0}_{3\times3}\\ (\boldsymbol{f}_{\mathrm{SINS}}^{n}\times) & \boldsymbol{M}_{4\mathrm{SINS}} & \boldsymbol{M}_{5\mathrm{SINS}} & \boldsymbol{0}_{3\times3} & \boldsymbol{C}_{b}^{n}\\ \boldsymbol{0}_{3\times3} & \boldsymbol{M}_{6\mathrm{SINS}} & \boldsymbol{M}_{7\mathrm{SINS}} & \boldsymbol{0}_{3\times3} & \boldsymbol{0}_{3\times3}\\ & & \boldsymbol{0}_{6\times15} & & \end{bmatrix}$$

通过离散化处理可得到捷联惯导离散系统方程为

$$\boldsymbol{X}_{\mathrm{SINS}}(k)=\boldsymbol{F}_{\mathrm{SINS}}(k,k-1)\boldsymbol{X}_{\mathrm{SINS}}(k-1)+\boldsymbol{w}_{\mathrm{SINS}}(k) \tag{5-78}$$

其中：

$$\boldsymbol{F}_{\mathrm{SINS}}(k,k-1)=\exp(\boldsymbol{F}_{\mathrm{SINS}}(k-1))\approx\boldsymbol{I}+\boldsymbol{F}_{\mathrm{SINS}}(k-1)\Delta t \tag{5-79}$$

$$E[\boldsymbol{w}_{\mathrm{SINS}}(k)]=\boldsymbol{0}_{15\times1},E[\boldsymbol{w}_{\mathrm{SINS}}(k)\boldsymbol{w}_{\mathrm{SINS}}^{\mathrm{T}}(j)]=\boldsymbol{Q}_{\mathrm{SINS}}(k)\delta(k,j) \tag{5-80}$$

假设卡尔曼滤波周期与航位推算更新周期和捷联惯导更新周期一样，选取 SINS/OD 航位推算系统状态变量，即

$$\boldsymbol{X}_{\mathrm{D}}=[\delta\boldsymbol{p}_{\mathrm{D}};\quad \delta K_{\mathrm{D}}] \tag{5-81}$$

式中：$\delta\boldsymbol{p}_{\mathrm{D}}$ 为航位推算位置误差；δK_{D} 里程计刻度误差。

航位推算误差方程为

$$\begin{aligned}\delta\boldsymbol{p}_{\mathrm{D}k}=\begin{bmatrix}\delta L_{\mathrm{D}k}\\ \delta\lambda_{\mathrm{D}k}\\ \delta h_{\mathrm{D}k}\end{bmatrix}=\begin{bmatrix}\hat{L}_{\mathrm{D}k}-L_{\mathrm{D}k}\\ \hat{\lambda}_{\mathrm{D}k}-\lambda_{\mathrm{D}k}\\ \hat{h}_{\mathrm{D}k}-h_{\mathrm{D}k}\end{bmatrix}&=M_{\mathrm{D1}}\delta\boldsymbol{p}_{\mathrm{D}k-1}+M_{\mathrm{D2}}\delta\Delta S_{\mathrm{D}k}^{n}\\ &=M_{\mathrm{D1}}\delta\boldsymbol{p}_{\mathrm{D}k-1}+M_{\mathrm{D2}}(\Delta S_{\mathrm{D}k}^{n}\times\boldsymbol{\phi}_{\mathrm{D}}+\Delta S_{\mathrm{D}k}^{n}\delta K_{\mathrm{D}})\end{aligned} \tag{5-82}$$

其中：

$$\boldsymbol{M}_{\mathrm{D1}}=\begin{bmatrix}1 & 0 & -\dfrac{\Delta S_{\mathrm{D}k}^{n}(N)}{(R_M+h_{\mathrm{D}k-1})^2}\\ \dfrac{\Delta S_{\mathrm{D}k}^{n}(E)\sec L_{\mathrm{D}k-1}\tan L_{\mathrm{D}k-1}}{R_N+h_{\mathrm{D}k-1}} & 1 & -\dfrac{\Delta S_{\mathrm{D}k}^{n}(E)\sec L_{k-1}}{(R_N+h_{\mathrm{D}k-1})^2}\\ 0 & 0 & 1\end{bmatrix}$$

$$\boldsymbol{M}_{\mathrm{D2}}=\begin{bmatrix}0 & \dfrac{1}{R_M+h_{\mathrm{D}k-1}} & 0\\ \dfrac{\sec L_{k-1}}{R_N+h_{\mathrm{D}k-1}} & 0 & 0\\ 0 & 0 & 1\end{bmatrix}$$

$$\Delta S_{\mathrm{D}k}^{n}=C_{bk-1}^{n}[0\quad \Delta S_{\mathrm{D}k}\quad 0]^{\mathrm{T}}$$

式中：$\Delta S_{\mathrm{D}k}$为里程计增量输出。

捷联惯导/里程计组合定位定向系统误差方程可列写为

$$\boldsymbol{X}_1(k)=\boldsymbol{F}_1(k,k-1)\boldsymbol{X}_1(k-1)+\boldsymbol{w}_1(k) \tag{5-83}$$

其中：

$$\boldsymbol{X}_1(k)=[\boldsymbol{X}_{\mathrm{SINS}}(k);\quad \boldsymbol{X}_{\mathrm{D}}(k)]$$

$$\boldsymbol{w}_1(k)=[\boldsymbol{w}_{\mathrm{SINS}}(k);\quad \boldsymbol{w}_{\mathrm{D}}(k)],E[\boldsymbol{w}_1(k)]=\boldsymbol{0}_{19\times 1}$$

$$E[\boldsymbol{w}_1(k)\boldsymbol{w}_1^{\mathrm{T}}(j)]=\boldsymbol{Q}_1(k)\delta(k,j)=\begin{bmatrix}\boldsymbol{Q}_{\mathrm{SINS}}(k) & \boldsymbol{0}_{15\times 4}\\ \boldsymbol{0}_{4\times 15} & \boldsymbol{Q}_{\mathrm{D}}(k)\end{bmatrix}\delta(k,j)$$

$$\boldsymbol{F}_1(k,k-1)=\begin{bmatrix}\boldsymbol{F}_{\mathrm{SINS}}(k,k-1) & \boldsymbol{0}_{15\times 4}\\ \boldsymbol{F}_{\mathrm{SINS/DR}}(k,k-1) & \boldsymbol{F}_{\mathrm{DR}}(k,k-1)\end{bmatrix}$$

$$\boldsymbol{F}_{\mathrm{SINS/DR}}(k,k-1)=\begin{bmatrix}\boldsymbol{M}_{\mathrm{D2}}(\Delta\boldsymbol{S}_{\mathrm{D}k}^{n}\times) & \boldsymbol{0}_{3\times 12}\\ \boldsymbol{0}_{1\times 3} & \boldsymbol{0}_{1\times 12}\end{bmatrix}$$

$$\boldsymbol{F}_{\mathrm{DR}}(k,k-1)=\begin{bmatrix}\boldsymbol{M}_{\mathrm{D1}} & \boldsymbol{M}_{\mathrm{D2}}\Delta\boldsymbol{S}_{\mathrm{D}k}^{n}\\ \boldsymbol{0}_{1\times 3} & 0\end{bmatrix}$$

选取捷联惯导和航位推算的位置之差为量测量，捷联惯导/里程计组合定位定向系统量测方程为

$$\boldsymbol{Z}_1=\delta\boldsymbol{p}_{\mathrm{SINS}}-\delta\boldsymbol{p}_{\mathrm{D}}=\boldsymbol{H}_1(k)\boldsymbol{X}_1(k)+\boldsymbol{v}_1(k) \tag{5-84}$$

其中：

$$\boldsymbol{H}_1(k)=[\boldsymbol{0}_{3\times 6}\quad \boldsymbol{I}_{3\times 3}\quad \boldsymbol{0}_{3\times 6}\quad -\boldsymbol{I}_{3\times 3}\quad \boldsymbol{0}_{3\times 1}] \tag{5-85}$$

$$E[\boldsymbol{v}_1(k)]=\boldsymbol{0}_{3\times 1},E[\boldsymbol{v}_1(k)\boldsymbol{v}_1^{\mathrm{T}}(j)]=\boldsymbol{R}_1(k)\delta(k,j)$$

以上状态方程和量测方程可用于子滤波器 1 的卡尔曼滤波。

2. 子滤波器 2 设计

借助气压高度计的阻尼作用，提高系统高度通道的定位精度，减少捷联惯导系统的高度定位误差的发散。

系统状态方程为

$$\boldsymbol{X}_2(k)=\boldsymbol{F}_2(k,k-1)\boldsymbol{X}_2(k-1)+\boldsymbol{w}_2(k) \tag{5-86}$$

其中：

$$\boldsymbol{X}_2(k)=[\boldsymbol{X}_{\mathrm{SINS}}(k);\quad \delta h_{\mathrm{B}}(k)]$$

$$\boldsymbol{w}_2(k)=[\boldsymbol{w}_{\mathrm{SINS}}(k);\quad \boldsymbol{w}_{\mathrm{B}}(k)],E[\boldsymbol{w}_2(k)]=\boldsymbol{0}_{16\times 1}$$

$$E[\boldsymbol{w}_2(k)\boldsymbol{w}_2^{\mathrm{T}}(j)]=\boldsymbol{Q}_2(k)\delta(k,j)=\begin{bmatrix}\boldsymbol{Q}_{\mathrm{SINS}}(k) & \boldsymbol{0}_{15\times 1}\\ \boldsymbol{0}_{1\times 15} & Q_{\mathrm{B}}(k)\end{bmatrix}\delta(k,j)$$

$$\boldsymbol{F}_2(k,k-1)=\begin{bmatrix}\boldsymbol{F}_{\mathrm{SINS}}(k,k-1) & \boldsymbol{0}_{15\times 1}\\ \boldsymbol{F}_{\mathrm{SINS/B}}(k,k-1) & F_{\mathrm{B}}(k,k-1)\end{bmatrix}$$

$$\boldsymbol{F}_{\mathrm{SINS/B}}(k,k-1)=[\boldsymbol{0}_{1\times 5}\quad \Delta t\quad \boldsymbol{0}_{1\times 9}]$$

$$F_{\mathrm{B}}(k,k-1)=1$$

式中:Δt 为状态估计的更新周期;$\boldsymbol{w}_2$为系统状态噪声。

选取高度误差为量测量,捷联惯导/高度计组合定位定向系统量测方程为

$$\boldsymbol{Z}_2 = \delta h_{\mathrm{SINS}} - \delta h_{\mathrm{BA}} = \boldsymbol{H}_2(k)\boldsymbol{X}_2(k) + \boldsymbol{v}_2(k) \tag{5-87}$$

其中:

$$\boldsymbol{H}_2(k) = [\boldsymbol{0}_{1\times 8} \quad 1 \quad \boldsymbol{0}_{1\times 6} \quad -1]$$

$$E[\boldsymbol{v}_2(k)] = 0, E[\boldsymbol{v}_2(k)\boldsymbol{v}_2^{\mathrm{T}}(j)] = \boldsymbol{R}_2(k)\delta(k,j)$$

以上状态方程和量测方程可用于子滤波器 2 的卡尔曼滤波。

3. 子滤波器 3 设计

子滤波器 3 由捷联惯导和激光多普勒测速仪两个子系统构成。子组合导航系统状态方程为

$$\boldsymbol{X}_3(k) = \boldsymbol{F}_3(k,k-1)\boldsymbol{X}_3(k-1) + \boldsymbol{w}_3(k)$$

其中:

$$\boldsymbol{X}_3(k) = [\boldsymbol{X}_{\mathrm{SINS}}(k); \quad \delta K_L(k)]$$

$$\boldsymbol{w}_3(k) = [\boldsymbol{w}_{\mathrm{SINS}}(k); \quad w_L(k)], E[\boldsymbol{w}_3(k)] = \boldsymbol{0}_{16\times 1}$$

$$E[\boldsymbol{w}_3(k)\boldsymbol{w}_3^{\mathrm{T}}(j)] = \boldsymbol{Q}_3(k)\delta(k,j) = \begin{bmatrix} \boldsymbol{Q}_{\mathrm{SINS}}(k) & \boldsymbol{0}_{15\times 1} \\ \boldsymbol{0}_{1\times 15} & Q_L(k) \end{bmatrix}\delta(k,j)$$

$$\boldsymbol{F}_3(k,k-1) = \begin{bmatrix} \boldsymbol{F}_{\mathrm{SINS}}(k,k-1) & \boldsymbol{0}_{15\times 1} \\ \boldsymbol{0}_{15\times 1} & F_L(k,k-1) \end{bmatrix}$$

$$F_L(k,k-1) = 1$$

选取速度误差为量测量,捷联惯导/测速仪组合定位定向系统量测方程为

$$\boldsymbol{Z}_3 = \hat{\boldsymbol{V}}_{\mathrm{SINS}}^n - \hat{\boldsymbol{V}}_L^n = \delta\boldsymbol{V}_{\mathrm{SINS}}^n - \boldsymbol{V}_{\mathrm{SINS}}^n \times \boldsymbol{\phi} - \boldsymbol{C}_b^n\delta\boldsymbol{V}_M^b = \boldsymbol{H}_3(k)\boldsymbol{X}_3(k) + \boldsymbol{v}_3(k) \tag{5-88}$$

式中:$\boldsymbol{H}_3(k) = [-\boldsymbol{V}^n\times \quad \boldsymbol{I}_{3\times 3} \quad \boldsymbol{0}_{3\times 9} \quad \boldsymbol{H}_L(k)]$;$\boldsymbol{H}_L(k) = -[c_{12}\tilde{V}_L \quad c_{22}\tilde{V}_L \quad c_{32}\tilde{V}_L]^{\mathrm{T}}$,$c_{ij}$为 $\boldsymbol{C}_b^n$ 第 i 行 j 列元素,$\tilde{V}_L$ 为 LDV 测量输出值;$E[\boldsymbol{v}_3(k)] = 0$,$E[\boldsymbol{v}_3(k)\boldsymbol{v}_3^{\mathrm{T}}(j)] = \boldsymbol{R}_3(k)\delta(k,j)$。

以上状态方程和量测方程可用于子滤波器 3 的卡尔曼滤波。

4. 联邦滤波器设计

联邦滤波器中信息分配因数β_i的大小应当是第 i 个子滤波器状态估计精度的反映。第 i 个子滤波器的滤波精度越高,其对应的β_i取值应越大。主滤波器与子滤波器间的信息分配因数的关系为[195] $\beta_m + \sum\beta_i = 1$。选择表 5-3 中第四类结构作为组合导航系统的结构,信息分配因数见表 5-5。

表 5－5　信息分配因数表

信息分配因数	系统正常	子系统 1 故障	子系统 2 故障	子系统 3 故障
β_m	0	0	0	0
β_1	1/3	0	0.5	0.5
β_2	1/3	0.5	0	0.5
β_3	1/3	0.5	0.5	0

联邦滤波算法流程如图 5－26 所示，左边为预测过程，右边为量测过程。

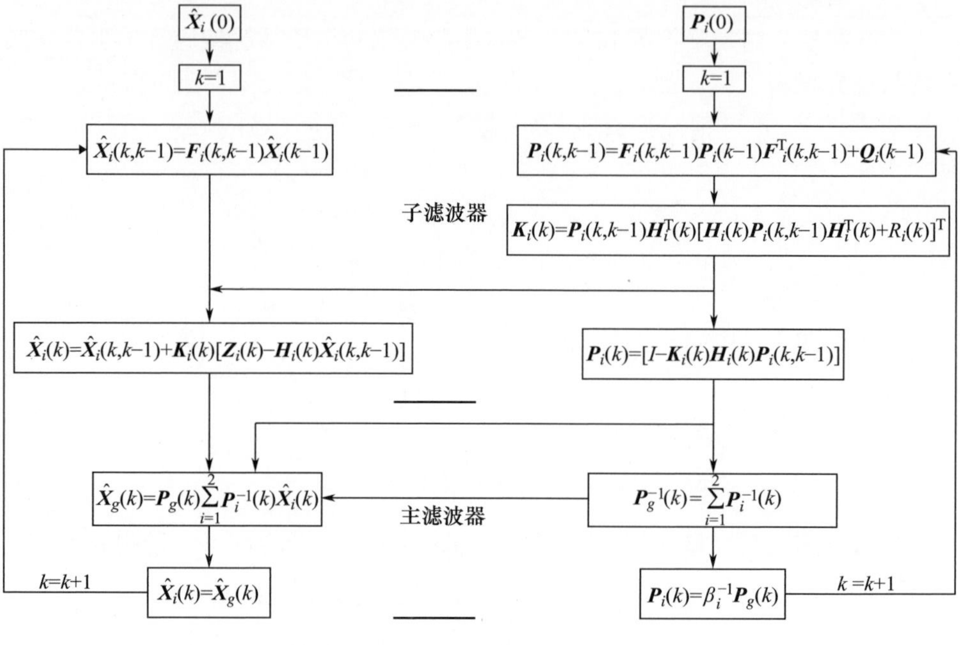

$\hat{\boldsymbol{X}}_i(0)$　　$\boldsymbol{P}_i(0)$

$k=1$　　$k=1$

$\hat{\boldsymbol{X}}_i(k,k-1)=\boldsymbol{F}_i(k,k-1)\hat{\boldsymbol{X}}_i(k-1)$

$\boldsymbol{P}_i(k,k-1)=\boldsymbol{F}_i(k,k-1)\boldsymbol{P}_i(k-1)\boldsymbol{F}_i^{\mathrm{T}}(k,k-1)+\boldsymbol{Q}_i(k-1)$

子滤波器

$\boldsymbol{K}_i(k)=\boldsymbol{P}_i(k,k-1)\boldsymbol{H}_i^{\mathrm{T}}(k)[\boldsymbol{H}_i(k)\boldsymbol{P}_i(k,k-1)\boldsymbol{H}_i^{\mathrm{T}}(k)+R_i(k)]^{\mathrm{T}}$

$\hat{\boldsymbol{X}}_i(k)=\hat{\boldsymbol{X}}_i(k,k-1)+\boldsymbol{K}_i(k)[\boldsymbol{Z}_i(k)-\boldsymbol{H}_i(k)\hat{\boldsymbol{X}}_i(k,k-1)]$

$\boldsymbol{P}_i(k)=[I-\boldsymbol{K}_i(k)\boldsymbol{H}_i(k)\boldsymbol{P}_i(k,k-1)]$

$\hat{\boldsymbol{X}}_g(k)=\boldsymbol{P}_g(k)\sum_{i=1}^{2}\boldsymbol{P}_i^{-1}(k)\hat{\boldsymbol{X}}_i(k)$

主滤波器

$\boldsymbol{P}_g^{-1}(k)=\sum_{i=1}^{2}\boldsymbol{P}_i^{-1}(k)$

$k=k+1$　$\hat{\boldsymbol{X}}_i(k)=\hat{\boldsymbol{X}}_g(k)$

$\boldsymbol{P}_i(k)=\beta_i^{-1}\boldsymbol{P}_g(k)$　$k=k+1$

图 5－26　联邦滤波算法流程框图

5.4.3　系统容错性设计

系统的容错性能包括故障的检测和故障系统的重构。故障检测采用基于 χ^2 检验的方法，并对系统重构的具体步骤进行设计。

1. 系统级故障检测隔离原理

为了提高组合定位定向系统的可靠性，可对组合定位定向系统进行容错性设计。容错设计是从系统整体设计上来提高其可靠性，并不是去提高系统中每个元件的基本可靠性。容错性能的实现是通过监控系统运行的状态，实时地检测和隔离故障，并将剩余的部件重新组合在一起，使系统在内部存在故障的情况下，能正常工作或牺牲精度安全地工作。

针对组合定位定向系统的特点，首先介绍基于$\boldsymbol{\chi}^2$检验的系统级故障检验和隔离方法。判断出故障源后就可以对其他正常的系统进行重构，使系统继续正常工作。待系统故障排除后，通过一定的方法实现系统的恢复[196-198]。

量测更新值$\boldsymbol{Z}_k$经卡尔曼滤波得到$\hat{\boldsymbol{X}}_k$，系统再由先验信息经状态递推器得到$\hat{\boldsymbol{X}}_k^S$，前者和量测有关，后者和量测无关，若子系统发生故障只会对前者产生影响。$\boldsymbol{\chi}^2$检验法就是利用这两个状态估计的差异完成对系统故障的检验和隔离。两个状态估计可以用下式计算，即

$$\begin{cases}\hat{\boldsymbol{X}}_k=[\boldsymbol{I}-\boldsymbol{K}_k\boldsymbol{H}_k]\boldsymbol{\Phi}_{k,k-1}\hat{\boldsymbol{X}}_{k-1}+\boldsymbol{K}_k\boldsymbol{Z}_k\\ \hat{\boldsymbol{X}}_0=\boldsymbol{X}^0\\ \boldsymbol{P}_{k,k-1}=\boldsymbol{\Phi}_{k,k-1}\boldsymbol{P}_{k-1}\boldsymbol{\Phi}_{k,k-1}^{\mathrm{T}}+\boldsymbol{\Gamma}_{k-1}\boldsymbol{Q}_{k-1}\boldsymbol{\Gamma}_{k-1}^{\mathrm{T}}\\ \boldsymbol{P}_k=[\boldsymbol{I}-\boldsymbol{K}_k\boldsymbol{H}_k]\boldsymbol{P}_{k/k-1}\\ \boldsymbol{P}_0=\boldsymbol{P}^0\\ \boldsymbol{K}_k=\boldsymbol{P}_{k/k-1}\boldsymbol{H}_k^{\mathrm{T}}[\boldsymbol{H}_k\boldsymbol{P}_{k/k-1}\boldsymbol{H}_k^{\mathrm{T}}+\boldsymbol{R}_k]^{-1}\end{cases}\tag{5-89}$$

$$\begin{cases}\hat{\boldsymbol{X}}_k^S=\boldsymbol{\Phi}_{k,k-1}\hat{\boldsymbol{X}}_{k-1}^S\\ \hat{\boldsymbol{X}}_k^S=\boldsymbol{X}^0\\ \boldsymbol{P}_k^S=\boldsymbol{\Phi}_{k,k-1}\boldsymbol{P}_{k-1}^S\boldsymbol{\Phi}_{k,k-1}^{\mathrm{T}}+\boldsymbol{\Gamma}_{k-1}\boldsymbol{Q}_{k-1}\boldsymbol{\Gamma}_{k-1}^{\mathrm{T}}\\ \boldsymbol{P}_0^S=\boldsymbol{P}^0\end{cases}\tag{5-90}$$

定义

$$\boldsymbol{e}_{1k}=(\boldsymbol{X}_k-\hat{\boldsymbol{X}}_k)-(\boldsymbol{X}_k-\hat{\boldsymbol{X}}_k^S)\tag{5-91}$$

当系统发生故障时，$\hat{\boldsymbol{X}}_k^S$ 仍为无偏估计，而 $\hat{\boldsymbol{X}}_k$ 因受故障的影响而变为有偏值。因此，可以通过对 e_{1k}均值的检验判断系统是否发生故障。

对 e_{1k}作二元假设如下。

H_0：无故障　　$E\{\boldsymbol{e}_{1k}\}=\boldsymbol{0},E\{\boldsymbol{e}_{1k}\boldsymbol{e}_{1k}^{\mathrm{T}}\}=\boldsymbol{P}_{\beta k}$　　(5-92)

H_1：有故障　　$E\{\boldsymbol{e}_{1k}\}=\boldsymbol{\mu},E\{(\boldsymbol{e}_{1k}-\boldsymbol{\mu})(\boldsymbol{e}_{1k}-\boldsymbol{\mu})^{\mathrm{T}}\}=\boldsymbol{P}_{\beta k}$　　(5-93)

取故障检测函数为

$$\boldsymbol{\lambda}_k=\boldsymbol{e}_{1k}^{\mathrm{T}}\boldsymbol{P}_{\beta k}^{-1}\boldsymbol{e}_{1k}\tag{5-94}$$

故障判定准则为

$$\begin{cases}\lambda_k>T_{\mathrm{D}} & 接受\ H_1，判定有故障\\ \lambda_k\leqslant T_{\mathrm{D}} & 接受\ H_0，判定有故障\end{cases}\tag{5-95}$$

下面介绍另一种故障检验方法,残差$\boldsymbol{\chi}^2$检验法。我们知道子滤波器的残差为

$$\boldsymbol{e}_{2k}=\boldsymbol{Z}_k-\boldsymbol{H}_k\hat{\boldsymbol{X}}_{k/k-1} \tag{5-96}$$

式中预报值为

$$\hat{\boldsymbol{X}}_{k/k-1}=\boldsymbol{\Phi}_{k,k-1}\hat{\boldsymbol{X}}_{k-1} \tag{5-97}$$

当无故障时残差$\boldsymbol{e}_{2k}$为零均值高斯白噪声,方差为

$$\boldsymbol{A}_k=\boldsymbol{H}_k\boldsymbol{P}_{k/k-1}\boldsymbol{H}_k^{\mathrm{T}}+\boldsymbol{R}_k \tag{5-98}$$

当发生故障时认为残差$\boldsymbol{e}_{2k}$均值不再为零,因此仿照上面方法可以对$\boldsymbol{e}_{2k}$进行二元假设如下。

$$H_0:\text{无故障}\qquad E\{\boldsymbol{e}_{2k}\}=\boldsymbol{0},E\{\boldsymbol{e}_{2k}\boldsymbol{e}_{2k}^{\mathrm{T}}\}=\boldsymbol{A}_k \tag{5-99}$$

$$H_1:\text{有故障}\qquad E\{\boldsymbol{e}_{2k}\}=\boldsymbol{\mu},E\{(\boldsymbol{e}_{2k}-\boldsymbol{\mu})(\boldsymbol{e}_{2k}-\boldsymbol{\mu})^{\mathrm{T}}\}=\boldsymbol{A}_k \tag{5-100}$$

取故障检测函数为

$$\boldsymbol{\lambda}_k=\boldsymbol{e}_{2k}^{\mathrm{T}}\boldsymbol{A}_k^{-1}\boldsymbol{e}_{2k} \tag{5-101}$$

故障判定准则为

$$\begin{cases}\lambda_k>T_{\mathrm{D}} & \text{接受 } H_1\text{,判定有故障}\\ \lambda_k\leqslant T_{\mathrm{D}} & \text{接受 } H_0\text{,判定有故障}\end{cases} \tag{5-102}$$

下面将两种检验法的性能比较列写在表5-6中。

表5-6 两种$\boldsymbol{\chi}^2$检验法性能比较表

名称	检验软故障	检验灵敏度	漏检率	计算量
状态$\boldsymbol{\chi}^2$检验	有效	较低	较低	较大
残差$\boldsymbol{\chi}^2$检验	较难	较高	较高	较小

2. 残差—状态检测算法设计

为有效检验故障,文献[192]利用安全观察策略避免漏检,文献[199,200]设计了双状态递推器,文献[192]的安全时间和文献[199]的时间间隔等关键参数较难确定。针对残差检测对故障敏感但易漏检、状态检测不漏检但告警延迟的特点,设计一种残差—状态检测算法。系统首先用残差$\boldsymbol{\chi}^2$检测器检验故障,当发现故障后利用状态$\boldsymbol{\chi}^2$检测器工作,直至故障消失,再使系统工作在残差$\boldsymbol{\chi}^2$检测器条件下。这样就充分发挥了残差检测和状态检测的特点,而且两状态转换自动进行,有效地提高了故障检测的灵敏度和可靠性。具体过程:利用两个状态递推器,在故障检验的初始阶段利用$\hat{\boldsymbol{X}}^{SA}$进行残差检测,同时对$\hat{\boldsymbol{X}}^{SA}$、$\hat{\boldsymbol{P}}^{SA}$进行重置,当发现故障后对$\hat{\boldsymbol{X}}^{SB}$、$\hat{\boldsymbol{P}}^{SB}$进行重置,并利用$\hat{\boldsymbol{X}}^{SB}$进行状态检验,无故障后恢复为残差检验。具体流程如图5-27所示。

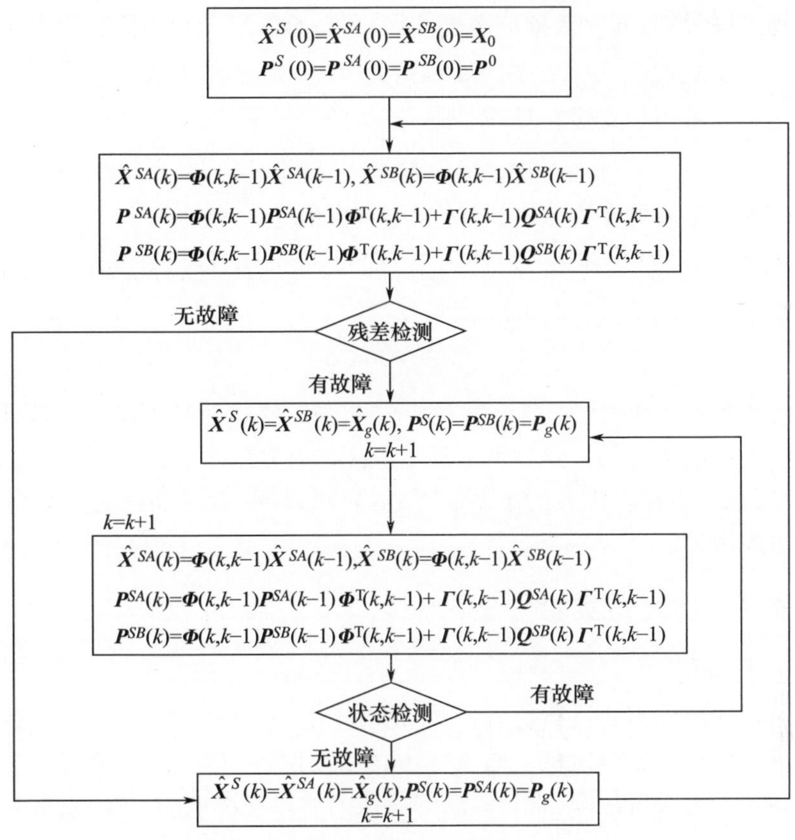

图5-27　残差—状态检测算法流程图

3. 故障系统重构设计

3个子滤波器可以得到误差状态估计和估计误差方差分别为 $\hat{\boldsymbol{X}}_1$、$\boldsymbol{P}_1$，$\hat{\boldsymbol{X}}_2$、$\boldsymbol{P}_2$ 和 $\hat{\boldsymbol{X}}_3$、$\boldsymbol{P}_3$。当系统没有故障时，整体误差状态估计为[201]

$$\hat{\boldsymbol{X}}_g(k)=\boldsymbol{P}_g(k)\boldsymbol{P}_1^{-1}(k)\hat{\boldsymbol{X}}_1(k)+\boldsymbol{P}_g(k)\boldsymbol{P}_2^{-1}(k)\hat{\boldsymbol{X}}_2(k)+\boldsymbol{P}_g(k)\boldsymbol{P}_3^{-1}(k)\hat{\boldsymbol{X}}_3(k) \tag{5-103}$$

式中：$\boldsymbol{P}_g=(\boldsymbol{P}_1^{-1}+\boldsymbol{P}_2^{-1}+\boldsymbol{P}_3^{-1})^{-1}$。

若子系统滤波器1失效，那么 $\hat{\boldsymbol{X}}_1$ 将是不准确的，因此不能将其输入到主滤波器，系统误差状态的整体估计为

$$\hat{\boldsymbol{X}}_g(k)=\boldsymbol{P}_g(k)\boldsymbol{P}_2^{-1}(k)\hat{\boldsymbol{X}}_2(k)+\boldsymbol{P}_g(k)\boldsymbol{P}_3^{-1}(k)\hat{\boldsymbol{X}}_3(k) \tag{5-104}$$

失效系统的估计可用下式进行估计，即

$$\boldsymbol{Z}_1(k)=\boldsymbol{H}_1(k)\hat{\boldsymbol{X}}_g(k) \tag{5-105}$$

同理可以得到,当子系统滤波器 2 失效时,系统误差整体估计为

$$\hat{\boldsymbol{X}}_g(k)=\boldsymbol{P}_g(k)\boldsymbol{P}_1^{-1}(k)\hat{\boldsymbol{X}}_1(k)+\boldsymbol{P}_g(k)\boldsymbol{P}_3^{-1}(k)\hat{\boldsymbol{X}}_3(k) \tag{5-106}$$

输出估计可用下式进行计算,即

$$\boldsymbol{Z}_2(k)=\boldsymbol{H}_2(k)\hat{\boldsymbol{X}}_g(k) \tag{5-107}$$

当子系统滤波器 3 失效时,系统误差整体估计为

$$\hat{\boldsymbol{X}}_g(k)=\boldsymbol{P}_g(k)\boldsymbol{P}_1^{-1}(k)\hat{\boldsymbol{X}}_1(k)+\boldsymbol{P}_g(k)\boldsymbol{P}_2^{-1}(k)\hat{\boldsymbol{X}}_2(k) \tag{5-108}$$

输出估计可用下式进行计算,即

$$\boldsymbol{Z}_3(k)=\boldsymbol{H}_3(k)\hat{\boldsymbol{X}}_g(k) \tag{5-109}$$

因此从理论上讲,当某些子系统失效时,系统整体还是可以给出具有一定精度的可靠的导航信息的。这样就实现了故障的有效隔离,并完成了系统的重构。需要注意的是,当存在失效的子系统时,需要按表 5-5 重新确定其余各子系统的信息分配因数。

5.4.4 仿真与实验

1. 仿真分析

要对联邦滤波算法进行仿真,首先是对 3 个子系统滤波器仿真,而后是对信息融合进行仿真。组合定位定向系统仿真参数设置如表 5-7 所列。在载体的运行过程中人为设置故障,来检验联邦算法的故障检测性能,故障设置和检测结果见表 5-8。

表 5-7 仿真参数设置表

名称	陀螺		加速度计		里程计刻度系数误差	误差角		高度误差
	常值漂移	随机误差	常值漂移	随机误差		水平	航向	
数值	0.02°/h	0.01°/h	0.15mg	0.05mg	0.2%	1′	10′	1m

表 5-8 各个子系统故障设置和检测表

子系统	变量	故障时间/s	类型	大小	状态检测告警时间/s	残差检测告警时间/s	残差—状态检测告警时间/s
里程计	速度	20 ~ 25	突变	1.3m/s	20 ~ 25	20 ~ 27	20 ~ 25
		70 ~ 85	慢变	$0.001(t-70)$m/s	73 ~ 90	70 ~ 86	70 ~ 90
高度计	高度	100 ~ 110	突变	200m	102 ~ 115	100 ~ 110	100 ~ 115
		140 ~ 150	慢变	$1.2(t-140)^2$m	143 ~ 153	139 ~ 151	139 ~ 153

3 种检验方法都能检测出上述子系统的故障,状态检验法有一定的告警延迟,而残差检验法告警中有漏检的现象,本书提出的双状态检验法能有效减少告

警延迟和漏检现象。

2. 跑车实验

着重验证联邦算法的容错性能、故障检测性能、算法对系统整体性能的提高。车载组合定位定向系统组成同 1.3 节。系统运行前先对捷联惯导进行初始对准，而后运用捷联惯导对里程计进行标定。车辆在西安地区进行两类实验，一是跑车过程中连续采集数据，二是跑车中在一段时间内不更新高度计或里程计数据，模拟高度计和里程计的故障。航行轨迹如图 5－28 所示。

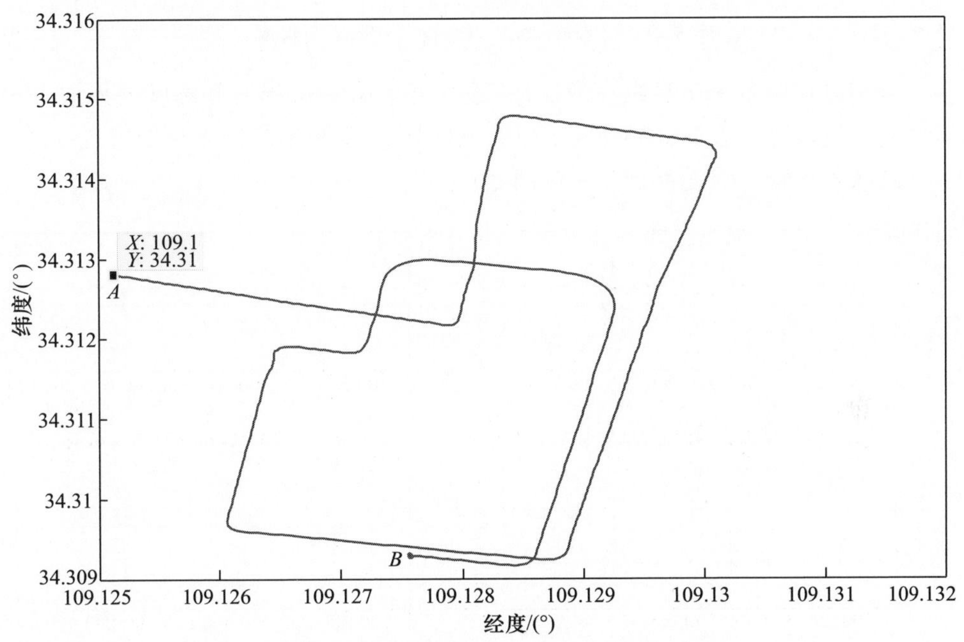

图 5－28　1000s 跑车实验航迹(见彩图)

载车从点 A 处出发，沿东偏南方向开始行驶，最后到点 B 停止。载车共运行 1000s，其中前 470s 静止。行驶过程中位置误差变化如图 5－29 所示。

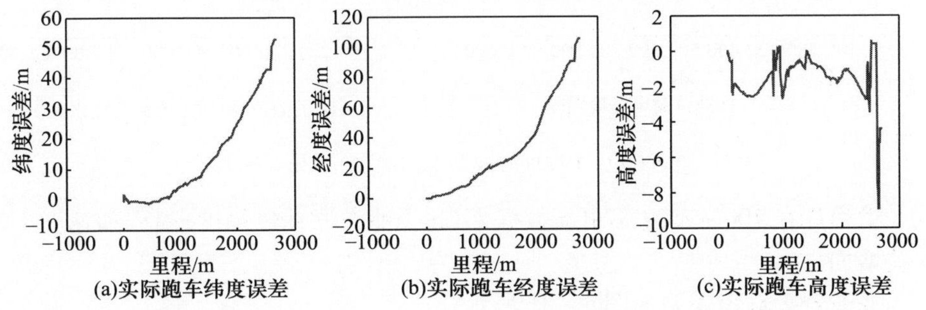

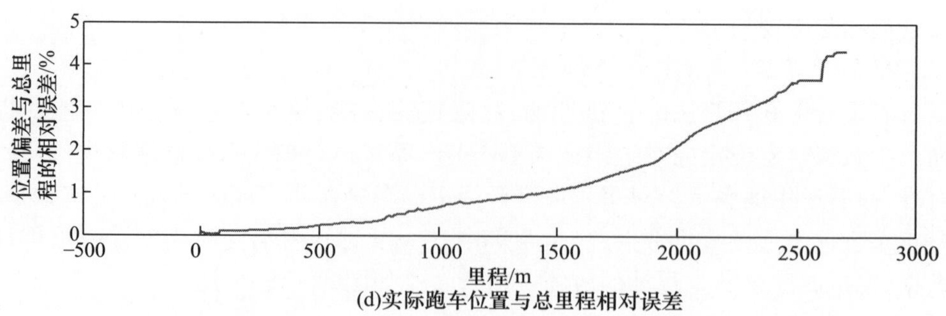

(d)实际跑车位置与总里程相对误差

图 5－29　1000s 跑车实验位置误差(见彩图)

跑车过程中各个子系统正常工作,数据处理时对里程计和高度计采取不更新处理,模拟故障,在 550～600s 不更新高度计,在 700～750s 不更新里程计。

滤波器 1 输出误差如图 5－30 所示。

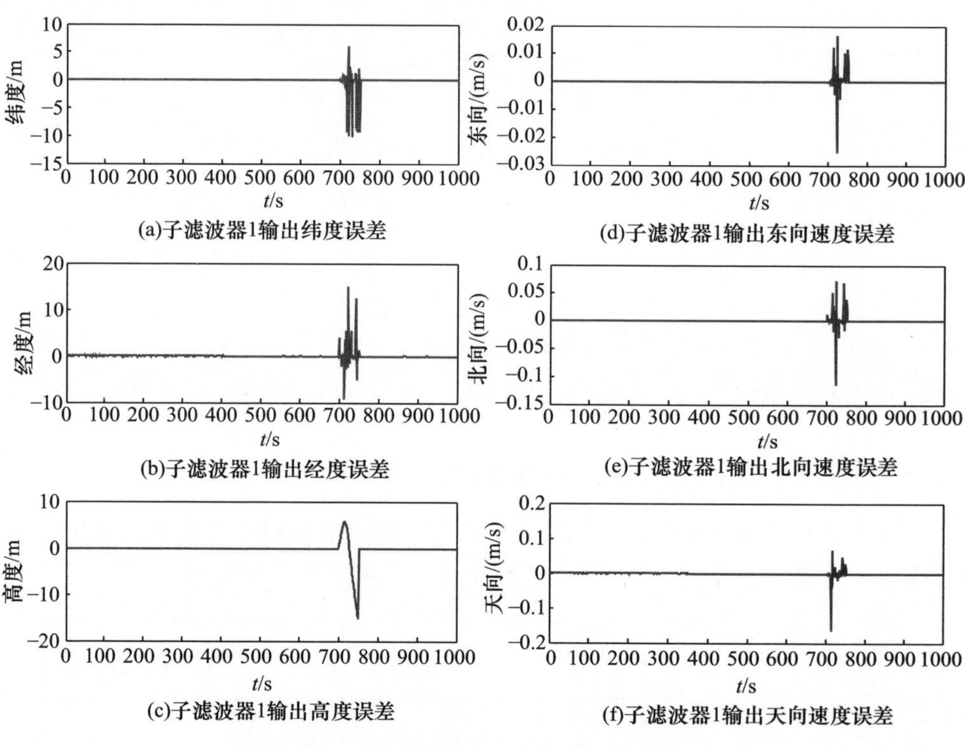

图 5－30　1000s 滤波器 1 输出误差(见彩图)

里程计在 700～750s 不更新数据,引起子滤波器在经纬度、高程和速度上的误差增加。

滤波器 2 输出误差如图 5－31 所示。

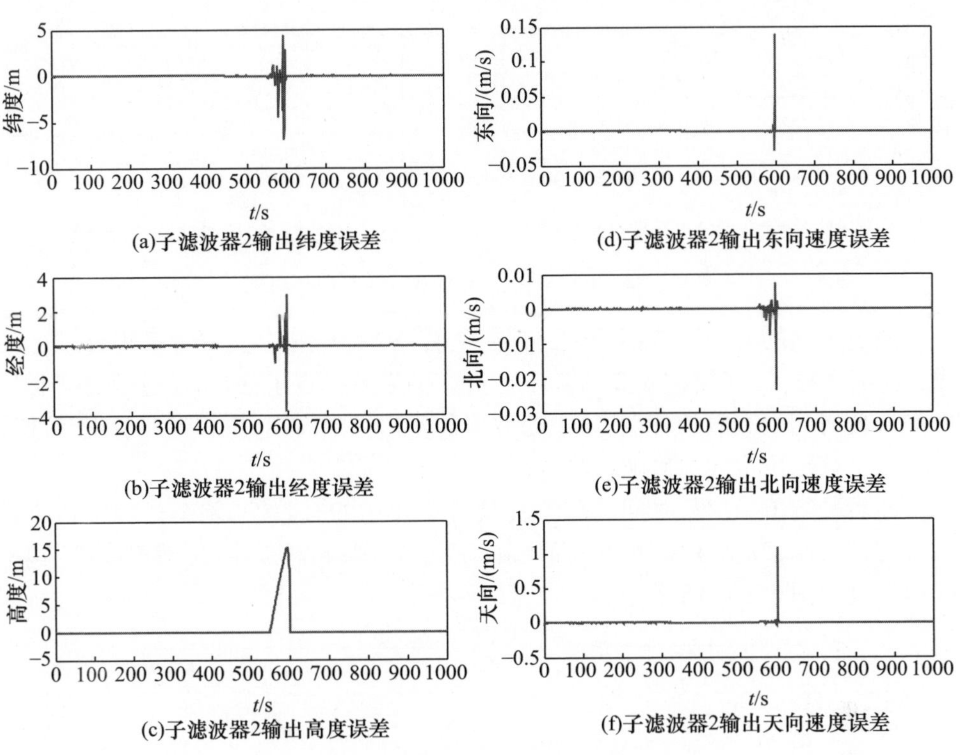

图 5－31　1000s 滤波器 2 输出误差(见彩图)

高度计在 550～600s 不更新数据,引起子滤波器在高程上的误差增加,且在重新开始更新数据的瞬间即 600s 时误差较大。

主滤波器输出误差如图 5－32 所示。

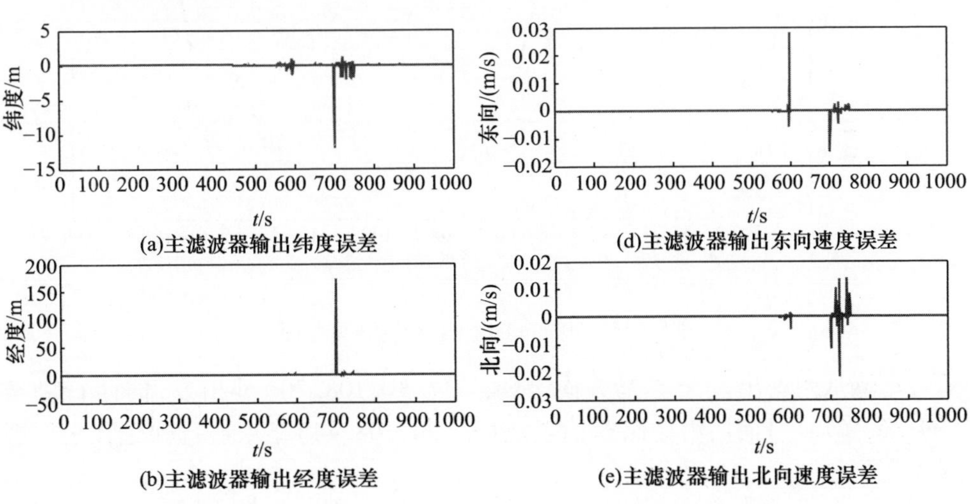

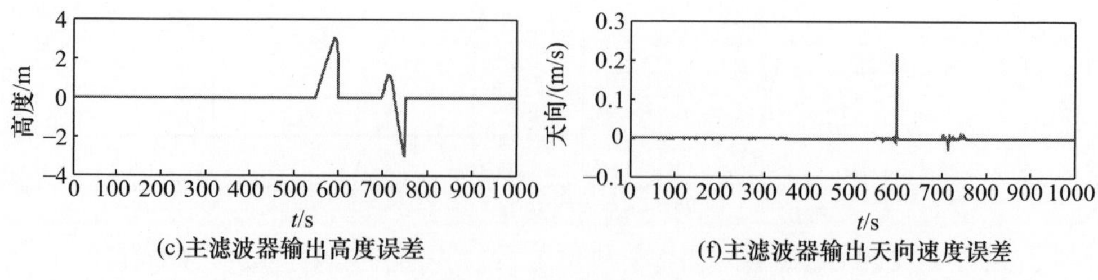

图 5-32　1000s 主滤波器输出误差(见彩图)

通过上面的各个滤波器的输出误差可以看出,子滤波器 1 对里程计产生的误差进行了估计,子滤波器 2 对高度计产生的误差进行了估计,经过信息融合后两类误差得到了有效的补偿,从主滤波器的输出可以看出,里程计和高度计故障对组合系统定位定向的影响都降低了。

而后进行了一次长时间的跑车实验验证算法的有效性,跑车过程中各个子系统正常工作,数据处理时对里程计和高度计采取不更新处理,模拟故障,跑车实验航迹如图 5-33 所示。

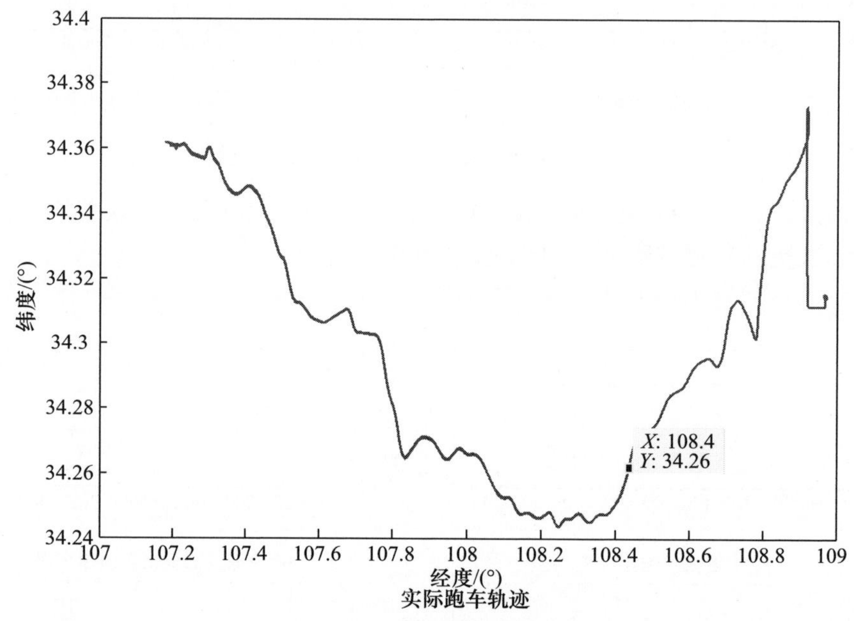

图 5-33　300km 跑车实验航迹(见彩图)

车辆从西安出发至宝鸡方向,从点(34.31,108.20)处出发,向西行驶至(34.36,107.18)而后沿原路返回至点(34.26,108.44)结束。行驶过程中位置误差变化如图 5-34 所示。

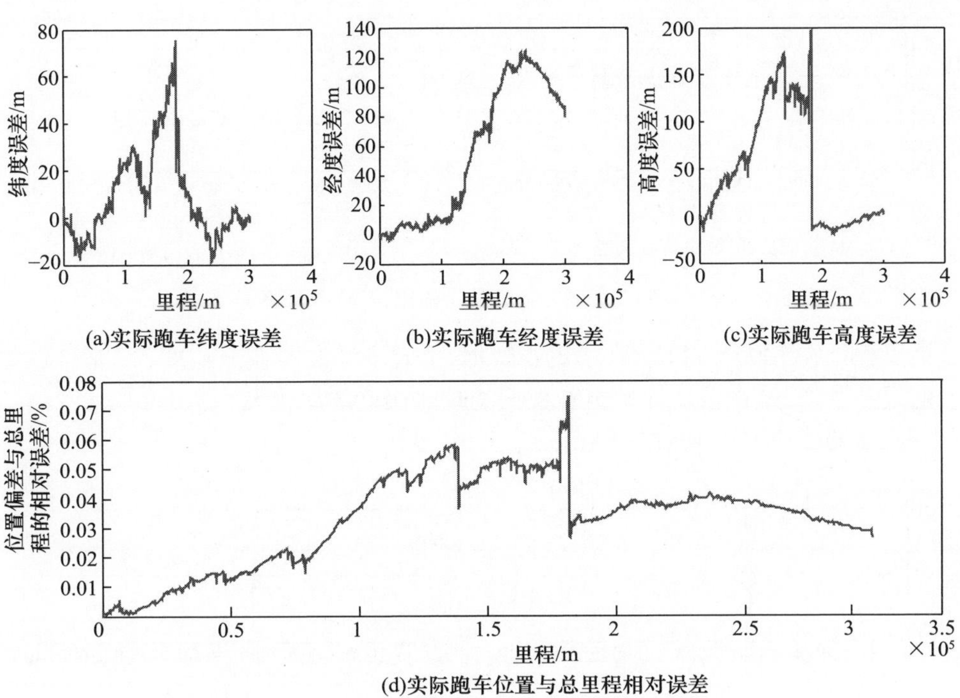

图 5-34　300km 跑车实验位置误差(见彩图)

总行程 301.4km。终点误差小于总里程的 0.03%。过程中最大偏差小于总里程的 0.08%。

滤波器 1 输出误差如图 5-35 所示。

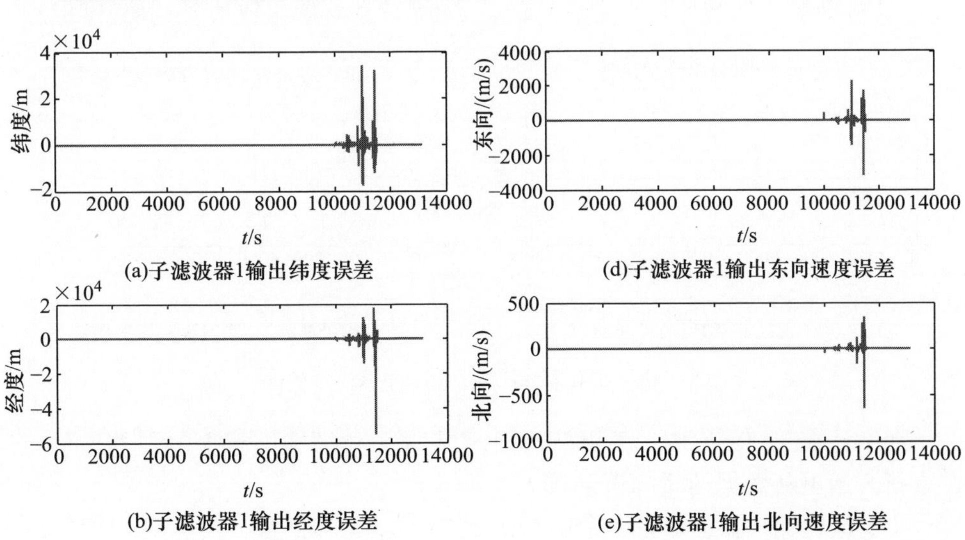

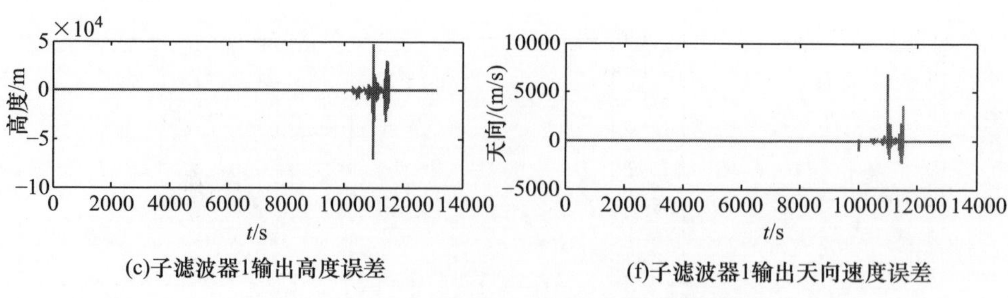

(c)子滤波器1输出高度误差

(f)子滤波器1输出天向速度误差

图 5 – 35　300km 滤波器 1 输出误差(见彩图)

里程计在 10000 ~ 11500s 不更新数据,引起子滤波器在经纬度、高程和速度上的误差增加,且在重新开始更新数据的瞬间误差增加较大。

滤波器 2 输出误差如图 5 – 36 所示。

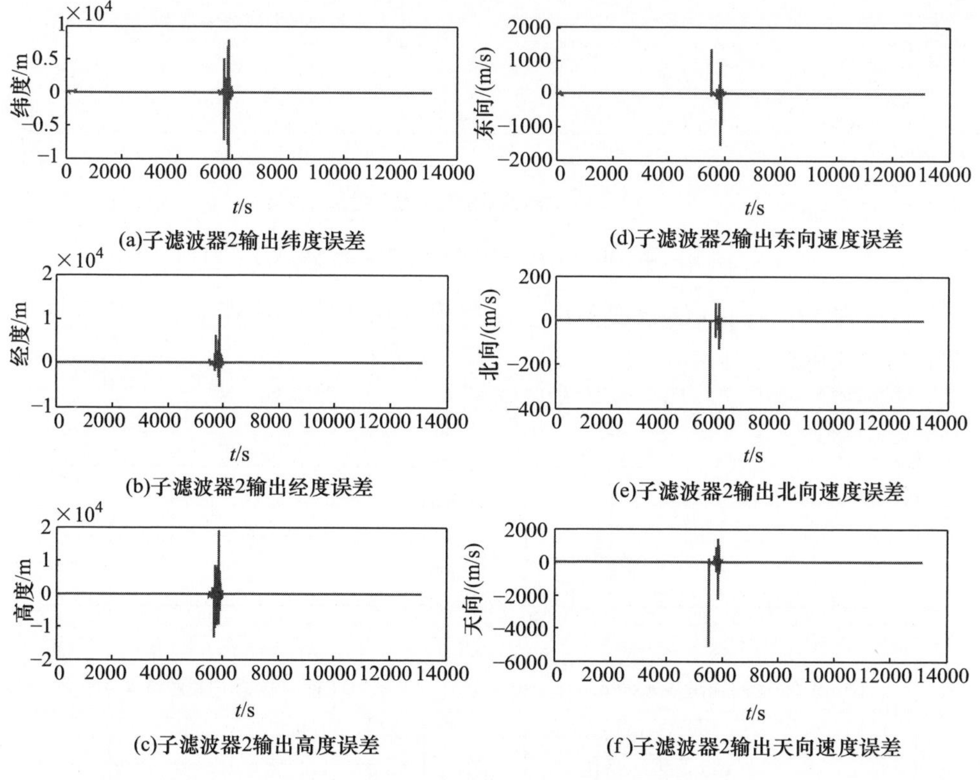

(a)子滤波器2输出纬度误差

(d)子滤波器2输出东向速度误差

(b)子滤波器2输出经度误差

(e)子滤波器2输出北向速度误差

(c)子滤波器2输出高度误差

(f)子滤波器2输出天向速度误差

图 5 – 36　300km 滤波器 2 输出误差(见彩图)

高度计在 5500 ~ 6000s 不更新数据,引起子滤波器在高程上的误差增加,且在重新开始更新数据的瞬间误差较大。

主滤波器输出误差如图 5 – 37 所示。

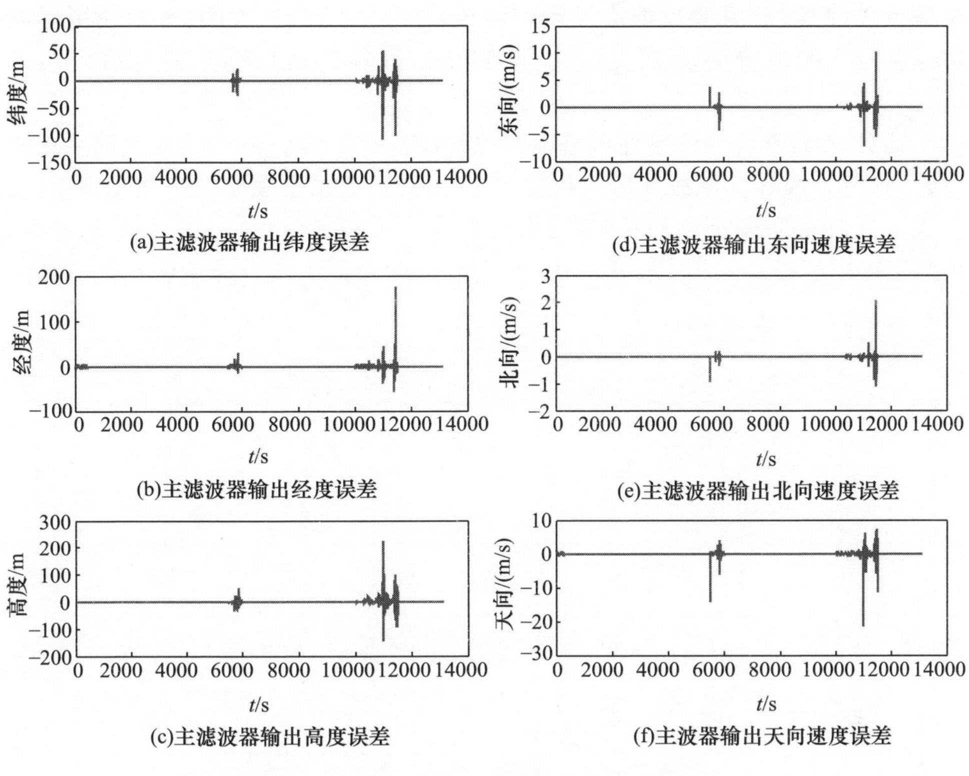

(a)主滤波器输出纬度误差

(d)主滤波器输出东向速度误差

(b)主滤波器输出经度误差

(e)主滤波器输出北向速度误差

(c)主滤波器输出高度误差

(f)主波器输出天向速度误差

图 5－37　300km 主滤波器输出误差(见彩图)

里程计故障时产生的误差较高度计故障时产生的误差明显。对比两次实验发现,本联邦滤波器可以实现故障的检测和隔离。

5.5　本章小结

本章首先研究了基于集中滤波的 SINS/LDV/OD 组合定位方案。分析了 LDV 和里程计的测速原理及故障特性,引出 LDV/OD 组合测速的可靠性和高精度,精准的测速信息可以有效改善滤波效果并提高组合定位精度。通过跑车实验验证了 SINS/LDV/OD 组合导航方案的合理性,其定位精度能够满足车载定位的要求。针对里程计测量输出受路况影响,容易发生故障的特点,首先对车辆行驶过程中容易发生的几类故障进行了分析,提出基于系统工作状态和基于滤波器新息状态相结合的模糊自适应控制方法,通过修正里程计速度增益,使新息始终保持在零均值附近,同时利用修正后的新息修正观测噪声方差,进一步调整滤波增益,促进滤波器的收敛,降低导航定位的偏差。仿真过程中通过设定车辆行驶故障，对模糊自适应控制方法进行了验证，结果表明，和未使用模糊自适应修正的组合导航方案相比，此方法能够很好地提高车辆定位定向的精度。

其次，本章在介绍联邦滤波基本原理的基础上，设计了组合定位定向系统滤波器，分析χ^2检验实现故障检测和隔离的可行性，提出了残差—状态检测算法，完成了对系统的容错性设计。通过对故障的仿真和实际跑车中对故障的模拟，检验了提出的残差—状态检测算法的性能，进而保证了所设计的联邦滤波算法的容错性能。

第6章

基于GIS轨迹匹配的车载组合定位

地图匹配技术是一种将载体运行轨迹与电子地图中的路网信息相匹配,利用匹配结果对导航系统的定位误差进行修正的辅助定位手段。目前,地图匹配技术主要用于车载导航系统,通过匹配算法寻找车辆当前行驶的道路,利用电子地图包含的道路信息实现车辆定位。GPS在车载导航系统中应用广泛,由GPS提供的高精度定位结果可以通过简单的匹配算法迅速匹配到正确的行驶道路。但GPS自主性和抗干扰能力较差,在军事应用方面受到极大限制。捷联惯导与测速仪/里程计组合导航系统能够有效抑制捷联惯导系统导航误差的发散。采用地图匹配技术对SINS/LDV/OD组合导航系统的定位偏差进行修正,能够改善组合导航系统误差累积的问题,有效提高车载导航系统的定位精度。

6.1 地图匹配算法概述

电子地图匹配算法建立在正常情况下车辆行驶在道路上这一假设的基础上。其基本思想是,将导航系统所提供的车辆位置信息或行驶轨迹,与电子地图中的道路数据相比较和匹配,确定出车辆当前所行驶的道路及在道路上的具体位置,在电子地图上将车辆的运动位置显示出来并对导航系统的误差进行校正[202-209]。

6.1.1 地图匹配的一般过程

完整的地图匹配算法一般包括3个过程:确定误差区域范围,搜索候选路段;选择正确路段,计算车辆在道路上的位置;估计定位传感器误差,修正传感器定位输出。误差区域是指车辆真实位置可能所在的区域,由电子地图误差和定位传感器误差决定。在误差区域范围内搜索候选路段,根据设计的道路匹配原则从中选择当前行驶路段,并将定位传感器输出的位置投影到行驶路段上以确定车辆在电子地图上的位置。当电子地图具有足够高的精度时,以电子地图上的定位为观测量,估计并修正定位传感器的误差。

1. 确定误差区域

地图匹配首先要确定候选道路的搜索范围,选择适当大小的区域很重要,过大的误差区域增加了道路搜索和道路匹配的计算量,而区域过小则可能遗漏正确的道路。常用的确定误差区域的方法有简单矩形法、基于概率的方法等。

2. 确定匹配道路

定位误差圆确定后,从电子地图中搜索误差圆范围内的路段作为候选路段,地图匹配的关键是从候选路段中选择当前行驶路段。道路匹配的基本输入信息有传感器定位点与道路的距离,车辆航向与道路方向,道路连续性,当采用三维地图时,道路的海拔也可作为复杂立交道路的判断依据。常见的地图匹配算法有直接投影法、基于拓扑关系的匹配算法、轨迹相关算法、基于模糊理论的匹配算法以及基于 D – S 证据理论的匹配算法等。

3. 确定车辆位置

一般采用垂直投影的方法计算车辆在道路上的位置。如图 6 – 1 所示,P 点为导航定位结果,Road1 和 Road2 为 P 点附近的两条道路。通过一定的匹配算法确定车辆行驶在 Road1 上,则 P 在 Road1 上的垂直投影 P'即为匹配后车辆的定位结果。垂直投影法对垂直于道路方向的定位误差校正效果较好。

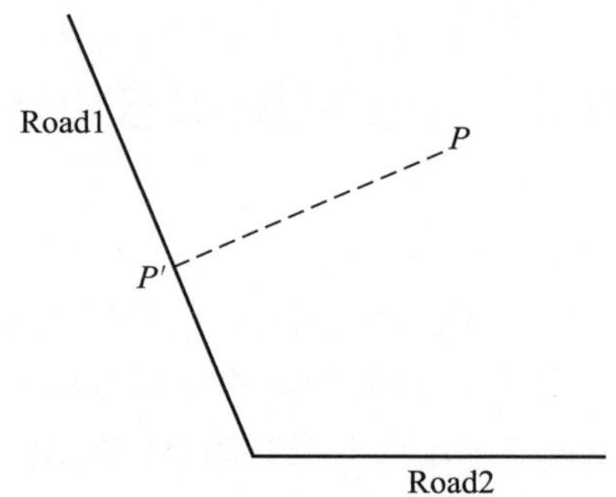

图 6 – 1　投影法定位原理

6.1.2　常用地图匹配算法

1. 基于概率的匹配算法

基于概率的匹配算法是通过车辆当前所处位置和定位系统的具体参数确定一个可能的区域,根据车辆的大量历史匹配记录决定可能区域内匹配道路的一种匹配方式。这种选择车辆行驶道路的方式是以概率统计知识为基础的,理论上的匹配道路以某种程度上的可能性处于选择的可能区域内。概率匹配算法最关键的就是根据实际情况来选取合适的可能区域,可能区域的范围需要根据概率统计的理论来确定。一般根据定位设备的有关参数并以车辆当前位置作为中心来划定一个椭圆区域,具体公式为

$$a = \hat{\sigma}_0 \sqrt{\frac{1}{2(\sigma_x^2 + \sigma_y^2)} + \sqrt{\sigma_x^2 - \sigma_y^2 + 4\sigma_{xy}^2}} \tag{6-1}$$

$$b = \hat{\sigma}_0 \sqrt{\frac{1}{2(\sigma_x^2 + \sigma_y^2)} + \sqrt{\sigma_x^2 - \sigma_y^2 + 4\sigma_{xy}^2}} \tag{6-2}$$

$$\Phi = \frac{\pi}{2} - \frac{1}{2}\arctan\left(\frac{2\sigma_{xy}}{\sigma_x^2 - \sigma_y^2}\right) \tag{6-3}$$

式中:a 和 b 分别为误差椭圆的长轴和短轴;Φ 为误差椭圆长轴方向与北向的夹角;σ_x 和 σ_y 分别为东向测量误差和北向测量误差的标准差;σ_{xy}为协方差;σ_0 为单位权值的后验方差(又称为扩展因子),通过改变 σ_0 的值可以获得不同的置信度,但是较高的置信度会使误差区域增大导致匹配速度降低,影响匹配算法的实时性。

概率统计匹配方法可以适应车辆离开道路网络的情况,并且车辆离开道路距离越远,则匹配的精度越低。另外,当定位点附近道路密集且分布情况复杂时,匹配结果会出现来回跳跃现象,匹配成功比较困难。尽管如此,概率统计匹配法提供了一种误差区域的确定方式。利用概率统计法确定误差区域后,可与其他方法结合确定匹配道路。

2. 基于投影的匹配算法

图 6-2 所示为直线行驶过程中基于投影的地图匹配算法原理。图中 P 点为待匹配的定位点,L_1、L_2表示 P 点附近的道路中心线。在投影匹配算法中,把待匹配的定位点向附近所有道路作投影,计算点与各道路间的投影距离 r_i 及车辆行驶方向与道路之间的夹角 θ_i,选出 r_i 和 θ_i 小于给定阈值的所有道路,并根据公式计算候选道路的距离度量值 R_i,即

$$R_i = W_r r_i + W_\theta \theta_i \tag{6-4}$$

式中:W_r 和 W_θ 分别为投影距离和方向夹角的权值。

在所有候选道路中,选择距离度量值最小的作为匹配道路,即认为车辆正在该道路上行驶,算法最后将车辆在匹配道路上的投影点作为车辆的当前位置加以显示。在图 6-2 中,经过计算,选择道路 L_1 作为匹配道路,并以 P 点在 L_1 上的投影点 P_1 作为车辆当前位置。

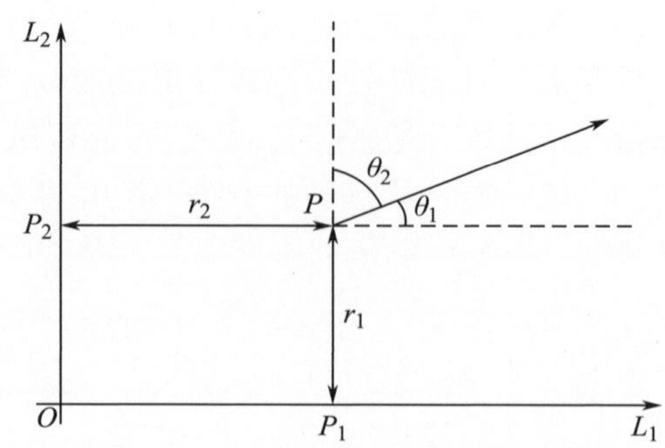

图 6－2　直线行驶投影匹配法原理

以上算法是假定车辆行驶在直线道路上的情况。当车辆行驶在交叉路口或转弯时,该算法相应的处理方法:根据道路的连通性和车辆的转向,在所有和当前道路连续的道路中,选择角度变化最为接近的道路作为匹配道路,如图 6－3 所示。当车辆在交叉点 O 处转弯时,车辆行进角度的变化值为 θ,原行驶道路 L_0 的 3 条连续道路 L_1、L_2、L_3 与 L_0 之间的夹角分别为 θ_1、θ_2、θ_3,将 θ 与 θ_1、θ_2、θ_3 进行比较,并综合考虑组合系统的待定位点与 3 条道路之间的距离,最后选定一个道路作为导航系统的匹配道路。

基于投影的匹配算法最大的优点是逻辑简单、速度快和需要的内存空间小。但它只简单地利用了车辆当前的位置和行驶角度等信息作为匹配的依据,而忽略了车辆以前行驶的历史轨迹这一重要的定位信息,只适用于道路状况简单,多以直线形道路为主的情况。对于弯道或交叉路口较多、道路密集的道路,该算法的匹配识别准确率降低,易造成识别混乱,一般适用于强调实时性而匹配精度要求不高的场合。

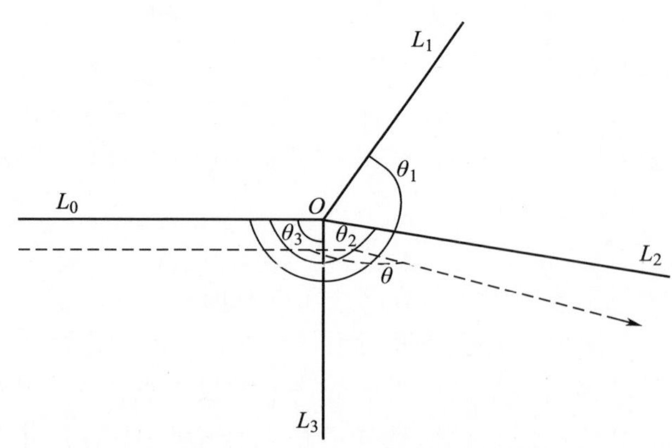

图 6－3　转弯行驶匹配原理

3. 基于拓扑关系的匹配算法

道路网络由道路和节点构成,道路与节点之间的连通关系反映了道路网络的拓扑结构。车辆行驶过程中速度是有限的,并且导航系统位置更新频率较高,所以车辆不可能在下一时刻直接跳跃到另一条不相邻的道路上,即车辆行驶的道路切换具有连续性并且符合道路网络的拓扑关系。基础的匹配算法如直接投影法和概率统计法都只利用了单一的匹配信息,因此匹配算法的稳定性不高,容易出现误匹配或无法匹配的情况。基于拓扑关系的匹配算法针对车辆从当前道路变换到下一条道路的过程,以完备的道路网络拓扑结构为基础,在匹配过程中对待匹配道路进行拓扑关系检查,并排除不符合道路切换连续性的道路。如图6－4所示,Road1 为车辆当前行驶道路,Road2、Road3 和 Road4 为待匹配道路。检查3条待匹配道路与当前行驶道路的拓扑关系可知,只有 Road2 和 Road3 与当前道路符合拓扑关系的连通性,而 Road4 不符合连通性需要排除。

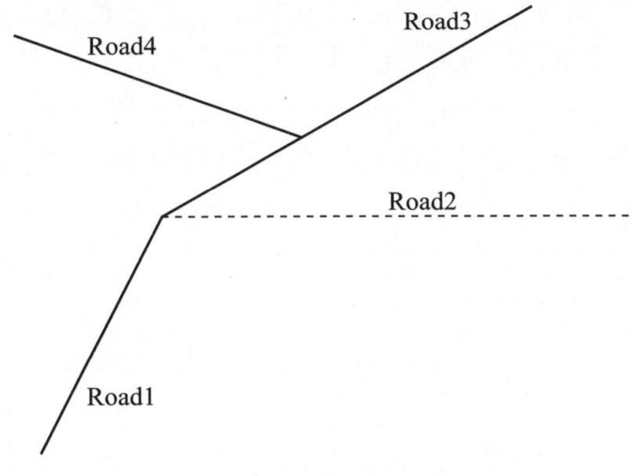

图6－4　拓扑关系匹配示意图

相比基础的匹配算法,基于拓扑关系的匹配算法具有较高的匹配精确度,特别是在道路网络密集或交叉口等复杂路网区域进行匹配时具有明显的优势。对于待匹配道路的拓扑关系检查通常是在预匹配阶段,用来排除不符合道路连通性的待匹配道路,可以有效减少待匹配道路的数量或者排除传统匹配算法无法区分的待匹配道路。但是,基于拓扑关系的匹配算法具有误差累积性,即当前匹配道路错误会导致后续的拓扑关系检查都是根据错误的当前道路进行的,所以匹配误差会逐渐积累放大。

4. 基于行驶轨迹的匹配方法

实际工程应用中,经常要确定两个变量之间的关系,但在多数情况下,由于测试误差导致测试点分散,所求曲线不能完全通过所有的测试点,因此需要一条光滑曲线 $y=f(x)$ 来近似测试结果,它不仅能反映测试数据间的关系,而且尽量使曲线没有局部的波动,这就是曲线拟合。

拟合 n 个测试数据点的多项式可以表示为

$$y=f(x)=b_0+b_1x+b_2x^2+\cdots+b_mx^m \tag{6-5}$$

该多项式拟合了 n 个观测数据点$(x_i,y_i)(i=1,2,\cdots,n)$,根据多元线性回归理论求解正规方程组,可以求出多项式各系数 b。

电子地图中都是以线段表示直线路段,以折线表示曲线路段,考虑到车辆在道路上行驶这个地图匹配的前提,在较短的行驶距离内,可以用直线来拟合车辆的历史行驶轨迹。以模式识别理论为基础,利用导航的位置信息所拟合形成的轨迹曲线,和储存在电子地图中的道路曲线形状上的相似性,来确定车辆当前所在的道路及所处的位置。

图 6-5 所示为轨迹匹配法原理。图中实线 L_1 表示车辆的真正行驶轨迹,虚线 L_1' 表示导航系统提供的导航数据经过拟合后形成的轨迹。在匹配过程中,充分利用车辆行驶轨迹与实际所走道路在形状上的相似性,采用模式识别的原理和方法,找出在行驶轨迹附近和此轨迹最相似的道路,即认为车辆行驶在该道路上。此算法充分考虑了以往历史的导航数据以及数据误差的整体性及规律,其匹配精度相对较高,误匹配率也相对较低,但实时性较差,适用于强调匹配精度,但对实时性要求不严格的匹配场合。如当车辆行驶一段时间停车休息时,可以采用此方案对导航结果作进一步的修正。

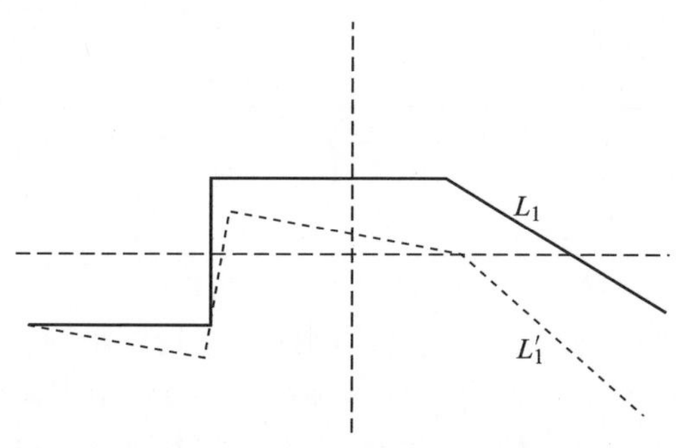

图 6-5　轨迹匹配法原理

5. 基于轨迹相关分析的匹配算法

基于相关性的匹配算法是基于形状特征对两条轨迹进行相关性分析,选取相关性系数最高的路段作为匹配路段。通常在道路交叉路口或者拐弯处容易获取形状特征明显的轨迹,容易实现成功的匹配。车辆导航系统在一段时间内的不同时刻输出多段轨迹,并且与这些轨迹的组合对应有电子地图中多种可能的道路组合,分别计算每一种道路组合与轨迹组合的相似性系数,选取相似性系数最高的道路组合作为匹配道路。

设车辆在时间序列 t_1、t_2、t_3、…、$t_k(k \leqslant N)$ 中输出了 k 段轨迹 S_1、S_2、S_3、…、S_k。地图中的第 i 种道路组合为 L_{i1}、L_{i2}、L_{i3}、…、L_{ik}。

相关性系数的计算方法为

$$\rho_i = \frac{\sum_{k=1}^{N}(S_k - \overline{S})(L_{ik} - \overline{L}_i)}{N\delta_s \delta_{Li}} \tag{6-6}$$

式中：ρ_i 为第 i 种道路组合的相关性系数；δ_s 和 δ_{Li} 分别为轨迹序列和道路组合序列的标准差；$\overline{S} = \frac{\sum_{k=1}^{N} S_k}{N}$；$\overline{L}_i = \frac{\sum_{k=1}^{N} L_{ik}}{N}$。

相关性分析的匹配算法在道路交叉路口或者弯曲程度较大路段等曲线特征明显的道路容易实现，但是当道路的相关性差异不明显时难以匹配到正确的道路，导致算法存在一定的缺陷。

6. 基于模糊逻辑的匹配算法

模糊逻辑推理方法以模糊集合理论为基础，通过隶属度函数来描述论域内某一元素隶属于某一模糊集的程度，主要用于处理非确定性问题。在地图匹配过程中，对于选择的匹配道路一般无法完全确定其是否为正确的匹配道路，只能根据某一匹配规则选取最有可能是真实道路的作为匹配道路，在此过程中涉及模糊度的定性决策过程，运用模糊逻辑的方法可有效解决此类问题。

模糊逻辑算法包括 3 个步骤，即模糊化、推理机和去模糊化。常用的匹配模式是将地图中的道路分段并对每段线性化处理后近似为直线段，基于二维欧式距离对每条待匹配路段进行模式识别得到相似性度量值，引入模糊逻辑的判断规则确定相似性度量值的加权值。

$$\lambda_i = q_i \sum_{k=0}^{N} \Delta_k \tag{6-7}$$

$$\Delta_{ik} = \| s_{ik} - v_{ik} \| = \sqrt{(x_{ik} - x_{Tik})^2 + (y_{ik} - y_{Tik})^2} \tag{6-8}$$

式中：λ_i 为第 i 条路段的相似性度量值；Δ 为二维欧式距离；v_{ik} 为 s_{ik} 到路段的垂直投影点；q_i 为加权系数。

基于模式识别的匹配算法对于不同类型的路段具有广泛的适应性，但计算量较大。

7. 基于 D－S 证据推理的匹配算法

D－S 证据理论由 Dempster 提出并经 Shafer 改进，是一种处理不确定性问题的推理方法。互相排斥的假设元素组成了假设空间，并且定义了一个信任函数表示某一证据对假设空间中任一子集的支持程度。该理论定义的信任函数与一般的概率函数不同之处在于总信度的分配对象不同,概率函数将总概率分配给假设空间的各个元素,而信任函数将总信度分配给假设空间中各元素的集合。信任函数表示在某一证据条件下可以信任该假设集合的程度,并且信任函数不具有可加性,它与对应的似然函数构成了可信度区间的上界和下界。

两种不同的证据组合在假设空间中的信任函数可以通过 D-S 合成公式来定义,即

$$m(A) = K^{-1} \sum_{G \cap H = A} m_1(G) m_2(H) \tag{6-9}$$

$$K = 1 - \sum_{G \cap H = \varnothing} m_1(G) m_2(H) \tag{6-10}$$

$$\mathrm{Bel}(A) = \sum_{B \subseteq A} m(B), A \subseteq \Theta \tag{6-11}$$

式中:Θ 为假设空间;m 为概率分配函数;Bel 为信任函数。

D-S 合成公式的意义在于可以将不同证据联合起来构成一个整体,并根据公式可以计算整体的信任函数,此信任函数体现了不同证据对命题的联合支持程度,可以作为下一步推理的依据。基于 D-S 证据推理的匹配算法可以处理各种因素带来的不确定性,但算法的计算量较大。

6.2 改进的分段轨迹匹配算法

导航系统通过导航解算可以获得一段时间内载体的运动轨迹。从几何学角度来看,载体轨迹是一条连续的曲线,并可以通过分析提取曲线段的各类特征。轨迹匹配算法将获取的载体运动轨迹进行线性拟合或者提取曲率、弧长和极值点等特征信息,并与地图中存储的道路曲线进行特征匹配,通过设置一定的匹配规则找到与载体轨迹段最相似的道路作为匹配道路。当轨迹较长时通常需要一定的时间来寻找相似度最高的匹配道路,所以算法的实时性受到限制。当载体轨迹主要为直线段或者曲线部分为路口转弯处时,通过曲线形状难以找到正确的匹配道路,此时轨迹匹配算法容易出现误匹配或者无法匹配的情况。

无论是导航获取的载体轨迹段还是道路网络中的道路段,都可以统一划分为直线段和曲线段。直线段可以理解为曲率一直保持很小的曲线段,而曲线则是中间不含超过一定长度的直线段的曲线段。为了避免用于匹配的轨迹曲线过长导致算法延迟,对分段轨迹匹配算法进行改进:用于轨迹匹配的载体轨迹包含 3 段曲线段和两段直线段,曲线段与直线段间隔分布并且组成一段连续的轨迹。匹配过程分为 3 步:首先,将组成连续轨迹的所有直线段和曲线段分别在搜索区

域内进行初步匹配；其次，将初步匹配获取的所有直线和曲线道路段按间隔大小进行排列，确定可能的组合方式并利用道路网络拓扑关系进行连通性检查以排除不符合拓扑关系的组合方式；最后，对通过拓扑关系检查的路段组合进行整体相似度比较，选取相似度最高的路段作为匹配路段。

6.2.1　误差区域的确定

轨迹匹配是对行车轨迹的特征进行匹配，在匹配前必须对获得的行车轨迹进行处理并提取轨迹特征。匹配道路的选择范围是误差区域内所有道路，对于误差区域的合理选择需要兼顾稳定性和匹配效率。如果范围太小则无法保证该区域包含正确的匹配道路，如果范围太大则导致匹配计算量增加，降低了计算效率。

为了方便确定匹配的误差区域，提高匹配道路检索的速度和准确性，需要对地图进行网格划分。常见的划分方法主要有全图检索法、九格检索法和多层网格法等。全图检索法在整个地图内对道路进行检索，算法的计算量巨大导致检索效率很低，几乎很少使用。九格检索法根据确定的单元格尺寸将地图平均划分为若干个网格，将导航定位点所在的网格作为中心网格，加上与其相邻的 8 个网格一起作为误差区域。多层网格法是建立多层网格划分方式，能够将误差范围缩小至 1 ~ 4 个网格内，但缩小误差范围的同时需要考虑匹配的稳定性。

上述地图网格划分方法多以 GPS 定位结果为依据，而本节的轨迹匹配算法主要以捷联惯导系统及其组合导航系统的定位结果为依据。整段轨迹的匹配具有一定的时间跨度，考虑到导航误差的累积，采用以上几种方法并不合理。这里提出的分段特征轨迹匹配算法中，只在轨迹段初步匹配中需要事先确定地图道路的检索范围，之后的拓扑关系检查和整段轨迹匹配都以分段初步匹配结果为搜索范围。初步匹配是将行车轨迹分为 5 段分别进行匹配，所以道路搜索区域的确定也应该分别确定，并且为了确保匹配的稳定性采取九格检索法对每段轨迹进行搜索。

根据一定时间内导航系统的定位误差最大值确定网络划分时网格的边长，如捷联惯导/里程计组合导航在较短时间内可以取 50 ~ 100m 的网格。根据网格边长将整幅地图从左至右、从上到下划分为 $M \times N$ 个网格，并按照顺序对每个网格进行编号。进行轨迹段初步匹配时，每个轨迹分段都确定不同的误差范围，然后进行道路段的搜索形成待匹配道路段的数据库，为后续匹配提供基础。如图 6 - 6 所示，轨迹直线段和曲线段都取两端连线的中点为中心点，将中心点所在的网格以及与它相邻的所有网格作为搜索区域。

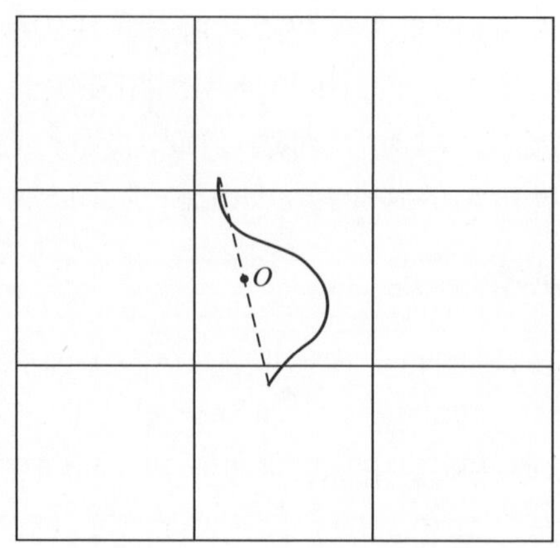

图 6-6 九格搜索法示意图

6.2.2 轨迹特征提取

车辆行进过程中,车载导航系统通过导航解算实时提供车辆的航向和位置信息。导航系统每输出一次定位信息就形成一个定位点,导航系统连续输出的定位信息形成了载体的运动轨迹。一般导航系统的定位频率较高,选择合适的时间间隔记录定位点的坐标信息可以形成固定间隔离散化的载体轨迹。车辆行驶在道路网中,考虑到道路存在一定宽度和驾驶员驾驶习惯的不同,不能保证车辆一直沿道路中心线行驶,所以形成的车辆运行轨迹与电子地图中的道路信息并不能完全吻合。这一现象在车辆转弯过程中尤其明显,因此在进行地图匹配时需要考虑道路宽度。

轨迹特征段包括直线段和曲线段。对导航系统输出的高频率定位点序列通过合适的间隔进行采样,即间隔一定数量采样一次获得新的定位点,并实时地通过以上步骤进行轨迹的特征点提取。当轨迹特征段数量达到要求时(即 3 条曲线段和两条直线段),认为获取了一条有效的轨迹段,并对轨迹段进行轨迹匹配。

1. 轨迹特征段的提取原则

载体轨迹曲线中包含了直线段和曲线段,考虑到轨迹匹配算法的需要,必须将两者分别提取出来,即找到直线段和曲线段的切换点。直线段和曲线段的区分通常根据曲率的变化实现,但要求解定位点处的曲率必须对轨迹进行线性拟合,根据拟合曲线的方程求解。直线段定义为载体行进方向保持不变或者变化很小的轨迹段;否则就是行进方向不断变化的曲线段。考虑到弧线长度较短的曲线段特征不明显,在曲线匹配过程中容易出现错误的情况,将此类很短的曲线段作为直线段处理。相邻的两个定位点的连线代表着从前一点到当前点的行进方向，当前定位点与前一点的连线表示前一时刻的行进方向，而当前点与后一点的连线表示后一时刻的前进方向，两个行进方向之间的夹角表示载体在当前定位点的行进方向变化。因此，直线段和曲线段的特征提取可以根据定位点处行进方向的变化获取。

如图 6－7 所示，L_1为当前点与前一点的连线，L_2为当前点与后一点的连线，L_1与L_2的夹角为 θ，θ 即为当前定位点处的行车方向变化角。用于匹配的轨迹由曲线段—直线段—曲线段—直线段—曲线段组成，所以上一段轨迹匹配完成进行下一段轨迹提取时是从直线段开始的。首先找到第一段曲线的起点作为整条轨迹的起点，对此后的定位点进行编号方便记录。根据导航系统的误差特性及定位点的取样间隔确定 θ 角的阈值。如果定位点的 θ 角超过阈值则认为该点为弯曲点；否则为直线点。直线段和曲线段的起点和终点（即直线和曲线的切换点）通过以下步骤获取。

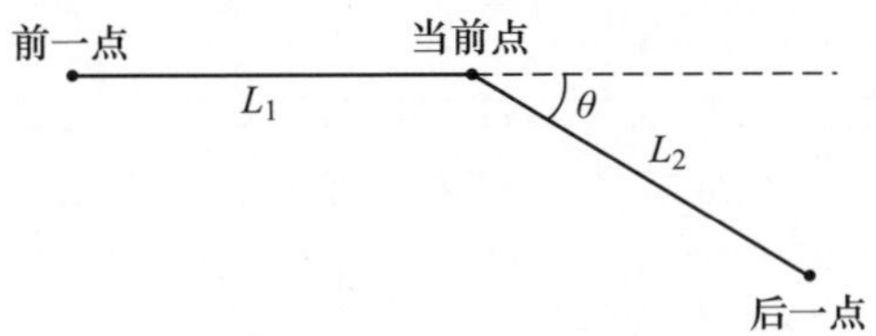

图 6－7　行进方向变化图

（1）求得当前点 θ 角，并判断 θ 角是否超过设定的阈值。

（2）若 θ 角小于阈值，那么：

如前一点是曲线的中间点，计算前一点与曲线起点的编号差值，如果差值小于 M，则删除该段曲线所有中间点（个数记为 P），曲线起点重新标记为直线中间点，前一点编号均减去 P，当前点标记为直线中间点；如果差值不小于 M，记录前一点编号为曲线终点和直线起点并进入下一段曲线的提取，当前点标记为直线中间点。如果前一点是直线的中间点，则标记为直线的中间点。

（3）若 θ 角不小于阈值，那么：

如果前一点是曲线的中间点，则标记为曲线的中间点。如果前一点是直线的中间点。计算前一点与直线起点的编号差值，如果差值小于 N，则当前点标记为曲线的中间点；如果差值不小于 N，记录当前点编号为直线终点和曲线起点并进入下一段直线的提取。

（4）当前点编号相对前一点加 1。

车辆在直线路段行驶时，经常会出现超车和避让其他车辆或路障的情况，这些情况下都会使直线轨迹段中出现很短的弯曲，必须予以剔除。同样，车辆连续拐弯行驶时，由于驾驶员的驾驶习惯不同会存在很短的直线行驶段，这段很短的直线轨迹不会影响整段曲线轨迹的形状，可以认为是曲线轨迹段的一部分。以上的轨迹段提取方法中的 M 和 N 分别为曲线轨迹段和直线轨迹段的长度下限，长度小于此下限的轨迹段应当舍弃，从而避免了上述特殊行车状态的干扰，保证了所提取轨迹段的有效性。

需要注意的是，在直线道路的折线拐弯点处，存在很短的曲线段，如果按照上述提取方法会将此段曲线段直接删除，并且将两段存在明显夹角的直线段提取为同一条直线段。针对这一问题，在删除较短曲线干扰段后需要判断前后两段直线的夹角值，如果超过阈值则将此段直线标记为一种特殊的直线——折线段。

2. 曲线段特征的提取

轨迹段特征对于直线段和曲线段来说提取的特征不同，提取各分段的特征用于分段的初步匹配，筛选合适的轨迹分段。

1）直线段特征

直线段特征包括直线的方向、长度和中心位置。获取的直线段并不是严格的直线，而是存在少量弯曲并且弯曲程度很小，在获得直线起点后开始记录直线每一点的姿态角并累加，获取一段完整的直线段时求取姿态角的平均值作为直线段的方向。另外，需要注意折线段的特殊情况，此时折线段的方向表示两段直线方向值的组合。如果定位点为直线起点或终点，则分别记录起点和终点位置坐标，并将起点和终点之间的直线距离作为直线段的长度，两者中点作为直线的中心位置。

2）曲线段特征

曲线段表示轨迹中连续弯曲的分段，此时车辆处于连续转弯状态。当车辆转弯方向发生变化时，曲线的弯曲方向会发生变化，这个弯曲方向的变化点成为曲线的拐点。如图 6-8 所示，该曲线段在 O 点处弯曲方向发生变化，车辆由左拐变为右拐，以拐点 O 为界，将曲线划分为两段，即 S_1 和 S_2。

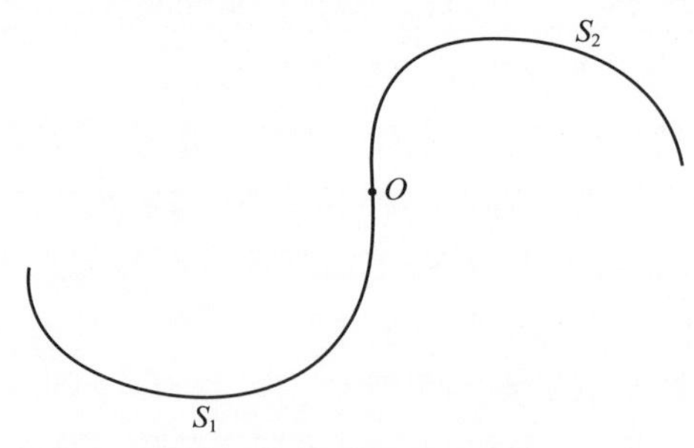

图 6-8　曲线拐点示意图

根据是否存在拐点可以将曲线段分为两类，即简单曲线段和复合曲线段。简单曲线段不存在拐点，所以弯曲方向保持不变；复合曲线段存在拐点，并且以拐点为界可以将复合曲线段分割为两段简单曲线段。对复合曲线段初步匹配时，将曲线段分为两段简单曲线段分别匹配，并且两段简单曲线段必须同时符合初步匹配条件才认为复合曲线符合匹配条件。导航系统输出的航向角逆时针方向变化时航向角增加；反之航向角减小。当曲线段中航向角增减趋势发生明显变化时认为曲线弯曲方向发生变化，并以增减趋势变化的临界点为拐点。

简单曲线段特征包括转弯角度、平均转弯半径和端点位置。转弯角度表示曲线段总体角度变化量，是车辆连续拐弯累积的拐弯角度。每个定位点都对应一个行车方向变化角度 θ，将曲线段所有定位点的 θ 角累加得到该曲线段的转弯角度。平均拐弯半径为曲线段转弯角度与弧长的比值。车辆在转弯过程中以某一转弯中心为圆心，转弯中心到车辆中心的距离为当前时刻的瞬时转弯半径。车辆的瞬时转弯半径是不断变化的，为了简化初步匹配，使用平均转弯半径衡量简单曲线段的平均弯曲程度。

6.2.3　轨迹段初步匹配

轨迹段的初步匹配是分层轨迹匹配的第一层匹配。对 3 段曲线和两段直线轨迹分别进行匹配，通过设置一定的匹配条件搜索道路网络中符合匹配条件的直线段和曲线段。每一段直线段或曲线段匹配结束后，将符合匹配条件的所有道路段存储为当前直线段或曲线段的匹配库，为后续的拓扑检查奠定基础。

1. 直线段匹配

载体轨迹的直线段包含方向、长度和中心位置 3 个主要特征，在匹配过程中主要以直线方向特征和方向特征用于匹配。初步匹配的搜索范围是定位点所在地图方格和与该方格相邻的 8 个方格，9 个方格中所有的道路均在搜索范围内。初步匹配的待匹配道路均处于搜索范围内，表示待匹配道路与直线轨迹段的距离不会过大，所以直线段与道路间的距离不作为初步匹配的选择因素。另外，考虑到同一条直线道路上存在多个路口，这些路口将道路分割成多段，如果在匹配时以这些分段道路为单位进行匹配，会导致待匹配样本过大，从而加重初步匹配的计算负担。

匹配时，首先判断直线段是否为特殊情况下的折线段，即包含两个方向值。如果为折线段，则在搜索范围内只搜索具有折线特征的直线路段；否则进行正常的直线段匹配。设直线轨迹与直线道路在方向上的夹角为 α，夹角阈值设为 β。如果 $\alpha<\beta$，则认为该道路符合方向准则；否则直接放弃该直线道路。阈值角 β

的设置需要考虑导航系统的航向角误差范围和定位误差，将轨迹与理论路线的最大可能夹角作为 β 的取值依据。

2. 曲线段匹配

曲线轨迹段特征包括拐弯角度、平均拐弯半径和中心位置。与直线段一样，曲线段的中心位置也不能作为初步匹配时的选择因素。曲线段的待匹配路段可以划分为以下几种情况。

1）拐弯路口

车辆在十字路口、三岔路口等位置拐弯行驶会产生一段弯曲轨迹段，并且弯曲轨迹段的特征与路口特征有关。一般在十字路口或丁字路口拐弯时，拐弯角度接近90°；在其他道路交叉口的拐弯角度由前后两条直线道路夹角决定。车辆的平均拐弯半径与拐弯前后两条道路的路宽有关，由于车辆行驶路线受到交通规则限制，一般情况下拐弯路径与标准路径基本一致。

如图6-9所示，O 点为车辆转弯中心，W_1 和 W_2 表示直线道路单向路宽，R_1 和 R_2 表示驶入道路和驶出道路的转弯半径。路宽与转弯半径的关系可以表示为

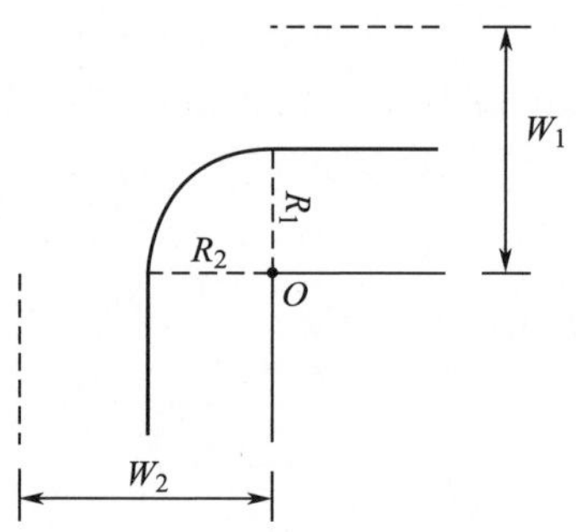

图6-9　拐弯半径示意图

$$\begin{cases} R_1 = \dfrac{1}{2}W_1 \\ R_2 = \dfrac{1}{2}W_2 \end{cases}$$

如果 R_1 与 R_2 不相等，也可以统一地将曲线段的平均拐弯半径表示为

$$R = \frac{1}{2}(W_1 + W_2)$$

2）路段弯曲处

路段弯曲处表示同一条道路的中间一段为弯曲段，与路口拐弯处不同的是拐弯半径与道路宽度无关，仅取决于道路的弯曲规律。另外，路段弯曲处的弧长

和平均曲率半径都没有一般性的规律,并且复合弯曲段属于此类路段。

曲线段匹配时对拐弯角度和平均拐弯半径分别进行比对,若两个特征都符合要求,则认为该段弯曲路段通过匹配检查。弯曲轨迹段与待匹配路段的特征量差值占轨迹特征量的比例称为该特征的误差系数,并且设置拐弯角度和平均拐弯半径的误差阈值时要根据实际事先确定。只有拐弯角度和平均拐弯半径的误差系数均小于设定的误差阈值时才认为待匹配道路符合要求,并存入待匹配库用于拓扑关系检查。

6.2.4　拓扑关系检查

轨迹段的初步匹配结果获得了5个轨迹段的待匹配路段库,拓扑关系检查就是按照一定的组合规则将5个库中的路段进行组合,并且将通过拓扑关系检查的五段道路组合成一个整体用于后续的轨迹整体匹配。

拓扑关系检查方案如图6-10所示。

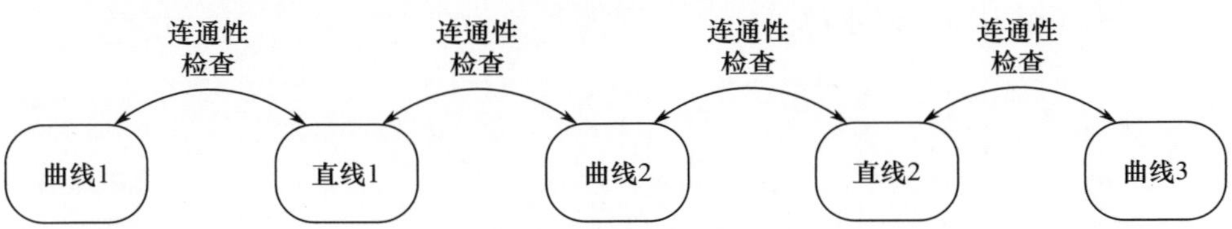

图6-10　拓扑关系检查

设曲线1、直线1、曲线2、直线2和曲线3这5个轨迹段的匹配库包含的待匹配路段数量分别为N_1、N_2、N_3、N_4和N_5,则总共可能的路段组合共有N种,即

$$N = \prod_{i=1}^{5} N_i \tag{6-12}$$

对每种可能的路段组合进行图6-10所示的拓扑关系检查,只要发现一次拓扑关系不连通,立即停止检查并舍弃此种路段组合。假设每组进行4次拓扑连通性检查,那么拓扑检查的总次数为$4N$。如果4次拓扑检查均符合连通性(即相邻轨迹段两两连通),记录当前的路段组合方式,并将路段拼接为一条完整路线储存,作为下一步轨迹整体匹配的待匹配路线。

6.2.5　轨迹整体匹配

轨迹整体匹配基于Hausdorff距离求取两条完整轨迹之间的相似度,将相似度最高的待匹配路线作为车辆行驶路线。Hausdorff距离由德国数学家Felix Hausdorff提出,被广泛用于两个形状之间的相似性度量,下面简要介绍Hausdorff距离。

假设有两个有限元素的点集 $A=\{a_1,a_2,\cdots,a_m\}$ 和 $B=\{b_1,b_2,\cdots,b_n\}$，则两个点集的 Hausdorff 距离定义为

$$H(A,B)=\max\{h(A,B),h(B,A)\} \tag{6-13}$$

式中：$h(A,B)$ 为点集 A 到点集 B 的单向 Hausdorff 距离，定义为

$$h(A,B)=\max\{\min\{d(A_i,B_j)\}\} \tag{6-14}$$

式中：$d(A_i,B_j)$ 为 A 中任意一点到 B 中任意一点的二维欧式距离。

两条相似曲线之间的 Hausdorff 距离如图 6-11 所示，两条相似曲线之间的 Hausdorff 距离基本表示了曲线间平移距离。更重要的是，若以弯曲方向变化点（拐点）为界将曲线分为几段后，相似曲线对应各段之间的 Hausdorff 距离与整段曲线间的 Hausdorff 距离基本相等。

基于以上分析，轨迹整体匹配开始时，分别计算轨迹中曲线 1、曲线 2 和曲线 3 与待匹配路线中对应弯曲路段之间的 Hausdorff 距离，得到 3 个 Hausdorff 距离值，即 L_1、L_2 和 L_3。

计算 3 个 Hausdorff 距离的平均值和最大值为

$$\overline{L}=\frac{1}{3}\sum L_i \tag{6-15}$$

$$L_{\max}=\max\{L_1,L_2,L_3\} \tag{6-16}$$

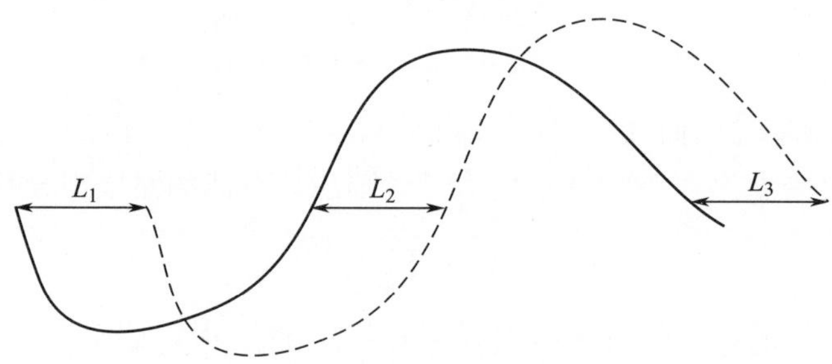

图 6-11　Hausdorff 距离示意图

将 3 个 Hausdorff 距离值均用 $L_{\max}$ 表示为：$L_{\max}$、$aL_{\max}$ 和 $bL_{\max}$（$0\leqslant a\leqslant b\leqslant 1$）。

$$\overline{L}=\frac{a+b+1}{3}L_{\max} \tag{6-17}$$

$$\begin{aligned}\sum|L_i-\overline{L}| &= \frac{|2-(a+b)|+|2a-b-1|+|2b-a-1|}{3}L_{\max}\\ &\leqslant \frac{2+|1-(a-b)|+|1+(a-b)|}{3}=\frac{4}{3}L_{\max}\end{aligned} \tag{6-18}$$

整段轨迹与待匹配路线的匹配系数 λ 通过下式给出，即

$$\lambda = 1 - \frac{\sum |L_i - \bar{L}|}{1.33L_{max}} \tag{6-19}$$

λ 经过归一化处理后取值范围为[0,1],轨迹与路段完全不匹配时 λ 接近于0;反之,如果轨迹形状与待匹配道路形状完全相同并且不存在旋转,那么 $L_1 = L_2 = L_3$,此时 $\lambda = 1$。匹配系数实际上表示的是轨迹曲线与道路曲线的相似程度,选择匹配系数最大者作为匹配结果。

6.3 交互式地图匹配与误差修正

如前所述,完成轨迹匹配后,接下来的工作就是利用匹配结果对定位误差进行修正。获得正确的匹配道路是定位误差修正的基础,而地图匹配定位技术的本质目的在于对定位误差进行修正。定位误差的修正方案目前主要有两种,即投影法和迭代法。投影法的原理前面已进行了介绍。迭代法主要是针对轨迹匹配算法,通过多次迭代修正,使轨迹逐渐逼近匹配道路,实现对定位误差的修正。迭代法需要进行曲线拟合,并且多次迭代增加了计算负担,并不利于定位修正的实时性。投影法将导航定位点向匹配道路垂直投影,将投影交点作为导航点在匹配道路的具体位置。投影法简单易行并且实时性好,但只能消除沿道路垂直方向的定位误差,在道路平行方向仍然存在定位误差残留。针对投影法定位修正时存在定位误差残留的问题,结合分段特征匹配算法,提出相似平移法定位修正方案。相似平移法利用轨迹中两条直线段对应的两段直线道路,基于拐弯处轨迹与道路严格一致的假设,能够确定导航点在匹配道路的具体位置,解决了投影法定位误差残留的问题。

6.3.1 投影法定位误差修正

投影法定位修正原理如图 6-12 所示,P_0 为导航定位点,P_0 向匹配道路垂直投影后垂足为 P_1,投影法定位修正方案将 P_1 作为匹配修正后位置。实际上,P_2 才是正确的修正位置,P_1P_2 就是沿道路平行方向的定位误差残留。

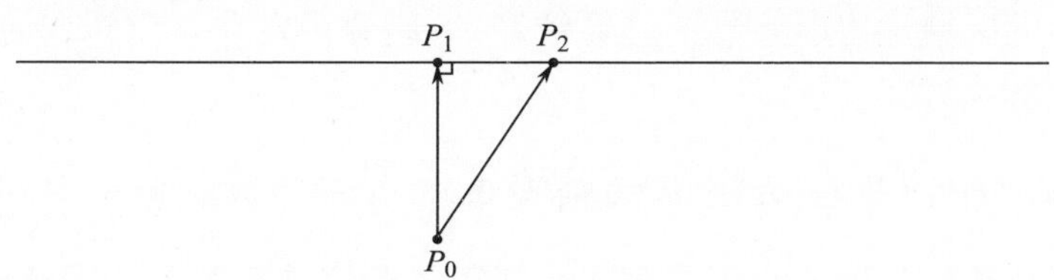

图 6-12　投影法定位修正原理

投影法对同一条匹配道路进行定位修正时，只能消除沿道路垂直方向的定位误差。如果车辆拐弯 90°进入下一条匹配道路，则拐弯前后两条道路互相垂直。此时，拐弯前残留的定位误差沿下一条匹配道路的垂直方向，并且刚好被投影法完全消除。非直角转弯情况下，前一条道路残留的定位误差在拐弯后定位修正时会部分残留。如图 6-13 所示，车辆行驶在道路 R_1 并经拐弯后进入道路 R_2，θ_2 为两条道路在直角转弯基础上额外的转弯角度。第一次投影修正时，P 为导航定位点，D_1 为垂直投影的垂足，P_0 为定位点在道路 R_1 上的真实位置，D_1P_0 为定位误差残留。第二次投影修正时，将 D_1P_0 沿道路方向平移得到 P_0P_1，P_1 向道路 R_2 投影，垂足为 D_2，残留误差在道路 R_2 修正后仍然残留的定位误差为 P_0D_2。根据几何关系可以得到两次投影匹配后残留定位误差 P_0D_2 的表达式为

$$P_0D_2 = PP_0\sin\theta_1\sin\theta_2 \tag{6-20}$$

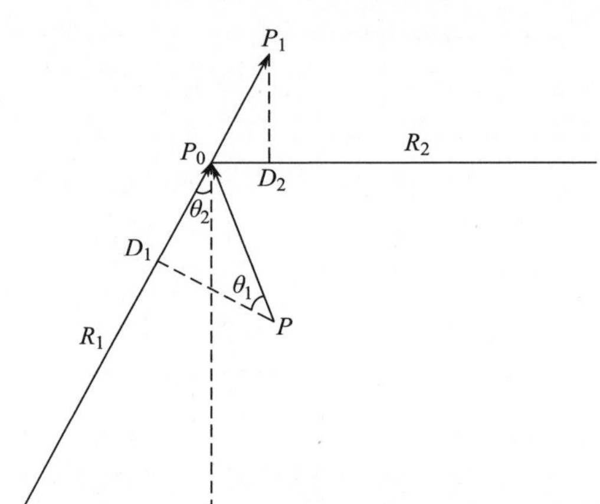

图 6-13　两次投影法定位修正原理

从式(6-20)可以看出，投影法对当前道路定位修正的残留误差在拐弯后修正时，只能部分消除，仍会存在一定的残留。θ_1 表示实际定位误差矢量 PP_0 与道路 R_1 垂直方向的夹角，PP_0 与道路垂直方向越接近则残留定位误差越小。同理，θ_2 越小即拐弯前后道路越接近垂直关系，则拐弯后匹配道路对残留的定位误差消除效果越好。通过上述分析可以发现，投影法定位修正方案在直角拐弯路段较多的区域定位误差修正效果较好，下面分析在非直角转弯时定位误差残留问题的解决方案。

6.3.2　相似平移法定位误差修正

相似平移法定位误差修正方案同时利用了拐弯前后两条匹配道路，基于拐弯过程中导航轨迹与拐弯处道路形状严格一致的假设，通过平移匹配道路得到

导航点在匹配道路上的准确位置。该定位修正方案不存在道路平行方向的误差残留，相比投影法改善了定位误差修正效果。

相似平移定位修正原理如图 6－14 所示，R_1、R_2 和 R_3 为匹配道路，T_1、T_2 和 T_3 为对应的行车轨迹。在直线轨迹段 T_1 和 T_2 上选取靠近弯曲轨迹段 T_2 的两个导航定位点 P_1 和 P_2，P_1 和 P_2 在直线道路段 R_1 和 R_3 上的对应位置点分别为 P'_1 和 P'_2。一般情况下，车辆拐弯过程的行驶距离较短并且导航误差很小，由此可以认为 $P'_1P'_2$ 道路段与 P_1P_2 轨迹段是严格相似的，即只存在平移关系。道路段 $P'_1P'_2$ 沿道路 R_3 垂直方向的高度为 H_1，轨迹段 P_1P_2 沿 R_3 垂直方向的高度为 H_2，基于两者形状严格一致的假设，有 $H_1 = H_2 = H$。将道路 R_3 沿其垂直方向平移 H 距离到达 L_1，则 L_1 与道路 R_1 的交点恰好就是导航点 P_1 在道路 R_1 上的准确位置点 P'_1。轨迹段上的两个导航点 P_1 和 P_2 的具体坐标已知，平移距离 H 可以根据两点坐标值求取。同理，如果将道路 R_1 沿其垂直方向平移给定的距离，在道路 R_3 上的交点就是导航点 P_2 对应的准确位置点 P'_2。

在图 6－14 中，D_1 为导航点 P_1 在道路 R_1 上的垂直投影点，D_2 为导航点 P_2 在道路 R_3 上的垂直投影点。实际上，通过观察可以发现：当拐弯前后道路 R_1 与 R_3 相互垂直时，P_1 将与 D_1 重合，同时 P_2 也会与 D_2 重合。此时，相似平移法和投影法的定位误差修正结果一致。如果图 6－14 中拐弯前后道路不垂直时，$D_1P'_1$ 和 $D_2P'_2$ 就是投影法存在的定位误差残留。

相似平移法定位误差修正方案同时利用了拐弯前后两条匹配道路，而 6.2 节提出的轨迹匹配算法中，用于匹配的行车轨迹和匹配道路都含有两条直线段。因此，相似平移定位修正方案可以很方便地配合分段特征轨迹匹配算法，根据匹配结果进行最后的定位修正。

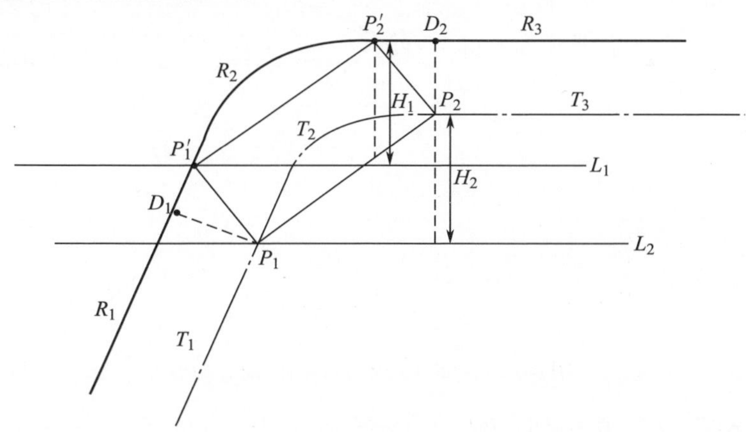

图 6－14 相似平移法定位修正方案原理

6.3.3 交互式地图匹配与误差修正方案

在采用 SINS/LDV/OD 组合导航模式中，由于 SINS 可以实时测量更新车辆的运动姿态，车辆的行驶方向及方向变化能够得到精确的测量，可以使匹配算法得到简化。根据组合导航的特点，设计交互式地图匹配算法，通过航向角变化特点选择不同的匹配算法，进一步提高组合导航的精度和速度[210]。

当 SINS 测量车辆航向角变化较小时，判断车辆行驶在直线路面上。直线行驶下采用历史投影匹配推导法，根据前一阶段匹配得到的已知道路，以后每次的投影都将在这条道路上，不用考虑其他道路，匹配速度比传统的投影匹配法有所提高，误匹配率也得到降低。转弯阶段，采用轨迹匹配法，根据转弯的角度得到转弯后的行驶道路，并在转弯阶段将点位进行匹配，得到精确的匹配结果。匹配中的行驶轨迹较短，不同于模式识别中的地图匹配，需要行驶很远的距离才能判断。交互式电子地图匹配原理如图 6－15 所示，L_1、L_2、L_3、L_4 为真实道路，车辆行驶轨迹为 $L_1'-L_2'$，直线道路上行驶的 A、B、C、D 点可以采用垂直投影法直接进行地图匹配确定 A_1、B_1、C_1、D_1 点，匹配算法速度快；$D-E-F$ 行驶路段采用轨迹推算法，根据 E 点前后车辆航向角的变化和当前交叉路口中道路的变化，确定车辆行驶选择的道路，并进行匹配。

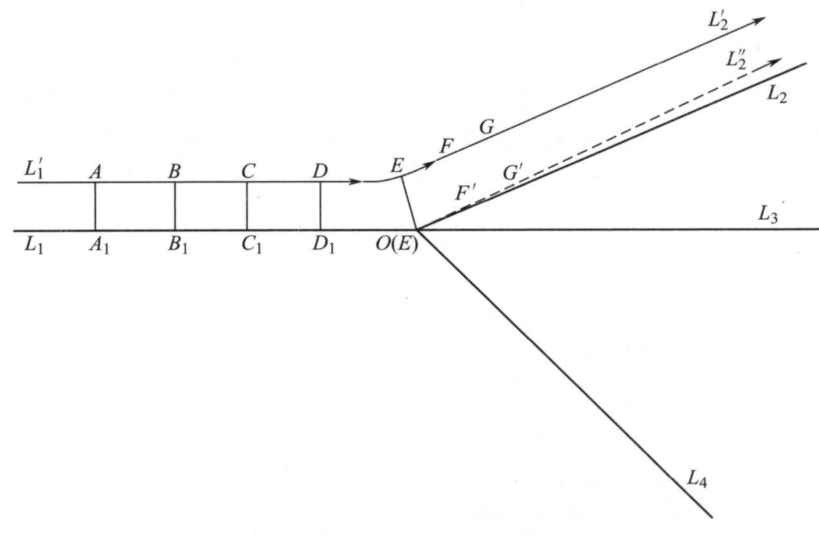

图 6－15　交互式电子地图匹配原理

由于 SINS 测量频率高且角度变化测量准确，匹配点位信息也得到增加。根据导航结果进行数据拟合后，将拟合的曲线和道路相匹配，并且可以将拟合转弯中心点和真实道路转弯中心点相匹配,得到精确的匹配点坐标。在 SINS/LDV/OD 组合导航过程中,由于车辆的姿态角变化可以得到精确实时的测量,将 SINS 测量姿态角变化作为判断轨迹匹配方法的主要条件,提出了交互式电子地图匹配算法方案。

(1) 通过 SINS 更新车辆姿态信息,在车辆航向角变化较小的情况下,认为车辆在直线行驶过程中,采用投影匹配推导法进行地图匹配,此时只是将车辆位置在地图中进行显示,但不修正导航过程车辆所处的经纬度。

(2) 车辆航向角在短时间内出现较大变化时,根据计算的航向角偏差和行驶轨迹,确定其处于转弯阶段后,采用轨迹推算法进行匹配。对比当前道路在节点附近与其他道路之间的夹角,进行道路匹配,确定转弯后驶入的道路。

(3) 将转弯阶段电子地图匹配后的精确导航结果设置为 SINS 在新路段行驶的初始值,并进行后续的导航计算,车辆行驶轨迹由图 6 – 15 中 L_2'变换为 L_2'',导航误差较之前有较大降低。

(4) 在交互式实时匹配与误差修正的基础上,每隔一定时间按照 6.2 节所述算法进行较长距离的轨迹匹配与定位误差修正。

在转弯过程中采用轨迹匹配法,由于 SINS 陀螺测量精度高、测量频率快,当车辆完成转弯后,在较短的时间内即可确定转弯角度等参数,实现精确的匹配,时间上相对原来的轨迹匹配法有较大提高。同时经过修正后,直线行驶道路上的垂直匹配法也可以实现较高的实时性和精度。

6.4　航迹相似原理及航位推算误差补偿

航位推算是一种常用的车辆自主定位技术,它利用车辆姿态和里程信息推算车辆相对起始点的位置。使用里程计作为里程传感器,输出信号是车辆在采集周期内行驶的路程增量,车辆的姿态信息由 SINS 中 3 个陀螺输出后经过姿态更新后给出。由于里程计输出的稳定性,随时间增加误差变化较小,航位推算的精度比单独的 SINS 导航定位精度还要高[211]。

SINS 安装至车上时,惯导标定坐标系和里程计坐标系难以实现严格的重合,通过推导存在安装误差角情况下的误差方程,对航位推算中各误差对导航结果的影响进行分析,设计补偿方案消除或降低各种误差对导航结果的影响。

6.4.1　误差方程的建立

一个采集周期 ΔT 内,里程计测量值为路程增量 ΔS_j,其在 m 系的投影为

$$\Delta \boldsymbol{S}_j^m = [0 \quad \Delta S_j \quad 0]^{\mathrm{T}} \tag{6-21}$$

假设 b 系与 m 系之间存在有安装偏差角，分别为航向安装偏差角 α_ψ、俯仰安装偏差角 α_θ 和横滚安装偏差角 α_γ，通过标定安装后它们都是小角，类似于求解捷联惯导姿态矩阵 $\boldsymbol{C}_b^n$ 的方法，依次经过 α_ψ、α_θ、α_γ 这 3 次转动，可得 b 系到 m 系的变换矩阵，即

$$\boldsymbol{C}_b^m = \begin{bmatrix} \cos\alpha_\gamma & 0 & -\sin\alpha_\gamma \\ 0 & 1 & 0 \\ \sin\alpha_\gamma & 0 & \cos\alpha_\gamma \end{bmatrix} \begin{bmatrix} 1 & 0 & 0 \\ 0 & \cos\alpha_\theta & \sin\alpha_\theta \\ 0 & -\sin\alpha_\theta & \cos\alpha_\theta \end{bmatrix} \begin{bmatrix} \cos\alpha_\psi & \sin\alpha_\psi & 0 \\ -\sin\alpha_\psi & \cos\alpha_\psi & 0 \\ 0 & 0 & 1 \end{bmatrix}$$

$$= \begin{bmatrix} \cos\alpha_\gamma\cos\alpha_\psi - \sin\alpha_\gamma\sin\alpha_\psi\sin\alpha_\theta & \cos\alpha_\gamma\sin\alpha_\psi + \sin\alpha_\gamma\cos\alpha_\psi\sin\alpha_\theta & -\sin\alpha_\gamma\cos\alpha_\theta \\ -\sin\alpha_\psi\cos\alpha_\theta & \cos\alpha_\psi\cos\alpha_\theta & \sin\alpha_\theta \\ \sin\alpha_\gamma\cos\alpha_\psi + \cos\alpha_\gamma\sin\alpha_\psi\sin\alpha_\theta & \sin\alpha_\gamma\sin\alpha_\psi - \cos\alpha_\gamma\cos\alpha_\psi\sin\alpha_\theta & \cos\alpha_\gamma\cos\alpha_\theta \end{bmatrix} \tag{6-22}$$

因此，里程计测量的路程增量在 b 系上的投影表示为

$$\Delta \boldsymbol{S}_j^b = (\boldsymbol{C}_b^m)^{\mathrm{T}} \Delta \boldsymbol{S}_j^m \begin{bmatrix} -\sin\alpha_\psi\cos\alpha_\theta \\ \cos\alpha_\psi\cos\alpha_\theta \\ \sin\alpha_\theta \end{bmatrix} \Delta S_j \tag{6-23}$$

由式(6-23)可知，b 系上表示的里程增量与横滚安装偏差角 α_γ 无关，$\boldsymbol{C}_{bj-1}^n$ 为 t_{j-1} 时刻的捷联姿态矩阵，进一步可以得到里程计增量在导航坐标系上的投影，即

$$\Delta \boldsymbol{S}_j^n = \boldsymbol{C}_{bj-1}^n \Delta S_j^b \tag{6-24}$$

考虑里程计刻度系数误差存在时，有

$$\Delta \tilde{S}_j = (1 + \delta K_D) \Delta S_j \tag{6-25}$$

$$\tilde{\boldsymbol{C}}_{bj-1}^n = [\boldsymbol{I} - (\psi_{Dj-1} \times)] \boldsymbol{C}_{bj-1}^n \tag{6-26}$$

可得里程计增量的实际计算公式为

$$\Delta \tilde{\boldsymbol{S}}_j^n = \tilde{\boldsymbol{C}}_{bj-1}^n \begin{bmatrix} -\sin\tilde{\alpha}_\psi\cos\tilde{\alpha}_\theta \\ \cos\tilde{\alpha}_\psi\cos\tilde{\alpha}_\theta \\ \sin\tilde{\alpha}_\theta \end{bmatrix} \Delta \tilde{S}_j$$

$$= [\boldsymbol{I} - (\boldsymbol{\Psi}_{Dj-1} \times)] \boldsymbol{C}_{bj-1}^n \begin{bmatrix} -\sin(\alpha_\psi + \delta\alpha_\psi)\cos(\alpha_\theta + \delta\alpha_\theta) \\ \cos(\alpha_\psi + \delta\alpha_\psi)\cos(\alpha_\theta + \delta\alpha_\theta) \\ \sin(\alpha_\theta + \delta\alpha_\theta) \end{bmatrix} (1 + \delta K_D) \Delta S_j \tag{6-27}$$

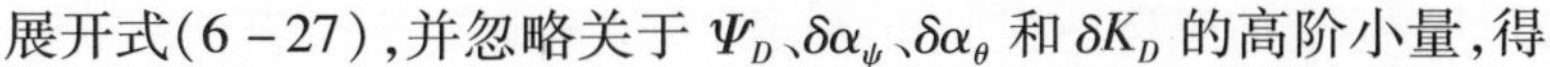

展开式(6－27)，并忽略关于 $\boldsymbol{\Psi}_D$、$\delta\alpha_\psi$、$\delta\alpha_\theta$ 和 δK_D 的高阶小量，得

$$\Delta\tilde{\boldsymbol{S}}_j^n \approx \Delta\boldsymbol{S}_j^n - \boldsymbol{\Psi}_{Dj-1} \times \Delta\boldsymbol{S}_j^n + \Delta S_j \boldsymbol{C}_{bj-1}^n \boldsymbol{M}_\alpha \delta\alpha + \Delta\boldsymbol{S}_j^n \delta K_{Dj-1} \tag{6-28}$$

其中：

$$\boldsymbol{M}_\alpha = \begin{bmatrix} \sin\alpha_\psi \sin\alpha_\theta & -\cos\alpha_\psi \cos\alpha_\theta \\ -\cos\alpha_\psi \sin\alpha_\theta & -\sin\alpha_\psi \cos\alpha_\theta \\ \cos\alpha_\theta & 0 \end{bmatrix} \tag{6-29}$$

$$\delta\boldsymbol{\alpha} = \begin{bmatrix} \delta\alpha_\theta \\ \delta\alpha_\psi \end{bmatrix} \tag{6-30}$$

式(6－28)减去式(6－24)，得到 t_{j-1} 时刻至 t_j 时刻航位推算误差方程为

$$\delta\Delta\boldsymbol{S}_j^n = \Delta\tilde{\boldsymbol{S}}_j^n - \Delta\boldsymbol{S}_j^n = \Delta\boldsymbol{S}_j^n \times \psi_{Dj-1} + \Delta S_j \boldsymbol{C}_{bj-1}^n \boldsymbol{M}_\alpha \delta\boldsymbol{\alpha} + \Delta\boldsymbol{S}_j^n \delta K_{Dj-1} \tag{6-31}$$

一般 α_ψ 和 α_θ 都是小角度，并且车辆在运动过程中水平姿态角都在零附近变化，因而近似有

$$\boldsymbol{M}_\alpha = \begin{bmatrix} \sin\alpha_\psi \sin\alpha_\theta & -\cos\alpha_\psi \cos\alpha_\theta \\ -\cos\alpha_\psi \sin\alpha_\theta & -\sin\alpha_\psi \cos\alpha_\theta \\ \cos\alpha_\theta & 0 \end{bmatrix} \approx \begin{bmatrix} 0 & -1 \\ -\alpha_\theta & -\alpha_\psi \\ 1 & 0 \end{bmatrix} \tag{6-32}$$

$$\Delta S_j C_{bj-1}^n \boldsymbol{M}_\alpha \delta\alpha \approx \Delta S_j \begin{bmatrix} \cos\psi_{Uj-1} & \sin\psi_{Uj-1} & 0 \\ -\sin\psi_{Uj-1} & \cos\psi_{Uj-1} & 0 \\ 0 & 0 & 1 \end{bmatrix} \begin{bmatrix} 0 & -1 \\ -\alpha_\theta & -\alpha_\psi \\ 1 & 0 \end{bmatrix} \begin{bmatrix} \delta\alpha_\theta \\ \delta\alpha_\psi \end{bmatrix} =$$

$$\Delta S_j \begin{bmatrix} -\delta\alpha_\psi \cos\psi_{Uj-1} - \delta\alpha_\psi \cdot \alpha_\psi \sin\psi_{Uj-1} - \delta\alpha_\theta \cdot \alpha_\theta \sin\psi_{Uj-1} \\ \delta\alpha_\psi \sin\psi_{Uj-1} - \delta\alpha_\psi \cdot \alpha_\psi \cos\psi_{Uj-1} - \delta\alpha_\theta \cdot \alpha_\theta \cos\psi_{Uj-1} \\ \delta\alpha_\theta \end{bmatrix} \tag{6-33}$$

安装误差角 $\delta\alpha_\psi$ 和 $\delta\alpha_\theta$ 均是小角度，$\delta\alpha_\psi \cdot \alpha_\psi$、$\delta\alpha_\theta \cdot \alpha_\theta$ 可以看作零，则式(6－33)可以简化为

$$\Delta S_j \boldsymbol{C}_{bj-1}^n \boldsymbol{M}_\alpha \delta\boldsymbol{\alpha} \approx \Delta S_j \begin{bmatrix} -\delta\alpha_\psi \cos\psi_{Uj-1} \\ \delta\alpha_\psi \sin\psi_{Uj-1} \\ \delta\alpha_\theta \end{bmatrix} \tag{6-34}$$

将式(6－34)代入到式(6－31)，可得

$$\delta\Delta\boldsymbol{S}_j^n = \Delta\tilde{\boldsymbol{S}}_j^n - \Delta\boldsymbol{S}_j^n = \Delta\boldsymbol{S}_j^n \times \psi_{Dj-1} + \Delta S_j \begin{bmatrix} -\delta\alpha_\psi \cos\psi_{Uj-1} \\ \delta\alpha_\psi \sin\psi_{Uj-1} \\ \delta\alpha_\theta \end{bmatrix} + \Delta\boldsymbol{S}_j^n \delta K_{Dj-1} \tag{6-35}$$

式(6－35)即航位推算位置误差在直角坐标系下的方程式。根据公式可

知，航位推算误差主要源于姿态误差角 ψ_D、捷联惯导相对于里程计的安装偏差角 α_ψ 和 α_θ 中未能精确补偿的航向安装误差角 $\delta\alpha_\psi$ 和俯仰安装误差角 $\delta\alpha_\theta$，以及里程计刻度系数误差 δK_D。航向安装误差角和俯仰安装误差角与车辆自身的情况有很大的关系，里程计刻度系数误差与车辆轮胎气压和路面状况等因素有关。

组合导航之前如果将安装误差角进行精确测量，可以忽略其在航位推算位置误差中的影响，则航位推算位置误差公式可简化为

$$\delta\Delta\boldsymbol{S}_j^n = \Delta\boldsymbol{S}_j^n \times \boldsymbol{\psi}_{Dj-1} + \Delta\boldsymbol{S}_j^n \delta K_D \tag{6-36}$$

当陀螺漂移较小，车辆行驶时间较短时，可以认为姿态误差角 ψ_{Dj-1} 在行驶过程中为常值，设定安装误差角 $\delta\alpha_\psi$ 和 $\delta\alpha_\theta$、刻度系数误差 δK_D 也为常值，将误差公式在一段时间内累加，可得

$$\begin{aligned}\delta\Delta\boldsymbol{S}^n &= \sum_{i=1}^{j}\delta\Delta\boldsymbol{S}_j^n = \sum_{i=1}^{j}\Delta\boldsymbol{S}_i^n \times \psi_{Dj-1} + \sum_{i=1}^{j}\Delta S_i\begin{bmatrix}-\delta\alpha_\psi\cos\psi_{Ui-1}\\ \delta\alpha_\psi\sin\psi_{Ui-1}\\ \delta\alpha_\theta\end{bmatrix} + \sum_{i=1}^{n}\Delta\boldsymbol{S}_i^n\delta K_{Di-1}\\ &= \Delta\boldsymbol{S}^n \times \psi_D + \Delta S\begin{bmatrix}-\delta\alpha_\psi\cos\psi_{Uj-1}\\ \delta\alpha_\psi\sin\psi_{Uj-1}\\ \delta\alpha_\theta\end{bmatrix} + \Delta\boldsymbol{S}^n\delta K_D\end{aligned} \tag{6-37}$$

其中：

$$\begin{aligned}\Delta S_i\begin{bmatrix}-\delta\alpha_\psi\cos\psi_{Ui}\\ \delta\alpha_\psi\sin\psi_{Ui}\\ \delta\alpha_\theta\end{bmatrix} &= \begin{bmatrix}-\Delta S_i\cdot\delta\alpha_\psi\cos\psi_{Ui}\\ \Delta S_i\cdot\delta\alpha_\psi\sin\psi_{Ui}\\ \Delta S_i\delta\alpha_\theta\end{bmatrix} = \begin{bmatrix}-\Delta S_i\cdot\delta\alpha_\psi\cos\psi_{Ui}\\ \Delta S_i\cdot\delta\alpha_\psi\sin\psi_{Ui}\\ 0\end{bmatrix} + \begin{bmatrix}0\\ 0\\ \Delta S_i\cdot\delta\alpha_\theta\end{bmatrix}\\ &= \begin{bmatrix}-\Delta S_i\cos\psi_{Ui}\\ \Delta S_i\sin\psi_{Ui}\\ 0\end{bmatrix}\delta\alpha_\psi + \Delta S_i\begin{bmatrix}0\\ 0\\ \delta\alpha_\theta\end{bmatrix} \approx -\Delta\boldsymbol{S}_i^n \times \begin{bmatrix}0\\ 0\\ \delta\alpha_\psi\end{bmatrix} + \Delta S_i\begin{bmatrix}0\\ 0\\ \delta\alpha_\theta\end{bmatrix}\end{aligned}$$

故有

$$\sum_{i=1}^{j}\Delta S_i\begin{bmatrix}-\delta\alpha_\psi\cos\psi_i\\ \delta\alpha_\psi\sin\psi_i\\ \delta\alpha_\theta\end{bmatrix} = -\Delta\boldsymbol{S}^n \times \begin{bmatrix}0\\ 0\\ \delta\alpha_\psi\end{bmatrix} + \Delta S\begin{bmatrix}0\\ 0\\ \delta\alpha_\theta\end{bmatrix} \tag{6-38}$$

$$\delta\Delta\boldsymbol{S}^n = \Delta\boldsymbol{S}^n \times \boldsymbol{\psi}_D - \Delta\boldsymbol{S}^n \times \begin{bmatrix}0\\ 0\\ \delta\alpha_\psi\end{bmatrix} + \Delta S\begin{bmatrix}0\\ 0\\ \delta\alpha_\theta\end{bmatrix} + \Delta\boldsymbol{S}^n\delta K_D \tag{6-39}$$

式中：$\delta\Delta\boldsymbol{S}^n = \sum_{i=1}^{j}\delta\Delta\boldsymbol{S}_i^n$ 为车辆行驶总位移误差（起始位置位移误差为零）；

$\Delta \boldsymbol{S}^n = \sum_{i=1}^{j} \Delta \boldsymbol{S}_i^n$ 为车辆行驶总位移；$\Delta S = \sum_{i=1}^{j} \Delta S_i$ 为车辆行驶总路程。

捷联惯导系统自对准后水平姿态失准角较小，忽略水平姿态失准角的影响，有

$$\delta \Delta \boldsymbol{S}^n = \Delta \boldsymbol{S}^n \times \begin{bmatrix} 0 \\ 0 \\ \psi_{DU} - \delta\alpha_\psi \end{bmatrix} + \Delta S \begin{bmatrix} 0 \\ 0 \\ \delta\alpha_\theta \end{bmatrix} + \Delta \boldsymbol{S}^n \delta K_D \tag{6-40}$$

根据式(6-40)可知，航向安装误差角 $\delta\alpha_\psi$ 和航向误差角 ψ_{DU} 对位置误差的影响是相同的，引起的误差位于 Oxy 平面上并且垂直于车辆位移方向；$\delta\alpha_\theta$ 引起高度方向上的误差，δK_D 引起的误差沿着车辆位移方向。在 Oxy 平面上投影，可得

$$\delta \Delta \boldsymbol{S}^h = \Delta \boldsymbol{S}^h \times \begin{bmatrix} 0 \\ 0 \\ \psi_{DU} - \delta\alpha_\psi \end{bmatrix} + \Delta \boldsymbol{S}^h \delta K_D \tag{6-41}$$

根据式(6-41)可知，在车辆短时间行驶阶段，如果不考虑测量器件自身的误差变化，车辆导航位置误差与出发点和终点的坐标参数有关，行驶过程中车辆的行驶轨迹对导航误差结果没有影响。

如果对安装误差角进行提前测量并进行补偿，在导航过程中不考虑其对导航误差的影响，式(6-41)可简化为

$$\delta \Delta \boldsymbol{S}^n = \Delta \boldsymbol{S}^n \times \begin{bmatrix} 0 \\ 0 \\ \psi_{DU} \end{bmatrix} + \Delta \boldsymbol{S}^n \delta K_D \tag{6-42}$$

6.4.2 车辆行驶航迹相似性原理

如图6-16所示，设车辆的航向角偏差为定值 $\Delta\psi$，实线 $OA-AB$ 为真正的行驶轨迹，虚线 $OA_1-A_1B_1$ 为航位推算中计算的车辆轨迹，里程计刻度系数误差为 δK_D，可得

$$\frac{OA_1}{OA} = \frac{A_1B_1}{AB} = 1 + \delta K_D \tag{6-43}$$

$$\angle OAB = \angle OA_1B_1 \tag{6-44}$$

ΔOAB 相似于 ΔOA_1B_1，OB 为车辆行驶的真正位移，OB_1 为航位推算后得到的车辆行驶位移，根据图6-16可认为 OB 绕 O 点顺时针方向旋转 $\Delta\psi$ 角度，经过放大 $(1+\delta K_D)$ 倍后，形成向量 OB_1，则根据向量之间的旋转关系，可得

$$
\boldsymbol{r}_1 = \begin{bmatrix} \cos\Delta\psi & -\sin\Delta\psi & 0 \\ \sin\Delta\psi & \cos\Delta\psi & 0 \\ 0 & 0 & 1 \end{bmatrix} \boldsymbol{r}(1+\delta K_D) \tag{6-45}
$$

其位移偏差可表示为

$$
\delta\boldsymbol{r} = \boldsymbol{BB}_1 = \boldsymbol{r}_1 - \boldsymbol{r} \approx \boldsymbol{r} \times \begin{bmatrix} 0 \\ 0 \\ -\Delta\psi \end{bmatrix} + \boldsymbol{r}\delta K_D \tag{6-46}
$$

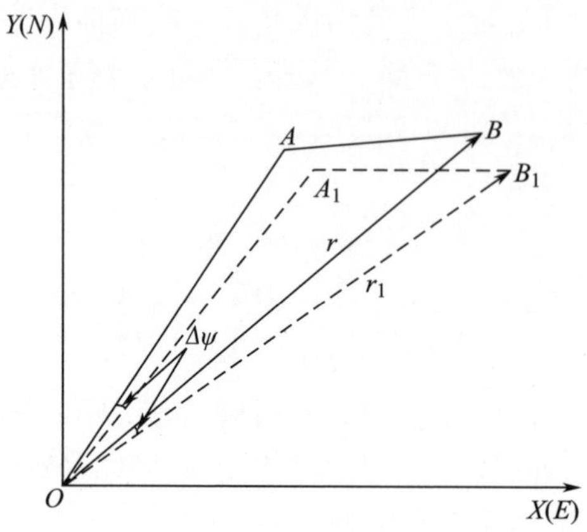

图 6-16　平面内车辆导航轨迹相似原理

式(6-46)的表达形式和式(6-42)相似,表明在短时间内,不考虑陀螺漂移等小误差的前提下,同一平面内的导航误差和车辆的行驶轨迹没有关系,只是和车辆的出发点和终点有关。根据几何图形关系推理可知,车辆行驶的真正轨迹和航位推算的轨迹两者是相似的,在初始对准方位角测量存在误差 $\Delta\psi$ 的情况下,车辆进行曲线运动($OA-AB$)的航位推算结果,等同于在相同的环境下,车辆从始发点到终点(OB)的直线位移航位推算结果。

6.4.3　误差补偿方案

利用航位推算轨迹和真实轨迹相似的原理,通过跑车实验可进行航位安装误差角 $\delta\alpha_\psi$、俯仰安装误差角 $\delta\alpha_\theta$、捷联惯导初始对准航向误差角 ψ_{DU} 和里程计刻度系数误差 δK_D 的估计和补偿。

1. $\delta\alpha_\psi$、ψ_{DU} 的估计

利用路标标定方案可以估计出 $\psi_{DU}+\delta\alpha_\psi$,当载车行驶至已知路标点时,由航位推算位置误差和载车真实位移可以求得。载车从起始点行驶一定位移后到达一个位置已知点,如图 6-17 所示,由起始点和路标点之间的位移 $\Delta\boldsymbol{S}$ 和航位推

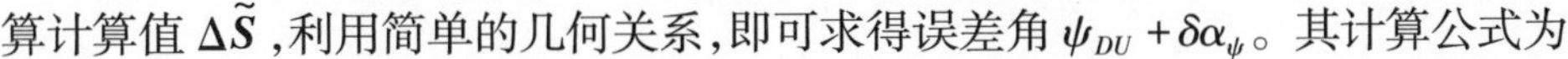

算计算值 $\Delta\tilde{S}$，利用简单的几何关系，即可求得误差角 $\psi_{DU}+\delta\alpha_{\psi}$。其计算公式为

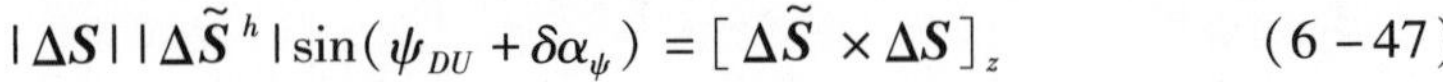

$$|\Delta S||\Delta\tilde{S}^{h}|\sin(\psi_{DU}+\delta\alpha_{\psi})=[\Delta\tilde{S}\times\Delta S]_{z} \tag{6-47}$$

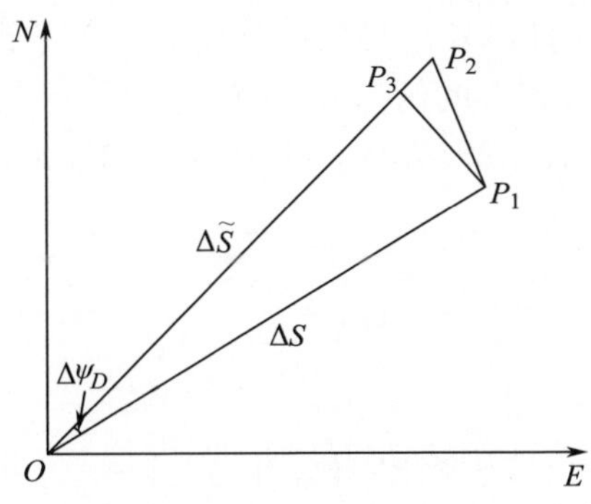

图 6－17　偏差角修正原理

由式(6－47)可得误差角 $\psi_{DU}+\delta\alpha_{\psi}$，由于它为一个小量，可以近似为

$$\psi_{DU}+\delta\alpha_{\psi}\approx\arcsin(\psi_{DU}+\delta\alpha_{\psi})=\frac{[\Delta\tilde{S}\times\Delta S]_{z}}{|\Delta S||\Delta\tilde{S}|} \tag{6-48}$$

式(6－48)中 $\psi_{DU}+\delta\alpha_{\psi}$ 是不可区分的，当保证 ψ_{DU} 足够小时可以求得 $\delta\alpha_{\psi}$ 的精确估计；当 $\delta\alpha_{\psi}$ 经过充分补偿后，利用设定路标点方法就能估计出 ψ_{DU}，实现高精度的初始对准。对 $\delta\alpha_{\psi}$ 的精确估计是可以提前测量修正的，在特定的环境下，进行测量后将其作为一个定值，在以后计算过程中补偿使用。

2. δK_D 的估计

里程计刻度系数受外界环境影响变化较大，车辆在行驶时间过长时，由于摩擦造成轮胎温度升高，内部气压增高，刻度系数误差增大。车辆行驶的路面状况也影响到刻度系数的值，特别可能在非公路段出现打滑等现象更会影响刻度系数和航位推算结果。因此，需要在行驶全程中对里程计刻度系数误差进行修正，提高导航精度。

由相似性原理可知，计算位移 $|\Delta\tilde{S}|$ 和真实位移 $|\Delta S|$ 相差 δK_D 倍，根据图 6－17可得里程计刻度系数误差估计公式为

$$\delta K_D=\frac{|\Delta\tilde{S}|}{|\Delta S|}-1 \tag{6-49}$$

3. $\delta\alpha_{\theta}$ 的估计

当载车绕行一圈回到原地时，有 $\Delta S^{n}=0$，因而位移误差为

$$\delta \Delta \boldsymbol{S}^n = \Delta S \begin{bmatrix} 0 \\ 0 \\ \delta \alpha_\theta \end{bmatrix} \tag{6-50}$$

载车在水平方向上的位移误差为零，高度方向上的误差正比于载车行驶总路程 ΔS 和捷联惯导在载车上的俯仰安装误差角 $\delta\alpha_\theta$。

根据式(6-50)，当载车绕环路行驶回到原点时，忽略陀螺漂移的影响，$\delta\alpha_\theta$ 的估计公式为

$$\delta\alpha_\theta = \frac{\delta \Delta S_z^n}{\Delta S} \tag{6-51}$$

6.5 基于地图匹配的导航误差综合校正

6.4 节主要讲述了航迹相似性原理，推导了航位推算过程中通过设定路标点，对里程计刻度系数误差和航向角偏差等进行修正的过程。导航过程中，里程计刻度系数误差受外界温度的影响而变换，航向角受陀螺漂移的影响，偏差也是逐渐增加的，均需要进行修正来降低定位定向的偏差，但是在真正的车辆行驶过程中设定路标点的方法难以实现。本节论述如何通过交互式电子地图匹配算法对转弯过程点位进行精确匹配标定，并将其作为路标点进行航位推算误差修正的方案，可以实现对车辆自主定位定向的进一步修正，提高定位精度[212-214]。

6.5.1 迭代修正方案

根据航位推算和交互式地图匹配修正原理，设计主要修正步骤如下。

(1) 在出发点首先进行静态粗对准，进行姿态角、初始位置等各参数的装订。

(2) 车辆行驶至第一个转弯点，经过地图匹配后得到标志点坐标，通过计算航位推算和电子地图匹配后的导航误差，利用式(6-47)和式(6-48)，修正偏差角和里程计刻度系数误差。

(3) 经过第一次修正后航向偏差角明显降低，车辆可以行驶较长的距离后进行地图匹配修正系统偏差。

(4) 航向偏差角的进一步降低可以行驶更远的距离确定第三标志点，修正航向偏差角，并重复以上过程。

6.5.2 地图匹配对导航误差的修正原理

图 6-18 所示为导航误差修正原理图，O 为初始出发点，首先在 O 点进行粗

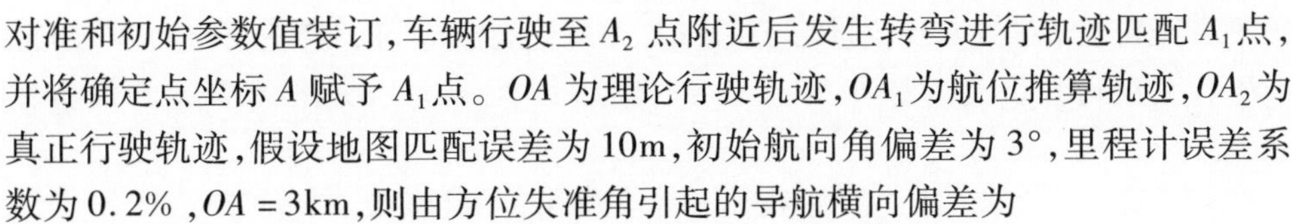

对准和初始参数值装订，车辆行驶至 A_2 点附近后发生转弯进行轨迹匹配 A_1 点，并将确定点坐标 A 赋予 A_1 点。OA 为理论行驶轨迹，OA_1 为航位推算轨迹，OA_2 为真正行驶轨迹，假设地图匹配误差为 10m，初始航向角偏差为 3°，里程计误差系数为 0.2%，$OA=3\text{km}$，则由方位失准角引起的导航横向偏差为

$$A_2A_3 \approx \sin 3^\circ \times 3000\text{m} = 157\text{m}$$

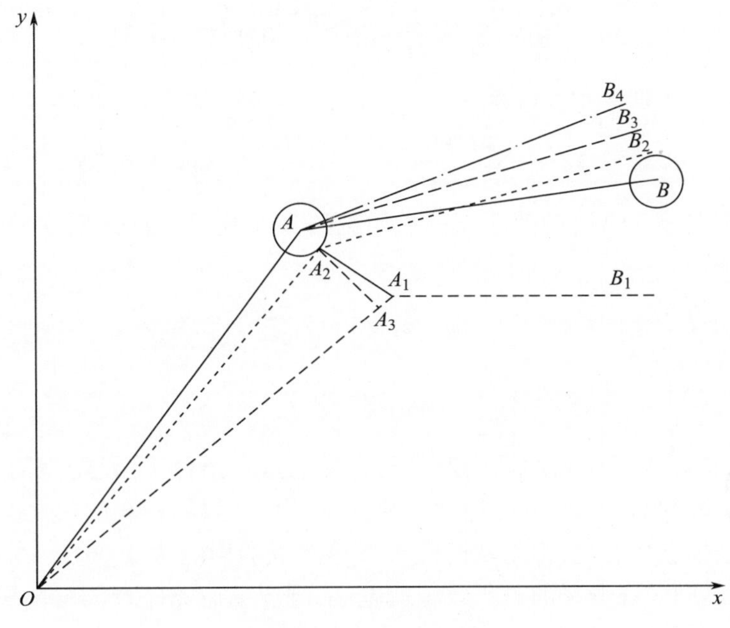

图 6－18　误差修正原理

A_2A_3 为实际偏差，AA_3 为电子地图匹配后计算的偏差，考虑最大误差的情况，即

$$AA_3 = A_2A_3 + AA_2 = 167\text{m}$$

求得更新后的误差为

$$\Delta\psi_{\max} = \arcsin\frac{AA_3}{3000} - 3^\circ \approx 0.191^\circ$$

里程计刻度系数偏差引起的导航纵向偏差为

$$\delta L = OA_2 \cdot (1 + \delta K_D) - OA$$

当 O 点、A 点和 A_2 点处于同一条直线上时，求得里程计最大刻度系数误差为

$$\delta K_{D\max} = \frac{\delta L}{OA} - 0.2\% \approx 0.33\%$$

同理，车辆行驶至经地图匹配精确定位的第二坐标点 B，$AB=10\text{km}$，B_2 点为

车辆真正位置，B_4点为航位推算位置，AB 为理论行驶轨迹，AB_4为导航计算轨迹，A_2B_2为真正行驶轨迹，AB_3 平行于 A_2B_2，则航位推算中由失准角引起的位置偏差为

$$B_3B_4 \approx \sin 0.191° \cdot 10000\text{m} = 33.33\text{m}$$

求得最大失准角误差为

$$\Delta\psi_{\max} \approx \arcsin \frac{B_3B_4 + 2 \times 10}{10000} - 0.191° \approx 6.8'$$

里程计最大刻度系数误差为

$$\delta K_{D\max} = \frac{A_2B_2 \cdot (1 + 0.33\%) - AB}{AB} - 0.33\% \approx 0.2\%$$

设定位偏差为 ΔL，精确匹配两点间位移为 S，考虑 $\Delta L << S$，误差公式可简化为

$$\Delta\psi_{\max} = \arcsin \frac{2\Delta L}{S} \tag{6-52}$$

$$\delta K_D = \frac{2\Delta L}{S} \tag{6-53}$$

式(6－52)建立在假设航向偏差角为常值这一条件下，设陀螺的随机漂移为0.01°/h，车辆以50km/h 的速度行驶，行驶5km 后转弯修正导航定位误差并重新进行坐标点初始化，则陀螺的随机漂移造成的影响为 $0.06' << 6.8'$。行驶时间越短，其间陀螺漂移的累积效应就越小，越容易忽略陀螺漂移的影响，可以认为航向偏差角为常值。

最大失准角偏差和最大刻度系数偏差不会同时出现，当里程计最大刻度系数误差最大时，失准角偏差求解为零。车辆行驶过程中按照交通规则正常转弯时，定位误差将会在3m 左右，当行驶10km 时，失准角偏差和刻度系数偏差求解精度将会更高。

采用航位推算修正误差的方法，经过粗对准后即可进行车辆的导航行驶，但是为了提高地图匹配的精度，需车辆在开始行驶的短时间内，就要进行多次转弯，以方便完成地图匹配，修正航向偏差角和里程计刻度系数误差。

6.5.3 地图匹配对陀螺漂移的修正

实际过程中，由于受到陀螺漂移的影响，航向失准角是随时发生变化的。下面针对交互式地图匹配导航对陀螺漂移的修正结果进行推导。如图6－19 所示，车辆在 O 点进行对准后，航向失准角为 $\Delta\psi$，车辆直线行驶，真正轨迹为 OP，航迹推算轨迹为虚线 OP_2，受天向陀螺漂移的作用，随着车辆行驶时间的增加，

航向偏差角逐渐增大，当车辆行驶至 P 点处时，航位推算结果为 P_2，根据上一节航迹相似性原理可知，修正的航向偏差角为 $\angle P_2OP(\Delta\psi_1)$，但是真正的车辆航向偏差角为 $\angle P_2O_1P(\Delta\psi_2)$，根据图中几何原理可知

$$\Delta\psi_2 > \Delta\psi_1 > \Delta\psi \tag{6-54}$$

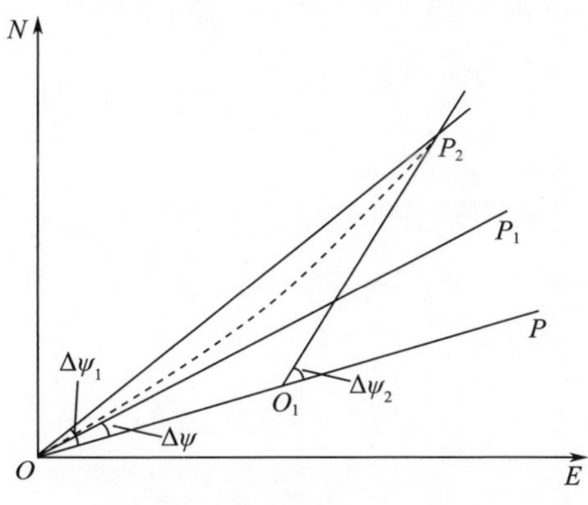

图 6－19　陀螺漂移修正原理

经过匹配修正，虽然没有将陀螺漂移引起的失准角完全得到修正，但是优于之前出发点时的失准角。求出航向角测量误差值 $\Delta\psi$ 后，通过在 P_1 点实时修正航向角偏差，更新姿态矩阵，即可实现方位角的精对准过程。设车辆在 P_1 点的姿态矩阵为 $\boldsymbol{C}_{b1}^n$，求出方位角误差角后，姿态矩阵更新为

$$\boldsymbol{C}_b^n = \begin{bmatrix} \cos\Delta\psi & -\sin\Delta\psi & 0 \\ \sin\Delta\psi & \cos\Delta\psi & 0 \\ 0 & 0 & 1 \end{bmatrix} \boldsymbol{C}_{b1}^n \approx \begin{bmatrix} 1 & -\Delta\psi & 0 \\ \Delta\psi & 1 & 0 \\ 0 & 0 & 1 \end{bmatrix} \boldsymbol{C}_{b1}^n \tag{6-55}$$

通过将地图匹配修正后的参数反馈后，将其作为下一次迭代的初始值，可以减小陀螺随机漂移对航向偏差角的影响。

6.6　实验分析

6.6.1　仿真实验与结果分析

为验证结论，做以下仿真实验，车辆在道路上仿真行驶轨迹如图 6－20 所示，实线为车辆在道路上行驶轨迹仿真路线，虚线为导航计算仿真路线，图 6－21所示为在行驶轨迹中对 A、B、C、D 这 4 个匹配点误差放大图。行驶轨迹为车辆从(110E,40N)为始发点出发，直线向东行驶 5km 到 A 点，右转 90°向南直线行驶 10km 至 B 点，然后左转 90°直线向东行驶 10km 至 C 点，最后左转

90°北向行驶 20km 至 D 点。初始航向偏差角为 3°，陀螺随机漂移为 0.01°/h，待匹配点选择为匹配点周围 0～10m 之间的随机坐标值，获得原始的仿真数据，在此数据基础上叠加噪声得到航位推算的导航数据。

仿真结果如表 6－1 所列，经过几次匹配修正后，导航计算的位移误差在 D 点为 20.001m，对准精度由 3°降低至 1.715′，里程计刻度系数误差由 0.2% 降低至 0.055%，可以满足导航的需求。

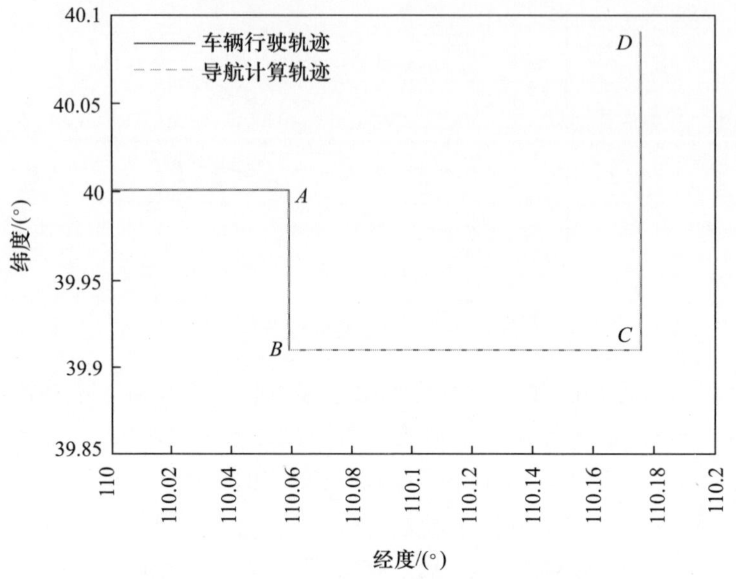

图 6－20　车辆行驶轨迹和导航计算仿真(见彩图)

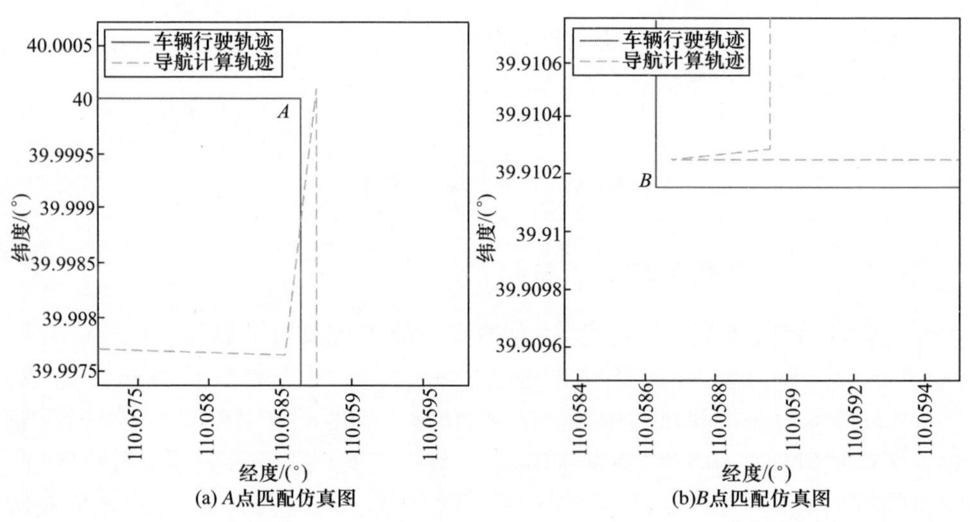

(a) A点匹配仿真图

(b)B点匹配仿真图

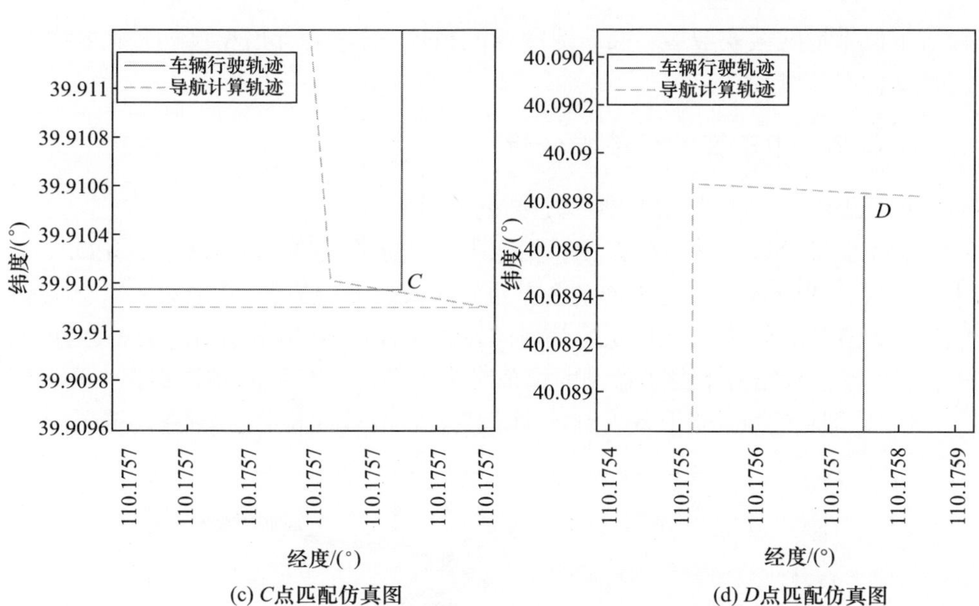

(c) C点匹配仿真图　　(d) D点匹配仿真图

图 6－21　各转弯点匹配仿真放大图（见彩图）

表 6－1　地图匹配修正误差仿真结果

参数	A	B	C	D
行驶位移/m	5000	10000	10000	20000
导航理论偏差/m	261. 679	20. 071	17. 977	20. 001
导航匹配偏差/m	8. 365	5. 953	8. 020	6. 412
航向失准角偏差/(′)	6. 626	6. 183	3. 432	1. 715
刻度系数偏差/%	0. 103	0. 112	0. 081	0. 055

根据表 6－1 可知，由于初始航向失准角偏差较大，初始长距离行驶 5km 时，造成的横向偏差可达 261. 679m，这样即使应用改进的地图匹配法，将点位投影到前一刻道路上来，但是由于较大的导航偏差，地图匹配误差率也会很大，特别是在道路密集的地方，更容易发生匹配错误。因此在行驶开始时，如果首先进行 2～3次短距离转弯行驶，或者进行较为精确的对准，等航向偏差角达到较小的值后，再进行长距离的直线行驶，则可以实现更好的地图匹配和误差修正效果。

此方法同时还存在着一个问题，即导航精度和航向失准角与里程计刻度误差系数精度之间的矛盾。如果想要更高的导航精度，需要在行驶过程中多次进行转弯，通过地图匹配，可以使导航定位误差保持在 10m 左右，但是航向偏差角和里程计刻度误差系数精度难以提高。如果加大两匹配点之间的距离，可以很好地提高失准角和里程计刻度误差系数的精度，但是在两匹配点之间，又会造成导航定位结果的偏差增加。提高地图匹配精度，是保证导航精度和提高参数误差精度的有效途径。

6.6.2 跑车实验与结果分析

1. 分段轨迹匹配与相似平移误差修正实验

为了验证分段轨迹匹配算法和相似平移法定位修正的有效性，利用5.2节中第二次300km跑车实验采集的数据进行仿真。实验方案：将采集的GPS定位数据作为道路信息，组合导航定位数据作为轨迹信息，两者进行匹配实验和定位误差修正实验。根据GPS数据绘制的跑车路线如图6-22所示，仿真实验主要验证三项内容，即轨迹特征提取效果、轨迹匹配算法的有效性和定位误差修正效果。

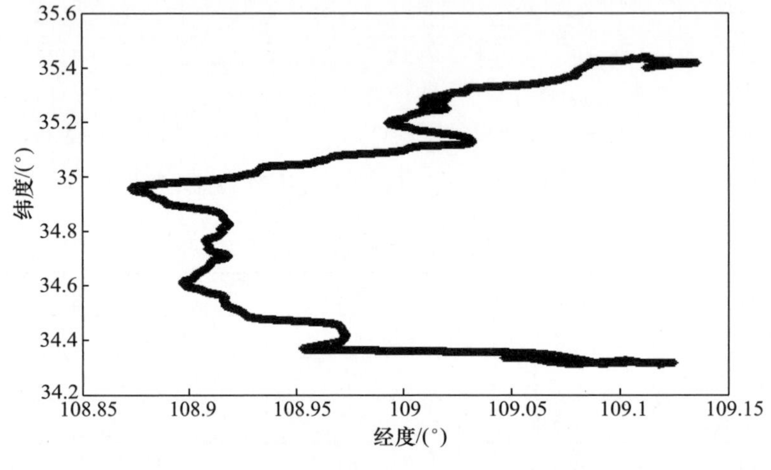

图6-22 跑车路线图

1）轨迹特征提取效果

轨迹特征提取能够识别出行车轨迹中的曲线段和直线段，并提取特征用于匹配。根据6.2节设计的轨迹特征提取算法，组合导航定位数据作为跑车轨迹，对整段跑车轨迹进行了识别和特征提取。如图6-23所示，不同颜色代表不同的轨迹段特征：黑色代表直线段、红色代表顺时针方向转弯段、蓝色代表逆时针方向转弯段。图6-24是图6-23中方框区域的局部放大图，可以清晰地看到轨迹特征的提取结果，并且左右两条相似的轨迹分别为往返该区域时的行车轨迹。

从图6-23和图6-24可以看出，6.2节设计的特征提取算法能够有效提取行车轨迹中的曲线段和直线段特征，并且对所有特征段进行存储供地图匹配时使用。特征提取结果的局部放大图显示，提取到的曲线段和直线段均具有很好的完整性，有利于下一步的特征匹配。另外，提取的曲线段具有拐弯方向性，

能够区分拐弯时的车辆行进方向，这个拐弯方向特征为初步匹配中曲线段的筛选增加了一个参考特征。

2）轨迹匹配算法的有效性

分段轨迹匹配算法分为三步，即轨迹段初步匹配、拓扑关系检查和轨迹整体匹配。根据导航系统的最大误差，匹配时的搜索网格边长设为 150m。初步匹配中设置的匹配条件为：直线段方向夹角不大于 15°，曲线段拐弯角度差值不超过 20°、平均拐弯半径差值不大于 20m。轨迹整体匹配中设置的匹配条件为：匹配系数最大且不小于 0.80。

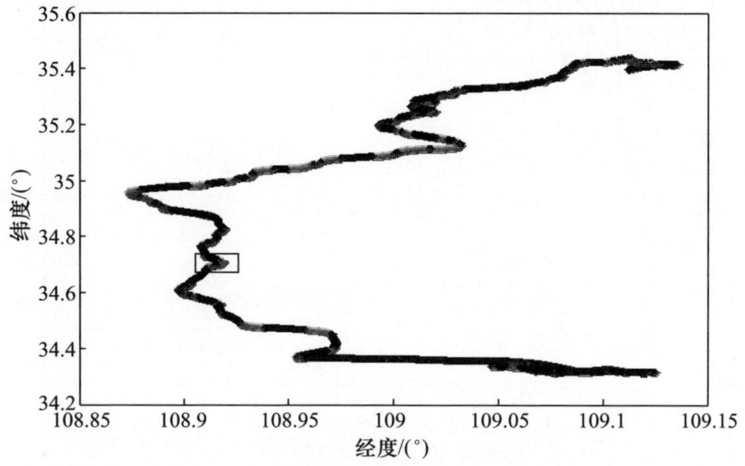

图 6 – 23　轨迹特征提取示意图（见彩图）

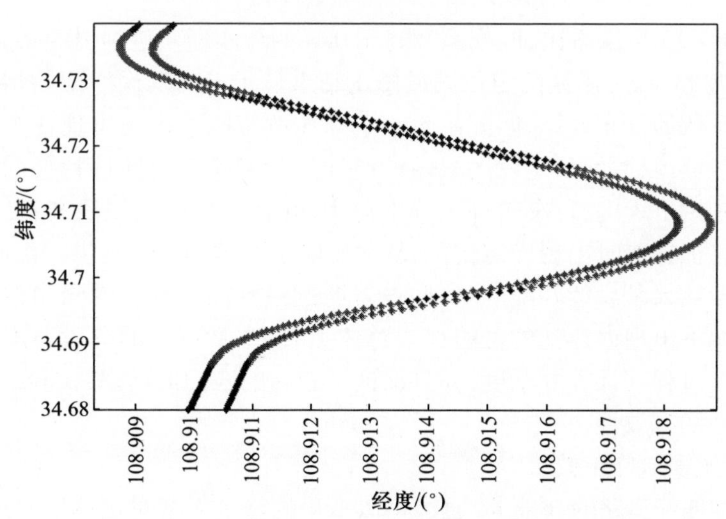

图 6 – 24　轨迹特征提取局部示意图（见彩图）

经过初步匹配和拓扑关系检查之后，包括直线段和曲线段在内，获取的轨迹分段共633段。每条待匹配轨迹包含三段曲线段和两段直线段，获取待匹配轨迹的方法为：从第 i 个分段开始，提取连续的5个分段构成一组，如果该组包含“三曲线和两直线”，则作为一条待匹配轨迹并进行匹配；否则，以第 $i+1$ 个分段起始重新开始上一步的选取过程。通过以上方法共获取了110条待匹配轨迹，根据Hausdorff距离计算的匹配系数 λ 如图6-25所示。

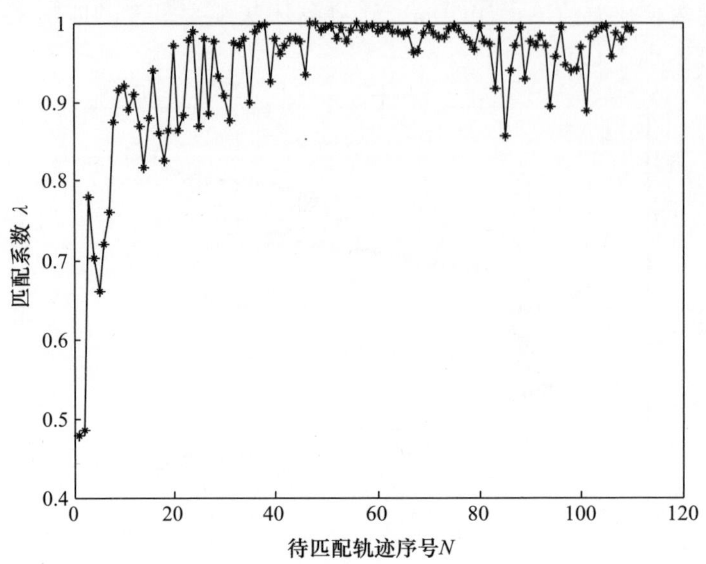

图6-25　轨迹匹配效果及匹配系数

从图6-25可以看出，匹配系数高于0.8的待匹配轨迹为103条，总体的匹配成功率为93.6%，后续的定位误差修正结果显示未出现误匹配的情况。分析图中匹配系数的分布规律，匹配系数小于0.8的待匹配段均出现在车辆行驶里程较短的区域内，原因是这段区域内的路线形状影响了对轨迹特征的提取。车辆起步后较短里程内，行车轨迹十分不规则，并且产生的曲线段和直线段很短，导致轨迹特征提取时出现一定错乱，从而影响了后续的匹配结果。由此可见，轨迹特征提取效果是后续匹配的基础，设置匹配系数高于0.8的限制条件能够降低此类情况下出现误匹配的可能性。总体上看，本章设计的分段匹配算法不仅简化了匹配过程和计算复杂度，并且保证了较高的匹配成功率，实验结果充分说明了该算法的有效性。

3）定位误差修正效果

在获取匹配道路的基础上，通过相似平移的修正方案对定位误差进行修正，同时运用传统的投影法修正结果作为对比。图6-26中从上至下依次为定位修正前的直线偏差、传统投影法修正后的直线偏差和相似平移法修正后的直线偏差。

分析投影法修正结果的变化趋势可以发现,该方法修正效果波动较大:效果最好时几乎可以完全消除定位误差,而最差时基本没有消除定位误差。这是因为投影法的修正效果取决于匹配道路与定位误差矢量之间的几何关系:当两者接近垂直时不存在平行方向的误差残留,此时修正效果最好;当两者接近平行时,定位误差几乎完全残留在道路平行方向,此时的修正效果最差。总之,投影法的修正效果很不稳定,随着具体情况而变化。

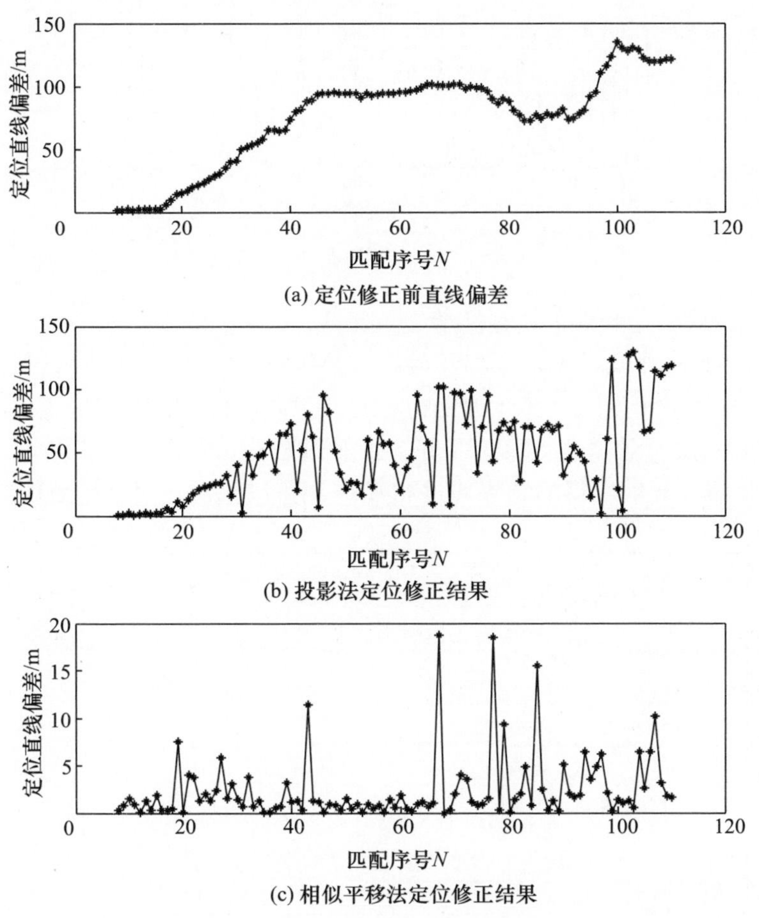

图 6-26　定位误差修正效果对比

分析相似平移法的修正结果可以看出,该方法最高残留直线偏差不超过 20m,而且定位修正效果比较稳定。正是由于该修正方法的原理是求解定位点在道路中的具体位置,所以具备稳定高效的定位修正性能。两种方法的残留直线偏差与修正前直线偏差的比值如图 6 - 27 所示，两种方法的修正效果可以直观地展示。

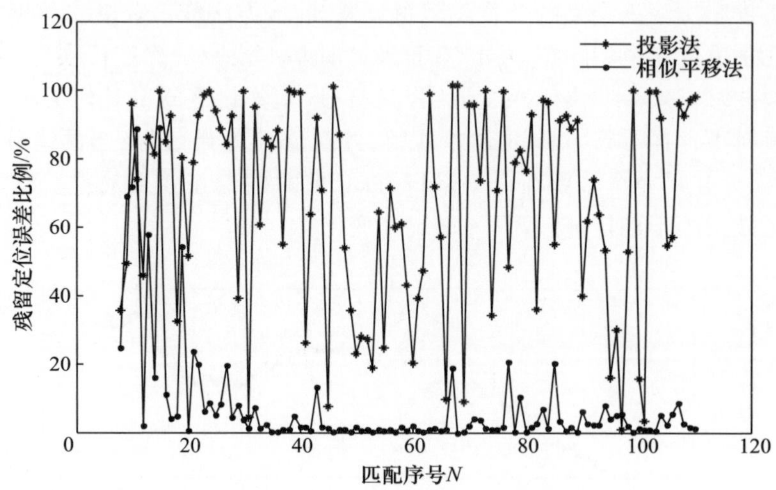

图 6 - 27　定位误差残留比例对比

2. 交互式匹配与误差修正实验

跑车实验从西安行驶至宝鸡并返回，行驶轨迹如图 6 - 28 所示，车辆以组合导航模式从 A 点出发经 B、C 行驶至 D 点（宝鸡）；返程沿 $D - C - B - E$ 段行进至 E 点结束，总行驶里程 300.138km。行驶过程中，以车载 GPS 测量定位结果为基准，将组合导航求得的结果通过和 GPS 测量结果对比得到导航偏差。

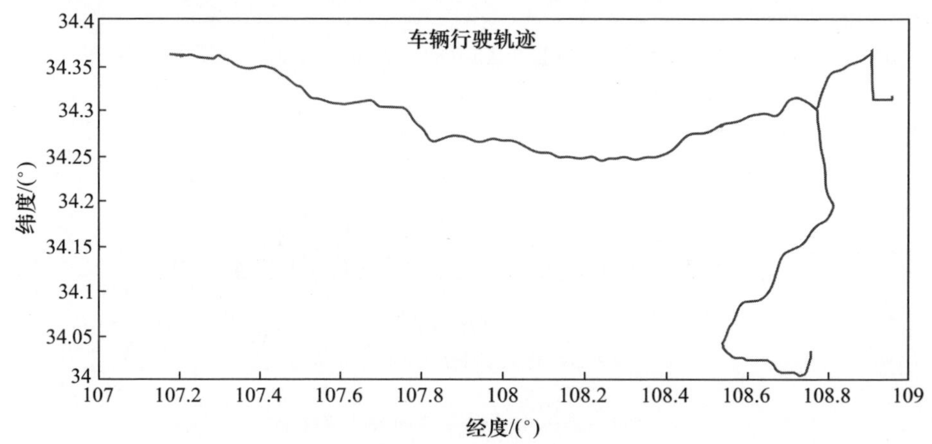

图 6 - 28　车辆行驶轨迹（见彩图）

图 6 - 29 所示为组合导航模式下的导航偏差结果，在组合导航下采用卡尔曼滤波进行误差修正，导航精度较高，但也存在随时间、位移增加而误差变大的

情况。图6－30所示为组合导航模式下加入地图匹配修正后的导航偏差结果。通过对比两图中的经纬度偏差结果可知，在使用交互式电子地图匹配修正方法后，导航精度相比之前有了较大的提高，经度最大偏差由150m降低至23m，纬度最大偏差由80m降低至25m。

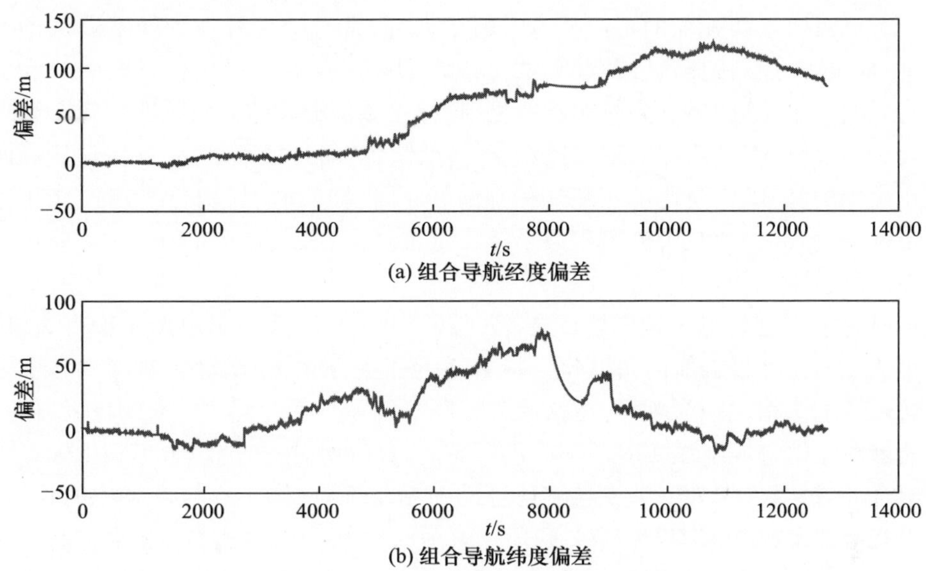

图6－29　SINS/LDV/OD组合导航偏差（见彩图）

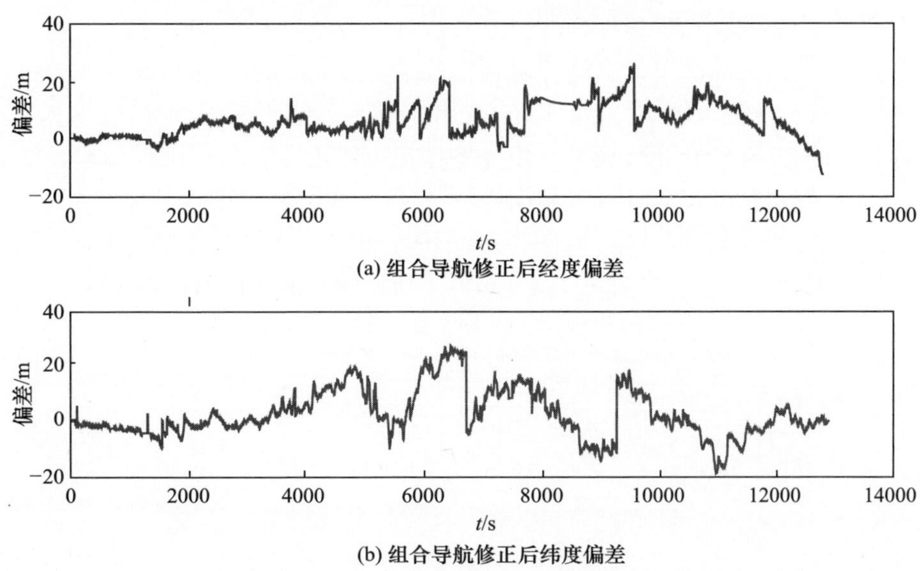

图6－30　交互式地图匹配修正导航偏差（见彩图）

6.7 本章小结

本章对轨迹匹配辅助定位技术进行了研究，在总结传统地图匹配算法的基础上，提出了分段特征轨迹匹配算法。该匹配算法截取一段包括三段曲线和两段直线的行车轨迹，通过分段初步匹配、拓扑关系检查和整体轨迹匹配3个筛选过程，最终获得唯一匹配的道路段组合。相比传统轨迹匹配算法，在保证较高匹配正确率的基础上，简化了匹配过程并减轻了计算负荷。针对传统定位修正存在定位误差残留的问题，提出相似平移法定位修正方案，能够准确定位导航输出点在匹配道路上的具体位置。

研究了交互式电子地图匹配方案：通过SINS中陀螺输出更新车辆姿态，确定车辆航向角并根据航向角变化选择合适的匹配方案，在车辆转弯的状态下采用轨迹匹配法精确匹配车辆位置，此方案既可消除垂直匹配法带来的较大误差，也能够解决轨迹匹配法实时性不高的问题。将匹配后电子地图中车辆坐标点代替组合导航结果，作为下一步导航计算的初始坐标点，修正导航计算中的误差，可以有效地解决SINS/LDV/OD组合导航随时间和行驶距离增加，导航定位误差增大的问题。同时利用航位推算结果和电子地图匹配中的位置误差，完成对初始对准方位失准角和里程计刻度系数误差的修正，降低长时间导航过程中初始失准角、陀螺漂移和里程计刻度误差系数对车辆导航定位定向的影响。

最后，利用实际跑车数据进行仿真实验，实验结果表明：提出的分段轨迹匹配算法能够有效提取轨迹特征，匹配正确率较高且没有误匹配情况，能够有效实现行车轨迹与道路的匹配；提出的相似平移定位修正方案与传统投影修正法相比，在定位修正精度方面具有明显优势，定位误差残留的问题得到有效解决。采用交互式电子地图匹配方案，航向失准角偏差很快收敛至2′左右，里程仪刻度系数偏差也降低至0.08%左右，大大降低了对后续导航定位的误差影响。

参考文献

[1] 李跃. 导航与定位——现代战争的北斗星[M]. 2 版. 北京:国防工业出版社,2008.

[2] 严恭敏. 车载自主定位定向系统研究[D]. 西安:西北工业大学,2006.

[3] 许建国. 车载捷联惯导自主定位定向关键技术研究[D]. 西安:第二炮兵工程大学,2013.

[4] Faustman D J. Automatic map tracer for land navigation[J]. Electronics, 1994, 17(11): 94 -99.

[5] French R L, Lang G M. Automatic route control system[J]. IEEE Transaction on Vehicular Technology, 1973: 36 -41.

[6] 赵亦林. 车辆定位与导航系统[M]. 谭国真,译. 北京:电子工业出版社,1999.

[7] 张玲翔. 军用车辆导航技术的发展[J]. 飞航导弹,1988, (10): 41 -47.

[8] 吕小红,张玲翔. 飞航导弹发射车自动定位定向技术[J]. 飞航导弹, 1995, (5): 55 -62.

[9] 张韶华. 地炮火控系统的现状及发展概况[J]. 火力与指挥控制,2000, 25(2): 8 -10, 14.

[10] 张其善,吴今培,杨东凯. 智能车辆定位导航系统及应用[M]. 北京:科学出版社,2002.

[11] 富立,范耀祖. 车辆定位导航系统[M]. 北京:中国铁道出版社,2004.

[12] 常青,杨东凯,寇艳红,等. 车辆导航定位方法及应用[M]. 北京:机械工业出版社,2005.

[13] 胡振文,孙玉梅,邢献芳. 车辆定位与导航[M]. 北京:中国铁道出版社,2009.

[14] 付梦印,邓志红,刘彤. 智能车辆导航技术[M]. 北京:科学出版社,2009.

[15] 马庆禄. 车辆定位与导航系统[M]. 长沙:中南大学出版社,2014.

[16] 陶敏. 地面车辆定位定向系统关键技术研究[D]. 长沙:国防科学技术大学,2007.

[17] 吴周洁. 组合式车载导航系统研究[D]. 上海:上海交通大学,2009.

[18] 秦永元. 惯性导航[M]. 2 版 . 北京:科学出版社,2014.

[19] Savage P G. Strapdown inertial navigation integration algorithm design part 1: attitude algorithms[J]. Journal of Guidance, Control, and Dynamics, 1998, 21(1): 208 -221.

[20] Savage P G. Strapdown inertial navigation integration algorithm design part 2: velocity and position algorithms[J]. Journal of Guidance, Control and Dynamics, 1998, 21(2): 208 -221.

[21] Biezad D J. Integrated Navigation and Guidance Systems[M]. American Institute of Aeronautics and Astronautics, Inc. , 1999.

[22] Farrell J, Barth M. The global positioning system and iinertial nnavigation[M]. New York: McGraw - Hill, 1999.

[23] Groves P D. Principles of GNSS, Inertial, and Multisensor Integrated Navigation Systems[M]. London: Artech House, 2008.

[24] Grewal M S, Weill L R, Andrews A P. Global Positioning Systems, Inertial Navigation, and Integration [M]. 3rd ed. New Jersey: Wiley, 2013.

[25] Noureldin A, Karamat T B, Georgy J. Fundamentals of Inertial Navigation, Satellite - based Positioning and their Integration[M]. Berlin: Springer, 2013.

[26] Julier S J, Uhlmann J K. A general method for approximationg nonlinear transformations of probability distributions [R/OL]. Oxford: Robotics Research Group, Department of Engineer Science, University of Oxford,1996 [2019 - 05 - 10]. http://automatica. dei. unipd. it/tl_files/utenti/ lucaschenato/Classes/PSC10_11/UnscentedKalmanFilter. pdf.

[27] Julier S J,Uhlman J K,Durrant – Whyte H F. A new method for the nonlinear transformation of means and covariances in filters and estimators[J]. Transactions on Automatic Control, 2000, 45(3): 477 –482.

[28] Julier S J, Uhlmann J K. Unscented filtering and nonlinear estimation[J]. Proceedings of the IEEE, 2004, 92(3): 401 –422.

[29] Simon D. Optimal State Estimation: Kalman, H∞ and Nonlinear Approaches[M]. New Jersey: Wiley, 2006.

[30] Arasaratnam I, Haykin S. Cubature Kalman Filters[J]. IEEE Transactions on Automatic Control, 2009, 54(6): 1254 –1269.

[31] Arasaratnam I, Haykin S. Thomas R H. Cubature Kalman Filtering for Continuous – Discrete Systms: Theory and Simulations[J]. IEEE Transactions on Signal Processing, 2010, 58(10): 4977 –4993.

[32] JIA Bin, XIN Ming, CHENG Yang. High –degree cubature Kalman filter[J]. Automatica, 2013(49): 510 –518.

[33] Candy J V. Bayesian Signal Processing: Classical, Modern, and Particle Filtering Methods[M]. New Jersey: Weley, 2009.

[34] 付梦印,邓志红,闫莉萍. Kalman 滤波理论及其在导航系统中的应用[M]. 2 版. 北京:科学出版社,2010.

[35] 魏宗康,夏刚. H∞控制理论在惯性技术应用中的设计方法[M]. 北京:中国宇航出版社,2012.

[36] Ristic B. Particle Filters for Random Set Models[M]. London: Springer, 2013.

[37] 卞鸿巍,李安,覃方君,等. 现代信息融合技术在组合导航中的应用[M]. 北京:国防工业出版社,2010.

[38] 秦永元,张洪钺,汪叔华. 卡尔曼滤波与组合导航原理[M]. 3 版. 西安:西北工业大学出版社,2015.

[39] 陆元九. 陀螺及惯性导航原理(上)[M]. 北京:科学出版社,1964.

[40] Broxmeyer C. Inertial Navigation Systems[M]. New York: McGraw – Hill, 1964.

[41] 陆元九. 惯性器件[M]. 上册. 北京:中国宇航出版社,1990.

[42] Chatfield A. Fundamentals of High Accuracy Inertial Navigation[M]. American Institute of Aeronautics and Astronautics, Inc. ,1997.

[43] Titterton D H, Weston J L. Strapdown Inertial Navigation Technology[M]. 2nd ed. American Institute of Aeronautics and Astronautics, Inc. , 2005.

[44] 高钟毓. 惯性导航系统技术[M]. 北京:清华大学出版社,2012.

[45] 王新龙. 惯性导航基础[M]. 西安:西北工业大学出版社,2013.

[46] 刘延柱,杨海兴,朱本华. 理论力学[M]. 2 版. 北京:高等教育出版社,2011.

[47] 严恭敏,李四海,秦永元. 惯性仪器测试与数据分析[M]. 北京:国防工业出版社,2012.

[48] Pitman G R. Inertial Guidance[M]. New York: Wiley, 1962.

[49] Leondes C T. Guidance and Control of Aerospace Vehicles[M]. New York: McGraw – Hill, 1963.

[50] Britting K R. Inertial Navigation Analysis[M]. New York: Wiley, 1971.

[51] Benson D O. A Comparison of Two Approaches to Pure – Inertial and Doppler – Inertial Error Analysis [J]. IEEE Transactions on Aerospace and Electronic Systems, 1975, AES – 11(4): 447 – 455.

[52] Weinreb A, Bar – Itzhack I Y. The Psi – Angle Error Equation in Strapdown Inertial Navigation Systems [J]. IEEE Transactions on Aerospace and Electronic Systems, 1978, AES – 14(3): 539 – 546.

[53] Bar – Itzhack I Y. Identity between INS Position and Velocity Error Models[J]. Journal of Guidance and Control, 1981, 4(5): 568 – 570.

[54] Bar – Itzhack I Y, Goshen – Meskin D. Identity Between INS Position and Velocity Error Equations in the True Frame[J]. Journal of Guidance, 1988, 11(6): 590 – 592.

[55] Goshen – Meskin D, Bar – Itzhack I Y. Unified Approach to Inertial Navigation System Error Modeling [J]. Journal of Guidance, Control, and Dynamics, 1992, 15(4): 648 – 655.

[56] S cherzinger B M, Reid D B. Modified strapdown inertial navigator error models[C]. Proceedings of PLANS, 1994.

[57] Blankinship K G. A general theory for inertial navigator error modeling[C]. IEEE, 2008.

[58] Younes A B, Mortari D, Turner J·D, et al. Attitude Error Kinematics[J]. Journal of Guidance, Control, and Dynamics, 2014, 37(1): 330 – 335.

[59] Giovanni C S, Levinson E. Performance of a ring laser strapdown marine gyrocompass[J]. Navigation: Journal of The Institute of Navigation, 1981 – 82, 28(4): 311 – 341.

[60] Levinson E, Majure R. Accuracy enhancement techniques applied to the Marine Ring Laser Inertial Navigator (MARLIN)[J]. Navigation: Journal of The Institute of Navigation, 1987, 34(1): 64 – 86.

[61] 袁宝伦. 四频激光陀螺旋转式惯导系统研究[D]. 长沙:国防科学技术大学,2007.

[62] 于旭东. 二频机抖激光陀螺单轴旋转惯性导航系统若干关键技术研究[D]. 长沙:国防科学技术大学,2011.

[63] 魏国. 二频机抖激光陀螺双轴旋转惯性导航系统若干关键技术研究[D]. 长沙:国防科学技术大学,2013.

[64] 孙伟. 旋转调制型捷联惯性导航系统[M]. 北京:测绘出版社,2014.

[65] 郭琦. 车载单轴旋转激光惯导精确对准方法研究[D]. 西安:火箭军工程大学,2016.

[66] 严恭敏,翁浚. 捷联惯导算法与组合导航原理[M],西北工业大学出版社,2019.

[67] 张树侠,孙静. 捷联式惯性导航系统[M]. 北京:国防工业出版社,1992.

[68] Shuster M D. A survey of Attitude Representations[J]. The Journal of the Astronautical Sciences, 1993, 41(4): 439 – 517.

[69] 贾书惠. 刚体动力学[M]. 北京:高等教育出版社, 1987.

[70] 刘延柱. 关于刚体姿态和位置的数学表达[J]. 力学与实践,2008, 30(1): 98 – 101.

[71] 刘延柱. 陀螺力学[M]. 2 版. 北京:科学出版社,2009.

[72] Markley F L, Crassidis J L. Fundamentals of Spacecraft Attitude Determination and Control[M]. New York: Springer, 2014.

[73] Laning J H. The vector analysis of finite rotations and angles[R]. Massachusetts Institute of Technology, MIT/IL Special Rept. 6398 – S – 3, 1949.

[74] Bortz J E. A new mathematical formulation for strapdown inertial navigation[J]. IEEE Transactions on Aerospace and Electronic Systems, 1971, AES – 7(1): 61 – 66.

[75] Nazaroff G J. The orientation vector differential equation[J]. Journal of Guidance and Control, 1979, 2

(4): 351 -352.

[76] Savage I G. Strapdown system algorithms[R]//Advances in strapdown inertial systems. AGARD, 1984.

[77] Jiang Y E, Lin Y P. On the rotation vector differential equation[J]. IEEE Transactions on Aerospace and Electronic Systems, 1991, 27(1): 181 -183.

[78] Schuster M D. The kinematic equation for the rotation vector[J]. IEEE Transactions on Aerospace and Electronic Systems, 1993, 29(1): 263 -267.

[79] Ignagni M B. On the Orientation Vector Differential Equation in Strapdown Inertial Systems[J]. IEEE Transaction on Aeroscopace and Electronic Systems, 1994, 30(4): 1076 -1881.

[80] Lasenby J. On Finite Rotations and the Noncommutativity Rate Vector[J]. IEEE Transactions on Aerospace and Electronic Systems, 2010, 46(2): 938 -943.

[81] Jordan J W. An accurate strapdown direction cosine algorithm[R]. NASA TN - D -5384, 1969.

[82] Miller R B. A new strapdown attitude algorithm[J]. Journal of Guidance Control and Dynamics, 1983, 6(4): 287 -291.

[83] Lee J G, Yoon Y Y, Mark J G, et al. Extension of Strapdown Attitude Algorithm for High - Frequency Base Motion[J]. J. Guidance, 1990, 13(4): 738 -743.

[84] Ignagni M B. Optimal strapdown attitude integration algorithms[J]. Journal of Guidance, Control and Dynamics, 1990, 13(2): 363 -369.

[85] Jiang Y F. Improved strapdown coning algorithm[J]. IEEE Transactions on Aerospace and Electronic Systems, 1992, 28(2): 484 -490.

[86] Musoff H, Murphy J H. Study of Strapdown Navigation Attitude Algorithms[J]. Journal of Guidance, Control, and Dynamics, 1995, 18(2): 287 -290.

[87] Ignagni M B. Efficient Class of Optimized Coning Compensation Algorithms[J]. Journal of Guidance, Control, and Dynamics, 1996, 19(2): 424 -429.

[88] Park C G, Kim K J, Chung D, et al. Generalized Coning Compensation Algorithm for Strapdown System [C]//Proc. of Guidance, Navigation and Control Conference. USA San Diego, 1996.

[89] Guisinsky V Z, Lesyuchevsky V M, Litmanovich Y A, et al. New Procedure for Deriving Optimized Strapdown Attitude Algorithms[J] Journal of Guidance, Control and Dynamics, 1997, 20(4): 673 -680.

[90] Park C G,Kim K J, Lee J G, et al. Formalized approach to obtaining optimal coefficients for coning algorithms[J]. Journal of Guidance, Control, and Dynamics, 1998, 22(1): 165 -168.

[91] Mark J G, Tazartes D A. Tuning of Coning Algorithms to Gyro Data Frequency Response Characteristics, 2001, 24(4): 641 -647.

[92] Savage P G. A Unified Mathematical Framework for Strapdown Algorithm Design[J]. Journal of Guidance, Control, and Dynamics, 2006, 29(2): 237 -249.

[93] 严恭敏,严卫生,徐德民. 经典圆锥误差补偿算法中剩余误差估计的局限性研究[J]. 中国惯性技术学报,2008, 16(4): 379 -385.

[94] SONG Min, WU Wenqi, PAN Xianfei. Approach to recovering maneuver accuracy in classical coning algorithms[J]. Journal of Guidance, Control and Dynamics, 2013, 36(6): 1873 -1880.

[95] WANG Maosong, WU Wenqi, WANG Jinling, et al. High - order Attitude Compensation in Coining and Rotation Coexisting Environment[J]. IEEE Transactions on Aerospace and Electronic Systems, 2015, 51(2): 1178 -1190.

[96] 陆元九. 惯性器件(下)[M]. 北京:宇航出版社,1990.

[97] 肖筱南,赵来军,党林立. 现代数值计算方法[M]. 北京:北京大学出版社,2003.

[98] 徐梓皓. 车载捷联式惯性定位定向系统姿态算法研究[D]. 西安:第二炮兵工程大学,2014.

[99] Mark J. G, Tazartes D A. On sculling algorithms[C]//Proceedings of the 3rd St. Petersburg International Conference on Integrated Navigation Systems. Russia St. Petersburg, 1996: 22 - 26.

[100] Ignagni M B. Duality of optimal strapdown sculling and coning compensation algorithms[J]. Navigation: Journal of The Instituteof Navigation, 1998, 45(2): 85 - 95.

[101] Litmanovich Y A, Lesyuchevsky V M, Gusinsky V Z. Two New Classes of Strpdown Navigation Algorithms[J]. Journal of Guidance, Control, and Dynamics, 2000, 23(1): 34 - 44.

[102] Roscoe K M. Equivalency between slrapdown inertial navigation coning and sculling integrals/algorithms [J]. Journal of Guidmtce, Control, and Dynamics, 2001, 24(2): 201 - 206.

[103] 张泽,段广仁. 新的捷联惯性导航划桨误差补偿算法[J]. 吉林大学学报(工学版),2010, 40(5): 1460 - 1464.

[104] 张玲霞,陈明,曹晓青. 基于对偶性原理捷联惯导划船误差补偿优化算法[J]. 中国惯性技术学报, 2003, 11(5): 33 - 38.

[105] Savage P G. Strapdown Sculling Algorithm Design for Sensor Dynamic Amplitude and Phase - Shift Error [J]. Journal of Guidance, Control, and Dynamics, 2012, 35(6): 1718 - 1729.

[106] 万德钧,房建成. 惯性导航初始对准[M]. 南京:东南大学出版社, 1998.

[107] 付梦印,郑辛,邓志红. 传递对准理论与应用[M]. 北京:科学出版社,2012.

[108] 王新龙. 捷联式惯导系统动、静基座初始对准[M]. 西安: 西北工业大学出版社, 2013.

[109] 高伟, 奔粤阳, 李倩. 捷联惯导系统初始对准技术[M]. 北京: 国防工业出版社, 2014.

[110] 孙伟. 旋转调制型捷联惯性导航系统[M]. 北京: 测绘出版社, 2014.

[111] 张广利. 鲁棒滤波在动机座对准中的应用[D]. 哈尔滨:哈尔滨工业大学,2006.

[112] Black H D. A Passive System for Determining the Attitude of a Satellite[J]. AIAA Journal, 1964, 2(7): 1350 - 1351.

[113] Thompson E H, Farrell J L, Knight J W. Alignment Methods for Strapdown Inertial Systems[J]. J. Spacecraft, 1966, 1432 - 1434.

[114] Britting K R, Palsson T. Self - Alignment Techniques for Strapdown Inertial Navigation Systems with Aircraft Application[J]. J. Aircraft, 1970, 7(4): 302 - 307.

[115] Jiang Y F. Error analysis of analytic coarse alignment methods[J]. IEEE Transactions on Aerospace and Electronic Systems, 1998, 34(1): 334 - 337.

[116] 严恭敏,严卫生,徐德民,等. 纬度未知条件下捷联惯导系统初始对准分析[J]. 航天控制,2008, 26(2): 31 - 34.

[117] 秦永元,严恭敏. 摇摆基座上基于 g 信息的捷联惯导粗对准研究[J]. 西北工业大学学报,2005,23(5):681 - 684.

[118] LIAN J X, HU D W, WU Y X, et al. Research on SINS alignment algorithm based on FIR filters[J]. Journal of Beijing Institute of Technology, 2007, 16(4): 437 - 442.

[119] 赵长山,秦永元,白亮. 基于双矢量定姿的摇摆基座粗对准算法分析与实验[J]. 中国惯性技术学报,2009, 17(4): 436 - 440.

[120] 秦永元,梅春波,白亮. 捷联惯性系粗对准误差及数值问题分析[J]. 中国惯性技术学报,2010,18

(6):648 -652.

[121] SUN Feng, SUN Wei. Mooring Alignment for Marine SINS Using the Digital Filter[J]. Measurement, 2010, 43: 1489 -1494.

[122] 严恭敏,白亮,翁浚,等. 基于频域分离算子的 SINS 抗晃动干扰初始对准算法[J]. 宇航学报, 2011, 32(7): 1486 -1490.

[123] 吴枫,秦永元,周琪. 间接解析自对准算法误差分析[J]. 系统工程与电子技术,2013, 35(3): 586 -590.

[124] 高薪,卞鸿巍,王荣颖,等. 捷联惯导惯性系对准误差分析[J]. 海军工程大学学报,2014, 26(6): 43 -46.

[125] LIU X J, LI Y T. Fast alignment algorithm of inertial fixed frame in quasi - static environment[J]. Journal of Chinese Inertial Technology, 2014, 22(4): 459 -462.

[126] 谭彩铭,王宇,苏岩,等. 优化的抗线晃动惯性系粗对准算法[J]. 系统工程与电子技术, 2016, 38(1): 142 -146.

[127] Wahba G. A least - squares estimate of satellite attitude[J]. SIAM Review, 1965, 7(3) : 409 -411.

[128] Keat J. Analysis of Least - Squares Attitude Determination Routine DOAOP[R]. Computer Sciences Corporation, 1977.

[129] Huster, M D, OH S D. Three - Axis Attitude Determination from Vector Observations[J]. Journal of Guidance and Control, 1981,4(1): 70 -77.

[130] Markley F L. Attitude Determination using Vector Observations and the Singular Value Decomposition [J]. The Journal of the Astronautical Sciences, 1988, 36(3): 245 -258.

[131] CHANG Guobin . Total least - squares formulation of Wahba's problem[J]. Electronics Letters, 2015, 51(17): 1334 -1335.

[132] CHANG Guobin, XU Tianhe, WANG Qianxin. Error analysis of Davenport's q method[J]. Automatica, 2017, 75: 217 -220.

[133] Silson P. Coarse Alignment of a Ship's Strapdown Inertial Attitude Reference System Using Velocity Loci [J]. IEEE Transactions on Aerospace and Electronic Systems, 2011, 60(6): 1930 -1941.

[134] WU M P, WU Y X, HU X P, et al. Optimization - based alignment for inertial navigation systems: Theory and algorithm[J]. Aerospace Science and Technology, 2011, 15: 1 -17.

[135] KANG T Z, FANG J C, WANG W. Quaternion - Optimization - Based In - Flight Alignment Approach for Airborne POS[J]. IEEE Transactions on Aerospace and Electronic Systems, 2012, 61(11): 2916 -2922.

[136] WU Y X, PAN X F. Velocity/Position Integration Formula Part I: Application to In - Flight Coarse Alignment[J]. IEEE Transactions on Aerospace and Electronic Systems, 2013, 49(2): 1006 -1023.

[137] 薛海建,郭晓松,张东方,等. 基于四元数的捷联惯导惯性系晃动基座自对准算法[J]. 上海交通大学学报,2016, 50(3): 419 -424.

[138] Kreindler E, Sarachik P E. On the concepts of controllability and observability of linear systems[J]. IEEE Transactions on Automatic Control, 1964, 129 -136.

[139] Campbell S L, Terrell W J. Observability of Linear Time - varying Descriptor Systems[J]. SIAM J. Matrix Anal. Appl. , 1991, 12(3): 484 -496.

[140] Goshen - Meskin D, Bar - Itzhack I Y. Observability Analysis of Piece - Wise Constant Systems -

Part Ⅰ: Theory [J]. IEEE Transactions on Aerospace and Electronic Systems, 1992, 28(4): 1056 - 1067.

[141] Goshen - Meskin D, Bar - Itzhack I Y. Observability Analysis of Piece - Wise Constant Systems - Part Ⅱ: Application to Inertial Navigation In - Flight Alignment[J]. IEEE Transactions on Aerospace and Electronic Systems, 1992, 28(4): 1068 - 1075.

[142] Ham F M, Brown R G. Observability, Eigenvalues, and Kalman Filtering[J]. IEEE Transactions on Aerospace and Electronic Systems, 1983, AES - 19(2): 269 - 273.

[143] 程向红,万德钧,仲巡. 捷联惯导系统的可观测性和可观测度研究[J]. 东南大学学报,1997,27(6): 6 - 11.

[144] 杨晓霞,阴玉梅. 可观测度的探讨及其在捷联惯导系统可观测性分析中的应用[J]. 中国惯性技术学报,2012,20(4):405 - 409.

[145] Fagin S L, Grinoch E, Graefe A. Continuous time - varying optimal feedback applied to the augmentation and rapid alignment of inertial systems[J]. IEEE Transactions on Aerospace and Electronic Systems, 1966, AES - 2(4): 661 - 678.

[146] Bellantoni J F, Dodge K W. A Square Root Formulation of the Kalman - Schmidt Filter[J]. AIAA Journal, 1967, 5(7): 1309 - 1314.

[147] Bar - Itzhack I Y, Berman N. Control Theoretic Approach to Inertial Navigation Systems[J]. J. Guidance, 1988, 11(3): 237 - 245.

[148] FANG J C, WAN D J. A fast initial alignment method for strapdown inertial navigation system on stationary base[J]. IEEE Transactions on Aerospace and Electronic Systems, 1996, 32(4): 1501 - 1505.

[149] Wang Xinlong. Fast alignment and calibration algorithms for inertial navigation system[J]. Aerospace Science and Technology, 2009(13): 204 - 209.

[150] Cho S Y, Lee H K, Lee H K. Observability and estimation error analysis of the initial fine alignment filter for non - leveling strapdown inertial navigation system[J]. Journal of Dynamic Systems, Measurement, and Control, 2013, 135(3): 021005 - 1 - 021005 - 9.

[151] 高伟熙,缪玲娟,倪茂林. 一种引入陀螺角速度信息的快速对准方法[J]. 宇航学报,2010, 31(6): 1596 - 1601.

[152] Acharya A, Sadhu S, Ghoshal T K. Improved self - alignment for SINS using augmented measurement [J]. Aerospace Science and Technology, 2011(15): 125 - 128.

[153] 杨晓霞,黄一. 外场标定条件下捷联惯导系统误差状态可观测性分析[J]. 中国惯性技术学报, 2008,16(6):657 - 664.

[154] 郭晓松,王解,周召发,等. 基于观测量扩展的捷联惯导快速初始对准方法[J]. 系统工程与电子技术,2014,36(7):1392 - 1396.

[155] Jiang Y F, Lin Y P. Error Estimation of INS Ground Alignment Through Observability Analysis[J]. IEEE Trans. on Aerospace and Electronic System,1992,28(1):92 - 96.

[156] 王新龙. 惯导系统可观测性及最佳可观测子空间的定量研究[J]. 宇航学报,2006,27(3): 345 - 348.

[157] Sage A P, Husa G W. Adaptive filtering with unknown prior statistics[C]//Proceedings of Joint Automatic Control Conference, 1969: 760 - 769.

[158] Boutayeb M, Aubry D. A strong tracking extended Kalman observer for nonlinear discrete - time systems

[J]. IEEE Transactions on Automatic Control, 1999, 44(8): 1550 – 1556.

[159] Yu M, Lee J G, Park C G. Nonlinear Robust Observer Design for Strapdown INS In – Flight Alignment [J]. IEEE Transactions on Aerospace and Electronic Systems, 2004, 40(3): 797 – 807.

[160] 薛海建,王解,郭晓松,等. SINS 非线性自对准中的强跟踪 UKF 算法设计[J]. 上海交通大学学报, 2015, 49(9): 1429 – 1434.

[161] 薛海建,郭晓松,周召发. 基于自适应多重渐消因子卡尔曼滤波的 SINS 初始对准方法[J]. 系统工程与电子技术,2017, 39(3): 620 – 626.

[162] Lee J G, Park C G, Park H W. Multiposition Alignment of Strapdown Inertial Navigation System[J]. IEEE Transactions on Aerospace and Electronic Systems, 1993, 29(4): 1323 – 1328.

[163] Chung D, Lee J G, Park C G, et al. Strapdown INS error Model for Multiposition Alignment[J]. IEEE Transactions on Aerospace and Electronic Systems, 1996, 32(4): 1362 – 1366.

[164] YU Huapeng, WU Wenqi, WU Meiping, et al. Stochastic Obserbability – Based Analytic Optimization of SINS Multiposition Alignment[J]. IEEE Transactions on Aerospace and Electronic Systems, 2015, 51 (3): 2181 – 2192.

[165] 严恭敏,严卫生,徐德民. 捷联惯性测量组件中内杆臂效应分析与补偿[J]. 中国惯性技术学报, 2008, 16(2): 148 – 153.

[166] 吴文启,杨伟光,杨杰. 激光陀螺捷联惯导系统尺寸效应参数标定与优化补偿[J]. 中国惯性技术学报,2009, 17(6): 636 – 642.

[167] 游金川,秦永元,杨鹏翔,等. 捷联惯导加速度计尺寸效应误差建模及其标定[J]. 宇航学报,2012, 33(3): 311 – 317.

[168] 任磊,杜建邦,王美娥. 旋转惯导中加速度计尺寸效应误差分析及补偿[J]. 航空学报, 2013. 34 (6): 1424 – 1435.

[169] 江奇渊,汤建勋,袁保伦,等. 激光陀螺捷联惯导尺寸效应误差分析与补偿[J]. 红外与激光工程, 2015, 44(4): 1110 – 1114.

[170] 王东升,蔡俊华,林晓彬,等. 一种提高车载定位定向系统定位精度的方法[J]. 中国惯性技术学报,2012,20(2): 187 – 191.

[171] 朱伟兰,张燕,蔡春龙. 基于可观测性分析的光纤陀螺 SINS/测速仪组合系统技术[J]. 中国惯性技术学报,2011, 19(1): 50 – 54.

[172] 翁浚,游金川,秦永元,等. 载车 SINS/OD 杆臂在线补偿算法[J]. 传感技术学报,2013, 26(9): 1232 – 1235.

[173] 付强文. 车载定位定向系统关键技术研究[D]. 西安:西北工业大学,2014.

[174] 沈熊. 激光多普勒测速技术及应用[M]. 北京:清华大学出版社,2003.

[175] 周建. 用于车载自主导航激光多普勒测速仪的初步研究[D]. 长沙:国防科技大学,2011.

[176] 付强文,秦永元. INS/Doppler 组合导航中安装偏角的在线估计[J]. 中国惯性技术学报,2011, 19 (2): 220 – 223.

[177] 聂晓明. 用于车载自主导航系统激光测速技术研究[D]. 长沙:国防科技大学,2013.

[178] Gao Chunfeng, Wang Qi, Wei Guo, et al. A Highly Accurate Calibration Method for Terrestrial Laser Doppler Velocimeter[J]. IEEE Transactions on Instrument and Measurement, 2017.

[179] 魏国,王宇,周建,等. 基于激光多普勒测速仪的车载组合导航[J]. 强激光与粒子束,2011, 23 (1): 49 – 53.

[180] 徐晓苏,潘永飞,邹海军. 基于自适应滤波的 SINS/DVL 组合导航系统[J]. 华中科技大学学报(自然科学版),2015, 43(3): 95 -99.

[181] 肖煊,王清哲,程远,等. 捷联惯导系统/里程计高精度紧组合导航算法[J]. 兵工学报,2012, 33(4): 395 -400.

[182] GAO Chunfeng, WEI Guo, LONG Xingwu. Terrestrial self - contained navigation system based on a novel laser Doppler velocimeter[J]. Survey Review, 2016,49(353): 134 - 138.

[183] Tal A, Klein I, Katz R. Inertial Navigation System/Doppler Velocity Log (INS/DVL) Fusion with Partial DVL Measuremetns[J]. Sensors, 2017, 17, 415; doi:10.3390/s17020415.

[184] 王丽芬,杨功流,单友东,等. 车载定位定向系统误差在线补偿方法[J]. 中国惯性技术学报,2015, 23(2): 145 - 149.

[185] 翁浚,成研,秦永元,等. 车辆运动约束在 SINS/OD 系统故障检测中的应用[J]. 中国惯性技术学报,2013, 21(3): 406 -410.

[186] 严恭敏,秦永元,马建萍. 惯导/里程仪组合导航系统算法研究[J]. 计算机测量与控制,2006, 14(8): 1087 - 1089.

[187] 张涛,徐晓苏. 基于模糊自适应的组合导航系统信息融合算法[J]. 中国惯性技术学报,2007,15(2):197 -205.

[188] Carlson N A. Federated filter for fault - tolerant integrated navigation systems[C]. IEEE/ION Position, Location and Navigation Symposium, 1988: 110 - 119.

[189] Carlson N A, Berarucci M P. Federated Kalman Filtering Simulation Result[J]. Journal of the Institute of Navigation, 1994, 41(3): 297 -321.

[190] Carlson N A. Federated filter for computer - efficient, near - optimal GPS integration[C]. IEEE/ION Position, Location and Navigation Symposium, 1996: 306 -314.

[191] 张国良,曾静. 组合导航原理与技术[M]. 西安:西安交通大学出版社,2008.

[192] 王田. 车载组合导航系统误差修正方法研究[D]. 长沙:国防科学技术大学,2002.

[193] 严恭敏,秦永元. 车载激光陀螺 SINS/DR 组合导航系统研究[J]. 弹箭与制导学报,2005, 25(4): 20 -23.

[194] 白亮,秦永元,严恭敏,等. 车载航位推算组合导航算法研究[J]. 计算机测量与控制,2010, 18(10): 2379 -2381.

[195] 陈燕丽. SINS/TAN/GPS 组合导航信息融合技术研究[D]. 哈尔滨:哈尔滨工程大学,2011.

[196] 刘海颖,冯成涛,王惠南. 一种惯性辅助卫星导航系统及其完好性检测方法[J]. 宇航学报,2011, 32(4): 775 -780.

[197] 吴有龙,王晓鸣,曹鹏,等. 一种改进的故障检测算法在组合导航中的应用[J]. 北京理工大学学报,2015, 35(5): 494 -499.

[198] 张华强,李东兴,张国强. 混合 χ^2 检测法在组合导航系统故障检测中的应用[J]. 中国惯性技术学报,2016, 24(5): 696 -700.

[199] REN Da. Failure Detection of Dynamic Systems with the State Chi - square Test[J]. Journal of Guidance, Control and Dynamics, 1994, 17(2):271 -277.

[200] 程洪炳,倪世宏,黄国荣,等. 残差 χ^2 检验法在联邦滤波中的应用[J]. 自动化仪表,2012, 33(3): 9 - 14.

[201] 彭立,黄国荣,吴训忠. 两种联邦滤波系统级故障检测方案对比与仿真[J]. 电光与控制,2009,16

(2):76 – 80.

[202] Krakiwsky E J, Harris C B, Wong R V C. A Kalman filter for integrated of dead reckoning, map matching and GPS positioning [C]//Proceedings of IEEE Position, Location and Navigation Symposium. Orlando: Institute of Navigation, 1988: 39 – 46.

[203] 张小国,王庆,万德钧. 车载组合导航系统中的分级地图匹配算法[J]. 中国惯性技术学报,2000, 8(3): 37 – 41.

[204] 苏洁,周东方,岳春生. GPS 车辆导航中的实时地图匹配算法[J]. 测绘学报,2001, 30(3): 252 – 256.

[205] 彭飞,柳重堪,张其善. 基于代价函数的组合导航系统地图匹配算法[J]. 北京航空航天大学学报, 2002, 28(3): 261 – 264.

[206] Quddus M A, Ochieng W Y, ZHAO Lin, et al. A general map matching algorithm for transport telematics applications[J]. GPS Solutions, 2003, 7(3): 157 – 167.

[207] 谷正气,胡林,黄晶,等. 基于改进 D – S 证据理论的车辆导航地图匹配[J]. 汽车工程,2008, 30 (2): 141 – 145.

[208] 黄智. 车载导航系统组合定位技术研究[D]. 长沙:湖南大学,2006.

[209] Georgy J, Noureldin A, Goodall C. Vehicle Navigator using a Mixture Particle Filter for Inertial Sensors/ Odometer/Map Data/GPS Integration[J]. IEEE Transactions on Consumer Electrics, 2012, 58(2): 544 – 552.

[210] 许建国,张志利,周召发. 交互式地图匹配算法在 SINS/里程仪组合导航中的应用[J]. 上海交通大学学报,2013, 47(8): 1323 – 1328.

[211] 严恭敏,秦永元,杨波. 车载航位推算系统误差补偿技术研究[J]. 西北工业大学学报,2006, 24 (1): 26 – 30.

[212] 朱庄生,万德钧,王庆. 航位推算累积误差实时修正算法研究[J]. 中国惯性技术学报,2003, 11 (3): 7 – 11.

[213] Xu Jianguo, Zhang Zhili, Zhou Zhaofa. Research of Error Compensation Based on DR/GIS Integrated Navigation[C]. The 4th International Conference on Mechanical and Electronics Engineering (ICMEE2012), 2012,08.

[214] 许建国,张志利,周召发. 基于 DR/GIS 组合导航的误差补偿研究[J]. 计算机工程,2013, 39(5): 314 – 317.

附录A

矢量代数基础

A.1 矢量及其运算

只有大小的量称为标量，具有大小和方向的量称为矢量。例如力、力矩、位移、速度、加速度等都是矢量。具有大小和方向而无特定位置的矢量称为自由矢量。沿确定直线可自由滑动的矢量称为滑动矢量。位置完全确定的矢量称为定位矢量。本节讨论的矢量，除特别说明以外，均指自由矢量。

模等于1的矢量称为单位矢量。模等于零的矢量称为零矢量，记作 $\mathbf{0}$，它是起点和终点重合的矢量。与矢量 $\boldsymbol{a}$ 方向相反而模相等的矢量称为 $\boldsymbol{a}$ 的负矢量，记作 $-\boldsymbol{a}$。两个矢量 $\boldsymbol{a}$ 和 $\boldsymbol{b}$ 若大小相等、方向相同，则不管它们的起点如何，都认为这两个矢量相等，即 $\boldsymbol{a}=\boldsymbol{b}$。

矢量的各种运算均必须化作标量之间的运算。为此必须先确定参考坐标系（$Oxyz$）。设 $\boldsymbol{i}$、$\boldsymbol{j}$、$\boldsymbol{k}$ 为沿 Ox、Oy、Oz 各坐标轴的单位矢量，称为**基矢量**，基矢量的集合称为**基**。将基矢量 $\boldsymbol{i}$、$\boldsymbol{j}$、$\boldsymbol{k}$ 排成列阵作为基的表达形式，称为**基矢量列阵**，记作：

$$\underline{\boldsymbol{e}}=(\boldsymbol{i}\quad \boldsymbol{j}\quad \boldsymbol{k})^{\mathrm{T}} \tag{A-1}$$

上式中，下方增加横杠的黑斜体字母表示由矢量元素构成的矢量矩阵，以区别于元素为标量的标量矩阵；上标“T”表示矩阵转置。基矢量有以下正交特性：

$$\begin{aligned}\boldsymbol{i}\cdot\boldsymbol{i}=\boldsymbol{j}\cdot\boldsymbol{j}=\boldsymbol{k}\cdot\boldsymbol{k}=1\\ \boldsymbol{i}\cdot\boldsymbol{j}=\boldsymbol{j}\cdot\boldsymbol{k}=\boldsymbol{k}\cdot\boldsymbol{i}=0\end{aligned} \tag{A-2}$$

此特性可利用基矢量列阵 $\underline{\boldsymbol{e}}$ 简略地表示为

$$\underline{\boldsymbol{e}}\cdot\underline{\boldsymbol{e}}^{\mathrm{T}}=\boldsymbol{E} \tag{A-3}$$

其中，$\boldsymbol{E}$ 为三阶单位阵。任意矢量 $\boldsymbol{a}$ 可以表示为基矢量 $\boldsymbol{i}$、$\boldsymbol{j}$、$\boldsymbol{k}$ 的线性组合：

$$\boldsymbol{a}=a_x\boldsymbol{i}+a_y\boldsymbol{j}+a_z\boldsymbol{k} \tag{A-4}$$

式中，ax、ay、az 称为矢量 $\boldsymbol{a}$ 在 $\underline{\boldsymbol{e}}$ 基上的**投影**或**坐标**，所排成的列阵称为矢量 $\boldsymbol{a}$

在 $\underline{\boldsymbol{e}}$ 基上的**坐标列阵**。在表示矢量的黑斜体字母的右上角增加带括号的零角标表示该矢量的坐标列阵,写作:

$$\boldsymbol{a}^{(0)} = (a_x, a_y, a_z)^{\mathrm{T}} \tag{A-5}$$

则矢量 $\boldsymbol{a}$ 可写作基矢量行阵与坐标列阵的乘积或坐标行阵与基矢量列阵的乘积:

$$\boldsymbol{a} = \underline{\boldsymbol{e}}^{\mathrm{T}} \boldsymbol{a}^{(0)} = \boldsymbol{a}^{(0)\mathrm{T}} \underline{\boldsymbol{e}} \tag{A-6}$$

在不引起混淆的情况下,也可以不对矢量及其坐标作专门区分,省略带括号的零角标。

1. 矢量的加法

将矢量 $\boldsymbol{a}$ 与 $\boldsymbol{b}$ 置于同一起点,以 $\boldsymbol{a}$、$\boldsymbol{b}$ 为边作平行四边形,从起点出发的对角线矢量 $\boldsymbol{c}$ 表示 $\boldsymbol{a}$ 与 $\boldsymbol{b}$ 的和图 A.1(a),称为平行四边形法则;或将 $\boldsymbol{a}$ 与 $\boldsymbol{b}$ 首尾相接,从 $\boldsymbol{a}$ 的起点引向 $\boldsymbol{b}$ 的终点即得到矢量和图 A.1(b),称为三角形法则。记作

$$\boldsymbol{a} + \boldsymbol{b} = \boldsymbol{c} \tag{A-7}$$

其坐标表示为

$$\boldsymbol{a}^{(0)} + \boldsymbol{b}^{(0)} = \boldsymbol{c}^{(0)} \tag{A-8}$$

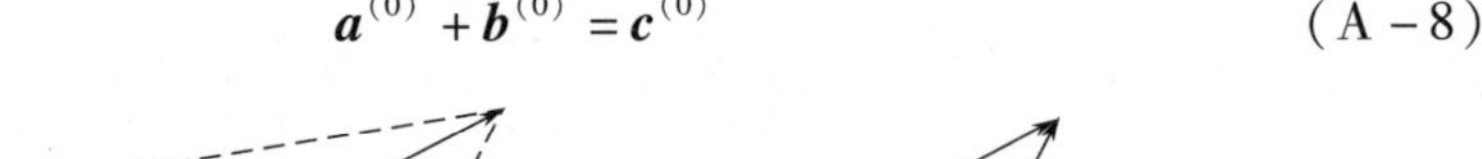
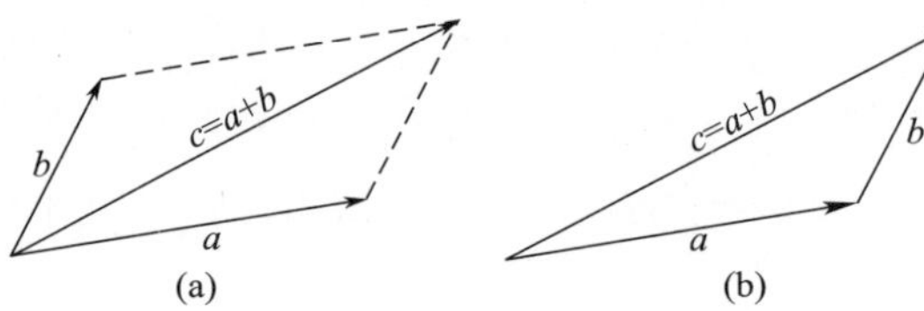

图 A.1 矢量的和

2. 矢量的减法

将矢量 $\boldsymbol{a}$ 与 $\boldsymbol{b}$ 的负矢量 $-\boldsymbol{b}$ 相加,即得到 $\boldsymbol{a}$ 与 $\boldsymbol{b}$ 的差,记作:

$$\begin{gathered} \boldsymbol{a} - \boldsymbol{b} = \boldsymbol{c} \\ \boldsymbol{a}^{(0)} - \boldsymbol{b}^{(0)} = \boldsymbol{c}^{(0)} \end{gathered} \tag{A-9}$$

3. 矢量的数乘

实数 λ 与矢量 $\boldsymbol{a}$ 的数乘仍为矢量,记作 $\lambda\boldsymbol{a}$,其模等于 $\boldsymbol{a}$ 的模缩放 λ 倍,$\lambda>0$ 时方向相同,$\lambda<0$ 时方向相反。

$$\begin{gathered} \lambda\boldsymbol{a} = \boldsymbol{c} \\ \lambda\, \boldsymbol{a}^{(0)} = \boldsymbol{c}^{(0)} \end{gathered} \tag{A-10}$$

矢量的加减和数乘运算有以下规律:

$$\begin{gathered} \boldsymbol{a} + \boldsymbol{b} = \boldsymbol{b} + \boldsymbol{a} \\ \boldsymbol{a} + (\boldsymbol{b} \pm \boldsymbol{c}) = (\boldsymbol{a} + \boldsymbol{b}) \pm \boldsymbol{c} \\ \lambda(\boldsymbol{a} \pm \boldsymbol{b}) = \lambda\boldsymbol{a} \pm \lambda\boldsymbol{b} \end{gathered} \tag{A-11}$$

4. 矢量的标积(或点积)

矢量 $\boldsymbol{a}$ 与 $\boldsymbol{b}$ 的标积为标量,记作

$$\boldsymbol{a} \cdot \boldsymbol{b} = ab\cos\theta = \boldsymbol{a}^{(0)\mathrm{T}}\boldsymbol{b}^{(0)} = \boldsymbol{b}^{(0)\mathrm{T}}\boldsymbol{a}^{(0)} \tag{A-12}$$

其中,a、b 为 $\boldsymbol{a}$、$\boldsymbol{b}$ 的长度,θ 为 $\boldsymbol{a}$ 与 $\boldsymbol{b}$ 的夹角。

标积运算有以下规律:

$$\begin{aligned}
&\boldsymbol{a} \cdot \boldsymbol{b} = \boldsymbol{b} \cdot \boldsymbol{a} \\
&\boldsymbol{a} \cdot (\boldsymbol{b} + \boldsymbol{c}) = \boldsymbol{ab} + \boldsymbol{ac} \\
&\lambda(\boldsymbol{ab}) = (\lambda\boldsymbol{a})\boldsymbol{b} = \boldsymbol{a}(\lambda\boldsymbol{b}) \\
&\boldsymbol{a} \cdot \boldsymbol{a} = \boldsymbol{a}^2 \\
&\boldsymbol{a} \perp \boldsymbol{b} \Leftrightarrow \boldsymbol{a} \cdot \boldsymbol{b} = 0
\end{aligned} \tag{A-13}$$

5. 矢量的矢积(或叉积)

矢量 $\boldsymbol{a}$ 与 $\boldsymbol{b}$ 的矢积为矢量,记作:

$$\begin{aligned}
&\boldsymbol{a} \times \boldsymbol{b} = \boldsymbol{c} \\
&c = ab\sin\theta
\end{aligned} \tag{A-14}$$

矢量 $\boldsymbol{c}$ 垂直于 $\boldsymbol{a}$、$\boldsymbol{b}$ 组成的平面,$\boldsymbol{a}$、$\boldsymbol{b}$、$\boldsymbol{c}$ 组成右手系,$\boldsymbol{c}$ 的模等于以 $\boldsymbol{a}$、$\boldsymbol{b}$ 为边的平行四边形面积。矢积运算有以下规律:

$$\begin{aligned}
&\boldsymbol{a} \times \boldsymbol{b} = -\boldsymbol{b} \times \boldsymbol{a} \\
&\boldsymbol{a} \times (\boldsymbol{b} + \boldsymbol{c}) = \boldsymbol{a} \times \boldsymbol{b} + \boldsymbol{a} \times \boldsymbol{c} \\
&\lambda(\boldsymbol{a} \times \boldsymbol{b}) = (\lambda\boldsymbol{a}) \times \boldsymbol{b} = \boldsymbol{a} \times (\lambda\boldsymbol{b}) \\
&\boldsymbol{a} \times \boldsymbol{a} = 0 \\
&\boldsymbol{a}、\boldsymbol{b}\ \text{共线} \Leftrightarrow \boldsymbol{a} \times \boldsymbol{b} = 0
\end{aligned} \tag{A-15}$$

矢量积的坐标表示为

$$\boldsymbol{a}^{(0)} \times \boldsymbol{b}^{(0)} = \boldsymbol{c}^{(0)} = (\boldsymbol{a}^{(0)} \times)\boldsymbol{b}^{(0)} = -(\boldsymbol{b}^{(0)} \times)\boldsymbol{a}^{(0)} \tag{A-16}$$

其中,

$$(\boldsymbol{a}^{(0)} \times) = \begin{bmatrix} 0 & -a_z & a_y \\ a_z & 0 & -a_x \\ -a_y & a_x & 0 \end{bmatrix} \tag{A-17}$$

称为矢量 $\boldsymbol{a}$ 的反对称矩阵。在不引起混淆的情况下,式(A-17)可以简记为

$$\boldsymbol{a} \times = \begin{bmatrix} 0 & -a_z & a_y \\ a_z & 0 & -a_x \\ -a_y & a_x & 0 \end{bmatrix} \tag{A-18}$$

6. 矢量的混合积

矢量 $\boldsymbol{a}$、$\boldsymbol{b}$、$\boldsymbol{c}$ 的混合积为标量,其绝对值等于以 $\boldsymbol{a}$、$\boldsymbol{b}$、$\boldsymbol{c}$ 为棱边的平行六面体

体积。各矢量的位置可按以下公式轮换：

$$\boldsymbol{a}\cdot(\boldsymbol{b}\times\boldsymbol{c})=\boldsymbol{b}\cdot(\boldsymbol{c}\times\boldsymbol{a})=\boldsymbol{c}\cdot(\boldsymbol{a}\times\boldsymbol{b}) \tag{A-19}$$

7. 矢量的二重矢积

矢量 $\boldsymbol{a}$、$\boldsymbol{b}$、$\boldsymbol{c}$ 的二重矢积为矢量,可利用以下公式转化为标积计算：

$$\begin{aligned}\boldsymbol{a}\times(\boldsymbol{b}\times\boldsymbol{c})&=\boldsymbol{b}(\boldsymbol{a}\cdot\boldsymbol{c})-\boldsymbol{c}(\boldsymbol{a}\cdot\boldsymbol{b})\\(\boldsymbol{a}\times\boldsymbol{b})\times\boldsymbol{c}&=\boldsymbol{b}(\boldsymbol{a}\cdot\boldsymbol{c})-\boldsymbol{a}(\boldsymbol{b}\cdot\boldsymbol{c})\end{aligned} \tag{A-20}$$

上式可以用矢量运算的坐标表示加以验证。

根据矢量运算的坐标表示还可以验证以下关系：

$$(\boldsymbol{b}\times\boldsymbol{c})\cdot(\boldsymbol{d}\times\boldsymbol{a})=\boldsymbol{d}\cdot[\boldsymbol{a}\times(\boldsymbol{b}\times\boldsymbol{c})] \tag{A-21}$$

A.2 反对称矩阵的性质

1. 反对称矩阵的性质

如果 $\boldsymbol{V}$ 是实矢量(以后在涉及反对称阵时未特别说明均作此假设),显然有：

$$(\boldsymbol{V}\times)^{\mathrm{H}}=(\boldsymbol{V}\times)^{\mathrm{T}}=-(\boldsymbol{V}\times) \tag{A-22}$$

其中,右上标“H”表示 Hermite 转置,即共轭转置。

不难验证下式成立：

$$(\boldsymbol{V}\times)^{\mathrm{H}}(\boldsymbol{V}\times)=(\boldsymbol{V}\times)(\boldsymbol{V}\times)^{\mathrm{H}}=\begin{bmatrix}V_y^2+V_z^2 & -V_xV_y & -V_xV_z\\ -V_xV_y & V_x^2+V_z^2 & -V_yV_z\\ -V_xV_z & -V_yV_z & V_x^2+V_y^2\end{bmatrix} \tag{A-23}$$

可见,反对称阵($\boldsymbol{V}\times$)是正规矩阵(Normal Matrix)。根据矩阵理论,正规矩阵可酉相似于对角阵,且不同特征值对应的特征矢量两两正交。下面求解($\boldsymbol{V}\times$)与对角阵之间的相似变换关系。

首先,计算($\boldsymbol{V}\times$)的特征多项式

$$\begin{aligned}f(\lambda)&=\det[\lambda\boldsymbol{I}-(\boldsymbol{V}\times)]=\begin{vmatrix}\lambda & V_z & -V_y\\ -V_z & \lambda & V_x\\ V_y & -V_x & \lambda\end{vmatrix}\\&=\lambda(\lambda^2+V_x^2)-V_z(-\lambda V_z-V_xV_y)-V_y(V_xV_z-\lambda V_y)\\&=\lambda^3+(V_x^2+V_y^2+V_z^2)\lambda\\&=\lambda^3+\upsilon^2\lambda\end{aligned} \tag{A-24}$$

其中,$\upsilon=|\boldsymbol{V}|=\sqrt{V_x^2+V_y^2+V_z^2}$ 是矢量 $\boldsymbol{V}$ 的模值。

令特征多项式$f(\lambda)=0$,可解得$(\boldsymbol{V}\times)$的三个特征值如下

$$\lambda_1=0,\quad \lambda_2=\mathrm{j}\upsilon,\quad \lambda_3=-\mathrm{j}\upsilon \tag{A-25}$$

当$V_x{}^2+V_y{}^2\neq 0$时,不难求得与上式三个特征值相对应的单位特征矢量,分别为

$$\boldsymbol{u}_1=\frac{1}{\upsilon}\begin{bmatrix}V_x\\V_y\\V_z\end{bmatrix},\quad \boldsymbol{u}_{2,3}=\frac{1}{\upsilon\sqrt{2(V_x^2+V_y^2)}}\begin{bmatrix}-V_xV_z\mp\mathrm{j}\upsilon V_y\\-V_yV_z\pm\mathrm{j}\upsilon V_x\\V_x^2+V_y^2\end{bmatrix} \tag{A-26}$$

而当$V_x=V_y=0$(甚至$V_x=V_y=V_z=0$)时,可选择单位正交特征矢量如下

$$\boldsymbol{u}_1=\begin{bmatrix}0\\0\\1\end{bmatrix},\quad \boldsymbol{u}_{2,3}=\frac{1}{\sqrt{2}}\begin{bmatrix}1\\\mp\mathrm{j}\\0\end{bmatrix} \tag{A-27}$$

实际上,反对称阵$(\boldsymbol{V}\times)$的复单位特征矢量是不唯一的,式(A-26)和式(A-27)只给出了其中一组。

如记

$$\boldsymbol{U}=[\boldsymbol{u}_1\quad \boldsymbol{u}_2\quad \boldsymbol{u}_3],\qquad \boldsymbol{\Lambda}=\mathrm{diag}(\lambda_1\quad \lambda_2\quad \lambda_3) \tag{A-28}$$

可验证有$\boldsymbol{U}^{\mathrm{H}}\boldsymbol{U}=\boldsymbol{I}$,因此$\boldsymbol{U}$是酉矩阵。

根据矩阵特征值与特征矢量之间的关系,有

$$(\boldsymbol{V}\times)\boldsymbol{U}=\boldsymbol{U}\boldsymbol{\Lambda} \tag{A-29}$$

上式两边同时左乘$\boldsymbol{U}^{-1}$,得

$$\boldsymbol{\Lambda}=\boldsymbol{U}^{-1}(\boldsymbol{V}\times)\boldsymbol{U} \tag{A-30}$$

至此,验证了$(\boldsymbol{V}\times)$可酉相似于对角阵,并求得了相应的相似变换矩阵$\boldsymbol{U}$。

最后,给出反对称阵的幂方公式,如下

$$\begin{gathered}
(\boldsymbol{V}\times)^1=\upsilon^0(\boldsymbol{V}\times)\\
(\boldsymbol{V}\times)^2=\boldsymbol{V}\boldsymbol{V}^{\mathrm{T}}-\upsilon^2\boldsymbol{I}=\upsilon^0(\boldsymbol{V}\times)^2\\
(\boldsymbol{V}\times)^3=(\boldsymbol{V}\times)^2(\boldsymbol{V}\times)=(\boldsymbol{V}\boldsymbol{V}^{\mathrm{T}}-\upsilon^2\boldsymbol{I})(\boldsymbol{V}\times)=\\
\boldsymbol{V}\boldsymbol{V}^{\mathrm{T}}(\boldsymbol{V}\times)-\upsilon^2(\boldsymbol{V}\times)=\boldsymbol{V}\cdot\boldsymbol{0}_{1\times 3}-\upsilon^2(\boldsymbol{V}\times)=-\upsilon^2(\boldsymbol{V}\times)\\
(\boldsymbol{V}\times)^4=(\boldsymbol{V}\times)^3(\boldsymbol{V}\times)=-\upsilon^2(\boldsymbol{V}\times)^2\\
(\boldsymbol{V}\times)^5=(\boldsymbol{V}\times)^2(\boldsymbol{V}\times)^3=(\boldsymbol{V}\boldsymbol{V}^{\mathrm{T}}-\upsilon^2\boldsymbol{I})[-\upsilon^2(\boldsymbol{V}\times)]=\upsilon^4(\boldsymbol{V}\times)\\
(\boldsymbol{V}\times)^6=(\boldsymbol{V}\times)^3(\boldsymbol{V}\times)^3=[-\upsilon^2(\boldsymbol{V}\times)][-\upsilon^2(\boldsymbol{V}\times)]=\upsilon^4(\boldsymbol{V}\times)^2\\
\vdots
\end{gathered}$$

综上,可写出公式

$$(\boldsymbol{V}\times)^i=\begin{cases}(-1)^{(i-1)/2}\upsilon^{i-1}(\boldsymbol{V}\times) & i=1,3,5,\cdots\\(-1)^{(i-2)/2}\upsilon^{i-2}(\boldsymbol{V}\times)^2 & i=2,4,6,\cdots\end{cases} \tag{A-31}$$

除了反对称矩阵的幂方公式以外，公式推导中还常常用到有关反对称矩阵的如下关系式。

$$\boldsymbol{a}\boldsymbol{a}^{\mathrm{T}}=a^2\boldsymbol{I}+(\boldsymbol{a}\times)^2 \tag{A-32}$$

式(A-32)即反对称矩阵平方公式的变形。

$$[\boldsymbol{x}\times][\boldsymbol{y}\times]=-(\boldsymbol{x}\cdot\boldsymbol{y})\boldsymbol{I}+\boldsymbol{y}\boldsymbol{x}^{\mathrm{T}} \tag{A-33}$$

式(A-33)描述了两矢量反对称矩阵的乘积与其内积之间的关系。

$$[\boldsymbol{x}\times][\boldsymbol{y}\times]-[\boldsymbol{y}\times][\boldsymbol{x}\times]=\boldsymbol{y}\boldsymbol{x}^{\mathrm{T}}-\boldsymbol{x}\boldsymbol{y}^{\mathrm{T}}=[(\boldsymbol{x}\times\boldsymbol{y})\times] \tag{A-34}$$

式(A-34)给出了两个矢量反对称矩阵与其矢量积的反对称矩阵之间的关系。

$$\boldsymbol{C}_b^n[\boldsymbol{x}^b\times]\boldsymbol{C}_b^{n\mathrm{T}}=[(\boldsymbol{C}_b^n\boldsymbol{x}^b)\times]=[\boldsymbol{x}^n\times] \tag{A-35}$$

式(A-35)描述了矢量反对称矩阵的坐标变换关系。

2. 反对称阵的矩阵指数函数

根据哈密顿—凯莱(Hamilton - Cayley)定理，矩阵指数函数 $\mathrm{e}^{(\boldsymbol{V}\times)}$ 可以展开成($\boldsymbol{V}\times$)的有限项级数形式，即：

$$\mathrm{e}^{(\boldsymbol{V}\times)}=\sum_{i=0}^{\infty}\frac{(\boldsymbol{V}\times)^i}{i!}=k_0\boldsymbol{I}+k_1(\boldsymbol{V}\times)+k_2(\boldsymbol{V}\times)^2 \tag{A-36}$$

其中，k_0、k_1 和 k_2 为待定系数。

根据式(A-30)和式(A-36)，有：

$$\begin{aligned}\mathrm{e}^{\boldsymbol{\Lambda}}&=\mathrm{e}^{\boldsymbol{U}^{-1}(\boldsymbol{V}\times)\boldsymbol{U}}=\sum_{i=0}^{\infty}\frac{[\boldsymbol{U}^{-1}(\boldsymbol{V}\times)\boldsymbol{U}]^i}{i!}=\boldsymbol{U}^{-1}\left[\sum_{i=0}^{\infty}\frac{(\boldsymbol{V}\times)^i}{i!}\right]\boldsymbol{U}\\&=\boldsymbol{U}^{-1}\mathrm{e}^{(\boldsymbol{V}\times)}\boldsymbol{U}=\boldsymbol{U}^{-1}[k_0\boldsymbol{I}+k_1(\boldsymbol{V}\times)+k_2(\boldsymbol{V}\times)^2]\boldsymbol{U}\\&=k_0\boldsymbol{U}^{-1}\boldsymbol{U}+k_1\boldsymbol{U}^{-1}(\boldsymbol{V}\times)\boldsymbol{U}+k_2\boldsymbol{U}^{-1}(\boldsymbol{V}\times)\boldsymbol{U}\boldsymbol{U}^{-1}(\boldsymbol{V}\times)\boldsymbol{U}\\&=k_0\boldsymbol{I}+k_1\boldsymbol{\Lambda}+k_2\boldsymbol{\Lambda}^2\end{aligned} \tag{A-37}$$

上式两边矩阵都展开成元素分量形式，可得：

$$\begin{bmatrix}\mathrm{e}^{\lambda_1}&0&0\\0&\mathrm{e}^{\lambda_2}&0\\0&0&\mathrm{e}^{\lambda_3}\end{bmatrix}=\begin{bmatrix}k_0+k_1\lambda_1+k_2\lambda_1^2&0&0\\0&k_0+k_1\lambda_2+k_2\lambda_2^2&0\\0&0&k_0+k_1\lambda_3+k_2\lambda_3^2\end{bmatrix} \tag{A-38}$$

将特征值式(A-25)代入式(A-38)，比较两边对角线元素，可得如下方程组

$$\begin{cases}\mathrm{e}^0=k_0\\\mathrm{e}^{\mathrm{j}v}=k_0+k_1(\mathrm{j}v)+k_2(\mathrm{j}v)^2\\\mathrm{e}^{-\mathrm{j}v}=k_0+k_1(-\mathrm{j}v)+k_2(-\mathrm{j}v)^2\end{cases}\quad 即\quad\begin{cases}k_0=1\\k_0+k_1(\mathrm{j}v)-k_2v^2=\cos v+\mathrm{j}\sin v\\k_0-k_1(\mathrm{j}v)-k_2v^2=\cos v-\mathrm{j}\sin v\end{cases} \tag{A-39}$$

从上式可解得待定系数为

$$k_0=1,\quad k_1=\frac{\sin\upsilon}{\upsilon},\quad k_2=\frac{1-\cos\upsilon}{\upsilon^2} \tag{A-40}$$

再将这些待定系数重新代回式(A－36),有反对称阵的矩阵函数求解公式为

$$\mathrm{e}^{(\boldsymbol{V}\times)}=\boldsymbol{I}+\frac{\sin\upsilon}{\upsilon}(\boldsymbol{V}\times)+\frac{1-\cos\upsilon}{\upsilon^2}(\boldsymbol{V}\times)^2 \tag{A-41}$$

实际上,若直接将式(A－31)代入式(A－36)的求和符号中,也可求得上式,即

$$\begin{aligned}
\mathrm{e}^{(\boldsymbol{V}\times)} &= \sum_{i=0}^{\infty}\frac{(\boldsymbol{V}\times)^i}{i!}=(\boldsymbol{V}\times)^0+\\
&\frac{1}{1!}(\boldsymbol{V}\times)^1+\frac{1}{2!}(\boldsymbol{V}\times)^2+\frac{1}{3!}(\boldsymbol{V}\times)^3+\frac{1}{4!}(\boldsymbol{V}\times)^4+\cdots\\
&=(\boldsymbol{V}\times)^0+\left[\frac{1}{1!}(\boldsymbol{V}\times)^1+\frac{1}{3!}(\boldsymbol{V}\times)^3+\frac{1}{5!}(\boldsymbol{V}\times)^5+\cdots\right]+\\
&\left[\frac{1}{2!}(\boldsymbol{V}\times)^2+\frac{1}{4!}(\boldsymbol{V}\times)^4+\frac{1}{6!}(\boldsymbol{V}\times)^6+\cdots\right]\\
&=(\boldsymbol{V}\times)^0+\left[\frac{1}{1!}(\boldsymbol{V}\times)-\frac{\upsilon^2}{3!}(\boldsymbol{V}\times)+\frac{\upsilon^4}{5!}(\boldsymbol{V}\times)+\cdots\right]+\\
&\left[\frac{1}{2!}(\boldsymbol{V}\times)^2-\frac{\upsilon^2}{4!}(\boldsymbol{V}\times)^2+\frac{\upsilon^4}{6!}(\boldsymbol{V}\times)^2+\cdots\right]\\
&=\boldsymbol{I}+\frac{\sin\upsilon}{\upsilon}(\boldsymbol{V}\times)+\frac{1-\cos\upsilon}{\upsilon^2}(\boldsymbol{V}\times)^2
\end{aligned} \tag{A-42}$$

此外,在式(A－37)中有 $\mathrm{e}^{\Lambda}=\boldsymbol{U}^{-1}\mathrm{e}^{(\boldsymbol{V}\times)}\boldsymbol{U}$,据此可得:

$$\mathrm{e}^{(\boldsymbol{V}\times)}\boldsymbol{U}=\boldsymbol{U}\mathrm{e}^{\Lambda}=[\mathrm{e}^{\lambda_1}\boldsymbol{u}_1\quad \mathrm{e}^{\lambda_2}\boldsymbol{u}_2\quad \mathrm{e}^{\lambda_3}\boldsymbol{u}_3] \tag{A-43}$$

对比式(A－43)与式(A－29),可知 $\mathrm{e}^{(\boldsymbol{V}\times)}$ 与反对称阵$(\boldsymbol{V}\times)$具有相同的特征矢量,它们均为矩阵 $\boldsymbol{U}$ 的列矢量;并且矩阵函数 $\mathrm{e}^{(\boldsymbol{V}\times)}$ 与对角阵 e^{Λ} 具有相同的特征值,分别为

$$\begin{cases}
\lambda_1'=\mathrm{e}^{\lambda_1}=\mathrm{e}^0=1\\
\lambda_2'=\mathrm{e}^{\lambda_2}=\mathrm{e}^{\mathrm{j}\upsilon}=\cos\upsilon+\mathrm{j}\sin\upsilon\\
\lambda_3'=\mathrm{e}^{\lambda_3}=\mathrm{e}^{-\mathrm{j}\upsilon}=\cos\upsilon-\mathrm{j}\sin\upsilon
\end{cases} \tag{A-44}$$

根据以上特征值,已知有$(\mathrm{e}^{\Lambda})^{\mathrm{H}}\mathrm{e}^{\Lambda}=\boldsymbol{I}$ 成立,所以 e^{Λ} 是酉矩阵。由于多个酉矩阵之乘积仍然是酉矩阵,可知 $\mathrm{e}^{(\boldsymbol{V}\times)}=\boldsymbol{U}\mathrm{e}^{\Lambda}\boldsymbol{U}^{-1}$ 也是酉矩阵;此外,式(A－41)表明,若 $\boldsymbol{V}$ 是实矢量则 $\mathrm{e}^{(\boldsymbol{V}\times)}$ 是实矩阵,所以 $\mathrm{e}^{(\boldsymbol{V}\times)}$ 必定是单位正交阵,这一点也可证明如下:

$$
\begin{aligned}
[\mathrm{e}^{(\boldsymbol{V}\times)}]^{\mathrm{T}}\mathrm{e}^{(\boldsymbol{V}\times)} &= \left[\boldsymbol{I}+\frac{\sin v}{v}(\boldsymbol{V}\times)+\frac{1-\cos v}{v^2}(\boldsymbol{V}\times)^2\right]^{\mathrm{T}}\cdot\mathrm{e}^{(\boldsymbol{V}\times)}\\
&= \left\{\boldsymbol{I}+\frac{\sin v}{v}(\boldsymbol{V}\times)^{\mathrm{T}}+\frac{1-\cos v}{v^2}[(\boldsymbol{V}\times)^2]^{\mathrm{T}}\right\}\mathrm{e}^{(\boldsymbol{V}\times)}\\
&= \left[\boldsymbol{I}+\frac{\sin v}{v}(-\boldsymbol{V}\times)^{\mathrm{T}}+\frac{1-\cos v}{v^2}(-\boldsymbol{V}\times)^2\right]\mathrm{e}^{(\boldsymbol{V}\times)}\\
&= \mathrm{e}^{(-\boldsymbol{V}\times)}\mathrm{e}^{(\boldsymbol{V}\times)}=\boldsymbol{I}
\end{aligned}
\tag{A-45}
$$

值得指出的是，由于 $\det(\mathrm{e}^{(\boldsymbol{V}\times)})=\mathrm{e}^{\mathrm{tr}(\boldsymbol{V}\times)}=\mathrm{e}^0=1$，所以，在所有三阶单位正交阵中只有行列式为 1 者才可以表示成 $\mathrm{e}^{(\boldsymbol{V}\times)}$ 的形式，事实上，行列式为 1 的单位正交阵可称为右手直角坐标变换矩阵（反之，行列式为 −1 者可称为左手矩阵）。

A.3 矢量的求导运算

1. 矢量的导数

设矢量 A 是某个标量变量 t 的矢量函数，即

$$
\boldsymbol{A}=\boldsymbol{A}(t)=A_x(t)\boldsymbol{i}+A_y(t)\boldsymbol{j}+A_z(t)\boldsymbol{k} \tag{A-46}
$$

其中，$\boldsymbol{A}$ 的分量 A_x、A_y、A_z 为 t 的标量函数。

矢量 $\boldsymbol{A}$ 对自变数 t 的导数定义为，矢量 $\boldsymbol{A}$ 的增量与自变量增量 Δt 比值在 Δt 趋于零时的极限矢量，即：

$$
\frac{d\boldsymbol{A}}{dt}=\lim_{\Delta t\to 0}\frac{\boldsymbol{A}(t+\Delta t)-\boldsymbol{A}(t)}{\Delta t} \tag{A-47}
$$

坐标系的三个坐标轴不随 t 而改变，则有：

$$
\frac{d\boldsymbol{A}}{dt}=\frac{dA_x(t)}{dt}\boldsymbol{i}+\frac{dA_y(t)}{dt}\boldsymbol{j}+\frac{dA_z(t)}{dt}\boldsymbol{k} \tag{A-48}
$$

由矢量导数定义可以证明如下常用的性质：

$$
\frac{d}{dt}(\boldsymbol{A}+\boldsymbol{B})=\frac{d\boldsymbol{A}}{dt}+\frac{d\boldsymbol{B}}{dt} \tag{A-49}
$$

$$
\frac{d}{dt}(f\boldsymbol{A})=\frac{df}{dt}\boldsymbol{A}+f\frac{d\boldsymbol{A}}{dt}\qquad f\text{ 为标量函数} \tag{A-50}
$$

$$
\frac{d}{dt}(\boldsymbol{A}\cdot\boldsymbol{B})=\frac{d\boldsymbol{A}}{dt}\cdot\boldsymbol{B}+\boldsymbol{A}\cdot\frac{d\boldsymbol{B}}{dt} \tag{A-51}
$$

$$
\frac{d}{dt}(\boldsymbol{A}\times\boldsymbol{B})=\frac{d\boldsymbol{A}}{dt}\times\boldsymbol{B}+\boldsymbol{A}\times\frac{d\boldsymbol{B}}{dt} \tag{A-52}
$$

2. 不同坐标系下矢量导数的关系

设有矢量 $\boldsymbol{r}$，m 和 n 是两个作相对旋转的坐标系，则在两个坐标系中的变化

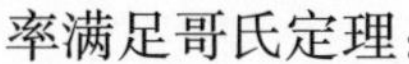
率满足哥氏定理：

$$\left.\frac{d\boldsymbol{r}}{dt}\right|_m = \left.\frac{d\boldsymbol{r}}{dt}\right|_n + \boldsymbol{\omega}_{mn} \times \boldsymbol{r} \tag{A-53}$$

其中，$\left.\frac{d\boldsymbol{r}}{dt}\right|_m$ 和 $\left.\frac{d\boldsymbol{r}}{dt}\right|_n$ 是分别在 m 系和 n 系内观察到的 $\boldsymbol{r}$ 的时间变化率，$\boldsymbol{\omega}_{mn}$ 是坐标系 n 相对坐标系 m 的旋转角速度。

若 $\boldsymbol{r}$ 在两个坐标系中的坐标分别为 $\boldsymbol{r}^{(m)}(t)$ 和 $\boldsymbol{r}^{(n)}(t)$，将式（A-53）中两边的矢量都向 m 坐标系投影，则有：

$$\frac{d\boldsymbol{r}^{(m)}(t)}{dt} = \boldsymbol{C}_n^m \frac{d\boldsymbol{r}^{(n)}(t)}{dt} + \boldsymbol{\omega}_{mn}^{(m)} \times \boldsymbol{r}^{(m)} \tag{A-54}$$

哥氏定理是推导 SINS 比力方程的基础。

附录B

四元数代数基础

B.1 四元数的运算

顾名思义，四元数就是包含四个元的一种数，可表示为

$$\boldsymbol{Q} = q_0 + \boldsymbol{q} = q_0 + q_1\boldsymbol{i} + q_2\boldsymbol{j} + q_3\boldsymbol{k} \tag{B-1}$$

其中，q_0、q_1、q_2 和 q_3 都是实数，q_0 称为实部、$\boldsymbol{q} = q_1\boldsymbol{i} + q_2\boldsymbol{j} + q_3\boldsymbol{k}$ 称为虚部。四元数可以看作是复数概念的扩充，有时也称其为超复数，当 $q_2 = q_3 = 0$ 时四元数即退化为复数。四元数的虚数单位 $\boldsymbol{i}$、$\boldsymbol{j}$、$\boldsymbol{k}$ 之间满足如下乘法运算规则：

$$\begin{cases} \boldsymbol{i}\otimes\boldsymbol{i} = \boldsymbol{j}\otimes\boldsymbol{j} = \boldsymbol{k}\otimes\boldsymbol{k} = -1 \\ \boldsymbol{i}\otimes\boldsymbol{j} = \boldsymbol{k}, \quad \boldsymbol{j}\otimes\boldsymbol{k} = \boldsymbol{i}, \quad \boldsymbol{k}\otimes\boldsymbol{i} = \boldsymbol{j}, \quad \boldsymbol{j}\otimes\boldsymbol{i} = -\boldsymbol{k}, \quad \boldsymbol{k}\otimes\boldsymbol{j} = -\boldsymbol{i}, \quad \boldsymbol{i}\otimes\boldsymbol{k} = -\boldsymbol{j} \end{cases} \tag{B-2}$$

即

$$\boldsymbol{i}^2 = \boldsymbol{j}^2 = \boldsymbol{k}^2 = \boldsymbol{ijk} = -1 \quad \text{（哈密顿公式）} \tag{B-3}$$

其中，运算符"⊗"表示四元数乘法运算，在不引起歧义的情况下可写成"·"号或直接省略。式(B-2)中第一行运算规则与复数中虚数的运算规则完全相同；第二行运算规则与三维矢量空间中坐标轴单位矢量的叉乘运算规则相同。四元数可以看作是四维空间中的一种数，但因其虚部单位矢量的叉乘运算特点，也可将四元数的虚数部分 $\boldsymbol{q} = q_1\boldsymbol{i} + q_2\boldsymbol{j} + q_3\boldsymbol{k}$ 看成是在三维空间中的映象(image)，反之，一个三维矢量可以看作是一个零标量四元数。

假设有如下三个四元数：

$$\begin{aligned} \boldsymbol{P} &= p_0 + \boldsymbol{p} - p_0 + p_1\boldsymbol{i} + p_2\boldsymbol{j} + p_3\boldsymbol{k} \\ \boldsymbol{Q} &= q_0 + \boldsymbol{q} = q_0 + q_1\boldsymbol{i} + q_2\boldsymbol{j} + q_3\boldsymbol{k} \\ \boldsymbol{S} &= s_0 + \boldsymbol{s} = s_0 + s_1\boldsymbol{i} + s_2\boldsymbol{j} + s_3\boldsymbol{k} \end{aligned} \tag{B-4}$$

两个四元数相等当且仅当它们的四个元分别对应相等，即 $\boldsymbol{P} = \boldsymbol{Q}$ 等价于：

$$p_0 = q_0, \quad p_1 = q_1, \quad p_2 = q_2, \quad p_3 = q_3 \tag{B-5}$$

两个四元数之间的加(或减法)定义为

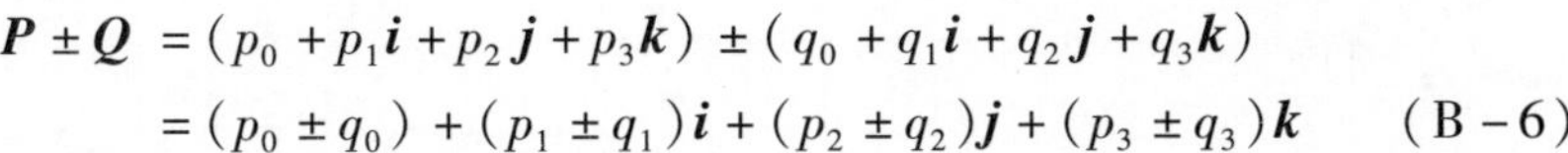

$$\begin{aligned} \boldsymbol{P} \pm \boldsymbol{Q} &= (p_0 + p_1\boldsymbol{i} + p_2\boldsymbol{j} + p_3\boldsymbol{k}) \pm (q_0 + q_1\boldsymbol{i} + q_2\boldsymbol{j} + q_3\boldsymbol{k}) \\ &= (p_0 \pm q_0) + (p_1 \pm q_1)\boldsymbol{i} + (p_2 \pm q_2)\boldsymbol{j} + (p_3 \pm q_3)\boldsymbol{k} \end{aligned} \tag{B-6}$$

或者记为

$$\boldsymbol{P} \pm \boldsymbol{Q} = (p_0 + \boldsymbol{p}_v) \pm (q_0 + \boldsymbol{q}_v) = (p_0 \pm q_0) + (\boldsymbol{p}_v \pm \boldsymbol{q}_v) \tag{B-7}$$

容易验证,四元数的加法满足交换律和结合律,即有:

$$\boldsymbol{P} + \boldsymbol{Q} = \boldsymbol{Q} + \boldsymbol{P}$$

$$(\boldsymbol{P} + \boldsymbol{Q}) + \boldsymbol{S} = \boldsymbol{P} + (\boldsymbol{Q} + \boldsymbol{S})$$

考虑到运算规则(B-2),两个四元数的乘法结果为

$$\begin{aligned} \boldsymbol{P} \otimes \boldsymbol{Q} &= (p_0 + p_1\boldsymbol{i} + p_2\boldsymbol{j} + p_3\boldsymbol{k}) \otimes (q_0 + q_1\boldsymbol{i} + q_2\boldsymbol{j} + q_3\boldsymbol{k}) \\ &= (p_0q_0 - p_1q_1 - p_2q_2 - p_3q_3) + (p_0q_1 + p_1q_0 + p_2q_3 - p_3q_2)\boldsymbol{i} + \\ &\quad (p_0q_2 + p_2q_0 + p_2q_1 - p_1q_3)\boldsymbol{j} + (p_0q_3 + p_3q_0 + p_1q_2 - p_2q_1)\boldsymbol{k} \end{aligned} \tag{B-8}$$

特别地,两零标量四元数相乘,可得:

$$\begin{aligned} \boldsymbol{p} \otimes \boldsymbol{q} &= (-p_1q_1 - p_2q_2 - p_3q_3) + (p_2q_3 - p_3q_2)\boldsymbol{i} + (p_2q_1 - p_1q_3)\boldsymbol{j} + (p_1q_2 - p_2q_1)\boldsymbol{k} \\ &= -\boldsymbol{p}^{\mathrm{T}}\boldsymbol{q} + \boldsymbol{p} \times \boldsymbol{q} \end{aligned} \tag{B-9}$$

这是零标量四元数乘法运算规则与三维矢量运算规则之间的关系,上式右边同时包含了矢量的点乘运算和叉乘运算。实际上,运算规则式(B-2)正是式(B-9)应用于坐标轴单位矢量的特殊情形。

若采用三维矢量运算表示法,四元数乘法可表示为

$$\begin{aligned} \boldsymbol{P} \otimes \boldsymbol{Q} &= (p_0 + \boldsymbol{p}) \otimes (q_0 + \boldsymbol{q}) = p_0q_0 + p_0\boldsymbol{q} + q_0\boldsymbol{p} + \boldsymbol{p} \otimes \boldsymbol{q} \\ &= (p_0q_0 - \boldsymbol{p}^{\mathrm{T}}\boldsymbol{q}) + (q_0\boldsymbol{p} + p_0\boldsymbol{q} + \boldsymbol{p} \times \boldsymbol{q}) \end{aligned} \tag{B-10}$$

在式(B-9)中,由于矢量叉乘 $\boldsymbol{p} \times \boldsymbol{q}$ 不满足交换律,因而四元数乘法也不满足交换律,即一般情况下 $\boldsymbol{P} \otimes \boldsymbol{Q} \neq \boldsymbol{Q} \otimes \boldsymbol{P}$;当且仅当 $\boldsymbol{p} \times \boldsymbol{q} = \boldsymbol{q} \times \boldsymbol{p}$,即两个四元数的虚部矢量相互平行(包括零矢量)时,才有 $\boldsymbol{P} \otimes \boldsymbol{Q} = \boldsymbol{Q} \otimes \boldsymbol{P}$。容易验证,四元数乘法运算满足结合律 $(\boldsymbol{P} \otimes \boldsymbol{Q}) \otimes \boldsymbol{S} = \boldsymbol{P} \otimes (\boldsymbol{Q} \otimes \boldsymbol{S})$,且乘法对加法满足分配律 $(\boldsymbol{P} + \boldsymbol{Q}) \otimes \boldsymbol{S} = \boldsymbol{P} \otimes \boldsymbol{S} + \boldsymbol{Q} \otimes \boldsymbol{S}$ 和 $\boldsymbol{S} \otimes (\boldsymbol{P} + \boldsymbol{Q}) = \boldsymbol{S} \otimes \boldsymbol{P} + \boldsymbol{S} \otimes \boldsymbol{Q}$。可见,四元数乘法运算律与矩阵乘法是完全一致的。

若采用矩阵表示法,四元数乘法式(B-8)还可写成

$$\boldsymbol{P} \otimes \boldsymbol{Q} = \begin{bmatrix} p_0 & -p_1 & -p_2 & -p_3 \\ p_1 & p_0 & -p_3 & p_2 \\ p_2 & p_3 & p_0 & -p_1 \\ p_3 & -p_2 & p_1 & p_0 \end{bmatrix} \begin{bmatrix} q_0 \\ q_1 \\ q_2 \\ q_3 \end{bmatrix} = \boldsymbol{M}_P\boldsymbol{Q} = \begin{bmatrix} q_0 & -q_1 & -q_2 & -q_3 \\ q_1 & q_0 & q_3 & -q_2 \\ q_2 & -q_3 & q_0 & q_1 \\ q_3 & q_2 & -q_1 & q_0 \end{bmatrix} \begin{bmatrix} p_0 \\ p_1 \\ p_2 \\ p_3 \end{bmatrix} = \boldsymbol{M}'_Q\boldsymbol{P} \tag{B-11}$$

或者

$$\boldsymbol{P}\otimes\boldsymbol{Q}=\begin{bmatrix}p_0 & -\boldsymbol{p}^{\mathrm{T}}\\ \boldsymbol{p} & p_0\boldsymbol{I}+(\boldsymbol{p}\times)\end{bmatrix}\begin{bmatrix}q_0\\ \boldsymbol{q}\end{bmatrix}=\begin{bmatrix}q_0 & -\boldsymbol{q}_v^{\mathrm{T}}\\ \boldsymbol{q} & q_0\boldsymbol{I}-(\boldsymbol{q}\times)\end{bmatrix}\begin{bmatrix}p_0\\ \boldsymbol{p}_v\end{bmatrix}=\begin{bmatrix}p_0q_0-\boldsymbol{p}^{\mathrm{T}}\boldsymbol{q}\\ q_0\boldsymbol{p}+p_0\boldsymbol{q}+\boldsymbol{p}\times\boldsymbol{q}\end{bmatrix} \tag{B-12}$$

其中,

$$\boldsymbol{M}_P=\begin{bmatrix}p_0 & -p_1 & -p_2 & -p_3\\ p_1 & p_0 & -p_3 & p_2\\ p_2 & p_3 & p_0 & -p_1\\ p_3 & -p_2 & p_1 & p_0\end{bmatrix}=\begin{bmatrix}p_0 & -\boldsymbol{p}^{\mathrm{T}}\\ \boldsymbol{p} & p_0\boldsymbol{I}+(\boldsymbol{p}\times)\end{bmatrix} \tag{B-13}$$

$$\boldsymbol{M}'_Q=\begin{bmatrix}q_0 & -q_1 & -q_2 & -q_3\\ q_1 & q_0 & q_3 & -q_2\\ q_2 & -q_3 & q_0 & q_1\\ q_3 & q_2 & -q_1 & q_0\end{bmatrix}=\begin{bmatrix}q_0 & -\boldsymbol{q}^{\mathrm{T}}\\ \boldsymbol{q} & q_0\boldsymbol{I}-(\boldsymbol{q}\times)\end{bmatrix} \tag{B-14}$$

类似矢量的矢量积运算,常常记$(\boldsymbol{P}\otimes)=\boldsymbol{M}_P$,$(\boldsymbol{Q}\odot)=\boldsymbol{M}'_Q$,从而有:

$$\boldsymbol{P}\otimes\boldsymbol{Q}=(\boldsymbol{P}\otimes)Q=(\boldsymbol{Q}\odot)\boldsymbol{P}=\boldsymbol{Q}\odot\boldsymbol{P} \tag{B-15}$$

可以将"$\odot$"视为一种新的四元数乘法运算。显然,"$\odot$"与"$\otimes$"满足同样的运算律。

为了简写方便,可定义三维矢量的两种四维反对称阵,分别如下:

$$(\boldsymbol{p}*)_1=\begin{bmatrix}0 & -p_1 & -p_2 & -p_3\\ p_1 & 0 & -p_3 & p_2\\ p_2 & p_3 & 0 & -p_1\\ p_3 & -p_2 & p_1 & 0\end{bmatrix}=\begin{bmatrix}0 & -\boldsymbol{p}^{\mathrm{T}}\\ \boldsymbol{p} & (\boldsymbol{p}\times)\end{bmatrix} \tag{B-16}$$

$$(\boldsymbol{p}*)_2=\begin{bmatrix}0 & -p_1 & -p_2 & -p_3\\ p_1 & 0 & p_3 & -p_2\\ p_2 & -p_3 & 0 & p_1\\ p_3 & p_2 & -p_1 & 0\end{bmatrix}=\begin{bmatrix}0 & -\boldsymbol{p}^{\mathrm{T}}\\ \boldsymbol{p} & -(\boldsymbol{p}\times)\end{bmatrix} \tag{B-17}$$

式中,$(\boldsymbol{p}*)_1$、$(\boldsymbol{p}*)_2$ 分别称为第一和第二反对称阵,如果省略右下标则默认为第一反对称阵。根据上述反对称阵定义,式(B-13)、(B-14)可简写为

$$\boldsymbol{M}_P=p_0\boldsymbol{I}+(\boldsymbol{p}*)_1 \quad 和 \quad \boldsymbol{M}'_Q=q_0\boldsymbol{I}+(\boldsymbol{q}*)_2 \tag{B-18}$$

四元数 $\boldsymbol{Q}$ 的共轭(转置)四元数定义为

$$\boldsymbol{Q}^*=q_0-\boldsymbol{q}=q_0-q_1\boldsymbol{i}-q_2\boldsymbol{j}-q_3\boldsymbol{k} \tag{B-19}$$

两个四元数之和(或乘积)的共轭满足如下运算规则

$$(\boldsymbol{P}+\boldsymbol{Q})^*=\boldsymbol{P}^*+\boldsymbol{Q}^* \tag{B-20}$$

$$(\boldsymbol{P}\otimes\boldsymbol{Q})^{*}=\boldsymbol{Q}^{*}\otimes\boldsymbol{P}^{*}\tag{B-21}$$

式(B－20)显然成立,而采用乘法式(B－12)容易验证式(B－21)成立,即:

$$(\boldsymbol{P}\otimes\boldsymbol{Q})^{*}=\left(\begin{bmatrix}p_0 & -\boldsymbol{p}^{\mathrm{T}}\\ \boldsymbol{p} & p_0\boldsymbol{I}+(\boldsymbol{p}\times)\end{bmatrix}\begin{bmatrix}q_0\\ \boldsymbol{q}\end{bmatrix}\right)^{*}=\begin{bmatrix}p_0q_0-\boldsymbol{p}^{\mathrm{T}}\boldsymbol{q}\\ -q_0\boldsymbol{p}-p_0\boldsymbol{q}-\boldsymbol{p}\times\boldsymbol{q}\end{bmatrix}$$

$$\boldsymbol{Q}^{*}\otimes\boldsymbol{P}^{*}=\begin{bmatrix}q_0 & \boldsymbol{q}^{\mathrm{T}}\\ -\boldsymbol{q} & q_0\boldsymbol{I}-(\boldsymbol{q}\times)\end{bmatrix}\begin{bmatrix}p_0\\ -\boldsymbol{p}\end{bmatrix}=\begin{bmatrix}p_0q_0-\boldsymbol{p}^{\mathrm{T}}\boldsymbol{q}\\ -q_0\boldsymbol{p}-p_0\boldsymbol{q}-\boldsymbol{p}\times\boldsymbol{q}\end{bmatrix}$$

四元数 $\boldsymbol{Q}$ 的模值(2－范数)定义为

$$\|\boldsymbol{Q}\|=\sqrt{\boldsymbol{Q}^{*}\otimes\boldsymbol{Q}}=\sqrt{\boldsymbol{Q}\otimes\boldsymbol{Q}^{*}}=\sqrt{q_0^2+q_1^2+q_2^2+q_3^2}\tag{B-22}$$

模值表示四元数在四维空间中的矢量长度。虽然一般情况下 $\boldsymbol{P}\otimes\boldsymbol{Q}\neq\boldsymbol{Q}\otimes\boldsymbol{P}$,但可以证明总有 $\|\boldsymbol{P}\otimes\boldsymbol{Q}\|=\|\boldsymbol{Q}\otimes\boldsymbol{P}\|=\|\boldsymbol{P}\|\cdot\|\boldsymbol{Q}\|$ 成立,即:

$$\begin{aligned}\|\boldsymbol{P}\otimes\boldsymbol{Q}\|&=\sqrt{(\boldsymbol{P}\otimes\boldsymbol{Q})\otimes(\boldsymbol{P}\otimes\boldsymbol{Q})^{*}}=\sqrt{(\boldsymbol{P}\otimes\boldsymbol{Q})\otimes(\boldsymbol{Q}^{*}\otimes\boldsymbol{P}^{*})}\\&=\sqrt{\boldsymbol{P}\otimes(\boldsymbol{Q}\otimes\boldsymbol{Q}^{*})\otimes\boldsymbol{P}^{*}}=\sqrt{(\boldsymbol{P}\otimes\boldsymbol{P}^{*})(\boldsymbol{Q}\otimes\boldsymbol{Q}^{*})}=\|\boldsymbol{P}\|\cdot\|\boldsymbol{Q}\|\end{aligned}\tag{B-23}$$

对于非零四元数,即当 $\|\boldsymbol{Q}\|\neq0$ 时,有:

$$\frac{\boldsymbol{Q}^{*}}{\|\boldsymbol{Q}\|^{2}}\otimes\boldsymbol{Q}=\boldsymbol{Q}\otimes\frac{\boldsymbol{Q}^{*}}{\|\boldsymbol{Q}\|^{2}}=1\tag{B-24}$$

因此,可以定义 $\boldsymbol{Q}^{*}/\|\boldsymbol{Q}\|^{2}$ 为非零四元数 $\boldsymbol{Q}$ 的逆,记作:

$$\boldsymbol{Q}^{-1}=\frac{\boldsymbol{Q}^{*}}{\|\boldsymbol{Q}\|^{2}}\tag{B-25}$$

两个非零四元数之乘积的逆满足运算规则 $(\boldsymbol{P}\otimes\boldsymbol{Q})^{-1}=\boldsymbol{Q}^{-1}\otimes\boldsymbol{P}^{-1}$,验证如下:

$$(\boldsymbol{P}\otimes\boldsymbol{Q})^{-1}=\frac{(\boldsymbol{P}\otimes\boldsymbol{Q})^{*}}{\|\boldsymbol{P}\otimes\boldsymbol{Q}\|^{2}}=\frac{(\boldsymbol{Q})^{*}\otimes(\boldsymbol{P})^{*}}{\|\boldsymbol{P}\|^{2}\ \|\boldsymbol{Q}\|^{2}}=\frac{(\boldsymbol{Q})^{*}}{\|\boldsymbol{Q}\|^{2}}\otimes\frac{(\boldsymbol{P})^{*}}{\|\boldsymbol{P}\|^{2}}=\boldsymbol{Q}^{-1}\otimes\boldsymbol{P}^{-1}\tag{B-26}$$

该运算规则与两矩阵乘积之逆也完全一致。

如果 $\|\hat{\boldsymbol{Q}}\|\neq0$,则称运算 $\boldsymbol{Q}=\hat{\boldsymbol{Q}}/\|\hat{\boldsymbol{Q}}\|$ 为四元数的归一化操作,归一化的四元数也称单位四元数,满足 $\|\boldsymbol{Q}\|=1$。显然,单位四元数的共轭与其逆相等,即有 $\boldsymbol{Q}^{-1}=\boldsymbol{Q}^{*}$。式(B－23)表明,两个单位四元数之乘积仍然是单位四元数,即若设两个四元数 $\|\boldsymbol{P}\|=1$ 且 $\|\boldsymbol{Q}\|=1$,则有 $\|\boldsymbol{P}\otimes\boldsymbol{Q}\|=\|\boldsymbol{P}\|\cdot\|\boldsymbol{Q}\|=1$。

根据前面的介绍不难发现,四元数的乘法不满足交换律但满足结合律和分配律,且其共轭及求逆等运算规律与矩阵的相应运算规律几乎完全一致。

B.2 四元数的三角表示法

类比于复数的三角表示法,四元数也可以表示为三角函数的形式:

$$\boldsymbol{Q}=\|\boldsymbol{Q}\|\left(\cos\frac{\phi}{2}+\boldsymbol{u}\sin\frac{\phi}{2}\right) \tag{B-27}$$

特别地,当 $\|\boldsymbol{Q}\|=1$ 时,即对于单位四元数,有:

$$\boldsymbol{Q}=q_0+\boldsymbol{q}=\cos\frac{\phi}{2}+\boldsymbol{u}\sin\frac{\phi}{2} \tag{B-28}$$

其中,$q_0=\cos\frac{\phi}{2}$,$\boldsymbol{q}=\boldsymbol{u}\sin\frac{\phi}{2}$且 $q_0^2+\boldsymbol{q}^{\mathrm{T}}\boldsymbol{q}=1$;$\boldsymbol{u}$ 为单位长度的三维矢量,即$\boldsymbol{u}^{\mathrm{T}}\boldsymbol{u}=1$;$\phi$ 为某一角度值。

根据方向余弦阵式(C-28)恒等变形,可得:

$$\begin{aligned}\boldsymbol{C}_b^i&=\boldsymbol{I}+\sin\phi(\boldsymbol{u}\times)+(1-\cos\phi)(\boldsymbol{u}\times)^2\\&=\boldsymbol{I}+2\sin\frac{\phi}{2}\cos\frac{\phi}{2}(\boldsymbol{u}\times)+2\sin^2\frac{\phi}{2}(\boldsymbol{u}\times)^2\\&=\boldsymbol{I}+2\cos\frac{\phi}{2}\left(\sin\frac{\phi}{2}\boldsymbol{u}\times\right)+2\left(\sin\frac{\phi}{2}\boldsymbol{u}\times\right)^2\end{aligned} \tag{B-29}$$

其中,$\phi\boldsymbol{u}$ 为等效旋转矢量。将式(B-28)的实部 q_0 和虚部 $\boldsymbol{q}$ 代入式(B-29),可得

$$\boldsymbol{C}_b^i=\boldsymbol{I}+2q_0(\boldsymbol{q}\times)+2(\boldsymbol{q}\times)^2=\begin{bmatrix}1-2(q_2^2+q_3^2) & 2(q_1q_2-q_0q_3) & 2(q_1q_3+q_0q_2)\\2(q_1q_2+q_0q_3) & 1-2(q_1^2+q_3^2) & 2(q_2q_3-q_0q_1)\\2(q_1q_3-q_0q_2) & 2(q_2q_3+q_0q_1) & 1-q(q_1^2+q_2^2)\end{bmatrix}$$

$$=\begin{bmatrix}q_0^2+q_1^2-q_2^2-q_3^2 & 2(q_1q_2-q_0q_3) & 2(q_1q_3+q_0q_2)\\2(q_1q_2+q_0q_3) & q_0^2-q_1^2+q_2^2-q_3^2 & 2(q_2q_3-q_0q_1)\\2(q_1q_3-q_0q_2) & 2(q_2q_3+q_0q_1) & q_0^2-q_1^2-q_2^2+q_3^2\end{bmatrix} \tag{B-30}$$

上式建立了单位四元数与方向余弦阵之间的关系。可见,单位四元数与坐标变换之间存在对应关系,因此又称单位四元数为姿态四元数。实际上,式(B-28)中 $\boldsymbol{u}$ 表示动坐标系(b 系)相对于参考坐标系(i 系)旋转转轴方向的单位矢量,ϕ 表示旋转角度大小(参见附录 C.1)。为了更明确地表示两坐标系之间的转动变换关系,常为四元数 $\boldsymbol{Q}$ 添加上下角标,写成$\boldsymbol{Q}_b^i$,则使用角标后,共轭四元数可记为$\boldsymbol{Q}_i^b=(\boldsymbol{Q}_b^i)^*$,这与矩阵转置的表示方法类似,比如$\boldsymbol{C}_i^b=(\boldsymbol{C}_b^i)^{\mathrm{T}}$。

考察$\boldsymbol{Q}_i^b$ 的三角表示，由四元数共轭的定义可得：

$$\boldsymbol{Q}_i^b = q_0 - \boldsymbol{q} = \cos\frac{\phi}{2} - \boldsymbol{u}\sin\frac{\phi}{2} \tag{B-31}$$

其物理意义有两种理解方式，既可视为 i 系绕 $\boldsymbol{u}$ 旋转 $-\phi$（或 $2\pi-\phi$）得到 b 系，又可视为 i 系绕 $-\boldsymbol{u}$ 旋转 ϕ 得到 b 系。两种理解方式本质上是一致的。

附录C

姿态表示及转换

C.1 姿态表示

1. 姿态矩阵

为了描述载体相对于 O 点的定轴转动，需要以 O 为原点建立两个坐标系，即参考坐标系 i 和与载体固连的坐标系 b。载体坐标系 b 随着载体一起相对于参考坐标系 i 转动。转动过程中，载体上的任一点 A 在 b 系中的坐标(x^b, y^b, z^b)保持不变，但 A 点在 i 系的坐标(x^i, y^i, z^i)由于载体的旋转而发生改变，(x^i, y^i, z^i)的变换反映了 b 系相对于 i 系的转动情况，即载体的姿态（角位置）变化情况。根据坐标变换关系

$$\begin{bmatrix} x^i \\ y^i \\ z^i \end{bmatrix} = \boldsymbol{C}_b^i \begin{bmatrix} x^b \\ y^b \\ z^b \end{bmatrix} \tag{C-1}$$

可见，载体的旋转会导致坐标变换矩阵$\boldsymbol{C}_b^i$ 发生改变，同时$\boldsymbol{C}_b^i$ 的改变也反映了姿态的变化情况，因此可以用$\boldsymbol{C}_b^i$ 表示载体的姿态，称其为姿态矩阵。

若用$\boldsymbol{i}_b$、$\boldsymbol{j}_b$、$\boldsymbol{k}_b$ 分别表示直角坐标系 $Ox_by_bz_b$（b 系）坐标轴上的单位矢量，而用$\boldsymbol{i}_i$、$\boldsymbol{j}_i$、$\boldsymbol{k}_i$ 表示 $Ox_iy_iz_i$（i 系）坐标轴向的单位矢量，则$\boldsymbol{i}_b$、$\boldsymbol{j}_b$、$\boldsymbol{k}_b$ 可分别用$\boldsymbol{i}_i$、$\boldsymbol{j}_i$、$\boldsymbol{k}_i$ 表示为

$$\begin{cases} \boldsymbol{i}_b = (\boldsymbol{i}_b \cdot \boldsymbol{i}_i)\boldsymbol{i}_i + (\boldsymbol{i}_b \cdot \boldsymbol{j}_i)\boldsymbol{j}_i + (\boldsymbol{i}_b \cdot \boldsymbol{k}_i)\boldsymbol{k}_i \\ \boldsymbol{j}_b = (\boldsymbol{j}_b \cdot \boldsymbol{i}_i)\boldsymbol{i}_i + (\boldsymbol{j}_b \cdot \boldsymbol{j}_i)\boldsymbol{j}_i + (\boldsymbol{j}_b \cdot \boldsymbol{k}_i)\boldsymbol{k}_i \\ \boldsymbol{k}_b = (\boldsymbol{k}_b \cdot \boldsymbol{i}_i)\boldsymbol{i}_i + (\boldsymbol{k}_b \cdot \boldsymbol{j}_i)\boldsymbol{j}_i + (\boldsymbol{k}_b \cdot \boldsymbol{k}_i)\boldsymbol{k}_i \end{cases} \tag{C-2}$$

实际上，上式表示的正是两直角坐标系之间的基变换公式，将其改写成矩阵的方式，如下：

$$[\boldsymbol{i}_b \quad \boldsymbol{j}_b \quad \boldsymbol{k}_b] = [\boldsymbol{i}_i \quad \boldsymbol{j}_i \quad \boldsymbol{k}_i]\boldsymbol{P} \tag{C-3}$$

其中，

$$\boldsymbol{P}=\begin{bmatrix}\boldsymbol{i}_b\cdot\boldsymbol{i}_i & \boldsymbol{j}_b\cdot\boldsymbol{i}_i & \boldsymbol{k}_b\cdot\boldsymbol{i}_i\\ \boldsymbol{i}_b\cdot\boldsymbol{j}_i & \boldsymbol{j}_b\cdot\boldsymbol{j}_i & \boldsymbol{k}_b\cdot\boldsymbol{j}_i\\ \boldsymbol{i}_b\cdot\boldsymbol{k}_i & \boldsymbol{j}_b\cdot\boldsymbol{k}_i & \boldsymbol{k}_b\cdot\boldsymbol{k}_i\end{bmatrix} \tag{C-4}$$

$\boldsymbol{P}$ 为从 i 系到 b 系的过渡矩阵(从 i 系到 b 系的坐标系变换矩阵)。

假设有一个三维矢量 $\boldsymbol{V}$,它在 i 系和 b 系下的投影坐标分别为

$$\boldsymbol{V}^i=\begin{bmatrix}V_x^i\\ V_y^i\\ V_z^i\end{bmatrix} \quad 和 \quad \boldsymbol{V}^b=\begin{bmatrix}V_x^b\\ V_y^b\\ V_z^b\end{bmatrix}$$

若用投影表示法,则有:

$$\boldsymbol{V}=V_x^i\boldsymbol{i}_i+V_y^i\boldsymbol{j}_i+V_z^i\boldsymbol{k}_i=V_x^b\boldsymbol{i}_b+V_y^b\boldsymbol{j}_b+V_z^b\boldsymbol{k}_b \tag{C-5}$$

而若用坐标表示法,则有:

$$[\boldsymbol{i}_i\quad \boldsymbol{j}_i\quad \boldsymbol{k}_i]\begin{bmatrix}V_x^i\\ V_y^i\\ V_z^i\end{bmatrix}=[\boldsymbol{i}_b\quad \boldsymbol{j}_b\quad \boldsymbol{k}_b]\begin{bmatrix}V_x^b\\ V_y^b\\ V_z^b\end{bmatrix} \tag{C-6}$$

将式(C-3)代入式(C-6),可得:

$$[\boldsymbol{i}_i\quad \boldsymbol{j}_i\quad \boldsymbol{k}_i]\begin{bmatrix}V_x^i\\ V_y^i\\ V_z^i\end{bmatrix}=[\boldsymbol{i}_i\quad \boldsymbol{j}_i\quad \boldsymbol{k}_i]\boldsymbol{P}\begin{bmatrix}V_x^b\\ V_y^b\\ V_z^b\end{bmatrix} \tag{C-7}$$

从而有

$$\begin{bmatrix}V_x^i\\ V_y^i\\ V_z^i\end{bmatrix}=\boldsymbol{P}\begin{bmatrix}V_x^b\\ V_y^b\\ V_z^b\end{bmatrix} \quad 即 \quad \boldsymbol{V}^i=\boldsymbol{P}\boldsymbol{V}^b=\boldsymbol{C}_b^i\boldsymbol{V}^b \tag{C-8}$$

其中,记$\boldsymbol{C}_b^i=\boldsymbol{P}$ 为从 b 系到 i 系的坐标变换矩阵。

从几何含义上,不难验证过渡矩阵 $\boldsymbol{P}$ 是单位正交阵(即有$\boldsymbol{P}^{\mathrm{T}}\boldsymbol{P}=\boldsymbol{I}$),比如对于式(C-4)中的第一行矢量$[\boldsymbol{i}_b\cdot\boldsymbol{i}_i\quad \boldsymbol{j}_b\cdot\boldsymbol{i}_i\quad \boldsymbol{j}_b\cdot\boldsymbol{i}_i]$,它表示$\boldsymbol{i}_i$ 在 b 系的投影,可记为$(\boldsymbol{i}_i)^b$,显然有$|(\boldsymbol{i}_i)^b|=|\boldsymbol{i}_i|=1$,而第一行矢量与第二行矢量点乘为

$$[\boldsymbol{i}_b\cdot\boldsymbol{i}_i\quad \boldsymbol{j}_b\cdot\boldsymbol{i}_i\quad \boldsymbol{j}_b\cdot\boldsymbol{i}_i]\cdot[\boldsymbol{i}_b\cdot\boldsymbol{j}_i\quad \boldsymbol{j}_b\cdot\boldsymbol{j}_i\quad \boldsymbol{j}_b\cdot\boldsymbol{j}_i]=(\boldsymbol{i}_i)^b\cdot(\boldsymbol{j}_i)^b=\boldsymbol{i}_i\cdot\boldsymbol{j}_i=0$$

同理,可验证 $\boldsymbol{P}$ 中任一行矢量为单位矢量,且任意两个不同行矢量之间正交。

由于矩阵$\boldsymbol{C}_b^i=\boldsymbol{P}$ 中的每一个元素均表示两套坐标系(b 系和 i 系)相应坐标轴之间夹角的余弦值,比如$\boldsymbol{i}_b\cdot\boldsymbol{j}_i$ 表示坐标轴 Ox_b 与 Oy_i 之间夹角的余弦值,即

$\cos(\angle x_b O y_i)$，因此常称$\boldsymbol{C}_b^i$ 为方向余弦阵(Direction Cosine Matrix,DCM)。

2. 欧拉角

在三维空间中刚体(或坐标系)定点转动具有三个自由度，需要三个广义坐标才能完整描述。所谓广义坐标，它是描述系统位形所需的一组独立参数，或最少参数。欧拉角是三个一组的角参数广义坐标，最早由欧拉(Euler)提出而得名。与方向余弦矩阵和四元数相比，欧拉角表示法除参数的数目最少外，其物理含义通常更加直观、更容易理解。但是，欧拉角的定义是不唯一的，根据坐标系绕其轴的旋转顺序不同，存在多种定义方式：首先绕三个坐标轴中的任意一轴转动，有三种情形；接着绕除第一次转轴外的任意一轴转动，有两种情形，最后绕除第二次转轴外的任意一轴转动，又有两种情形，因此，总计存在 $3\times2\times2=12$ 种定义方式。图 C.1 和图 C.2 给出了其中两种定义方式。一般在给出欧拉角参数表示坐标系旋转时，都得指出相应的欧拉角定义方式。

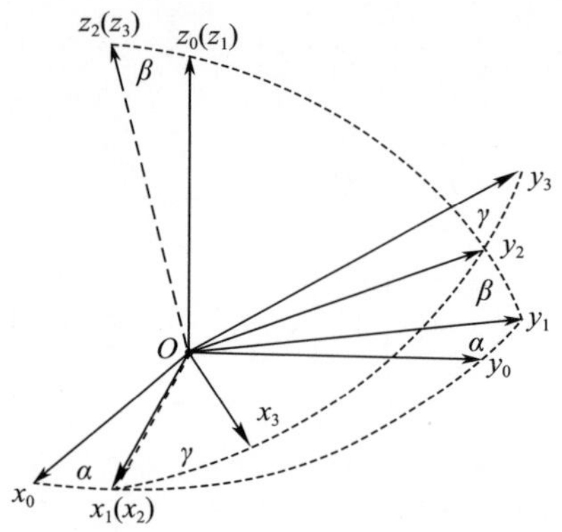

图 C.1　按 313 方式定义欧拉角

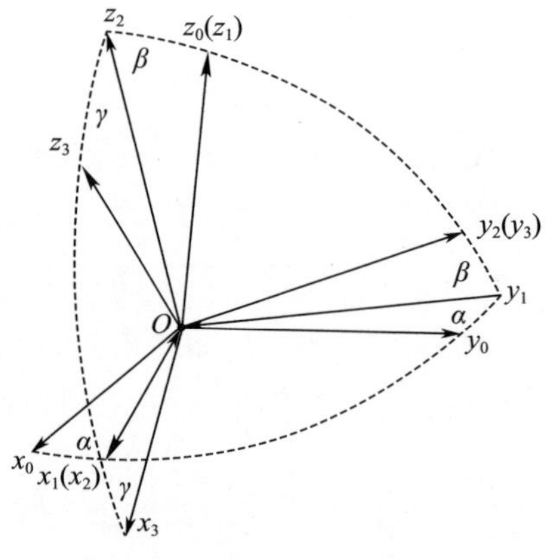

图 C.2　按 312 方式定义欧拉角

在图 C.1 中,假设 $Ox_0y_0z_0$ 为右手直角参考坐标系,对其实施如下三次转动:首先 $Ox_0y_0z_0$ 系绕 Oz_0 轴正向转动 α 角度得 $Ox_1y_1z_1$ 系,显然两坐标系具有共同的 Oz 轴;接着 $Ox_1y_1z_1$ 系绕 Ox_1 轴正向转动 β 角度得 $Ox_2y_2z_2$ 系,两坐标系具有共同的 Ox 轴;最后 $Ox_2y_2z_2$ 系绕 Oz_2 轴正向转动 γ 角度得 $Ox_3y_3z_3$ 系,两坐标系具有共同的 Oz 轴。上述转轴顺序及转角正负可简记为“(+3)(+1)(+3)”,或省略“ + ”号后进一步简记为“313”,其中数字 1、2 和 3 分别表示绕 Ox、Oy 和 Oz 轴转动,括号内“ + ”号表示绕相应轴按右手规则转角方向定义为正,若使用“ - ”则定义为负。

对于图 C.1,根据方向余弦阵的定义式(C-4),可得参考坐标系 $Ox_0y_0z_0$ 至动坐标系 $Ox_3y_3z_3$ 的方向余弦阵:

$$\boldsymbol{C}_3^0=\boldsymbol{C}_1^0\boldsymbol{C}_2^1\boldsymbol{C}_3^2=\begin{bmatrix}c_\alpha & -s_\alpha & 0\\ s_\alpha & c_\alpha & 0\\ 0 & 0 & 1\end{bmatrix}\begin{bmatrix}1 & 0 & 0\\ 0 & c_\beta & -s_\beta\\ 0 & s_\beta & c_\beta\end{bmatrix}\begin{bmatrix}c_\gamma & -s_\gamma & 0\\ s_\gamma & c_\gamma & 0\\ 0 & 0 & 1\end{bmatrix}$$

$$=\begin{bmatrix}c_\alpha & -s_\alpha c_\beta & s_\alpha s_\beta\\ s_\alpha & c_\alpha c_\beta & -c_\alpha s_\beta\\ 0 & s_\beta & c_\beta\end{bmatrix}\begin{bmatrix}c_\gamma & -s_\gamma & 0\\ s_\gamma & c_\gamma & 0\\ 0 & 0 & 1\end{bmatrix}=\begin{bmatrix}c_\alpha c_\gamma-s_\alpha c_\beta s_\gamma & -c_\alpha s_\gamma-s_\alpha c_\beta c_\gamma & s_\alpha s_\beta\\ s_\alpha c_\gamma+c_\alpha c_\beta s_\gamma & -s_\alpha s_\alpha+c_\alpha c_\beta c_\gamma & -c_\alpha s_\beta\\ s_\beta s_\gamma & s_\beta c_\gamma & c_\beta\end{bmatrix} \tag{C-9}$$

其中,简记三角函数 $s_\vartheta=\sin(\vartheta)$,$c_\vartheta=\cos(\vartheta)$,$(\vartheta=\alpha,\beta,\gamma)$。

若 α、β、γ 均为小量,则近似有:

$$\boldsymbol{C}_3^0\approx\begin{bmatrix}1 & -(\alpha+\gamma) & 0\\ \alpha+\gamma & 1 & -\beta\\ 0 & \beta & 1\end{bmatrix}=\boldsymbol{I}+\delta\boldsymbol{\theta}\times \tag{C-10}$$

式中,$\delta\boldsymbol{\theta}=[\beta\quad 0\quad \alpha+\gamma]^{\mathrm{T}}$。

类似的,在图 C.2 中,不难看出它的欧拉角定义方式为“312”,三个坐标轴各转动了一次,$Ox_0y_0z_0$ 系至 $Ox_3y_3z_3$ 系的方向余弦阵为

$$\boldsymbol{C}_3^0=\boldsymbol{C}_1^0\boldsymbol{C}_2^1\boldsymbol{C}_3^2=\begin{bmatrix}c_\alpha & -s_\alpha & 0\\ s_\alpha & c_\alpha & 0\\ 0 & 0 & 1\end{bmatrix}\begin{bmatrix}1 & 0 & 0\\ 0 & c_\beta & -s_\beta\\ 0 & s_\beta & c_\beta\end{bmatrix}\begin{bmatrix}c_\gamma & 0 & s_\gamma\\ 0 & 1 & 0\\ -s_\gamma & 0 & c_\gamma\end{bmatrix}$$

$$=\begin{bmatrix}c_\alpha & -s_\alpha c_\beta & s_\alpha s_\beta\\ s_\alpha & c_\alpha c_\beta & -c_\alpha s_\beta\\ 0 & s_\beta & c_\beta\end{bmatrix}\begin{bmatrix}c_\gamma & 0 & s_\gamma\\ 0 & 1 & 0\\ -s_\gamma & 0 & c_\gamma\end{bmatrix}=\begin{bmatrix}c_\alpha c_\gamma-s_\alpha s_\beta s_\gamma & -s_\alpha c_\beta & c_\alpha s_\gamma+s_\alpha s_\beta c_\gamma\\ s_\alpha c_\gamma+c_\alpha s_\beta s_\gamma & c_\alpha c_\beta & s_\alpha s_\gamma-c_\alpha s_\beta c_\gamma\\ -c_\beta s_\gamma & s_\beta & c_\beta c_\gamma\end{bmatrix} \tag{C-11}$$

若 α、β、γ 均为小量，则近似有：

$$\boldsymbol{C}_3^0 \approx \begin{bmatrix} 1 & -\alpha & \gamma \\ \alpha & 1 & -\beta \\ -\gamma & \beta & 1 \end{bmatrix} = \boldsymbol{I} + \delta\boldsymbol{\theta} \times \tag{C-12}$$

式中，$\delta\boldsymbol{\theta} = [\beta \quad \gamma \quad \alpha]^{\mathrm{T}}$。

对图 C.1 中的情况而言，绕 x 轴旋转角度 β，绕 y 轴没有旋转（旋转角度视为 0），绕 z 轴旋转旋转了两次，角度分别为 α 和 γ，体现在 $\delta\boldsymbol{\theta}$ 就是其第一个分量为 β，第二个分量为 0，第三个分量为 $\alpha+\gamma$。对图 C.2 中的情况而言，绕 x 轴、y 轴、z 轴旋转角度分别为 β、γ 和 α，$\delta\boldsymbol{\theta}$ 的三个分量也分别为 β、γ 和 α。可见，当三个欧拉角均为小量时，姿态矩阵与转动的顺序无关，而仅与每个轴上转过的角度有关。综上，设三次旋转中，绕 x、y、z 轴转过的微小角度分别记为 $\delta\boldsymbol{\theta}_x$、$\delta\boldsymbol{\theta}_y$ 和 $\delta\boldsymbol{\theta}_z$（若绕某轴转动了两次，转过角度为两次转动角度之和），则可得对应的变换矩阵为

$$\boldsymbol{C}_3^0 \approx \begin{bmatrix} 1 & -\delta\boldsymbol{\theta}_z & \delta\boldsymbol{\theta}_y \\ \delta\boldsymbol{\theta}_z & 1 & -\delta\boldsymbol{\theta}_x \\ -\delta\boldsymbol{\theta}_y & \delta\boldsymbol{\theta}_x & 1 \end{bmatrix} = \boldsymbol{I} + \delta\boldsymbol{\theta} \times \tag{C-13}$$

实际上，图 C.1 和图 C.2 分别代表了两种旋转类型，即 6 种“ABA”型和 6 种“ABC”型，前一个类型第一和第三次转轴选择相同，后一种类型三次旋转的转轴均不相同。分析其余 5 种“ABA”型和其余 5 种“ABC”型转动类型，均可得到与图 C.1 和图 C.2 相同的规律，其坐标变换矩阵均可表示成式（C-13）的形式。有时也称 $\delta\boldsymbol{\theta}_x$、$\delta\boldsymbol{\theta}_y$ 和 $\delta\boldsymbol{\theta}_z$ 为坐标系 3 相对于坐标系 0 的失准角，称 $\delta\boldsymbol{\theta}$ 为坐标系 3 相对于坐标系 0 的失准角矢量。

在导航应用中，习惯上使用一组欧拉角来描述载体（舰船、车辆、飞机等）的空间指向，其中参考坐标系一般默认为当地地理坐标系，而动坐标系为与载体固连的坐标系。与载体固连的三轴俗称为横轴、纵轴和立轴，它们具有明确物理含义，是绝大多数运动和控制的参考基准。当载体水平停放时，横轴沿左右方向，可取向右方向为正；纵轴沿前后方向，可取向前方向为正；立轴沿上下方向，可取向上方向为正。描述载体的一组欧拉角通常也称为姿态角，包括航向角（方位角或偏航角）、俯仰角（高低角或横摇角）和横滚角（滚动角或纵摇角），各角参数的定义与运载体各物理轴向相联系，详细定义如下。

参见图 C.3，航向角 ψ：运载体纵轴在当地水平面上的投影线与当地地理北向的夹角，常取北偏东为正，即若从空中俯视运载体，地理北向顺时针旋转至纵轴水平投影线的角度，角度范围为 0 ~ 360°，或$[0,2\pi)$；俯仰角 θ：运载体纵轴与其水平投影线之间的夹角，当运载体抬头时角度定义为正，角度范围 −90° ~

90°,或[$-\pi/2,\pi/2$];横滚角 γ:运载体立轴与纵轴所在铅垂面之间的夹角,当运载体向右倾斜时角度定义为正,角度范围 $-180° \sim 180°$,或($-\pi,\pi$]。

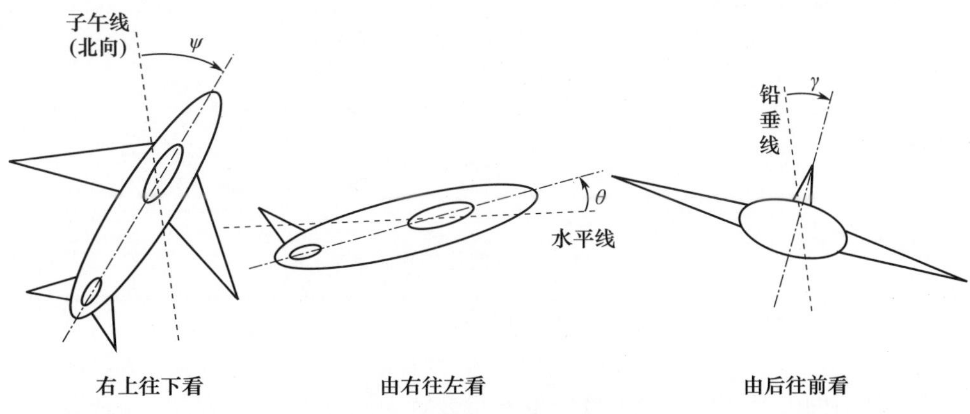

图 C.3　运载体欧拉角定义

若在地理坐标系和运载体坐标系上分别给出了具体的数学坐标系定义,比如 $Ox_gy_gz_g$ 系和 $Ox_by_bz_b$ 系,其中地理坐标系 $Ox_gy_gz_g$ 的三轴分别指向地理东向、北向和天向,俗称"东 - 北 - 天"地理坐标系;运载体坐标系 $Ox_by_bz_b$ 的三轴分别指向横轴向右、纵轴向前和立轴向上,俗称"右 - 前 - 上"载体坐标系。则图 C.3 给出的运载体欧拉角定义可以简单描述为"(-3) 12"方式。类似的,如果 $Ox_gy_gz_g$ 和 $Ox_by_bz_b$ 分别定义为"北 - 东 - 地"地理坐标系和"前 - 右 - 下"载体坐标系,则运载体欧拉角定义应相应地变为"321"方式。由此可见,实际运载体欧拉角本质上是按物理轴向定义的。注意到,在前述两种定义方式中,当三个欧拉角均为 0 时,地理系和载体系是重合的,这是在定义参考坐标系和动坐标系时应当遵循的普遍原则。按照这一原则,将欧拉角定义描述为"东 - 北 - 天(-3) 12"或者"北 - 东 - 地 321",含义就非常明确了。

3. 姿态四元数

欧拉(Euler,L. ,1707 - 1783)是公认的刚体姿态数学描述及在此基础上建立起来的刚体运动学和动力学的奠基人。他在 1765 年出版的力学著作中提出了著名的刚体一次转动定理:刚体绕定点 O 的任意有限转动可由绕过 O 点的某根轴的一次有限转动实现。因此 b 系可视为载体从与 i 系重合的位置绕过 O 点的某根轴 $\boldsymbol{u}$ 转动角度 ϕ(设 $\phi \geqslant 0$)得到。参见图 C.4,设转动前载体上一点位于 A 点,转动后 A 点随载体运动到 A'点。设 $\boldsymbol{r} = \overrightarrow{OA}$,$\boldsymbol{r}' = \overrightarrow{OA'}$,记 $\boldsymbol{r}$ 的矢端 A 在 $\boldsymbol{u}$ 上的投影为 O'。若以 O'为圆心、$O'A$ 为半径作圆,则 $\boldsymbol{r}'$的矢端 A'也在该圆周上。

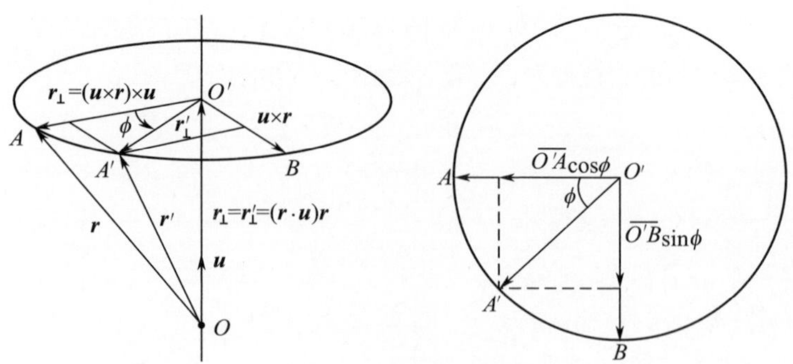

图 C.4　等效旋转矢量

在圆上取一点 B 使得 $O'B\perp O'A$，则有：

$$\overrightarrow{O'B}=\boldsymbol{u}\times\boldsymbol{r} \tag{C-14}$$

转动前的矢量 $\boldsymbol{r}$ 相对于单位矢量 $\boldsymbol{u}$ 可分解为平行于 $\boldsymbol{u}$ 的分量$\boldsymbol{r}_{\perp}$和垂直于 $\boldsymbol{u}$ 的分量$\boldsymbol{r}_{\perp}$，如下：

$$\boldsymbol{r}=\overrightarrow{OO'}+\overrightarrow{O'A} \tag{C-15}$$

即

$$\boldsymbol{r}=\boldsymbol{r}_p+\boldsymbol{r}_{\perp} \tag{C-16}$$

其中，

$$\boldsymbol{r}_p=(\boldsymbol{r}\cdot\boldsymbol{u})\boldsymbol{u} \tag{C-17}$$

$$\boldsymbol{r}_{\perp}=\overrightarrow{O'B}\times\boldsymbol{u}=(\boldsymbol{u}\times\boldsymbol{r})\times\boldsymbol{u} \tag{C-18}$$

同理，转动后的矢量 $\boldsymbol{r}'$ 相对于 $\boldsymbol{u}$ 也可以分解为平行分量$\boldsymbol{r}'_p$和垂直分量$\boldsymbol{r}'_{\perp}$，如下：

$$\boldsymbol{r}'=\overrightarrow{OO'}+\overrightarrow{O'A'}$$

即

$$\boldsymbol{r}'=\boldsymbol{r}'_p+\boldsymbol{r}'_{\perp} \tag{C-19}$$

其中，

$$\begin{gathered}\boldsymbol{r}'_p=\boldsymbol{r}_p\\ \boldsymbol{r}'_{\perp}=\overrightarrow{O'A}\cos\phi+\overrightarrow{O'B}\sin\phi=(\boldsymbol{u}\times\boldsymbol{r})\times\boldsymbol{u}\cos\phi+\boldsymbol{u}\times\boldsymbol{r}\sin\phi\end{gathered} \tag{C-20}$$

至此，将式(C-17)和式(C-20)代入式(C-19)，可详细展开为

$$\begin{aligned}\boldsymbol{r}'&=(\boldsymbol{r}\cdot\boldsymbol{u})\boldsymbol{u}+(\boldsymbol{u}\times\boldsymbol{r})\times\boldsymbol{u}\cos\phi+\boldsymbol{u}\times\boldsymbol{r}\sin\phi\\ &=(\boldsymbol{r}\cdot\boldsymbol{u})\boldsymbol{u}+\cos\phi[(\boldsymbol{u}\cdot\boldsymbol{u})\boldsymbol{r}-(\boldsymbol{r}\cdot\boldsymbol{u})\boldsymbol{u}]+\sin\phi\boldsymbol{u}\times\boldsymbol{r}\\ &=\cos\phi\boldsymbol{r}+(1-\cos\phi)\boldsymbol{u}(\boldsymbol{u}^{\mathrm{T}}\boldsymbol{r})+\sin\phi\boldsymbol{u}\times\boldsymbol{r}\\ &=[\cos\phi\boldsymbol{I}+(1-\cos\phi)\boldsymbol{u}\boldsymbol{u}^{\mathrm{T}}+\sin\phi(\boldsymbol{u}\times)]\boldsymbol{r}\\ &=\boldsymbol{D}\boldsymbol{r}\end{aligned} \tag{C-21}$$

式(C－21)称为欧拉有限转动公式，其中有：

$$\boldsymbol{D}=\cos\phi\boldsymbol{I}+(1-\cos\phi)\boldsymbol{u}\boldsymbol{u}^{\mathrm{T}}+\sin\phi(\boldsymbol{u}\times) \tag{C-22}$$

此外，由式(A－20)可得 $\boldsymbol{u}\times(\boldsymbol{u}\times\boldsymbol{r})=(\boldsymbol{u}\cdot\boldsymbol{r})\boldsymbol{u}-|\boldsymbol{u}|^2\boldsymbol{r}$，从而有：

$$(\boldsymbol{r}\cdot\boldsymbol{u})\boldsymbol{u}=(\boldsymbol{u}\cdot\boldsymbol{r})\boldsymbol{u}=\boldsymbol{u}\times(\boldsymbol{u}\times\boldsymbol{r})+|\boldsymbol{u}|^2\boldsymbol{r}=[\boldsymbol{I}+(\boldsymbol{u}\times)^2]\boldsymbol{r} \tag{C-23}$$

将式(C－23)代入式(C－21)，得：

$$\begin{aligned}\boldsymbol{r}'&=[\boldsymbol{I}+(\boldsymbol{u}\times)^2]\boldsymbol{r}-(\boldsymbol{u}\times)^2\boldsymbol{r}\cos\phi+\boldsymbol{u}\times\boldsymbol{r}\sin\phi\\&=[\boldsymbol{I}+\sin\phi(\boldsymbol{u}\times)+(1-\cos\phi)(\boldsymbol{u}\times)^2]\boldsymbol{r}\\&=\boldsymbol{D}\boldsymbol{r}\end{aligned} \tag{C-24}$$

其中，记：

$$\boldsymbol{D}=\boldsymbol{I}+\sin\phi(\boldsymbol{u}\times)+(1-\cos\phi)(\boldsymbol{u}\times)^2 \tag{C-25}$$

实际上，根据式(A－32)有 $\boldsymbol{u}\boldsymbol{u}^{\mathrm{T}}=\boldsymbol{I}+(\boldsymbol{u}\times)^2$，代入式(C－22)便可直接得到式(C－25)。

式(C－21)或式(C－24)称为罗德里格(Rodrigues)旋转公式，它建立了转动前后两矢量 $\boldsymbol{r}$ 与 $\boldsymbol{r}'$ 之间的线性变换关系，该变换是转轴 $\boldsymbol{u}$ 及转角 ϕ 的函数。

直角坐标系上存在三个坐标轴向单位矢量，也可对它们实施旋转操作。假设有动坐标系 b 系与参考坐标系 i 系，两坐标系在起始时刻重合，接着 b 系相对于 i 系作定轴转动，即绕通过原点的单位矢量 $\boldsymbol{u}$ 转动了 ϕ 角，也就是说，i 系坐标轴的单位矢量 $\boldsymbol{i}_i$、$\boldsymbol{j}_i$、$\boldsymbol{k}_i$ 绕 $\boldsymbol{u}$ 转动 ϕ 角得到 b 系坐标轴的单位矢量 $\boldsymbol{i}_b$、$\boldsymbol{j}_b$、$\boldsymbol{k}_b$。根据式(C－25)，可得两坐标轴单位矢量之间的变换关系为

$$\begin{cases}\boldsymbol{i}_b=\boldsymbol{D}\boldsymbol{i}_i\\\boldsymbol{j}_b=\boldsymbol{D}\boldsymbol{j}_i\\\boldsymbol{k}_b=\boldsymbol{D}\boldsymbol{k}_i\end{cases} \tag{C-26}$$

再假设

$$\boldsymbol{D}=\begin{bmatrix}D_{11}&D_{12}&D_{13}\\D_{21}&D_{22}&D_{23}\\D_{31}&D_{32}&D_{33}\end{bmatrix},\quad \boldsymbol{i}_i=\begin{bmatrix}1\\0\\0\end{bmatrix},\quad \boldsymbol{j}_i=\begin{bmatrix}0\\1\\0\end{bmatrix},\quad \boldsymbol{k}_i=\begin{bmatrix}0\\0\\1\end{bmatrix} \tag{C-27}$$

将式(C－26)和(C－27)代入过渡矩阵式(C－4)，得

$$\boldsymbol{P}=\begin{bmatrix}\boldsymbol{D}\boldsymbol{i}_i\cdot\boldsymbol{i}_i&\boldsymbol{D}\boldsymbol{j}_i\cdot\boldsymbol{i}_i&\boldsymbol{D}\boldsymbol{k}_i\cdot\boldsymbol{i}_i\\\boldsymbol{D}\boldsymbol{i}_i\cdot\boldsymbol{j}_i&\boldsymbol{D}\boldsymbol{j}_i\cdot\boldsymbol{j}_i&\boldsymbol{D}\boldsymbol{k}_i\cdot\boldsymbol{j}_i\\\boldsymbol{D}\boldsymbol{i}_i\cdot\boldsymbol{k}_i&\boldsymbol{D}\boldsymbol{j}_i\cdot\boldsymbol{k}_i&\boldsymbol{D}\boldsymbol{k}_i\cdot\boldsymbol{k}_i\end{bmatrix}=\begin{bmatrix}D_{11}&D_{12}&D_{13}\\D_{21}&D_{22}&D_{23}\\D_{31}&D_{32}&D_{33}\end{bmatrix}=\boldsymbol{D} \tag{C-28}$$

这表明，矩阵 $\boldsymbol{D}$ 正好是从参考坐标系 i 系到动坐标系 b 系的过渡矩阵，它也是从 b 系到 i 系的坐标变换矩阵，从而根据式(C－22)和式(C－25)有：

$$\begin{aligned}\boldsymbol{C}_b^i &= \cos\phi\boldsymbol{I} + (1-\cos\phi)\boldsymbol{u}\boldsymbol{u}^{\mathrm{T}} + \sin\phi(\boldsymbol{u}\times) \\ &= \boldsymbol{I} + \sin\phi(\boldsymbol{u}\times) + (1-\cos\phi)(\boldsymbol{u}\times)^2\end{aligned} \tag{C-29}$$

设$\boldsymbol{u}^i = \boldsymbol{u}^b = [u_1 \quad u_2 \quad u_3]^{\mathrm{T}}$，代入式(C－29)，化简可得

$$\boldsymbol{C}_b^i = \begin{bmatrix} 2u_1^2\sin^2\frac{\phi}{2} + 2\cos^2\frac{\phi}{2} - 1 & 2u_2u_1\sin^2\frac{\phi}{2} - 2u_3\sin\frac{\phi}{2}\cos\frac{\phi}{2} & 2u_3u_1\sin^2\frac{\phi}{2} + 2u_2\sin\frac{\phi}{2}\cos\frac{\phi}{2} \\ 2u_2u_1\sin^2\frac{\phi}{2} + 2u_3\sin\frac{\phi}{2}\cos\frac{\phi}{2} & 2u_2^2\sin^2\frac{\phi}{2} + 2\cos^2\frac{\phi}{2} - 1 & 2u_3u_2\sin^2\frac{\phi}{2} - 2u_1\sin\frac{\phi}{2}\cos\frac{\phi}{2} \\ 2u_3u_1\sin^2\frac{\phi}{2} - 2u_2\sin\frac{\phi}{2}\cos\frac{\phi}{2} & 2u_3u_2\sin^2\frac{\phi}{2} + 2u_1\sin\frac{\phi}{2}\cos\frac{\phi}{2} & 2u_3^2\sin^2\frac{\phi}{2} + 2\cos^2\frac{\phi}{2} - 1 \end{bmatrix} \tag{C-30}$$

若令 $q_0 = \cos\frac{\phi}{2}, q_i = u_i\sin\frac{\phi}{2}(i=1,2,3)$，并以 q_0、q_1、q_2、q_3 构造四元数

$$\boldsymbol{Q} = q_0 + \boldsymbol{q} = q_0 + q_1\boldsymbol{i} + q_2\boldsymbol{j} + q_2\boldsymbol{k} = \cos\frac{\phi}{2} + \boldsymbol{u}^i\sin\frac{\phi}{2} = \cos\frac{\phi}{2} + \boldsymbol{u}^b\sin\frac{\phi}{2} \tag{C-31}$$

则四元数 $\boldsymbol{Q}$ 描述了刚体的定点转动，当只关心 b 系相对 i 系的角位置时，可认为 b 系是由 i 系经过无中间过程的一次性等效旋转形成的，$\boldsymbol{Q}$ 包含了这种等效旋转的全部信息，即 u^i 为旋转瞬轴和旋转方向，ϕ 为转过的角度。

将式(C－31)代入式(C－29)可得

$$\boldsymbol{C}_b^i = \boldsymbol{I} + 2\sin\frac{\phi}{2}\cos\frac{\phi}{2}(\boldsymbol{u}\times) + 2\sin^2\frac{\phi}{2}(\boldsymbol{u}\times)^2 = \boldsymbol{I} + 2q_0(\boldsymbol{q}\times) + 2(\boldsymbol{q}\times)^2 \tag{C-32}$$

以及

$$\begin{aligned}\boldsymbol{C}_b^i &= \left(\cos^2\frac{\phi}{2} - \sin^2\frac{\phi}{2}\right)\boldsymbol{I} + 2\sin^2\frac{\phi}{2}\boldsymbol{u}\boldsymbol{u}^{\mathrm{T}} + 2\sin\frac{\phi}{2}\cos\frac{\phi}{2}(\boldsymbol{u}\times) \\ &= (q_0^2 - \boldsymbol{q}^{\mathrm{T}}\boldsymbol{q})\boldsymbol{I} + 2q_0(\boldsymbol{q}\times) + 2\boldsymbol{q}\boldsymbol{q}^{\mathrm{T}}\end{aligned} \tag{C-33}$$

将 q_0、q_1、q_2、q_3 代入式(C－30)得：

$$\boldsymbol{C}_b^i = \begin{bmatrix} 2(q_1^2 + q_0^2) - 1 & 2(q_2q_1 - q_3q_0) & 2(q_3q_1 + q_2q_0) \\ 2(q_2q_1 + q_3q_0) & 2(q_2^2 + q_0^2) - 1 & 2(q_3q_2 - q_1q_0) \\ 2(q_3q_1 - q_2q_0) & 2(q_3q_2 + q_1q_0) & 2(q_3^2 + q_0^2) - 1 \end{bmatrix} \tag{C-34}$$

由于$\|\boldsymbol{Q}\| = q_0^2 + q_1^2 + q_2^2 + q_3^2 = 1$,式(C-34)可进一步写为

$$\boldsymbol{C}_b^i = \begin{bmatrix} q_0^2 + q_1^2 - q_2^2 - q_3^2 & 2(q_2q_1 - q_3q_0) & 2(q_3q_1 + q_2q_0) \\ 2(q_2q_1 + q_3q_0) & q_0^2 - q_1^2 + q_2^2 - q_3^2 & 2(q_3q_2 - q_1q_0) \\ 2(q_3q_1 - q_2q_0) & 2(q_3q_2 + q_1q_0) & q_0^2 - q_1^2 - q_2^2 + q_3^2 \end{bmatrix} \tag{C-35}$$

设$\boldsymbol{r}$在载体坐标系(b系)和参考坐标系(i系)中的投影坐标分别为$\boldsymbol{r}^b = [r_x^b \quad r_y^b \quad r_z^b]^{\mathrm{T}}$和$\boldsymbol{r}^i = [r_x^i \quad r_y^i \quad r_z^i]^{\mathrm{T}}$,现对$\boldsymbol{r}^b$(也可视为零标量四元数)实施如下四元数乘法操作。

$$\boldsymbol{Q}_b^i \otimes \boldsymbol{r}^b \otimes \boldsymbol{Q}_i^b = (\boldsymbol{Q}_b^i \otimes)(\boldsymbol{r}^b \otimes \boldsymbol{Q}_i^b) = (\boldsymbol{Q}_b^i \otimes)(\boldsymbol{Q}_i^b \odot \boldsymbol{r}^b) = (\boldsymbol{Q}_b^i \otimes)(\boldsymbol{Q}_i^b \odot)\begin{bmatrix} 0 \\ \boldsymbol{r}^b \end{bmatrix}$$

$$= \begin{bmatrix} 1 & 0 & 0 & 0 \\ 0 & q_0^2 + q_1^2 - q_2^2 - q_3^2 & 2(q_1q_2 - q_0q_3) & 2(q_1q_3 + q_0q_2) \\ 0 & 2(q_1q_2 + q_0q_3) & q_0^2 - q_1^2 + q_2^2 - q_3^2 & 2(q_2q_3 - q_0q_1) \\ 0 & 2(q_1q_3 - q_0q_2) & 2(q_2q_3 + q_0q_1) & q_0^2 - q_1^2 - q_2^2 + q_3^2 \end{bmatrix} \begin{bmatrix} 0 \\ r_x^b \\ r_y^b \\ r_z^b \end{bmatrix} \tag{C-36}$$

式(C-36)右边矩阵中的右下角三阶对角分块矩阵恰好与式(C-35)一致,因而式(C-36)可简写为

$$\boldsymbol{Q}_b^i \otimes \boldsymbol{r}^b \otimes \boldsymbol{Q}_i^b = \begin{bmatrix} 1 & 0 \\ 0 & \boldsymbol{C}_b^i \end{bmatrix} \begin{bmatrix} 0 \\ \boldsymbol{r}^b \end{bmatrix} = \begin{bmatrix} 0 \\ \boldsymbol{C}_b^i \boldsymbol{r}^b \end{bmatrix} = \begin{bmatrix} 0 \\ \boldsymbol{r}^i \end{bmatrix} \tag{C-37}$$

这表明,$\boldsymbol{Q}_b^i \otimes \boldsymbol{r}^b \otimes \boldsymbol{Q}_i^b$ 的结果也是一个零标量四元数,其虚部正好对应于姿态阵坐标变换 $\boldsymbol{r}^i = \boldsymbol{C}_b^i \boldsymbol{r}^b$。为了书写简洁,类似于矩阵的坐标变换表达习惯,可定义四元数与三维矢量的乘法运算,即四元数坐标变换公式,如下:

$$\boldsymbol{r}^i = \boldsymbol{Q}_b^i * \boldsymbol{r}^b \tag{C-38}$$

式中,乘法算符"$*$"的含义本质上是先进行四元数乘法运算 $\boldsymbol{Q}_b^i \otimes \boldsymbol{r}^b \otimes \boldsymbol{Q}_i^b$,再提取结果中的虚部(即矢量部分)。

4. 等效旋转矢量

若记$\boldsymbol{\phi} = \phi \boldsymbol{u}$ 和 $\phi = |\boldsymbol{\phi}|$,则有 $\boldsymbol{u} = \boldsymbol{\phi}/\phi$,将其代入式(C-29),可得

$$\boldsymbol{C}_b^i = \boldsymbol{I} + \frac{\sin\phi}{\phi}(\boldsymbol{\phi} \times) + \frac{1 - \cos\phi}{\phi^2}(\boldsymbol{\phi} \times)^2 \tag{C-39}$$

这里$\boldsymbol{\phi}$称为等效旋转矢量(Rotation Vector),根据图C.4,等效旋转矢量的矢量方向表示转轴方向,而模值大小表示旋转角度大小。从转动的物理含义上看,$(\phi \pm 2k\pi)\boldsymbol{u}$ $(k = 0,1,2,\cdots)$表示的是相同的转动,这可通过将其代入式(C-39)进行验证,即$\boldsymbol{C}_b^i$ 与 k 的取值无关。如果限定转角的取值范围 $0 \leqslant \phi <$

2π，则等效旋转矢量和方向余弦阵之间存在一一对应关系。从坐标系的定轴转动中可以看出，等效旋转矢量（或单位转轴）是一种比较特殊的矢量，它在 i 系和 b 系下的坐标值完全相等，即有 $\boldsymbol{\phi}^i=\boldsymbol{C}_b^i\boldsymbol{\phi}^b=\boldsymbol{\phi}^b$（或$\boldsymbol{u}^i=\boldsymbol{u}^b$）。有时为了更加明确地显示 b 系相对于 i 系的转动关系，可利用下角标进行标注，比如 $\boldsymbol{\phi}_{ib}^b$（或$\boldsymbol{u}_{ib}^b$）。

将式（C－39）与矢量反对称阵的矩阵函数（A－41）对比，可看出两者形式上完全一致，这说明式（A－41）中矢量具有等效旋转矢量的物理含义。从比较中还可以看出，方向余弦阵的两个共轭特征值为等效旋转矢量模值的幂指函数 $e^{\pm j\phi}$，特征值的幅角表示等效旋转矢量的转角大小；方向余弦阵的第三个特征值恒为1，并且与特征值1对应的特征矢量表示转轴方向。

若将方向余弦阵 C_b^i 看作是等效旋转矢量 ϕ 的函数，可简记为

$$\boldsymbol{C}_b^i=\boldsymbol{M}_{RV}(\boldsymbol{\phi}) \tag{C-40}$$

并且有：

$$\boldsymbol{C}_i^b=(\boldsymbol{C}_b^i)^{\mathrm{T}}=\boldsymbol{M}_{RV}(-\boldsymbol{\phi}) \tag{C-41}$$

特别地，若分别取 $\boldsymbol{\phi}_1=\alpha\begin{bmatrix}1 & 0 & 0\end{bmatrix}^{\mathrm{T}}$、$\boldsymbol{\phi}_2=\beta\begin{bmatrix}0 & 1 & 0\end{bmatrix}^{\mathrm{T}}$ 和 $\boldsymbol{\phi}_3=\gamma\begin{bmatrix}0 & 0 & 1\end{bmatrix}^{\mathrm{T}}$，则有

$$\boldsymbol{C}_b^i(\boldsymbol{\phi}_1)=\boldsymbol{M}_{RV}(\boldsymbol{\phi}_1)=$$

$$\boldsymbol{I}+\sin\alpha\begin{bmatrix}0 & 0 & 0\\0 & 0 & -1\\0 & 1 & 0\end{bmatrix}+(1-\cos\alpha)\begin{bmatrix}0 & 0 & 0\\0 & 0 & -1\\0 & 1 & 0\end{bmatrix}^2=\begin{bmatrix}1 & 0 & 0\\0 & \cos\alpha & -\sin\alpha\\0 & \sin\alpha & \cos\alpha\end{bmatrix}$$

$$\boldsymbol{C}_b^i(\boldsymbol{\phi}_2)=\boldsymbol{M}_{RV}(\boldsymbol{\phi}_2)=$$

$$\boldsymbol{I}+\sin\beta\begin{bmatrix}0 & 0 & 1\\0 & 0 & 0\\-1 & 0 & 0\end{bmatrix}+(1-\cos\beta)\begin{bmatrix}0 & 0 & 1\\0 & 0 & 0\\-1 & 0 & 0\end{bmatrix}^2=\begin{bmatrix}\cos\beta & 0 & \sin\beta\\0 & 1 & 0\\-\sin\beta & 0 & \cos\beta\end{bmatrix}$$

$$\boldsymbol{C}_b^i(\boldsymbol{\phi}_3)=\boldsymbol{M}_{RV}(\boldsymbol{\phi}_3)=$$

$$\boldsymbol{I}+\sin\gamma\begin{bmatrix}0 & -1 & 0\\1 & 0 & 0\\0 & 0 & 0\end{bmatrix}+(1-\cos\gamma)\begin{bmatrix}0 & -1 & 0\\1 & 0 & 0\\0 & 0 & 0\end{bmatrix}^2=\begin{bmatrix}\cos\gamma & -\sin\gamma & 0\\\sin\gamma & \cos\gamma & 0\\0 & 0 & 1\end{bmatrix}$$

上述三式分别称为以坐标轴为旋转轴的基本转动，空间的任意转动都可以由三次基本转动合成，这与欧拉角部分的分析是一致的。

由等效旋转矢量与方向余弦阵之间的一一对应关系可知，方向余弦阵虽然含有9个元素，但它只有3个独立参数，包含了6个约束条件，即行矢量之间两两正交(3个)及每个行矢量模值均为1(3个)。3个独立参数即为3个自由度，这与三维空间中的转动自由度是一致的。

微小转动时,保留一阶小量,由式(C-29)和式(C-39)均可近似得到:

$$\boldsymbol{C}_b^i \approx \boldsymbol{I} + \boldsymbol{\phi} \times \tag{C-42}$$

如前所述,微欧拉角与 DCM 之间的关系可以用式(C-13)统一表示,与式(C-42)对比可得:

$$\boldsymbol{\phi} \approx \delta\boldsymbol{\theta} \tag{C-43}$$

式(C-43)表明了微小转动时欧拉角与旋转矢量之间的近似关系。

C.2　不同姿态表示之间的转换

虽然航向角 ψ 习惯上常定义为北偏东为正,但当定义导航坐标系为"东-北-天"地理坐标系时,航向角在绕天向轴转动时不符合右手规则。为了符合右手规则和推导公式简洁对称,除非特别说明,本书将航向角定义为北偏西为正,且取值范围$(-\pi,\pi]$,这是在后续阅读相关公式时需要特别注意的。当然,如果要将相关公式应用于北偏东的航向角,只需再增加一个简单的航向角转换过程即可。

1. 欧拉角到 DCM

在"东-北-天 312"欧拉角定义下,参考式(C-11),可得从地理坐标系到载体坐标系的方向余弦矩阵:

$$\begin{aligned}
\boldsymbol{C}_b^g &= \boldsymbol{C}_\psi \boldsymbol{C}_\theta \boldsymbol{C}_\gamma \\
&= \begin{bmatrix} c_\psi & -s_\psi & 0 \\ s_\psi & c_\psi & 0 \\ 0 & 0 & 1 \end{bmatrix} \begin{bmatrix} 1 & 0 & 0 \\ 0 & c_\theta & -s_\theta \\ 0 & s_\theta & c_\theta \end{bmatrix} \begin{bmatrix} c_\gamma & 0 & s_\gamma \\ 0 & 1 & 0 \\ -s_\gamma & 0 & c_\gamma \end{bmatrix} \\
&= \begin{bmatrix} c_\psi c_\gamma - s_\psi s_\theta s_\gamma & -s_\psi c_\theta & c_\psi s_\gamma + s_\psi s_\theta c_\gamma \\ s_\psi c_\gamma + c_\psi s_\theta s_\gamma & c_\psi c_\theta & s_\psi s_\gamma - c_\psi s_\theta c_\gamma \\ -c_\theta s_\gamma & s_\theta & c_\theta c_\gamma \end{bmatrix} = \begin{bmatrix} C_{11} & C_{12} & C_{13} \\ C_{21} & C_{22} & C_{23} \\ C_{31} & C_{32} & C_{33} \end{bmatrix}
\end{aligned} \tag{C-44}$$

式中,$C_{ij}(i,j=1,2,3)$表示矩阵 $\boldsymbol{C}_b^g$ 的第 i 行第 j 列元素,上式便是根据欧拉角计算姿态阵的公式。

2. DCM 到欧拉角

如果已知方向余弦矩阵 $\boldsymbol{C}_b^g$,通过观察式(C-44),可得提取姿态角的数值方法如下所述。

① 当$|C_{32}| \leqslant 0.999999$ 时,有

$$\begin{cases} \theta = \mathrm{asin}(C_{32}) \\ \gamma = -\mathrm{atan2}(C_{31}, C_{33}) \\ \psi = -\mathrm{atan2}(C_{12}, C_{22}) \end{cases} \tag{C-45}$$

其中，数值 0.999999 为用户根据具体需求而设定的略小于 1 的数值；atan2 (y,x) 为标准 C 语言函数库中的求反正切函数，包含象限判断功能，但两个输入参数 x 和 y 不得同时为 0，以 $\gamma = -\text{atan2}(C_{31}, C_{33})$ 为例，它在 $\boldsymbol{C}_b^g$ 的第三行矢量为单位矢量且 $|C_{32}| \leqslant 0.999999$ 时是可以保证 C_{31} 和 C_{33} 不同时为 0 的。

② 当 $C_{32} > 0.999999$ 时，有 $\theta \to \pi/2$，作近似 $\sin\theta \approx 1$ 和 $\cos\theta \approx 0$，则 $\boldsymbol{C}_b^g$ 可近似为

$$\boldsymbol{C}_b^g \approx \begin{bmatrix} c_\psi c_\gamma - s_\psi s_\gamma & 0 & c_\psi s_\gamma + s_\psi c_\gamma \\ s_\psi c_\gamma + c_\psi s_\gamma & 0 & s_\psi s_\gamma - c_\psi c_\gamma \\ 0 & s_\theta & 0 \end{bmatrix} \approx \begin{bmatrix} c_{\gamma+\psi} & 0 & s_{\gamma+\psi} \\ s_{\gamma+\psi} & 0 & -c_{\gamma+\psi} \\ 0 & s_\theta & 0 \end{bmatrix}$$

由上式可得

$$\begin{cases} \theta = \text{asin}(C_{32}) \approx \pi/2 \\ \gamma + \psi = \text{atan2}(C_{13}, C_{11}) \end{cases} \tag{C-46}$$

③ 当 $C_{32} < -0.999999$ 时，有 $\theta \to -\pi/2$，作近似 $\sin\theta \approx -1$ 和 $\cos\theta \approx 0$，则 $\boldsymbol{C}_b^g$ 可近似为

$$\boldsymbol{C}_b^g \approx \begin{bmatrix} c_\psi c_\gamma + s_\psi s_\gamma & 0 & c_\psi s_\gamma - s_\psi c_\gamma \\ s_\psi c_\gamma - c_\psi s_\gamma & 0 & s_\psi s_\gamma + c_\psi c_\gamma \\ 0 & s_\theta & 0 \end{bmatrix} \approx \begin{bmatrix} c_{\gamma-\psi} & 0 & s_{\gamma-\psi} \\ -s_{\gamma-\psi} & 0 & c_{\gamma-\psi} \\ 0 & s_\theta & 0 \end{bmatrix}$$

由上式可得：

$$\begin{cases} \theta = \text{asin}(C_{32}) \approx -\pi/2 \\ \gamma - \psi = \text{atan2}(C_{13}, C_{11}) \end{cases} \tag{C-47}$$

式(C-46)和(C-47)显示，当俯仰角 θ 在 $\pm\pi/2$ 附近时，横滚角 γ 和航向角 ψ 之间是无法单独分离的，或者说两者都存在多值性，只有当指定其中某一个值之后才能够确定另外一个，比如一般可令 $\psi = 0$。

综合前面分析，得由姿态阵求解欧拉角的完整算法如下：

$$\begin{cases} \theta = \text{asin}(C_{32}) \\ \begin{cases} \gamma = -\text{atan2}(C_{31}, C_{33}) \\ \psi = -\text{atan2}(C_{12}, C_{22}) \end{cases} & |C_{32}| \leqslant 0.999999 \\ \begin{cases} \gamma = \text{atan2}(C_{13}, C_{11}) \\ \psi = 0 \end{cases} & |C_{32}| > 0.999999 \end{cases} \tag{C-48}$$

3. 四元数到 DCM

参见式(B-30)、式(C-32)、式(C-34)、式(C-35)，可得：

$$\boldsymbol{C}_b^n(\boldsymbol{Q}_b^n)=\boldsymbol{I}+2q_0(\boldsymbol{q}\times)+2(\boldsymbol{q}\times)^2=(q_0^2-\boldsymbol{q}^{\mathrm{T}}\boldsymbol{q})\boldsymbol{I}+2q_0(\boldsymbol{q}\times)+2\boldsymbol{q}\boldsymbol{q}^{\mathrm{T}}$$

$$=\begin{bmatrix}2(q_1^2+q_0^2)-1 & 2(q_2q_1-q_3q_0) & 2(q_3q_1+q_2q_0)\\ 2(q_2q_1+q_3q_0) & 2(q_2^2+q_0^2)-1 & 2(q_3q_2-q_1q_0)\\ 2(q_3q_1-q_2q_0) & 2(q_3q_2+q_1q_0) & 2(q_3^2+q_0^2)-1\end{bmatrix}$$

$$=\begin{bmatrix}q_0^2+q_1^2-q_2^2-q_3^2 & 2(q_1q_2-q_0q_3) & 2(q_1q_3+q_0q_2)\\ 2(q_1q_2+q_0q_3) & q_0^2-q_1^2+q_2^2-q_3^2 & 2(q_2q_3-q_0q_1)\\ 2(q_1q_3-q_0q_2) & 2(q_2q_3+q_0q_1) & q_0^2-q_1^2-q_2^2+q_3^2\end{bmatrix}$$

4. DCM 到四元数

根据式(C－35)的对角线元素，可得：

$$\begin{cases}q_0^2+q_1^2-q_2^2-q_3^2=C_{11}\\ q_0^2-q_1^2+q_2^2-q_3^2=C_{22}\\ q_0^2-q_1^2-q_2^2+q_3^2=C_{33}\\ q_0^2+q_1^2+q_2^2+q_3^2=1\end{cases}\quad\text{解得}\quad\begin{cases}|q_0|=0.5\sqrt{1+C_{11}+C_{22}+C_{33}}\\ |q_1|=0.5\sqrt{1+C_{11}-C_{22}-C_{33}}\\ |q_2|=0.5\sqrt{1-C_{11}+C_{22}-C_{33}}\\ |q_3|=0.5\sqrt{1-C_{11}-C_{22}+C_{33}}\end{cases}\tag{C-49}$$

再由式(C－35)的非对角线元素，可得：

$$\begin{cases}2(q_1q_2-q_0q_3)=C_{12}\\ 2(q_1q_2+q_0q_3)=C_{21}\\ 2(q_1q_3+q_0q_2)=C_{13}\\ 2(q_1q_3-q_0q_2)=C_{31}\\ 2(q_2q_3-q_0q_1)=C_{23}\\ 2(q_2q_3+q_0q_1)=C_{32}\end{cases}\quad\text{解得}\quad\begin{cases}4q_0q_1=C_{32}-C_{23}\\ 4q_0q_2=C_{13}-C_{31}\\ 4q_0q_3=C_{21}-C_{12}\\ 4q_1q_2=C_{12}+C_{21}\\ 4q_1q_3=C_{13}+C_{31}\\ 4q_2q_3=C_{23}+C_{32}\end{cases}\tag{C-50}$$

若仅根据式(C－49)，将难以确定四元数各元素的正负符号。如果已知四元数的某一个元素，则根据式(C－50)可求解其他元素，但须避免该已知元素为0。由四元数归一化条件 $q_0^2+q_1^2+q_2^2+q_3^2=1$ 可知，必然有 $\max(q_i^2)\geqslant 1/4$ 成立，也就是说，四个元素中必然存在某个 $|q_i|\geqslant 1/2$。实际应用时，可先根据式(C－49)计算获得某一个较大的元素 q_i(不妨取为正值)，再根据式(C－50)计算剩余的其他三个元素。

在式(C－48)中，$|q_1|=0.5\sqrt{1+C_{11}-C_{22}-C_{33}}\geqslant 0.5$ 等价于 $1+C_{11}-C_{22}-C_{33}\geqslant 1$，即 $C_{11}\geqslant C_{22}+C_{33}$；同理，有 $|q_2|=0.5\sqrt{1-C_{11}+C_{22}-C_{33}}\geqslant 0.5$ 等价于 $C_{22}\geqslant C_{11}+C_{33}$；以及 $|q_3|=0.5\sqrt{1-C_{11}-C_{22}+C_{33}}\geqslant 0.5$ 等价于 $C_{33}\geqslant C_{11}+C_{22}$。

5. 欧拉角到四元数

在实际惯导的姿态更新算法中经常使用的是四元数，需要涉及到四元数和

欧拉角的转换问题。根据单位四元数的定义,在“东-北-天312”欧拉角定义下,由欧拉角求解四元数的公式为

$$
\begin{aligned}
\boldsymbol{Q}_b^g = \boldsymbol{Q}_\psi \otimes \boldsymbol{Q}_\theta \otimes \boldsymbol{Q}_\gamma &= (\mathrm{c}_{\psi/2} + \boldsymbol{k}\mathrm{s}_{-\psi/2}) \otimes (\mathrm{c}_{\theta/2} + \boldsymbol{i}\mathrm{s}_{\theta/2}) \otimes (\mathrm{c}_{\gamma/2} + \boldsymbol{j}\mathrm{s}_{\gamma/2}) \\
&= \begin{bmatrix} \mathrm{c}_{\psi/2}\mathrm{c}_{\theta/2}\mathrm{c}_{\gamma/2} + \mathrm{s}_{\psi/2}\mathrm{s}_{\theta/2}\mathrm{s}_{\gamma/2} \\ \mathrm{c}_{\psi/2}\mathrm{s}_{\theta/2}\mathrm{c}_{\gamma/2} + \mathrm{s}_{\psi/2}\mathrm{c}_{\theta/2}\mathrm{s}_{\gamma/2} \\ -\mathrm{s}_{\psi/2}\mathrm{s}_{\theta/2}\mathrm{c}_{\gamma/2} + \mathrm{c}_{\psi/2}\mathrm{c}_{\theta/2}\mathrm{s}_{\gamma/2} \\ -\mathrm{s}_{\psi/2}\mathrm{c}_{\theta/2}\mathrm{c}_{\gamma/2} + \mathrm{c}_{\psi/2}\mathrm{s}_{\theta/2}\mathrm{s}_{\gamma/2} \end{bmatrix}
\end{aligned} \tag{C-51}
$$

注意,此处方位角定为顺时针为正。

6. 四元数到欧拉角

仅根据式(C-51),由四元数直接求解欧拉角并不容易。实际上,可通过姿态阵作为中间过渡量,先由四元数计算姿态阵,再由姿态阵计算欧拉角,分别见式(C-35)和式(C-48)。

7. 旋转矢量到四元数

根据 C.1 节姿态四元数和旋转矢量的定义可得:

$$
\boldsymbol{Q} = q_0 + \boldsymbol{q} = \cos\frac{\phi}{2} + \boldsymbol{u}\sin\frac{\phi}{2} = \cos\frac{|\boldsymbol{\phi}|}{2} + \sin\frac{|\boldsymbol{\phi}|}{2}\frac{\boldsymbol{\phi}}{|\boldsymbol{\phi}|} \tag{C-52}
$$

当 $\boldsymbol{\phi}$ 很小时,近似有:

$$
\boldsymbol{Q} \approx 1 + \frac{\boldsymbol{\phi}}{2} \tag{C-53}
$$

8. 四元数到旋转矢量

根据式(C-52)可得:

$$
\phi = |\boldsymbol{\phi}| = 2\cos^{-1}|q_0|
$$

$$
\boldsymbol{\phi} = \frac{|\boldsymbol{\phi}|}{\sin\frac{|\boldsymbol{\phi}|}{2}}\mathrm{sign}(q_0)\boldsymbol{q}
$$

(这里如果 $q_0 > 0$,表明 $|\boldsymbol{\phi}|$ 在 0 到 π 之间,直接求解;如果 $q_0 < 0$,表明 $|\boldsymbol{\phi}|$ 在 π 到 2π 之间,相当于反向转过 $2\pi - |\boldsymbol{\phi}|$,公式求出的是 $2\pi - |\boldsymbol{\phi}|$,同时方向求反。)

或

$$
|\boldsymbol{\phi}| = 2\cos^{-1}q_0
$$

$$
\boldsymbol{\phi} = \frac{|\boldsymbol{\phi}|}{\sin\frac{|\boldsymbol{\phi}|}{2}}\boldsymbol{q}
$$

求出的 $|\boldsymbol{\phi}|$ 在 0 到 2π 之间,其半角的正弦恒为正。

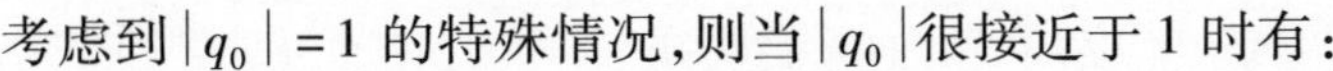

考虑到 $|q_0|=1$ 的特殊情况，则当 $|q_0|$ 很接近于 1 时有：

$$\boldsymbol{\phi} \approx 2\boldsymbol{q} \tag{C-54}$$

式(C－54)与式(C－53)是一致的。

9. 旋转矢量到 DCM

根据式(C－39)得旋转矢量到 DCM 的计算公式为

$$C_b^n = \boldsymbol{I} + \frac{\sin\phi}{\phi}(\boldsymbol{\phi}\times) + \frac{1-\cos\phi}{\phi^2}(\boldsymbol{\phi}\times)^2 = e^{[\boldsymbol{\phi}\times]} \tag{C-55}$$

附录D

矢量定姿原理

D.1 双矢量定姿的 TRIAD 算法

假设空间中的两个矢量$\boldsymbol{V}_1$、$\boldsymbol{V}_2$ 互不平行，即$\boldsymbol{V}_1 \times \boldsymbol{V}_2 \neq 0$。若测得$\boldsymbol{V}_1$、$\boldsymbol{V}_2$ 在 n 系的坐标为$\boldsymbol{V}_1^n$、$\boldsymbol{V}_2^n$，在 b 系的坐标为$\boldsymbol{V}_1^b$、$\boldsymbol{V}_2^b$，则根据上述两矢量的坐标求解 b 系和 n 系之间方位关系的问题，称为双矢量定姿。

两坐标系间方位关系可用方向余弦矩阵(姿态矩阵)来描述，记为 $\boldsymbol{C}_b^n$。可以根据$\boldsymbol{V}_1$、$\boldsymbol{V}_2$ 构建一个正交矢量组：

$$\begin{cases}\boldsymbol{q} = \boldsymbol{V}_1 \\ \boldsymbol{r} = \boldsymbol{V}_1 \times \boldsymbol{V}_2 \\ \boldsymbol{p} = \boldsymbol{q} \times \boldsymbol{r}\end{cases} \tag{D-1}$$

根据 $\boldsymbol{q}$、$\boldsymbol{r}$、$\boldsymbol{p}$ 三个正交矢量在 n 系和 b 系中的坐标构建矩阵 $\boldsymbol{M}_n$、$\boldsymbol{M}_b$：

$$\begin{cases}\boldsymbol{M}_n = [\boldsymbol{q}_n \quad \boldsymbol{r}_n \quad \boldsymbol{p}_n] \\ \boldsymbol{M}_b = [\boldsymbol{q}_b \quad \boldsymbol{r}_b \quad \boldsymbol{p}_b]\end{cases}$$

显然方向余弦矩阵 $\boldsymbol{C}_b^n$ 与 $\boldsymbol{M}_n$、$\boldsymbol{M}_b$ 之间满足以下关系：

$$\boldsymbol{C}_b^n \boldsymbol{M}_b = \boldsymbol{M}_n \tag{D-2}$$

由于$\boldsymbol{V}_1 \times \boldsymbol{V}_2 \neq 0$，所以 $\boldsymbol{M}_b$ 非奇异，从而可得

$$\boldsymbol{C}_b^n = \boldsymbol{M}_n \boldsymbol{M}_b^{-1} \tag{D-3}$$

因为 $\boldsymbol{C}_b^n$ 具有正交性，$(\boldsymbol{C}_b^n)^{\mathrm{T}} = (\boldsymbol{C}_b^n)^{-1}$，式(D.3)又可以表达为

$$\boldsymbol{C}_b^n = [(\boldsymbol{M}_n \boldsymbol{M}_b^{-1})^{-1}]^{\mathrm{T}} = (\boldsymbol{M}_n^{\mathrm{T}})^{-1} \boldsymbol{M}_b^{\mathrm{T}} \tag{D-4}$$

这就是双矢量定姿的 TRIAD 算法。其中，式(D-3)成立的前提是 $\boldsymbol{M}_b$ 非奇异，其等价条件是 $\boldsymbol{q}$、$\boldsymbol{r}$、$\boldsymbol{p}$ 不共面，而并不要求其两两正交。实际上 TRIAD 算法中 $\boldsymbol{q}$、$\boldsymbol{r}$、$\boldsymbol{p}$ 的选择不是唯一的。如图 D.1 所示，由$\boldsymbol{V}_1$、$\boldsymbol{V}_2$ 可以构造出 5 个两两互不共线的矢量，即 $\boldsymbol{V}_1$、$\boldsymbol{V}_2$、$\boldsymbol{V}_1 \times \boldsymbol{V}_2$、$(\boldsymbol{V}_1 \times \boldsymbol{V}_2) \times \boldsymbol{V}_1$、$(\boldsymbol{V}_1 \times \boldsymbol{V}_2) \times \boldsymbol{V}_2$。其中，$\boldsymbol{V}_1$、

$\boldsymbol{V}_2$、$(\boldsymbol{V}_1\times\boldsymbol{V}_2)\times\boldsymbol{V}_1$、$(\boldsymbol{V}_1\times\boldsymbol{V}_2)\times\boldsymbol{V}_2$4 个矢量均位于与 $\boldsymbol{V}_1\times\boldsymbol{V}_2$ 垂直的平面内，因此要使 $\boldsymbol{q}$、$\boldsymbol{r}$、$\boldsymbol{p}$ 不共面，3 个矢量必包含 $\boldsymbol{V}_1\times\boldsymbol{V}_2$，另外两个矢量在共面的 4 个矢量中选取，共 $\boldsymbol{C}_4^2=6$ 种选择，如表 D.1 所示。其中，$\boldsymbol{q}$、$\boldsymbol{r}$、$\boldsymbol{p}$ 与所选 3 个矢量的对应关系不影响 $\boldsymbol{C}_b^n$ 的计算。

实际应用时，$\boldsymbol{V}_1^n$、$\boldsymbol{V}_2^n$、$\boldsymbol{V}_1^b$ 和 $\boldsymbol{V}_2^b$ 中的某些甚至所有值是由测量设备提供的，存在一定的测量误差，对于矢量误差往往既包含幅值误差又包含方向误差，使得按式(D-4)求解的姿态阵并不能严格满足单位正交化要求。为了保证姿态矩阵的正交性，需要先根据式(D-4)求出 $\tilde{\boldsymbol{C}}_b^n$，然后对其进行正交化处理：

$$\hat{\boldsymbol{C}}_b^n=\tilde{\boldsymbol{C}}_b^n\left[(\tilde{\boldsymbol{C}}_b^n)^{\mathrm{T}}\tilde{\boldsymbol{C}}_b^n\right]^{-1/2}\tag{D-5}$$

除了采用式(D-5)进行矩阵正交化以外，采用方式 2 和方式 5 解算姿态矩阵时，由于 $\boldsymbol{q}$、$\boldsymbol{r}$、$\boldsymbol{p}$ 两两正交，预先对参与解算的所有矢量作单位化处理，此时有：

$$\begin{cases}\boldsymbol{M}_n=\left[\dfrac{\boldsymbol{q}_n}{|\boldsymbol{q}_n|}\quad\dfrac{\boldsymbol{r}_n}{|\boldsymbol{r}_n|}\quad\dfrac{\boldsymbol{p}_n}{|\boldsymbol{p}_n|}\right]\\[2ex]\boldsymbol{M}_b=\left[\dfrac{\boldsymbol{q}_b}{|\boldsymbol{q}_b|}\quad\dfrac{\boldsymbol{r}_b}{|\boldsymbol{r}_b|}\quad\dfrac{\boldsymbol{p}_b}{|\boldsymbol{p}_b|}\right]\end{cases}\tag{D-6}$$

由于式(D-6)得到的 $\boldsymbol{M}_n$、$\boldsymbol{M}_b$ 均为单位正交矩阵，从而保证姿态矩阵也是单位正交矩阵。此时

$$\boldsymbol{C}_b^n=(\boldsymbol{M}_n^{\mathrm{T}})^{-1}\boldsymbol{M}_b^{\mathrm{T}}=\boldsymbol{M}_n\boldsymbol{M}_b^{\mathrm{T}}\tag{D-7}$$

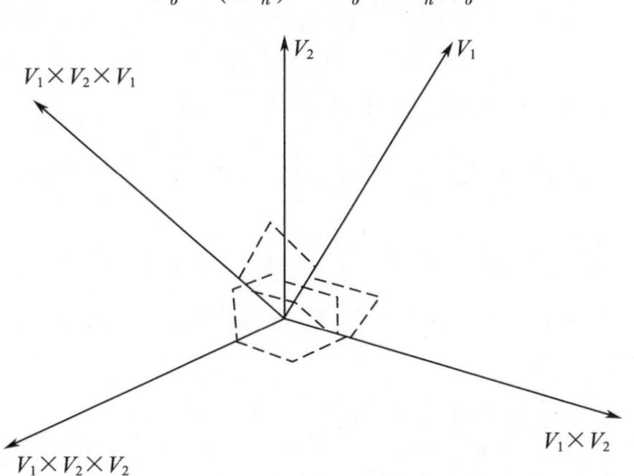

图 D.1　矢量 $\boldsymbol{V}_1$、$\boldsymbol{V}_2$ 及其派生矢量

表 D.1 中，不同的计算方案中，测量误差对姿态误差的影响是不同的。在方案 2 中，$\boldsymbol{V}_1$ 对精度的影响比 $\boldsymbol{V}_2$ 大，而在方案 5 中则反之，因此分别称 $\boldsymbol{V}_1$、$\boldsymbol{V}_2$ 为方案 2 和方案 5 的主矢量，主矢量往往选择测量精度较高的矢量。

表 D.1　不同的 $\boldsymbol{q}$、$\boldsymbol{r}$、$\boldsymbol{p}$ 选择方式

序号	$\boldsymbol{q}$、$\boldsymbol{r}$、$\boldsymbol{p}$
方式 1	$\boldsymbol{V}_1$、$\boldsymbol{V}_2$、$\boldsymbol{V}_1\times\boldsymbol{V}_2$
方式 2	$\boldsymbol{V}_1$、$\boldsymbol{V}_1\times\boldsymbol{V}_2$、$(\boldsymbol{V}_1\times\boldsymbol{V}_2)\times\boldsymbol{V}_1$
方式 3	$\boldsymbol{V}_1$、$\boldsymbol{V}_1\times\boldsymbol{V}_2$、$(\boldsymbol{V}_1\times\boldsymbol{V}_2)\times\boldsymbol{V}_2$
方式 4	$\boldsymbol{V}_2$、$\boldsymbol{V}_1\times\boldsymbol{V}_2$、$(\boldsymbol{V}_1\times\boldsymbol{V}_2)\times\boldsymbol{V}_1$
方式 5	$\boldsymbol{V}_2$、$\boldsymbol{V}_1\times\boldsymbol{V}_2$、$(\boldsymbol{V}_1\times\boldsymbol{V}_2)\times\boldsymbol{V}_2$
方式 6	$\boldsymbol{V}_1\times\boldsymbol{V}_2$、$(\boldsymbol{V}_1\times\boldsymbol{V}_2)\times\boldsymbol{V}_1$、$(\boldsymbol{V}_1\times\boldsymbol{V}_2)\times\boldsymbol{V}_2$

在采用解析法进行 SINS 初试对准时，$\boldsymbol{V}_1=g$，$\boldsymbol{V}_2=\boldsymbol{\omega}_{ie}$。通过误差分析可知，6 种计算方式中采用方式 2 惯性器件带来的对准失准角最小，且对准结果不受纬度误差的影响。

D.2　多矢量定姿的 Wahba 问题

假设三维空间中有 $m(m>2)$ 个不共面的矢量，在 b 系和 n 系中同时对这些矢量进行测量，由于存在测量误差，对其中的矢量 $\boldsymbol{V}_i$，只能近似满足如下变换关系：

$$\tilde{\boldsymbol{V}}_i^n\approx\boldsymbol{C}_b^n\tilde{\boldsymbol{V}}_i^b\quad(i=1,2,\cdots m)\tag{D-8}$$

多矢量定姿问题就是求解满足式(D-8)的最优姿态变换阵 $\hat{\boldsymbol{C}}_b^n$。

为了定量描述“最优”性能，这里构造指标函数

$$L(\boldsymbol{C}_b^n)=\frac{1}{2}\sum_{i=1}^m a_i\,|\tilde{\boldsymbol{V}}_i^n-\boldsymbol{C}_b^n\tilde{\boldsymbol{V}}_i^b|^2=\min\tag{D-9}$$

其中，a_i 为已知的加权系数，一般有 $\sum_{i=1}^m a_i=1$；$\tilde{\boldsymbol{V}}_i^n-\boldsymbol{C}_b^n\tilde{\boldsymbol{V}}_i^b$ 反映的是两坐标系中测量的不一致性误差。式(D-9)所谓的“最优”的含义就是使测量误差的加权平方和达到最小。

现对误差平方和进行如下等价变形

$$\begin{aligned}|\tilde{\boldsymbol{V}}_i^n-\boldsymbol{C}_b^n\tilde{\boldsymbol{V}}_i^b|^2&=(\tilde{\boldsymbol{V}}_i^n-\boldsymbol{C}_b^n\tilde{\boldsymbol{V}}_i^b)^{\mathrm{T}}(\tilde{\boldsymbol{V}}_i^n-\boldsymbol{C}_b^n\tilde{\boldsymbol{V}}_i^b)\\&=[(\tilde{\boldsymbol{V}}_i^n)^{\mathrm{T}}-(\tilde{\boldsymbol{V}}_i^b)^{\mathrm{T}}(\boldsymbol{C}_b^n)^{\mathrm{T}}](\tilde{\boldsymbol{V}}_i^n-\boldsymbol{C}_b^n\tilde{\boldsymbol{V}}_i^b)\\&=|\tilde{\boldsymbol{V}}_i^n|^2-(\tilde{\boldsymbol{V}}_i^n)^{\mathrm{T}}\boldsymbol{C}_b^n\tilde{\boldsymbol{V}}_i^b-(\tilde{\boldsymbol{V}}_i^b)^{\mathrm{T}}(\boldsymbol{C}_b^n)^{\mathrm{T}}\tilde{\boldsymbol{V}}_i^n+(\tilde{\boldsymbol{V}}_i^b)^{\mathrm{T}}(\boldsymbol{C}_b^n)^{\mathrm{T}}\boldsymbol{C}_b^n\tilde{\boldsymbol{V}}_i^b\\&=|\tilde{\boldsymbol{V}}_i^n|^2+|\tilde{\boldsymbol{V}}_i^b|^2-2(\tilde{\boldsymbol{V}}_i^n)^{\mathrm{T}}\boldsymbol{C}_b^n\tilde{\boldsymbol{V}}_i^b\end{aligned}\tag{D-10}$$

将式(D-10)代入式(D-9),得

$$\begin{aligned} L(\boldsymbol{C}_b^n) &= \frac{1}{2}\sum_{i=1}^{m} a_i \mid \tilde{\boldsymbol{V}}_i^n - \boldsymbol{C}_b^n \tilde{\boldsymbol{V}}_i^b \mid^2 \\ &= \frac{1}{2}\sum_{i=1}^{m} a_i(\mid \tilde{\boldsymbol{V}}_i^n \mid^2 + \mid \tilde{\boldsymbol{V}}_i^b \mid^2) - \sum_{i=1}^{m} a_i (\tilde{\boldsymbol{V}}_i^n)^{\mathrm{T}} \boldsymbol{C}_b^n \tilde{\boldsymbol{V}}_i^b \end{aligned} \tag{D-11}$$

当所有测量值采集给定之后,式(D-11)右边第一项 $\sum_{i=1}^{m} a_i(\mid \tilde{\boldsymbol{V}}_i^n \mid^2 + \mid \tilde{\boldsymbol{V}}_i^b \mid^2)$ 为已知量,因而欲使 $L(\boldsymbol{C}_b^n)$ 达到最小,等价于使如下重新构造的指标函数达到最大

$$F(\boldsymbol{C}_b^n) = \sum_{i=1}^{m} a_i (\tilde{\boldsymbol{V}}_i^n)^{\mathrm{T}} \boldsymbol{C}_b^n \tilde{\boldsymbol{V}}_i^b = \max \tag{D-12}$$

进一步对式(D-12)作如下变换

$$\begin{aligned} F(\boldsymbol{C}_b^n) &= \sum_{i=1}^{m} a_i (\tilde{\boldsymbol{V}}_i^n)^{\mathrm{T}} \boldsymbol{C}_b^n \tilde{\boldsymbol{V}}_i^b \\ &= \mathrm{tr}\left(\begin{bmatrix} a_1 (\tilde{\boldsymbol{V}}_1^n)^{\mathrm{T}} \\ a_2 (\tilde{\boldsymbol{V}}_2^n)^{\mathrm{T}} \\ \vdots \\ a_m (\tilde{\boldsymbol{V}}_m^n)^{\mathrm{T}} \end{bmatrix} \boldsymbol{C}_b^n [\tilde{\boldsymbol{V}}_1^b \quad \tilde{\boldsymbol{V}}_2^b \quad \cdots \quad \tilde{\boldsymbol{V}}_m^b] \right) \\ &= \mathrm{tr}\left(\boldsymbol{C}_b^n [\tilde{\boldsymbol{V}}_1^b \quad \tilde{\boldsymbol{V}}_2^b \quad \cdots \quad \tilde{\boldsymbol{V}}_m^b] \begin{bmatrix} a_1 (\tilde{\boldsymbol{V}}_1^n)^{\mathrm{T}} \\ a_2 (\tilde{\boldsymbol{V}}_2^n)^{\mathrm{T}} \\ \vdots \\ a_m (\tilde{\boldsymbol{V}}_m^n)^{\mathrm{T}} \end{bmatrix} \right) \\ &= \mathrm{tr}\left(\boldsymbol{C}_b^n \sum_{i=1}^{m} a_i \tilde{\boldsymbol{V}}_i^b (\tilde{\boldsymbol{V}}_i^n)^{\mathrm{T}} \right) \end{aligned} \tag{D-13}$$

式(D-13)第三等号前使用了矩阵乘积的求迹公式 $\mathrm{tr}(\boldsymbol{M}_1\boldsymbol{M}_2) = \mathrm{tr}(\boldsymbol{M}_2\boldsymbol{M}_1)$,从而式(D-12)又等价于

$$F(\boldsymbol{A}) = \mathrm{tr}(\boldsymbol{A}\boldsymbol{B}^{\mathrm{T}}) = \max \tag{D-14}$$

其中,定义:

$$\boldsymbol{A} = \boldsymbol{C}_b^n \tag{D-15}$$

$$\boldsymbol{B} = \left[\sum_{i=1}^{m} a_i \tilde{\boldsymbol{V}}_i^b (\tilde{\boldsymbol{V}}_i^n)^{\mathrm{T}} \right]^{\mathrm{T}} = \sum_{i=1}^{m} a_i \tilde{\boldsymbol{V}}_i^n (\tilde{\boldsymbol{V}}_i^b)^{\mathrm{T}} \tag{D-16}$$

下面分析其具体求解方法。

1. Wahba 问题的 DCM 解

对 $\boldsymbol{B}$ 进行奇异值分解得：

$$\boldsymbol{B}=\boldsymbol{USV}^{\mathrm{T}} \tag{D-17}$$

其中，$\boldsymbol{U}$ 和 $\boldsymbol{V}$ 为正交矩阵，且

$$\boldsymbol{S}=\mathrm{diag}(s_1,s_2,s_3) \tag{D-18}$$

$$s_1\geqslant s_2\geqslant s_3\geqslant 0 \text{ 为 } \boldsymbol{B} \text{ 的奇异值}$$

定义正常正交矩阵(行列式为 1)

$$\boldsymbol{U}_+=\boldsymbol{U}[\mathrm{diag}(1,1,\det(\boldsymbol{U}))]\rightarrow\boldsymbol{U}=\boldsymbol{U}_+[\mathrm{diag}(1,1,\det(\boldsymbol{U}))] \tag{D-19}$$

$$\boldsymbol{V}_+=\boldsymbol{V}[\mathrm{diag}(1,1,\det(\boldsymbol{V}))]\rightarrow\boldsymbol{V}=\boldsymbol{V}_+[\mathrm{diag}(1,1,\det(\boldsymbol{V}))] \tag{D-20}$$

$$\boldsymbol{W}=\boldsymbol{U}_+^{\mathrm{T}}\boldsymbol{A}\boldsymbol{V}_+ \tag{D-21}$$

则

$$\boldsymbol{B}=\boldsymbol{USV}^{\mathrm{T}}=\boldsymbol{U}_+[\mathrm{diag}(1,1,\det(\boldsymbol{U}))]\boldsymbol{S}[\mathrm{diag}(1,1,\det(\boldsymbol{V}))]\boldsymbol{V}_+^{\mathrm{T}}=\boldsymbol{U}_+\boldsymbol{S}'\boldsymbol{V}_+^{\mathrm{T}} \tag{D-22}$$

其中，

$$\begin{aligned}\boldsymbol{S}'&=[\mathrm{diag}(1,1,\det(\boldsymbol{U}))]\boldsymbol{S}[\mathrm{diag}(1,1,\det(\boldsymbol{V}))]\\&=\mathrm{diag}(s_1,s_2,s_3\det(\boldsymbol{U})\det(V))\\&=\mathrm{diag}(s_1,s_2,ds_3)\end{aligned} \tag{D-23}$$

$$\boldsymbol{S}'=\boldsymbol{S}'^{\mathrm{T}}$$

则

$$\begin{aligned}F(\boldsymbol{A})&=\mathrm{tr}(\boldsymbol{AB}^{\mathrm{T}})=\mathrm{tr}(\boldsymbol{AB}^{\mathrm{T}})=\mathrm{tr}(\boldsymbol{AV}_+\boldsymbol{S}'^{\mathrm{T}}\boldsymbol{U}_+^{\mathrm{T}})=\mathrm{tr}(\boldsymbol{U}_+^{\mathrm{T}}\boldsymbol{AV}_+\boldsymbol{S}'^{\mathrm{T}})\\&=\mathrm{tr}(\boldsymbol{W}\boldsymbol{S}'^{\mathrm{T}})=s_1w_{11}+s_2w_{22}+ds_3w_{33}\end{aligned} \tag{D-24}$$

由于 $\boldsymbol{W}$ 为正常正交阵，则有：

$$\boldsymbol{W}=\boldsymbol{U}_+^{\mathrm{T}}\boldsymbol{AV}_+=\boldsymbol{I}-\sin\theta(\boldsymbol{u}\times)+(1-\cos\theta)(\boldsymbol{u}\times)(\boldsymbol{u}\times)$$

$$\begin{aligned}F(\boldsymbol{A})&=\mathrm{tr}(\boldsymbol{W}\boldsymbol{S}'^{\mathrm{T}})=\mathrm{tr}(\boldsymbol{S}'^{\mathrm{T}}\boldsymbol{W})\\&=\mathrm{tr}[\boldsymbol{S}'(\boldsymbol{I}-\sin\theta(\boldsymbol{u}\times)+(1-\cos\theta)(\boldsymbol{u}\times)(\boldsymbol{u}\times))]\\&=\mathrm{tr}[\boldsymbol{S}'-\sin\theta\boldsymbol{S}'(\boldsymbol{u}\times)+(1-\cos\theta)\boldsymbol{S}'(\boldsymbol{u}\times)(\boldsymbol{u}\times)]\\&=\mathrm{tr}(\boldsymbol{S}')-\sin\theta\,\mathrm{tr}[\boldsymbol{S}'(\boldsymbol{u}\times)]+(1-\cos\theta)\mathrm{tr}[\boldsymbol{S}'(\boldsymbol{u}\times)(\boldsymbol{u}\times)]\end{aligned} \tag{D-25}$$

由于

$$\boldsymbol{S}'(\boldsymbol{u}\times)=\begin{bmatrix}s_1&0&0\\0&s_2&0\\0&0&ds_3\end{bmatrix}\begin{bmatrix}0&-u_3&u_2\\u_3&0&-u_1\\-u_2&u_1&0\end{bmatrix}=\begin{bmatrix}0&&\\&0&\\&&0\end{bmatrix}$$

$$
\boldsymbol{S}'(\boldsymbol{u}\times)(\boldsymbol{u}\times)=\boldsymbol{S}'(\boldsymbol{u}\times)=-\begin{bmatrix} s_1 & 0 & 0 \\ 0 & s_2 & 0 \\ 0 & 0 & ds_3 \end{bmatrix}\begin{bmatrix} u_2^2+u_3^2 & -u_1u_2 & -u_1u_3 \\ -u_1u_2 & u_1^2+u_3^2 & -u_2u_3 \\ -u_1u_3 & -u_2u_3 & u_1^2+u_2^2 \end{bmatrix}
$$

$$
=-\begin{bmatrix} s_1(u_2^2+u_3^2) & & \\ & s_2(u_1^2+u_3^2) & \\ & & ds_3(u_1^2+u_2^2) \end{bmatrix}
$$

代入式(D-25)得

$$
\begin{aligned}
F(\boldsymbol{A}) &= \mathrm{tr}(\boldsymbol{S}')-\sin\theta\mathrm{tr}[\boldsymbol{S}'(\boldsymbol{u}\times)]+(1-\cos\theta)\mathrm{tr}[\boldsymbol{S}'(\boldsymbol{u}\times)(\boldsymbol{u}\times)] \\
&= s_1+s_2+ds_3-0-(1-\cos\theta)[s_1(u_2^2+u_3^2)+s_2(u_1^2+u_3^2)+ds_3(u_1^2+u_2^2)] \\
&= s_1+s_2+ds_3-c
\end{aligned} \tag{D-26}
$$

由于$|d|=1$，$s_1+s_2+ds_3\geqslant 0$，则 c 取极小时 $F(\boldsymbol{A})$取极大，从而 L 取极小。

$$
\begin{aligned}
c &= (1-\cos\theta)[s_1(u_2^2+u_3^2)+s_2(u_1^2+u_3^2)+ds_3(u_1^2+u_2^2)] \\
&= (1-\cos\theta)[u_1^2(s_2+ds_3)+u_2^2(s_1+ds_3)u_3^2+u_3^2(s_1+s_2)]\geqslant 0
\end{aligned}
$$

当且仅当 $c=0$ 时，L 取极小值。此时应有

$$
1-\cos\theta=0
$$

$$
\boldsymbol{W}=\boldsymbol{U}_+^{\mathrm{T}}\boldsymbol{A}\boldsymbol{V}_+=\boldsymbol{I}
$$

$$
\begin{aligned}
\boldsymbol{A} &= \boldsymbol{U}_+\boldsymbol{V}_+^{\mathrm{T}}=\boldsymbol{U}[\mathrm{diag}(1,1,\det(\boldsymbol{U}))][\mathrm{diag}(1,1,\det(\mathrm{V}))]\boldsymbol{V}^{\mathrm{T}} \\
&= \boldsymbol{U}[\mathrm{diag}(1,1,d)]\boldsymbol{V}^{\mathrm{T}}
\end{aligned} \tag{D-27}
$$

式(D-27)即为最优姿态矩阵的计算公式。

2. Wahba 问题的四元数解

根据四元数与姿态矩阵间的关系有

$$
\boldsymbol{A}=(q_0^2-\boldsymbol{q}^{\mathrm{T}}\boldsymbol{q})\boldsymbol{I}-2q_0(\boldsymbol{q}\times)+2\boldsymbol{q}\boldsymbol{q}^{\mathrm{T}} \tag{D-28}
$$

则

$$
\begin{aligned}
F(\boldsymbol{Q}) &= F(\boldsymbol{A})=\mathrm{tr}\{[(q_0^2-\boldsymbol{q}^{\mathrm{T}}\boldsymbol{q})\boldsymbol{I}-2q_0(\boldsymbol{q}\times)+2\boldsymbol{q}\boldsymbol{q}^{\mathrm{T}}]\boldsymbol{B}^{\mathrm{T}}\} \\
&= \mathrm{tr}[(q_0^2-\boldsymbol{q}^{\mathrm{T}}\boldsymbol{q})\boldsymbol{B}^{\mathrm{T}}-2q_0(\boldsymbol{q}\times)\boldsymbol{B}^{\mathrm{T}}+2\boldsymbol{q}\boldsymbol{q}^{\mathrm{T}}\boldsymbol{B}^{\mathrm{T}}] \\
&= (q_0^2-\boldsymbol{q}^{\mathrm{T}}\boldsymbol{q})\mathrm{tr}(\boldsymbol{B}^{\mathrm{T}})-2q_0\mathrm{tr}[(\boldsymbol{q}\times)\boldsymbol{B}^{\mathrm{T}}]+2\mathrm{tr}(\boldsymbol{q}\boldsymbol{q}^{\mathrm{T}}\boldsymbol{B}^{\mathrm{T}})
\end{aligned} \tag{D-29}
$$

其中，

$$
\begin{aligned}
2\mathrm{tr}(\boldsymbol{q}\boldsymbol{q}^{\mathrm{T}}\boldsymbol{B}^{\mathrm{T}}) &= \mathrm{tr}(\boldsymbol{q}\boldsymbol{q}^{\mathrm{T}}\boldsymbol{B}^{\mathrm{T}})+\mathrm{tr}(\boldsymbol{q}\boldsymbol{q}^{\mathrm{T}}\boldsymbol{B}^{\mathrm{T}})=\mathrm{tr}(\boldsymbol{q}^{\mathrm{T}}\boldsymbol{B}^{\mathrm{T}}\boldsymbol{q})+\mathrm{tr}(\boldsymbol{B}\boldsymbol{q}\boldsymbol{q}^{\mathrm{T}}) \\
&= \mathrm{tr}(\boldsymbol{q}^{\mathrm{T}}\boldsymbol{B}^{\mathrm{T}}\boldsymbol{q})+\mathrm{tr}(\boldsymbol{q}^{\mathrm{T}}\boldsymbol{B}\boldsymbol{q})=\boldsymbol{q}^{\mathrm{T}}\boldsymbol{B}^{\mathrm{T}}\boldsymbol{q}+\boldsymbol{q}^{\mathrm{T}}\boldsymbol{B}\boldsymbol{q} \\
&= \boldsymbol{q}^{\mathrm{T}}(\boldsymbol{B}^{\mathrm{T}}+\boldsymbol{B})\boldsymbol{q}=\boldsymbol{q}^{\mathrm{T}}\boldsymbol{S}\boldsymbol{q}
\end{aligned} \tag{D-30}
$$

$$
\begin{aligned}
\mathrm{tr}[(\boldsymbol{q}\times)\boldsymbol{B}^{\mathrm{T}}] &= -q_3B_{12}+q_2B_{13}+q_3B_{21}-q_1B_{23}-q_2B_{31}+q_1B_{32} \\
&= -[q_1(B_{23}-B_{32})+q_2(B_{31}-B_{13})+q_3(B_{12}-B_{21})] \\
&= -\boldsymbol{q}\cdot\boldsymbol{Z}
\end{aligned} \tag{D-31}
$$

$$\boldsymbol{Z} = [B_{23} - B_{32} \quad B_{31} - B_{13} \quad B_{12} - B_{21}]^{\mathrm{T}} \tag{D-32}$$

将式(D－30)～式(D－32)代入式(D－29)可得：

$$\begin{aligned} F(\boldsymbol{Q}) &= (q_0^2 - \boldsymbol{q}^{\mathrm{T}}\boldsymbol{q})\mathrm{tr}(\boldsymbol{B}^{\mathrm{T}}) - 2q_0\mathrm{tr}[(\boldsymbol{q}\times)\boldsymbol{B}^{\mathrm{T}}] + 2\mathrm{tr}(\boldsymbol{q}\boldsymbol{q}^{\mathrm{T}}\boldsymbol{B}^{\mathrm{T}}) \\ &= (q_0^2 - \boldsymbol{q}^{\mathrm{T}}\boldsymbol{q})\mathrm{tr}(\boldsymbol{B}^{\mathrm{T}}) + 2q_0\boldsymbol{q}\cdot\boldsymbol{Z} + \boldsymbol{q}^{\mathrm{T}}\boldsymbol{S}\boldsymbol{q} \\ &= [q_0 \quad \boldsymbol{q}^{\mathrm{T}}]\begin{bmatrix} \mathrm{tr}(\boldsymbol{B}^{\mathrm{T}}) & \boldsymbol{Z}^{\mathrm{T}} \\ \boldsymbol{Z} & \boldsymbol{S} - \mathrm{tr}(\boldsymbol{B}^{\mathrm{T}})\boldsymbol{I} \end{bmatrix}\begin{bmatrix} q_0 \\ \boldsymbol{q} \end{bmatrix} = \boldsymbol{Q}^{\mathrm{T}}\boldsymbol{K}\boldsymbol{Q} \end{aligned} \tag{D-33}$$

构建拉格朗日函数

$$F'(\boldsymbol{Q}) = \boldsymbol{Q}^{\mathrm{T}}\boldsymbol{K}(\boldsymbol{B})\boldsymbol{Q} + \lambda(\boldsymbol{Q}^{\mathrm{T}}\boldsymbol{Q} - 1) \tag{D-34}$$

$F'(\boldsymbol{Q})$关于 $\boldsymbol{Q}$ 的导数为

$$\frac{\partial F'(\boldsymbol{A})}{\partial \boldsymbol{Q}} = \boldsymbol{K}\boldsymbol{Q} + \boldsymbol{K}^{\mathrm{T}}\boldsymbol{Q} + 2\lambda\boldsymbol{Q} = 2\boldsymbol{K}\boldsymbol{Q} + 2\lambda\boldsymbol{Q} \tag{D-35}$$

令式(D－35)为零,则有：

$$\boldsymbol{K}\hat{\boldsymbol{Q}} = -\lambda\hat{\boldsymbol{Q}}$$

则 $\hat{\boldsymbol{Q}}$ 为 $\boldsymbol{K}$ 的特征矢量，$-\lambda$ 为 $\boldsymbol{K}$ 的特征值,且有：

$$F(\hat{\boldsymbol{Q}}) = \hat{\boldsymbol{Q}}^{\mathrm{T}}\boldsymbol{K}\hat{\boldsymbol{Q}} = \hat{\boldsymbol{Q}}^{\mathrm{T}}(-\lambda)\hat{\boldsymbol{Q}} = -\lambda$$

则当 $-\lambda$ 为 $\boldsymbol{K}$ 的最大特征值时,$F(\hat{\boldsymbol{Q}})$取最大;此时,$\hat{\boldsymbol{Q}}$ 为 $\boldsymbol{K}$ 最大特征值对应的特征矢量。

因此首先根据 $\tilde{\boldsymbol{V}}_i^n$、$\tilde{\boldsymbol{V}}_i^n$ 构建 $\boldsymbol{B}$、$\boldsymbol{S}$ 和 $\boldsymbol{Z}$,然后计算矩阵 $\boldsymbol{K}$

$$\boldsymbol{K} = \begin{bmatrix} \mathrm{tr}(\boldsymbol{B}^{\mathrm{T}}) & \boldsymbol{Z}^{\mathrm{T}} \\ \boldsymbol{Z} & \boldsymbol{S} - \mathrm{tr}(\boldsymbol{B}^{\mathrm{T}})\boldsymbol{I} \end{bmatrix} \tag{D-36}$$

其中,$\boldsymbol{S} = \boldsymbol{B} + \boldsymbol{B}^{\mathrm{T}}$。

求得 $\boldsymbol{K}$ 最大特征值对应的特征矢量即最优的姿态四元数。

附录E

静基座条件下系统误差的解析表达式

采用拉氏变换法求解 SINS 的误差方程式(2－76),得到其各状态量的解析表达式,即静基座条件下 SINS 的误差传播方程。

$$
\begin{aligned}
\delta V_E(t) = &\frac{g\sin L}{\omega_s^2-\omega_{ie}^2}\left(\sin\omega_{ie}t-\frac{\omega_{ie}}{\omega_s}\sin\omega_s t\right)\delta\omega_E + \\
&\left(\frac{\omega_s^2-\omega_{ie}^2\cos^2 L}{\omega_s^2-\omega_{ie}^2}\cos\omega_s t-\frac{\omega_s^2\sin^2 L}{\omega_s^2-\omega_{ie}^2}\cos\omega_{ie}t-\cos^2 L\right)\delta\omega_N + \\
&\frac{R}{2}\sin 2L\left(\frac{\omega_s^2}{\omega_s^2-\omega_{ie}^2}\cos\omega_{ie}t-\frac{\omega_{ie}^2}{\omega_s^2-\omega_{ie}^2}\cos\omega_s t-1\right)\delta\omega_U+\frac{\delta f_E}{\omega_s}\sin\omega_s t
\end{aligned}
$$

$$
\begin{aligned}
\delta V_N(t) = &\frac{g}{\omega_s^2-\omega_{ie}^2}(\cos\omega_{ie}t-\cos\omega_s t)\delta\omega_E+\frac{g\sin L}{\omega_s^2-\omega_{ie}^2}\left(\sin\omega_{ie}t-\frac{\omega_{ie}}{\omega_s}\sin\omega_s t\right)\delta\omega_N + \\
&\frac{\omega_s\cos L}{\omega_s^2-\omega_{ie}^2}(\omega_{ie}\sin\omega_s t-\omega_s)\delta\omega_U+\frac{\delta f_N}{\omega_s}\sin\omega_s t
\end{aligned}
$$

$$
\begin{aligned}
\phi_E(t) = &\frac{1}{\omega_s^2-\omega_{ie}^2}(\omega_s\cos\omega_s t-\omega_{ie}\sin\omega_{ie}t)\delta\omega_E+\frac{\omega_{ie}\sin L}{\omega_s^2-\omega_{ie}^2}(\cos\omega_{ie}t-\cos\omega_s t)\delta\omega_N + \\
&\frac{\omega_{ie}\cos L}{\omega_s^2-\omega_{ie}^2}(\cos\omega_s t-\cos\omega_{ie}t)\delta\omega_U+\frac{\delta f_N}{g}(1-\cos\omega_s t)
\end{aligned}
$$

$$
\begin{aligned}
\phi_N(t) = &\frac{\omega_{ie}\sin L}{\omega_s^2-\omega_{ie}^2}(\cos\omega_s t-\cos\omega_{ie}t)\delta\omega_E + \\
&\left[\frac{\omega_s^2-\omega_{ie}^2\cos^2 L}{\omega_s(\omega_s^2-\omega_{ie}^2)}\sin\omega_s t-\frac{\omega_{ie}\sin^2 L}{\omega_s^2-\omega_{ie}^2}\sin\omega_{ie}t\right]\delta\omega_N + \\
&\frac{\omega_{ie}\sin 2L}{2(\omega_s^2-\omega_{ie}^2)}\left(\sin\omega_{ie}t-\frac{\omega_{ie}}{\omega_s}\sin\omega_s t\right)\delta\omega_U+\frac{\delta f_E}{g}(1-\cos\omega_s t)
\end{aligned}
$$

$$\phi_U(t)=\left[\frac{\omega_{ie}\sin L\tan L}{\omega_s^2-\omega_{ie}^2}(\cos\omega_s t-\cos\omega_{ie}t)+\frac{1}{\omega_{ie}\cos L}(1-\cos\omega_{ie}t)\right]\delta\omega_E+$$

$$\frac{\omega_{ie}^2\sin 2L-2\omega_s^2\tan L}{2(\omega_s^2-\omega_{ie}^2)}\left(\frac{1}{\omega_{ie}}\sin\omega_{ie}t-\frac{1}{\omega_s}\sin\omega_s t\right)\delta\omega_N+$$

$$\left[\frac{\omega_s^2-\omega_{ie}^2\cos^2 L}{\omega_{ie}(\omega_s^2-\omega_{ie}^2)}\sin\omega_{ie}t-\frac{\omega_{ie}^2\sin^2 L}{\omega_s(\omega_s^2-\omega_{ie}^2)}\sin\omega_s t\right]\delta\omega_U+\frac{\delta f_E\tan L}{g}(1-\cos\omega_s t)$$

$$\delta L(t)=\frac{\omega_s^2}{\omega_s^2-\omega_{ie}^2}\left(\frac{1}{\omega_{ie}}\sin\omega_{ie}t-\frac{1}{\omega_s}\sin\omega_s t\right)\delta\omega_E+$$

$$\left[\frac{\omega_{ie}\sin L}{\omega_s^2-\omega_{ie}^2}\left(\cos\omega_s t-\frac{\omega_s^2}{\omega_{ie}^2}\cos\omega_{ie}t\right)+\frac{\sin L}{\omega_{ie}}\right]\delta\omega_N+$$

$$\left[\frac{\omega_s^2\cos L}{\omega_{ie}(\omega_s^2-\omega_{ie}^2)}\cos\omega_{ie}t-\frac{\omega_{ie}\cos L}{\omega_s^2-\omega_{ie}^2}\cos\omega_s t-\frac{\cos L}{\omega_{ie}}\right]\delta\omega_U+\frac{\delta f_N}{g}(1-\cos\omega_s t)$$

$$\delta\lambda(t)=\left[\frac{\tan L}{\omega_{ie}}(1-\cos\omega_{ie}t)-\frac{\omega_{ie}\tan L}{\omega_s^2-\omega_{ie}^2}(\cos\omega_{ie}t-\cos\omega_s t)\right]\delta\omega_E+$$

$$\left[\frac{\omega_s^2-\omega_{ie}^2\cos^2 L}{\omega_s(\omega_s^2-\omega_{ie}^2)\cos L}\sin\omega_s t-\frac{\omega_s^2\tan L\sin L}{\omega_{ie}(\omega_s^2-\omega_{ie}^2)}\sin\omega_{ie}t-t\cos L\right]\delta\omega_N+$$

$$\left[\frac{\omega_s^2\sin L}{\omega_{ie}(\omega_s^2+\omega_{ie}^2)}\sin\omega_{ie}t-\frac{\omega_{ie}^2\sin L}{\omega_s(\omega_s^2+\omega_{ie}^2)}\sin\omega_s t-t\sin L\right]\delta\omega_U+$$

$$\frac{\delta f_E}{g\cos L}(1-\cos\omega_s t)$$

附录F

常微分方程初值问题的数值解法

常微分方程的求解问题在实践中经常遇到。在科学和工程问题中遇到的常微分方程往往很复杂,许多情况下很难求出解的表达式。另一方面,在许多实际问题中,并不需要方程解的表达式,而只需获得解在若干点上的近似值即可。因此,有必要研究常微分方程的数值解法。

F.1 一阶常微分方程的数值解法

一阶常微分方程的一般形式为:

$$\begin{cases}\dfrac{dy}{dx}=f(x,y)\\ y(x_0)=y_0\end{cases}\quad (x_0\leqslant x) \tag{F-1}$$

1. 欧拉法

在方程(F-1)中,由差商替代导数,即:

$$y'(x_n)=f(x_n,y(x_n))\approx\frac{y(x_{n+1})-y(x_n)}{h}$$

则有:

$$y(x_{n+1})\approx y(x_n)+hf(x_n,y(x_n))$$

再用 y_n 近似代替 $y(x_n)$,便导出计算公式:

$$\begin{cases}y_{n+1}=y_n+hf(x_n,y_n)\\ y_0=y(x_0)\end{cases}\quad n=0,1,2,\cdots \tag{F-2}$$

公式(F-2)称为显式欧拉公式。若用后向差商代替导数,即:

$$y'(x_{n+1})\approx\frac{y(x_{n+1})-y(x_n)}{h}$$

则可导出:

$$y_{n+1} = y_n + hf(x_{n+1}, y_{n+1}) \tag{F-3}$$

公式(F-3)称为隐式欧拉公式。这类隐式格式的计算远比显式格式困难。类似的,利用中心差商代替导数,即:

$$y'(x_n) \approx \frac{y(x_{n+1}) - y(x_{n-1})}{2h}$$

则可导出:

$$y_{n+1} = y_{n-1} + 2hf(x_n, y_n) \tag{F-4}$$

式(F-4)称为两步欧拉公式,在计算 y_{n+1} 时需要利用前两步的信息 y_n、y_{n-1}。

对方程 $y' = f(x, y)$ 的两端从 x_n 到 x_{n+1} 积分,得:

$$y(x_{n+1}) = y(x_n) + \int_{x_n}^{x_{n+1}} f(x, y(x))dx \tag{F-5}$$

在式(F-5)中,利用梯形公式计算积分项,便有:

$$y(x_{n+1}) \approx y(x_n) + \frac{h}{2}[f(x_n, y(x_n)) + f(x_{n+1}, y(x_{n+1}))]$$

再用 y_n 近似代替 $y(x_n)$,便有:

$$y_{n+1} = y_n + \frac{h}{2}[f(x_n, y_n) + f(x_{n+1}, y_{n+1})] \tag{F-6}$$

式(F-6)称为梯形公式,可视为显式欧拉公式与隐式欧拉公式的算术平均。它仍是隐式,不便于直接计算。在实际计算中,可将欧拉公式与梯形公式结合使用,先由显式欧拉公式求得一个初步的近似值,记为 $\bar{y}_{n+1}$,称之为预报值。再将预报值代入梯形公式,即由 $\bar{y}_{n+1}$ 代替 y_{n+1},直接计算,这一步称为校正。这样,建立预估-校正系统。

$$\begin{cases} \bar{y}_{n+1} = y_n + hf(x_n, y_n) \\ y_{n+1} = y_n + \dfrac{h}{2}[f(x_n, y_n) + f(x_{n+1}, \bar{y}_{n+1})] \end{cases} \tag{F-7}$$

式(F-7)称为欧拉预估-校正公式,或改进的欧拉公式。这是一种显式公式,是对隐式梯形公式的改进,可以直接计算。

2. 龙格-库塔法

考察差商 $\dfrac{y(x_{n+1}) - y(x_n)}{h}$,由微分中值定理,存在点 ε 使得:

$$\frac{y(x_{n+1}) - y(x_n)}{h} = y'(\varepsilon) \quad \varepsilon \in (x_n, x_{n+1})$$

则有:

$$y(x_{n+1}) = y(x_n) + hf(\varepsilon, y(\varepsilon))$$

$k^* = f(\varepsilon, y(\varepsilon))$称为$[x_n, x_{n+1}]$上的平均斜率。这样，只要对平均斜率提供一种近似算法，便相应导出一种计算格式。显然，显式欧拉公式就是以$k_1 = f(x_n, y_n)$作为平均斜率的近似，欧拉预估－校正公式就是以x_n和x_{n+1}两个点的斜率值取算术平均值作为平均斜率的近似。这个处理过程启示我们，若设法在$[x_n, x_{n+1}]$内多预报几个点的斜率值，然后将它们加权平均作为平均斜率，则有可能构造出具有更高精度的计算公式。这就是龙格－库塔方法的基本思想。

实际上，从积分式(F－5)可知，要使公式精度越高，就必须使右端积分的精度提高，就要求增加求积节点，将积分项用求积公式表示为

$$\int_{x_n}^{x_{n+1}} f(x, y(x))dx \approx h\sum_{i=1}^{r} c_i f(x_n + \lambda_i h, y(x_n + \lambda_i h)) = hk^*$$

一般来说，点数r越多，平均斜率计算越准确，积分精度就越高。类似于改进欧拉法，用预报值$\bar{y}$代替y，则有

$$k_1 = f(x_n, y_n)$$

$$k_2 = f(x_n + \lambda_2 h, y_n + h\mu_{21}k_1)$$

$$k_i = f\left(x_n + \lambda_i h, y_n + h\sum_{j=1}^{i-1}\mu_{ij}k_j\right)$$

$$k^* = \sum_{i=1}^{r} c_i k_i \tag{F-8}$$

$$y_{n+1} = y_n + hk^* \tag{F-9}$$

这里c_i、λ_i、μ_{ij}均为常数，式(F－8)、式(F－9)称为r级显式龙格－库塔法，简称R－K方法。当$r=1$时，就是欧拉法，此时算法具有h的一阶精度(即误差为h的二阶和二阶以上小量的和)；当$r=2$时，改进的欧拉法就是其中的一种，算法具有h的二阶精度，下面进行具体分析。

当$r=2$时，根据R－K方法的一般公式有：

$$\begin{cases} y_{n+1} = y_n + h(c_1k_1 + c_2k_2) \\ k_1 = f(x_n, y_n) \\ k_2 = f(x_n + \lambda_2 h, y_n + h\mu_{21}k_1) \end{cases} \tag{F-10}$$

这里需要确定c_1、c_2、λ_2、μ_{21}的值使截断误差尽量小。式(F－10)的截断误差为

$$\begin{aligned} T_{n+1} &= y(x_{n+1}) - y(x_n) - h(c_1k_1 + c_2k_2) \\ &= y(x_{n+1}) - y(x_n) - h[c_1f(x_n, y_n) + c_2f(x_n + \lambda_2 h, y_n + h\mu_{21}f_n)] \end{aligned} \tag{F-11}$$

其中，$y_n = y(x_n)$，$f_n = f(x_n, y_n)$。

将式（F－11）在（x_n，y_n）处作泰勒展开，有：

$$y(x_{n+1})=y_n(x)+hy'_n+\frac{h^2}{2}y''_n+\frac{h^3}{3!}y'''_n+O(h^4) \qquad (\text{F}-12)$$

其中，

$$\begin{cases}y'_n=f(x_n,y_n)\\ y''_n=\dfrac{d}{dx}f(x_n,y(x_n))=f'_x(x_n,y_n)+f'_y(x_n,y_n)f_n\\ y'''_n=f'_{xx}(x_n,y_n)+2f_nf'_{xy}(x_n,y_n)+f_n^2f'_{yy}(x_n,y_n)+f'_y(x_n,y_n)[f'_x(x_n,y_n)+f_nf'_y(x_n,y_n)]\end{cases}$$

$$f(x_n+\lambda_2h,y_n+h\mu_{21}f_n)=f_n+f'_x(x_n,y_n)\lambda_2h+f'_y(x_n,y_n)h\mu_{21}f_n+O(h^2) \qquad (\text{F}-13)$$

将式（F－12）、式（F－13）代入式（F－11）则有

$$\begin{aligned}T_{n+1}&=hf_n+\frac{h^2}{2}[f'_x(x_n,y_n)+f'_y(x_n,y_n)f_n]-h\{c_1f_n+c_2[f_n+\\&\quad\lambda_2f'_x(x_n,y_n)h+\mu_{21}f'_y(x_n,y_n)f_nh]\}+O(h^3)\\&=(1-c_1-c_2)f_nh+\left(\frac{1}{2}-c_2\lambda_2\right)f'_x(x_n,y_n)h^2+\\&\quad\left(\frac{1}{2}-c_2\mu_{21}\right)f'_y(x_n,y_n)f_nh^2+O(h^3)\end{aligned}$$

要使算法具有二阶精度，则必须有：

$$\begin{cases}1-c_1-c_2=0\\ \dfrac{1}{2}-c_2\lambda_2=0\\ \dfrac{1}{2}-c_2\mu_{21}=0\end{cases} \qquad (\text{F}-14)$$

式（F－14）的解不是唯一的。

若取 $c_1=0,c_2=1,\lambda_2=\mu_{21}=1/2$，即

$$y_{n+1}=y_n+hf\left(x_n+\frac{h}{2},y_n+\frac{h}{2}f(x_n,y_n)\right)$$

该公式称为中点公式，相当于数值积分的中矩形公式。

若 $c_1=1/2,c_2=1/2,\lambda_2=\mu_{21}=1$，则得到改进的欧拉公式。

要得到三阶显式 R－K 方法，须令 $r=3$，则有：

$$\begin{cases}y_{n+1}=y_n+h(c_1k_1+c_2k_2+c_3k_3)\\ k_1=f(x_n,y_n)\\ k_2=f(x_n+\lambda_2h,y_n+h\mu_{21}k_1)\\ k_3=f(x_n+\lambda_3h,y_n+h\mu_{31}k_1+h\mu_{32}k_2)\end{cases} \qquad (\text{F}-15)$$

其局部截断误差为

$$T_{n+1}=y(x_{n+1})-y(x_n)-h(c_1k_1+c_2k_2+c_3k_3)$$

只要将 k_2、k_3 按二元函数泰勒展开，使 $T_{n+1}=O(h^4)$，可得待定系数满足方程。

$$\begin{cases}c_1+c_2+c_3=1\\ \lambda_2=\mu_{21}\\ \lambda_3=\mu_{31}+\mu_{32}\\ c_2\lambda_2+c_3\lambda_3=\dfrac{1}{2}\\ c_2\lambda_2^2+c_3\lambda_3^2=\dfrac{1}{3}\\ c_3\lambda_2\mu_{32}=\dfrac{1}{6}\end{cases} \tag{F-16}$$

这 8 个未知数满足 6 个方程组，解也不是唯一的，可以得到对应的多个公式。满足式(F－16)的式(F－15)统称为三阶 R－K 公式。下面是其中一个常见的公式

$$\begin{cases}y_{n+1}=y_n+\dfrac{h}{6}(k_1+4k_2+k_3)\\ k_1=f(x_n,y_n)\\ k_2=f\left(x_n+\dfrac{h}{2},y_n+\dfrac{h}{2}k_1\right)\\ k_3=f(x_n+h,y_n-hk_1+2hk_2)\end{cases} \tag{F-17}$$

继续上述过程，经过较复杂的数学演算，可以导出 $T_{n+1}=O(h^5)$ 的各种四阶龙格－库塔计算公式。下面的经典公式是其中常用的一个。

$$\begin{cases}y_{n+1}=y_n+\dfrac{h}{6}(k_1+2k_2+2k_3+k_4)\\ k_1=f(x_n,y_n)\\ k_2=f\left(x_n+\dfrac{h}{2},y_n+\dfrac{h}{2}k_1\right)\\ k_3=f\left(x_n+\dfrac{h}{2},y_n+\dfrac{h}{2}k_2\right)\\ k_4=f(x_n+h,y_n+hk_3)\end{cases} \tag{F-18}$$

F.2　一阶微分方程组的数值解法

前面介绍的一阶微分方程的各种解法对微分方程组同样适用，以两个未知函数的方程组为例，直接给出计算公式。设讨论的微分方程组初值问题为

$$\begin{cases} \dfrac{dy}{dt} = f(t, y, z) \qquad y(t_0) = y_0 \\ \dfrac{dz}{dt} = g(t, y, z) \qquad z(t_0) = z_0 \end{cases} \quad (t_0 \leqslant t \leqslant T) \tag{F-19}$$

1. 欧拉计算公式

$$\begin{cases} y_{n+1} = y_n + hf(t_n, y_n, z_n) \\ z_{n+1} = z_n + hg(t_n, y_n, z_n) \end{cases} \tag{F-20}$$

记 $\boldsymbol{X} = [y, z]^{\mathrm{T}}$，$\boldsymbol{F} = [f(t, y, z), g(t, y, z)]^{\mathrm{T}}$，则

$$\boldsymbol{X}_{n+1} = \boldsymbol{X}_n + h\boldsymbol{F}(t, \boldsymbol{X}_n) \tag{F-21}$$

2. 标准四阶龙格－库塔计算公式

$$\begin{cases} y_{n+1} = y_n + \dfrac{1}{6}h(k_1 + 2k_2 + 2k_3 + k_4) \\ z_{n+1} = z_n + \dfrac{1}{6}h(m_1 + 2m_2 + 2m_3 + m_4) \end{cases} \tag{F-22}$$

其中，

$$\begin{cases} k_1 = f(t_n, y_n, z_n) \\ m_1 = g(t_n, y_n, z_n) \\ k_2 = f\left(t_n + \dfrac{1}{2}h, y_n + \dfrac{1}{2}k_1 h, z_n + \dfrac{1}{2}m_1 h\right) \\ m_2 = g\left(t_n + \dfrac{1}{2}h, y_n + \dfrac{1}{2}k_1 h, z_n + \dfrac{1}{2}m_1 h\right) \\ k_3 = f\left(t_n + \dfrac{1}{2}h, y_n + \dfrac{1}{2}k_2 h, z_n + \dfrac{1}{2}m_2 h\right) \\ m_3 = g\left(t_n + \dfrac{1}{2}h, y_n + \dfrac{1}{2}k_2 h, z_n + \dfrac{1}{2}m_2 h\right) \\ k_2 = f(t_n + h, y_n + k_3 h, z_n + m_3 h) \\ m_2 = g(t_n + h, y_n + k_3 h, z_n + m_3 h) \end{cases}$$

矩阵表示形式为

$$\boldsymbol{X}_{n+1} = \boldsymbol{X}_n + \frac{1}{6}(K_1 + 2K_2 + 2K_3 + K_4)h \tag{F-23}$$

其中，

$$\begin{cases} K_1 = \boldsymbol{F}(t, \boldsymbol{X}_n) \\ K_2 = \boldsymbol{F}\left(t + \dfrac{1}{2}h, \boldsymbol{X}_n + \dfrac{1}{2}K_1 h\right) \\ K_3 = \boldsymbol{F}\left(t + \dfrac{1}{2}h, \boldsymbol{X}_n + \dfrac{1}{2}K_2 h\right) \\ K_4 = \boldsymbol{F}(t + h, \boldsymbol{X}_n + K_3 h) \end{cases}$$

内 容 简 介

本书以车载自主定位定向为核心,重点介绍以捷联惯性导航系统(SINS)为基础的车载自主组合导航的基本原理及关键技术。主要内容有:车载 SINS 的基本原理及误差方程,基于多子样的高精度姿态更新算法,基于观测增强的 SINS 初始对准;基于 SINS/测速仪(LDV)/里程计(OD)的车载自主组合定位,包括基于集中滤波的组合定位和基于联邦滤波的组合定位;基于 GIS 轨迹匹配的车载组合定位,包括分段轨迹匹配方法和对应的导航误差校正算法。

本书适用于兵器科学与技术、控制科学与工程及车辆工程等学科研究人员、工程师、教师等,同时可以作为上述专业高年级本科生、研究生的参考书,也可为其他涉及自主定位定向专业的研究人员提供参考。

Abstract

Focusing on autonomous positioning and orientation of land vehicles, this book deals with the basic principles and key technologies of vehicle integrated navigation based on strapdown inertial navigation system (SINS). The main contents include principles and error equations of vehicular SINS, high - precision SINS attitude algorithms based on multi - sample method, alignment of vehicular SINS based on observation enhancing, SINS/LDV/OD integrated navigation for land vehicles (integrated navigation based on both centralized filtering and federated filtering), and vehicle integrated navigation based on GIS locus matching (locus matching method based on track segmentation, and relevant error correction methods).

This book not only applies to researchers, engineers and teachers majoring in weapon science and technology, control science and technology and vehicle engineering, but also can be used as a reference book for senior undergraduates and graduate students. Other researchers involved in autonomous positioning and orientation may find some useful reference in this book, too.

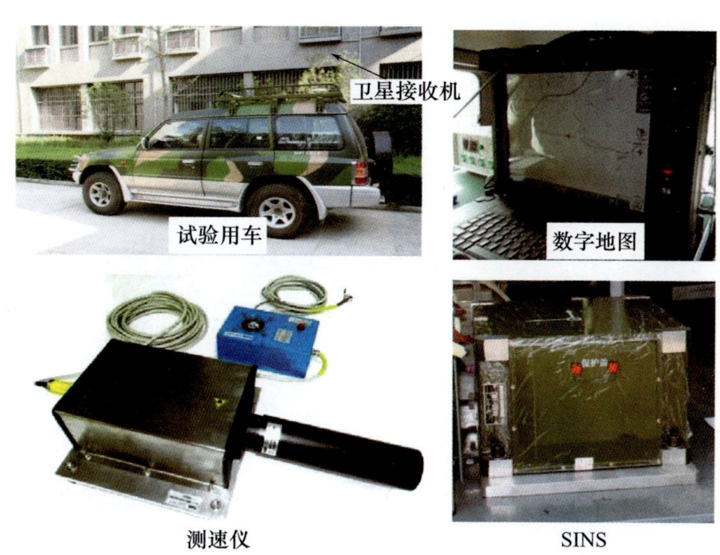

图 1-1 车载自主组合定位定向综合实验平台

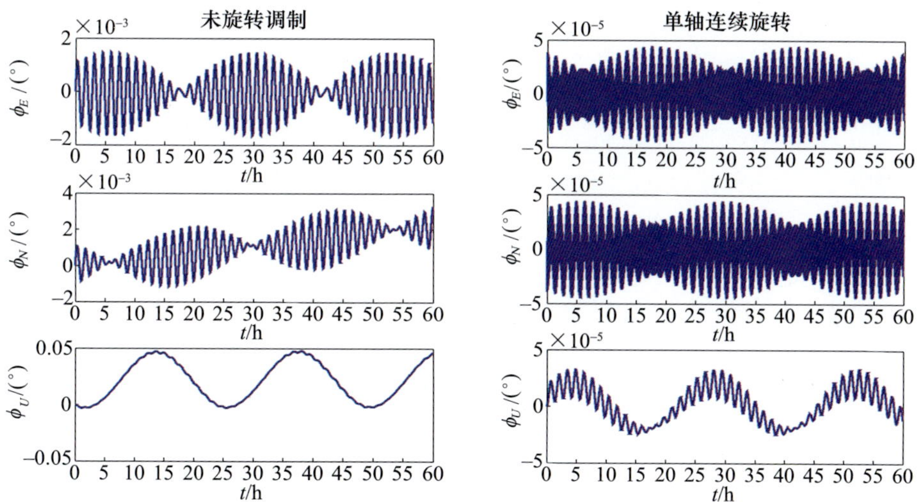

图 2-4 x、y 轴陀螺漂移引起的姿态误差对比

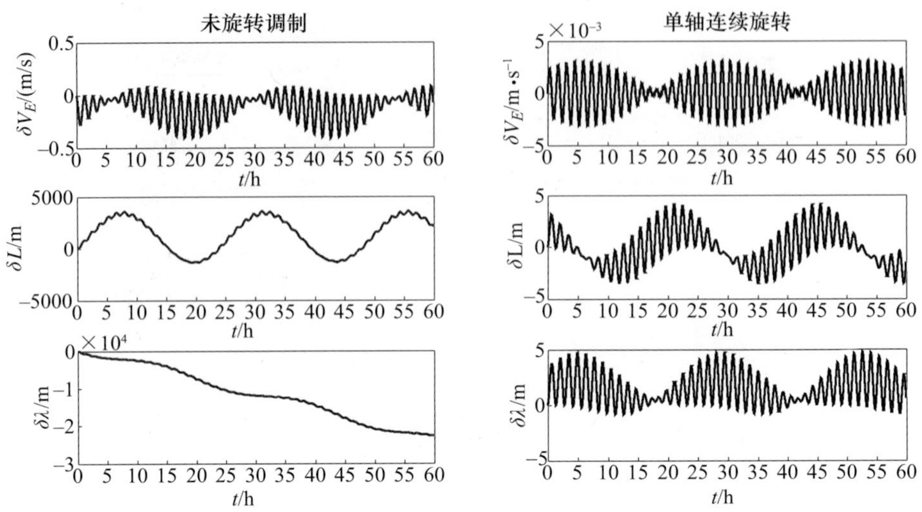

图 2－5　x、y 轴陀螺漂移引起的速度、位置误差对比

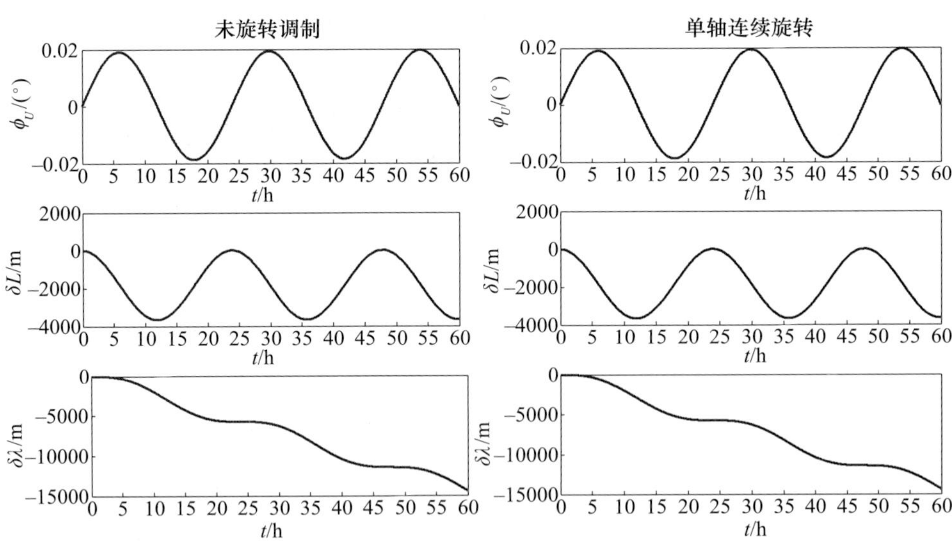

图 2－6　z 轴陀螺漂移引起的导航误差对比

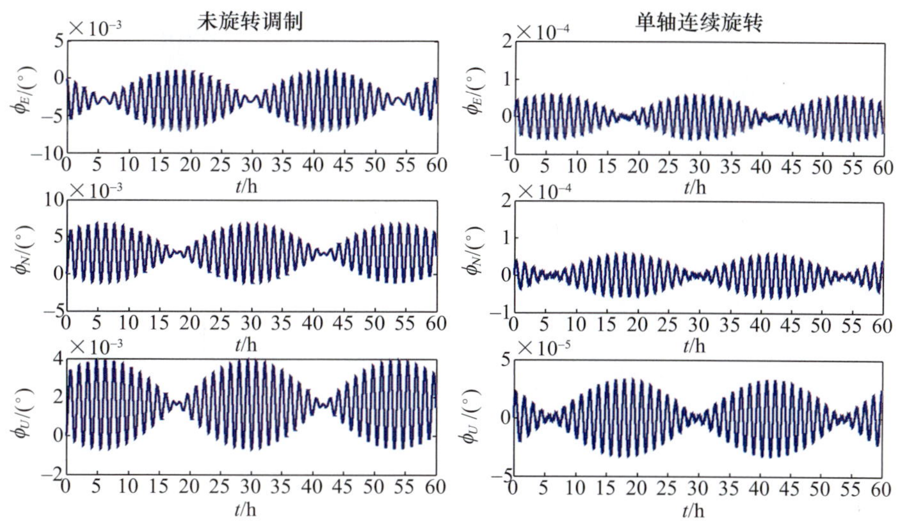

图 2-7　x、y 轴加速度计零偏引起的姿态误差对比

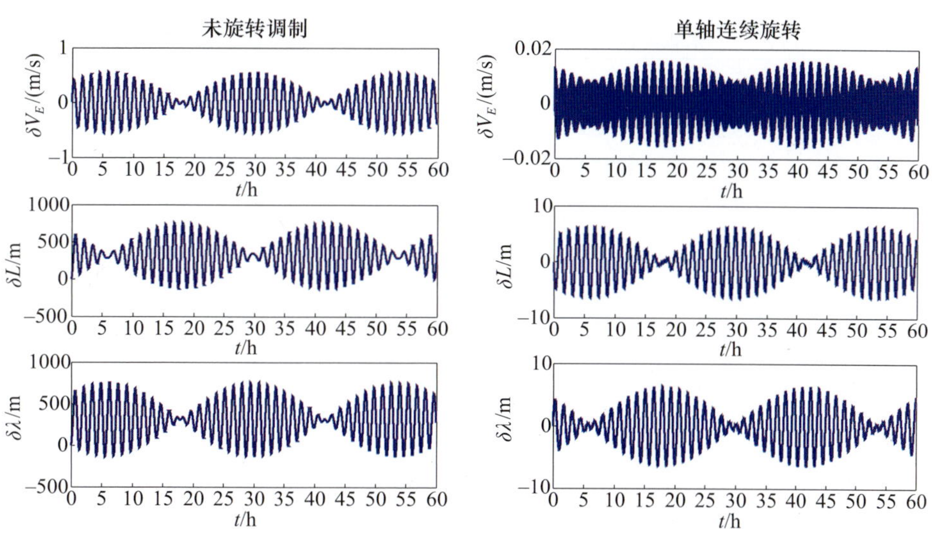

图 2-8　x、y 轴加速度计零偏引起的速度、位置误差对比

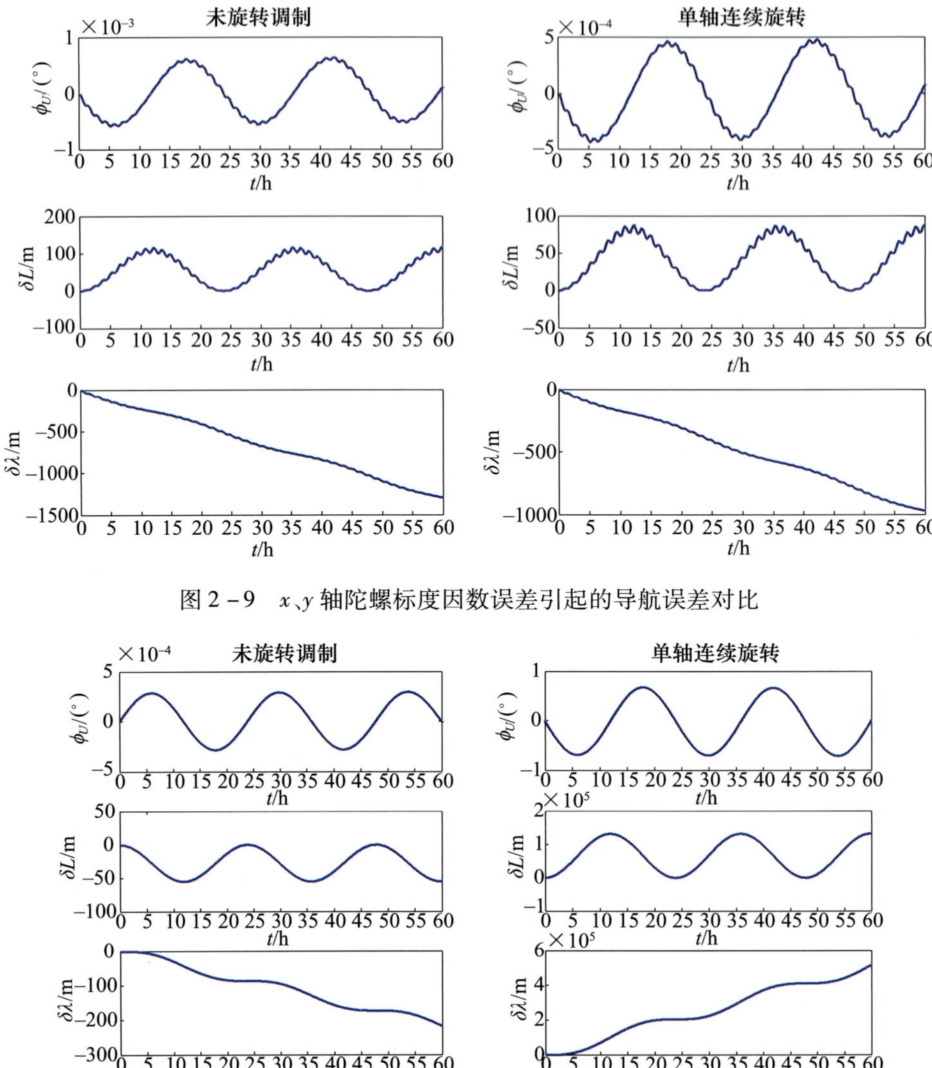

图 2-9　x、y 轴陀螺标度因数误差引起的导航误差对比

图 2-10　z 轴陀螺标度因数误差引起的导航误差对比

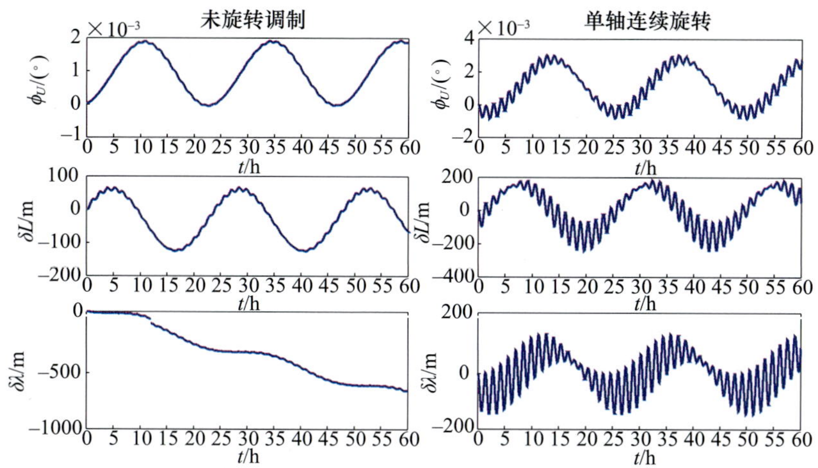

图 2－11　陀螺安装误差引起的导航误差对比

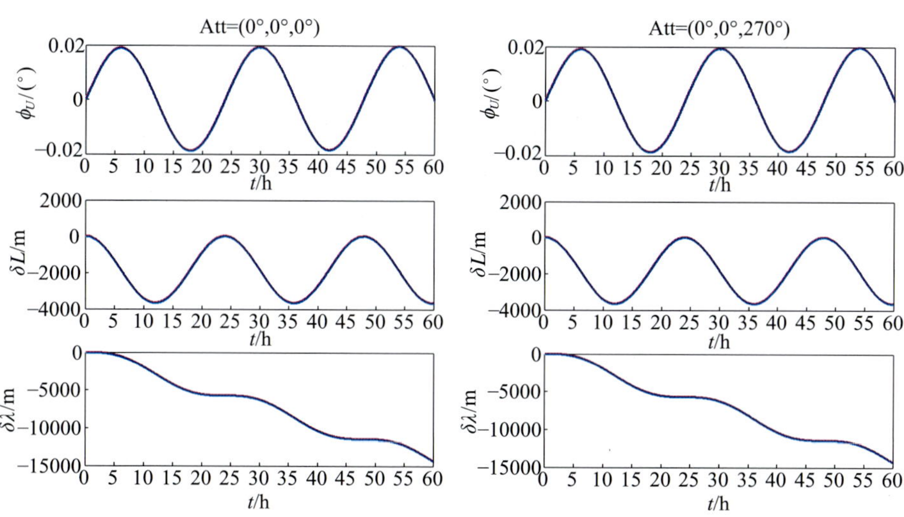

图 2－12　不同初始姿态时 z 轴陀螺漂移引起的导航误差对比(一)

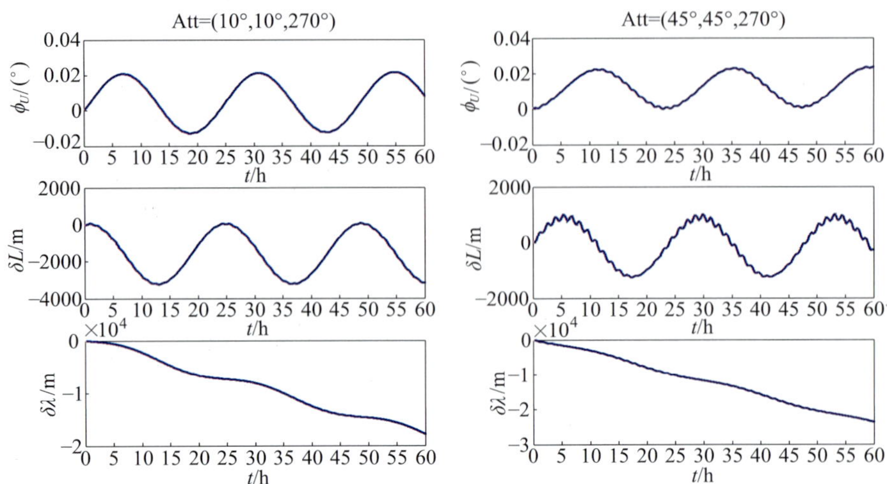

图 2-13　不同初始姿态时 z 轴陀螺漂移引起的导航误差对比(二)

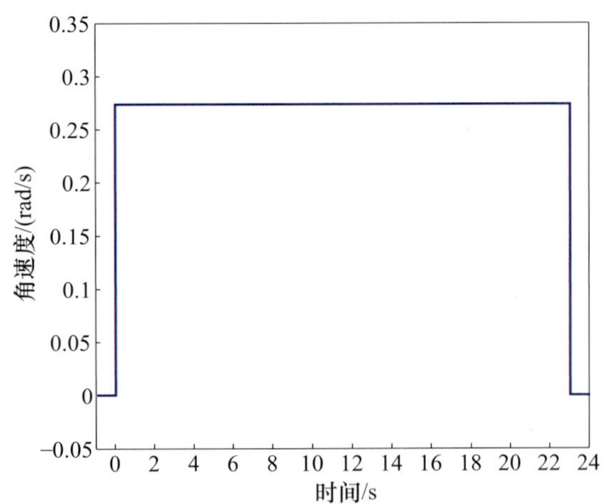

图 2-14　理想化的转动角速度模型

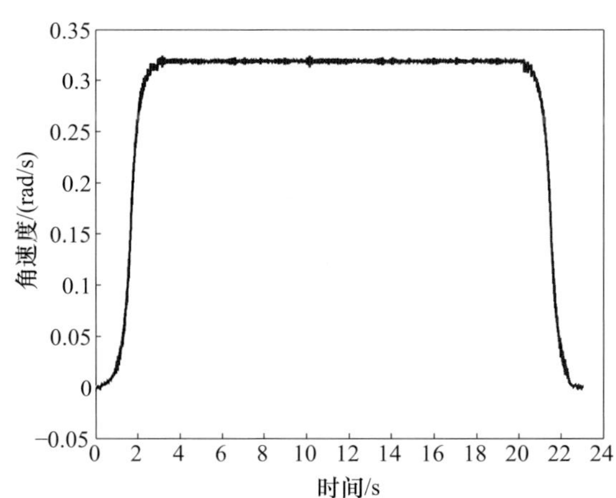

图 2-15　单轴旋转惯导系统的实际转位角速度

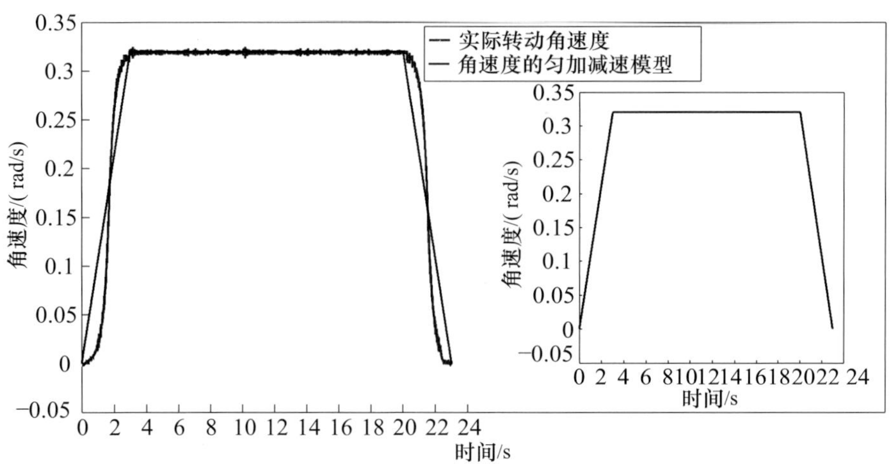

图 2-16　转位角速度的匀加减速模型

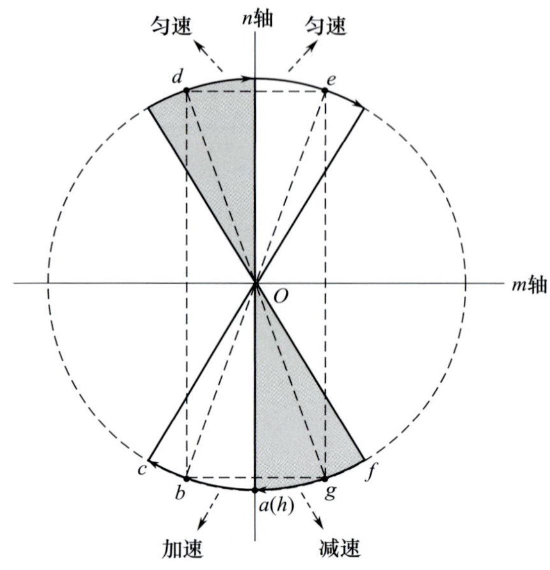

图 2-17　匀加减速模型的整周转位示意图

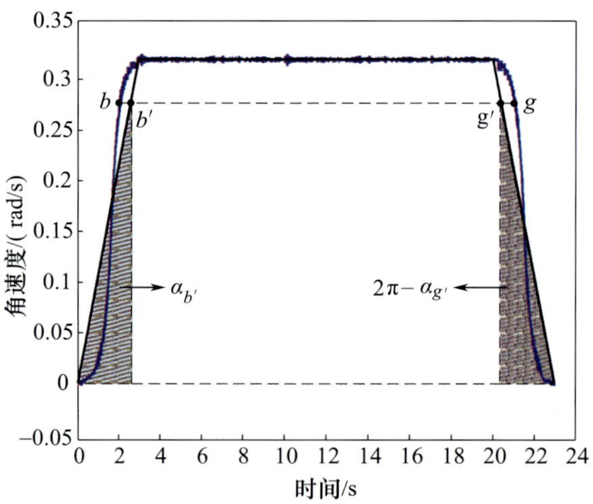

图 2-18　加减速阶段任意轴对称两点示意图

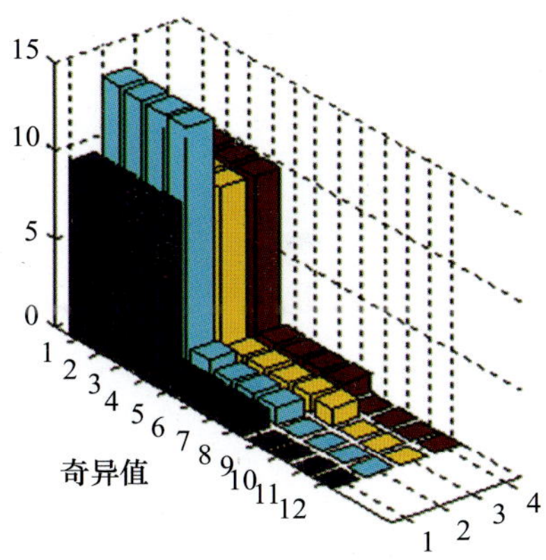

图 4-3　不同观测量组合的奇异值对比

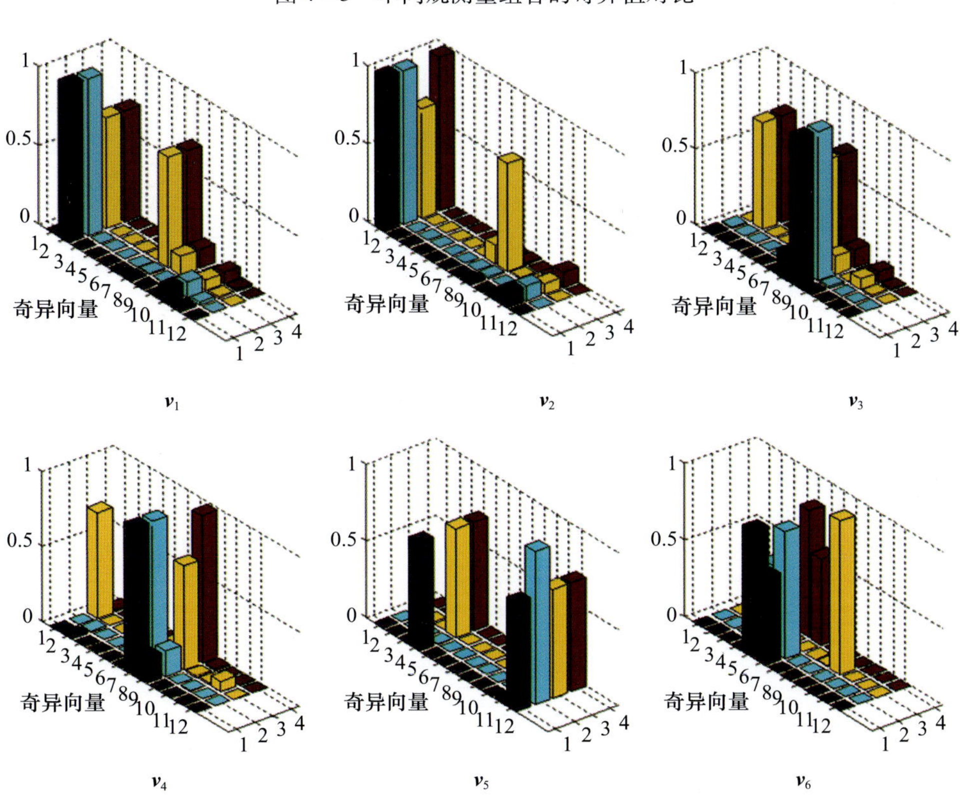

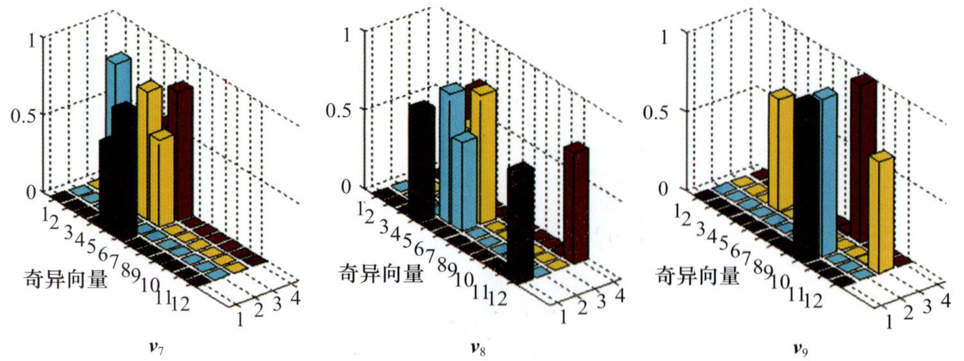

图 4－4　不同观测量组合下各奇异值对应的奇异向量

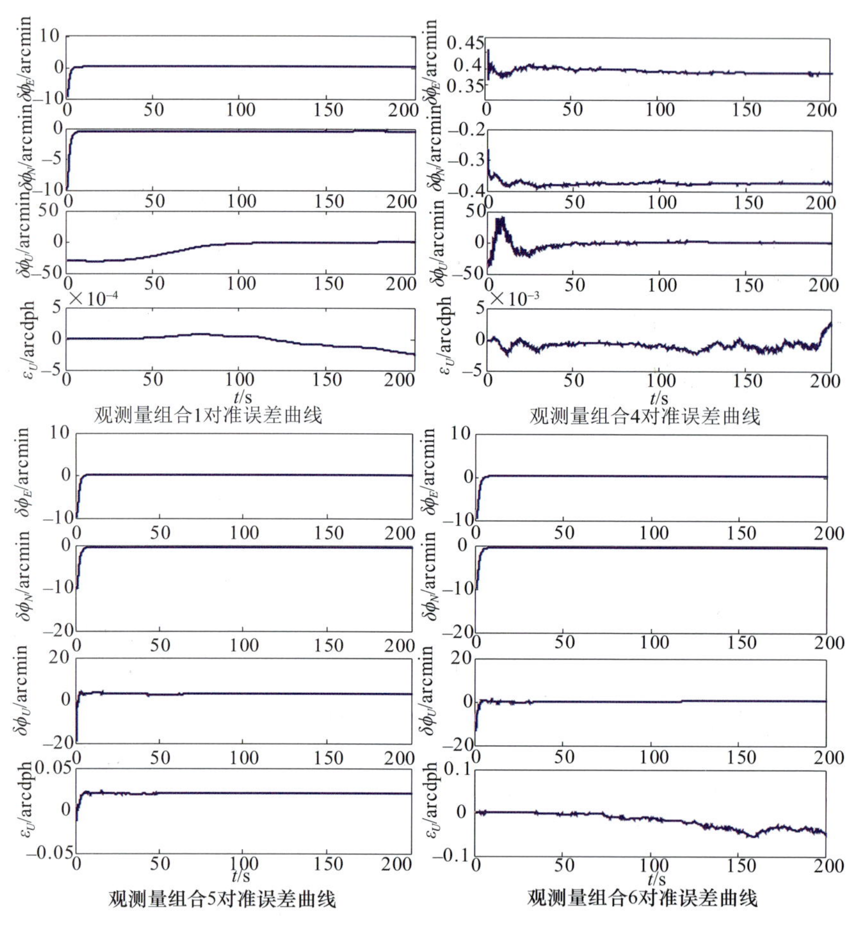

图 4－5　不同观测量组合初始对准仿真误差曲线

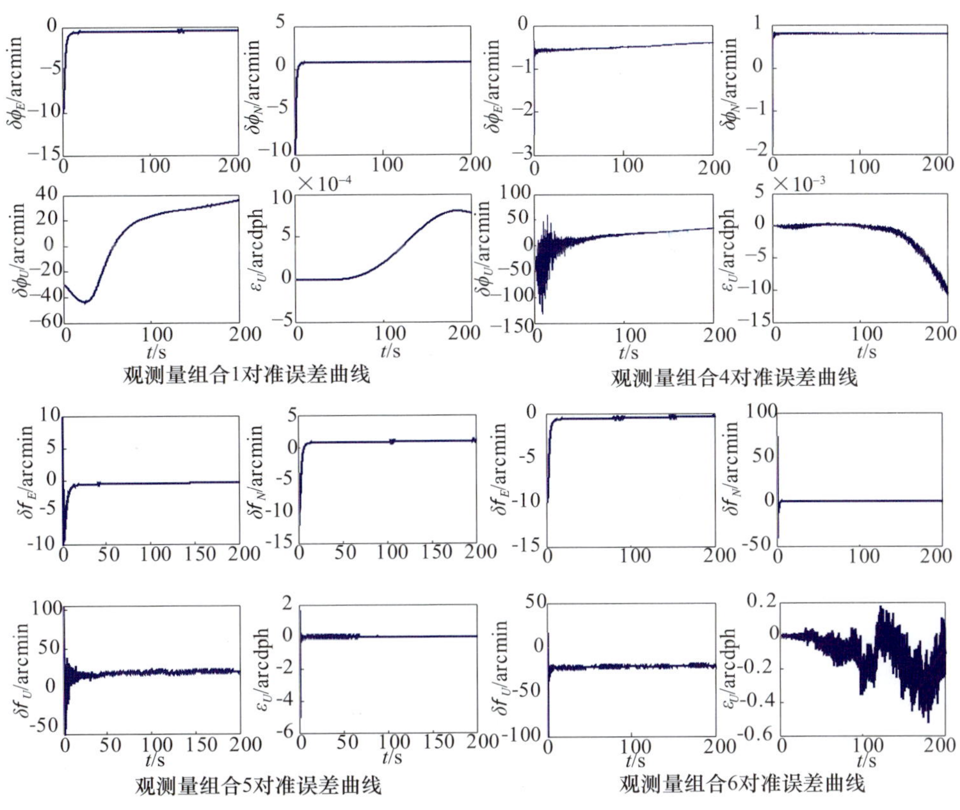

图 4-6　不同观测量组合初始对准实验误差曲线

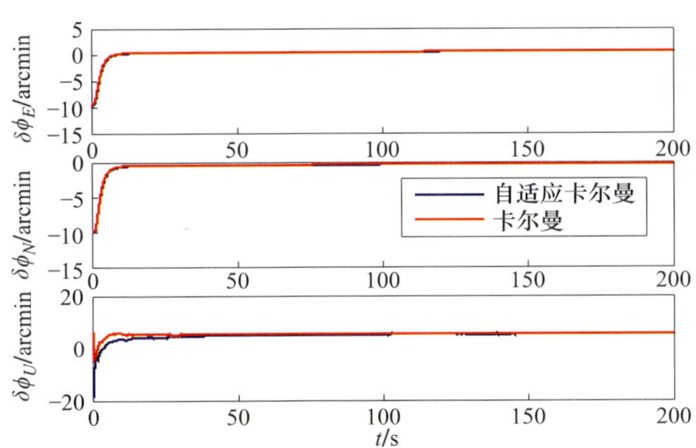

图 4-7　噪声方差为 $\boldsymbol{Q}_k$ 时的估计误差曲线

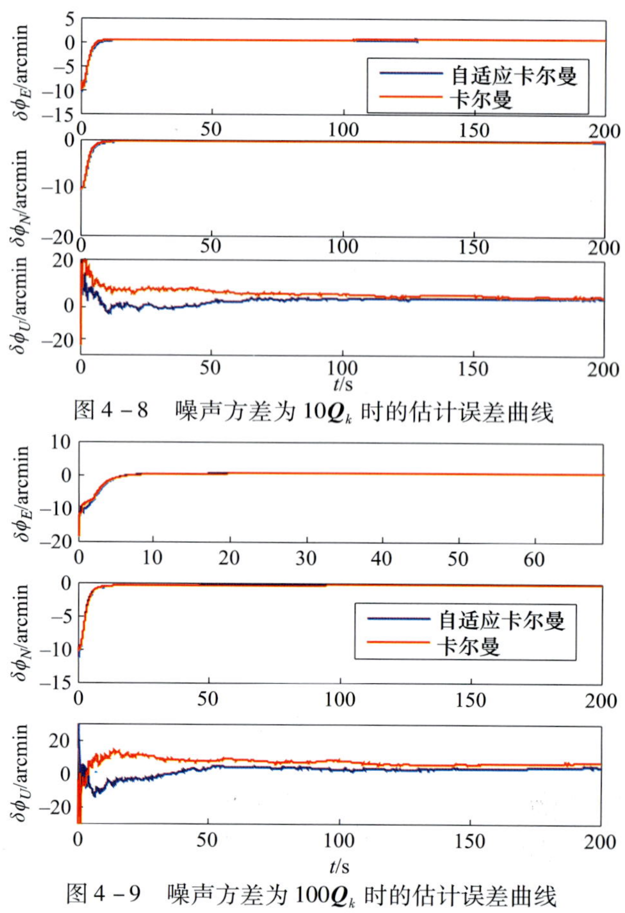

图 4－8　噪声方差为 $10\boldsymbol{Q}_k$ 时的估计误差曲线

图 4－9　噪声方差为 $100\boldsymbol{Q}_k$ 时的估计误差曲线

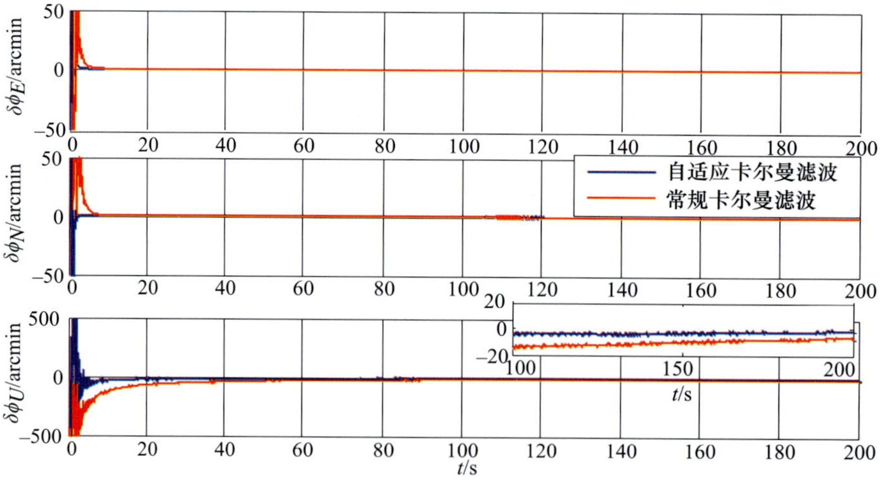

图 4－10　实验中两种方法的估计误差曲线

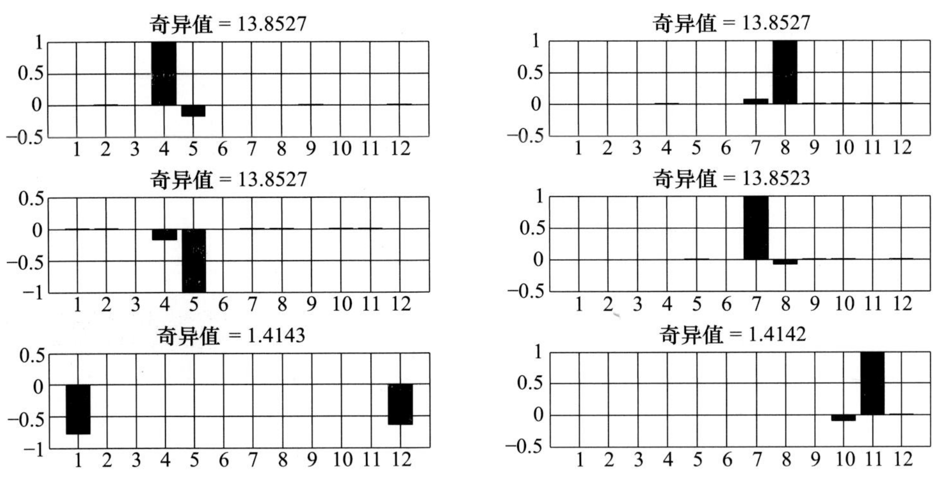

图 4 – 13 最优二位置对准的可观测性分析直方图(一)

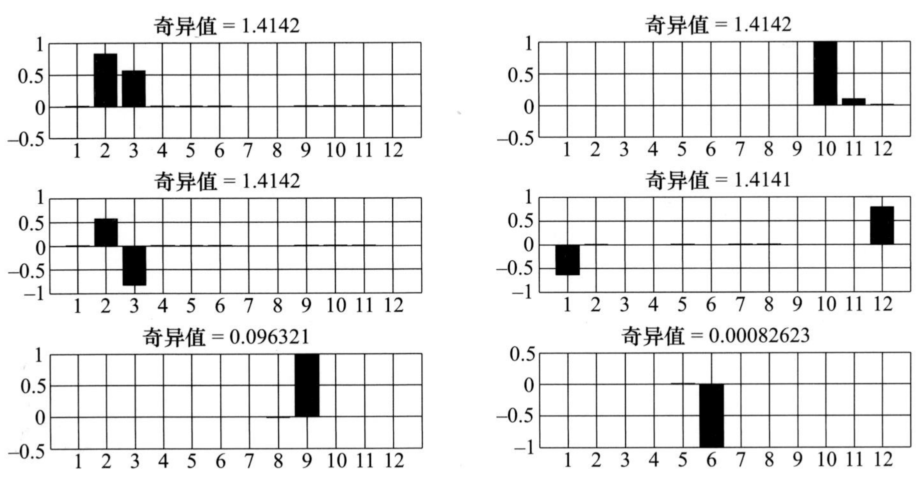

图 4 – 14 最优二位置对准的可观测性分析直方图(二)

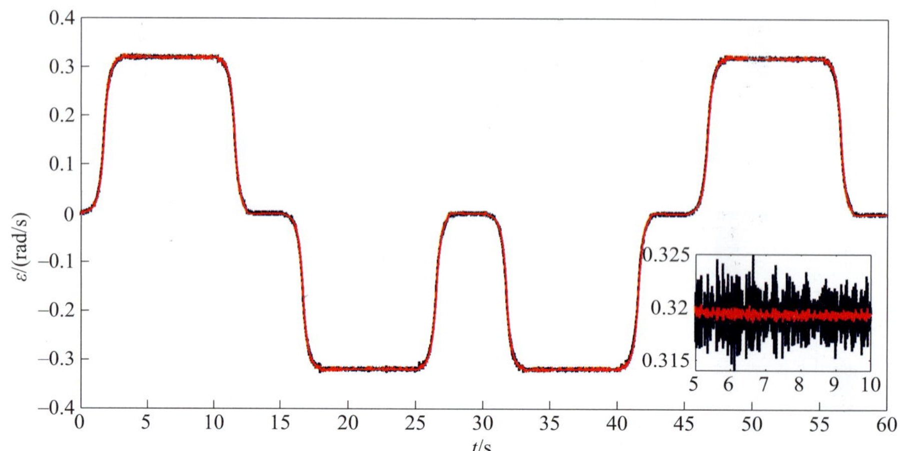

图 4 – 18　转动角速度的滤波结果

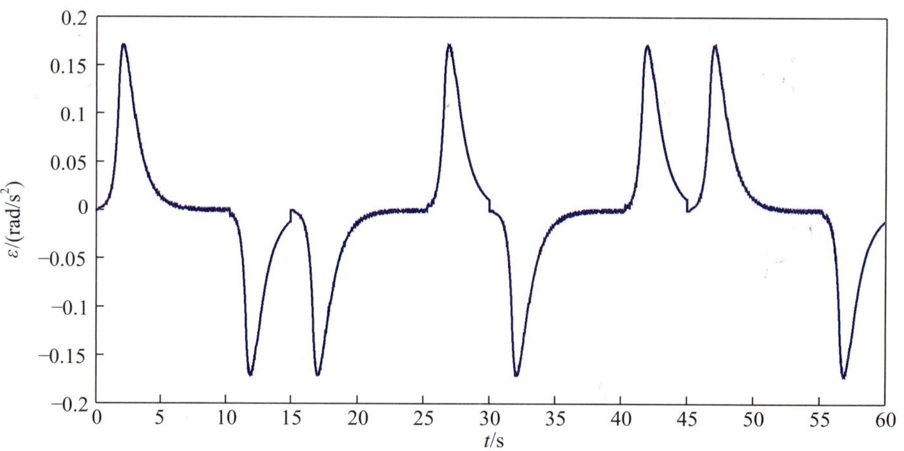

图 4 – 19　转动角加速度的滤波结果

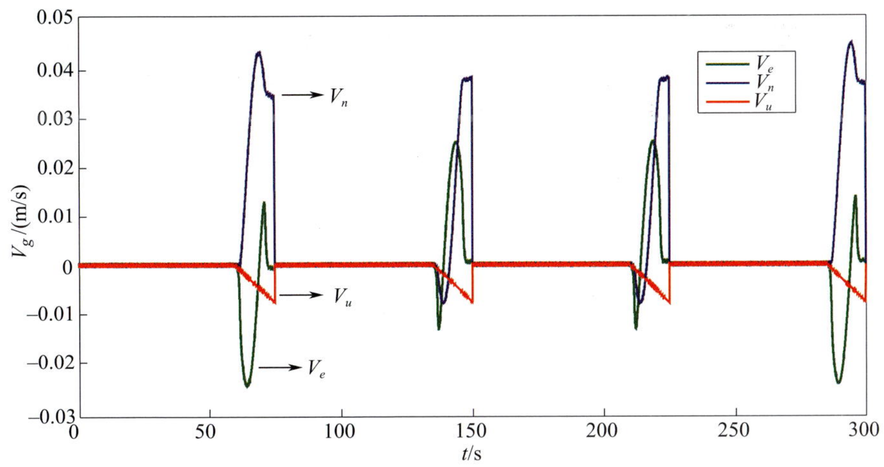

图 4 - 20　二位置对准的速度误差

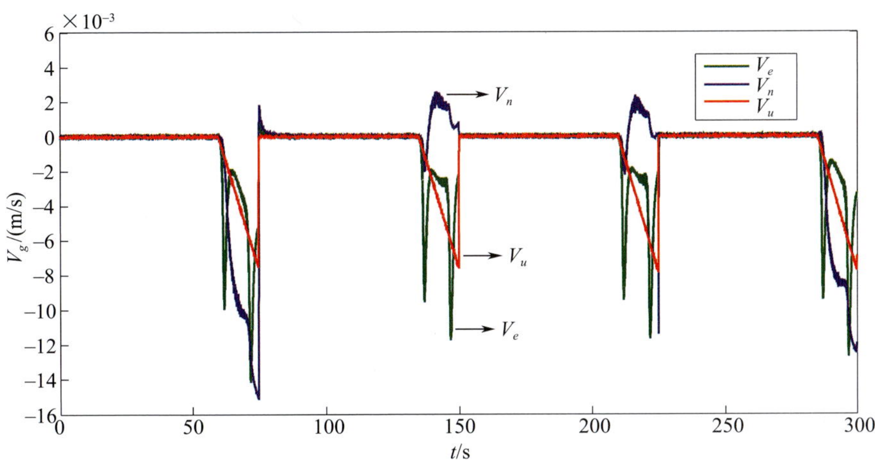

图 4 - 21　补偿尺寸效应后二位置对准的速度误差

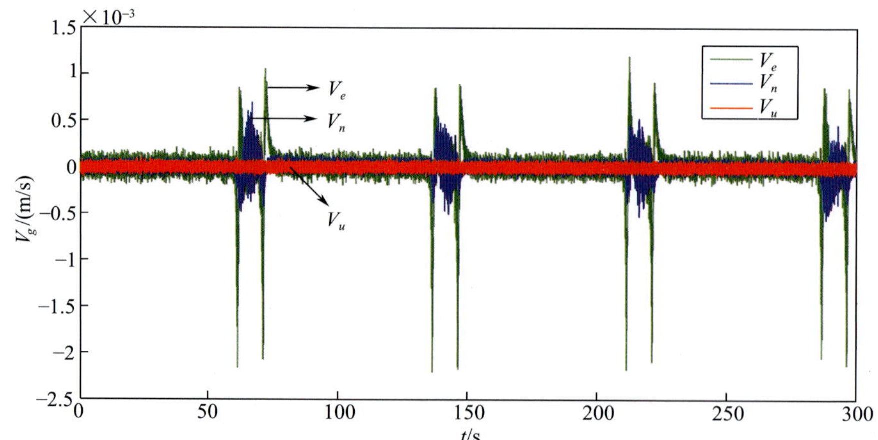

图 4－22　补偿尺寸效应后全程对准的速度误差

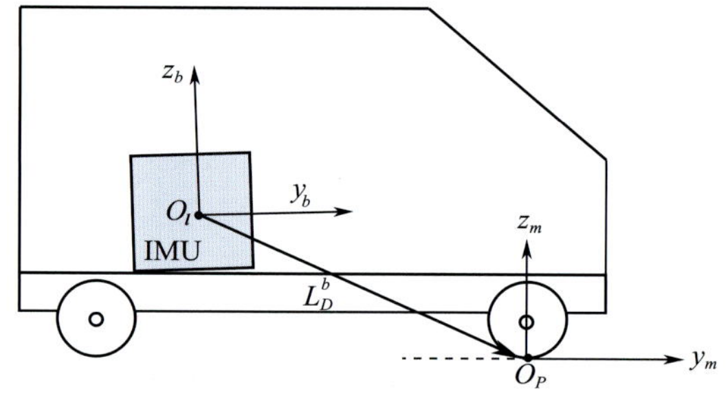

图 5－1　IMU 与里程计的安装示意图

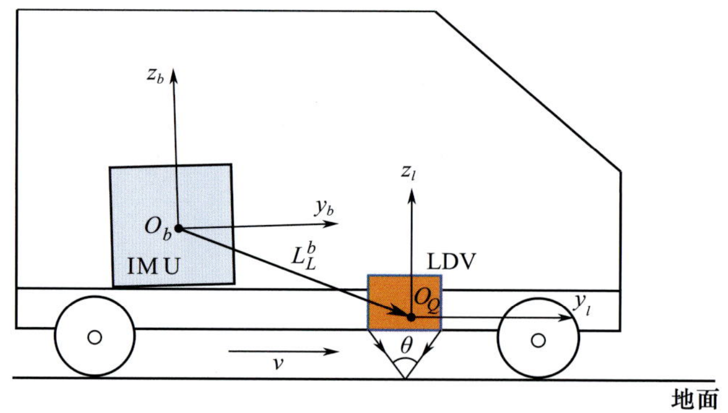

图 5－2　双光差动型 LDV 测量车速示意图

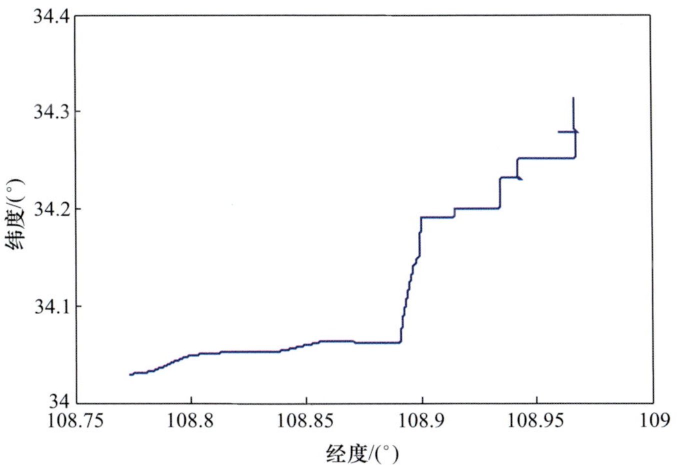

图 5－4　第一次跑车实验轨迹

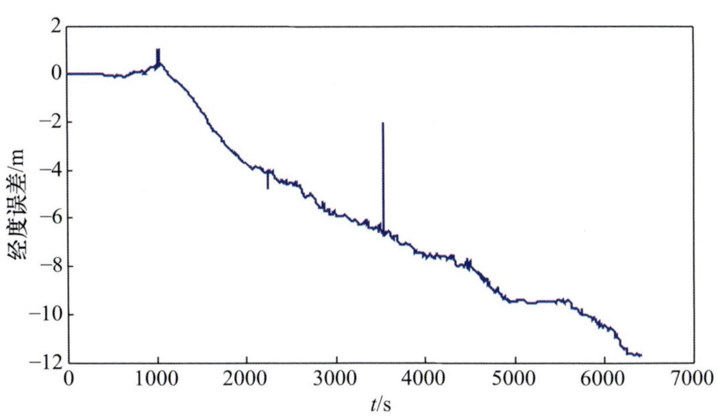

图 5－5　第一次跑车实验经度误差

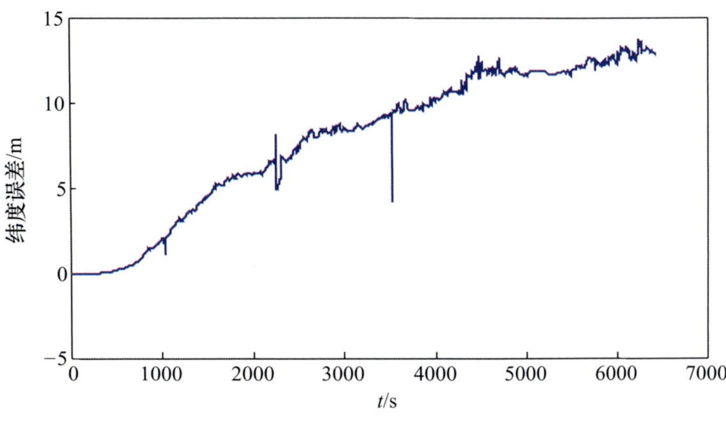

图 5－6　第一次跑车实验纬度误差

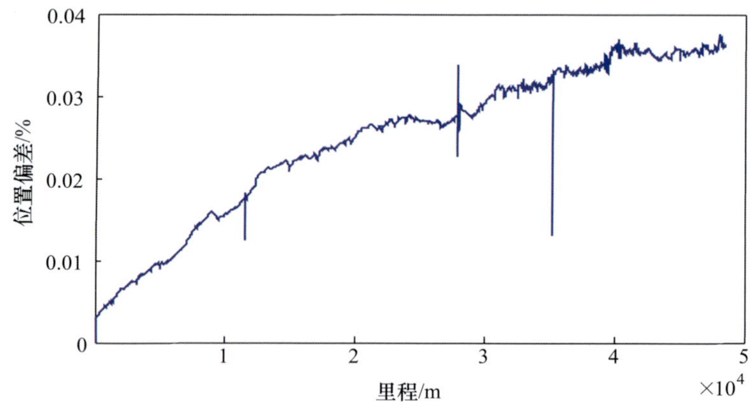

图 5-7　第一次跑车实验相对位置偏差

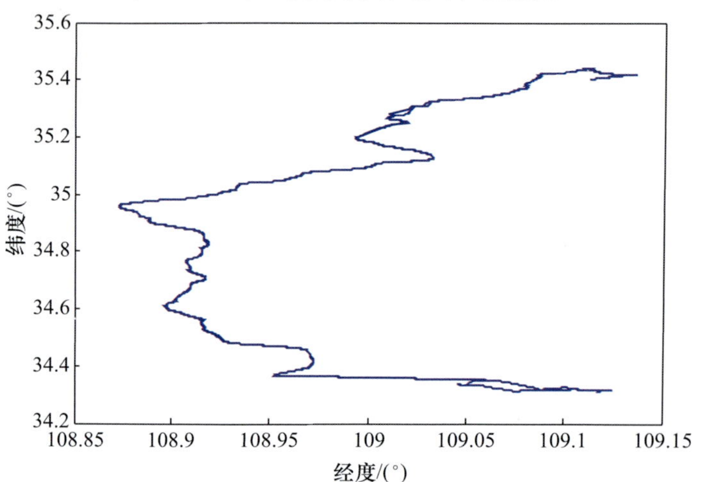

图 5-8　第二次跑车实验轨迹

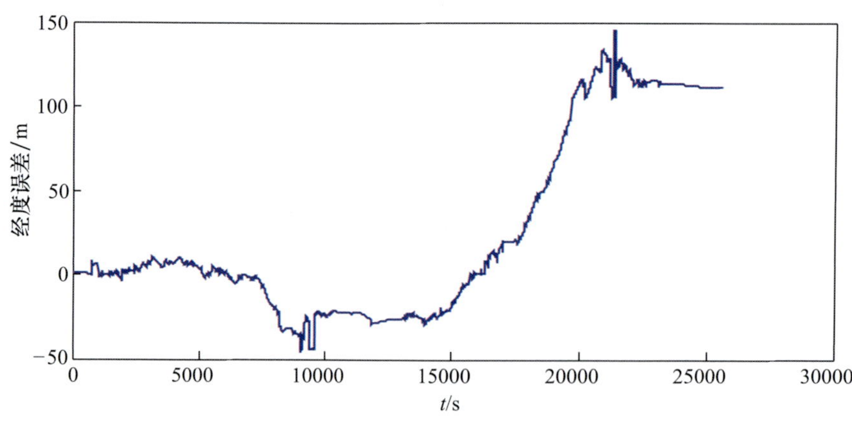

图 5-9　第二次跑车实验经度误差

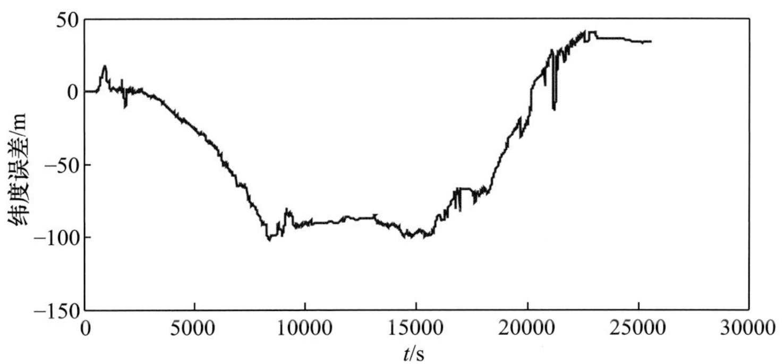

图 5－10　第二次跑车实验纬度误差

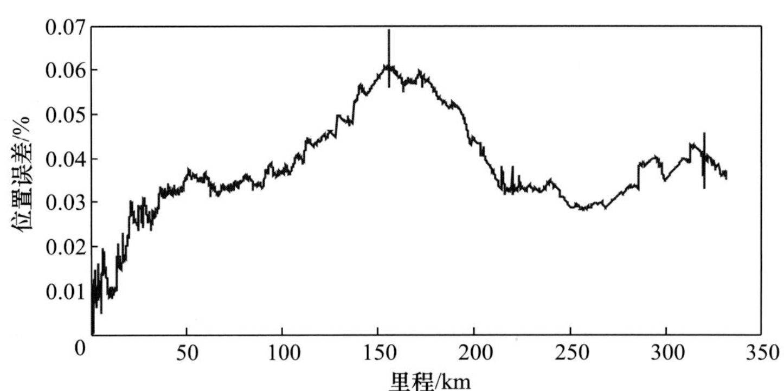

图 5－11　第二次跑车实验相对位置偏差

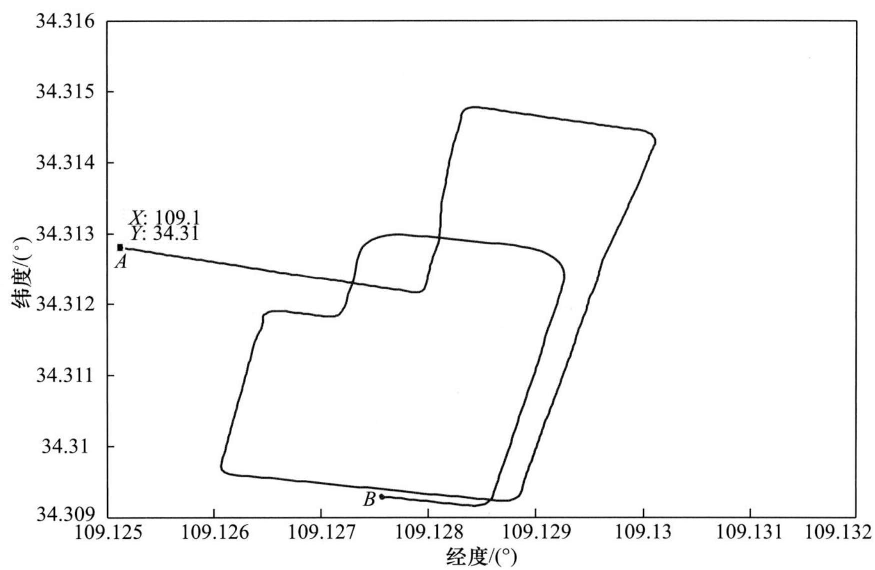

图 5－28　1000s 跑车实验航迹

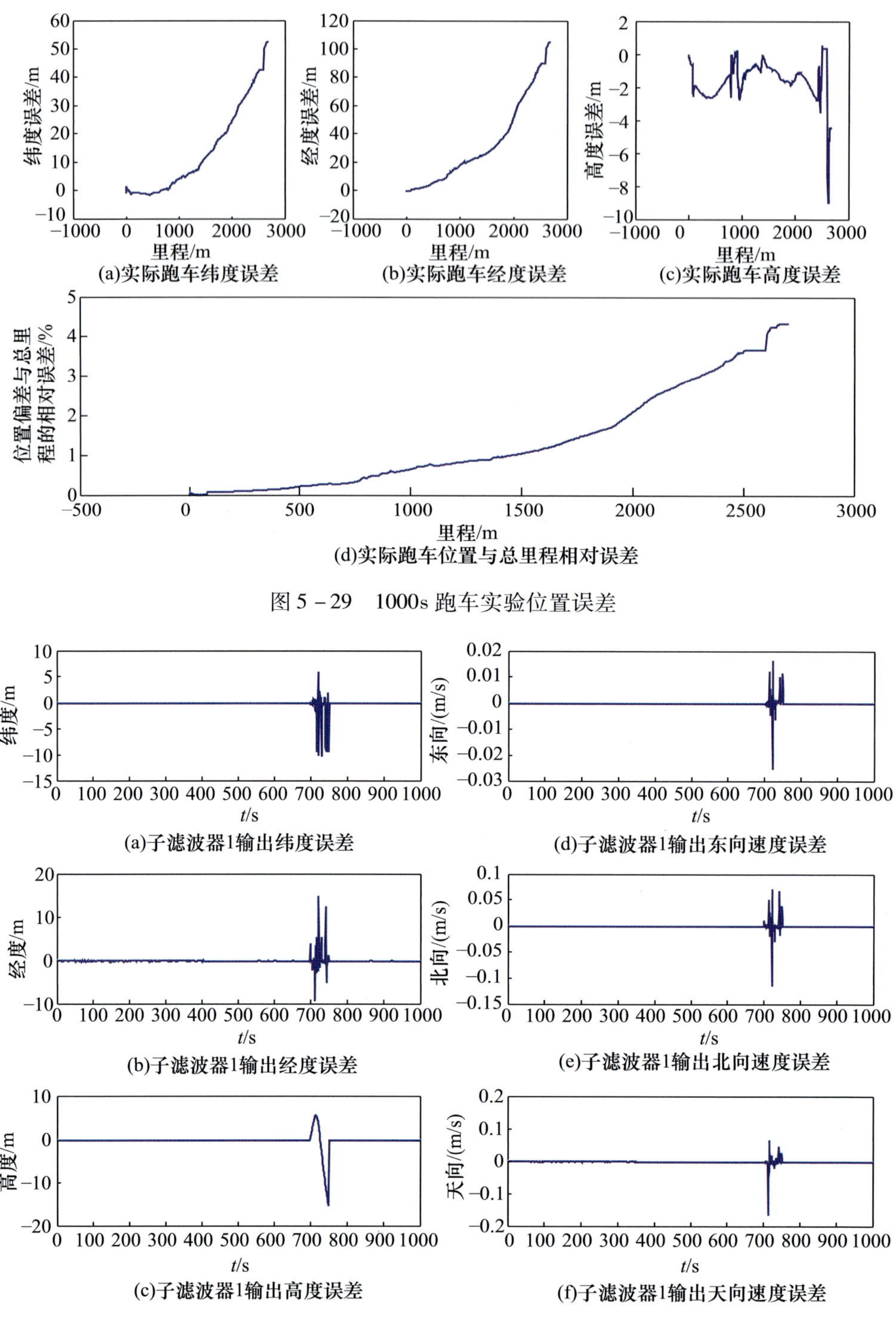

图 5－29　1000s 跑车实验位置误差

图 5－30　1000s 滤波器 1 输出误差

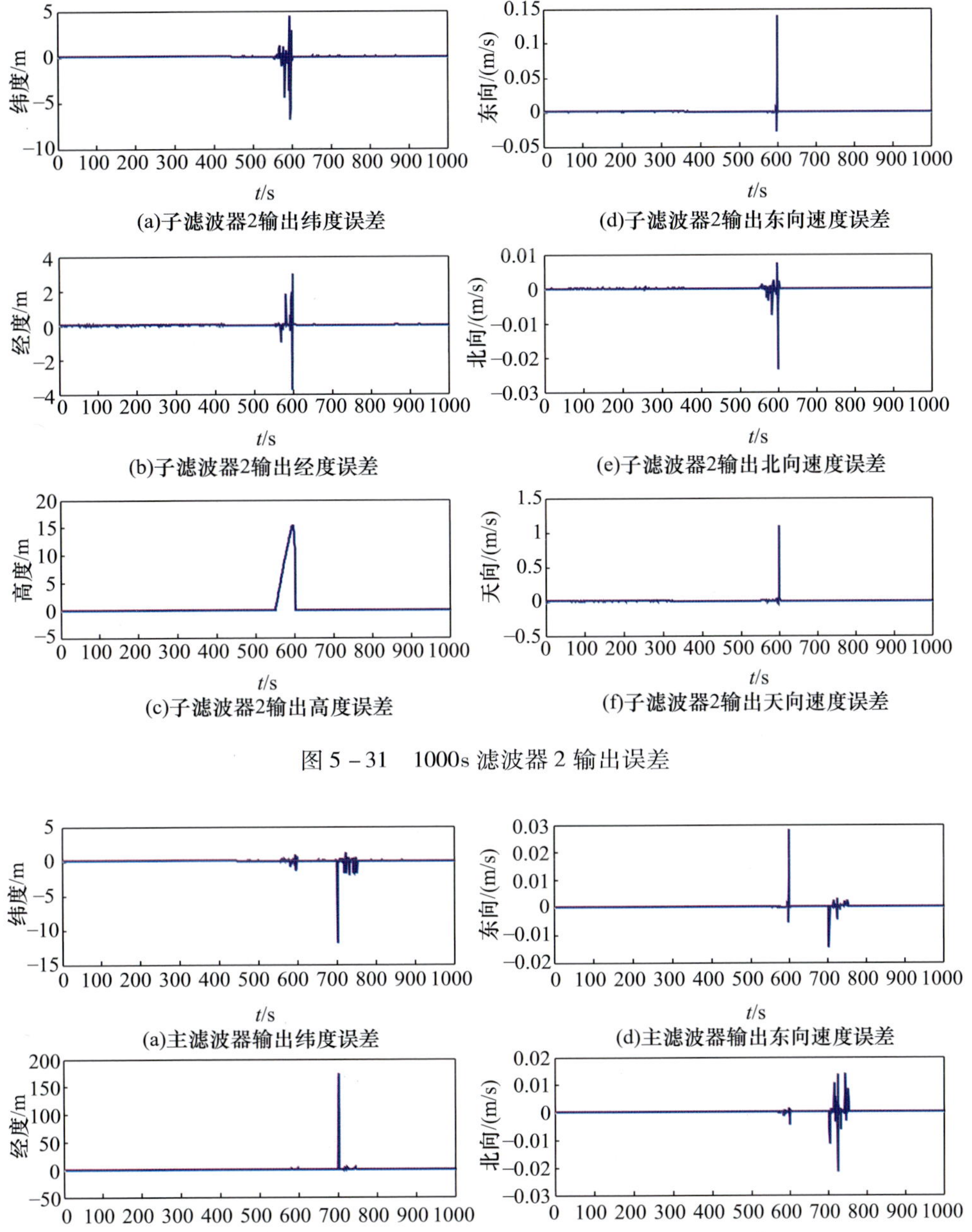

(a)子滤波器2输出纬度误差　(d)子滤波器2输出东向速度误差

(b)子滤波器2输出经度误差　(e)子滤波器2输出北向速度误差

(c)子滤波器2输出高度误差　(f)子滤波器2输出天向速度误差

图 5－31　1000s 滤波器 2 输出误差

(a)主滤波器输出纬度误差　(d)主滤波器输出东向速度误差

(b)主滤波器输出经度误差　(e)主滤波器输出北向速度误差

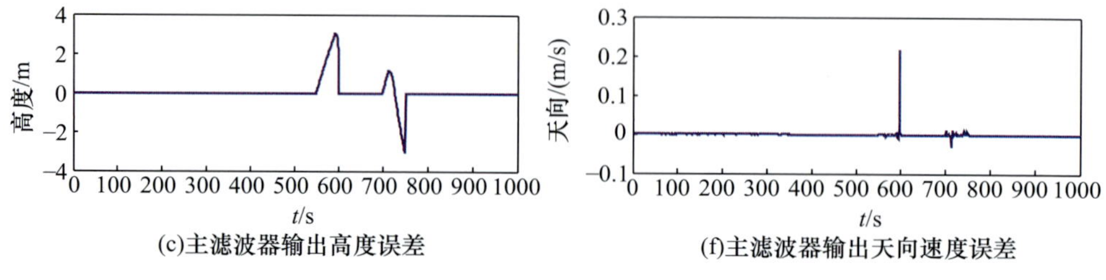

(c)主滤波器输出高度误差　(f)主滤波器输出天向速度误差

图 5-32　1000s 主滤波器输出误差

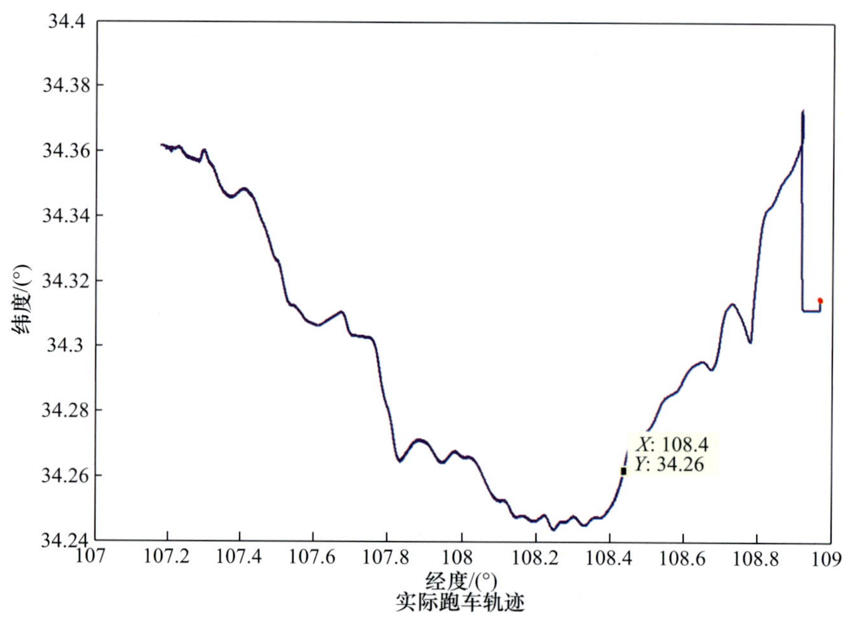

图 5-33　300km 跑车实验航迹

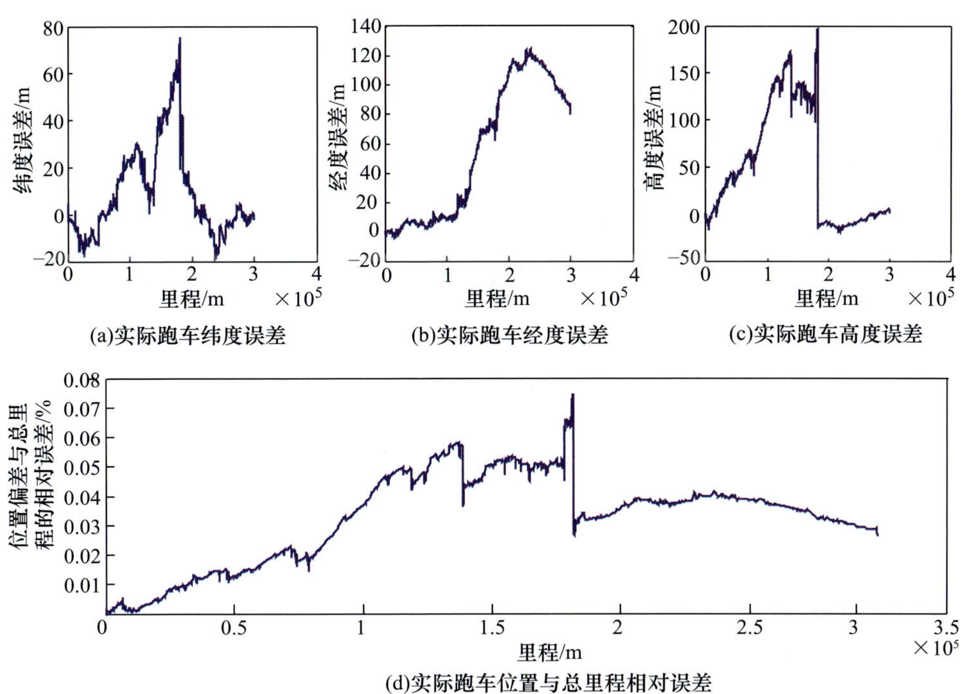

(a)实际跑车纬度误差 (b)实际跑车经度误差 (c)实际跑车高度误差

(d)实际跑车位置与总里程相对误差

图 5－34 300km 跑车实验位置误差

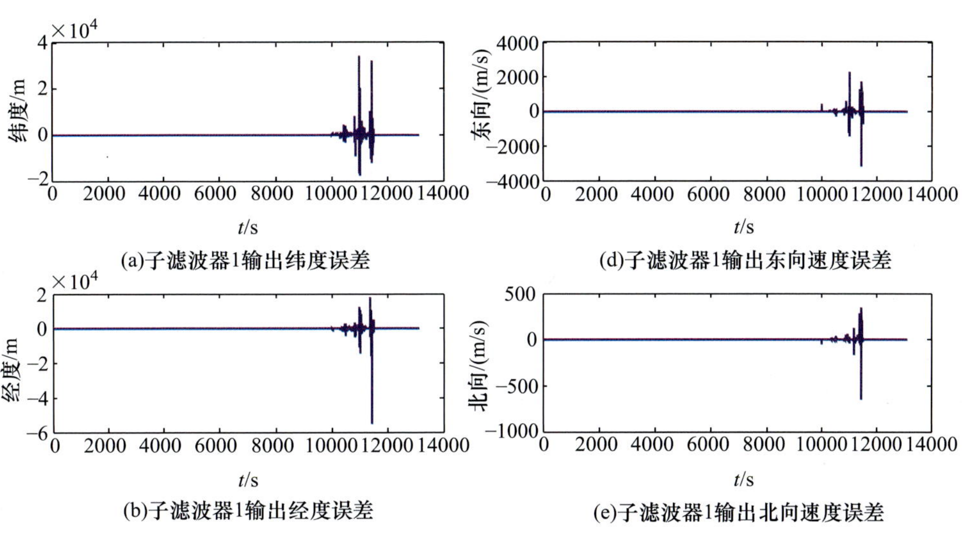

(a)子滤波器1输出纬度误差 (d)子滤波器1输出东向速度误差

(b)子滤波器1输出经度误差 (e)子滤波器1输出北向速度误差

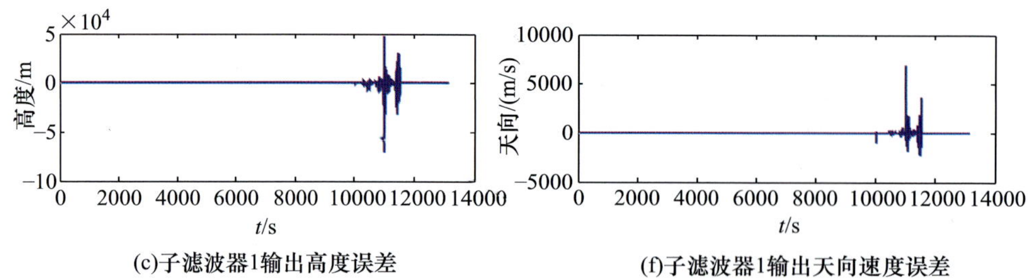

(c)子滤波器1输出高度误差

(f)子滤波器1输出天向速度误差

图 5-35　300km 滤波器 1 输出误差

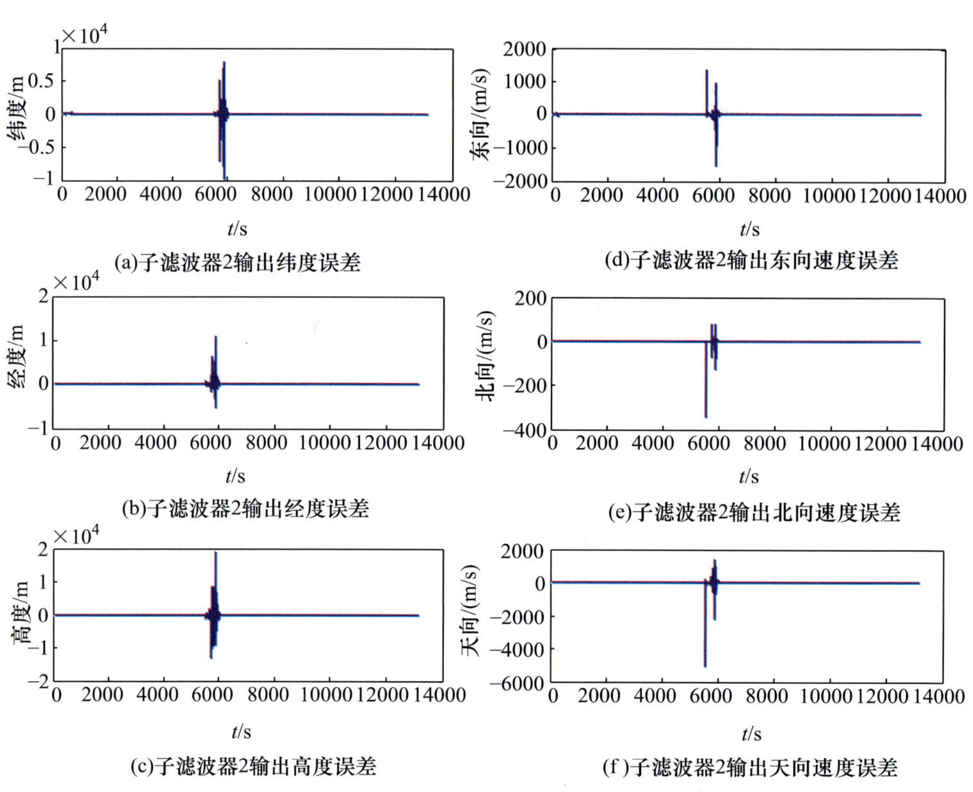

(a)子滤波器2输出纬度误差

(d)子滤波器2输出东向速度误差

(b)子滤波器2输出经度误差

(e)子滤波器2输出北向速度误差

(c)子滤波器2输出高度误差

(f)子滤波器2输出天向速度误差

图 5-36　300km 滤波器 2 输出误差

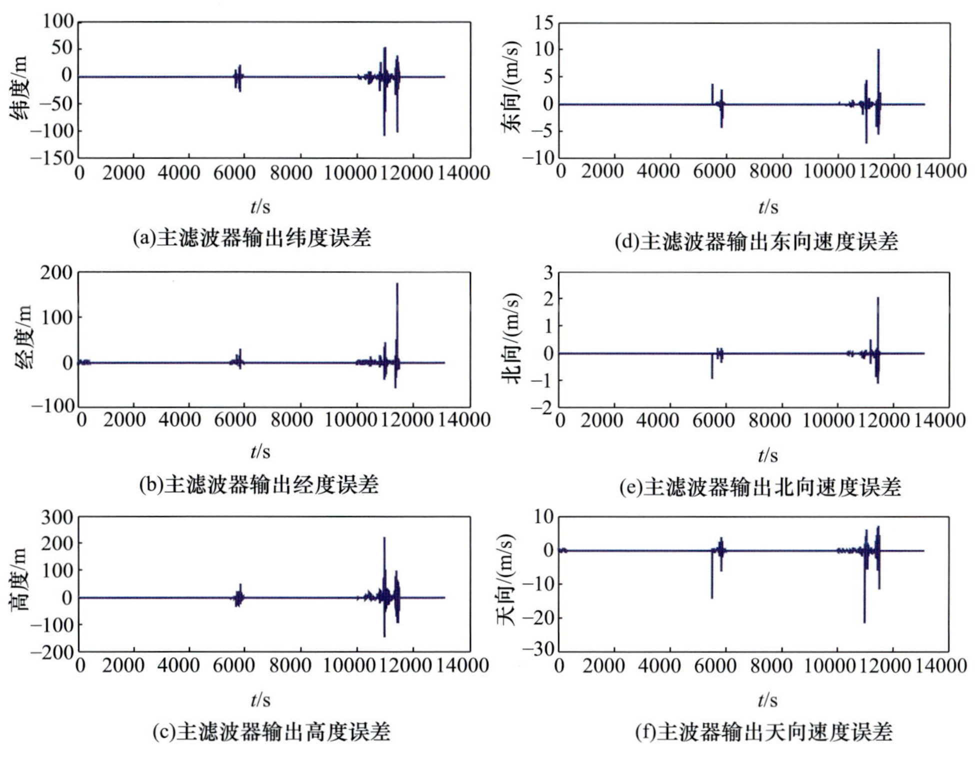

图 5-37 300km 主滤波器输出误差

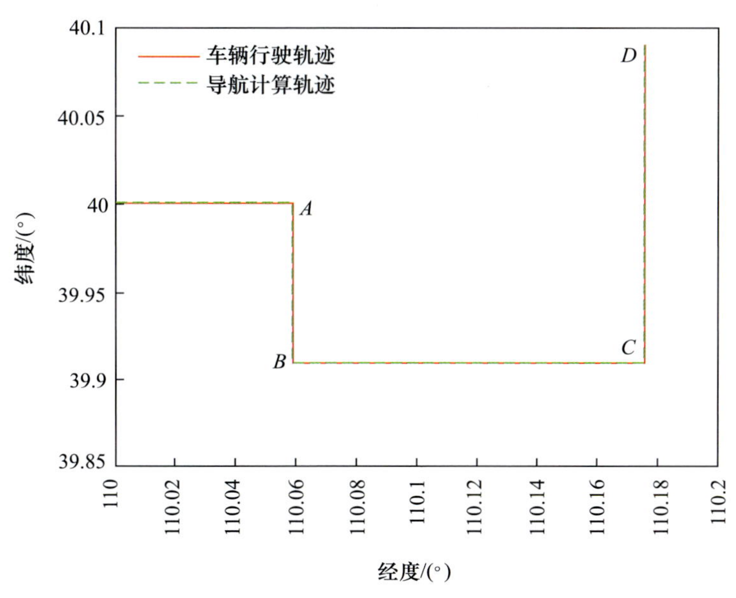

图 6-20 车辆行驶轨迹和导航计算仿真

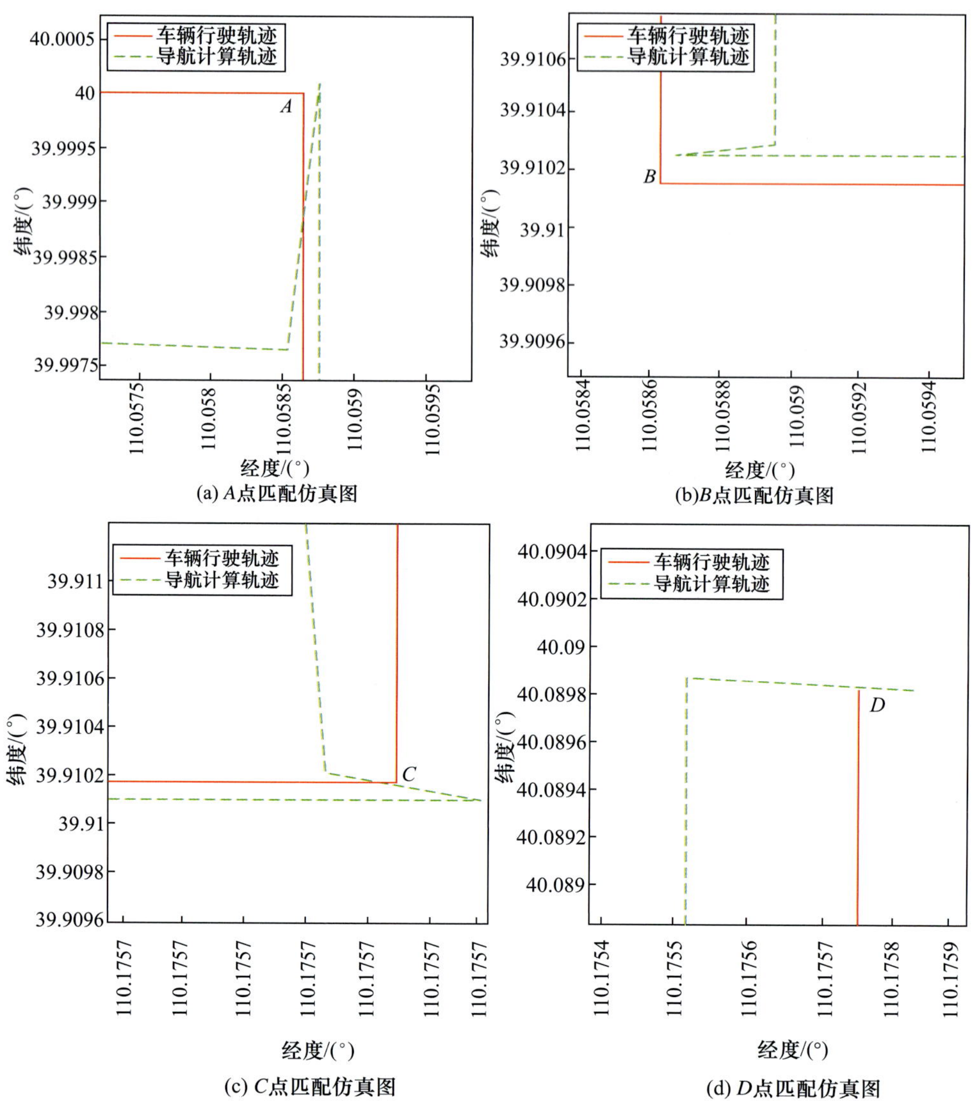

(a) *A*点匹配仿真图

(b)*B*点匹配仿真图

(c) *C*点匹配仿真图

(d) *D*点匹配仿真图

图 6－21　各转弯点匹配仿真放大图

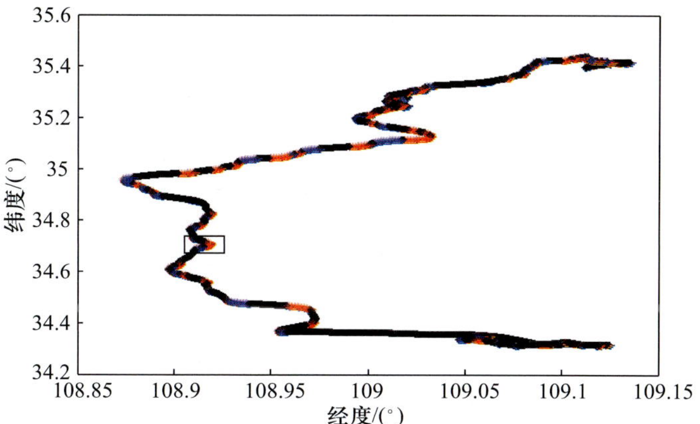

图 6－23　轨迹特征提取示意图

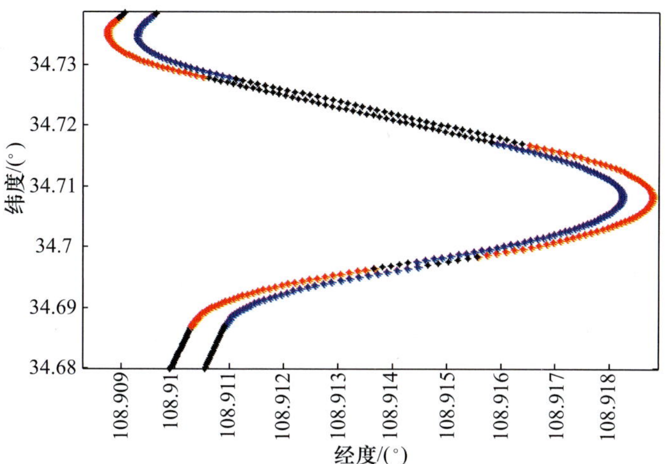

图 6－24　轨迹特征提取局部示意图

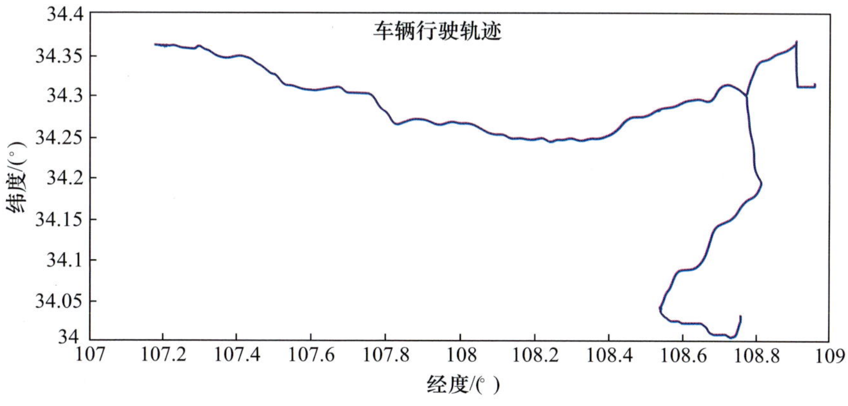

图 6－28　车辆行驶轨迹

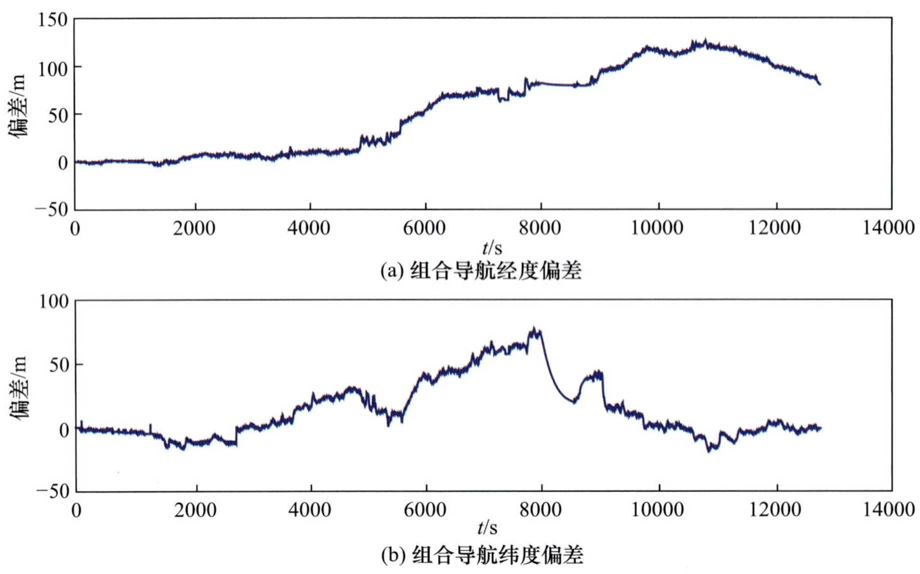

(a) 组合导航经度偏差

(b) 组合导航纬度偏差

图 6－29　SINS/LDV/OD 组合导航偏差

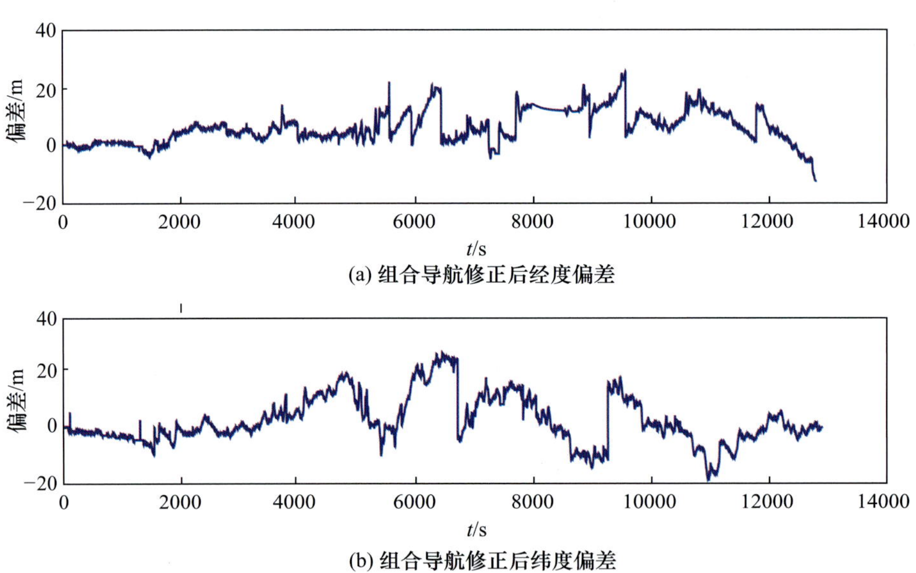

(a) 组合导航修正后经度偏差

(b) 组合导航修正后纬度偏差

图 6－30　交互式地图匹配修正导航偏差